마이클 버드의 『주 예수의 복음』은 예수와 제자들이 복음서라는 연극 무대에 등장하기 전까지 커튼 뒤에서 벌어진 준비 과정과 이 무대가 왜 네 개의 복음서라는 장면으로 구성되어 있는지를 조명하는 무대 뒤편에 관한 책이다. 복음서라는 무대가 펼쳐지기 전까지의 과정을 알고 싶어 하는 관객들에게 극단적 비평주의나 무비판적 보수주의의 양극단을 피하면서, 버드의 표현대로 "믿음에 기초한 비평"(believing criticism)이라는 새로운 목소리로써 복음서 무대 뒤편의 이야기를 설명하는 신선한 통찰력과 논리적 설득력을 갖춘 책이다. 복음서를 더 깊고 넓게 이해하고 싶은 이들이 반드시 읽어야 할 필독서다.

김경식 | 웨스트민스터신학대학원대학교 신약학 교수

서신서를 올바로 이해하기 위해 분석해내야 할 주요 요소로는 저자와 독자, 양자 사이에 있는 정황을 들 수 있다. 복음서 해석에는 여기에다, 예수가 말했던 본래 정황과 구전 전승에서의 정황, 나아가 최종 편집되었을 때의 정황이 추가된다. 저자는 이 모든 요소를 고려하여 예수의 말씀이 사복음서가 되기까지의 역사적 문제에서 시작하여 복음서가 왜 네 권인가 하는 신학적 문제에 이르기까지 복음서 해석의 핵심 문제를 다 다루었다. 그래서 복음서를 깊이 이해하고 나아가 학문적으로 연구하려는 사람에게 본서는 그 길라잡이로 최신의, 또한 최적의 책 중 하나다.

김동수 | 평택대학교 신약학 교수

이 책은 바울 신학 연구자였던 저자가 톰 라이트의 영향을 받아 복음서 연구로 전향해 저술한 복음서 신학 개론서다. 유대인의 구전 문화와 헬레니즘의 전기 문학의 영향 아래 형성된 네 복음서의 형성사를 다루는 이 책은 많은 각주가 붙어 있는 학술 서적임에도 불구하고 십자가에 달려 죽으셨다가 주와 그리스도로 승귀된 주님을 사랑하는 독자들의 마음을 뜨겁게 하는 경건 서적이다. 부제인 "초기 교회는 예수 이야기를 어떻게 기록했는가?"에서 엿보이듯이, 본서는 사도 바울이 선포한 주 예수의 복음을 온전히 이해하기 위해서는 역사적/신앙고백적 예수 연구가 절대적으로 요청되며, 이 역사적이며 신앙고백의 대상이 된 예수 연구를 위해서는, 도마복음이나 빌립복음 같은 나그함마디 문서(이른바 영지주의 문서)보다 사복음서가 가장 중요하다는 사실을 새삼 강조한다.

버드는 분명히 학술적인 질문, 예를 들어 복음서가 어떻게 쓰여서 전승되었으며 초기 교회 신자들에게 수용되었는가 등등에 대한 답변을 차분하게 제시하면서도, 역사적 예수에 대한 사복음서의 증언이 참으로 신뢰할 만하다는 확신을 제공하는 복음 전도자다.

김회권 | 숭실대학교 기독교학과 구약학 교수

한국적 상황에서 복음서 연구의 새로운 전기를 마련하는 책이다. 저자는 "믿음에 기초한 비평"이란 도구를 사용하여 예수 전승이 어떻게 복음서라는 독특한 문학 장르로 안착하게 되었는지를 상세하게 기술한다. 이 책은 구술 문화에서 기록 문화로 넘어가는 과정에서 "사회적 기억"을 통해 예수의 이야기가 최종적으로 복음서로 형성되어가는 모든 과정을 다각도에서 섬세하고 설득력 있게 들려주는 데 탁월하다. 한국의 복음서 연구에 르네상스를 여는 기폭제가 될 것이라 확신한다. 특별히 복음서 형성 과정에 관심이 있는 신학생들에게 정독을 권해본다.

류호준 | 백석대학교 신학대학원 구약학 교수

현재 복음서 연구 분야는 황량하다. 난개발이 휩쓸고 지나간 땅이라고나 할까? 그간 역사적 예수 연구의 열풍에 뛰어든 연구자들이 내놓은 결과들이 지나치게 다양했다. 몇몇 현란한 주장들이 대중의 관심을 끌기는 했지만, 이는 오히려 학계를 상대주의와 회의주의로 이끌고 갔다. 다양한 결론의 이면에 심대한 방법론적 차이가 있고, 그 방법론의 차이를 중재하고 조율할 만한 대화의 문법을 만들어내지 못하고 있는 현실이다. 따라서 복음서 연구는 차분해질 필요가 있다. 이런 점에서 기초적인 질문들을 꼼꼼히 살펴보고, 성실히 대답하면서 차근차근 접근하고 있는 이 책의 번역·출간을 환영한다. 이 책은 담백하고 친절한 책이다. 초신자에게도 접근 가능하지만, 최선의 연구 결과를 잘 반영하고 있으며 저자 자신의 목소리도 분명히 내고 있는 연구이기도 하다. 복음서 과목의 교재로 쓰기에 적합하며, 보다 험준한 산맥, 이를테면 톰 라이트의 예수 이해를 탐험해보고 싶은 독자들이 기초 체력을 다지기에도 안성맞춤인 책이다.

박영호 | 한일장신대학교 신학과 교수

마이클 버드의 『주 예수의 복음』은 복음서 이해에 요구되는 역사, 문학, 그리고 신학적 차원을 다각도로 검토하여 독자들의 시선을 단숨에 낚아챈다. 또한 근대 이후 회의주의적 관점이 복음서를 두고 제기한 여러 문제를 포용적 태도로 검토하면서도 역사적이며 분석적인 방법만이 유일하며 타당한 것인지 꼼꼼히 되짚는다. 복음서와 예수에 관한 문제를 이처럼 심층적으로 연구하여 성서학적 신뢰도를 높인 저작은 흔치 않다. 신학대학원생은 물론 설교자들에게 필독서로 활용된다면 복음서 이해의 수준을 한 단계 업그레이드하는 특별한 기회가 되리라 확신한다.   윤철원 | 서울신학대학교 신학대학원 신약학 교수

이 책을 처음 잡고 읽는 순간, 내 고정관념이 깨어지기 시작했다. 나는 복음서의 근원, 구전 전통, 문서화하는 과정을 둘러싼 논쟁은 신약신학계의 전문가들에게도 매우 복잡하고 혼란스러운 주제라 그 깊이를 포기하지 않으면서도 평신도들이 이해할 수 있는 수준으로 쉽고 체계적으로 설명하는 것이 불가능하다고 여겼기 때문이다. 그런데 이 책은 그런 나의 생각을 바꿔놓았다. 이 책은 복음서의 역사성과 전승에 관해 오랜 가설들과 씨름하는 이들에게 분명히 기쁜 소식이다. 이 책의 내용은 전공자의 학문적인 수준을 유지한다. 그러나 그의 글쓰기 방식은 목회자나 신학생들뿐만 아니라 복음서의 역사적 발전 과정에 관심이 있는 평신도들과도 소통 가능한 언어를 기반으로 하고 있다. 학술적 깊이, 쉽고 명료한 글쓰기 방식, 복음주의적 관점이란 세 마리 토끼를 다 잡은 훌륭한 작품이다.

이민규 | 한국성서대학교 신학대학원 신약학 교수

이 책은 탁월하다. 명료하다. 보수적이다. 마이클 버드는 초기 교회가 예수 전승을 구술 전승으로부터 시작하여 네 권의 복음서 모음집으로 가지게 된 과정에 대해 신약학자들이 그동안 토론했던 복잡한 이론들을 면밀하게 분석하고 명료하게 정리해준다. 『주 예수의 복음』은 학계에서 보수적인 관점을 견지하면서도 복음서에 대한 가장 최근의 이론까지 다룬 탁월한 복음서 개론서다. 복음서에 대해 자세히 알기를 원하는 일반인이나 신학생에게 이 책을 적극 추천한다.

이상일 | 총신대학교 신학과 교수

신약학자의 연구는 예수(복음서)와 바울(바울 서신)을 진자 운동 하듯 오가며 발전하는 경우가 많다. 마이클 버드는 예수 연구로 시작했다가 한 동안 바울 분야의 치열한 논의에 가담한 후 이제 다시 복음서의 예수로 와서 예수 이야기가 복음서로 정착되는 과정을 치밀하고 침착한 어조로 자세하게 들려준다. 본서는 복음서 형성 과정의 지형 전체를 보여줄 뿐 아니라, 이와 관련된 다양한 이론과 그에 대한 엄밀한 평가를 꼼꼼하게 제공하여 복음서가 지금의 자리에 있는 이유와 가치를 새삼 강렬하게 느끼게 해준다. 독자는 저자의 해박한 지식에 매료될 뿐 아니라, 본서를 서가에 두어 필요할 때마다 다시 꺼내서 읽고자 하는 마음을 갖게 될 것이다.

이진섭 | 에스라성경대학원대학교 교수

누가, 왜, 어떤 과정을 거쳐서 복음서를 썼을까? 왜 복음서는 넷인가? 네 복음서는 서로 어떤 관련성을 지니는가? 복음서 말씀을 진지하게 탐구할 때 종종 이런 질문들과 마주한다. 버드는 이런 질문 자체를 못 들은 체하거나 피상적으로 얼버무리지 않고 깊이 파고들어 속 시원히 설명한다. 무엇보다 그는 기독교 신앙고백의 토대 위에서 앎을 추구한다(*fides quaerens intellectum*). 학자의 말로 속을 시원케 함과 동시에 목회자의 권면으로 속을 뜨겁게 한다. 지금껏 버드의 여러 저술이 그래왔듯이, 이 책 역시 학문성과 복음주의적 신앙고백이 서로를 지지하고 또 서로에게 기대고 있음을 여실히 보여준다.

조재천 | 횃불트리니티신학대학원대학교 신약학 교수

복음서를 연구하는 것은 초보자에게는 골치 아플 정도로 힘들고, 노련한 학자에게조차 어려운 과제다. 하지만 이 책에서 마이클 버드는 이리저리 뒤엉켜 있는 이전의 가설들을 간결하게 분석하고 설명하며 평가함으로써 앞으로 나아갈 수 있는 분명한 가이드라인을 제공한다. 마이클 버드가 신선하고 설득력 있는 방식으로 이 책에서 제시하는 쟁점들과 진지하게 씨름하는 작업을 통해 이 연구서를 읽는 이마다 엄청난 유익을 얻게 될 것이다.

톰 라이트 N.T. Wright | 성 앤드루스 대학교(St. Andrews University)

마이클 버드는 주의 깊고 세밀한 연구를 통해 이 책을 매력적으로 집필했다. 그는 신약성서의 사복음서에 대해 온갖 올바른 질문들을 제기한다. 사복음서는 과연 무엇인가? 왜 신약성서에 사복음서만 들어있는가? 왜 다른 복음서들은 신약성서에 포함되지 않았는가? 그는 이런 질문에 대해 분별력 있는 답변을 제시한다. 마이클 버드는 복음서 저자들이 예수의 생애, 가르침 및 행위에 대해 이야기를 들려주고 있음을 보여준다. 왜냐하면 그리스도인의 신앙은 궁극적으로 예수를 **따르는** 것이기 때문이다. 신학생뿐만 아니라 신학자들 역시 배울 것이 많은 이 책에서 참신하면서도 시원스럽게 하는 관점을 발견할 것이다.
크레이그 A. 에번스 Craig A. Evans | 아카디아 신학대학(Acadia Divinity College)

『주 예수의 복음』에서 마이클 버드는 초기 교회가 예수에 대한 이야기를 저술한 과정과 방법뿐만 아니라, 오늘날의 학자들이 복음서에 대한 이전 연구를 재구성해서 제시한 방법들을 예리한 시각으로 다룬다. 그의 연구는 광범위하며, 복음주의 입장에서 해당 분야에 대한 최신의 연구 결과를 철저하게 검토해서 그 결과를 이 책에 간결하며 명료하게 반영한다. 또한 다른 학자들의 반대 견해도 공정하게 평가하며 소개한다. 이 연구서는 신학교 교재로서 이상적일 뿐만 아니라, 예수의 생애에 대해 학문적으로 진지하게 연구하고자 하는 모든 이들에게 꼭 필요한 개론서다.
로버트 H. 건드리 Robert H. Gundry | 웨스트몬트 대학(Westmont College)

『주 예수의 복음』은 광범위하고 깊이 있는 연구에 기초해서 논리 정연하게 저술되어 처음부터 끝까지 기쁘게 읽을 수 있다. 이 책은 복음서와 관련된 복잡하고 어려운 많은 쟁점에 대해 최첨단 논의들을 포함하고 있으며, 앞으로의 연구를 위한 새로운 방법에 대해 몇 가지 창의적인 관점을 제안한다. 복음서 연구를 위한 훌륭한 자원임이 틀림없다.
조너선 T. 페닝턴 Jonathan T. Pennington | 남침례교 신학교(Southern Baptist Theological Seminary)

The Gospel of the Lord

How the Early Church Wrote the Story of Jesus

Michael F. Bird

Copyright ⓒ 2014 by Michael F. Bird
Originally published in English under the title
The Gospel of the Lord by Michael F. Bird
Published by Wm. B. Eerdmans Publishing Co.
2140 Oak Industrial Drive NE, Grand Rapids, Michigan 49505, U.S.A.
All rights reserved.

This Korean edition is translated and used by permission of Wm. B. Eerdmans Publishing Co. through arrangement of rMaeng2, Seoul, Republic of Korea.

이 한국어판의 저작권은 알맹2 에이전시를 통하여 미국 Wm. B. Eerdmans Publishing Co.와 독점 계약한 새물결플러스에 있습니다. 신저작권법에 의하여 한국 내에서 보호받는 저작물이므로 무단 전재와 무단 복제를 금합니다.

주 예수의 복음
초기 교회는 예수 이야기를 어떻게 기록했는가?

마이클 F. 버드 지음 | 신지철 옮김

주님의 복음을 들으십시오. 아니면 주님께서 자신에 대해 말씀하시는 것을 들으십시오. 주님께서 이렇게 말씀하십니다. "영생은 곧 유일하신 참 하나님과 그가 보내신 자 예수 그리스도를 아는 것이니이다"(요 17:3). 앞에서 여러분은 인류를 치유하려고 하나님의 말씀이 보냄을 받았다고 들었습니다. 여기서 여러분은 보냄을 받으신 그분이 바로 예수 그리스도라고 듣습니다.

요한네스 카시아누스,「성육신」4.5

사랑하는 형제자매 여러분, 이 사람이 주님의 겸손함으로 우리에게 왔을 때, 그가 설교단, 곧 교회의 재판정에 서게 하는 것보다 더 적합한 다른 무엇이 있겠습니까? 심지어 그를 박해했던 바로 그 사람조차도 그에 대해 증거하며 놀라움을 나타냈습니다. 보다 높은 곳의 숭고함에 의존하면서, 모든 사람에게 그의 명예의 탁월함을 드러내면서, 그는 자신이 그토록 용감하고 신실하게 따랐던 주님의 교훈과 **주님의 복음**을 읽었습니다. 날마다 주님을 고백했던 그 목소리가 주님이 말씀하신 것 안에서 들리게 하십시오. 그가 교회 안에서 더 앞으로 나아갈 수 있는 어떤 단계가 있는지 잘 살펴보십시오. 주님에 대한 신앙을 고백하는 사람이 형제자매에게 할 수 있는 가장 좋은 일이 무엇이겠습니까? 그것은 바로 그가 자신의 입술로 복음서를 읽어서 들려주는 동안 듣는 모든 사람이 그 봉독자의 신앙을 본받는 것입니다.

키프리아누스,「편지」33.4

목차

머리말 15
약어 23

제1장 서론: 예수에서 복음서로   31
〈추기〉 구전 복음에서 기록 복음으로   40

제2장 예수 전승의 목적 및 보존   71
〈추기〉 복음서에 대한 복음적·비평적 접근   148

제3장 예수 전승의 형성 과정   161
〈추기〉 양식비평의 결함   227

제4장 복음서의 문학적 유전학: 공관복음서 문제 및 요한 문제   247
〈추기〉 복음서의 순서에 대한 교부들의 언급   394

제5장 복음서의 장르 및 목표: 복음서란 무엇인가? 왜 복음서를 저술했는가?   407
〈추기〉 "다른" 복음서는 과연 무엇인가?   508

제6장 예수 그리스도에 대한 사중 복음: 왜 네 개의 복음서인가?   541
〈추기〉 2세기의 복음서 텍스트   594

참고 문헌 603
인명 색인 651
성서 및 다른 고대 문헌 색인 667

머리말

나는 우리가 복음서에 대한 학자들의 관심이 다시 살아나는 것을 곧 보게 되리라고 확신한다. 역사적 예수에 대한 "세 번째 탐구"는 다소 잠잠해진 것으로 보인다. 어떤 이들은 역사적 예수에 대한 연구 전체를 재고(再考)하고, 다른 이들은 복음서에서 진짜 전승을 발견할 수 있다는 개념 자체에 의문을 제기한다. 또 다른 이들은 복음서의 신학 및 내러티브의 특성과 인접한 영역들로 자신들의 관심을 옮겼다. 나는 그 분야의 연구에 새로운 에너지가 투입되지 않는 한, 역사적 예수 탐구는 한동안 활기를 잃어버리게 된다는 점에 대해 안타깝게 생각한다. 바울 연구에서는 "바울에 대한 새로운 관점"이 다소 누그러진 형태이기는 하지만 분명 우세한 경향인 것 같다. 이 새로운 관점은 일종의 균형을 성취했다. 곧, 한편으로는 유대교에 대해 미묘한 차이가 있는 견해를 제공하고 바울의 사상 속에서 사회적 사실주의를 더 많이 조명하지만, 다른 한편으로는 은혜와 신앙 및 구원에 있어 하나님의 주도권에 대한 전통적인 독해에 우선적인 관심을 유지하고 심지어 그것을 확대함으로써 균형점에 이른 것이다. 비텐베르크에서 온 열정적인 수도사나 동방에서 온 성자(聖者)가 이 균형을 깨뜨리지 않는 한, 우리는 당분간 바울 연구에서 많은 변화를 기대할 필요가 없을 것이다.

만약 신약학계의 현황에 대한 내 이해가 옳다면, 십중팔구 "복음서"가

성서학에서 중요한 차세대 연구 대상으로 떠오를 가능성이 크다. 왜 아니겠는가! 복음서 분야에는 연구할 주제가 많이 있다. 사회적 기억과 연행(演行)비평(performance criticism)의 전개는 복음서의 밑바탕을 이루는 구전(口傳)의 형성을 추론하는 데 새로운 방법을 구성했다. 복음서 장르는 언제나 훌륭한 논쟁거리를 제공해준다. 복음서들 사이의 문학적 관계와 관련하여, 비록 마가복음과 Q 자료의 우선권을 지지하는 두 자료설이 학계에서 대다수의 견해를 지배해왔지만, 오늘날 다른 이론들, 즉 (마태복음 우선설을 지지하는) 그리스바흐 가설 및 (누가복음이 마태복음을 사용했다고 주장하는) 파러-굴더-굿에이커 도식과 같은 대안 이론을 옹호하는 학자들이 여전히 있다. 하지만 언젠가 용기 있는 학자가 마태복음이 누가복음을 사용했다고 마침내 주장할 수도 있지 않을까? 우리가 기다릴 수만 있다면 그를 볼 수 있을 것이다! 그뿐 아니라, 복음서 저자들의 구약성서 사용이란 주제도 진지한 성서 해석자들에게 연구를 위한 비옥한 땅으로 남아 있다. 마찬가지로 왜 초기 교회가 단 하나의 복음서 대신에 사복음서를 선택했는가라는 질문도 신학적·문학적·사회적으로 숙고해볼 만한 중대한 문제다. 마가복음의 결말과 복음서 텍스트에 대한 속사도 시대 교부들의 증언과 같이, 본문비평과 관련하여 미해결된 문제들도 있다. 그렇다면 우리는 정경에 포함된 사복음서에서 끌어낼 수 있는 오직 하나의 복음서 신학만이 존재하는가라는 질문 역시 제기할 수 있을 것이다. 이처럼 들판이 희어졌으니 학문적인 추수를 할 때가 되었다! 복음서 연구에서 일격이 가해졌다는 것을 입증해주는 훌륭한 증거가 있다. 바로 이 책의 원고를 어드만스 출판사에 넘기고 난 지 얼마 후에, 다수의 훌륭한 연구서가 간행되었다는 사실이다. 그러나 아쉽게도 나는 그 연구서들과 학문적인 대화를 나눌 시간이 없었다. 그중에는 다음과 같은 연구서가 포함되어 있다. 프랜시스 왓슨(Francis Watson)의 『복음서 저술』(*Gospel Writing*), 버논 로빈스(Vernon Robbins)의 『사람들이 나를 누구라고 하느냐?』(*Who Do People Say I Am*), 에릭 이브(Eric Eve)의 『복음서의 배후』(*Behind the Gospels*), 리처드 호슬리(Richard Horsley)의 『예언자 예수와 이스라엘의 갱신』(*The Prophet Jesus and the Renewal of Israel*), 제임스 던(James Dunn)의 『구술 복음 전승』(*The Oral Gospel Tradition*), 라파엘 로드리게즈(Rafael Rodriguez)의 『구전과 신약성서』(*Oral Tradition and the New Testament*)가 그것이다. 이 연구서들은 복음서 연구의 뷔페식 식사다!

나는 주로 예수와 복음서 연구에 몰두해왔다. 내 첫 번째 학술 논문은 역사적 예수와 이방인 선교의 전개 과정에 대한 것이었다. 그다음 나는 역사적 예수가 자신에 대해 메시아 참칭자라고 생각했는지에 관한 연구를 덧붙여서 했다.[1] 하지만 개혁 신학의 전통에 서 있다는 이유로, 나는 종종 바울과 칭의론 및 바울에 대한 새로운 관점 등에 대한 다양한 논쟁에 참여했다. 사실상 내가 행한 거의 모든 강연은 바울 연구와 관련된 것이었다. 나를 오해하지 말라. 나는 사도 바울을 사랑한다. 나는 바울 서신을 읽고 설교하고 가르치는 것을 대단히 좋아한다. 그렇다고 하더라도, 때때로 바울을 떠나서 예수에게로 돌아가는 것은 멋진 일이다. 왜냐하면 바울은 나를 감동시키지만, 예수께서 분명히 다스리고 계시기 때문이다! 따라서 할 수 있을 때마다 나는 복음서 연구로 되돌아가는 것을 즐긴다. 한겨울 내내 바울 연구에 골몰하고 나서, 나는 성 마가의 극적인 장려함, 성 마태의 야심만만한 사회적·신학적 프로젝트, 성 누가의 기쁨과 예언자적인 열정의 결합, 성 요한의 영적인 심오함을 그리워하게 되었다. 그

---

[1] Michael F. Bird, *Jesus and the Origins of the Gentile Mission* (LNTS 331; London: Clark, 2006); idem, *Are You the One Who Is to Come? The Historical Jesus and the Messianic Question* (Grand Rapids: Baker, 2009).

래서 나 자신뿐만 아니라 독자들의 유익을 위해, 여기서 나는 또다시 예수와 복음서로 되돌아간다.

나는 한순간도 이 연구서가 복음서와 관련해서 이론의 여지가 있는 모든 주제에 해답을 제공한다고 주장하지 않을 것이다. 나는 여기서 주로 다음과 같은 질문에 관심을 기울일 것이다. 어떻게 복음서가 생겨났는가? 복음서는 어떤 종류의 문헌인가? 복음서는 하나님에 대한 기독교 담론과 어떻게 관련되어 있는가? 나는 어떻게 기독교 운동에 의해 복음서가 형성되었는지, 또한 어떻게 복음서가 그 운동 자체를 형성하게 되었는지 탐구하고자 한다. 이 탐구 과정에서 다른 질문이 많이 나오게 될 것이다. 그때마다 나는 해당 질문을 다룰 것이다. 그리고 가능하다면, 가끔 각 장의 끝에 있는 〈추기〉에서 이런 질문에 대해 자세하게 논의할 것이다. 하지만 이 연구서는 우선적으로 초기 교회의 맥락에서 우리가 "복음서"라고 부르는 책의 기원과 발전에 초점을 맞출 것이다.

이 연구서에서 몇몇 장에 나오는 내용은 다른 지면에 이미 발표된 것이다. 제2장("예수 전승의 목적 및 보존")은 원래 *Bulletin for Biblical Research* 15.2 (2005): 161-185에 실렸다. 제3장("예수 전승의 형성 과정")은 *Westminster Theological Journal* 67.1 (2005): 113-134에 실렸다. 제3장의 〈추기〉("양식비평의 결함")는 주로 이전에 *European Journal of Theology* 15.1 (2006): 5-13에 실린 논문에 기초한 것이다. 최근의 연구 결과에 비추어, 이 연구서에서는 이 세 논문의 내용을 상당 부분 개정했다. 해당 자료를 다시 이용하도록 허락해준 데 대해 각 신학 저널의 편집자들(Richard Hess, Vern S. Poythress, Pieter Lalleman)에게 감사드린다.

이 책이 출간되기까지 도움을 준 많은 분들께 감사드린다. 브리즈번 신학교(Brisbane School of Theology)의 도서관장인 스티븐 모톤(Stephen Morton)은 이 연구 과제를 탐구하는 데 필요한 많은 도서를 구할 수 있도록 도움을 주었다. 오비 부시우(Ovi Buciu)를 포함한 내 제자들과의 대화 역시 유익했다. 또한 몇몇 친구가 초고 상태에서 이 책을 읽어주었다. 마커스 복뮐(Markus Bockmuehl), 리처드 버리지(Richard Burridge), 키릴리 드루(Kirrily Drew), 벤저민 서턴(Benjamin Sutton), 조엘 윌리츠(Joel Willitts), 릭 브래넌(Rick Brannan), 폴 포스터(Paul Foster), 로버트 건드리(Robert Gundry), 마이클 홈스(Michael Holmes), 크리스토퍼 스키너(Christopher Skinner) 등이 그들이다. 그리고 이 책이 출간되기까지 배후에서 지원과 격려를 아끼지 않은 어드만스 출판사의 마이클 톰슨(Michael Thomson)에게 감사드린다. 또 이제까지 늘 그래왔듯이, 내가 기쁨과 긴장감으로 이 책을 집필하는 데 몰두할 수 있도록 허락해준 가족에게 감사드린다. 극심한 수면 장애로 고생하던 기간 동안 나를 도와준 가족에게 특별히 고마움을 전한다. 내가 복음서를 읽었던 가장 좋은 때는 바로 내 아이들인 알렉시스(Alexis), 알리사(Alyssa), 마커스(Markus)와 시어도어(Theodore)에게 복음서를 읽어주던 때였다. 우리는 함께 예수 그리스도의 "길"을 생각하면서 많은 시간을 보냈다.

마지막으로 이 책을 톰 라이트(N. T. Wright) 교수에게 헌정한다. 내가 1999년 신학교에서 첫 해를 막 마치고 난 후 애틀랜타를 여행했을 때, 어떤 서점에 들어간 적이 있다. 그때 처음으로 『예수와 하나님의 승리』(*Jesus and the Victory of God*, 크리스천 다이제스트 역간)라는 책을 보게 되었다. 나는 반들반들한 멋진 표지에 둘러싸인 그 책에 흥미를 느꼈다. 왜냐하면 내가 읽었던 몇몇 서평이 나사렛 예수의 생애에 대한 저자의 독특한 관점에 호기심을 갖도록 만들었기 때문이다. 오스트레일리아로 돌아와서 내가 제일 먼저 한 일 가운데 하나는 도서관에 가서 『예수와 하나님의 승리』를 빌린 것이었다. 그리고 나는 그 책의 14쪽에서 다음과 같은 글을 만나게 되었다. "많은 보수주의 신학자에게 예수는 동정녀에게서 태어나(인류 역사의 어느 시점이든, 어떤 민족에게서든 상관없이), 죄가 없는 삶을 살았고, 대속(代贖)의 희생제물로 죽었으며, 사흘 만에 다시 살아났다고 하면 충분할 것이다." 이 글을 읽었을 때, 나는 진득진득한 물고기로 뺨을 한 대 얻어맞은 기분이었다. 바로 그것이 내가 복음서를 이해한 방식이었다. 복음서는 영광의 주님이시자 바울 신학에서의 대속적 희생제물인 예수를 주시하고 있었다. 하지만 [당시 나에게] 복음서는 대속과 칭의에 대한 내용이 풍부한 바울 신학에 앞서 제공되는 전채 요리에 지나지 않았다. 나는 왜 예수가 죽었는지 알고 있었다. 그러나 내 신학의 레퍼토리에는 예수의 삶에 대해 정당하다고 변호하는 그 어떤 것도 없었다. 이 점과 관련해서, 나는 톰 라이트가 내게 미친 영향이, 데이비드 흄(David Hume)이 임마누엘 칸트(Immanuel Kant)에게 미친 영향과 똑같다고 인정한다. 다시 말해, 톰 라이트가 나를 "독단(獨斷)의 잠"에서 깨웠다. 아니면 내가 내 제자들에게 말하는 것처럼, 이것이 바로 내가 매트릭스를 떠난 지점이었다. 복음서에 대한 톰 라이트의 많은 저서가 내게 영감을 불어넣었으며, 한 세대 동안의 그리스도인들이 처음으로 예수 그리스도를 발견할 수 있도록 이끌어주었다.[2] 실제로 브리즈번의 로마 가톨릭 대주교 존 배더스비(Rt. Rev. John Bathersby)는 2006년 자신의 교구를 방문한 톰 라이트를 소개하면서 거의 똑같은 말을 했다. 기독교의 다양한 신앙 전통에 속한 신자들이 교회의 선교와 관련하여 예수의 선교에 대해 가르치는 톰 라이트의 능력에서 많은 유익을 얻었다. 십자가와 하나님 나라라는 주제로 2010년

---

[2] N. T. Wright, *Who Was Jesus?* (London: SPCK, 1993); idem, *Jesus and the Victory of God* (COQG 2; London: SPCK, 1996); idem, *The Challenge of Jesus* (London: SPCK, 1999); idem, *Simply Jesus: A New Vision of Who He Was, What He Did, and Why He Matters* (New York: HarperOne, 2011); idem, *How God Became King: The Forgotten Story of the Gospels* (New York: HarperOne, 2012).

애틀랜타에서 열린 성서 연구소의 모임에서 나는 톰 라이트의 논문을 논평하는 큰 영예를 누렸다. 나와 같은 세대에 속한 많은 젊은 신학자들과 마찬가지로, 나는 톰 라이트의 부지런한 학문 연구 및 저술 활동과 헌신적인 기독교 사역에 깊이 감사한다. 나는 톰 라이트가 앞으로도 긴 세월 동안 풍성히 열매 맺는 수고를 통해 예수의 복음서로 지속적으로 돌아가라고 교회를 향해 도전해주기를 기도한다. 왜냐하면 복음서의 예수 이야기는 우리 모두를 그 이야기에 따라 살라고 초대하기 때문이다.

약어

AB	Anchor Bible
ABD	D. N. Freedman, ed., *Anchor Bible Dictionary* (New York: Doubleday, 1992)
ABRL	Anchor Bible Reference Library
Adv. Haer.	Irenaeus, *Adversus Haereses*
Adv. Marc.	Tertullian, *Adversus Marcionem*
ANRW	*Aufstieg und Niederang der römischen Welt*
Ant.	Josephus, *Antiquities of the Jews*
1 Apol.	Justin, *First Apology*
2 Apol.	Justin, *Second Apology*
b.	Babylonian Talmud
BBR	Bulletin for Biblical Research
BDAG	W. Bauer, F. W. Danker, W. F. Arndt, and F. W. Gingrich, *A Greek-English Lexicon of the New Testament and Other Early Christian Literature* (3rd ed.; Chicago: University of Chicago Press, 1999)
BETL	Bibliotheca Ephemeridum Theologicarum Lovaniensium
Bib	*Biblica*

BJRL	*Bulletin of the John Rylands Library*
b. Shab.	Babylonian Talmud, tractate *Shabbat*
BSL	Biblical Studies Library
BTB	*Biblical Theology Bulletin*
BZNW	Beihefte zur Zeitschrift für die Neutestamentliche Wissenschaft
CBNTS	Coniectanea biblica Neotestamentica Studia
CBR	*Currents in Biblical Research*
CITM	Christianity in the Making
1 Clem.	*1 Clement*
2 Clem.	*2 Clement*
COQG	Christian Origins and the Question of God
CRBS	*Currents in Research: Biblical Studies*
De vir.	Jerome, *De Viris Illustribus*
Dial Tryph.	Justin, *Dialogue with Trypho*
Diatr.	Epictetus, *Diatribe*
Did.	*Didache*
DJG	J. B. Green and S. McKnight, eds., *Dictionary of Jesus and the Gospels* (Downers Grove: InterVarsity, 1992)
DNTB	C. A. Evans and S. E. Porter, eds., *Dictionary of New Testament Background* (Downers Grove: InterVarsity, 2000)
DPL	G. F. Hawthorne and R. P. Martin, eds., *Dictionary of Paul and His Letters* (Downers Grove: InterVarsity, 1993)
ECC	Eerdmans Critical Commentary
ed.	Editor or edition

EDNT	H. Balz and G. Schneider, eds., *Exegetical Dictionary of the New Testament* (Grand Rapids: Eerdmans, 1990-93)
EJTh	*European Journal of Theology*
Ep.	*Epistle(s)*
Ep. Diogn.	*Epistle to Diognetus*
Eph.	Ignatius, *Ephesians*
Epigr.	Martial, *Epigrams*
EQ	*Evangelical Quarterly*
esp.	especially
ETS	Erfurter theologische Schriftten
ExpT	*Expository Times*
FB	Forschung zur Bibel
FRLANT	Forschungen zur Religion und Literatur des Alten und Neuen Testaments
FS	Festschrift
GELS	T. Muraoka, *A Greek-English Lexicon of the Septuagint* (Louvain: Peeters, 2009)
HeyJ	Heythrop Journal
Hist. Conscr.	Lucian, *Quomodo historia conscribenda sit*
Hist. Eccl.	Eusebius, *Historia Ecclesiastica*
HSHJ	T. Holmén and S. E. Porter, eds., *Handbook for the Study of the Historical Jesus* (Leiden: Brill, 2007)
HTK	Herders theologischer Kommentar
HTR	*Harvard Theological Review*
HTS	*Hervormde Teologiese Studies*

Inst.	Quintilian, *Institutio Oratio*
Inter	*Interpretation*
JBL	*Journal of Biblical Literature*
JECS	*Journal of Early Christian Studies*
JETS	*Journal of the Evangelical Theological Society*
JGRChJ	*Journal of Greco-Roman Christianity and Judaism*
JR	*Journal of Religion*
JSHJ	*Journal for the Study of the Historical Jesus*
JSNT	*Journal for the Study of the New Testament*
JSNTSup	Journal for the Study of the New Testament Supplement
JTS	*Journal of Theological Studies*
L&N	J. P. Louw and E. A. Nida, *Greek-English Lexicon of the New Testament Based on Semantic Domains* (2nd ed.; New York: United Bible Societies, 1989)
LAE	A. Deissmann, *Light from the Ancient East: The New Testament Illustrated by Recently Discovered Texts of the Graeco-Roman World* (New York: Doran, 1927)
LNTS	Library of New Testament Studies
LSJ	H. G. Liddell, G. R. Scott, and J. S. Jones, *A Greek-English Lexicon* (9th ed., with revised supplement; Oxford: Oxford University Press, 1996)
LXX	Septuagint
m.	Mishnah
Magn.	Ignatius, *Magnesians*
Mart. Pol.	*Martyrdom of Polycarp*

ms(s).	manuscript(s)
MT	Masoretic Text
NA²⁸	B. Aland, K. Aland, et al., eds., *Nestle-Aland Novum Testamentum Graece* (28th ed.; Stuttgart: Deutsche Bibelgesellschaft, 2012)
NDIEC	G. H. Horsley and S. Llewelyn, *New Documents Illustrating Early Christianity* (Grand Rapids: Eerdmans, 1981-)
NeoT	*Neotestamentica*
NHC	Nag Hammadi Codices
NICNT	New International Commentary on the New Testament
NIDNTT	C. Brown, ed., *New International Dictionary of New Testament Theology* (Grand Rapids: Zondervan, 1975-85)
NIGTC	New International Greek Testament Commentary
NovT	*Novum Testamentum*
NovTSup	Novum Testamentum Supplement
NRSV	New Revised Standard Version
NSBT	New Studies in Biblical Theology
NTR	New Testament Readings
NTS	*New Testament Studies*
NTTS	New Testament Tools and Studies
Od.	Homer, *Odyssey*
OGIS	W. Dittenberger, ed., *Orientis Graeci Inscriptiones Selectae* (Leipzig: Hirzel, 1903-5)
Phild.	Ignatius, *Philadelphians*
Pomp.	Plutarch, *Pompey*

Pss. Sol.	*Psalms of Solomon*
RB	*Revue Biblique*
RGG	K. Galling, ed., *Religion in Geschichte und Gegenwart* (3rd ed.; Tübingen: Mohr, 1957-65)
ResQ	*Restoration Quarterly*
Rom.	Ignatius, *Romans*
SBJT	*Southern Baptist Journal of Theology*
Smyrn.	Ignatius, *Smyrnaeans*
SNTSMS	Society of New Testament Studies Monograph Series
SNTU	Studien zum Neuen Testament und seiner Umwelt
STI	Studies in Theological Interpretation
STR	*Sewanee Theological Review*
Strom.	Clement of Alexandria, *Stromata*
TANZ	Texte und Arbeiten zum neutestamentlichen Zeitalter
TDNT	G. Kittel and G. Friedrich, eds., *Theological Dictionary of the New Testament* (Grand Rapids: Eerdmans, 1964-76)
TNTC	Tyndale New Testament Commentary
Trall.	Ignatius, *Trallians*
TrinJ	*Trinity Journal*
TSAJ	Texte und Studien zum antiken Judentum
TT	*Theology Today*
TynBul	Tyndale Bulletin
TZ	*Theologische Zeitschrift*
UBS[4]	B. Aland, J. Karavidopoulos, C. M. Martini, B. M. Metzger, B. M. Newman, and K. Aland, eds., *The Greek New Testama-*

	ment (4th ed.; New York: United Bible Societies, 2010)
VC	*Vigiliae Christianae*
War	Josephus, *Jewish War*
WBC	Word Biblical Commentary
WTJ	*Westminster Theological Journal*
WUNT	Wissenschaftliche Untersuchungen Zum Neuen Testament
ZNW	*Zeitschrift für die neutestamentliche Wissenschaft*
ZWB	Zürcher Werkkommentare zur Bibel

제1장 — 서론: 예수에서 복음서로

자신이 번역한 "신약성서의 프롤로그"에서 영국의 종교개혁가 윌리엄 틴데일(William Tyndale)은 다음과 같이 감동적으로 쓰고 있다.

> (우리가 복음이라고 부르는) 유앙겔리온은 위대한 말씀이며
> 좋은 소식이자 즐겁고 기쁜 소식을 의미한다.
> 그것은 사람의 마음을 기쁘게 하며
> 노래하고 춤추고 기쁨에 겨워 뛰게 한다.[1)]

틴데일의 이 말은 복음서가 정말로 좋은 소식이며, 즐거움과 기쁨을 가져다준다는 생각을 전해준다. 복음서는 예수와 그의 생애 및 수난에 대한 소식을 전해주며, 사람들이 하나님 나라에 동참할 수 있음을 알려준다. 그러므로 복음서가 기독교의 신앙생활, 신학 및 영성과 관련하여 가장 중요한 책 가운데 있음은 결코 놀라운 일이 아니다. 교부, 중세 신학자, 종교개혁자와 심지어 오늘날 신학자들의 저서에서도 복음서가 자주 인용된다. 존 밀턴의 『복락원』과 같은 문학작품과 "가스펠" 및 "지저스 크라이스트 수퍼스타"와 같은 뮤지컬도 복음서에 기초해서 저술되거나 창작되었다.

복음서를 성서로서 존중하는 것, 다시 말해 독자로 하여금 예수라는 인물과 만나게 해주는 거룩한 이야기를 기리는 일은 오랜 역사를 지니

---

1) Richard I. Deibert, *Mark* (Interp. Louisville: Westminster John Knox, 1999), 6에서 재인용.

고 있다. 순교자 유스티누스(Justin Martyr; 기원후 160년 사망)는 성서가 제공하는 권면의 원천으로서 복음서를 읽었던 초기 교회의 예배에 대해 언급하면서 다음과 같이 말한다. "주일이라고 불리는 날에 도시와 그 주변 지역에 살고 있던 모든 사람이 한 장소에 모였다. 시간이 허락하는 범위 안에서 사도들의 회고록과 예언자들의 글이 낭독되었다. 봉독자가 봉독을 끝내면, 사회자가 이 기쁜 소식을 본받으라고 회중을 가르치고 권면했다."[2] 설교적 특성을 가진 「디오그네투스에게 보내는 편지」(*Epistle to Diognetus*) 추가 내용에서도 저자는 다음과 같이 분명하게 말한다. "율법을 존중해야 한다고 노래했고, 예언자들을 통해 전달된 하나님의 은혜를 명백하게 드러냈으며, 복음서에 기초한 믿음을 굳게 했다." 이 말은 분명히 복음서를 율법 및 예언서와 동등한 위치에 놓고 있다.[3] 후대의 몇몇 필사본은 복음서의 호칭을 각 복음서 저자에 따른 "거룩한 복음"이라고 부르며, 그것의 거룩한 특성을 강조한다.[4]

고대 교회에서 사복음서는 종종 한 권의 책으로 묶였으며, 신자들 사이에서 가장 널리 알려진 책이었다. 오늘날 본문비평 분야를 주도하는 학자들 가운데 한 사람인 데이비드 파커(David Parker)는 다음과 같이 주장한다.

> 사복음서, 곧 사중 복음(*Tetraevangelium*)은 기독교의 **바로 그 책**이다. 네 권의 책이 아니라, 한 권으로 묶인 코덱스다. 복음서 필사본은 신약성서의 모든 그리스어 필사본의 절반 이상을 차지한다. 복음서 필사본은 기독교의 모든 고

---

2) Justin Martyr, *1 Apol.* 67.3.
3) *Ep. Diogn.* 11.6.
4) *Mss.* 209, 579.

대 언어 가운데 현존하는 필사본 중 그 수가 가장 많다. 복음서에 대한 집중적인 관심은 고대의 한 현상으로 이해되기도 한다. 하지만 이와 같이 고대 언어로 된 복음서 판본과 그에 대한 연구 결과가 신약성서의 다른 어떤 부분보다 전통적으로 더 많이 나타난다는 점은 주목할 만하다. 그뿐 아니라, 복음서 필사본에 대한 판본은 영인본(影印本)이나 또 다른 형태로 더 많이 출판되었다.[5]

사복음서로 이루어진 이 코덱스, 곧 예수의 생애에 대한 네 가지 이야기는 얼핏 보기에 내용이 서로 겹치고, 때때로 서로 어긋나는 것 같다. 어떻게 사복음서가 기독교 성서에서 가장 소중히 여겨지는 부분이 되었는가라는 질문은 흥미로운 주제다.

기원후 27-28년 무렵 나사렛 예수는 유대와 갈릴리 지역에서 "하나님 나라에 대한 복음"을 전파하기 시작했다.[6] 그 이후 단지 150년이 지난 180년 무렵, 오늘날 프랑스의 리옹 지역에서 주교로 섬겼던 이레나이우스(Irenaeus)는 넷이라는 숫자의 장엄함과 매혹적인 특성을 언급하면서 왜 사복음서 이상도 아니고 그 이하일 수도 없는지에 대해 강력하게 변호했다.[7] 예수로부터 이레나이우스에 이르기까지, 두 가지 중요한 일이 일어났다. (1) 예수는 복음을 전파한 인물이었을 뿐만 아니라, 이제 복음서 안에서 선포되는 대상이 되었다. (2) 입으로 전해진 "복음"의 메시지는 "복음서"라고 알려진 문학 장르의 형태를 갖게 되었다. "복음"과 관련된 초기 교회의 언어에서 중대한 변화가 일어났다. 소유격 수식어와 더불

---

5) David Parker, *An Introduction to the New Testament Manuscripts and Their Texts* (Cambridge: Cambridge University Press, 2008), 311(Parker 강조).

6) 막 1:14.

7) Irenaeus, *Adv. Haer.* 3.11.8-9.

어, "복음"이 **하나님의 복음**, **그리스도의 복음**, 또는 **주님의 복음**이라고 묘사되었다. 이제 "복음"은 정경의 사중 복음서에서 구원의 메시지를 의미하게 되었다.

복음서와 관련해서 답변을 필요로 하는 수많은 질문이 있다. 누가 왜 복음서와 같은 "예수 책"을 저술했는가?[8] 저자들이 어떻게 자료를 수집해서 저술했는가? 왜 예수 책은 이 네 권이며, 왜 고대 교회는 다른 책들을 정경 안에 포함시키지 않았는가? 이런 질문은 초기 교회를 연구하는 역사가뿐만 아니라, 복음서를 진지하게 생각하면서 읽고자 하는 모든 독자에게도 흥미로운 것 같다. 다음과 같은 질문에 대해 어느 정도 알게 된다면, 우리는 복음서를 더 잘 이해할 수 있을 것이다. 복음서가 어떻게 저술되었는가? 복음서가 왜 저술되었는가? 또한 처음 세대의 독자들은 복음서를 어떻게 이해했는가? 분명히 복음서 저자들은 예수에 대한 이야기를 썼다. 하지만 그 이야기를 잘 이해하려면 우리는 다음 사항을 알아야 할 필요가 있다. 곧 우리는 각 장면의 배경을 알아야 하고, 그 이야기의 배후에 있는 이야기를 살펴보아야 하며, 왜 복음서가 각각 그와 같은 형태로 나타나게 되었는지 이해해야 한다. 이런 과제를 해결하기 위해서는 복음서의 기초를 이루는 설계도를 찾아내서 그것을 세밀하게 살펴보는 충실한 작업이 요구된다. 따라서 복음서의 기원에 대해 설명하려면, 나는 다음과 같은 네 가지 중대한 질문에 답변하는 일이 필요하다고 생각한다.

첫째, 우리는 예수 전승의 배후에 있는 "대폭발"을 살펴보아야 한다. "예수 전승"은 초기 교회에서 전달된 구전 본문이다. "예수 전승"은 예수

---

[8] 복음서를 "예수 책"으로 이해하는 것과 관련해서 Larry W. Hurtado, *Lord Jesus Christ: Devotion to Jesus in Earliest Christianity* (Grand Rapids: Eerdmans, 2003;『주 예수 그리스도』[새물결플러스 역간]), 269, 443을 보라.

의 말씀과 예수에 대한 이야기를 되풀이해서 말한다. 이 전승은 구원으로 이끄는 예수의 죽음과 부활에 대한 복음 선포의 메시지와 공존하며, 심지어 서로 결합되어 있다.9) 하지만 초기 교회에서 예수의 말씀은 어떤 목적으로 기억되었는가? 그리고 그의 말씀을 보존한 의도는 무엇이었는가? 예수 전승은 예수의 가르침과 사역 및 죽음에 초점을 맞춘 특별한 내용을 지니고 있다. 그리고 그 전승은 예수를 따르는 자들 사이에서 널리 유포되었다. 문제는 "왜"다. 왜 예수의 가르침을 다른 사람들에게 전하려고 노력했는가? 왜 예수에 대한 이야기를 말했는가? 그것은 초기 교회에서 일어나고 있던 일과 어떤 관계가 있는가? 그리고 나는 다음과 같은 질문에 대해 새로운 견해를 갖는 것이 가능하다고 생각한다. 왜 초기 교회는 예수의 말씀에 그와 같은 권위를 부여했는가? 예수 전승은 초기 교회가 형성되는 데 어떤 역할을 담당했는가?

둘째, 예수 전승은 어떻게 전달되었는가? 어떤 이들은 예수 전승의 전달 과정이 "전화" 또는 Chinese whispers(어떤 말을 한 사람씩 릴레이로 전달해서 마지막 사람이 처음의 말을 맞추는 일종의 "말 옮기기" 게임 – 편집자 주)와 비슷했으리라고 상상한다. 이런 비교에 대해 설명하자면, 예를 들어 "Send reinforcements: we are going to advance"(증원군을 보내라. 우리는 진격할 것이다)라는 최초의 메시지가 여러 사람을 거쳐 전달되는 과정에서 그 말이 점점 바뀌어 마지막에는 "Send three and sixpence: we are

---

9) 용어에 대해 정의하자면, 구전(oral tradition)은 전승이 입을 통해 전달되는 것을 가리킨다. 그러나 구전 역사는 구전 안에서의 역사적 자료와 관계가 있다. 또한 디다케와 케리그마는 어떤 면에서 기독교 담론에 대한 서로 다른 종(種)이지만, 그럼에도 불구하고 이 두 가지를 구분하는 선은 유동적이며 명료하지 않다. 왜냐하면 이 두 가지는 서로 공통된 요소를 지니고 있기 때문이다. 행 15:35은 한 가지 예를 분명하게 제시한다. 해당 절에서 "가르치는 것"과 "복음을 전파하는 것"은 동일한 "주의 말씀"의 요소로서 여겨진다.

gong to a dance"(3과 6펜스를 보내라. 우리는 춤추러 갈 것이다)와 같은 엉뚱한 말로 의미가 왜곡되어 전달되는 것이다.[10] 예수의 말씀이 정말로 이렇게 뒤범벅된 상태로 전달되었을까? 아니면 교회가 예수 전승을 다른 사람들에게 전달하려고 시도하는 과정에서 보다 신중했을까? 복음서 저자들은 단순히 나름의 신념을 예수의 생애에서 읽어낸 것일까? 아니면 그들은 예수의 생애에 대해 어느 정도 정확한 이야기를 제공하는 것일까? 만약 정확하다면, 얼마나 정확할까? 또한 그 정확성은 어떤 종류일까? 월스트리트저널이나, 폭스뉴스와 같은 그런 정확성일까?

셋째, 자료(sources)나 문학 양식의 갈래 및 복음서의 목적과 관련해서, 몇 가지 비평적인 질문이 존재한다. 특별히 복음서의 배후에 있는 자료는 어떤 것들인가? 복음서의 문학 양식은 무엇인가? 그리고 왜 누군가가 하필 복음서를 썼을까? 이 세 가지 질문은 서로 다른 것이지만, 나는 이 질문들이 모두 서로 밀접하게 연결되어 있다고 생각한다. 복음서가 어떤 문학 양식인지 파악하지 못한다면, 복음서의 자료와 관련된 비평적인

---

10) Bart Ehrman(*Jesus, Interrupted: Revealing the Hidden Contradictions in the Bible [And Why We Don't Know About Them]* [New York: HarperOne, 2009], 146-147)은 어린아이들의 "전화 게임"을 어떻게 예수 전승에서 모순이 나타났는지 설명하기 위한 비교 대상으로 사용한다. 하지만 Anthony Le Donne(*Historical Jesus: What Can We Know and How Can We Know It?* [Grand Rapids: Eerdmans, 2011], 70)은 다음과 같이 주장하면서, 이 비교에 반대한다. "말을 전달하는 과정에서, 이 [게임]은 통제되지 **않은** 채 실행된다는 점을 지적해야 한다. 이 게임은 [최초의 내용이] 변하지 않는다는 것이 보장되지 않은 채 변화무쌍하게 진행된다. 인간 문명의 대부분은 주로 글을 읽거나 쓸 줄 모르는 문화와 함께 발달되어왔다. 우리는 이 모든 문명이 낄낄대며 우스갯소리를 하는 어린아이들에 상응한다고 상상해야 하는가? 이집트, 로마, 브리타니아, 마야의 황금시대는 사회적 의사소통 과정에서 변화가 일어나지 않는다는 데 대해 확신이 없었다. 이 점은 분명하다. 하지만 구전 문화는 엄청난 전달 능력을 수행할 수 있었다. 인간의 사고는 그것이 활발하게 움직이고 유연할 때 막대한 양의 정보를 정확하게 기억할 수 있다. 예수가 양육된 구전 문화는 이야기, 법, 시, 노래 등을 수록하고 있는 모든 자료를 암기하도록 가장 총명한 어린아이들을 훈련했다."

문제들은 올바로 해결될 수 없을 것이다. 또한 문학 양식에 대한 질문은 복음서의 목적과 밀접하게 연결되어 있다. 비록 이와 같은 역사비평적인 질문들이 명료하게 해결되지 않고 종종 지루한 것처럼 여겨지지만, 복음서 저자들이 무엇을 했고, 그들이 무엇을 성취하고자 노력했는지 이해하는 데 있어 이 질문들은 여전히 핵심 사항으로 남아 있다. 자료, 문학 양식 및 목적과 관련된 핵심 질문들은 우리를 복음서의 중심부로 가까이 데려다주며, 복음서가 어떤 목적을 이루기 위해 기록되었는지 귀띔해준다!

넷째, 정경에 대한 분별력을 조금이라도 지닌 사람이라면, 다음과 같은 몇 가지 질문을 제기하지 않을 수 없을 것이다. 왜 우리는 사복음서를 가지고 있는가? 왜 하나의 복음서가 아닌가? 만약 한 가지 이상의 복음서가 있다면, 왜 네 개 이상이나 십여 개의 복음서가 존재하지 않는가? 왜 정경에 네 복음서가 들어 있는가에 대한 신학적인 이유를 밝히는 것은 탐구할 만한 가치가 충분하다. 특별히 사복음서 외에도, 초기 교회가 사용할 수 있었던 다양한 대안이 있었다는 점을 고려할 때, 이 점은 더욱 연구할 가치가 있다. 나는 이 질문에 대한 대답이 정경에 포함된 복음서가 네 개라는 사실에 대한 보다 큰 가치 평가를 가져다주기를 바란다.

바로 이것이 우리 앞에 놓여 있는 과제다. 그 과제란 복음서가 어떤 과정을 통해 나타났는지, 왜 복음서가 그런 외형과 특성을 지니고 있는지 밝혀내는 것이다. 나는 이 연구서가 역사적 산물로서의 복음서에 대한 이해를 밝혀주고, 복음서를 기록한 사람들과 복음서를 성서로서 수집한 사람들에 대한 정보를 알려주는 데 기여하기를 바란다. 복음서를 읽고 연구하는 작업은 반드시 그를 복음서에 기록된 주님께로 더 가까이 이끌어줄 것이다. 또한 이런 작업은 그분의 주권에 둘러싸여 살고 있는 사람들로 하여금 복음서의 이야기가 다른 사람들에게 전해질 수 있도록 모든 위험을 무릅쓴 저자들과 신앙 공동체에게 더욱더 감사하게 만들 것이다.

추기
구전 복음에서 기록 복음으로

1. 고대 세계에서 "복음"의 의미

고대 세계에서 복음서는 하나의 독특한 문학적 독립체였다. 이 문학 양식의 기원에 대해 숙고할 때, 우리의 분명한 출발점은 "복음"이라는 단어의 배경과 그리스도인이 그 단어를 사용한 용례에서 시작하는 것이다. 복음서는 입으로 전해지던 예수의 메시지를 기록된 형태로 제시하려고 저술되었다. 그러므로 우리는 반드시 구전(oral) "복음"과 문자로 기록된 "복음서"의 연관성에 대해 숙고해보아야 한다.[11]

영어 "가스펠"(gospel)은 "좋은 이야기"에 가까운 어떤 것을 의미하는 영어 고어(古語) godspel에서 유래되었다. 영어라는 언어적인 시각에서 신약성서의 복음서는 예수에 대한 기쁜 소식이다. 영어 gospel은 라틴어 *evangelium*과 그리스어 εὐαγγέλιον(그리스어에서 동사형은 εὐαγγελίζομαι)을 번역한 것이다. 이 단어의 어근은 다른 사람들에게 선포된 기쁜 소식을 의미한다.[12] 해당 용어에 대해 보다 정확하게 이해하려면, 그리스-로

---
11) 참조. Tom Thatcher, "The Gospel Genre: What Are We After?" *ResQ* 36 (1994): 137.
12) GELS, 297; BDAG, 402-403; L&N, 412-413; *NIDNTT* 2.107-115; *EDNT* 2.69-74; *TDNT* 2.707-737; *NDIEC* 3:10-15. 다음 연구서도 보라. Adolf von Harnack, "Gospel:

마 문화 및 유대 공동체에서 "복음"이라는 명사와 "복음을 선포하다"라는 동사가 어떻게 사용되었는지 그 용례를 탐구하는 것이 유익할 것이다.

그리스-로마 세계에서 일반적으로 그리스어 명사 εὐαγγέλιον은 주로 긍정적인 소식과 연관되어 있다. 특별히 이 그리스어 명사는 군대가 싸움에서 승리한 소식을 전하는 것과 연결되어 사용된다. 반면에 그리스어 동사 εὐαγγελίζομαι는 기쁜 소식을 선포하는 구체적인 행위를 묘사하는 데 사용되었다. 몇몇 경우에서 그리스어 명사 εὐαγγέλιον은 기쁜 소식을 가져온 사람이 받는 선물과 연결되어 있다.[13] 또한 이 그리스어 명사는 기쁜 소식을 듣고 나서 신에게 바친 감사 제물과도 연관된다.[14] 존 딕슨(John Dickson)은 기쁜 소식과의 이런 연관성에 대해 다음과 같이 주장한다.

History of the Conception in the Earliest Church," in *The Constitution and Law of the Church in the First Two Centuries* (London: William & Norgate, 1910), 275-331; Julius Schniewind, *Euangelion: Ursprung und erste Gestalt des Begriffs Evangelium, Untersuchung* (Gütersloh: Bertelsmann, 1927); Peter Stuhlmacher, "The Pauline Gospel," in *The Gospel and the Gospels,* ed. P. Stuhlmacher (Grand Rapids: Eerdmans, 1991), 149-172; Graham Stanton, *Jesus and Gospel* (Cambridge: Cambridge University Press, 2004), 9-62; William Horbury, "'Gospel' in Herodian Judea," in *The Written Gospel,* ed. M. Bockmuehl and D. A. Hagner (Cambridge: Cambridge University Press, 2005), 7-30; John Dickson, "Gospel as News: εὐαγγελ- from Aristophanes to the Apostle Paul," *NTS* 51(2005): 212-230; Steve Mason, *Josephus, Judea, and Christian Origins: Methods and Categories* (Peabody: Hendrickson, 2009), 283-302; Petr Pokorný, *From the Gospel to the Gospels: History, Theology and Impact of the Biblical Term "Euangelion"* (BZNW 195: Berlin de Gruyter, 2013); James D. G. Dunn, "The Gospel and the Gospels," *EQ* 85 (2013): 291-308; David E. Aune, "The Meaning of εὐαγγέλιον in the *Inscriptiones* of the Canonical Gospels," in *Jesus, Gospel Traditions and Paul in the Context of Jewish and Greco-Roman Antiquity: Collected Essays II* (WUNT 303; Tübingen: Mohr, 2013), 3-24.

13) 참조. Homer, *Od.* 14.152; (LXX) 삼하 4:10; 18:22; Plutarch, *Demetrius* 17.5.

14) Aeschines, *Against Ctesiphon* 160; Isocrates, *Areopagiticus* 10; Xenophon, *Hellenica* 1.6.37; 4.3.14; Josephus, *Jewish War* 4.618.

그리스어 동사 εὐαγγελίζομαι는 εὐάγγελος, 곧 고대 그리스에서 소식을 전달하는 자의 행위를 가리킨다. εὐάγγελος는 군대가 싸움에서 승리했거나 원수가 죽었거나 사로잡혔다는 소식이나, 그 밖의 다른 중요한 소식을 전하기 위해 배 또는 말을 타거나 달려온 사람이었다. 그리스어 명사 εὐτυχής는 흔히 선포와 관련되어 있다. 그리스어 형용사형이 명사로 사용된 εὐαγγέλιον은 명사 εὐάγγελος에서 유래한 것으로, 단순히 "εὐάγγελος에 상응하는 것"을 의미한다. 따라서 이 단어는 고대에 "상을 베풂/ 기쁜 소식의 전달" 및 "소식" 그 자체를 뜻하는 이중적인 용례로 사용되었다.[15]

중요한 지점은, 좋은 소식이 군대가 싸움에서 승리한 소식과 연결될 때, 때때로 거기에 신의 호의나 신의 선물과 같은 종교적인 의미가 덧붙여졌다는 것이다. 플루타르코스(Plutarch)는 그리스-로마의 군대와 관련된 "기쁜 소식"에 대한 정보를 상당히 많이 알려준다. 플루타르코스는 스파르타인들이 "승리의 기쁜 소식(εὐαγγέλιον ἐκ φιδιτίου)을 가져온 사람"에게 고기를 상으로 주던 관습에 대해 기록하고 있다.[16] 로마의 장군 퀸투스 세르토리우스(Quintus Sertorius)는 군대가 어떤 전술을 사용할 것인지에 대해 자신에게 꿈을 통해 알려주는 마력의 암사슴이 있었다고 주장했다.

세르토리우스는 자신이 지휘하던 지역이 침공을 당하거나, 그의 원수가 어떤 도시를 부추겨서 그를 배반하려고 시도한다는 비밀 정보를 얻을 때마다, 꿈 속에 암사슴이 나와 자신과 대화하는 척 가장했다. 곧 그 암사슴이 세르토리

---

15) Dickson, "Gospel as News," 212-213.
16) Plutarch, *Moralia* 347D.

우스에게 군대를 출동 준비시키라고 명령했다는 것이다. 또한 자신의 지휘 아래 있는 장군들이 전쟁에서 승리했다는 소식을 전해 들었을 때, 그는 소식을 전한 사람을 숨겨둔 채, 좋은 소식(εὐαγγελίοις)을 받은 것에 대한 대가로 화관을 씌운 암사슴을 데려오게 한 다음에, 자신의 부하들에게 기뻐하라고 권면하면서, 신들에게 희생제물을 드리라고 지시했다. 그러면서 그는 자신의 부하들이 곧 어떤 행운에 대해 알게 될 것이라고 단언했다.[17]

한편 로마의 장군 폼페이우스가 자신의 군대와 함께 페트라를 향해서 행군할 때, 그는 자신의 대적인 폰토스의 왕 미트리다테스가 죽었다는 "기쁜 소식"을 전해 들었다. 곧 "그가 페트라 가까운 곳에 이르렀을 때, 전령들이 폰토스로부터 말을 타고 와서 기쁜 소식(εὐαγγέλια)을 전했다"[18]. 플루타르코스는 다음과 같은 상황에 대해서도 묘사한다. "폼페이우스의 동맹군이 율리우스 카이사르에게 승리했다고 선포했을 때, 그것은 곧 주제넘은 것으로 밝혀졌지만, 몇몇 사람이 레스보스 섬으로 항해해서 코르넬리아에게 전쟁이 끝났다는 기쁜 소식을 전해주고자 했다(εὐαγγελιζόμενοι)."[19] 우리는 다른 곳에서도 비슷한 표현을 발견할 수 있다. 오늘날까지 현존하는 2세기 초의 개인적인 편지에서, 어떤 저자는 "노예가 승리와 성공에 대한 기쁜 소식을 가져왔다(εὐαγγελίζοντι τὰ τῆς νείκης)"고 말한다.[20]

1세기 유대교의 저자들도 로마 제국의 권력과 관련된 기쁜 소식에 대해 썼다. 필론은 「가이우스에게 보내는 사절단」에서 가이우스 칼리굴라가

---

17) Plutarch, *Sertorius* 11.4.
18) Plutarch, *Pompeius* 41.3.
19) Plutarch, *Pompeius* 66.3.
20) *P.Giss* 27, *NDIEC* 3:12에서 인용함.

로마 황제가 되었다는 소식이 예루살렘에서 어떻게 받아들여졌는지에 대해 묘사했다. 그는 해당 책에서 "바로 우리의 도시로부터 다른 사람들에게 기쁜 소식이 신속하게 전달되었다(εὐαγγελιουμένη)"라고 언급한다.[21] 요세푸스는 베스파시아누스가 로마 황제에 즉위한 일을 보고하면서, "모든 도시가 기쁜 소식(εὐαγγέλια)을 듣고 축하했으며, 그를 위해 희생제물을 드렸다"고 말한다.[22] 나중에 요세푸스는 다음과 같이 덧붙인다. "알렉산드리아에 도착하자, 베스파시아누스는 로마로부터 기쁜 소식(εὐαγγέλια)을 들었다. 이제 그의 세상이 된 로마 제국의 도처에서 사절단이 와서 그를 축하해 주었다.…이제 로마 제국 전체가 안정을 되찾았으며, 로마 정부는 기대했던 것 이상으로 구원받았다."[23] 베스파시아누스가 로마 황제가 된 일은 단순히 정치적인 톱 뉴스만이 아니었다. 그의 황제 등극은 기원후 68-69년 사이의 재난의 시기로부터 로마 제국이 사회·정치적으로 구원받은 일로 전해지고 경축되었다. 네로 황제가 자살하고 나서, 기원후 68-69년의 짧은 기간에 세 명의 황제(갈바, 오토, 비텔리우스)가 바뀌었다. 이런 와중에 베스파시아누스의 황제 등극은 종교적인 사건이었다. 곧 그 사건은 베스파시아누스가 신들의 지원을 받고 있으며, 이제 그가 로마 제국의 백성을 위해 제사장과 같은 중재자 역할을 한다는 것을 암시했다.

황제 숭배는 황제의 은혜로운 행위를 찬양하는 나름의 고유한 "복음"을 가지고 있었다. 아시아 동맹(Asian League)의 공식 역법 시행령(기원전 9년)을 포함하고 있는 프리에네 비문은 지방 총독인 파울루스 파비우스 막시무스(Paulus Fabius Maximus)의 제안으로 새겨진 것이다. 해당 법령은

---

21) Philo, *Ad Gaium* 231.
22) Josephus, *Jewish War* 4.618.
23) Josephus, *Jewish War* 4.656-657.

로마 황제 아우구스투스의 출생일(9월 23일)을 아시아 지역에서 새해의 시작을 알리는 날로 정할 것을 명령하고 있다. 지방 총독인 막시무스는 아시아 지역의 몇몇 도시에 첨부 문서와 함께 공식 서한을 보냈다. 그 서한은 해당 결정을 추천하면서, 지방의 주민들에게 법령을 널리 알리도록 지시했다. 그 법령은 자연 질서와 자신의 삶을 새롭게 할 뿐만 아니라, 아시아 지역의 모든 백성에게 호의와 은혜를 베푸는 수단으로서 황제의 탄생을 다음과 같이 축하했다.

대제사장 아폴로니우스(Apollonius of Menophilus Azanitus)의 견해에 의하면, 그것은 아시아의 그리스인들에게 좋은 것으로 여겨졌다. "왜냐하면 만물에 질서를 부여하고 우리의 삶에 깊은 관심을 갖고 있는 신이 우리에게 아우구스투스 황제를 주셔서 가장 완벽한 질서를 제공하셨기 때문이다. 신은 그를 미덕으로 가득 채워서, 그가 인류에게 유익을 가져다주게 하셨다. 또한 신은 우리뿐만 아니라 우리의 후손을 위해 그를 구원자로 보내셨다. 그래서 그는 전쟁을 끝내고 모든 것을 해결했다. (우리의 모든 기대를 뛰어넘어서) 카이사르로서 그는 이전의 모든 은인을 능가했다. 심지어 그는 자신이 행한 것을 뛰어넘을 수 있을 것이라는 희망을 후손에게 남겨놓지 않았다. 그래서 아우구스투스 신의 탄생일은 신으로부터 온, 세상을 위한 기쁜 소식의 시작이었다(ἦρξεν δὲ τῶι κόσμωι τῶν δι' αὐτὸν εὐαγγελίων ἡ γενέθλιος τοῦ θεοῦ). 그래서 아시아 지역은 서머나에서 그의 탄생일을 새해의 시작으로 결정했다."[24]

다른 고대 고고학의 증거도 같은 방향을 가리킨다. 예를 들면, 어떤 비문에서 아우구스투스의 아들이 토가를 걸치는 그날(즉 성년의 나이에 이르

---

[24] *OGIS* 458.

렸음을 의미함)은 "도시 전체에 기쁜 소식"이었다(εὐαγγελίσθη ἡ πόλις)고 묘사된다.²⁵⁾ 3세기 초로 추정되는 한 이집트 파피루스는 "공식적으로 황제, 곧 카이사르 [즉 가이우스 율리우스 베루스 막시무스 아우구스투스]를 선포하는 것과 관련한 기쁜 소식"을 들은 데 대한 저자의 기쁨을 묘사한다. 저자는 그 소식을 신들을 위한 예배 의식과 더불어 축하해야 한다고 생각한다.²⁶⁾ 1세기 무렵으로 추정되는 오로포스(Oropos)의 암피아라이아(Amphiaraia) 신전에 새겨진 어떤 비문은 "로마의 승리에 대한 기쁜 소식"(εὐαγγέλια τῆς Ῥωμαίων νίκης)에 대해 언급한다.

이와 같이 우리는 되풀이해서 "복음"이 주로 군대의 승리에 대한 소식, 황제의 탄생과 연관된 혜택, 중요한 인물이 성년이 되는 일이나 황제의 등극 등과 연결되어 있음을 발견하게 된다. 때때로 "기쁜 소식"은 단순히 긍정적인 보고를 의미한다. 하지만 그 단어는 전문적인 용례로서 사회적·종교적·정치적인 함의를 지닌 다양한 배경에 적용된다. 만약 전쟁에서 이겼다면, 신들이 승리를 가져다준 것이다. 따라서 신들에게 희생제물을 바쳐야 했다. 만약 카이사르가 통치하고 있다면, 그것은 모든 사람에게 평화와 번영을 의미한다. 신들은 그를 통해 활동하며, 제국 전체에 호의를 베푼다. 바로 이것이 그리스-로마의 복음이다. 처음에 예수는 그와 같은 배경에서 "하나님 나라의 복음"을 전했다. 그리고 마가와 바울은 "메시아 예수에 대한 복음"을 선포했다. 물론 우리는 εὐαγγέλιον에 대한 유대교 배경을 먼저 검토하지 않은 채 플루타르코스에서 바로 바울에게로 건너뛸 수는 없다.

구약성서에서 히브리어 명사 בְּשׂוֹרָה는 기쁜 소식에 대한 보답이나 기쁜 소식 그 자체를 가리킨다. 동사형 בשר는 "기쁜 소식을 전하다"라는 뜻

---

25) *NDIEC* 3:12.
26) Deissmann, *LAE* 367; *NDIEC* 3:12.

이며, 분사형 מְבַשֵּׂר는 명사로 사용되어 "기쁜 소식을 전하는 자"를 뜻한다. 70인역에서 이 히브리어 단어들은 "기쁜 소식을 선포하다"를 의미하는 εὐαγγελίζω로 번역되었다. 그리스어 분사 εὐαγγελιζόμενος는 기쁜 소식을 선포하는 사람을 가리킨다. 중성 명사 복수 εὐαγγέλια는 기쁜 소식을 가져온 데 대한 상을 의미한다. 그리고 여성 명사 단수 εὐαγγελία는 기쁜 소식 그 자체를 뜻한다. 이처럼 이 단어들은 의미론적인 측면에서 승리에 대한 기쁜 소식, 승리의 발표자, 승리의 기쁜 소식을 가져온 데 대한 보답 등과 관련되어 있다.

사무엘하에는 아말렉 사람에 대한 이야기가 소개된다. 이 아말렉 사람은 자신이 다윗에게 사울의 죽음에 대해 알려준다면(מְבַשֵּׂר/εὐαγγελιζόμενος), 상(בְּשׂרָה/εὐαγγέλια)을 받을 것이라고 추측했다. 하지만 그가 소식을 전한 일에 대한 보상은 바로 죽음이었다(삼하/2 Kgdms 4:10, 삼하/2 Kgdms 1:1-16을 가리킴). 이와 비슷하게, 압살롬이 죽은 다음에 아히마아스는 다윗에게 달려가서, "여호와께서 왕의 원수 갚아주신 소식을 전하기(בשׂר/εὐαγγελιῶ)"를 원했다(삼하 18:19). 하지만 요압은 그를 말렸다. 요압은 아히마아스 대신에 구스 사람을 보냈다. 왜냐하면 다윗이 그 소식을 들을 때 슬퍼하리라는 점을 고려하면, "이 소식으로 말미암아서는 상(בשׂרה/εὐαγγελία)을" 받지 못할 것이기 때문이다(삼하/2 Kgdms 18:19-20). 비록 압살롬의 죽음이 야웨께서 다윗에게 승리를 주신 기쁜 소식(בשׂרה/εὐαγγελία)으로 전달되었지만, 다윗은 여전히 압살롬을 위해 비통하게 울었다(삼하 18:21-33).

앞선 사무엘상의 이야기에 의하면, 블레셋 사람들이 사울의 세 아들을 죽였다. 그리고 사울은 자기의 칼을 뽑아서 그 위에 엎드러져 죽었다. 이튿날 블레셋 사람들은 전쟁터를 샅샅이 뒤져서 사울의 시신을 찾아냈다. 그러자 "그들은 사울의 목을 자르고 그의 갑옷을 벗긴 다음에, 블레셋

땅 사방으로 전령들을 보내어, 자기들이 섬기는 우상들의 집과 백성에게 승리의 소식을 전하였다(בשר/εὐαγγελίζοντες)"(삼상/1 Kgdms 31:9; 참조. 대상 10:9-10). 또한 그들은 사울의 머리를 다곤의 신전에 달았다(대상 10:10). 사울의 죽음은 블레셋 사람들에게 기쁜 소식이었다. 그래서 그들은 그의 죽음을 블레셋의 신들과 백성에게 알렸다. 전략적인 측면에서 이스라엘의 왕이 죽었다는 것은 군사적인 위협이 사라졌음을 의미한다. 신학적인 측면에서는 블레셋의 신들이 야웨를 패배시킨 것처럼 보인다. 그래서 군사적 승리에 대한 소식은 다음과 같은 종교적인 주장으로 이어진다. 곧 블레셋의 신들이 이스라엘의 하나님을 이겼다는 것이다.[27]

한편 다윗의 아들 아도니야는 주제넘게 잔치를 베풀고, 왕위 즉위식을 거행하고자 했다. 하지만 다윗의 심복인 요나단이 아도니야에게 "좋은 소식"(개역개정 – "아름다운 소식"; בשר/εὐαγγέλισαι)을 가져왔다. 그 소식은 다윗이 공식적으로 자신의 왕위 계승자로 솔로몬에게 기름을 부었다는 것이다(왕상/3 Kgdms 1:42). 하지만 솔로몬이 왕이 되었다는 좋은 소식은 사실상 아도니야에게 나쁜 소식이었다. 그러자 아도니야는 성전 안으로 들어가서 제단 뿔을 붙잡았다(참조. 왕상 1:42-50).

시편 역시 승리와 이스라엘의 하나님의 통치에 대한 기쁜 소식의 그림을 보여주는 데 기여한다. 시편 68편(67편, LXX)은 연기가 불려가듯이 원수들을 쫓아 보내시고, 초가 녹듯이 그들을 사라지게 하시는 하나님을 찬양하며 기도한다. 이스라엘의 하나님은 그분의 백성에게 필요한 것을 공급하시고 그들을 보호하신다. 따라서 이스라엘에 대한 이야기는 야웨의 승리에 대한 길고 영광스러운 자세한 설명으로 이루어져 있다. 사

---

[27] Walter Brueggemann, *First and Second Samuel* (Interp.; Louisville: John Knox, 1990), 208-209.

실상 시편 68:11-12(12-13절, LXX)에서 하나님은 전쟁의 결말을 결정짓는 명령을 내리신다. 70인역의 그리스어 본문에서는 "주께서 많은 사람들에게 [이방 왕들이 패배했다는] 기쁜 소식을 전하는 이들에게(המבשר/τοῖς εὐαγγελιζομένοις) 말씀을 주실 것이며", 여인들은 자신들의 성읍이 전리품으로 가득한 것을 보자 기뻐한다는 의미로 번역되어 있다. 이 시편에서 중요한 사항은 하나님이 외세의 위협으로부터 이스라엘을 구원하셔서 자신의 왕권을 입증하신다는 점이다. 또한 하나님 자신이 승리에 대한 소식을 사람들에게 전하도록 이끄시며, 심지어 그 소식을 알려주신다. 왕위 등극시 가운데 하나인 시편 96편(95편, LXX)은 모든 나라에 대한 야웨의 왕권과 통치를 찬양한다. 여기서 이스라엘의 예배는 다음과 같이 케리그마적인 특성을 나타낸다. "여호와께 노래하여 그의 이름을 송축하며 그의 구원을 날마다 전파할지어다(בשׂר/εὐαγγελίζεσθε). 그의 영광을 백성들 가운데에, 그의 기이한 행적을 만민 가운데에 선포할지어다"(2-3절). 이 시편은 우상 숭배에 대해 비난하고, 땅 위의 모든 민족이 성전에서 야웨께 예배드리는 데 참여하도록 초대하는 내용이 포함되어 있다. 왜냐하면 야웨께서 왕이시고 세상을 공의로 심판하러 오실 것이기 때문이다(10-13절). 여기서 시편 기자는 마치 국제 통신원과 같은 역할을 한다. 곧 시인은 모든 나라에게 야웨의 승리와 그들의 패배에 대해 말한다. 그러면서 그는 모든 나라가 야웨의 종이 되어서 그분을 경배하도록 초대한다.

이스라엘의 "복음"에 대한 가장 구체적인 예는 이사야서에 나타난다. 이사야서에서 하나님의 미래의 통치와 포로들의 귀환에 대한 소식은 패망한 나라의 소망에 대해 예언자가 묘사하는 그림의 일부분으로 제시된다.[28]

---

28) 하나님의 승리와 이스라엘 백성의 구원에 대한 소식을 알려주는 기원전 8세기의 선례로서 욜 2:32과 나 1:15을 참조하라.

이사야 40-66장에 의하면, 하나님의 심판의 처참한 결과 이후에 이스라엘의 운명은 회복될 것이다. 또한 한 전령이 유다의 성읍들에게 그들의 구원이 곧 다가온다는 중대한 소식을 전하라는 사명을 받는다. "아름다운 소식을 시온에 전하는 자여(מבשרת/ὁ εὐαγγελιζόμενος), 너는 높은 산에 오르라. 아름다운 소식을 예루살렘에 전하는 자여(מבשרת/ὁ εὐαγγελιζόμενος), 너는 힘써 소리를 높이라. 두려워하지 말고 소리를 높여 유다의 성읍들에게 이르기를 너희의 하나님을 보라 하라. 보라, 주 여호와께서 장차 강한 자로 임하실 것이요 친히 그의 팔로 다스리실 것이라. 보라, 상급이 그에게 있고 보응이 그의 앞에 있으며"(사 40:9-10).[29]

여기서 주요 주제는 곧 다가올 새로운 출애굽 사건이다. 또 다시 하나님은 광야에서 이스라엘을 인도하시며, 목자가 양떼를 이끄는 것처럼 포로들을 약속의 땅으로 인도하실 것이다. 하나님이 왕의 권능을 지닌 채 오시고 있다는 예언자의 선포를 통해서, 해방과 탈출이라는 오래 기다려왔던 대단원이 마침내 이루어지기 시작한다. 이사야서에서는 나중에 다시 같은 주제가 나타난다. 곧 야웨에게서 오는 기쁜 소식과 더불어 시온은 포로 생활에서 벗어난다. "내가 여기 있다. 산 위에 다가온 봄처럼, 평화가 왔다고 외치는 좋은 소식을 전하는 이(מבשר/εὐαγγελιζομένου)의 발처럼, 좋은 일들이 일어났다고 기쁜 소식을 전하는 이(מבשר/εὐαγγελιζομένου)처럼, 나는 너에게 구원의 소식을 선포할 것이다. 나는 시온에게 '네 하나님이 다스리실 것이다'라고 선포할 것이다"(사 52:6-7; Bird 번역). 그렇다면 여기서 좋은 소식은 무엇인가? 그것은 바로 하나님이 왕이시며, 모든 나라에 대한 하나님의 계획이 이루어질 것이며, 그분이 포

---

29) 마소라 텍스트에서는 시온/예루살렘이 기쁜 소식을 전하는 반면에, 70인역에서는 시온/예루살렘이 기쁜 소식을 전달받는다.

로들을 돌아오게 하실 계획을 세우셨다는 것이다. 곧 이스라엘의 회복은 놀라운 것이어서, 주변 나라들의 백성이 금과 유향을 가지고 와서 그곳에서 "야웨가 구원하셨다는 좋은 소식을 선포할(בשׂר/εὐαγγελιοῦνται(사 60:6; Bird 번역) 것이다. 이 메시지를 전하는 데 참여하는 특별한 인물이 야웨의 "종"이다. 그는 다음과 같은 말을 전하는 사명을 받았다. "주 여호와의 영이 내게 내리셨으니, 이는 여호와께서 내게 기름을 부으사 가난한 자에게 아름다운 소식을 전하게(בשׂר/εὐαγγελίσασθαι) 하려 하심이라. 나를 보내사 마음이 상한 자를 고치며 포로된 자에게 자유를, 갇힌 자에게 놓임을 선포하며, 여호와의 은혜의 해와 우리 하나님의 보복의 날을 선포하여 모든 슬픈 자를 위로하되, 무릇 시온에서 슬퍼하는 자에게 화관을 주어 그 재를 대신하며 기쁨의 기름으로 그 슬픔을 대신하며 찬송의 옷으로 그 근심을 대신하시고 그들이 의의 나무 곧 여호와께서 심으신 그 영광을 나타낼 자라 일컬음을 받게 하려 하심이라"(사 61:1-3). 대체로 이사야 40-66장에서 우리는 이스라엘의 구원에 대한 "좋은 소식"(사 52:7), 이스라엘의 회복(사 61:1-6), 하나님이 권능과 더불어 오심(사 40:10) 및 "네 하나님이 통치하신다"(사 52:7)라는 간결하고 적합하게 요약된 메시지를 간파할 수 있다.[30] 만약 우리가 복음이라고 말할 수 있다면, 이와 같이 이사야서의 "복음"은 이스라엘에게 하나님의 신실하심을 입증하고자 하는 하나님 자신의 의도와 관련되어 있다. 곧 신실하신 하나님은 이스라엘 백성을 포로 생활에서 자유롭게 하셔서 약속의 땅으로 돌아오게 하고, 또한 그들을 새롭게 하셔서 그들의 사회적·정치적으로 불행한 상황을 회복시키신다.

이스라엘의 구원을 배경으로 하고 있는 이사야서에서 언급되는 "좋

---

30) 참조. Jonathan T. Pennington, *Reading the Gospels Wisely: A Narrative and Theological Introduction* (Grand Rapids: Baker, 2012), 14-17.

은 소식"은 후대 유대교의 몇몇 문헌에 중대한 영향을 미친 것으로 추측된다. 헤롯 왕이 통치하던 시기로부터 유래한다고 추정되는「솔로몬의 시편」(Psalms of Solomon)에 있는 시에는, 이스라엘이 이방 나라 가운데 흩어져 있던 상황이 끝나는 것을 솔로몬이 내다본다는 언급이 포함되어 있다. 이 시편에 의하면, 하나님은 실제로 지형을 바꾸셔서, 여러 나라에 흩어져 있던 이스라엘 지파들이 예루살렘으로 돌아올 수 있게 하신다. 또다시 하나님의 영광이 예루살렘에 나타날 것이다. "시온에서 나팔을 불어서 신호를 보내라. 그래서 거룩한 자들이 돌아오게 하라. 예루살렘에서 좋은 소식을 가져오는 자의(εὐαγγελιζομένου) 목소리를 높여라. 왜냐하면 이스라엘의 하나님이 자비를 보이셔서, 그들을 방문하셨기 때문이다."[31] 이 시편은 이스라엘이 하나님의 심판을 받아서 이방 나라로 사로잡혀가는 것을 다루는 시편(「솔로몬의 시편」9편)과, 공의로우시지만 자비가 풍성하신 하나님께 호소하는 시편(「솔로몬의 시편」10편) 다음에 이어진다. 하나님은 자비를 나타내셔서, 이스라엘을 포로 상태에서 놓이게 하실 것이다. 이는 시온이 반드시 들어야 할 좋은 소식이다(「솔로몬의 시편」11편).

쿰란 문서에서는 이사야서에서 유래된 "좋은 소식"이 쿰란 공동체의 미래에 영향을 미칠 것이라고 믿게 하는 성서의 다양한 기대감과 결합되어 있다. 멜기세덱 문서(11Q13)에서 서기관은 소식을 전하는 자가 오고 있는 것을 내다본다. 그는 성령으로 기름 부음을 받았으며, "신적 존재"에 대한 메시지를 가져온다. 그리고 그는 멜기세덱이 벨리알의 권세로부터 쿰란 공동체를 구원할 것이라고 선포한다. 더 자세히 말하자면, 이사야 52:7의 야훼의 말씀을 되풀이하면서, 이 전달자는 하나님의 통치에 대한 좋은 소식을 시온에 가져온다. 그는 다니엘 9:26에서 백성으로부터 끊어

---

31) *Pss. Sol.* 11.1.

진(곧 죽은) 기름 부음 받은 자와 동일시된다. 이사야 61:2에서 곧바로 유래하는 것으로서, 그의 주요 임무는 하나님의 은혜를 선포하고 슬퍼하는 모든 사람을 위로하는 것이다. 여기서 주목할 점은 이사야 52:7에서 언급되는 좋은 소식이 "시온"(의의 아들들의 공동체와 동일시됨)이 "신적 존재"(하늘의 멜기세덱과 동일시됨)가 벨리알의 권세로부터 자신을 구원한다는 소식을 듣는 것으로 해석된다는 것이다.[32] 메시아 묵시록(4Q521)이라는 쿰란 문서에서 하나님은 메시아를 통해 상처 입은 자들을 고치시고, 죽은 자들을 살리시며, "가난한 자들에게 아름다운 소식을 전하신다(ענוים יבשר)." 이 표현은 이사야서에서 유래한 것이며, 회복의 날에 대한 표징과 연결되어 있다. 이 쿰란 문서에서 해당 표현은 신실한 자들이 새롭게 되는 것과 그들이 하나님의 영원한 나라에 동참하는 것에 적용된다.[33]

앞에서 언급한 내용을 종합하면, 「솔로몬의 시편」에서 이사야서의 좋은(아름다운) 소식은 이스라엘의 포로 생활이 끝나고, 하나님의 자비로 새로운 시대가 시작된다는 것으로 이해된다. 반면에 쿰란 문서에서 좋은 소식을 전하는 이사야서의 전달자는 하늘의 멜기세덱에 대해 선포하는 자이거나, 이스라엘의 회복의 날이 다가오는 것을 알려주는 표징을 행하는 메시아로 해석된다. 어쨌든 좋은 소식에 대한 이와 같은 선포는 단지 "구원"에 대한 일반적인 선언이 아니라, 하나님이 이스라엘에게 신실하시며 이방 나라들에게 승리를 거두신다는 선포로 이루어져 있다. 이사야서에서 아름답고 기쁜 소식은 하나님이 왕으로서 통치하고 자비를 베푸셔서 이스라엘에게 사회적·정치적 구원이 이른다는 내용으로 이루어져 있다.

70인역에서 어근 εὐαγγέλ-이 적게 나타남에도 불구하고, 히브리어

---

32) 11Q13 2.15-25.
33) 4Q521 2.1-14. 마 11:5/눅 7:22과 비교해보라.

בשׂורה와 아람어 בסורה를 통해 유대 지역에서 "복음"이라는 용어는 잔존하고 있었다고 여겨진다. 왜냐하면 몇몇 고대 유대교 문헌에서 이 단어들이 발견되기 때문이다. 일부 학자들은 미쉬나 이전의 아람어, 탈굼, 쿰란 문서에서 가정 및 공동체 생활을 위한 "좋은 소식"과 관련된 아람어 어휘에 관심을 기울였다. 이들은 그 어휘들이 종종 하나님의 왕권과 관련되어 있다는 점에 주목했다. 따라서 명사와 동사의 파생어를 포함하여 구약성서에서 유래된 "좋은 소식"은 성서 전승 및 동방의 통치자 숭배에 영향을 받아서 그리스어와 아람어 형태로 유대 지역에 남아 있었다.[34]

세 가지 중요한 신약성서 그리스어 사전은 모두 신약성서에서 그리스어 명사 εὐαγγέλιον과 동사 εὐαγγελίζομαι가 단순히 로마 제국의 황제 숭배에서 유래했다고 알려주지만,[35] 나는 그것이 절대적이지는 않다고 추론한다. 나는 신약성서에서 사용되는 복음과 관련된 어휘에는 황제 숭배적 언어에 대한 패러디와 프로파간다에 대한 비판도 암시되어 있을 가능성이 있다고 생각한다. 하지만 나는 신약성서에서 "복음"이라는 용어의

---

34) Horbury는 "Gospel in Herodian Judaea," 9-20에서 이 점에 대해 설득력 있게 논증한다. 참조. J. W. Bowman, "The Term *Gospel* and Its Cognates in the Palestinian Syriac," in *New Testament Essays,* ed. A. J. B. Higgins (FS T. W. Manson; Manchester: Manchester University Press, 1959), 54-57. 또한 Peter Stuhlmacher, *Das paulinische Evangelium* (Göttingen: Vandenhoeck & Ruprecht, 1968), 129-135. Murray J. Smith의 다음 논문은 "고전 및 성서 전승"에 영향을 받았다. "The Gospels in Early Christian Literature," in *The Content and Setting of the Gospel Tradition,* ed. M. Harding and A. Nobbs (Grand Rapids: Eerdmans, 2010), 182.

35) 참조. *TDNT* 2.725; *NIDNTT* 2.109; *EDNT* 2.71. Horbury ("'Gospel' in Herodian Judaea," 11, 15)는 황제 숭배와 성서 및 후대의 유대교 문서로부터 영향을 받아서 기독교의 복음으로 "수렴"되었다는 관점을 제시한다. 기독교 복음서와 황제 숭배와 관련해서, 다음 연구서와 논문을 보라. Stanton, *Jesus and Gospel,* 25-35, 59 및 Craig A. Evans, "Mark's Incipit and the Priene Calendar: From Jewish Gospel to Greco-Roman Gospel," *JGRChJ* 1(2000): 67-81.

뿌리는 다른 곳에 있다고 판단한다. 그 뿌리는 바로 야웨의 다스리심에 대한 "기쁜 소식", 포로 생활의 마침, 이스라엘의 회복 등을 내용으로 하고 있는 이사야서의 예언적인 비전이다. 그 예언적인 비전은 예수가 말하고, 초기 교회가 선포하며, 복음서에 나타나는 "복음"에 대한 직접적인 배경을 형성한다.[36] 그렇기 때문에 이사야서는 적절하게도 교회의 "다섯째 복음"으로 불리는 것이다.[37]

2. 예수의 "하나님 나라 복음"에서 마가의 "예수 그리스도의 복음의 시작"으로

복음서의 발전 과정에 대한 탐구에서 종종 간과되는 한 가지 요소는 나사렛 예수가 "복음"을 선포했다는 것이다.[38] 오늘날 학자들은 대체로 예수

---

36) 이 견해는 Helmut Koester(*Ancient Christian Gospels: Their History and Development* [London: SCM, 1992], 3)의 입장과 반대된다. 그는 다음과 같이 주장한다. "가장 초기의 기독교가 그 형성 단계에서 구약성서의 이 예언적인 본문들에 어떤 방법으로든지 영향을 받아서 εὐαγγέλιον과 εὐαγγελίζεσθαι를 사용했다는 증거는 전혀 없다." 그러나 우리는 다음 사항에 대해 의문을 품지 않을 수 없다. 곧 이사야서의 "복음"이 쿰란 공동체와 「솔로몬의 시편」에 영향을 끼쳤다면, 왜 최초의 그리스도인들에게는 영향을 끼치지 않았겠는가? 이사야서의 "복음"은 마가와 바울에게는 명백하게, 누가에게는 다소간 어떤 형태를 제공했을 것이다. 사실상 그들은 이사야서와 예수를 연결하는 것을 스스로 고안해내지 않았다. 아마도 그들은 자신이 이미 전해 받은 전승을 확대했을 것이다. 참조. Rikki E. Watts, *Isaiah's New Exodus in Mark* (BSL; Grand Rapids: Baker, 1997); J. Ross Wagner, *Heralds of the Good News: Isaiah and Paul in Concert in the Letter to the Romans* (Leiden: Brill, 2003); Peter Mallen, *The Reading and Transformation of Isaiah in Luke-Acts* (LNTS 367; London: T&T Clark, 2008); Pokorný, *From the Gospel to the Gospels*, 41-44.
37) 참조. John F. A. Sawyer, *The Fifth Gospel: Isaiah in the History of Christianity* (Cambridge: Cambridge University Press, 1996).
38) Pokorný(*From the Gospel to the Gospels*, 53)는 마가 전승과 Q 전승을 개관하며, 다음과 같이 결론짓는다. "예수는 하나님 나라에 대해 자신이 선포하는 것을 [사 61장에서 묘사되

는 복음을 전파하지 않았다고 믿는다. 즉 복음서에서 예수의 입으로 "복음"이라는 단어가 언급되거나, 예수가 "복음을 전파하다"라고 표현된 모든 구절은 나사렛 출신의 갈릴리 랍비에게는 시대착오적인 것이며, 이후에 기독교화된 표현이라고 이해하는 것이다.39) 비록 학자들의 이런 견해가 신약학계를 지배하고 있으며 또 지속적으로 주장되고 있지만, 내 생각에 이 견해는 마치 산양이 가파른 빙산 위에 발을 딛고 서 있는 형국과 같다!

첫째, 우리는 예수가 복음을 전파했다는 데 대한 역사적인 진정성을 요구할 수 있는 **분명한 증거**를 갖고 있다. 왜냐하면 그의 "복음"에서는 예수 자신이 초점이 아니기 때문이다. 예수는 바로 하나님 나라를 전파했다. 그는 자신의 죽음과 부활이 가져다주는 중요 혜택으로서 믿음으로 의롭게 되는 것이나 죄 사함을 언급하면서 자신의 죽음과 부활에 대한 기쁜 소식을 전파하지 않았다. 이는 우리가 읽고 있는 복음서가 후대의 기독교화(Christianization) 된 논평이 아니라는 훌륭한 증거다. 하나님 나라와 십자가는 분명히 서로 밀접하게 연결되어 있다. 이 두 가지는 어떻게 하나님이 승리를 거두셨는가를 나타내는 직물에서 핵심적인 실을 형성한다. 하지만 예수는 바울의 로마서에서 직접 떼어낸 복음을 전파하지 않았다.40) 오

는] 기쁜 소식에 대한 예언적인 선포와 동일시했다. 예수에 대한 전승을 포함하고 있는 최초의 두 문서(Q와 마가복음)는 예수의 생애 동안 **유앙겔리온**이라는 용어가 사용되었음을 나타낸다. 이 점은 [복음에 대한] 전승을 의식하고 있었다는 것을 지지한다. 그 전승에 따라서 예수는 '기쁜 소식'을 전파했다. 이 경우에 기쁜 소식은 하나님 나라에 대한 예수의 가르침과 동일하다." 이 견해와 대조적으로, Klyne Snodgrass("The Gospel of Jesus," in *The Written Gospel*, ed. M. Bockmuehl and D. A. Hagner [Cambridge: Cambridge University Press, 2005], 31, 45)는 "복음"을 예수의 메시지에 대한 설명어로 다루지만, 과연 예수가 "복음"에 해당하는 아람어 용어를 사용했는지에 대해서는 확신하지 않는다.

39) 참조. 예를 들면, *EDNT* 2.70-71.
40) 이 점과 관련해서는 N. T. Wright, *How Did God Becoming King?* (London: SPCK, 2011), 175-249을 참조하라.

히려 그의 메시지는 하나님의 다스리심과 이스라엘을 갱신하시고자 하는 하나님의 계획에 대한 것이었다. 아울러 그의 메시지에는 구약성서의 소망과 심판에 대한 경고가 반영되어 있으며, 이 중대한 시점에 이스라엘이 반응해야 할 필요가 있다는 내용 등이 내포되어 있다.

둘째, 나를 위시해서 많은 학자들이 이미 주장했듯이, 만약 우리가 역사적 예수를 유대의 회복주의적 종말론의 맥락에 위치시킨다면, 이는 하나님이 왕으로서 곧 오시는 데 대해 예수가 기쁜 소식을 선포한 일과 완벽하게 어울린다.[41] 아람어에서 בסורה אמלכות ("나라에 대한 기쁜 소식") 같은 말은 하나님의 왕 되심과 구원에 대한 마음 설레는 선포와 더불어 듣는 사람들의 귀를 쫑긋하게 할 것이다.[42] 예수는 이스라엘이 하나님의 승

---

[41] 참조. Ben F. Meyer, *The Aims of Jesus* (London: SCM, 1979); E. P. Sanders, *Jesus and Judaism* (Philadelphia: Fortress Press, 1985); N. T. Wright, *Jesus and the Victory of God* (COQG 2; London: SPCK, 1996); Scot McKnight, *A New Vision for Israel* (Grand Rapids: Eerdmans, 1999); Brant Pitre, *Jesus, the Tribulation and the End of the Exile: Restoration Eschatology and the Origin of the Atonement* (Grand Rapids: Baker, 2005); Michael F. Bird, *Jesus and the Origins of the Gentile Mission* (LNTS 331; London: T&T Clark, 2006), esp. 26-45.

[42] 이사야서의 히브리어나 그리스어 본문의 형태에서 동사형이 더 많이 사용된다는 점을 고려할 때, 몇몇 학자들은 예수가 아람어 명사보다는 아람어 동사를 사용했을 것이라고 주장한다(예. Stanton, *Jesus and Gospel*, 18-20). 하지만 나는 그 점에 대해 명백한 판단을 내릴 수 없다는 입장이다. 왜냐하면 우리가 확실히 알 수 없기 때문이다. 그렇지만 다음 세 가지 이유에 근거해서, 나는 예수가 아람어 명사형을 사용했을 가능성을 배제하지 않는다. (1) εὐαγγέλιον은 그리스어로 기록된 복음서로부터 "설교에 사용될 만한" 아람어로 쉽게 되돌릴 수 있다. (2) "복음을 믿으라"(막 1:15)는 셈어의 숙어적인 표현에 기초할 가능성이 있다(찬성. Stuhlmacher, "Gospel and Gospels," 20-21). (3) "복음" 또는 "복음을 전파하다"에 대한 언급은 초기 교회가 세워질 무렵부터 전해진 초기 기독교의 팔레스타인 전승의 일부분이었을 가능성이 높다(참조. 마 24:14/막 13:10; 마 26:13/막 14:9; 행 15:7; 롬 1:1; 계 14:6-7). 마가만이 그리스어 명사 유앙겔리온을 사용한다는 사실이 마치 바울이 "복음"을 전파한 유일한 사람인 것처럼 마가가 바울의 영향을 받았다는 것을 의미하지는 않는다(빈대. Willi Marxsen, *Mark the Evangelist: Studies on Redaction History of the Gospel* [Nashville: Abingdon,

리와 하나님의 심판이라는 위기 사이에 서 있다고 선언했다. 장차 하나님이 그분의 권능으로 심판하시는 날, 이스라엘 사람들이 예수에게 어떻게 반응하는가에 따라서, 언약 관계에 있는 하나님 앞에서 그들의 신분이 결정될 것이다. 예수는 하나님의 통치가 다가오고 있다는 기쁜 소식에 대한 이사야서 본문을 취해서, 이 통치가 구원에 대한 메시아적인 전령으로서 예수의 사역 안에서, 또한 그의 사역을 통해서 현실이 되고 있다고 선언했다(막 1:14-15; 마 4:23; 9:35; 눅 4:18-21, 43; 8:1; 9:6; 눅 7:22/마 11:5). 예수의 주장에 의하면, 그의 행위 곧 치유, 귀신들을 쫓아냄, 가난한 사람들에게 복음을 전파함 등은 하나님이 왕으로서 오시고 있음을 보여주는 표징이다. 또한 예수의 행위는 회복에 대한 이스라엘의 소망을 눈으로 보고 손으로 만질 수 있게 해주는 표징이다. 다시 말해, 하나님의 승리의 조짐이 보이기 시작한다. 이스라엘의 회복과 관련된 다양한 소망—이사야서는 이 주제에 많은 기여를 함—에는 다음과 같은 사항이 포함되어 있었다. 곧 메시아 왕이 오고, 새로운 출애굽 사건이 일어나며, 이곳저곳에 흩어진 이스라엘의 지파들이 약속의 땅으로 돌아오고, 이방인들이 예루살렘으로 순례 여행을 할 것이며, 이스라엘의 원수들이 패배할 것이고, 성전이 다시 세워지며, 야웨가 시온을 찾아오시며, 이스라엘이 언약에 기초한 의로움으로 돌아온다는 것 등이다. 이 모든 사항은 나사렛 예수가 실행하는 프로그램 및 복음 선포와 더불어 이루어질 것이다. 바로 이것이 예수의 복음이며, 그가 선포한 내용이었다.[43]

1969], 125). 예수에 대한 이야기에서 그리스어 명사 **유앙겔리온**을 사용하는 것과 관련해서, 마가는 단순히 바울의 영향과 초기 전승을 결합했을 것이다.

43) 참조. E. P. Sanders, *Judaism: Practice and Belief, 63 BCE–66 CE* (London: SCM, 1992), 279-303; N. T. Wright, *The New Testament and the People of God* (COQG 1; London: SPCK, 1992), 145-338; James D. G. Dunn, *Jesus Remembered* (CITM 1; Grand

셋째, 어떤 이들은 바로 앞에서 제기한 주장에 즉각적인 반응을 보이면서, 곧바로 다음과 같은 잘 알려진 견해로 맞받아치고자 할 것이다. 곧 예수는 하나님 나라를 선포했지만, 교회는 예수에 대해 설교했다! 비록 예수가 어떤 종류의 복음을 선포했다고 하더라도, 그것은 부활 사건 이후에 초기 교회가 선포한 복음과 분명하게 달랐다는 것이다. 여기에는 밝혀야 할 진짜 관심사가 내포되어 있다. 왜냐하면 사실상 부활 사건은 부활 사건 이전의 예수의 복음과, 부활 사건 이후 초기 교회의 복음 사이에 어떤 변화를 가져왔기 때문이다. 하지만 이 둘 사이의 대조가 지나치게 강조되어서는 안 된다. 비록 예수가 자기 자신에 대해 명백하게 선포하지 않았지만, 하나님 나라에 대한 예수의 선포 안에는 항상 예수 자신에 대한 언급이 암시되어 있었다. 예수는 자신을 비난하는 사람들에게 다음과 같이 주장했다. "그러나 내가 하나님의 손/성령을 힘입어 귀신을 쫓아내는 것이라면 하나님의 나라가 이미 너희에게 임하였느니라"(눅 11:20/마 12:28). 따라서 하나님 나라를 안내하는 것은 바로 성령의 역사로 말미암는 **예수의 사역**과 구약 시대의 예언자들이 선포한 다양한 소망을 구체화하는 **예수의 말씀**이다. 더욱이 우리는 오고 있는 이 하나님 나라에서 예수가 자신이 개인적으로 어떤 역할을 하고 있다고 생각했는지 질문해야 한다. 우리가 갖고 있는 자료로부터, 특별히 예수의 생애 마지막 한 주간에 예루살렘에서 일어난 사건에 대한 자료로부터, 우리는 다음과 같은 인상을 얻는다. 곧 예수는 자신이 메시아이자 왕이고, 하나님의 대리자이며, 회복된 이스라엘의 통치자라고 이해했다(특히 마 19:28/눅 22:30을 보라).[44]

Rapids: Eerdmans, 2003;『예수와 기독교의 기원』[새물결플러스 역간]), 393-396.
44) 참조. Michael F. Bird, *Are You the One Who Is to Come? The Historical Jesus and the Messianic Question* (Grand Rapids: Baker, 2009), 104-107.

그뿐 아니라, 수난에 대한 예수 자신의 예고, 고난에 대한 예언적인 다양한 암시와 예수의 비유들 중 상당수가 모두, 예수가 자신의 죽음을 하나님 나라의 승리를 위한 도구로 간주했다는 것을 넌지시 알려준다.[45]

그뿐 아니라, 초기 교회 안에서도 예수의 죽음에 대속 기능을 부여하고 예수의 부활과 높임 받음을 믿는 것 등이 하나님 나라에 대한 그의 메시지를 포기하는 방향으로 이끌지 않았다. 반대로, 초기 교회는 의식적으로 자기 자신을 일종의 "하나님 나라" 운동으로 이해했던 것으로 보인다. 초기 교회의 판단에 의하면, 십자가는 하나님 나라를 나타내는 하나의 핵심적인 상징이었다. 바울은 자신이 쓴 편지의 여러 곳에서 "하나님 나라"를 언급했다. 이 언급은 실제적으로 하나님 나라가 바울이 하고 있던 일에 대한 축약이었음을 암시해준다(롬 14:17; 고전 4:20; 골 1:13; 4:11). 사람들은 그 나라 안으로 들어가야 하며, 그 나라는 미래에 유업으로 받을 나라다(고전 6:9-10; 15:24, 50; 갈 5:21; 살전 2:12; 살후 1:5). 그리고 그 나라는 기독론적으로 구성되어 있어서, 바울은 메시아(그리스도) 예수와 하나님 나라를 서로 밀접하게 결합되어 있는 대상으로 여길 수 있었다(행 28:31; 골 1:12-14; 엡 5:5; 딤후 4:1을 보라).[46] 사도들의 설교에 대한 누가의 요약은 기쁜 소식이 하나님 나라에 대한 예수의 선포와 밀접하게 연결되어 있다는 강력한 인상을 준다. 왜냐하면 교회가 예수의 죽음과 부활에 초점을 맞추고 있었다고 하더라도, 교회는 이스라엘의 회복에 대한 소망을 하나님의 전반적인 목적 가운데 중요한 부분으로 간직하고 있었기 때문이다(행

---

45) 참조. Michael F. Bird, "Passion Predictions," in *Encyclopedia of the Historical Jesus*, ed. C. A. Evans (New York: Routledge, 2008), 442-446.

46) 참조. Simon Gathercole, "The Gospel of Paul and the Kingdom of God," in *God's Power to Save*, ed. C. Green (Nottingham: Inter-Varsity, 2006), 138-154; Brian Vickers, "The Kingdom of God in Paul's Gospel," *SBJT* 12 (2008): 52-67.

3:19-21; 8:12; 14:22; 19:8; 20:25; 28:23, 31). 사복음서가 모두 다양한 방법으로 예수를 하나님 나라와 연결하지만, 이 책들은 하나님 나라의 도래에 대한 주요한 상징으로서 십자가에 달린 예수의 왕권을 묘사하는 데서 정점에 이른다. 그러므로 예수가 전파한 복음은 예수에 대한 교회의 복음을 위해 중요한 전제로 남아 있다.

위에서 언급한 이유에 기초해서, 나는 복음서의 메시지와 바울의 복음을 서로 갈라놓으려고 하는 시도에 대해 회의적인 입장이다. 예를 들면, 하워드 클라크 키(Howard Clark Kee)는 바울의 복음이 예수의 죽음과 부활을 강조하는 반면에, 복음서는 언약 백성을 위한 하나님의 목적의 전달자로서 예수의 역할에 초점을 맞추고 있다고 주장한다. 키는 이렇게 말한다. "따라서 우리는 여기서 단지 바울 서신에서 메시지로 제시되는 '복음'과 마가복음에서 내러티브로 제시되는 '복음' 사이의 차이점뿐만 아니라, 믿음의 대상으로서의 예수에 대한 상이한 이해에 직면하게 된다."[47] 또다시 이것은 그릇된 이분법에 기초한 견해다. 왜냐하면 마가와 바울은 둘 다 예수를 하나님이 이스라엘에 보내신 구속자로 알고 있으며, 예수의 죽음과 부활이 지니고 있는 구원의 메시지도 인식하기 때문이다. 모든 복음서의 이야기는 예수와 관련된 구원 소식의 절정으로서 예수의 죽음과 부활에서 끝이 난다. 하지만 바울은 여러 곳에서 예수를 종이자 이스라엘의 구원자라고 강조한다(예. 갈 4:4-5; 롬 1:16; 15:8; 참조. 행 13:23-24; 28:20).

복음과 관련해서 예수와 초기 교회 사이의 연속성을 입증해주는 또 다른 요소가 있다. 예수가 자신의 메시지를 지속적으로 선포하도록 다른

---

[47] Howard Clark Kee, *The Beginning of Christianity: An Introduction to the New Testament* (New York: T&T Clark/Continuum, 2005), 65, 80.

사람들을 준비시켰다는 사실이다.[48] 예언자로서 활동하던 기간에 예수는 순회 복음 전파 사역을 위해 제자들을 보냈다. 그래서 제자들이 자신의 행위를 그대로 따라 하고, 자신의 메시지를 그대로 전하게 했다(막 6:6b-13, 30; 마 10:1-42; 눅 9:1-6, 10; 10:1-20). 예수는 제자들이 전파하고 실행한 "하나님 나라"의 "복음"(마 10:7; 눅 9:6; 10:9)을 하나님의 백성을 구원하는 결과를 빚어내는 것으로서 사탄에 대한 하나님의 승리의 일부분으로 여겼다(눅 10:18). 감람산 강화에 의하면, 예수는 예루살렘이 함락되기 전에 먼저 "복음"이 모든 나라에 전파되어야 하며, 그 이후에 선택받은 이들이 구원을 받고, 인자의 정당성이 입증된다고 믿었다(막 13:10; 마 24:14).[49] 베다니에서 예수의 머리에 향유를 부은 무명의 여인에 대한 이야기에서(막 14:3-9; 마 26:6-13) 예수는 "온 천하 어디서든지 복음이 전파되는 곳에는 이 여자가 행한 일도 말하여 그를 기억하리라"(막 14:9; 마 26:13)고 약속한다. 예수는 "복음"이 미래에도 계속해서 전파되리라고 암시한 것이다. 이 복음은 예루살렘에서 예수에게 다가오는 죽음과 연결되어 있으며, 하나님 나라에 대한 예수의 메시지에 빚지고 있다. 예수를 따르는 자들이 그 복음을 이스라엘의 지역적인 경계선을 넘어서 전파할 것이다.[50]

우리가 앞에서 살펴본 내용은, 초기 교회가 전파한 부활 사건 이후의 복음이 역사적 예수가 부활 사건 이전에 전파한 복음과 연관성이 있다는 사실을 입증해준다. 예수는 회복에 대한 이사야서 본문을 취해서, 자신을

---

48) 참조. *1 Clem*. 42.1: "사도들은 우리를 위해 주 예수 그리스도에게서 복음을 받았다." Irenaeus와 같은 후대의 저자들에게 이 주제는 중요한 것으로 입증되었다. Irenaeus는 교회의 복음 자체는 예수가 준 것이며, 예수가 권위를 부여한 것이라고 믿었다.
49) 이 구절의 진정성과 의미에 대해 다음 연구서를 보라. Michael Bird, *Jesus and the Origins of the Gentile Mission*, 138-142; Pitre, *Jesus, the Tribulation*, 253-292.
50) 참조. Bird, *Jesus and the Origins of the Gentile Mission*, 162-168.

"종"과 "기름 부음 받은 자"로 묘사한다. 또한 그는 하나님의 통치가 다가오고 있다는 "복음"을 알린다. 그 사실에 대한 입증으로서, 예수는 치유와 기적 사역을 행한다. 예수의 이런 사역은 그의 암묵적인 메시아 주장과 밀접하게 연결되어 있으며, 그의 죽음으로 절정에 이른다. 예수의 부활에 대한 증인으로서 또한 성령을 받은 이들로서, 초기 교회는 이후에 다음과 같이 믿었다. 곧 예수를 주님으로 여기고 헌신하며, 하나님 나라를 시작하게 한 왕으로서 예수를 강조하며, 하나님 나라의 복음을 선포하는 것은 전적으로 타당하다고 믿었던 것이다. 이사야서에 묘사된 하나님의 승리에 대한 기쁜 소식은 메시아 예수의 생애와 죽음과 부활을 통해 하나님이 승리하시는 것으로 밝혀졌다. 그 이후로 하나님 나라를 위한 예수의 메시아 사역에 대한 이야기는 교회가 전파하는 복음의 내용에서 결정적인 것이 된다. 이는 그 내용이 펼쳐질 때 왜 "하나님의 복음"과 "하나님 나라의 복음"이 "메시아 예수의 복음"과 다름없는지를 밝혀준다. 또한 이것은 왜 사도행전에서 사도들의 설교가 예수의 생애에 대한 개요에서 시작하고 예수의 부활과 높임 받음이 가지는 구원적 중요성을 설명하는지를 드러낸다(행 10:34-43; 13:15-41을 보라). 나아가 이것은 왜 마가복음에서 "예수 그리스도의 복음의 시작"이 예수가 "하나님의 복음"을 전파하는 것을 가리키는지 밝혀준다(막 1:1, 14-15). 나중에 안디옥의 이그나티우스(35-108년)에 의하면, 복음은 예수의 "십자가와 죽음 및 그를 통해서 오는 믿음"이다.[51] 하지만 더 확대된 형태의 복음은 예수의 탄생, 세례, 다윗의 혈통도 포함한다. "하나님의 계획에 따라서 예수 그리스도는 성령의 역사로 말미암아 다윗의 후손으로 마리아에 의해 잉태되었다. 예수는 태어났고, 자신의 고난을 통해 물을 깨

---

51) Ignatius, *Phild.* 8.2.

끗하게 하려고 세례를 받았다."⁵²⁾ 예수가 하나님 나라를 오게 하도록 하나
님이 세우신 주연 배우 역할을 하는 곳에서, 초기 교회의 복음은 초기 교회
의 핵심적인 세계관, 이야기하는 방법, 공동체의 관습, 정치적인 수사(修辭)
와 미래의 다양한 기대감 등을 나타낸 것 같다.

예수 자신이 복음 전파에서 사용했으며 유대 그리스도인도 사용한
בשרה와 בסורה가 메시아(그리스도) 예수에 대한 "기쁜 소식"을 나타내기 위
해 그리스어 εὐαγγέλιον으로 바뀐 일은, 아마도 예루살렘 교회 안에서 그
리스어를 말하던 유대 그리스도인들에 의해 쉽게 이루어졌을 것이다.⁵³⁾
"복음"이라고 알려진 초기 교회의 메시지는 광범위하게 공유되었던 것 같
다(참조. 갈 2:7; 살전 2:4; 고전 15:3-5, 11; 롬 1:3-4; 벧전 4:17; 히 4:6; 계 14:6; 딤
후 2:8).⁵⁴⁾ 또한 그 메시지는 초기 교회가 이사야 40-66장을 해석하는 것

---

52) Ignatius, *Eph.* 18.2. Koester(*Ancient Christian Gospels*, 7-8)는 추가적인 주제들을 예수의 죽음과 부활에 초점을 맞추어 보충된 것으로 간주한다. 또한 그 주제들은 가현설을 논박하는 초기의 논쟁에서 비롯된 것이라고 한다. 의심할 여지 없이, Ignatius가 언급하는 복음의 구조는 사실상 가현설을 논박하는 것을 목표로 하고 있다(특히 *Trall.* 9.1-2). 하지만 롬 1:3-4; 갈 4:4-5; 딤후 2:8에서 비슷한 주제가 나타나는 것은 예수의 탄생과 다윗의 혈통에 대한 언급이 반드시 가현설을 반박하는 논쟁에서 비롯된 것은 아님을 보여준다.

53) 참조. Stanton, *Jesus and Gospel*, 23-24. Pokorný, *From the Gospel to the Gospels*, 45. Koester(*Ancient Christian Gospels*)는 자신의 입장을 명백하게 보이지 않는다. 어느 곳에서 그는 그리스어 명사 εὐαγγέλιον과 동사 εὐαγγελίζεσθαι가 바울이 사용하기 이전에 초기의 헬레니즘 교회에서 유래되었다고 주장한다(4 n.3). 하지만 나중에 다른 곳에서 그는 해당 용어들이 전문적인 의미로 사용된 것은 바울이 세운 신앙 공동체들에 의해서 확립되었다고 말한다(9). 또한 "Gospel and the Gospels," 292에서 Dunn도 비슷한 입장을 취한다. 그는 그 명사를 기독교의 어휘로 도입한 것이 바로 바울이라고 생각한다.

54) 이 견해는 Mason의 입장과 반대된다. Mason(*Josephus, Judea*, 282-302)은 τό εὐαγγέλιον이라는 표현을 "선포"를 나타내는 것으로서 바울의 신조어(新造語)로 간주한다. 하지만 메시지로서의 τό εὐαγγέλιον에 대한 지식은 바울 집단 바깥에서도 받아들여졌던 것 같다. 바울이 예루살렘에서 베드로, 야고보 및 요한과 복음에 대해 논의했다는 사실도 이 점을 뒷받침해준다(갈 2:2, 7). 또한 이 점은 벧전 1:12; 4:6, 17 및 계 14:6과 바울과 특별하게 관련되지 않은 구절에서도 해당 표현이 나타나는 데서 입증된다.

에 의해서도 영향을 받았다. 예를 들면, 바울은 로마서 10:15-18에서 이사야 52:7을 사용하며, 사도행전 10:36에서 누가가 묘사하는 베드로도 하나님이 메시아(그리스도)를 통해 화평을 전하신다고 언급하면서 이사야서의 동일한 본문을 반영한다. 또한 마가복음의 머리말(1:1-2)도 복음과 이사야서의 출애굽 모티프를 연결하면서, "예수 그리스도의 복음"이 바로 "이사야 예언자가 그것에 대해 쓴 것"[55]이라고 확대해서 말한다.

그렇다면 이제 우리가 바울에 대해 무엇을 질문할 수 있겠는가? 바울은 복음의 개념이 하나님의 승리라는 데 공감하는가? 예수의 사역이 바울의 복음에 자리 잡고 있는가? 나는 두 질문에 "예"라고 대답할 수 있다고 믿는다.

첫째, 바울의 복음은 메시아와 주(롬 1:3-4)라는 예수의 정체성과 그의 죽음과 부활이 지니고 있는 구원의 메시지에 명확하게 초점을 맞추고 있다(참조. 갈 3:1; 고전 1:18-2:2; 15:3-8; 고후 5:15; 살전 4:14 등).[56] 그러므로 바울은 "성경대로 그리스도께서 우리 죄를 위하여 죽으시고 장사 지낸 바 되셨다가 성경대로 사흘 만에 다시 살아나사"(고전 15:3-4)라고 복음에 대한 전승을 요약한다. 신자들에게 베풀어지는 몇 가지 유익을 언급한다면, 구약성서에 기록된 대로, 예수 안에서 이루어진 하나님의 행위는 죄 사함, 화목, 구속 및 칭의를 가져왔다. 예수의 죽음과 부활은 하나님의 백성의 구원을 위한 하나님의 목적이 어떻게 주 예수를 통해 실행되었는가에 대한 바울의 언급에서 최고로 명료하게 묘사된다.

둘째, 아마도 황제 숭배에 대한 지역적 표현에서 힌트를 얻어서, 바울

---

55) Watts, *Isaiah's New Exodus*, 56.

56) 참조. Michael F. Bird, *A Bird's Eye View of Paul: The Man, His Mission, and His Message* (Nottingham: Inter-Varsity, 2008), 74-81.

의 복음은 예수의 승리에 특별한 강조점을 둔다. 분명히 로마서는 자신이 전파하는 복음에 대한 바울의 해설이다. 로마서에서 첫 번째 신학적인 절정은 신자들이 "이 모든 일에 우리를 사랑하시는 이로 말미암아 우리가 넉넉히 이기느니라"(롬 8:37)는 바울의 주장이다. 그다음 신학적인 후기(後記)인 로마서의 마지막 부분에서 사도 바울은 "평강의 하나님께서 속히 사탄을 너희 발아래에서 상하게 하시리라"(롬 16:20)고 덧붙인다. 고린도전서 15장은 복음에 대한 몇 가지 전승 자료를 언급하는 것으로 시작하며, 그다음 부활의 몸이 지닌 특성에 대해 설명한다. 하지만 이 담론의 절정은 "우리 주 예수 그리스도로 말미암아 우리에게 승리를 주시는 하나님께 감사하노니"(고전 15:57)라는 바울의 마무리 권면이다. 우리는 바울이 참수형을 당했다는 사실을 기억할 필요가 있다. 바울이 죽임을 당한 것은 내면의 영성 때문이 아니었다. 오히려 그가 지중해 동쪽 지역을 두루 여행하면서, 로마 황제의 주장 대신에 주 예수의 왕 되심과 승리를 선포했기 때문이었다(참조. 행 17:7).

    셋째, 틀림없이 예수의 생애는 바울의 기독론적인 담론의 몇 가지 사항에서 두드러진 모습을 드러냈을 것이다.[57] 바울은 예수가 이스라엘의 메시아로서 십자가 처형을 당한 것을 이야기한다. 이 단순한 사실은 바울이 예수의 전기와 관련된 이야기와 메시아의 역사적 사명에 대한 어떤 것을 전제하는 것처럼 여겨진다. 바울은 틀림없이 자신이 선포하거나 가르치던 내용에서 이 주제들에 대해 설명했을 것이다. 우리는 바울이 오직

---

57) 참조. Bird, *Bird's Eye View of Paul*, 52-55; Graham Stanton, *Jesus of Nazareth in New Testament Preaching* (Cambridge: Cambridge University Press, 1974), 86-116; Martin Hengel, *The Four Gospels and the One Gospel of Jesus: An Investigation of the Collection and Origin of the Canonical Gospels* (Harrisburg: Trinity, 2000), 86; Dunn, "Gospel and the Gospels," 295-297.

한 사람이 연기하는 드라마에서처럼 예수의 수난 이야기를 직접 보여주는 듯한 인상을 받는다. 왜냐하면 그는 "예수 그리스도께서 십자가에 못 박히신 것이 너희 눈앞에 밝히 보이거늘"(갈 3:1)이라고 말하기 때문이다. 바울은 예수가 제자들과 최후의 만찬을 나눈 일에 대한 전승을 받아서 전달했다(고전 11:23-26). 또한 그는 예수 전승의 또 하나의 원천인 베드로를 만났다(갈 1:18; 2:7-8; 고전 9:5). 바나바와 마가와 같은 예루살렘 교회의 구성원들도 한동안 바울과 함께 선교 여행을 했다(행 13:1-15:39; 고전 9:6; 갈 2:1-14; 골 4:10). 그리고 바울 서신 전체에서 바울의 권면과 예수 전승 사이의 구체적인 연관성을 찾아볼 수 있다(예. 살전 4:15; 고전 7:10).

이제 복음서로, 특별히 공관복음서로 돌아가 보자. 복음서의 주요 목적은 예수의 생애, 특히 십자가 처형 및 부활에 대한 이야기를 통해 하나님 나라에 대한 복음을 서술하는 것인 듯하다. 복음을 중단되지 않고 이어지는 내러티브로 말한다는 것은 별로 획기적이지 않다. 왜냐하면 사도행전에서 소개되는 복음 전파와 관련된 설교들이 입증하듯이, 복음은 항상 예수의 죽음과 부활에서 절정을 이루는 예수의 생애를 포함하고 있기 때문이다. 따라서 복음서는 예수의 구원의 메시지에 대한 초기 교회의 케리그마적인 선포를 반영한다. 왜냐하면 복음서는 종말론적인 좌표에서 예수의 생애와 십자가 사건을 굳게 결합하기 때문이다. 그러므로 마가가 십자가와 부활 사건에 덧붙여서 예수의 생애를 포함시키려고 복음의 의미를 확장했다는 것은 인정될 수 없다. 왜냐하면 이 두 가지는 언제나 밀접하게 연결되어 있기 때문이다.[58]

---

58) Robert H. Gundry, *Mark: A Commentary on His Apology for the Cross* (Grand Rapids: Eerdmans, 1993), 1050; Hengel, *Four Gospels*, 92-94; Stanton, *Jesus and Gospel*, 53; pace Marxsen, *Mark the Evangelist*, 117-150.

그렇다면 "복음의 시작"이라는 마가의 표현은 예수의 "하나님 나라"와 "하나님의 복음" 선포에 대한 책을 묘사하는 데 전적으로 타당하다(막 1:1, 14-15). 마가는 용어 면에서 예수가 전한 복음과, 부활 사건 이후의 예수에 대한 복음을 서로 구별하지 않는다. 왜냐하면 그는 교회의 복음 선포가 예수의 말씀에서 유래한다고 전제하기 때문이다(특히 막 13:10; 14:9을 보라).[59]

하지만 입으로 전달된 메시지와 기록된 책 사이에는 명백한 차이점이 있다. 이 차이점은 사소한 것이 아니다. 복음서는 구술 연행(oral performance)의 경우에 일어나는 제한을 받지 않는, 신중하게 고안된 문학적인 구성물이다. 복음서는 고대의 구전뿐만 아니라, 고대의 책 문화도 반영한다. 구전 복음과 기록 복음의 관계는, 작가의 노트북과 탈고된 소설의 관계와 같다.[60] 복음서는 단순히 설교에 대한 서술이 아니다. 왜냐하면 복음서는 교육적이고 변증적인 필요와 신앙 공동체의 요구에 부응하고자 아주 많이 확대되었기 때문이다. 복음서는 예수 전승의 문학적인 구체화를 반영하고, 교육적인 내용과 더불어 예수에 대한 기독교의 설교를 보충하며, 구약성서에 대한 초기 기독교의 해석을 예시한다. 이 모든 것이 신학적인 색채를 띠고 있는 내러티브에 들어가 있다. 그 내러티브는 예수에 대한 메시지를 원근 각처에 있는 신앙 공동체에게 널리 전달하고자 고안된 것이다. 어느 시점에서 구전 복음은 예수의 사역에 대한 다소

---

[59] *EDNT* 2.73. Pokorný(*From the Gospel to the Gospels*, 196-197)에 따르면, "예수에 대한 이야기는 부활 복음의 (이전 역사에서) 필수적인 시작이다. 부활 복음은 하나의 선포로서 마가복음의 끝부분인 막 16:6-7에서 나타난다. 이것은 예수의 복음(막 1:14-15)이 '시작'으로서 부활 복음에 포함된다는 것을 의미한다."

[60] David Aune, *The New Testament in Its Literary Environment* (Philadelphia: Westminster, 1987), 24.

불충분한 개요를 지닌 채 예수의 수난에 확고하게 초점을 맞추고 있었는데, 이 구전 복음에 예수의 어록과 그의 생애에 대한 일화들이 덧붙여졌고, 또 예수에 대한 교회의 묘사를 더 충실히 하려고 보충되었다. 마가가 한 일은 복음 선포와 예수에 대한 가르침을 하나의 기록된 설명으로 결합해서 이 과정을 어느 정도 표준화하는 것이었다. 그렇게 함으로써 마가는 우리가 "복음서"라고 부르는 문학 장르를 탄생시켰다. 이렇게 살펴본 바에 의하면, 오니(Aune)가 언급한 대로 구전 복음에서 기록 복음으로의 움직임은 "점진적이며 불가피한" 일이었다.[61] 왜냐하면 추가적인 예수 전승을 덧붙여 복음의 내용을 확대하면서 동시에 복음의 핵심 요소들을 보존하는 것이 꼭 필요했기 때문이다. 따라서 복음서는 선포된 복음에 전기적인 내용이 덧붙여져 확대된 형태이며, 복음 선포, 교훈, 인격 형성 등 광범위한 목적을 위해 기존의 문학 형태로 발전된 결과다.

이제까지 나는 복음서가 구전 복음과 강력한 연속성을 지니고 있다고 논증했다. 다만 다음에 열거하는 세 가지 면에서 복음서는 차이를 보인다. 첫째, 복음서는 예수 전승으로부터 확대되어 내용이 전개되었다. 둘째, 구약성서에 대한 해석이 덧붙여졌다. 셋째, 일종의 전기와 비슷한 문학 양식을 지니게 되었다. 복음서는 예수의 사역, 수난, 부활을 통한 하나님의 승리를 의미한다. 또한 복음서는 전기와 비슷한 내러티브로 이 승리를 선포한다. 마가가 성취한 것은 단순히 예수 전승을 케리그마와 결합한 것이 아니다. 왜냐하면 예수 이야기는 언제나 케리그마의 일부분이었기 때문이다. 오히려 마가가 성취한 것은 예수의 복음을 일종의 전기(biography)와 같은 전달 수단 안에 집어넣었다는 것이다. 예수의 복음은 그런 전달 수단에 이미 적합했다. 다른 이들도 이 전달 수단을 받아들여서

---

61) Aune, *New Testament in Its Literary Environment*, 24.

그것을 활용했다는 사실은, 전기와 유사한 예수 책이 기독교 집단 사이에서 요구되는 의미심장하고 보편적인 필요에 부응했다는 것을 보여준다.

제2장 — 예수 전승의 목적 및 보존

어떻게 초기 기독교 운동에서 유포되고 있던 예수에 대한 구전이 복음서에 포함되었는가를 연구하는 작업은 예수에 대한 탐구에서 필수적인 서론에 해당한다. 복음서의 밑바탕이 되는 구전의 특성에 대해 내려진 결론들은 대체로, 우리가 예수에 대한 역사적인 증언으로서 복음서를 어떻게 생각하는가에 영향을 미친다.

곧바로 제기되는 한 가지 쟁점이 있다. 곧 학자들은 과연 복음서에 들어 있는 전승이 역사적인 온전성을 지니고 있는가 하는 의혹을 품는다. 복음서 이야기의 신빙성에 대한 다양한 의심은 다음 몇 가지 요인에서 비롯했다. 첫째, 예수가 살았던 시기와 복음서가 저술된 시기 사이에 대략 20년에서 70년이라는 시간적인 간격이 존재한다. 둘째, 구전은 유동적이며 통제되지 않아서 그 내용이 변경되기 쉽다. 셋째, 복음서 저자들이 자신에게 적합하게 하려고 전승을 개작하는 데 신학적인 창의성을 발휘했다. 넷째, 포스트모던적인 사고방식은 역사 자체를 인식하려는 시도에 대해 불안감을 느낀다. 이런 이유에 근거해서, 하름 홀랜더(Harm Hollander)는 다음과 같이 주장한다. "기독교 복음은 우리에게 예수의 생애에 대해 역사적으로 믿을 만한 설명을 제시해주지 않는다."[1] 복음서의 형성에 대한 이런 회의적인 이해는 역사적 예수에 대한 탐구가 시작되기도 전에 그

---

[1] Harm W. Hollander, "The Words of Jesus: From Oral Traditions to Written Record in Paul and Q," *NovT* 42 (2000): 341.

연구를 본궤도에서 이탈시키는 결과를 빚을 수 있다.[2] 그렇다면 우리는 마르틴 켈러(Martin Kähler)의 다음과 같은 주장을 인정해야 할 것이다. 곧 역사적 예수에 대한 탐구는 "막다른 골목"에 부딪친다는 것이다.[3]

또 다른 장애 요소는 예수 전승의 형성 과정을 묘사하는 **다수의 제안**이 존재한다는 것이다. 전승에 대한 강력한 통제를 지지하는 입장에서부터 초기 교회의 삶의 배경에서 빚어진 유동적인 전승을 옹호하는 입장에 이르기까지, 그 모델은 다양하다. 데이비드 뒤 투아(David du Toit)는 이런 복합성이 가져오는 결과를 지적한다. 뒤 투아는 예수 탐구에서 나타나는 복합성의 원인이, 예수 전승의 형성과 관련하여 의견 일치가 충분하게 이루어지지 않은 것이라고 주장한다.

역사적 예수에 대한 오늘날의 다양한 재구성은 오래된 양식비평의 원리에 기초하거나, 초기 기독교의 전달 과정과 양식에 대한 이론 구조 안에 전혀 설정되지 않은 채 세워졌다. 따라서 오늘날 예수에 대한 탐구에서 보이는 극단적인 다양성은, 초기 기독교의 전승 전달 과정에 대한 포괄적인 이론을 전개해야 할 긴급한 필요성이 있다는 사실을 가리킨다. 이는 양식비평에 대한 하나의 대안 역할을 할 수 있을 것이며, 또한 기독교의 역사적 기원을 탐구하는 데

---

[2] 특별히 공관복음서에 대한 회의에 대해서는 다음 논의를 보라. Gerd Theissen and Annette Merz, *The Historical Jesus: A Comprehensive Guide*, trans. John Bowden (Minneapolis: Fortress, 1998), 90-121; E. Earle Ellis, "The Synoptic Gospels and History," in *Authenticating the Activities of Jesus*, ed. Bruce D. Chilton and Craig A. Evans (NTTS 28; Leiden: Brill, 1999), 51-53; Grant R. Osborne, "History and Theology in the Synoptic Gospels," *TrinJ* 24(2003): 5-22.

[3] Martin Kähler, *The So-Called Historical Jesus and the Historic Biblical Christ*, trans. and ed. Carl E. Braaten (Philadelphia: Fortress, 1988 [1896]), 46. 최근에 비슷한 견해를 제기하는 논문으로는 다음을 보라. Scot McKnight, "The Jesus We'll Never Know," *Christianity Today* 54.4 (2010): 22.

새로운 분석 도구들을 제공해줄 수 있을 것이다.[4]

학자들의 회의주의와 다양한 견해가 존재한다는 맥락에서 예수 전승의 특성에 대한 오래된 문제를 새롭게 탐구하는 것은 가치 있는 일이다. 이미 오래전에 마르틴 디벨리우스(Martin Dibelius)는 예수에 대한 기억을 전파하게 된 **동기**와 그 기억이 어떻게 보존되었는가와 관련된 **법칙**을 설명해주는 이론이 필요하다고 주장하면서 당면 과제를 확인해준 바 있다.[5] 새로운 관점에서 우리는 예수 전승의 **목적**과 **보존**을 추적하고 있다고 말할 수 있다. 왜 예수의 추종자들은 그의 가르침을 보존하고, 그에 대한 이야기를 전하고, 그의 죽음과 부활에 대한 이야기를 서술하려고 시도했는가? 나아가 그들은 이 이야기와 전승을 실제로 일어난 그대로 충실하게 전달했는가? 그러므로 이 장의 목적은 예수 전승이 어떻게 보존되었으며, 왜 그 전승의 보존이 초기 교회에게 중요했는지에 대해 의견을 제시하는 것이다.

---

4) David S. du Toit, "Redefining Jesus: Current Trends in Jesus Research," in *Jesus, Mark and Q: The Teaching of Jesus and Its Earliest Records*, ed. M. Labahn and A. Schmidt (JSNTSup 214; Sheffield: Sheffield Academic, 2001), 123-124.

5) Martin Dibelius, *From Tradition to Gospel*, trans. Bertram Lee Woolf (Cambridge: Clarke, 1971 [1919]), 11. 참조. C. K. Barrett, *Jesus and the Gospel Tradition* (London: SPCK, 1967), 7: "그렇다면 왜 나사렛 예수의 지상 생활에 대한 역사적 전승이 보존되었으며, 왜 우리가 가지고 있는 형태로 보존되었는가?"; Graham Stanton, *Jesus of Nazareth in New Testament Preaching* (SNTSMS 27; Cambridge: Cambridge University Press, 1974), 172: "왜 초기 교회는 예수에 대한 전승을 보존했는가? 어떻게 복음서 저자들은 자신이 입수한 전승을 사용했는가?"

I — 예수 전승의 목적

만약 예수 전승이 초기 교회에서 가졌던 목적을 확인할 수 있다면, 그 전승이 지속적으로 존속하게 된 데 대해 상당히 만족스러운 설명을 제시할 수 있을 것이다. 여기서 몇 가지 근거를 제시하고자 한다.

신앙의 타당한 기초로서의 역사적 예수

예수 전승의 핵심 목적은 초기 교회의 신앙에 내용을 제공하는 것이었다. "예수가 죽었다가 다시 살아났다"라는 케리그마로 정형화된 문구는 초기 기독교인들이 지녔던 신앙의 내용 중에서 가장 기초적이며 가장 잘 입증된 것 가운데 하나이다(살전 4:14; 고전 15:3-8; 고후 5:15; 롬 4:25). 하지만 신앙고백으로서 이 문구에는 십자가 처형을 받고 다시 살아난 주님으로 선포되는 그 인물이 과연 누구인가라는 질문이 전제되거나, 적어도 제기된다. 예수의 수난과 하나님 아버지의 우편으로 높이 올림 받음은 예수의 지상 사역과 분리될 수 없다. 왜냐하면 예언자로서의 예수의 생애 및 메시아로서의 사명과 구속을 위한 죽음은 신약성서에서 서로 밀접하게 연결되기 때문이다. 사무엘 뷔쉬코그(Samuel Byrskog)는 "케리그마, 곧 현존하는 주님에 대한 이야기는 결국 과거의 예수와 본질적으로 연결되어 있다"라고 쓰고 있다.[6] 그러므로 초기 교회가 예수의 지상 생활에는 전혀 관심을 갖

---

[6] Samuel Byrskog, *Story as History—History as Story: The Gospel Tradition in the Context of Ancient Oral History* (WUNT 123; Tübingen: Mohr, 2000), 6. 예수의 생애와 수난 둘 다에 관심을 기울이며 균형 잡힌 평가를 내리는 연구서로 다음을 참조하라. Vincent Taylor, *The Formation of the Gospel Tradition* (London: Macmillan, 1949), 173-174.

지 않은 채, 배타적으로 예수의 죽음과 부활에 초점을 맞추어 전적으로 케리그마적인 신앙을 지니고 있었다는 주장은 지나친 것이다.[7] 예수 전승에 대한 서술이 없었다면, 예수의 구속적 죽음에 대한 케리그마는 처음부터 초기 교회에게 이해될 수 없었을 것이다.[8]

자신의 스승 불트만을 신중하게 직접 비판하면서, 에른스트 케제만(Ernst Käsemann)은 초기 교회가 자신의 신앙의 타당한 기초로서 예수의 생애에 대한 관심을 결코 잃어버리지 않았다고 주장했다.[9] 이 비판은 옳다. 왜냐하면 부활한 예수에 대한 믿음의 관점에서 기록된 정경의 복음서

---

7) 따라서 Rudolf Bultmann(*History of the Synoptic Tradition*, trans. J. Marsh [2nd ed.; New York: Harper & Row, 1963 (1921)], 372; 『공관복음서 전승사』, 대한기독교서회 역간)의 다음과 같은 주장은 지나친 것이다. "복음서에 역사적-전기적인 관심은 전혀 없다. 바로 그 이유로 말미암아, 복음서는 예수의 인격, 외모, 성품, 기원, 교육 및 성장 과정에 대해 아무 말도 하지 않는 것이다." Vincent Taylor, *The Formation of the Gospel Tradition* (London: Macmillan, 1935), 143-144도 이렇게 주장한다. 복음서가 기록되기에 앞서, "전기적인 관심이 결여된 기독교가 존재했다." 그렇기 때문에 "초기 교회가 세워지던 처음 몇 십 년 동안 아무도 그리스도의 생애에 대해 기록할 생각을 하지 못했던 것이다."

8) Martin Hengel, "Eye-Witness Memory and the Writing of the Gospels," in *The Written Gospel*, ed. M. Bockmuehl and D. A. Hagner (Cambridge: Cambridge University Press, 2005), 75-76. 다음 연구서도 보라. Eugene E. Lemcio, *The Past of Jesus in the Gospels* (SNTSMS 68; Cambridge: Cambridge University Press, 1991), 2: "복음서 밖에서 발견되는 '믿음'에 대한 케리그마적인 표현들은 내러티브 자체로 되돌려 투사할 수 **없다**"(Lemcio 강조). Rafael Rodriguez의 다음 책도 보라. *Structuring Early Christian Memory: Jesus in Tradition, Performance, and Text* (LNTS 407; London: Clark, 2010), 5: 그는 이렇게 주장한다. "예수의 추종자들은 **예수**에 대해 말했다. 그리고 그들은 예수의 생애의 사건들을 과거에 속한 것으로 알고 그렇게 말했다"(Rodriguez 강조).

9) Ernst Käsemann, "The Problem of the Historical Jesus," in *Essays on New Testament Themes*, trans. W. J. Montague (London: SCM, 1964), 15-47. 참조. Dieter Lührmann, "Jesus: History and Remembrance," in *Jesus Christ and Human Freedom*, ed. E. Schillebeeckx and B. van Iersel (New York: Herder and Herder, 1974), 46: "만약 케리그마가 사실상 역사적으로 주어진 것이고, 그 실체가 역사적 개인 즉 나사렛 예수라면, 분명히 우리는 케리그마가 그 개인과 그의 활동 안에서 어떤 지지를 받고 있는지 반드시 질문해야 한다."

는, 단지 수난 이야기의 머리말이 아니라 복음서의 기독론적인 그림의 중요한 구성 요소로서 예수의 사역을 여전히 포함하고 있기 때문이다. 분명히 복음서는 예수의 죽음과 부활에서 그 절정을 이루고 있다. 그럼에도 불구하고 복음서는 여전히 제한된 지면 중에서 상당한 분량을, 헤롯이 통치하던 갈릴리 지역과 로마가 직접 통치하던 유대 지역의 맥락 안에서 예수의 사역과 메시지를 상세하게 소개하는 데 할애한다. 많은 사항과 관련하여 가장 중요한 맥락을 제공하는 것은 바로 예수의 사역이다. 그 맥락 안에서 예수의 죽음과 부활의 중요성이 의미가 있는 것이다. 만약 복음서가 부활한 그리스도를 만난 이야기만을 배타적으로 싣고 있다면, 우리는 예수의 생애로부터 비역사적인 관심을 논리적으로 추론할 수 있게 된다(*Pistis Sophia* 같은 영지주의적 부활 대화에서 논의되듯이). 하지만 정경 복음서에서 우리는 그런 식의 관심을 찾아낼 수 없다. 예수의 생애, 가르침, 그리고 자신의 사역을 위해 구약성서의 예언을 따르고자 했던 그의 의도적인 수고 등을 배제한다면, 예수의 죽음은 아무런 의미가 없다.

복음서 저자들이 끌어내거나 시인하고자 하는 예수에 대한 믿음은 예수의 공적 사역 기간 동안의 가르침뿐만 아니라, 십자가 처형을 받고 다시 살아난 예수에 대한 선포를 모두 포함하는 믿음이다. 십자가 처형을 받고 다시 살아난 주님의 구원의 메시지로서의 "예수 그리스도의 복음"은 이스라엘을 회복시키기 위한 예수의 사역에 대한 이야기로서의 "예수 그리스도의 복음서"를 반드시 포함해야 한다.[10] 만약 복음서가 지니고 있는

---

10) 예를 들면, 마가복음의 첫 부분은 1:1에서 "예수 그리스도의 복음"이라는 표현으로 시작되며, 막 1:15은 예수를 "하나님의 복음"을 선포하는 이로 소개한다. 만약 "복음"을 **수미상관 구조**를 형성하는 역할을 하는 것으로 이해하고, 막 1:1-15을 하나의 완벽한 머리말 단위로 간주한다면, 마가는 예수가 마가복음의 시막에서 선포한 주관적인 복음과 함께 예수에 대한 객관적인 복음을 소개한 것이다. 보다 상세한 내용을 알려면 다음 책을 보라. Edward Schillebeeckx,

복음 전파와 관련된 광범위한 특성과, 사도행전에서 선교와 관련된 설교에서 예수의 예언자적인 공생애를 다시 이야기한다는 점을 인정한다면, 우리는 예수에 대한 초기 교회의 선포에서 예수를 회상하는 배경을 발견할 수 있다.[11] 복음 선포는 예수의 삶, 사역, 죽음 및 부활에 대한 이야기를 포함하고 있다. 그리고 이 모든 것은 이스라엘의 거룩한 전승의 맥락 안에 기초하고 있다. 예수 전승의 기원과 관련해서, "처음에 설교가 있었다"는 마르틴 디벨리우스의 주장은 기본적으로 옳다.[12]

예수 전승이 지닌 한 가지 명백한 목적은 예수를 기억하며 다시 말할 때, 전달하며 가르칠 때, 전해주며 선포할 때, 믿음에 내용을 제공하고 "구주"라고 불리는 분에 대한 이야기를 되풀이하는 것이었다. 예수가 누구였는가를 제쳐놓는다면, 예수가 누구인지 또한 앞으로 예수가 어떤 분이 되실지 결코 설명할 수 없을 것이다. 나아가 "이 예수는 누구인가?"라는 질문이 18세기의 독일에서 시작되지는 않았을 것이다. 예수는 누구인가라는 질문과 예수는 자신을 누구라고 생각했는가라는 질문은 이미 예수가

Jesus: An Experiment in Christology, trans. Hubert Hoskins (London: Collins, 1979), 108; John Painter, *Mark's Gospel: Worlds in Conflict* (NTR; London: Routledge, 1997), 35; Harald Riesenfeld, *The Gospel Tradition* (Oxford: Blackwell, 1970), 29.

11) 이 점에 대해 다소 오래된 다음 연구서를 보라. C. H. Dodd, *The Apostolic Preaching and Its Developments* (London: Hodder & Stoughton, 1936), 21-22, 28-29, 56; Stanton, *Jesus of Nazareth in New Testament Preaching,* 172-185 (특히 176-177). 물론 그렇다고 예수의 행위와 말씀이 기억되는 유일한 배경이 바로 설교였다는 의미는 아니다. 전달 과정은 명백한 목적과 배경이 있었다. 하지만 아마도 그것은 선사, 권면, 내적·외적 논쟁과 예수의 생애에 대한 순수한 호기심 등과 관련된 복잡한 어록을 포함했을 것이다. 그러나 Martin Dibelius, *From Tradition to Gospel* (New York: Scribner, 1965), 15은 예수의 생애가 복음 전파를 위한 설교에 포함되지 않았고, 후대에 교리문답이 형성되던 단계에 속한 것이라고 이해한다.

12) Martin Dibelius, *Die Formgeschichte des Evangelium* (Berlin: Evangelische Verlag, 1969), 242.

생존하던 시기에 시작되었다. 예수의 추종자, 병을 고쳐달라고 간청하던 사람, 비판자와 적대자들 및 후일 이른 시기에 기독교로 개종한 사람들이 이런 질문을 제기했고, 초기 교사들이 자세히 설명했으며, 이후에 복음서 저자들이 전형적인 예를 보여주었다. 여기에 대해 리처드 보컴(Richard Bauckham)은 다음과 같이 적절히 지적하고 있다. "따라서 가장 깊은 차원에서 초기 그리스도인들이 예수의 진정한 과거 이야기를 충실히 기억하는 데 관심을 기울인 것은 바로 이런 심오한 신학적 이유, 곧 하나님과 구원에 대한 그들의 이해 때문이었다. 그들이 부활하고 승천한 그리스도와 관계를 맺고 살아가는 현재는 바로 이 과거 역사에서 유래한 결과였다. 그들의 현재는 그리스도의 과거 역사를 전제했으며, 결코 그 과거를 분해해서 없애지 않았다."[13]

예수의 가르침이 지닌 실천적 가치

십중팔구 초기 기독교인들은 자신의 실제 삶에서의 중요성과 관련해서 예수의 말과 행위에 상당한 관심을 기울였을 것이다. 우리가 복음서에서 얻는 전반적인 인상은 사람들이 예수를 권위 있는 특이한 예언자, 선생, 랍비 및 현자로 인식했다는 것이다. 나아가 예수를 선생으로서 존경하는 것과 초기 기독교 문헌의 예수 전승에서 발견되는 그 "반향"은 권위 있게

---

[13] Richard Bauckham, *Jesus and Eyewitnesses* (Grand Rapids: Eerdmans, 2006; 『예수와 그 목격자들』[새물결플러스 역간]), 277-278. 또한 참조. C. H. Dodd, *Historical Tradition in the Fourth Gospel* (Cambridge: Cambridge University Press, 1963), 7: "예수가 행하고 말하고 고난 받은 것―다시 말해서 복음 저술의 소재―과 관련해서, [예수] 전승은 (다른 여러 가지 목적 가운데) [사람들이] 기억하고 믿은 것을 보존하고 전달하는 역할을 했다."

가르쳤던 인물로서 예수의 영향력을 증명한다.

선생으로서 예수의 영향력은 사람들에게 존경받던 다른 유대교 선생들의 영향력과 쉽게 비교할 수 있다. 벤 시라(Ben Sirach)의 지혜, 의의 교사의 비판, 힐렐(Hillel)과 샴마이(Shammai) 같은 바리새파 학자들의 가르침은 그들의 가장 가까운 추종자들에 의해 보존되었다. 왜냐하면 그들의 가르침이 권위가 있다고 생각했기 때문이다. 이와 비슷하게 예수의 가르침도 그의 추종자들에 의해 받아들여지고 보존되었다. 왜냐하면 예수의 말씀이 교육적인 측면에서 특별한 무게를 지녔으며, 심지어 신적인 권위를 드러냈기 때문이다. 복음서에서 사람들은 예수를 "선생님", "주님", "랍비"라고 부르며 말을 건다. 다가오는 하나님의 통치와 인자의 도래에 대한 예수의 종말론적인 신념에 비추어볼 때, 분명히 그는 자기 자신의 가르침에 특별한 중요성을 부여했다.

복음서는 "다시 이야기한다." 다시 말해서, 예수의 말과 행위를 회상해서 재창조한다. 왜냐하면 복음서는 후대 교회의 필요와 상황을 말하기 때문이다. 사무엘 뷔쉬코그는 마태가 선생으로서의 예수의 역할을 특별히 강조했다고 주장한다. 마태는 예수의 생애와 사역의 맥락에 위치한 예수의 가르침에 내재하는 가치를 알아보았다. 또한 마태는 예수의 명령에 대한 순종의 중요성을 강조하기 위해 선생으로서의 예수의 이미지를 확대했다. 그러므로 "듣는 것"과 "행하는 것"에 대한 강조가 마태복음에는 가득하다. 뷔쉬코그는 마태가 속한 집단에서 예수 전승의 전달자들이 실제적인 순종으로 예수 전승을 실행했다고 추측한다. 그 순종은 예수의 가르침을 고수하며, 그의 모범을 따르는 것으로 이루어져 있다. 뷔쉬코그는 다음과 같이 쓴다. "전승의 전달이 예수의 과거 역사 안에 통합되어 있는 가르침에 대한 특별한 관심에 의해 촉발되는 특수한 행위라는 그런 배경 안에서, 예수 전승을 보존하고 보호하려는 목표는 여전히 본질적인 것이다."14)

바울 서신에서 예수와 관련된 자료는 두 가지 형태 중 하나에서 나타난다. 곧 그 자료는 예수의 말씀을 직접 **인용**(citation)하는 구절이나, 예수의 가르침을 **반향**(echo)하는 구절에서 나타난다.15) 주목할 만한 점으로

---

14) Samuel Byrskog, *Jesus the Only Teacher: Didactic Authority and Transmission in Ancient Israel, Ancient Judaism and the Matthean Community* (CBNTS 24; Stockholm: Almquist & Wiksell, 1994), 397.

15) 예수의 이런 어록에 대한 목록을 알려면, 다음 사전을 보라. Seyoon Kim, "Jesus, Sayings of," in *DPL*, ed. G. F. Hawthorne, R. P. Martin and D. G. Reid (Downers Grove: InterVarsity, 1993), 481. 다음 연구서들도 참고하라. Birger Gerhardsson, *Memory and Manuscript: Oral Tradition and Written Transmission in Rabbinic Judaism and Early Christianity* (2nd ed.; Grand Rapids: Eerdmans, 1998), 262-335; Dale C. Allison, "The Pauline Epistles and the Synoptic Gospels: The Pattern of the Parallels," *NTS* 28 (1982): 1-32; Michael Thompson, *Clothed with Christ: The Example and Teaching of Jesus in Romans 12:1-15:13* (JSNTSup 59; Sheffield: JSOT, 1991); Peter Stuhlmacher, "Jesustradition im Römerbrief," *Theologische Beiträge* 14 (1983): 240-250; P. Richardson and P. Gooch, "Logia of Jesus in 1 Corinthians," in *Gospel Perspectives 5: The Jesus Tradition Outside the Gospels*, ed. David Wenham (Sheffield: JSOT, 1985), 39-62; E. Earle Ellis, "Traditions in 1 Corinthians," *NTS* 32 (1986): 481-502; F. F. Bruce, *Paul: Apostle of the Heart Set Free* (Grand Rapids: Eerdmans, 1980), 100-112; David Wenham, "Paul's Use of the Jesus Tradition: Three Samples," in *Gospel Perspectives 5*, 7-37; idem, *Paul: Follower of Jesus or Founder of Christianity?* (Grand Rapids: Eerdmans, 1995); Ben Witherington, *Paul's Narrative Thought World: The Tapestry of Tragedy and Triumph* (Louisville: Westminster John Knox, 1994), 151-154; Rainer Riesner, "Paulus and die Jesus-Überlieferung," in *Evangelium—Schriftauslegung—Kirche*, ed. J. Ådna, S. Hafemann, and O. Hofius (FS P. Stuhlmacher; Göttingen: Vandenhoeck & Ruprecht, 1997), 346-365; James D. G. Dunn, "Jesus Tradition in Paul," in *Studying the Historical Jesus: Evaluations of the State of Current Research*, ed. Bruce Chilton and Craig A. Evans (NTTS 19; Leiden: Brill, 1994), 155-178; idem, *The Theology of Paul the Apostle* (Grand Rapids: Eerdmans, 1998), 189-195; Craig L. Blomberg, *Making Sense of the New Testament: Three Crucial Questions* (Grand Rapids: Baker, 2004), 73-88; Detlef Häusser, *Christusbekenntnis und Jesusüberlieferung bei Paulus* (WUNT 2.210; Tübingen: Mohr, 2006); Todd D. Still, ed., *Jesus and Paul Reconnected: Fresh Pathways into an Old Debate* (Grand Rapids:

서, 예수 전승의 이런 인용 구절과 반향 구절들은 실제적인 문제에 대해 논의하는 권면 부분에서 보다 자주 나타난다(고전 7-15장; 롬 12-15장; 골 3장; 살전 5장). 몇 가지 예를 든다면, 고린도전서 7:10-11에서 바울은 이혼 금지에 대한 예수의 가르침을 다루고 있다(막 10:9-12; 마 5:31-32; 19:3-9; 눅 16:18). 고린도전서 9:14에서 복음을 전하는 이들이 복음으로 살아가도록 허용하는 명령은 누가복음의 선교 담론에서 나타나는 예수의 말씀(눅 10:7)을 암시한다. 고린도전서 11:23-25에 들어 있는 성찬에 대한 전승은 최후의 만찬에서의 예수의 말씀을 연상시킨다(막 14:22-25; 마 26:25-29; 눅 22:14-23). 데살로니가 교회의 위기 상황에 바울이 보여주는 반응의 일부로서(살전 4:15), 이른바 "주의 말씀"은 종말론적인 대단원에 대한 예수의 가르침을 나타낸다.[16]

다른 곳에서 바울의 예수 전승 사용은 인용보다는 다시 설명하기로 묘사하는 편이 가장 좋을 것이다. 바울은 때때로 예수의 말씀 중에서 몇몇 핵심 단어를 끌어와서, 예수의 가르침을 언급한다. 곧 바울은 예수가 제시한 주제를 따르면서, 자신이 말하고 있는 상황에 맞도록 자기 말을 덧붙인다.[17] 로마서 14:14에서 바울은 "주 예수 안에서"(또는 주 예수에 의해서; ἐν κυρίῳ Ἰησοῦ) 어떤 음식도 그 자체로 부정하지 않다고 말하는데, 이것은 마가복음 7:15의 예수의 말씀에 상응하며, 다시 설명하기에 대한

Eerdmans, 2007); David E. Aune, "Jesus Tradition and the Pauline Letters," in *Jesus in Memory: Traditions in Oral and Scribal Perspectives*, ed. W. H. Kelber and S. Byrskog (Waco: Baylor University Press, 2009), 63-86.

16) 다음 논문에서 제기되는 논의를 참조하라. Michael W. Pahl, *Discerning the "Word of the Lord": The "Word of the Lord" in 1 Thessalonians 4:15* (LNTS 389; London: Clark, 2009).

17) Kim, "Jesus, Sayings of," 482.

좋은 예다. 또한 로마서 13:8-10과 갈라디아서 5:14에 나오는 사랑의 계명에 대한 바울의 언급도 비슷하다. 이 언급은 분명히 레위기 19:18을 예수가 특별하게 사용한 데서 끌어왔을 것이다(마 22:34-40/막 12:28-34; 마 5:43-46; 마 19:19/눅 10:27). 바울은 하나님을 "아바 아버지"라고 부르며 기도하는 것에 대해 말한다(롬 8:15; 갈 4:6). 바울의 이 언급은 예수가 그의 제자들에게 본보기로서 제시한 동일한 기도 유형과 밀접하게 연결되어 있을 것이다(막 14:36; 눅 11:2). 실제로 바울이 "그리스도의 법"(고전 9:21; 갈 6:2)이라고 부르는 것은 한 묶음의 주(主)의 전승을 나타낸다. 그 전승은 예수가 보여준 모범과 관련되며, 또한 예수를 따르는 사람들에게 윤리적인 표준을 제공하는 예수의 말씀이다.

    Q 자료가 존재한다고 가정할 때, 그 자료는 예수 전승을 사용한다는 점에서 동등하게 이해를 도와준다. 하지만 가설적인 Q "공동체"로부터 유래한 지혜 문학적이고 종말론적인 편집과 재구성의 관점에서 Q의 전승사를 진술하고자 하는 모든 시도에 대해 나는 회의적이다.[18] 나는 Q가 아마도 갈릴리와 시리아 지역에 살고 있던 그리스도인들의 네트워크에 속한 문서였으며, 그들이 그리스어로 기록된 예수의 어록 모음집을 소유했다는 주장에 대해 상당한 의구심을 품고 있다.[19] Q의 내용 가운데 상당

---

[18] 참조. Dennis Ingolfsland, "Kloppenborg's Stratification of Q and Its Significance for Historical Jesus Studies," *JETS* 46 (2003): 217-232; N. T. Wright, *The New Testament and the People of God* (COQG 1; London: SPCK, 1992), 435-443; James D. G. Dunn, *Jesus Remembered* (CITM 1; Grand Rapids: Eerdmans, 2003), 147-160; Christopher M. Tuckett, *Q and the History of Early Christianity: Studies on Q* (Edinburgh: Clark, 1996), 69-75, 82; idem, "Q and the Historical Jesus," in *Der Historische Jesus: Tendenzen und Perspektiven der gegenwärtigen Forschung*, ed. J Schröter and R. Brucker (BZNW 114; Berlin: de Gruyter, 2002), 213-241; Dale, C. Allison, *The Jesus Tradition in Q* (Harrisburg: Trinity, 1997), 3-8.

[19] Q의 내용 목록을 최소한으로 인정하는 입장과 관련해서 다음 논문을 보라. Frans Neirynck,

부분은 이스라엘을 중심으로 하는 예수의 사역과 엄격한 윤리적인 권고를 지니고 있으며, 국가적인 재난에 대한 그의 경고를 반영한다.[20] 나는 다음과 같은 제안에 동조한다. 곧 Q는 예수의 죽음과 부활에 아무런 관심을 갖지 않은 채, 케리그마적인 요소가 전혀 없는 기독교의 형태를 나타내는 것이 아니라, 오히려 예수의 삶과 죽음 및 높임 받음에 대한 기본적 윤곽을 이미 알고 있는 신자들을 위한 일반적인 가르침으로 이루어져 있다는 것이다.[21] 비록 전적으로는 아니라고 하더라도, 그와 같은 자료에서 우리가 주로 발견하는 것은 권면에 초점을 맞추고 있는 자료다. 몇 가지 간략한 예로서, 우리는 원수에 대한 사랑(마 5:38-48/눅 6:27-36), 제자도에 대한 가르침(마 8:18-22/눅 9:57-62), 충성에 대한 권면(마 24:42-51/눅 12:35-48) 등의 내용을 발견할 수 있다. 어떤 형태로 존재했든지, Q 자료는 아마도 제자도에 대한 초기의 안내서일 것이다. 그리고 그 내용은 주로 주(主)의 전승으로 유포되고 있던 것에서 끌어왔을 것이다.

마찬가지로 우리는 야고보서의 여러 곳에서도 예수 전승을 반영하고 암시하는 지점을 발견할 수 있다. 아마도 야고보서는 기독교의 권면을 전달하는 설교 요약을 제시하는 것 같다. 이 서신은 50년대 중반의 어느 시점에 유대 지역의 교회에 전달되었을 것이다. 그 서신의 내용은 유대교의 지혜 전승에 많은 빚을 지고 있으며, 예수 전승에도 기대고 있는 듯하다. 아마도 이 서신은 예수 전승에서 유래하고 그 전승에 영감을 받은 예수 지혜 문헌적인 교리 강론(catechesis)의 형식으로 볼 때 가장 잘 유형

"The Reconstruction of Q and IQP and CritEd Parallels," in *The Sayings Source Q and the Historical Jesus,* ed. A. Lindemann (Leuven: Leuven University Press, 2001), 58.
20) 참조. David Catchpole, *Studies in Q* (Edinburgh: Clark, 1992).
21) T. W. Manson, *The Sayings of Jesus* (Oxford: Oxford University Press, 1937), 16.

화 되는 것 같다. 스캇 맥나이트(Scot McKnight)는 야고보서를 예수 어록의 "위키 버전"(wiki version)이라고 부른다.[22] 야고보서에서 예수는 단지 두 번 언급되며(참조. 약 1:1; 2:1), 기독론적인 측면에서 야고보서의 내용은 다소 "가볍다." 하지만 이 서신은 공관복음서, 특히 마태복음에 나오는 예수의 가르침과 많은 부분에서 문자적으로 평행을 이루고 있다.[23] 또한 복음서와 평행을 이루는 야고보서 본문은 대체로 윤리적인 특성을 보인다. 곧 고난의 한가운데서 기뻐하라(약 1:2과 마 5:10-12/눅 6:22-23), 온전하라(약 1:4과 마 5:48; 19:21), 분노하지 말라(약 1:20과 마 5:22), 행함의 중요성(약 1:22-25과 마 7:24-27/눅 6:47-49), 율법의 실천(약 2:10과 마 5:19), 자비를 나타냄(약 2:13과 마 5:7), 화목에 대한 요구(약 3:18과 마 5:9), 겸손 및 상급(약 4:10과 마 5:5), 판단하지 말라(약 4:10과 마 7:1-5/눅 6:37-38, 41-42), 부요한 억압자들에 대한 적대적 반응(약 5:2-6과 마 6:24-34/눅 16:13; 12:22-31), 예언자들의 고난(약 5:10과 마 5:12/눅 6:23)과 맹세하지 말라(약 5:12과 마 5:33-37) 같은 부분이 그렇다.[24] 학자들은 야고보서가 마태복음, $Q^{마태}$, Q 또는 자유롭게 떠도는 예수 어록 모음집 등을 자료로 사용했는지에 대해 논쟁했다.[25] 야고보서와 공관복음서 자료 사이의 평행 본문은 흥미롭다. 어떤

---

22) Scot McKnight, *The Letter of James* (NICNT; Grand Rapids: Eerdmans, 2011), 27.
23) 다음 주석서에서 마태복음과 야고보서 사이의 평행 본문 목록을 참조하라. Ralph P. Martin, *James* (WBC; Waco: Word, 1988), lxxiv-lxxvi.
24) McKnight, *Letter of James*, 25-26.
25) Massey H. Shepherd "The Epistle of James and the Gospel of Matthew," *JBL* 75 (1956): 40-51; Peter H. Davids, "James and Jesus," in *Gospel Perspectives 5*, ed. D. Wenham, 63-84; Patrick Hartin, *James and the "Q" Sayings of Jesus* (JSNTSup 47; Sheffield: JSOT, 1991); idem, "James and the Jesus Tradition: Some Theological Reflections and Implications," in *Catholic Epistles and Apostolic Tradition*, ed. K. W. Niebuhr and R. W. Wall (Waco: Baylor University Press, 2009), 55-70; Richard Bauckham, *James: Wisdom of James, Disciples of Jesus the Sage* (London: Routledge,

평행 본문은 다른 평행 본문들보다 더 가깝다. 하지만 야고보서 저자가 정경 마태복음이나 정경 이전 단계의 마태 자료를 알았는지를 명백하게 확인해주는 증거는 전혀 없는 것 같다.[26] 사실상 공통의 주제를 폭넓게 언급하는 것과 표현상 느슨한 연관성을 가진 야고보서의 특성을 보면, 야고보서가 마태복음과 가까운 고정된 문헌 자료라기보다 오히려 공통 구전 자원으로부터 자료를 끌어왔을 가능성이 더 높다. 오래전 마르틴 디벨리우스가 지적한 바와 같이,[27] 야고보서의 저자는 복음서를 알고 있었다기보다 오히려 예수 전승과 친숙했던 것으로 보인다. 그리고 야고보서에서 그대로 다시 인용되지 않고 본받아야 할 것으로 제시되는 예수 전승은 그리스도를 믿는 사람들에게 권고와 권면의 중요한 원천이 된다.

바울 서신, Q 자료, 야고보서의 개요를 모두 함께 숙고해보면, 시간

1999), 74-107; Todd C. Penner, "The Epistle of James in Current Research," *CRBS* 7 (1999): 287-288; Wesley H. Wachob, *The Voice of Jesus in the Social Rhetoric of James* (Cambridge: Cambridge University Press, 2000); Luke Timothy Johnson and Wesley H. Wachob, "The Sayings of Jesus in the Letter of James," in *Authenticating the Words of Jesus*, ed. Chilton and Evans, 431-450; John S. Kloppenborg, "The Reception of Jesus Tradition in James," *The Catholic Epistles and the Tradition*, ed. J. Schlosser (BETL 176; Leuven: Peeters, 2004), 91-139; idem, "The Emulation of the Jesus Tradition in the Letters of James," in *Reading James with New Eyes: Methodological Reassessments of the Letter of James*, ed. R. L. Webb and J. S. Kloppenborg (LNTS 342; London: Clark, 2007), 121-150; idem, "The Reception of the Jesus Tradition in James," in *Catholic Epistles and Apostolic Tradition*, ed. Niebuhr and Wall, 71-100; Alicia J. Batten, *What are They Saying about the Letter of James?* (New York: Paulist, 2009), 72-83.

26) 예를 들어 약 5:12과 마 5.34-37을 비교해보면, 유사점과 차이점이 모두 나타난다. 이 점은 야고보서와 마태복음이 문헌적인 측면에서 직접적인 관련성이 있음을 가리키지 않는다. Byrskog의 견해에 따르면, 사실상 야고보서가 보여주는 형태는 야고보서가 보다 이른 시기에 쓰였고, 증인이 직접 이야기하는 듯한 흔적을 보여주는 설득력 있는 근거를 지니고 있다. Byrskog, *Story as History*, 171-175을 보라.

27) Martin Dibelius, *James: A Commentary on the Epistle of James* (trans. M. A. Williams; Hermeneia; Philadelphia: Fortress, 1976), 28-29.

의 흐름 속에서 살아남은 예수 전승이 신앙 공동체의 실천과 관련하여 초기 교회에게 지속적으로 타당한 것이었다는 사실이 드러난다. 사실상 그리스-로마의 에토스에 반(反)하는 예수의 가르침이 급진적이고 전복적일수록, 그 가르침은 그리스도인의 정체성을 눈으로 볼 수 있게 확인해주는 표지로서 신앙 공동체의 실천에 더욱 깊이 뿌리내리고 있었을 것이다.[28]

유대교의 내부 논쟁과 기독교의 자기 인식

예수 전승을 다시 말하고자 했던 타당한 목적은 그 전승이 초기 교회의 자기 이해에 기초를 제공했기 때문이다. 자신의 정체성 확립과 **존재 이유**와 관련해서, 가장 초기의 제자들에게 예수 전승은 결정적으로 중요한 것이었다. 왜 예수의 제자들로 이루어진 그룹이 존재했는지 또한 어떻게 그 그룹이 존속할 수 있었는지 설명하기 위해서는 이런 전승이 꼭 필요하다. 베일리(Bailey)는 다음과 같이 주장한다. "자신들이 기대해왔던 메시아로 그 새로운 랍비를 받아들인 사람들은 자신들의 새로운 정체성에 대한 원천으로서 그에 대한 자료를 기록하고 전달했을 것이다."[29] 최초의 신자들

---

28) 우리는 예수에게 속하는 어록이나 복음서와 서신서 사이의 평행 본문 가운데서 많은 것이 익명의 기독교 권면에 포함된 요소라는 가능성을 완전히 배제할 수 없다(참조. Hollander, "Words of Jesus," 346, 349). 하지만 나는 다음과 같이 주장하려고 한다. (1) 초기 기독교에서 예수가 선생님으로 존경받았으며(마 23:8에 따르면, 사실상 "선생은 하나"임; Ignatius, *Eph*. 15.1; *Magn*. 9.1), 또한 (2) 복음서 밖의 자료에서 예수의 몇 가지 말씀이 여러 번 나타난다(예. 고전 7:9-11에서 이혼에 대한 바울의 언급)는 점은 공관복음서 전승에서 예수의 어록이 익명의 기독교 권면에서 유래했다고 논증하려는 이들에게 입증 책임이 있다. 이런 과정이 일어났다는 단순한 추측보다 그것이 실제로 발생했다는 입증은 Hollander와 같은 옹호자들에게 진짜 골칫거리일 것이다.

29) Kenneth E. Bailey, "Informal Controlled Oral Tradition and the Synoptic Gospels," *Themelios 20* (1995): 10; idem, "Middle Eastern Oral Tradition and the Synoptic

은 메타-내러티브(meta-narrative) 안에서 자신을 보았으며, 자신을 그 이야기에 속한 핵심 인물로 이해했다. 곧 그들은 스스로를 에클레시아, "선택받은 사람들", "나사렛당", "하나님의 이스라엘", 새로 지은 성전 등으로 이해했다. 메시아 예수와 자신들의 관계에 의해 그들은 전적으로 앞과 같은 대상이 되었다. 자신의 이야기의 중심점으로서 그들은 필연적으로 예수―그의 삶, 죽음 및 부활―를 회상했을 것이다. 아마도 예수에 대한 이야기를 다시 말하는 것과 교회의 시작이 그들의 비전과 소망을 생생하게 했으며, 어려운 상황 속에 있는 그들의 존재를 정당화했을 것이다. 팔레스타인 지역뿐만 아니라 디아스포라 지역에서도, 처음에 유대교의 한 종파로 이해되던 기독교 공동체와 유대교 주류 사이의 긴장 관계는 점점 더 고조되어갔다. 또한 기독교 공동체는 그리스-로마 사회의 정치 및 만신전(萬神殿)과 화목할 수 없었다. 따라서 예수 전승은 기독교 공동체가 예수의 과거를 기억함으로써 자신의 어려운 상황이 지니고 있는 의미를 해석할 수 있게 해주었다.[30] 다시 말해 복음서는 "가능한 한 현재 시제로 기독교의 정체성을 형성하도록 기억하게 해준다."[31]

    토라, 성전 및 이방인에 대한 접근 방식과 관련된 논쟁의 한가운데서 유대교 공동체 안에 머무르기 위해 초기 교회의 구성원들이 고군분투한 것은 아마도 그리스도인과 유대인 사이의 갈등을 촉진했을 것이다. 대체로 신약학자들은 복음서 안에 들어 있는 논쟁 이야기가 기원후 70년과 야브네 시대 이후의 교회의 상황을 반영한다고 여겨왔다. 하지만 메시아에 대

Gospels," *ExpT* 106 (1995): 367.
30) Bauckham(*Jesus and the Eyewitnesses*, 277)은 초기 교회가 구원에 대한 주제보다 자기 정체성에 관심을 덜 가졌다고 불평한다. 하지만 그는 당연히 이 두 가지 주제가 서로 밀접하게 연결되어 있다는 점을 인정한다.
31) Theissen and Merz, *Historical Jesus*, 104.

한 자신의 신앙과 관련해서, 바울은 자신이 유대 공동체와 갈등을 겪었던 것에 대해 묘사한다(롬 15:31; 고후 11:23-25; 살전 2:15-16). 이전에 열성적인 바리새인이었을 때, 바울은 자신이 교회를 핍박했다고 스스로 시인했다(갈 1:23; 빌 3:6; 행 9:1-4). 나아가 스데반, 세베대의 아들 야고보, 의인 야고보의 순교는 그리스도인들과 유대 지도자들 사이에 갈등이 있었다는 것을 나타낸다(행 7:54-60; 12:1-2; 요세푸스, 「유대 고대사」 20.200-201). 사실상 "처형의 판단 기준"[32], 곧 예수가 왜 십자가 처형을 당했는지 설명하는 것은 예수와 동시대의 유대 지도자들 사이에 일종의 갈등이 있었다는 사실을 전제한다.[33] 따라서 초기 교회가 자신의 입장을 정당화하려고 당시에 진행되던 논쟁을 예수에게로 돌려야 할 필요는 없었던 것이다. 오히려 초기 교회는 예수와 유대교 그룹들 사이에서 빚어졌던 비슷한 갈등, 곧 예수의 죽음으로 절정을 이룬 갈등을 회고했던 것이다.[34] 이와 비슷하게, 쿰란에

---

[32] 이 판단 기준에 대해서는 다음 연구서를 보라. John P. Meier, *A Marginal Jew: Rethinking the Historical Jesus: The Roots of the Problem and the Person* (ABRL; New York: Doubleday, 1991), 177.

[33] N. T. Wright, *Jesus and the Victory of God* (COQG 2; London: SPCK, 1996), 371-383. 참조. Meier, *A Marginal Jew*; Craig A. Evans, *Jesus and His Contemporaries: Comparative Studies* (Leiden: Brill, 1995).

[34] 몇몇 학자는 예수 당시에 갈릴리 지역에는 바리새인들이 전혀 없었기 때문에, 예수가 그들과 부딪힐 기회가 없었다고 주장한다. 곧 복음서 저자들이 70년대 이후에 자신들과 바리새파 유대인들 사이에서 빚어졌던 논쟁을 예수에게 투사했다는 것이다. 참조. E. P. Sanders, *Jesus and Judaism* (London: SCM, 1985), 270-293; idem, *The Historical Figure of Jesus* (London: Penguin, 1993), 205-237; Paula Fredriksen, *Jesus of Nazareth, King of the Jews* (New York: Vintage, 1999), 10-11. 그러나 다음과 같은 견해들을 참조하라. (1) Richard A. Horsely, *Galilee: History, Politics, People* (Valley Forge: Trinity, 1995), 70, 150-152은 복음서의 플롯에서 바리새인과 서기관들은 예루살렘 당국의 유대 지도층을 대리하는 문학적인 역할을 하며, 그들은 선언 이야기에서 논쟁을 돋보이게 하는 대상으로 사용되었다고 주장한다. 나아가 그는 다음과 같이 말한다. "예루살렘에서의 그들의 활동에 초점이 맞추어져 있지만, 그들이 적어도 때때로 예루살렘 밖에서 실제로 나타나지 않았다면, [앞에서 언급

위치했던 유대교 종파들도 자신들의 **현재** 상황을 의의 교사와 악한 제사장 사이에서 빚어진 **이전**의 갈등이라는 관점에서 해석할 수 있었다. 하지만 그 종파들이 스스로 갈등에 대한 이야기를 지어낸 것은 아니다. 헹엘(Hengel)과 다인스(Deines)는 다음과 같이 주장한다.

우리는 복음서 저자들이 예수와 서기관 및 바리새인들 사이에 빚어진 논쟁을 스스로 지어내지 않았다는 입장을 지지한다. 또한 그 논쟁이 단순히 후대 교회에서 빚어진 것이라고 주장할 수도 없다(만약 그렇다면, 후대의 어떤 교회인지 질문해야 할 것이다). 예루살렘과 갈릴리 지역에서 [예수의] 제자들로 이루어진 최초의 공동체도 그와 같은 갈등을 경험했을 수 있다. 그렇지만 교회는 단순히 복음서 안에 "이상적인 장면"을 자유롭게 고안해내지 않았다. 오히려

한] 그들의 어떤 역할도 믿을 만하지 못할 것이다"(150). (2) 66년에 적대감이 고조되자, 예루살렘의 유대 지도층이 해당 지역을 통제하려고 바리새인 대표단을 보냈다는 사실은 예루살렘 지도층의 대표단으로서 바리새인들이 갈릴리 지역으로 보냄을 받았다는 묘사를 전적으로 가능하게 한다(Josephus, *Life* 191-193, 197. (3) 석회석 도자기, 뼈를 넣어둔 단지, 종교 의식을 위한 욕조 등 갈릴리 지역 전체에서 발굴된 고고학적인 유물은 갈릴리의 일부 지역에서 바리새파의 할라카를 받아들였다는 것을 명백하게 드러낸다. 참조. J. F. Strange, "Galilee," in *DNTB*, ed. C. A. Evans and S. E. Porter (Downers Grove: InterVarsity, 2000), 396; Jonathan L. Reed, *Archeology and the Galilean Jesus* (Harrisburg: Trinity, 2000), 49-51, 125-131. (4) 아람어 자료가 뒷받침한다는 점에 근거해서, 자신의 연구서 *Aramaic Sources of Mark's Gospel* (SNTSMS 102; Cambridge: Cambridge University Press, 1998), 138-192, 257에서 Maurice Casey는 막 2:23-3:6에 수록된 두 가지 안식일 논쟁이 신빙성이 있다고 주장한다. 그는 다음과 같이 말한다. "이 논쟁의 삶의 자리는 예수의 생애 안에 있다. 예수는 1세기의 유대교 안에서 살았다. 당시에 어떻게 율법을 정확하게 지키는가라는 질문은 유대인들의 삶에서 가장 중요한 주제 가운데 하나였다.…따라서 이 논쟁의 삶의 자리는 초기 교회가 아니다. 초기 교회는 그리스도인들, 특히 이방인 그리스도인이 모든 율법을 지켜야 하는지에 관심을 기울였다. 이 세부적인 논쟁은 그런 주요 쟁점에 대해 말하지 않는다(192). (5) Sanders의 견해에 대한 균형 잡힌 비판으로는 다음 연구서를 보라. Wright, *Jesus and the Victory of God*, 376-383.

교회는 구체적인 **기억**에 기초해서 그 갈등을 제시한 것이다.[35]

이 기억은 갱신되거나, 저자와 청중의 상황에 적합하게 맞춰질 수 있었지만, 여전히 역사적인 요소를 지니고 있다(여기서 나는 주로 제4복음서에서 "회당에서 쫓겨나는 것"[요 9:22; 12:42; 16:2]에 대한 경고와 공관복음서에서 "그들의 회당"이라는 언급[막 1:23; 1:39; 마 4:23; 9:35; 10:17; 12:9; 13:54; 눅 4:15]을 생각하고 있다). 예수 전승으로부터 이런 이야기가 유포되는 것은, 그리스-로마의 도시에 위치한 회당을 중심으로 형성된 유대의 사회관계의 매트릭스 속으로 재통합되려는 시도에 대해 지속적으로 저항하는 움직임을 정당화하는 결과를 가져온 것 같다. 또한 이는 당시 논쟁의 대상이던 그들의 신앙에 타당성을 부여하며, 그룹 사이의 경계선을 분명하게 해주었을 것이다. 제임스 샌더스(James Sanders)는 다음과 같이 주장한다.

> 사실상 정경비평의 영역에서, 예수의 가르침이 그의 죽음 이후 특히 기원후 69년 예루살렘의 함락 사건 이후에도 그렇게 널리 퍼진 한 가지 이유는, 당시 고군분투하던 기독교 공동체의 필요성에 비추어 재검토해본다면, 동료 유대인들에 대한 예수의 예언자적 비판이 위로와 지지처럼 여겨졌을 가능성이 높기 때문이다. 새로운 이스라엘로서 기독교 공동체는 이 위로와 지지가 자신들에 대한 그들 스스로의 관점에 꼭 필요하다고 생각했을 것이다.[36]

---

35) Martin Hengel and Roland Deines, "E. P. Sanders's 'Common Judaism,' Jesus and the Pharisees," *JTS* 46 (1995): 11. Wright(*Jesus and the Victory of God*, 136)는 다음과 같이 주장한다. "신앙 공동체가 예수 이야기를 말하는 것을 수단으로 해서 자신의 정체성을 확인하는 데 열렬한 관심을 갖는 것은 오랫동안 몇몇 비판적인 집단 안에서 그 이야기를 신앙 공동체의 용어로 환원하는 그럴듯한 이유로 여겨졌지만 사실상 유례가 없다."

36) James A. Sanders, "The Ethic of Election in Luke's Great Banquet Parable," in *Essays in Old Testament Ethics*, ed. J. L. Crenshaw and J. T. Willis (New York: Ktav, 1974), 253.

비록 최초의 그리스도인들이 자신들의 직접적인 상황에 적합하도록 하려고 갈등에 대한 이야기를 갱신하고 재구성했다고 하더라도, 몇몇 요소는 그들로 하여금 예수와 동료 유대인들 사이에서 빚어져 그의 죽음에까지 이르게 한 갈등을 기억하고 그것을 다시 말하도록 이끌었다. 당시 최초의 그리스도인들은 박해에 직면해서 교회에 대한 정의를 내려야 하는 고군분투의 상황에 놓여 있었다. 곧 그들은 동시대인들과의 논쟁에서 교회가 선포하는 메시지의 온전성을 확보하고, 광범위하게 진행되던 헬라화의 풍조에 기운 사람들에 맞서 그것과 뚜렷이 구별되는 에토스를 유지하는 과제를 수행해야 했다.

운동의 창시자로서 예수

예수를 묘사하는 데 유용한 사회학적인 분류 방법 가운데 하나는 예수를 "운동의 창시자"로 이해하는 것이다. **그리스도**라고 불리는 예수는 그리스도인이라고 불리는 운동이 존재하고 발전하도록 한 제1원인이다. **나사렛 예수**는 **나사렛당**이라고 불리는 종파의 제일 앞에 서 있었다. 예수라는 인물과 그가 자신의 가장 가까운 추종자들에게 끼친 영향이 바로 초기 교회가 세워지는 데 원동력을 제공했다는 점에는 의심의 여지가 없다. 이 점에 대해 제임스 던은 다음과 같이 논평한다.

> 여기에 가정에서 모이는 작은 그룹들이 있다. 그들은 예수 그리스도 또는 그리스도 예수를 언급하며 자신들에 대해 말한다. 사회학이 우리에게 가르치는 바는, 이런 그룹들이 왜 자신들이 독특한 사회적인 그룹을 형성했으며 왜 자신들이 "그리스도인"인지에 대해, 자신뿐만 아니라 다른 사람들에게도 설명하기 위해 설립 전승을 필요로 했다는 점이다. 고린도전서 15:1-8과 같이 케

리그마로 정형화된 문구가 자신의 정체성 확인을 위한 충분한 자료를 제공하지는 않았을 것이다.…예레미야와 디오게네스 같은 다양한 인물에 대한 이야기는 해당 인물 자신의 약속에 대한 정당화의 일부분으로서 그 제자들에 의해 보존되었다.[37]

1세기 이스라엘 안에는 다양한 갱신 운동이 있었다. 분명히 바리새인들은 토라에 순종하는 것과 의식적인 정결 규정을 엄격하게 지키는 것을 통해 종말론적인 회복을 위한 조건을 만들려고 시도했다. 예수와 그의 추종자들이 이스라엘의 종말론적인 회복을 위해 에언자적인 프로그램의 실행을 추구한다는 이해에 근거해서, 예수 운동도 비슷한 맥락으로 보였을 수 있다. 게르트 타이센(Gerd Theissen)은 "예수에 의해 비롯된 가장 초기의 기독교는 유대교 안에서의 갱신 운동으로 시작되었다"라고 주장한다.[38] 역사적 예수가 남긴 가장 명백한 결과를 보여주는 바로 이 운동의 움직임—이것이 얼마나 다양하게 전개되었는지는 불문하고—이 그런 배경에서 시작된 것이다. 하지만 우리는 현대적인 의미에서 예수 자신이 그리스도인이었으며 또한 그가 기독교를 세웠다고 지나치게 생각해서는 안 된다. 스티븐 브라이언(Steven Bryan)은 다음과 같이 말한다. "예수를 '기독교의 창시자'라고 생각하는 것은 시대착오일지 모른다. 그렇지만 기독교는 반드시 어떤 의미에서 예수의 역사가 빚어낸 결과의 일부분이라고 이해되어야 한다."[39] 초기 기독교 운동의 형성과 존속은 하나의 역사적인

---

[37] James D. G. Dunn, "Can the Third Quest Hope to Succeed?" in *Authenticating the Activities of Jesus*, ed. Chilton and Evans, 37; idem, *Jesus Remembered*, 175.

[38] Gerd Theissen, *Sociology of Early Palestinian Christianity*, trans. John Bowden (Philadelphia: Fortress, 1978), 1.

[39] Steven M. Bryan, *Jesus and Israel's Traditions of Judgement and Restoration* (SNTS

현상이다. 아마도 그 현상은 자신의 가장 가까운 추종자들에게 중대한 영향을 미친 역동적인 인물에 의해 가장 잘 설명될 것이다. 그리고 그 추종자들은 그리스-로마 세계의 종교 지형에 의미심장한 영향을 미쳤다.[40]

만약 그렇다면, 도드(C. H. Dodd)가 쓴 소책자의 제목인 『기독교의 창시자』(The Founder of Christianity)는 비록 그 의미가 한정되어야 하지만 결코 그릇된 것은 아니다. 예수가 "운동의 창시자"였기 때문에, 최초의 제자들은 그의 가르침을 처음 세워진 기독교 공동체 안에서 전달하고 보존하려고 집중적인 노력을 기울였다. 곧 순회 사역자들과 팔레스타인 지역에 거주하던 시골 사람들에 의해, 아니면 지중해 연안에 위치한 도시에 살고 있던 그리스어를 말하는 유대인 그리스도인들에 의해 예수의 가르침이 전달되고 보존되었다. 이와 비교하는 의미에서, 개신교 교파의 창시자인 루터, 칼뱅, 웨슬리의 추종자들도 그들의 가르침이나 "저작 전집"을 보존했다. 또한 그 추종자들은 그들의 가르침을 교리로 체계화했다.

쿰란 공동체는 예수 운동과 더 유사하다. 이 공동체의 창시자 또는 재건자로서 쿰란의 의의 교사는 분명히 자신의 가르침을 문서로 기록하도록 지시했다. 그의 가르침에는 예언서와 절기를 기념하는 일과 관련된 율

117; Cambridge: Cambridge University Press, 2002), 9. 참조. C. H. Dodd, *Founder of Christianity* (New York: Macmillan, 1970), 90: 예수의 목적은 "하나님의 백성이라는 이름에 적합한 공동체를 세우는 것이었다." Morton Smith, *Jesus the Magician* (New York: Harper and Row, 1978), 5: "예수가 어떤 것을 행했고 어떤 것을 행하지 않았든지 간에, 의심할 여지 없이 그는 기독교로 발견된 과정을 시작했다." James D. G. Dunn, *The Living Word* (Philadelphia: Fortress, 1987), 27: "예수를 새로운 종교 운동의 창시자로 인식하기 위해 우리가 복잡한 기독론적인 질문들에 얽힐 필요는 없다." Wright, *Jesus and the Victory of God*, 76은 예수를 구체적으로 "운동의 촉매자"라고 확인해준다.

40) Paul W. Barnett, *Jesus and the Logic of History* (NSBT 3; Leicester: Apollos, 1997), 35; idem, *Jesus and the Rise of Early Christianity: A History of New Testament Times* (Downers Grove: InterVarsity, 1999), 17; Hengel, "Eye-Witness Memory," 74-75.

법에 대한 그의 독특한 해석도 포함되어 있었다. 심지어 그는 특별한 달력을 공인했다. 쿰란 공동체는 의의 교사를 존경하며 다음과 같이 기억했다. 곧 하나님은 "그들을 위해 의의 교사를 세우셔서, 그들을 하나님의 마음과 일치하는 길로 이끌게 하셨다. 그 교사는 진노를 받아 마땅한 세대, 곧 반역자들의 무리에게 하나님이 어떤 일을 하셨는지 후대의 세대들에게 가르쳤다."[41] 랍비 문헌에서 힐렐과 샴마이에 대한 전승의 온전성에 적절한 주의를 기울인다면, 다음과 같은 사실이 드러날 것이다. 즉 그들의 진정성 있는 가르침은 바리새주의의 각각의 종파들을 정의했을 뿐만 아니라, 랍비 유대교(Rabbinic Judaism)의 기초를 놓았다고 볼 수 있다. 각 경우에서—예수, 의의 교사, 힐렐 또는 샴마이—우리는 종교 지도자의 메시지와 전기가 신중하게 보존되고 지속적으로 전달되는 것을 알 수 있다. 왜냐하면 해당 지도자가 그 공동체의 형성 과정에서 결정적으로 중요한 역할을 했기 때문이다. 그래서 그 공동체는 자신의 지도자의 비전과 가르침을 물려받고, 또 이를 의식적으로 보존했던 것이다.

II — 예수 전승의 보존

초기 교회가 예수를 기억해야만 하는 근본적인 이유가 있었음을 확인하는 것과, 과연 초기 교회가 그 기억을 효과적으로 보존하는 수단을 지니고 있었는가는 서로 전혀 다른 문제다. 몇 가지 요소는 초기 교회가 그런 수단을 지니고 있었다는 것을 암시한다.

---

41) CD 1.11-12.

예수에 대한 관심

앞에서 우리는 예수 전승의 한 가지 목적이 예수에 대한 초기 교회의 믿음에 내용을 제공하는 것이었음을 살펴보았다. 따라서 예수에 대한 관심은 예수 전승을 보존하고 전달하는 한 가지 이유를 제공해주었다.[42] 맨슨(T. W. Manson)은 다음과 같이 주장한다. "이야기들을 보존하고 복음서에 포함시킬 이야기를 선별하고자 했던 주요한 동기 가운데 하나는 단순히 영웅적인 인물에 대한 감탄과 사랑이었다. 적어도 이 점은 추측 가능하다. 예수가 20세기의 역사가들에게 흥미로운 인물이듯이, 그는 1세기의 사람들에게도 흥미로웠을 것이다."[43] 이제 우리는 그 점에 대해 탐구하고자 한다.

여기서 대두되는 문제는 몇몇 학자가 제기하는 다음과 같은 질문이다. 즉 교회를 통해 선포된 예수가 그리스도와의 최초의 접촉점이 될 때, 과연 초기 교회는 "역사적 예수"에 대해 관심을 가졌을까? 오래전에 학자들은 고린도후서 5:16에서 "그리스도를 육신을 따라" 아는 것을 거부한다는 바울의 말에 대해 무리한 해석을 무수히 제시한 바 있다. 이런 표현이 사도 바울이 예수라는 역사적 인물에게 의도적으로 무관심하다는 것을 증명한다는 것이다.[44] 그러나 이런 해석과는 반대로, 실제로 바울은 자

---

42) 정말로 청중에게 흥미롭고 관련이 있는 자료만이 세월이 흘러가도 존속했을 것이다. 참조. Ernst L. Abel, "The Psychology of Memory and Rumor Transmission and Their Bearing on Theories of Oral Transmission in Early Christianity," *JR* 51 (1971): 280.

43) T. W. Manson, "The Quest of the Historical Jesus—Continued," in *Studies in the Gospels and Epistles* (Manchester: Manchester University Press, 1962), 6.

44) 참조. Albert Schweitzer, *The Quest of the Historical Jesus*, trans. W. Montgomery (London: Black, 1945), 399; Rudolf Bultmann, "The Significance of Historical Jesus for the Theology of Paul," in *Faith and Understanding* (London: SCM, 1969), 241-244; H.

신이 이전에 그리스도를 세상적인 관점에서 보았지만, 지금은 그리스도를 "그리스도 안에" 있는 사람의 관점에서 이해한다고 주장하고 있다. 바울이 메시아와 그의 직분에 대한 그릇된 개념에서 추론한, 그리스도에 대한 자신의 이전 지식을 언급했을 가능성은 있다. 아니면 바울이 예수 운동에 대해 자신이 이전에 적대감을 지녔다고 인정하는 것일 수도 있다.[45] 이 두 가지 중 어느 설명도 바울이 역사적 예수에 대한 관심을 경시했다는 점을 결코 드러내지 않는다.

나아가, 만약 초기 교회, 적어도 초기 교회의 구성원들이 2세기의 영지주의자이거나 20세기의 실존주의자라고 가정한다면, 그들이 역사적 예수에게 관심을 갖지 않았다는 가설은 잘 들어맞을 것이다. 영지주의자들은 이 땅 위에 살았던 예수보다 부활한 예수의 목소리를 더 좋아했다. 하지만 이 이론에 부합되는 영지주의는 1세기의 범위를 넘어 2세기로 가서야 보다 온전한 형태로 나타난다. 내 견해로는, 원시 기독교 공동체가 케리그마로부터 발전했으며 예수의 생애에 관심을 거의 갖지 않았다고 보는 학자들은, 역사적 예수에 대한 자신의 뚜렷한 무관심을 초기 교회에게 투사하는 것이다.[46] 20세기의 많은 신학자들은 이른바 레싱의 험한 도

J. Schoeps, *Paul: The Theology of the Apostle in the Light of Jewish Religious History* (London: Lutterworth, 1961), 55-58, 72.

45) 참조. F. F. Bruce, "Paul and the Historical Jesus," *BJRL* 56 (1974): 321-323; W. G. Kümmel, *The Theology of the New Testament,* trans. John E. Steely (London: SCM, 1976), 166; N. T. Wright, "The Paul of History and the Apostle of Faith," *Tynbul* 29 (1978): 72-73; Victor Paul Furnish, *II Corinthians* (AB; New York: Doubleday, 1984), 312-313; Witherington, *Paul's Narrative Thought World,* 153-154; Dunn, *Theology of Paul the Apostle,* 184-185; Thomas R. Schreiner, *Paul: Apostle of God's Glory in Christ* (Downers Grove: InterVarsity, 2001), 76-77.

46) 공정하게 말하자면, 우리는 이 문이 양쪽으로 움직인다는 점을 기억해야 한다. 곧 다른 학자들이 역사적 예수에 대한 자신들의 **관심**을 초기 교회에게 투사하는 것도 가능하다. 하지만

랑—레싱의 주장에 의하면, 역사 안에서의 우연한 진리는 신학적인 진리를 지지하는 근거로 입증될 수 없음—을 건넜다. 이런 해석자들은 헤겔(Hegel)적 실존주의의 영역으로 물러났다. 그래서 선포된 말씀이 실제 예수에 대한 진정한 경험을 가져다주지만, 여기서 실제 예수는 역사적 원인과 결과의 예수와 상반된다는 것이다. 그렇지만 초기 교회는 줄곧 역사가 하나님이 활동하시는 무대라는 확신을 지니고 있었다. 곧 케리그마는 실존적으로 이해된 믿음의 필요성과 짝을 이룬 채, 예수가 존재했다는 단순한 사실에 기초하고 있는 것이 아니다. 오히려 높임을 받은 주님으로서 예수에 대한 선포는 그 선포와 더불어 이전에 예수가 이스라엘을 대상으로 실제로 사역했다는 사실을 암묵적으로 전제한다. 이 점은 초기의 찬송시와 신앙고백 안에 암시되어 있다. 또한 이 점은 바울이 예수 전승을 반영하는 데서 식별할 수 있다. 그리고 이것은 부활 사건 이전의 예수에 대한 이야기들뿐만 아니라 높임을 받은 주님으로서 예수를 선포하는 설교를 포함하는 누가복음과 사도행전에서도 명백하게 드러난다. 나아가 이것은 초기 교회의 상징과 관습에 의해서도 확인된다. 예를 들면, 초기 교회에서 성찬의 기념은 예루살렘에서의 예수의 사역과 그의 배반당함 및 죽음을 회상하고, 그가 장차 영광스러운 모습으로 다시 올 것을 기대한다.

    복음서 자체는 역사적 사실에 기초한 예수의 사역과 부활 사건 이후에 예수가 제자들에게 나타난 일을 명확하게 구별한다. 베커(Becker)는 다음과 같이 주장한다. "복음서 저자들은 기독교의 규범을 형성하는 최초의 시간으로서 예수의 시간의 범위를 한정하면서, 역사적 예수에 대한 자신들의 관심을 입증한다. 또한 저자들은 자신이 단순히 부활 사건 이후의 [초기 교회의] 신앙고백에 대한 주석서를 저술하기를 원하지 않는다는

초기 교회는 과거에 호소하면서 현재를 비판하는 후기 계몽주의의 경향에 대해 알지 못했다.

것을 보여준다."[47] 만약 운동에 참여하는 사람들이 "예수 그리스도"라고 불리는 대상에게 의도적으로 관심을 기울이고 있고, 그의 생애와 죽음에 기초해서 자신의 신앙을 고백하며, 다른 사람들에게 예수의 이름으로 세례를 베풀어서 그들을 자신의 모임에 들어오게 하고, 예수 그리스도와 관련된 명칭으로서 "그리스도인"이라고 불리지만, 그들 자신이 예수의 생애에 무관심하다면, 이는 이상한 일일 것이다.[48] 그러므로 예수라는 인물을 역사적으로 되돌려서 관심을 갖는 것은 십자가 처형을 받고 다시 살아난 주님으로서의 예수에 대한 믿음에 의해 없어지지 않았다. 그리고 그 관심은 다시 살아난 주님의 음성에 대한 카리스마적인 열정에 의해서도 사라지지 않았다. 오히려 그것은 초기 기독교 운동의 바로 그 실천 안에 본래부터 있었으며, 또한 복음서 안에 요약되어 있다.

---

47) Jürgen Becker, *Jesus of Nazareth*, trans. James E. Crouch (New York: de Gruyter, 1998), 6. 참조. Hengel, "Eye-Witness Memory," 70; "공관복음서는 **시간적으로 격리된 과거의 사건, 곧 예수의 유일무이한 역사에 대해 의도적으로 이야기하려고 한다.** 물론 그 역사는 복음서 저자들의 시대에도 근본적인 중요성을 지닌다. 그리고 신앙 공동체는 복음서 저자들을 통해 해당 이야기를 전해 듣는다"(Becker 강조). Theissen and Merz, *Historical Jesus*, 103-104: "모든 복음서는 '역사화하는 요소'를 가지고 있다. 그 요소는 거리를 가리키는 신호 역할을 하며, 또한 그 요소를 통해 과거와 현재가 구별된다(참조. 막 2:20). … 그러므로 우리는 복음서 안에 당연한 것으로 들어 있는 것으로서 복음 선포에 대한 관심을 무시할 수 없다. 복음서 저자들은 독자들이 그것을 기억하기를 의도했다. 복음서는 거리를 가리키는 신호와 신원 확인에 대한 제안이 있는 전기적 내러티브다." Lemcio, *Past of Jesus in the Gospels*, 108: "복음서에서 가장 견고하고 사용 가능한 증거는 다음과 같은 논지를 확증했다. 곧 복음서 저자들은 나사렛 예수에 대한 내러티브를 저술했지만, 예수에 대한 내러티브에 예수의 가르침, 기적, 수난 및 그의 사람됨에 대해 주제넘게 후대에 전개된 자신들의 평가를 삽입하거나 덧붙이려고 시도하지 않았다는 것이다." 또한 참조. Barnett, *Jesus and the Logic of History*, 154-157.
48) Dunn, *Theology of the Apostle Paul*, 185; idem, *Living Word*, 34: "짧게 말해서, 최초의 그리스도인들이 부활 사건 이전의 예수에게 관심을 갖지 **않았다**는 견해는 거의 우스꽝스러운 것이다"(Dunn 강조). 다음 논문도 보라. Birger Gerhardsson, "The Path of the Gospel Tradition," in *The Gospel and the Gospels*, ed. Peter Stuhlmacher (Grand Rapids: Eerdmans, 1991), 77.

만약 부활 사건 이전의 예수에 대한 관심이 전혀 없었다고 한다면, 다음과 같은 질문이 제기된다. 그렇다면 왜 그리스도인들은 그들의 소망, 논쟁, 갈등 및 신앙을 자신이 의도적으로 관심을 갖지 않던 역사적인 인물에게 소급했는가? 그들은 어떤 가르침과 관행을 정당화하려고 여전히 그에게 관심을 기울인 것인가? 그뿐 아니라, 그들은 왜 이 새로운 가르침을 부활 사건 이전의 이야기 안에 위치시켰는가? 어떤 이는 이런 그룹이 자신의 새로운 가르침을 정당화하려고 들어야 했던 것이 동시대의 예언자를 통해 말하는 다시 살아난 그리스도의 목소리였다고 생각할 것이다.

그러나 만약 그들이 예수라는 역사적 인물에 관심을 기울였다면, 그들은 **아무것도 없는 상태에서** 상당한 분량에 이르는 자료를 스스로 지어내도록 하지는 않았을 것이다. 또한 당시 존재하던 전승이 원래 형태와 어긋난다는 것을 알면서도 그것을 지나온 과정에 끼워 넣는 것을 허용하지 않았을 것이다. 만약 그들이 예수의 생애의 세부 사항에 관심을 갖지 **않았다면**, 그들은 역사적인 배경 안에 있었던 역사적 예수에게 자료를 소급하기 위해 어떤 이론적인 근거를 갖고 있었는가? 만약 내 관점이 옳다면, 예수 전승의 형성과 관련해서 복음서를 연구하는 학자들의 기본 방침 가운데 하나는 상호 모순적인 전제에 기초하고 있는 것 같다. 곧 교회는 역사적 예수에게 관심을 가지지는 않았지만, 그럼에도 그들의 후대의 논쟁을 예수의 생애 안으로 투영하기에 충분한 만큼은 관심을 가졌다는 것이다. 하지만 예수 전승의 다양한 층을 조사해보면, 부활 사건 이전의 예수의 사역에 대한 관심은 처음에는 높았다가 점차 줄어들고 있음을 알 수 있다.

기원후 70년을 전후로 해서, 팔레스타인 지역뿐만 아니라 지중해 연안에 위치한 헬레니즘의 영향을 받은 도시에 살고 있던 예수 운동의 구성원들은 자신이 예수에 대한 전승을 알고 있음을 증명한다. 찰스워스(Charlesworth)는 다음과 같이 주장한다. "복음서가 존재한다는 사실 그 자체―복음서는 부활 사건 이전의 예수의 생애와 가르침을 포함하고 있다―는 예수와 관련된 운동이 시작된 가장 초기의 일이십 년부터 틀림없이 나사렛 예수에 대한 역사적인 관심이 있었다는 것을 입증한다."[49] 또한 포터(Porter)도 비슷하게 논평한다. "사실상 역사적 예수에 대한 탐구는 분명 예수가 죽은 지 얼마 안 되서 시작되었다. 그리고 그 탐구는 초기 교회의 저서 안에 반영되었다."[50] 나아가 예수라는 인물에 대한 관심은 이미 부활 사건 이전에 시작되었을 것이다. 왜냐하면 사람들이 예수가 누구인지, 또는 예수는 자신이 누구라고 말했는지에 대해 질문했기 때문이다.[51] 오래된 전통적 견해에 의하면, 예수에 대한 이야기를 문서 형태로 보존해서 다른 세대에게 그 이야기를 전하려고 복음서가 저술되었다. 아마도 이 견해는 오늘날 학자들에 의해 종종 평가되어온 것보다 더 타당성이 있을 것이다.[52]

---

49) James H. Charlesworth, *Jesus within Judaism: New Light from Exciting Archaeological Discoveries* (London: SPCK, 1989), 13. 참조. Henry Wansbrough, "Introduction," in *Jesus and Oral Gospel Tradition,* ed. Wansbrough (JSNTSup 64; Sheffield: Sheffield Academic, 1991), 12: "우리가 검토해왔던 증거는 최초의 그리스도인들에게 적어도 예수의 말씀과 행위를 포함한 예수의 사역을 회고하는 것과 이 전승을 보존하고 전달하는 것이 중요하다는 점을 입증한다." Hengel, "Eye-Witness Memory," 73; "하지만 우리는 시간과 공간 안에서 역사적인 인물에 대해 보고하고자 하는 복음서 저자들의 기본적인 의도를 부인하지 않아야 하는 것은 물론 약화시키지 말아야 한다."
50) Stanley E. Porter, "Luke 17:11-19 and the Criteria For Authenticity Revisited," *JSHJ* 1 (2003): 204.
51) 참조. Stanton, *Jesus of Nazareth in New Testament Preaching,* 171: "예수의 삶과 성품에 대한 관심은 예수의 사역의 시작 단계에 이미 포함되어 있었다. 예수의 복음 선포는 다음과 같은 비판적인 질문을 일으켰다. 이 예수는 과연 누구인가? 왜 그는 이와 같이 행동하는가?"
52) 참조. Donald Guthrie, *New Testament Introduction* (4th ed.; Leicester, England: Apollos, 1990), 21-24; Barnett, *Jesus and the Rise of the Early Christianity,* 392-394; Dunn, *Living Word,* 27, 30.

교육적이고 수사학적인 장치

학생들이 선생에게서 구술로 전달받은 정보를 보존하는 능력은 해당 내용을 반복하는 능력뿐만 아니라 그 가르침을 전달하는 언어 형태가 얼마나 유용한지에 의해서도 좌우된다.

라이너 리스너(Rainer Riesner)는 복음서에서 예수가 말한 것으로 언급된 자료 중 약 80퍼센트가 평행 구조 및 수미상관 구조와 같은 히브리 시가의 특징을 포함하고 있다고 주장한다. 이 구조는 예수의 가르침을 잘 기억할 수 있게 하는 기억 증진 장치를 포함하고 있다. 또한 공관복음서 전승의 약 54퍼센트에 해당하는 더 긴 단위는 전적으로 비유와 관련된 것이라고 한다. 예수의 가르침을 다루는 자료의 상당 부분은 기억으로 남기기 위한 요소로 구성된 것 같다.[53] 워너 켈버(Werner Kelber)는 다음과 같이 주장한다. "다양한 유형을 가진 말하기 형식과 더불어, 예수의 어록은 상당한 정도로 믿음을 보존해주는 역할을 했다. 곧 그 어록에는 두운법, 비슷한 말 사용하기, 병렬, 잠언이나 경구 같은 표현, 대조 및 대치, 동의어 및 유사어로 이루어진 평행 구조, 대조법, 종합적인 구조 등과 같은 표현 방법

---

53) Rainer Riesner, "Jesus as Preacher and Teacher," in *Jesus and the Oral Gospel Tradition*, ed. Wansbrough, 202; idem, *Jesus als Lehrer. Eine Untersuchung zum Ursprung der Evangelien-Überlieferung* (WUNT 2.7; Tübingen: Mohr, 1988), 302-404; idem, "From Messianic Teacher to the Gospels of Jesus Christ," in *HSHJ*, ed. T. Holmén and S. E. Porter (4 vols.; Leiden: Brill, 2011), 1:417-418. 참조. C. F. Burney, *The Poetry of Our Lord: An Examination of Formal Elements of Hebrew Poetry in the Discourses of Jesus Christ* (Oxford: Clarendon, 1925); Matthew Black, *An Aramaic Approach to the Gospels and Acts* (3rd ed.; Oxford: Clarendon, 1967), 160-179; Ben Witherington, *The Christology of Jesus* (Minneapolis: Fortress, 1990), 8-9; Dunn, *Jesus Remembered*, 139-175; Hengel, "Eye-Witness Memory," 78; Dale C. Allison, *Constructing Jesus: Memory, Imagination, and History* (Grand Rapids: Baker, 2011), 24.

으로 가득하다."⁵⁴⁾ 표현 방식의 변화가 없는 단순한 담론보다 리듬, 두운 및 압운과 유사음의 반복을 지니고 있는 시가는 청중에게 전달하는 내용을 잘 알게끔 하고 또 오랫동안 기억하게 할 것이다.⁵⁵⁾

십여 년 전에 나는 카슨(D. A. Carson)에게서 고(故) 도드(C. H. Dodd)에 대한 5행으로 된 재미있는 시를 배웠다. 그때 그 우스개 시를 단 한 번 들었지만, 지금도 나는 그 내용을 전혀 틀리지 않고 그대로 외울 수 있다.⁵⁶⁾ 또한 나는 이십여 년 전에 고등학교에서 배운 셰익스피어의 비극 『햄릿』과 『오셀로』에 나오는 몇 개의 연에서 상당 부분을 암송할 수 있다. 시는 사람의 영혼 깊은 곳에 강하고 지속적인 인상을 남기는 능력을 지니고 있다. 왜냐하면 시는 듣는 사람에게 상상력을 불러일으키고, 말로 표현되는

---

54) Werner Kelber, *The Oral and the Written Gospel* (Philadelphia: Fortress, 1983), 27.
55) 이 사실로부터 복음서에서 "기억하기 쉬운" 특성을 지닌 자료는 진정성 있는 것일 가능성이 높다고 추론할 수 있다. Stephen J. Patterson, *The God of Jesus: The Historical Jesus and the Search for Meaning* (Harrisburg: Trinity, 1998), 269은 "기억력의 판단 기준"을 적용할 것을 요구한다. 또한 Patterson은 다음과 같이 설명한다. "이 판단 기준은 다음의 사실을 고려한다. 곧 예수에게서 유래되어 우리가 갖고 있는 모든 것은 그것이 초기 기독교의 문서에 포함되기 이전까지 (또한 그 이후에도) 오랫동안 구전으로 유포되었을 것이다. **이것은 기억하기 쉬운 특성을 지닌 예수의 어록과 이야기(또는 그것에 대한 판본)에 특별한 주의를 기울여야 한다는 것을 의미한다.** 그 어록과 이야기는 간결하고 재치 있고 구조가 있으며, 관심을 끄는 문구를 사용한다"(Patterson 강조). 만약 아마도 처음에 증인들이 유포했던 기억으로서의 예수 전승에 대한 묘사의 정확성을 우리가 인정한다면, 예수에 대한 기억은 오랜 시간이 지나도 그대로 보존될 수 있도록 기억하기 쉬운 특성을 가지고 있었을 가능성이 높다. 물론 한 가지 문제점은 기억력은 개인과 그룹에 따라 상당히 차이가 있을 수 있다는 것이다. 그럼에도 불구하고 초기 교회에서 예수에 대한 집단적인 기억이 이루어졌다는 점을 고려할 때, Patterson이 진정성에 대한 새로운 목록으로 제시하는 것은 숙고해볼 만한 가치가 있다.
56) 도드(Dodd)라고 불리는 사람이 있었네
    그의 이름은 너무 이상했지(odd)
      그는 철자를 말했네
    그의 이름은 세 개의 D자가 있었지
  하나님(God)에게는 D자가 한 개면 충분한데도.

것을 통해 청각적인 아름다움을 경험하도록 해주기 때문이다. 시적인 요소 외에도, 예수의 교육 방법이 지닌 몇 가지 특징이 예수 전승에 깊이 새겨져 있으며, 그것을 분명히 기억하기 쉽게 만들었다. 데일 앨리슨(Dale. C. Allison)은 예수 전승에서 두드러지게 나타나는 여덟 가지 "수사학적인 전략"을 확인해준다. 그것은 비유, 서로 대조되는 평행 구조, 수사학적인 질문, "아멘"이 처음에 나타남, 신적 수동태, 과장법, 경구적인 표현 및 역설적인 진술 등이다.[57] 적절하게 사용되기만 한다면, 이런 수사학적인 기술은 자주 예수 전승이 구전을 통해 온전히 전달되도록 도와줄 뿐만 아니라, 예수 전승이 지닌 고유한 특성을 굳혀줄 것이다. 예수의 가르침이 지닌 시적이고 비유적이며 교육적인 특성은 예수 전승을 후대의 다양한 맥락에서 쉽게 기억되고 회상될 수 있게 만들었다.

대중 전달 매체가 없던 시기에 아마도 예수는 자신의 가르침을 갈릴리와 유다 지역의 이 마을 저 마을에서 반복해서 말했을 것이다. 예수의 어록 또는 담론에 대한 다양한 판본이 존재한다는 것은 복음서 저자들이 말씀이나 담론을 이중으로 이야기한다는 인상을 줄 수 있다. 하지만 사실상 예수가 어떤 주제에 대해 한 번 이상 가르쳤기 때문에, 이런 결과가 빚어졌을 것이다.[58] 예를 들면 마가복음, Q 자료, 도마복음에 나오는 겨자씨 비유는 아마도 예수가 똑같은 비유를 서로 다른 시간과 장소에서 세

---

[57] Dale. C. Allison, *Jesus of Nazareth: Millenarian Prophet* (Minneapolis: Fortress, 1998), 49-50; idem, *Constructing Jesus*, 15.

[58] Gerhardsson, *Memory and Manuscript*, 334-335; Kelber, *Oral and the Written Gospel*, 30; Wright, *New Testament and the People of God*, 422-424; idem, *Jesus and the Victory of God*, 170-171; Craig Keener, *The Historical Jesus of the Gospels* (Grand Rapids: Eerdmans, 2009), 142.

번 말한 데서 비롯되었을 수도 있다.[59] 산상 설교/평지 설교와 주기도문이 다양한 판본으로 나타나는 것에 대해서도 똑같은 주장을 할 수 있다. 제임스 던은 이와 같은 다양성을 단지 문서의 발전 과정에만 근거해서 설명하려고 시도하는 기본 설정을 포기해야 한다고 촉구한다. 그러면서 그는 구전이 지속적으로 전달되는 과정에서 약간의 차이점을 인정하는 모델을 지지한다.[60]

이런 다양한 언어적 장치는 예수 전승 전체에서 끊임없이 나타난다. 이는 청중에게 깊은 인상을 심어준 어떤 한 명의 선생이 지니고 있던 교육적인 기술에서 비롯된 것이라고 가장 잘 설명될 수 있을 것이다. 우리가 예수 전승 안에서 이런 특성을 지닌 "전략"을 발견한다면, 그것은 그 반대의 것을 가리킨다고 참고할 만한 요소가 없는 상황에서 분명 진정성에 대한 개연성을 제공해줄 것이다. 물론 이는 제자들이 의도적으로 예수의 형식과 표현 방법을 자신들 나름대로의 교육적인 방법으로 모방했을 가능성을 평가절하하려는 것은 아니다. 그럼에도 불구하고, 예수는 기억 증진 장치에 상당한 강조점을 둔 방법으로 가르치고 말했던 것 같다. 그것을 통해 예수는 청중의 마음과 생각에 강렬한 인상을 남기려고 의도했을 것이다. 예수가 순회 사역을 할 때 제자들은 그와 동행했다. 만약 그 과정에서 제자들이 이런 시와 교육학을 자주 들었다면, 오랫동안 기억을 유지하는 그들의 능력은 매우 증대되었을 것이다.

---

59) 막 4:30-32; 눅 13:18-19/마 13:31-32; 「도마복음」 20.
60) James D. G. Dunn, "Altering the Default Setting: Re-Envisaging the Early Transmission of the Jesus Tradition," *NTS* 49 (2003): 139-175, reprinted in *A New Perspective on Jesus: What the Quests for the Historical Jesus Missed* (Grand Rapids: Baker, 2005), 79-125; idem, *Living Word*, 32; idem, *Jesus Remembered*, 222-223, 237-238.

아람어 자료

복음서의 바탕에는 구전과 문서 등 다양한 자료가 놓여 있다. 그 자료 가운데 어떤 것은 틀림없이 아람어로 되어 있을 것이다. 약 200년 전에 레싱(G. E. Lessing)과 아이히호른(J. G. Eichhorn)은 복음서의 배후에 아람어 또는 히브리어로 기록된 원-복음서(proto-Gospel, 때로 "*Ur*-Gospel"이라고 불림)가 있었으며, 복음서 저자들이 이것으로부터 자료를 가져왔을 것이라고 추측했다. 이 이론은 최근에 에드워즈(James R. Edwards)에 의해 수정되었다. 그는 누가가 사용한 히브리어로 쓰인 복음서 자료를 발견할 수 있다고 믿는다.[61] 한편 헤르더(J. G. Herder)와 기젤러(J. K. L. Gieseler)는 복음서 저자들이 사용했던 아람어로 된 공통 구전 자원이 있었다고 주장했다.

공관복음서의 일차적인 원천으로 마가복음과 "Q 자료"로 이루어진 두 자료설이 널리 받아들여지고 있다는 점을 고려할 때, 이와 같은 이론은 별로 설득력이 없는 것처럼 여겨진다. 그럼에도 불구하고 복음서의 일부분에 아람어 자료가 놓여 있다는 견해가 전혀 쓸모없는 것은 아니다. 복음서에서는 아람어 단어가 여러 번 나타난다. 이것은 많은 이야기의 출처가 팔레스타인 지역이라는 것을 가르쳐준다(참조. 막 5:41; 15:22, 34; 요 4:25; 19:13; 20:16). 예수는 종종 자신을 가리켜 "인자"라고 말했는데, 이것은 분명히 "사람" 또는 "내 지위에 있는 어떤 사람"을 뜻하는 아람어의 관용적인 표현 בר (א)נשא에 기초한 것이다.[62] 몇몇 학자들은 복음서에서 아람어

---

61) James R. Edwards, *The Hebrew Gospel and the Development of the Synoptic Tradition* (Grand Rapids: Eerdmans, 2009), 182-186, 260-261. 보다 앞서 간행된 연구 논문으로는 다음을 보라. Rainer Riesner, "Luke's Special Tradition and the Question of a Hebrew Gospel Source," *Mishkan* 20 (1994): 44-52.
62) 다음 논의를 참조하라. Michael F. Bird, *Are You the One Who Is to Come? The*

로 쉽게 되돌릴 수 있는 아람어의 특징을 지닌 표현 및 셈어의 특성을 지닌 시와 구절에 관심을 기울였다.[63] 예를 들면, 마태복음 23:24에서 풍자적인 내용을 지닌 언어유희를 발견할 수 있다. 하지만 오직 아람어 표현에서만 그것을 간파할 수 있다. 곧 "맹인 된 인도자여 하루살이(קמלא, 카믈라)는 걸러 내고 낙타(גמלא, 가믈라)는 삼키는도다." 이것은 복음서 텍스트 아래에 아람어 자료 층이 있을 가능성이 높다는 것을 의미한다.[64] 그러므로 모리스 케이시(Maurice Casey)—비록 신학적인 측면에서 보수주의적인 경향은 거의 지니고 있지 않지만—는 마가복음의 경우와 관련해서 다음과 같이 주장한다. "우리의 가장 오래된 복음서는 아람어를 말하는 제자들의 목격담에 부분적으로 의존하고 있다."[65]

아람어의 흔적을 진정성을 입증하는 목록으로 사용하려고 시도하는 데에는 몇 가지 문제점이 있으므로 주의가 필요하다. 우선 이른바 셈어

Historical Jesus and the Messianic Question (Grand Rapids: Baker, 2009), 78-98.

63) Burney, *Poetry of our Lord;* Black, *Aramaic Approach;* Joachim Jeremias, *New Testament Theology,* trans. John Bowden (London: SCM, 1971), 1.3-29; T. W. Manson, *The Teaching of Jesus: Studies in Its Form and Content* (Cambridge: Cambridge University Press, 1963), 45-56; Joseph A. Fitzmyer, *A Wandering Aramean: Collected Essays* (Missoula: Scholars, 1979), 1-27; Casey, *Aramaic Sources of Mark's Gospel,* 254-255; idem, "An Aramaic Approach to the Synoptic Gospels," *ExpT* 110 (1999): 275-278; idem, *Jesus of Nazareth* (London: Clark, 2010), 108-120; Dunn, *Jesus Remembered,* 225-226. 또한 참조. M. O. Wise, "Language of Palestine," in *DJG,* ed. J. B. Green, S. McKnight, and I. H. Marshall (Downers Grove: InterVarsity, 1992), 443-444.

64) 복음서에서 나타나는 셈어적인 표현 목록에 대해 다음 연구서를 보라. Jeremias, *New Testament Theology* 1.4-7; Edwards, *Hebrew Gospel,* 125-153, 292-332. 그리스어 텍스트 아래에 나타나는 셈어적인 표현을 알려주는 전반적인 목록에 대해 다음 항목을 보라. G. Mussie, "Greeks in Palestine and the Diaspora," in *The Jewish People in the First Century,* ed. S. Safrai and M. Stern (2 vols.; Amsterdam: Van Gorcum, 1974-1976), 2.1048-1049.

65) Casey, *Jesus of Nazareth,* 109.

적인 표현이라고 주장되는 것 가운데 상당수는 단순히 **코이네**(Koine) 그리스어로 서툴게 묘사한 것일 수 있다. 셈어적인 표현이라고 알려진 것이 복음서의 70인역에 영향을 미쳤을 가능성이 있으며, 복음서에 남아 있는 셈어적인 표현이 예수에게서 유래된 것이 아니라 아람어를 말하는 그리스도인들에게서 비롯된 것일 수 있다.66) 여전히 수많은 셈어적인 표현이 복음서에서 발견되고, 복음서의 많은 구절을 아람어로 되돌릴 수 있다는 사실은 적어도 예수 전승 안에 아람어 자료가 존재할 가능성을 암시해준다. 단 한 가지의 아람어 자료를 제안하는 대신에, 우리는 바나바스 린다스(Barnabas Lindars)와 함께 다음과 같이 결론지을 수 있을 것이다. "예수의 어록에 대한 면밀한 분석은 아람어 원문에 대한 가설이 설득력 있고 이치에 닿는 결과로 이끌어준다는 사실을 거듭 밝혀준다."67) 복음서 아래에 아람어 층이 존재한다는 것은 예수 전승에서 아람어를 수단으로 하는 **형성과 보존**의 단계가 있었음을 입증해준다. 또한 예수 전승의 이런 형성과 보존은 해당 전승이 최초로 발전하는 단계에서 예수를 기억하기 위한 한 가지 시도라는 것을 증명한다.

나아가 예수 전승에 대한 아람어와 그리스어 형태 사이의 타당한 관계에 대해 밝혀야 할 필요가 있다. 알렉산더 대제 이후로 팔레스타인 지

---

66) 셈어와 그 환경의 판단 기준에 대한 최근의 평가에 대해 다음 연구서들을 참조하라. Meier, *Marginal Jew*, 1.178-180; Stanley E. Porter, *The Criteria for Authenticity in Historical-Jesus Research: Previous Discussion and New Proposal* (JSNTSup 191; Sheffield: Sheffield Academic, 2000), 89-99; Craig A. Evans, "Life of Jesus," in *Handbook to Exegesis of New Testament*, ed. S. E. Porter (Leiden: Brill, 2002), 445-446; Loren T. Stuckenbruck, "'Semitic Influence on Greek': An Authenticating Criterion in Jesus Research?" in *Jesus, Criteria, and the Demise of Authenticity*, ed. C. Keith and A. Le Donne (London: Clark, 2012), 73-94.

67) Barnabas Lindars, "The Language in Which Jesus Taught," *Theology* 86 (1983): 364.

역은 동방의 헬라화 정책으로부터 자유로울 수 없었다. 그리스어는 유대 사회 안으로, 특별히 정치 및 문예 분야의 엘리트들 사이로 스며들었다. 따라서 충분히 예상할 만한 사실은 예수를 따르던 사람들 가운데 많은 사람, 특별히 무역과 세금 징수에 종사하던 사람들이 두 가지 언어를 사용했으리라는 점이다. 곧 이들은 아람어뿐만 아니라 그리스어에도 능숙했다. 게다가 초기 교회에서는 처음부터 두 가지 언어가 통용되었던 것 같다. 예수의 제자들 중에서 베드로와 요한처럼 아람어를 말하는 사람들은 주로 그리스어가 통용되던 도시들을 방문했다. 또한 우리는 그리스어를 말하는 제자들이 예루살렘에 살고 있었다는 것을 알고 있다. 처음으로 저술된 복음서인 마가복음은 두 가지 언어를 사용하던 사람에 의해 기록된 것으로 보인다. 그는 그리스어를 충분히 잘 알고 있었지만, 그의 모국어는 아람어였다. 이 관점에 기초해서, 나는 아람어와 그리스어 자료가 예수 전승과 관련해 시간적인 측면에서 반드시 서로 다른 두 단계를 구성하는 것은 아니라고 추론한다. 오히려 예수의 가르침에 대한 아람어와 그리스어 판본 및 번역과 편집본들은 초기 교회에서 나란히 존재했으며, 처음부터 서로 영향을 주고받았을 것이다.[68]

---

68) (참고 문헌과 더불어) 팔레스타인 지역의 그리스어 사용과 초기 교회의 이중 언어 사용에 대한 간략한 개요로서 다음 연구서를 보라. Porter, *Criteria for Authenticity*, 127-141. 이중 언어의 사용에 대해 다음 연구서를 참조하라. Catherine Hezser, *Jewish Literacy in Roman Palestine* (TSAJ 81; Tübingen: Mohr, 2001), esp. 237-247. 또한 참조. Sang-Il Lee, *Jesus and Gospel Traditions in Bilingual Context: A Study in the Interdirectionality of Language* (Berlin: de Gruyter, 2012).

비망록

안타깝게도 대다수 학자들이 공관복음서의 복합적인 문제점을 순전히 문학적인 상호 관계에 기초해서 설명하는 데 익숙해 있다. 반면에 그들은 예수 전승의 복잡한 쟁점은 주로 구전과 관련해서 설명한다. 하지만 만약 구술성과 텍스트성 사이의 경계선이 유동적이라면—구전이 문서로 기록되고 기록 자료가 구술로 전달되어서, 사실상 서로 유동적이다—만약 예수의 공생애 시기부터 모든 과정에서 구술과 문서의 혼합 방식으로 예수 전승이 복음서에서와 그 이후에도 전달되었다면, 우리는 구전과 기록 형태의 상호 교류에 진지한 관심을 기울여야 할 필요가 있다. 그뿐 아니라 특별히 우리는 예수의 가르침을 기억하고 전달하는 것을 돕기 위해서 비망록이 사용되었을 가능성을 진지하게 고려해보아야 한다.[69]

고백하자면, 나는 예수의 가르침을 보존하기 위해 비망록이 사용되었을 가능성에 대해 본래 회의적이었다. 그것이 예수의 말씀을 보존하는 좀 더 편리한 방법이었을 것이라는 생각은 가지고 있었다. 하지만 실제로 우

---

[69] 참조. Heinz Schürmann, "Die vorösterlichen Anfänge der Logientradition. Versuch eines formgeschichtlichen Zugangs zum Leben Jesu," in *Der historische Jesus und der kerygmatische Christus*, ed. H. Ristow and K. Matthiae (Berlin: Evagelische Verlaganstalt, 1962), 342-370; Gerhardsson, *Memory and Manuscript*, 202; Riesner, *Jesus als Lehrer*, 491-498; idem, "Messianic Teacher," 433-434; Graham Stanton, *Jesus and Gospel* (Cambridge: Cambridge University Press, 2004), 186; James D. G. Dunn, *Jesus, Paul, and the Gospels* (Grand Rapids; Eerdmans, 2011), 41; Keener, *Historical Jesus*, 148-149; Barnett, *Jesus and the Rise of the Early Christianity*, 206-207, 380-381; Ellis, "Synoptic Gospels and History," 53-54; Bauckham, *Jesus and the Eyewitnesses*, 251-252, 287-289; Pheme Perkins, *Introduction to the Synoptic Gospels* (Grand Rapids: Eerdmans, 2007), 17; Tomas Bokedal, *The Scriptures and the Lord: Formation and Significance of the Christian Biblical Canon* (Lund: Lund University Press, 2005), 135-137.

리는 예수의 말씀을 포함하는 어떤 비망록도 갖고 있지 않다. 이전에 나는 폴 바네트(Paul Barnett)의 다음과 같은 주장을 믿을 수 없는 것으로 여겼다. "우리의 관점에 의하면, 틀림없이 예수의 제자들은 예수가 자신들과 함께 있을 때 이미 그의 가르침을 기억하기 시작했을 것이고, 심지어 그것을 기록했을 것이다."[70] 하지만 내가 처음에 품었던 유보적인 입장은 이제 누그러졌다.

그리스-로마 세계에서 문학 분야의 엘리트들 사이에서는 배움에 도움을 주는 수단으로서 메모(ὑπομνήματα, commentarii)가 흔한 일이었다.[71] 그리스의 *gnōmai*(어록)와 *chreiai*(짧은 이야기) 모음집은 주로 교육 목적을 위한 소규모의 문집을 제공했다.[72] 고대 로마의 시인 마르쿠스 마르티알리스(Marcus Valerius Martialis)는 여행할 때 자기가 지은 시를 갖고 다니는 사람들은 필요한 경우에 비망록을 사용하도록 권면했다.[73] 지중해 지역에 있던 수사학 학교에서 연설자들이 곧잘 비망록을 사용했으며, 청중은 연설의 요점을 파악하기 위해 종종 메모했다고 한다.[74] 비망록은 밀랍을 칠한 목재 서판의 훌륭한 대체품으로 여겨졌다.[75] 심지어 강의를 메모한 것이 출판되기까지 했다. 실제로 아리아노스(Arrian)는 자신의 스승

---

70) Barnett, *Jesus and the Rise of Early Christianity*, 206.
71) 참조. George A. Kennedy, "Classical and Christian Source Criticism," in *The Relationship among the Gospels: An Interdisciplinary Dialogue*, ed. W. O. Walker (San Antonio: Trinity University Press, 1978), 130-137; C. H. Roberts and T. C. Skeat, *The Birth of the Codex* (London: Oxford University Press, 1987), 11-23.
72) Martin C. Albl, *And Scripture Cannot Be Broken: The Form and Function of the Early Christian Testimonia Collections* (Leiden: Brill, 1999), 77-79.
73) Martial, *Epigr.* 1.2.
74) 연설로부터 배우려고 메모하는 습관과 연설자들이 메모한 것에 지나치게 의존하는 관습의 위험성에 대해 특별히 다음 부분을 참조하라. Quintilian, *Inst.* 11.2.2, 24-26, 44-49.
75) Quintilian, *Inst.* 10.3.30-32.

인 에픽테토스(Epictetus)의 강의에 대한 해설서를 출간했다. 그는 이렇게 말한다. "나는 그가 말하는 것은 무엇이든지 모두 한 마디 한 마디 최선을 다해 받아썼다. 그의 사고방식과 강연의 진솔함에 대한 회고록으로서, 훗날 나 자신이 사용하려고 그것을 보존하고자 노력했다."[76]

유대교의 상황에서 비르예르 에르핫손(Birger Gerhardsson)은 제자들이 랍비들의 가르침을 외우는 데 도움이 되도록 비망록이나 "비밀 두루마리"를 사용했다는 증거를 랍비 문헌에서 확인해준다.[77] 후대의 관점을 1세기로 되돌려서 이해하는 것이라고 세찬 비판을 받을 수도 있지만, 유대교의 비망록에 대한 이론은 상당히 유용한 가치가 있다. 마틴 재피(Martin Jaffee)는 200년 이전에 미쉬나를 편집하는 과정에서 기록 자료를 사용한 것을 구분해냈다.[78] 쿰란 공동체 안에서 사용된 쿰란 두루마리는 예언자의 짧은 「증거」(testimonia) 선집(11QMelch)과 할라카 모음집(11QTemple)에 대한 1세기의 증거를 제공해준다. 제이콥 뉴스너(Jacob Neusner)는 유대 공동체가 자신의 전승을 보존하기 위해 종종 상당한 분량의 필사 자료, 스승들의 메모집, 설교자들의 예화집, 주석 발췌 및 시화집(詩畵集) 등을 사용했다고 주장한다.[79] 구약성서의 중요 본문의 짧은 발췌문을 수록하고 있는 초기 교회의 「증거」 선집은 그리스도인들에 의해서도 매우 이른 시기부터 사용되었던 것 같다. 또한 이 「증거」 선집은 순교자 유스티누

---

76) Epictetus, *Diatr.* 1, pref.
77) *b. Shab.* 6b, 96b와 Gerhardsson, *Memory and Manuscript*, 160-162에서 해당 본문에 대한 논평을 보라.
78) M. S. Jaffee, *Torah in the Mouth: Writing and Oral Tradition in Palestinian Judaism 200 BCE-400 CE* (Oxford: Oxford University Press, 2001), 100-125.
79) Jacob Neusner, *Method and Meaning in Ancient Judaism* (Missoula: Scholars, 1979).

스와 이레나이우스의 시대에는 분명히 사용되었을 것이다.[80] 4세기 무렵의 필사본 P. Ryl. 460과 같은 「증거」 선집이 존재한다.[81]

비망록은 예수의 어록을 모아놓는 수단으로서 이상적이었다. 비망록을 이용하면, 교사들은 두루마리나 필사본을 힘들게 입수해서 펼쳐볼 필요가 없었다. 본문비평가들에게 Q 자료로 알려진 가설에 기초한 문서는 이런 비망록으로 시작되었을 가능성이 있다. 공관복음서 문제를 해결하기 위해 제기된 원-복음서 이론의 변함없는 그림자는 적어도 기원후 70년 이전에 예수에 대한 초기의 비망록/발췌/요약이 존재했을 가능성을 암시해준다. 우리는 디모데후서 4:13에서 "책"과 "가죽 종이에 쓴 것"이라는 언급을 발견한다. 이것은 특별히 "비망록"을 가리킬 가능성이 있다.[82] 2세기 초에 저술된 파피아스(Papias)의 「주님의 로기아에 대한 해설」(Λογία κυριακῶν ἐξήγησις)은 전형적인 비망록 형태로 된 예수의 말씀 선집 및 주해였다.[83] 순교자 유스티누스는 「트리포와의 대화」 15-17에서 예수의 말씀을 스물여섯 가지 주제로 구분해서 배열했다. 아마도 이것은 유스

---

80) 참조. 특히 Albl, *And Scripture Cannot Be Broken*; Bokedal, *Scriptures and the Lord*, 151-155.

81) Stanton, *Jesus and Gospel*, 183-184.

82) Harry Gamble이 다음의 연구서에서 이와 같이 주장한다. 참조. Harry Gamble, *Books and Readers in the Early Church: A History of Early Christian Texts* (New Haven: Yale University Press, 1995), 64; Alan Millard, *Reading and Writing at the Time of Jesus* (New York: New York University Press, 2000), 63.

83) Eusebius, *Hist. Eccl.* 3.39.1. 참조. Ernst Bammel (*RGG* 5:48): "[파피아스의 로기아는] 예수의 말씀과 행위에 대해 주해한 보고서였다." 우리는 "영지주의"의 교사들에게서도 이와 같은 형태를 발견할 수 있다. 특히 Basilides의 *Exegetica*는 스물네 권으로 이루어져 있다 (Eusebius, *Hist. Eccl.* 4.7.5-8; Clement, *Strom*, 4.81.1-83.1. Origen(*Homilies on Luke 1*)는 이것을 "바실리데스의 복음"이라고 불렀다. Marcion이 저술한 *Antitheses*와 *Gospel of the Lord*는 아그라파(agrapha; 사복음서 안에 전승되지 않은 예수의 어록—역주), 공관복음서 전승 및 정경 복음서에 대한 편집본 등으로 이루어져 있다.

티누스 자신이나 다른 사람이 이전에 작성한 예수 말씀 선집에 기초했을 것이다. 스탠턴(Graham Stanton)은 필사본을 기독교가 "상용"(常用)했을 것이라고 추론한다. "심지어 바울이 50년 무렵 '정경에 수록된' 그의 첫 번째 편지를 쓰기 이전에도, 예수의 추종자들은 코덱스 형태로 만들어진 전신(前身)과 다양한 종류의 '비망록'을 사용하는 데 익숙해 있었다. 그들은 성구 발췌 및 성서의 증거, 편지 초안 및 필사, 또한 예수의 가르침과 행위에 대한 전승 선집을 위해 그것을 사용했다."[84] 로버츠(C. H. Roberts)에 의하면, 초기 교회에서도 "유대교의 경우와 마찬가지로, 틀림없이 구전은 메모를 이용하여 효과적으로 강화되었다."[85] 따라서 예수의 직접적인 제자들과 이후 초기 교회의 추종자들은 메모를 통해 기억을 보존하려고 비망록을 사용했을 가능성이 매우 높다.

목격자들: 예수 전승의 인증자

기원후 30년대부터 90년대까지 가장 초기의 기독교 공동체 안에는 예수를 목격한 자들이 있었다. 그런데 이 목격자들이 예수 전승을 보존하는 데 명백하게 기여했다는 점은 종종 과소평가되었다. 최근 몇 십 년 동안 세 명의 학자 곧 사무엘 뷔쉬코그, 리처드 보컴, 마르틴 헹엘(Martin Hengel)이 전승의 형성 과정에서 목격자들의 역할이 중요하다는 점을 강조했다. 이 세 명의 학자는 모두 초기 교회 안에 목격자들이 있다는 점과

---

[84] Graham Stanton, *Jesus and Gospel* (Cambridge: Cambridge University Press, 2004), 165.
[85] C. H. Roberts, "Books in the Graeco-Roman World and the New Testament," in *The Cambridge History of the Bible I: From the Beginnings to Jerome,* ed. Peter R. Ackroyd and Craig. F. Evans (Cambridge: Cambridge University Press, 1970), 55.

고대 역사 서술에서 목격자의 중요성에 주목했다.[86] 이 점은 다음과 같은 관찰에 의해 그 타당성이 입증된다. 즉 우리가 예수 전승이 지속적으로 실행되는 과정에서 견고한 핵심 내용을 포함할 뿐만 아니라 끊임없이 다시 협의되고 새롭게 재연되는 살아 있는 구전으로서 그 전승을 확인할 수 있는 유일한 방법은, 마커스 복뮬의 말을 빌리면, "안정성을 가진 (주로 개인적인) 사도적 전달 수단"을 통해서라는 것이다.[87]

예수 전승의 전달자로서 목격자들의 존재에 호소하기에 앞서, 다음 세 가지 관점과 더불어 이 논의를 시작하는 것이 중요하다. 첫째, 신약성서에서, 특별히 요한 문헌과 누가복음 및 사도행전에서 목격자들의 역할은 대체로 신학적인 모티프를 지니고 있다. 따라서 목격자들이 순전히 역사적인 관심사를 위해 포함된 것은 아니다. 둘째, 어떤 사건에 대한 목격자들과 의견을 주고받은 사람이라면, 참여자들이 항상 똑같은 것만을 보는 것이 아니라는 사실을 알게 될 것이다. 다시 말해서, 그들은 때때로 자신의 관점을 제시하며, 또한 중요한 점으로서 종종 사실상 사건에 대해 서로 어긋나는 해석을 제공하기도 한다. 투키디데스(Thucydides)는 다음과

---

86) Samuel Byrskog, *Story as History—History as Story: The Gospel Tradition in the Context of Ancient Oral History* (WUNT 123; Tübingen: Mohr/Siebeck, 2000); Martin Hengel, *The Four Gospels and the One Gospel of Jesus Christ*, trans. J. Bowden (Harrisburg: Trinity, 2000), 141-145. idem, "Eye-witness Memory and the Writing of the Gospels," in *The Written Gospel*, ed. Bockmuehl and Hagner, 70-96; Richard Bauckham, "The Eyewitnesses and the Gospel Tradition," *JSHJ* 1 (2003): 28-60; idem, *Jesus and the Eyewitnesses* (Grand Rapids: Eerdmans, 2006). 대조적으로 다음 논문과 비교해보라. D. E. Nineham, "Eye-Witness Testimony and the Gospel Tradition," *JTS* 9 (1958): 13-25, 243-252.

87) Markus Bockmuehl, "Whose Memory? Whose Orality? A Conversation with James D. G. Dunn on Jesus and The Gospels," in *Memories of Jesus: A Critical Appraisal of James D. G. Dunn's Jesus Remembered*, ed. R. B. Stewart and G. R. Habermas (Nashville: Broadman & Holman, 2010), 42.

같이 말했다. "똑같은 사건에 대해 상이한 목격자들은 서로 다르게 설명한다. 어떤 경우에는 어느 한편을 지지해서 편파적으로 말하거나, 또 다른 경우에는 불완전한 기억에 기초해서 말한다."[88] 셋째, 고대 문학에는 꾸며낸 목격자에 대한 사례도 있다. 이 목격자는 알려진 바에 의하면 자신이 전하는 이야기가 사실임을 보장한다. 필로스트라토스(Philostratus)가 지은 「티아나의 아폴로니오스의 생애」에서 언급되는 다미스(Damis)와 같은 인물이 그런 사람이다. 그 책에서 다미스는 시리아에서 아폴로니오스를 만나서 그의 제자가 되었다고 주장한다. 그리고 그는 아폴로니오스의 가르침과 행위에 대한 회고록을 남겼다고 말한다. [다미스의 주장은 의심스럽다.] 다미스의 경우와는 다르게 나는 예수 전승을 전달하고 그 내용을 입증할 수 있는 사람으로서 목격자에게 호소하기에 충분한 이유가 남아 있다고 주장하고 싶다.

먼저 우리는 예수의 사역을 목격한 이들이 예수에 관해서 전개되는 구전과 기록 전승을 알려주고 형성할 뿐 아니라 심지어 어느 정도 "규제한다"고 생각할 만한 충분한 이유를 가지고 있다. 예수가 십자가 처형을 받은 직후에 열한 명의 제자들, 그들을 제외한 추종자 그룹, 일반적인 지지자들 및 예수의 사역을 지켜본 대중이 있었다. 따라서 어떤 개인과 그룹들은 예수가 자신들에게 감동을 준 것을 생생하게 표현할 수 있었을 것이다. 또한 그들은 예수와 관련해서 유포되고 있던 이야기를 확증할 수 있었을 것이다.

어떤 이들은 예수 전승 안에 서로 차이점이 많이 있으며, 극단적인 창의성으로 빚어진 요소들도 있다고 주장한다. 이런 견해에서 중요한 문제점은 다음과 같다. 곧 그들은 어김없이 팔레스타인 지역뿐만 아니라 디아

---

88) Thucydides, *History of the Peloponnesian War* 1.22.

스포라 지역에도 세워진 기독교 공동체 안에 예수의 사역에 대한 목격자들이 존재한다는 점을 고려하지 못한다는 것이다. 빈센트 테일러(Vincent Taylor)는 다음과 같이 재치 있게 말했다. "만약 양식비평가들이 옳다면, 예수의 제자들은 틀림없이 예수의 부활 사건 이후에 곧바로 하늘로 옮겨갔음이 틀림없다."[89] 이어서 테일러는 다음과 같이 말한다. 목격자들이 "영원히 은퇴한 것은 결코 아니다. 왜냐하면 그들은 적어도 한 세대 동안 팔레스타인 지역에 새로 세워진 신앙 공동체들 사이에서 움직였을 것이기 때문이다. 그리고 그들은 설교와 친교를 통해 자신이 기억하고 있는 바를 알고자 하는 사람들에게 전달했을 것이기 때문이다."[90] 그뿐 아니라, "예수 전승을 형성했던 주요한 사람들은 목격자들과 또한 원래의 사실을 알고 있던 다른 사람들이었다."[91] 존 마이어(John Meier)도 비슷한 입장에 있다. 그는 복음서 저자들이 자신의 편집에 기초한 신학으로 창의적인 특성을 지닌 구전에 왕관을 얹어준 것이 아니라고 생각한다. 그는 다음과 같이 주장한다. "우리는 [양식비평가들에게서] 다음과 같은 인상을 얻을 것이다. 곧 기독교의 첫 세대 전체를 통해서, 풍부한 상상력에 대한 진위를 검토할 목격자들이 전혀 없었다. 또한 당시 발전되고 있던 전승을 통제할 수 있던 예수의 최초 제자들이자 초기 교회의 지도자들이 된

---

[89] Taylor, *Formation of the Gospel Tradition*, 41. 참조. Dibelius(*From Tradition to Gospel*, 183)는 겟세마네 동산에서 베 홑이불을 버리고 벗은 몸으로 달아난 어떤 청년과 구레네 시몬의 경우와 관련해서 "이 진술은 그 사건을 실제로 목격한 사람들에게 독자가 주목하도록 만들려는 것이었다"라고 믿었다. Stephen J. Patterson, "Can You Trust a Gospel? A Review of Richard Bauckham's *Jesus and Eyewitnesses*," *JSHJ* 6 (2008): 197: "예수에 대한 많은 이야기는 틀림없이 해당 사건을 직접 목격한 사람들로부터 유래했을 것이다. 이것이 바로 복음서로부터 역사를 이끌어내려는 사람이 지닌 암묵적인 전제다."

[90] Taylor, *Formation of the Gospel Tradition*, 42.

[91] Taylor, *Formation of the Gospel Tradition*, 170.

사람이 아무도 없었다. 그리고 예수의 행위와 말씀 가운데 어떤 것도 놀라운 것이 아니어서, 사람들의 기억 속에 이런저런 형태로 남아 있지 않았다."[92] 비르예르 에르핫손은 복음서에 이름이 구체적으로 언급되는 인물이 나타난다는 점은 "그 메시지가 목격자의 목격담으로 제시되었다는 사실로부터 나온 단순한 결론이다"라고 추론한다.[93] 리처드 보컴 역시 동일한 주장을 제시한다. 곧 "목격자들은 기독교 운동에서 매우 잘 알려진 인물이었다. 그들에게서 유래한 전승은 그들과 독립적인 관계를 유지한 채 발전되지 않았다. 오히려 자신의 전 생애에 걸쳐서 그들은 그룹으로서만이 아니라 개인으로서, 자신과 관련되어 있는 전승에 대한 살아 있는 그리고 권위 있는 원천이었다."[94] 이는 우리가 예수 전승의 형성자 및 확증자로서 목격자의 영향력에 동의해야 한다는 것을 의미한다.

이 목격자들이 갈릴리와 유대 지역에만 있었던 것은 아니다. 많은 목격자가 동쪽과 서쪽의 외국으로, 또한 도시로 갔다. 그 과정에서 그들은 예수 전승을 가져갔다. 아마도 바울은 자신이 그리스도를 믿는 사람들을 박해할 때, 예수에 대한 정보를 얻었을 것이다. 나중에 바울은 예수를 직접 목격했던 베드로, 야고보, 요한을 만났을 것이다(갈 2:9).[95] 내가 추측하기로, 바울은 예수 전승 가운데 상당 부분을 시리아와 유대 지역의 그리스도인들에게서 얻었을 것이다. 특히 그는 자신의 선교 동역자였던 바나

---

92) Meier, *Marginal Jew*, 1:170.
93) Gerhardsson, *Memory and Manuscript*, 283.
94) Bauckham, "Eyewitnesses and the Gospel Tradition," 30; idem, *Jesus and the Eyewitnesses*, 47.
95) 참조. Gerhardsson, *Memory and Manuscript*, 297-298; Bauckham, *Jesus and the Eyewitnesses*, 266, 271; James D. G. Dunn, *The Epistle to the Galatians* (BNTC; London: Black, 1993), 74; Nicholas Taylor도 이 입장을 지지한다. *Paul, Antioch and Jerusalem* (JSNTSup 66; Sheffield: Sheffield Academic Press, 1992), 78-81.

바와 마가 요한에게서 예수 전승을 들었던 것 같다. 바울이 회심하기 이전부터, 바나바와 마가 요한은 예루살렘 교회의 구성원이었다. 또한 바울은 로마서 16장에서 여러 사람의 이름을 언급한다. 그들 가운데 몇 사람이 유대 지역에서 왔는데, 그들은 당시 로마에 있던 교회에 잘 알려진 인물이었을 것이다. 이는 예수의 사역을 직접 목격한 사람들이 팔레스타인 지역을 벗어나서 외국으로 여행했음을 넌지시 알려준다(롬 16:7-13). 그리고 바울은 주의 형제들을 알고 있었다. 그들도 분명히 일종의 순회 사역을 했을 것이다. 이는 그들이 이곳저곳으로 여행하면서 메시지를 사람들에게 전했으며, 또 예수에 대해 다른 이들에게 증언했음을 의미한다(고전 9:5). 베드로도 예루살렘 바깥으로 곧 가이사랴, 안디옥, 고린도, 전승에 의하면 마침내 로마까지 여행했다(행 10:1-48; 갈 2:11; 고전 9:5; 벧전 5:13; 이레나이우스, 「이단 반박」 3.1.1; 에우세비오스, 「교회사」 2.25.8; 3.3.1-3). 또한 세베대의 아들 요한도 소아시아에 위치한 에베소 전승과 관련되어 있다(이레나이우스, 「이단 반박」 3.1; 에우세비오스, 「교회사」 3.23.1). 이와 같이 예수 전승이 목격자들이나 그들의 전승을 전해 받은 사람들에 의해 팔레스타인을 넘어 이곳저곳으로 널리 퍼져나갔을 가능성이 매우 높다.

아마도 복음서 저자들은 직접 목격한 사람은 아니었을 것이다. 하지만 그들은 목격자들이 전해준 이야기를 통해 정보를 얻었다.[96] 누가복음의 머리말이 바로 이런 인상을 준다.

> 우리 중에 이루어진 사실에 대하여 처음부터 목격자와 말씀의 일꾼 된 자들이 [우리에게] 전하여준 그대로 내력을 저술하려고 붓을 든 사람이 많은지라. 그 모든 일을 근원부터 자세히 미루어 살핀 나도 데오빌로 각하에게 차례대

---

96) Charlesworth, *Jesus within Judaism*, 19-20.

로 써 보내는 것이 좋은 줄 알았노니 이는 각하가 알고 있는 바를 더 확실하게 하려 함이로라.[97]

누가복음의 머리말에서 우리는 몇 가지 사항을 확인할 수 있다. 첫째, 의심할 여지 없이 누가복음의 머리말은 역사 서술(historiography)이라는 장르에 속한다. 비슷한 용어를 사용하며 유사한 목표를 언급하는 디오니시우스(Dionysius of Halicarnassus)와 요세푸스가 쓴 머리말과 비교해보면 이 점이 입증된다.[98] 둘째, 그리스어 동사 παραδίδωμι(내가 전달하다)는 종종 신약성서에서 전승을 전달한다는 전문적인 의미로 사용된다. 또한 랍비 문헌과 그리스-로마 문헌에서도 비슷한 용어가 나타난다.[99] 특별한 스승이나 학파와 관련해서, 가르침을 전달하는 과정의 한 부분으로서, 이 그리스어 단어는 전승을 다른 사람들에게 전달하기 위해 의도적으로 수고하는 것을 가리킨다. 셋째, 그 전승은 "우리에게 전하여준 그대로"(καθὼς παρέδοσαν ἡμῖν) 전달되었다. 이 표현은 전승의 내용이 잘못 전달될 가능성

---

[97] 눅 1:1-4(개역개정). 다음 논문에서 제시되는 논의를 보라. Loveday Alexander, "Luke's Preface in the Context of Greek Preface-Writing," *NovT* 28 (1986): 48-74; idem, *The Preface to Luke's Gospel* (SNTSMS 78; Cambridge: Cambridge University Press, 1993); Jacob Jervell, "The Future of the Past: Luke's Vision of Salvation History and Its Bearing on His Writing of History," in *History, Literature, and Society in the Book of Acts*, ed. Ben Witherington (Cambridge: Cambridge University Press, 1996), 104-126; David E. Aune, "Luke 1:1-4: Historical or Scientific Prooimion?" in *Paul, Luke and the Graeco-Roman World: Essays in Honour of Alexander J. M. Wedderburn*, ed. A Christophersen, C. Slaussen, J. Frey, and B. Longenecker (JSNTSup 217; Sheffield: Sheffield University Press, 2002), 138-148.

[98] 참조. Josephus, *Ant.* 5.1-9; *Against Apion* 1.1-5.

[99] 고전 11:1-23(주의 만찬); 15:3(부활) 막 7:13; 행 6:14(바리새인의 구전); 유 3절(성도들에게 전해진 그 믿음); 참조. BDAG, 762-773.

을 의식하고 있다는 것을 암시한다.[100]

넷째, 누가복음의 머리말은 뷔쉬코그가 "검시"(autopsy)라고 정의하는 것의 흔적을 보여준다. 그것은 어떤 대상에 대해 눈으로 확인해서 데이터를 모으는 것이다. 거기에는 직접적인 수단(자기 눈으로 직접 확인함) 또는 간접적인 수단(목격자들과 접촉함)이 포함될 수 있다.[101] 뷔쉬코그는 바울(고전 9:1; 15:5-8; 갈 1:16), 누가(눅 1:1-4; 행 1:21-22; 10:39-41), 요한(요 19:35; 21:24; 요일 1:1-4)이 틀림없이 이런 검시 방법을 사용했을 것이라고 주장한다.[102] 이 본문들은 이야기를 전달하는 과정에 검시가 포함되어 있다는 것을 입증한다. 또한 목격자들에 대한 언급이 적기는 하지만, 이런 특징이 포함된 것은 일종의 변증적인 목적으로 축소될 수 없음을 의미한다.[103] 누가는 목격자들의 증언과 관련해서 자신의 예수-이야기를 제시한다. 이렇게 함으로써 누가는 누가복음이 고대의 역사 서술과 일치하며, 누가복음의 이야기가 역사적인 측면에서 사실이라는 데 관심을 기울이고 있다는 것을 보여준다. 얼 엘리스(E. Earle Ellis)는 다음과 같이 말한다. "'목격자'에 대한 언급은 명백한 관심사에 대해 깊이 성찰한 결과로 주는 대답이다. 이는 기독교 신앙이 상상으로 지어낸 것이 아니라, 오히려 역사적 실재에 뿌리를 내리고 있다는 확신을 반영한다."[104]

---

100) François Bovon, *Luke 1: A Commentary on the Gospel of Luke 1:1-9:40*, trans. Christine M. Thomas (Minneapolis: Augsburg, 2002), 21.
101) Byrskog, *Story as History*, 48.
102) Byrskog, *Story as History*, 223-242; Peter M. Head가 Byrskog의 연구서를 평가하는 논문을 보라. Peter M. Head, "The Role of Eyewitnesses in the Formation of the Gospel Tradition: A Review Article of Samuel Byrskog, *Story as History—History as Story*," *TynBul* 52 (2001): 275-294.
103) Byrskog, *Story as History*, 246-249.
104) E. Earle Ellis, *The Gospel of Luke* (NCB; London: Thomas Nelson, 1966), 63;

다섯째, 누가복음 1:2에서 "목격자"(αὐτόπτης)와 "일꾼"(ὑπηρέτης)이 하나의 정관사로 연결되어 함께 사용된 것과 단어의 배열 순서는, 그 용어들이 동일한 그룹을 가리킨다는 것을 나타낸다. 곧 이 용어들은 시간적인 측면에서 구별되는 서로 다른 두 그룹이 아니라 오히려 두 단계, 즉 목격자로, 또 나중에 일꾼으로 활동했던 동일한 그룹을 가리키는 것 같다. 여기서 누가복음의 언급은 최초의 그리스도인 지도자들이 존재했으며, 그들이 순회 사역을 했다고 전제한다. 그들은 예수의 동료였으며, 훗날 초기 교회의 지도자가 되었다. 또한 이 그룹은 예수에 대한 이야기를 이미 저술한 "많은 사람"(πολλοί; 즉 마가, Q 자료, 또한/또는 마태)과 구별된다. 이 경우에, 기독교 2세대에 속한 사람으로서 누가는 자신의 복음서를 최초의 그룹 안에 뿌리내리게 한다. 이 최초의 그룹은 예수에 대한 메시지를 다른 사람들에게 증언했고 가르쳤으며 전달했다.

누가가 기독교의 2세대 또는 3세대에 속하기 때문에 그의 저작을 뒤늦게 기원후 90년대에 저술했을 것이라고 추측해서, 목격자들의 증언에 대한 그의 주장을 진지하게 받아들일 수 없다는 견해는 반대에 부딪칠 것이다. 예수의 죽음과 누가가 누가복음과 사도행전의 저술을 완료한 시점의 간격은 길어야 60년 정도일 것이다. 마르틴 헹엘이 다음과 같이 적절한 비교 대상을 제시해주듯이, 이런 시간적인 간격이 해결하기 어려운 문제점을 제공하지는 않을 것이다.

나는 1990년에도 여전히 1933년에서 1945년까지 [독일에서] 일어난 끔찍한

Byrskog(*Story as History*, 232)는 누가복음의 머리말은 누가의 전승이 "사건이 일어난 현장에 있었던 사람들이 입으로 전해준 역사에 전적으로 뿌리를 내리고 있다"고 주장한다는 견해를 제시한다.

사건들을 기억할 수 있었다. 어떤 때는 정확하게 기억할 수 있었다. 그 사건들은 내가 여섯 살 때부터 열여덟 살 때까지 경험한 것이었다. 목격자들의 보고에 기초해서 나는 [내가 경험한 것보다] 더 많은 것을 알고 있다. 그렇다면 우리는 누가가 그와 같이 오래된 목격자들의 회고를 사용한 것을 완전히 부인할 수 있는가? 비록 그가 자신의 경향에 적합하게 하려고 그들의 회고를 문학적인 방법으로 재구성했다고 하더라도, 그것을 완전히 부인할 수 있는가?[105]

게다가 헹엘은 19세기에 성서에 대한 비판적인 접근 방법으로 잘 알려진 튀빙겐의 신학자 바우어(F. C. Baur: 1860년 사망)와 관련된 구전 역사에 대해 한 가지 재미있는 이야기를 전해준다. 요한계시록을 가르칠 때, 바우어는 666이라는 짐승의 수가 언급되는 요한계시록 13:18에 이르자 어떤 학생에게 재미있는 말을 들려주었다. "[보수주의 루터파의 대변인 격인] 헹스텐베르크(Hengstenberg)가 베를린에서 '그게 바로 나야'라고 말했다지."[106] 헹엘은 그 자료를 이전 스승인 오토 바우어른파인트 (Otto Bauernfeind: 1889-1972)에게서 얻었다. 바우어른파인트는 이를 자기의 스승인 에두아르트 폰 데어 골츠(Eduard von der Goltz, 1870-1939)에게서 들었다. 또한 폰 데어 골츠는 그것을 자기 아버지 헤르만 폰 데어 골츠 (Herman von der Goltz, 1835-1906)에게서 배웠다. 그리고 그 아버지가 바로 바우어의 제자였다. 그뿐 아니라, 마커스 복률도 자기 집안에서 여러 세대에 걸쳐 입으로 전해진 몇 가지 짤막한 이야기를 알려준다. 세상을 떠난 그의 할머니는 제1차 세계대전 이전의 독일 제국에 대해 자신이 생

---

105) Martin Hengel, *The Pre-Christian Paul*, trans. John Bowden (Philadelphia: Fortress, 1991), 65.
106) Hengel, "Eye-Witness Memory," 86 n. 64.

생하게 기억하고 있던 것과 19세기 중엽부터 유래된 자기 조부모에 대한 이야기를 들려주었다고 한다.[107] 이것은 모두 일화다. 하지만 이 일화들 역시 구전이 한 세기의 기간을 넘어서 보존된다는 것을 입증해준다. 따라서 사도들에 대한 생생한 기억이 초기 교회 안에서 한 세기 반 동안 지속될 수 없었으리라는 점을 입증하는 근거는 전혀 없다. 사실상 초기 교회의 교부 가운데 많은 이들이 사도들에게서 유래된 내용과 그들에 대한 기억에 대해 많은 관심을 기울였다. 그래서 그 기억은 2세기로 잘 이어졌다.[108] 그러므로 만약 누가가 스스로 주장하듯이, 그가 목격자들의 증언과 실제 접촉했다면, 그가 기독교의 2세대 또는 3세대에 속한 인물이라는

---

107) Markus Bockmuehl, *Seeing the Word: Refocusing New Testament Study* (STI; Grand Rapids: Baker, 2006), 169-170.

108) Papias(*Fragment* 3.3)는 순회 사역자들을 통해 주의 제자들에게서 유래된 예수의 어록을 배우고 해석하며 기억하는 데 힘썼다. 이는 독특한 현상이 아니다. 2세기에 쓰인 Quadratus의 변증서는 예수의 목격자들이 "바로 우리의 시대까지 생존해 있다"는 사실에 호소했다(Eusebius, *Hist. Eccl.* 4.3.3). 또한 Irenaeus는 어떻게 Polycarp와 Papias가 사도 요한과 관련되어 있는지 설명해준다(Irenaeus, *Adv. Haer.* 3.3.4; 5.33.4). 또한 Irenaeus는 다음과 같이 알려준다. Clement of Rome는 "복된 사도들을 직접 보았고, 그들과 사귀었으며, 사도들의 가르침이 여전히 그의 귀에 생생했다. 그리고 사도들이 알려준 전승이 그의 눈앞에 선했다. 이런 사람이 Clement가 유일한 것은 아니었다. 왜냐하면 당시 사도들에게 배운 사람 가운데 많은 이들이 여전히 생존해 있었기 때문이다"(Irenaeus, *Adv. Haer.* 3.3.3). 그리고 Clement of Alexandria는 사도 요한에 대한 이야기를 다음과 같이 들려준다. "내가 말하는 이 이야기를 들어라. 이것은 지어낸 이야기가 아니라, 사도 요한에 대한 기억 속에 보관된, 참된 설명이다"(Eusebius, *Hist. Eccl.* 3.23.6). François Bovon, "Apostolic Memories in Ancient Christianity," in *Studies in Early Christianity* (Grand Rapids: Baker, 2005), 1-2은 다음과 같이 올바로 시인한다. "기독교의 처음 세대, 목격자의 시도, 남자와 여자들을 기억하고자 하는 당연하고 명백한 경향이 있었다." 또한 "고대의 그리스도인들이 계시가 역사적으로 사실이며 그들의 주님이 진정으로 성육신했다는 것을 보존하려고 시도했던 동안, 그들은 복음 전파의 역사적이고 인간적인 측면을 강조하지 않을 수 없었을 것이다. 다시 말해, 음성 및 중간 전달자로서의 자신의 역할을 포함해서, 그들은 사도들이 지닌 실질적인 가치를 강조해야 했을 것이다."

점이 그의 이야기가 참이라는 것을 무효화하지 않는다.

또한 우리는 다음의 사실을 인정해야 한다. 누가와 같은 1세기의 저자가 "역사적 실재"라고 이해한 것은, 아마도 계몽주의 시대 이후에 속해 있으면서 해석학적인 측면에서 많은 의심을 품고 예수에 대해 탐구하고 있는 신약학자가 그 용어를 이해하는 것과 똑같지 않을 것이다. 심지어 똑같다고 하더라도, 누가복음의 머리말에서 모든 수사학적인 호소 및 문학적인 외양과 신학적인 의미를 벗겨냈을 때, 이 본문은 여전히 누가복음 전승이 목격자들의 이야기에 뿌리를 내리고 있다는 저자의 주장을 드러낸다. 또한 이 본문은 누가복음 이야기가 이런 사건을 전해준 사람들에 의해 정당하게 확인된 것이라고 독자들이 생각하기를 기대한다.

우리는 요한복음에서 목격자들의 증언이 밑바탕에 놓여 있을 가능성에 대해 숙고해볼 수 있을 것이다.[109] 요한복음에서 "목격자" 주제는 틀림없이 중요한 신학적인 주제다. 요한복음의 저자(또한 상당히 가능성 있는 것으로서 요한복음의 편집자들)는 그 복음서가 주께서 사랑하시던 제자가 직접 보고 이야기한 것에 빚을 지고 있음을 다음과 같이 강조한다. "이를 본 자가 증언하였으니 그 증언이 참이라. 그가 자기의 말하는 것이 참인 줄 알고 너희로 믿게 하려 함이니라"(요 19:35). 또한 "이 일들을 증언하고 이 일들을 기록한 제자가 이 사람이라. 우리는 그의 증언이 참된 줄 아노라"(요 21:24). 그런데 제4복음서가 목격자의 증언에 기초하고 있다고 호소한다면, 이는 직관에 어긋나는 것처럼 여겨질 수 있다. 왜냐하면 요한복음은 일반적으로 정경의 사복음서 중에서 가장 덜 역사적인 복음서로 여겨지기 때문이다. 19세기에 다비트 슈트라우스(David Friedrich Strauss)가 요한

---

[109] 참조. Byrskog, *Story as History*, 235-238; Bauckham, *Jesus and the Eyewitnesses*, 358-411.

복음은 역사에 바탕을 둔 복음서가 아니며 역사적인 가치가 거의 없다고 주장한 이후로, 그것은 신학계에서 정설처럼 여겨져 왔다. 알렉산드리아의 클레멘스는 요한복음에 "영적인 복음"이라는 이름을 붙였다.[110] 한편 최근에 존 마이어(John Meier)는 요한복음을 일종의 초기 "조직신학"으로 간주했다.[111] 하지만 요한복음이 목격자들의 증언에 기초했을 가능성을 무작정 일축하기에 앞서, 우리는 요한복음 자체가 주장하는 것을 충분히 숙고해볼 필요가 있다. 곧 요한복음의 이야기는 주께서 사랑하시던 제자가 예수의 생애에서 일어난 사건을 직접 현장에서 본 것에 기초해서, 또한 그가 개별적인 제자들에게서 직접 받은 전승을 간접적으로 확인한 것에 기초해서 기록되었음을 검토해보아야 한다. 이 특별한 전승은 공관복음서의 전승에 포함되지 않았다.[112] 제4복음서의 상당히 신학화된 특성과 목격자로부터 정보를 얻었다는 제4복음서의 주장을 조화시키기 위해서, 우리는 역사적인 사실에 바탕을 둔 증언과 해석된 기억이 서로 배타적이지 않다는 점을 기억해야 한다. 전적으로 객관적이고 선입견이 전혀 없으며 해석되지 않은 예수는 없다. 분명히 요한복음의 예수는 유대교의 지혜 전승이라는 필터를 거친 예수이고, 특수한 메시아 사상을 지니고 있으며, 예수의 어록을 미드라쉬와 같은 방법으로 확대했다. 또한 요한복음에 묘사된 예수의 행위에서는 상징적인 의미가 간파되며, 심지어 예수의 행위에 그런 의미를 부여하기도 했다. 비록 요한이 공관복음서의 저자들보다 한층 더 신학적으로 선포하고 있지만, 나는 요한이 때때로 공관복음

---

110) Eusebius, *Hist. Eccl.* 6.14.7.
111) John P. Meier, "The Present State of the 'Third Quest' for the Historical Jesus: Loss and Gain," *Bib* 80 (1999): 465.
112) 참조. Bauckham, *Jesus and the Eyewitnesses*, 403.

서와 평행을 이루는 비슷한 전승으로부터 출발해서 해석적인 궤도를 짜고 있다고 믿는다.

그뿐 아니라, 제4복음서는 몇 가지 역사 서술적인 특성을 지니고 있다.[113] 요한은 팔레스타인 지역의 지형을 잘 알고 있음을 보여준다. 예를 들면, 실로암 못(요 9:7), 기드론 골짜기(요 18:1), 베데스다 못(요 5:2)과 가바다(요 19:13) 등이다. 또한 요한복음은 예수가 이스라엘의 다양한 절기에 예루살렘을 방문하고 그곳을 떠나갔다는 연대기적인 언급을 제공한다. 요한복음의 내러티브는 자료를 선별하고, 추가적인 설명을 제시하며, 또한 목격자의 증언에 호소하는 특징을 지니고 있다. 바로 이것이 역사 서술의 특성이다. 대화(dialogue)와 담론(discourses)은 예수 전승 자료에 충실한 방식으로 공들여 작성된 동시에, 고대의 연설 내레이션에서 어떤 형식과 패턴이 적절한가라는 문제도 의식하면서 작성되었다. 따라서 내 관점에 의하면, 요한은 믿을 만한 예수 전승을 많이 수집했으며, 공관복음서가 제시하는 것과는 다르게 그것을 신학적이고 문학적인 궤도 위에 올려놓았다.[114]

---

113) Richard Bauckham, "Historiographical Characteristics of the Gospel of John," *NTS* 53 (2007): 17-36.

114) 역사 및 요한복음과 관련해서 내가 발견한 유익한 연구서들은 다음과 같다. M. M. Thompson, "The Historical Jesus and the Johannine Christ," in *Exploring the Gospel of John,* ed. R. Alan Culpepper and C. Clifton Black (Louisville: Westminster/John Knox, 1996), 21-42; Craig L. Blomberg, *The Historical Reliability of John's Gospel* (Downers Grove: InterVarsity, 2002); Paul N. Anderson, *The Fourth Gospel and the Quest for Jesus: Modern Foundations Reconsidered* (London: Clark, 2006); Paul Barnett, *Finding the Historical Christ* (Grand Rapids: Eerdmans, 2009), 138-175; Dunn, *Jesus, Paul and the Gospels,* 70-91; 다음 연구서에서 내가 이전에 주장한 것도 보라. Michael F. Bird and James Crossley, *How Did Christianity Begin? A Believer and Non-Believer Examine the Evidence* (London: SPCK, 2008), 110-113.

요한복음에는 자료의 원천이자 확인자로서 주께서 "사랑하시던 제자"가 여러 번 언급된다(요 19:35; 20:2-9; 21:24). 이는 요한의 전승에서 몇몇 곳에 목격자의 증언이 포함되어 있다는 것을 가리킨다. 목격자의 설명을 직접 들었고 현장을 직접 목격했다는 주장은, 고대의 다른 저자들에게서 발견되는 것과 비슷하다.[115] 요한과 동일한 시대에 저술 활동을 한 것으로 추정되는 요세푸스는 유대 전쟁을 자기가 직접 목격한 데 대해 다음과 같이 평가한다. "전쟁 역사가로서 내 자격은 이렇다. 나는 많은 전쟁에 직접 참여했다. 나는 거의 대부분의 사건을 직접 보았다. 한마디로 말하자면, 무엇이든지 내가 진술한 것과 일어난 일 중에서 내가 알지 못하는 것은 아무것도 없다."[116] 비록 주께서 사랑하시던 제자가, 내러티브식으로 말하면 이상적인 제자였지만, 그는 단지 상징적인 인물이 아니라 역사적인 사실에 바탕을 둔 요한복음의 메시지가 옳다고 확인해주는 실존 인물로 여겨진다. 여기에 함축된 독자는 예수와 시간적인 측면에서 상당히 떨어져 있는 것으로 간주된다. 하지만 이런 시간적인 간격은 주께서 사랑하시던 제자의 증언에 의해 극복된다. 요한은 독자들이 예수를 믿기를 바라거나, 이미 지니고 있는 믿음이 옳다고 확인하고자 한다. 그의 이런 의도는 주께서 사랑하시던 제자가 증언한 과거의 역사에 뿌리를 내리고 있다. 이 "믿음"은 그 내용으로서 예수의 역사를 지니고 있다. 우리가 제4복음서의 신학을 주도면밀하게 연구하면 할수록, 요한복음의 이야기가 역사적인 대상을 지니고 있다는 사실이 더 명백하게 드러난다. 요한복음의 기독론은 그 기독론의 중심 존재와 대상으로서 역사적 인물인 메시아 예수와 그의 행위를 깊고 있다. 그러므로 최소한으로 말한다 해도, 우리는 제4복

---

115) 참조. Byrskog, *Story as History*, 384-385.
116) Josephus, *Against Apion* 1.55.

음서가 예수의 유대인 제자의 가르침에 빚을 지고 있다고 주장할 수 있을 것이다. 그 제자는 예수의 능력 있는 행위, 최후의 만찬, 수난 및 죽음에 대한 목격자였으며, 나중에 소아시아에 위치한 기독교 공동체를 이끌었다. 후대의 기독교 전승에 의하면, 이 사람은 사도 요한으로 확인된다.[117]

또한 우리는 2세기로 접어들 때까지 살고 있던 사람들에게 목격자 증언이 중요했다고 파피아스가 증언한 것이 지닌 가치를 숙고해보아야 한다.[118] 파피아스는 이렇게 주장한다.

나는 여러분을 위해 내가 장로들에게 정성을 들여 배워서 애써 기억하고 있는 모든 것을 기록하기를 조금도 주저하지 않습니다. 나는 그 모든 것이 사실이라는 것을 보증합니다. 왜냐하면 대부분의 사람들과 달리, 나는 말할 것이 많은 사람이 아니라 진리를 가르치는 사람들과 친하게 지냈기 때문입니다. 또한 나는 어떤 사람의 명령을 기억하는 사람들이 아니라 믿음을 갖게 하려고 주님이 주신 계명을 기억하는 사람들과 친하게 지냈습니다. 그 계명은 진리 자체로부터 나온 것입니다. 그리고 우연히 장로들을 따르던 사람들 중에 어떤 사람이 내가 살고 있는 곳에 오면, 나는 그에게 장로들의 말씀에 대해 알려고 물었습니다. 곧 안드레, 베드로, 빌립, 도마, 야고보, 요한, 마태, 또는 주님의 제자들 중에서 다른 사람이 무엇을 말했는지 끈질기게 질문했습니다. 그리고 나는 아리스티온(Aristion)과 장로 요한, 주님의 제자들이 무엇을 말하고 있었는지 질문했습니다. 왜냐하면 나는 책으로부터 얻는 정보는 **살아**

---

117) Martin Hengel, *Johannine Question* (London: SCM, 1989), 124-135.
118) Bauckham, "Eyewitnesses and the Gospel Tradition," 31-44; idem, *Jesus and Eyewitnesses*, 12-38; Byrskog, *Story as History*, 244-245. Papias의 증언이 지니는 가치에 대한 대조적인 견해에 대해서는 다음 연구서를 참고하라. E. P. Sanders and Margaret Davies, *Studying the Synoptic Gospels* (London: SCM, 1989), 143.

있으면서 지속적으로 말하는 목소리로부터 얻는 정보만큼 유익하다고 생각하지 않기 때문입니다.[119]

파피아스는 리쿠스 계곡에 위치한 작은 도시 히에라폴리스의 주교였다. 그는 2세기 초에 「주님의 로기아 해설」(*Exposition of the Logia of the Lord*)이라고 알려진 다섯 권으로 된 해설서를 저술했다.[120] 많은 논쟁이 빚어지고 있는 이 인용문에서, 파피아스는 전승의 전달자로서 두 부류의 사람들을 언급하고 있다. 곧 (1) 주님의 제자들 / 장로들(안드레, 베드로, 빌립, 도마, 야고보, 요한, 마태, 아리스티온 및 장로 요한)과 (2) 장로들을 따르던 사람들이다. "주님의 제자들"과 별도로, 아리스티온과 장로 요한이 언급된다는 사실은 파피아스가 살고 있던 시기의 초기에 그들이 생존해 있었다는 것을 의미할 수도 있다. 사실상 에우세비오스와 이레나이우스는 모두 파피아스가 예수의 제자였던 사도 요한 및 아리스티온과 교류했던 인물이라고 여겼다.[121] 비록 파피아스가 많은 것을 말하지는 않았지만, 그가 히에라폴리스에서 전통적으로 아리스티온과 관련되어 있는 서머나, 사도 요한과 관련된 에베소로 여행했다고 상상하기란 결코 어렵지 않다. 비록 파피아스가 살았던 기간이 주님의 제자들, 곧 아리스티온과 요한이 살았던 시기와 겹쳤을 가능성이 높지만, 그는 자신을 주로 "장로들"로부터 전승을 수집한 사람이라고 묘사한다. 어쨌든 파피아스는 예수의 제자들 가운데 마지막으로 살아 있던 두세 명에게 다른 사람들을 통해 접근할

---

119) Papias, *Fragments* 3-4 (trans. M. Holmes).
120) 참조. 보다 이른 시기로 추정하는 입장에 대해서는 다음 논문들을 참고하라. "The Date of Papias: Reassessment," *JETS* 26 (1983): 181-191; Charles E. Hill, "Papias of Hierapolis," *ExpT* 117 (2006): 309-315.
121) Eusebius, *Hist. Eccl.* 3.39.7; Irenaeus, *Adv. Haer.* 5.33.4.

수 있었으며, 또한 장로들과 가장 친밀하게 교제했던 사람들과 직접 접촉할 수 있는 시기에 살았다. 그가 장로들과 그 추종자들에게서 배운 것은 세 세대를 통해 전달된 것이었다. 그리고 그 전승은 몇몇 핵심 인물 및 목격자들과 관련되어 있었던 것으로 보인다.

보컴에 따르면, 파피아스의 증언은 누가복음의 머리말과 연결해서 증거로 사용될 수 있다. 곧 그의 증언이 복음서가 저술되던 기간에 목격자들과 예수 전승 사이에 관계가 있었음을 증명한다는 것이다.[122] 보컴은 파피아스가 기록된 문서보다 "살아 있는 목소리"에 우선권을 부여한 것은 고대의 격언을 되풀이하는 것이라고 생각한다.[123] 러브데이 알렉산더(Loveday Alexander)의 견해를 따라서 보컴은 고대의 저자들 중 몇 사람을 언급한다. 그들 가운데는 폴리비오스(Polybius), 갈렌(Galen), 퀸틸리아누스(Quintilian), 세네카(Seneca)와 플리니우스(Pliny)가 포함되어 있다. 이들도 "살아 있는 목소리"(ζώσης φωνῆς, viva vox)의 가치에 대해 비슷하게 말했다.[124] 이때 "목소리"란 향수를 불러일으키는 특성과 함께 길게 늘어진 구전을 통해 전달되는 살아 있는 음성이 아니라, 자신이 직접 배운 스승의 실제 음성을 가리킨다. 파피아스는 정보를 전해주는 최상의 원천으로부터 직접 정보를 얻고자 하는 자신의 관심을 강조하려고 이런 표현을 사용했다. 그런데 폴리비오스가 같은 표현을 사용하는 것은 흥미롭다. 왜냐하면 그것은 고대 그리스의 역사가 티마이오스(Timaeus)의 저서를 비판하는 맥락에서 나타나기 때문이다. 티마이오스는 기사를 서술함에 있어 오

---

122) Bauckham, *Jesus and the Eyewitnesses*, 20, 29-30.
123) 참조. Irenaeus, *Adv. Haer.* 3.2.1. 그는 이단 그룹에 맞서서 진리는 "기록된 것을 통해 전달된 것이 아니라, 오히려 살아 있는 목소리를 통해 전달된 것이다"라고 말했다.
124) Polybius, 12.15d.6; Galen, *Compositione Medicamentorum Secundum Locus* 6; Quintilian, *Inst.* 2.2.8; Pliny, *Ep.* 2.3; Seneca, *Ep.* 6.5.

로지 기록 자료에만 의존했다. 대조적으로, 폴리비오스는 역사를 저술하기 위해 목격자들의 증언과 직접 경험에 접근하는 가치에 호소했다. 보컴은 파피아스가 이 표현을 사용한 것을, 폴리비오스가 역사 서술에서 이를 사용한 것과 비슷한 맥락에 놓는다. 파피아스는 기록된 문서에 의존하는 것보다 목격자들의 설명에 접근하는 것의 우월성을 강조한다. 이는 그가 단순히 문서 전달보다 구전을 선호하기 때문이 아니라, 목격자들에 의해 전달된 구전의 내용이 더 믿을 만하다고 판단하기 때문이다. 역사 서술 배경과 관련된 파피아스의 진술은 그가 장로들의 제자들에게서 받은 보고에 대해 다음과 같이 비판적으로 평가하는 것에 의해서도 지지된다. "나는 장로들이 전해준 말에 대해 **꼼꼼히 질문했다**(τοὺς τῶν πρεσβυτέρων ἀνέκρινον λόγους)." 폴리비오스와 루키아노스(Lucian)도 모두 자신이 목격자들에게 면밀하게 질문한 일을 묘사하면서 그리스어 명사 ἀνέκρισις를 사용했다.125) 훌륭한 역사가와 마찬가지로, 파피아스는 정보의 전달자들에게서 자신이 직접 받은 것을 배우고 기억했으며 전달했다. 그 전달자들은 예수의 말씀을 직접 듣거나 행위를 직접 보고 이야기해준 사람들과 사귀어서, 그들에게서 정보를 얻은 것이다.

또한 파피아스는 "살아 있는 목소리"라는 표현을 바꾸어서, 이를 "살아 있으며 또한 머물고 있는 목소리"(ζώσης φωνῆς καὶ μενούσης)로 확대했다. 바울과 요한은 그리스어 동사 μένειν(머물다, 존속하다, 지속되다, 거하다, 생존하다 등)을 목격자들과 연결해서 사용한다. 바울은 고린도전서 15:6에서 부활한 예수를 목격한 사람들이 "지금까지 대다수는 살아 있고"(οἱ πλείονες μένουσιν ἕως ἄρτι)라고 묘사하면서 같은 동사를 사용한다. 아마도 바울은 부활에 대해 변증하려는 동기에서 그와 같이 표현했을 것이다. 바

---

125) Polybius, 12.27.3; 12.4c.3; Lucian, *Hist. Conscr.* 47.

울은 부활한 예수를 목격한 사람들이 여전히 이곳저곳에 살고 있기 때문에, 그의 부활은 의심의 여지가 전혀 없다고 강조하는 것이다. 요한복음에서 예수는 "사랑하시던 제자"의 운명에 대해 다음과 같이 말한다. "내가 올 때까지 그를 **머물게**(μένειν) 하고자 할지라도 네게 무슨 상관이냐?"(요 21:22) 이 구절은 왜 주께서 사랑하시던 제자가 그렇게 오래 살았는지를 설명해준다. 이 본문은 특별한 권위를 지니고 있던 예수의 목격자가 기독교 공동체 안에 계속해서 살아 있었다는 것을 가리킨다. 따라서 목격자들의 "살아 있는" 또는 "지속적인" 목소리는 그들이 여전히 살아 있으며, 파피아스와 동시대의 기독교 공동체 안에서 영향력을 미치고 있었다고 언급한다. 장로 요한과 아리스티온의 경우, 그들은 단순히 구전의 원조로서가 아니라 "그들이 죽을 때까지 전승에 대한 권위 있고 살아 있는 원천"으로서 존재했던 것이다.[126] 결과적으로 예수의 말씀과 행위에 대한 전승은 잘 알려진 목격자들과 밀접하게 연결되어 있다고 할 수 있다. 목격자들은 자신이 속해 있던 배경에서 예수 전승을 전달했으며, 심지어 그것이 자신이 위치한 지역을 넘어서 유포되는 것을 지켜보았다. 이것은 이전에 양식비평가들이 다음과 같이 전제하던 것에서 벗어난다. 곧 복음서들이 저술되던 기간에 목격자들의 정체성은 익명의 깊은 바다 속에서 상실되었다는 전제 말이다. 하지만 파피아스는 예수 전승이 그것이 유래한 목격자들로부터 분리되었다고 여기지 않는다. 오히려 그는 전승의 진정성이 계속해서 살아 있는 목격자들에게 기초하고 있다고 분명히 전제한다. 목격자들이 자신들을 따르던 사람들에게 직접 증언해주었다는 것이다.

복음서에서 이름이 언급되는 인물의 중요성과 관련해서, 보컴은 다음

---

[126] Bauckham, "Eyewitnesses and the Gospel Tradition," 35; idem, *Jesus and the Eyewitnesses*, 20.

과 같은 가능성을 주장한다. 곧 "많은 경우에 이름이 언급된 인물들은 목격자들이었다. 전승은 그들에게서 유래했다. 따라서 그들의 이름은 전승과 밀접하게 연결되어 있다. 또한 전승에 대한 권위 있는 보증자로서, 그들은 그 이야기를 다른 사람들에게 계속해서 말했다."[127] 보컴은 구전 과정에서 내용을 세부적으로 확대하고 사람들의 이름을 추가하는 경향이 있었다는 불트만의 견해에 대해 의문을 제기한다. 그와 다르게 보컴은 공관복음서의 전승은 이와 반대되는 경향을 보이고 있다고 지적한다. 곧 마태복음과 누가복음은 마가복음에 나오는 (단지 몇몇 간략한 경우에) 등장인물의 이름을 추가한다기보다 오히려 그 이름을 의도적으로 없애버린다는 것이다. 하지만 우리는 정경에 포함되지 않은 전승 안에서 이름을 추가하는 경향을 발견할 수 있다. 몇몇 예외를 제외하고, 복음서의 이야기 안에 등장인물을 포함한 이유 가운데 하나는 다음과 같다. "이 사람들은 모두 초기 기독교 운동에 동참했으며, 그들은 적어도 이 전승이 처음에 전달된 그룹들 안에서 잘 알려져 있었기 때문이다."[128] 복음서 안에 이름이 언급된 사람들은 사실상 다음과 같다.

우리가 가장 초기의 기독교 그룹을 형성했을 것이라고 기대할 수 있는 부류의 사람들은 다음과 같다. 어떤 사람들은 예수에게 병 고침을 받았다(예. 바디매오, 아마도 말고). 어떤 사람들은 예수가 순회 사역을 할 때 동참했다(분명히 열두 제자보다 더 많은 사람이 동참했을 것이다. 이들 가운데는 이름이 언급된 여성 제자들, 레위, 나다나엘과 글로바 등도 포함되어 있을 것이다). 또한 에

---

[127] Bauckham, "Eyewitnesses and the Gospel Tradition," 44; idem, *Jesus and the Eyewitnesses*, 39.

[128] Bauckham, "Eyewitnesses and the Gospel Tradition," 49; idem, *Jesus and the Eyewitnesses*, 45.

수의 친척들도 들어 있을 것이다(예수의 어머니와 형제들, 숙부 글로바, 이모 마리아). 그리고 예루살렘과 그 근처에 살고 있던 사람들로서 예수 운동에 동조했던 이들이 있다(니고데모, 아리마대 요셉, 나병에서 고침 받은 시몬, 마르다 및 마리아).[129]

그 증거로서 보컴은 글로바, 십자가 곁 및 무덤에 서 있던 여인들, 구레네 사람 시몬과 그의 아들들, 예수의 기적을 통해 병 고침을 받은 사람들의 예를 검토한다. 이름이 언급된 이 인물들은 초기 기독교 공동체에 속해 있던 목격자들을 언급하려고 채택되었을 것이다. 의심할 여지 없이 그들은 자신의 이름이 나오는 이야기를 다른 사람들에게 말했으며 또한 이를 반복했을 것이다. 보컴은 인물들의 이름이 언급되는 현상이 다음과 같은 가능성을 가리킨다고 추측한다. 곧 "복음서 페리코프들의 주요한 특징은 익명 공동체의 형성이 아니라, 그 페리코프들의 원천이 되는 목격자들에 의한 형성으로부터 연유한다."[130]

목격자들의 역할에 대해 몇 가지 이의가 제기될 수 있다. 첫째, 목격자들은 가장 초기 단계에서 전승의 특성을 형성했을 뿐, 그 이후의 몇 십 년 동안 지중해를 넘어서까지 전승의 형성에 영향력을 행사하지 않았다는 주장은 반대에 부딪칠 것이다. 즉 그 주장이란 그들은 어디서나 존재했던 이들이 아니었다는 것이다.[131] 그들이 무소부재한 존재가 아니라는 것

---

129) Bauckham, "Eyewitnesses and the Gospel Tradition," 50; idem, *Jesus and the Eyewitnesses*, 46.
130) Bauckham, "Eyewitnesses and the Gospel Tradition," 60; idem, *Jesus and the Eyewitnesses*, 47.
131) Nineham, "Eye-Witness Testimony," 251; James D. G. Dunn, "On History, Memory, and Eyewitnesses: In Response to Bengt Holmberg and Samuel Byrskog," *JSNT* 26

은 사실이다. 하지만 베드로와 요한과 같은 목격자들은 지중해의 동부 연안에 세워진 교회에서도 활동했다. 또한 그들과 밀접한 관계에 있던 사람들, 즉 마가 요한, 바나바와 실라도 예수 전승을 팔레스타인 바깥 지역에서 전달했다. 파피아스는 자신이 실제로 목격자들의 제자들을 통해 그 목격자들의 증언을 전달받았다고 생각하는 것 같다. 비록 모든 공동체에 예수 전승을 확인해주는 목격자가 있었던 것은 아니지만, 교회의 지도자들이 교회 네트워크 안에서 움직였고, 예루살렘 공의회가 개최된 시기에 열한 사도가 예루살렘을 떠났다는 사실을 고려할 때, 목격자들과 그들의 증언의 전달자들이 비교적 작은 규모로 진행되던 기독교 운동 안에서 활발하고 충분하게 활동했다고 기대할 만한 충분한 이유가 있다.[132]

둘째, 만약 복음서가 목격자들에게 기초하고 있다면, 왜 공관복음서 전승 안에서 또는 공관복음서와 제4복음서 사이에 그처럼 많은 차이점이 존재하는가?[133] 이 의문점에 답변하는 것은 비교적 쉽다. 보컴 자신도 공식적으로 통제된 구전—이 구전에서 목격자들이 핵심적인 역할을 함—에 기초한 예수 전승 안에서 나타나는 다양성을 설명해주는 몇 가지 요소를 지적했다. 그중에는 다음과 같은 요소들이 포함되어 있다. (1) 차이점은 예수의 말씀의 다양한 판본에서 비롯되었다. (2) 아람어를 그리스어로 번역하는 과정에서 다양한 차이점이 빚어졌다. (3) 언어는 동일한 내용을 다양한

(2004): 483.

132) 예수의 가장 가까운 추종자들이 예수가 죽은 다음에 팔레스타인 지역에서 이십오 년 동안 선교 활동에 참여한 데 대해 다음 연구서를 보라. Gerd Theissen, *Sociology of Early Palestinian Christianity*, trans. J. Bowden (Philadelphia: Fortress, 1978), 9.

133) David Catchpole, "On Proving Too Much: Critical Hesitations about Richard Bauckham's *Jesus and the Eyewitnesses*," *JSHJ* 6 (2008): 169-181; Judith C. S. Redman, "How Accurate Are Eyewitnesses? Bauckham and the Eyewitnesses in Light of Psychological Research," *JBL* 129 (2010): 177-197.

방식으로 전달할 수 있다. (4) 예수의 가르침을 부활 사건 이후의 상황에 맞게 설명하거나 적합하게 하려고 전승의 전달자들이 의도적으로 내용을 바꾸거나 덧붙였다. (5) 복음서 저자들이 전승들을 하나로 통일되고 연결되는 이야기로 통합했다.[134] 또한 뷔쉬코그는 목격자들이 단순히 기억을 전달하는 사람일 뿐만 아니라, 사건 자체에 참여한 해석자였다고 주장한다.[135] 예수 전승에서 나타나는 다양성과 관련해서, 우리는 다음과 같은 요인들을 들 수 있을 것이다. 곧 목격자들이 자신의 기억을 다양하게 제시했고, 목격자들로부터 전승을 받아서 전달하는 사람들이 그 내용을 수사학적인 측면에서 설명했으며, 복음서 저자들이 그 내용을 신학적인 관점에서 편집했다는 것 등이다. 하지만 이것은 목격자들의 증언과 조화되지 않는 것이 아니다.[136]

---

134) Bauckham, *Jesus and the Eyewitnesses*, 285-287.
135) Byrskog, *Story as History*, 145-198. 참조. Peter Head, "The Role of Eyewitnesses in the Formation of the Gospel Tradition: A Review Article of Samuel Byrskog, *Story as History—History as Story*," *TynB* 52 (2005): 293: "[뷔쉬코그의 논문]이 탐구하는 것은 목격자들의 전승이 결코 해석되지 않은 있는 그대로의 사실이 아니라는 것을 보여준다. 목격자는 자신이 보는 것을 해석한다. 목격자는 자기가 본 것을 다른 사람에게 말할 때뿐만 아니라, 심지어 지켜보는 과정에서도 그것을 해석한다. 역사가는 자기에게 정보를 알려주는 사람들에게서 듣는 것을 해석한다. 그다음에 그는 이 해석을 보다 광범위한 해석적인 구조 안에 위치하게 한다. 이 결론은 보수주의의 입장에서 목격자 자료에 단순하게 호소하는 것을 조정해줄 것이며, 또한 신학적인 특성이 목격자들로부터 올 수 없다는 것에 대한 증거로서 복음서 전승의 특성을 가리키는 사람들의 견해를 앞지를 수 있을 것이다."
136) 참조. Byrskog, *Story as History*, 304-305: "우리가 알고 있듯이, 복음 내러티브는 역사와 이야기, 또한 목격자가 전해준 구전 역사와 저자의 해석 및 서술 과정의 종합이다.…복음 내러티브 자체는 불일치와 불연속성의 목격자가 아니라, 역사와 이야기의 동일한 종합으로서의 목격자다." 또한 Jens Schröter("The Gospels as Eyewitness Testimony? A Critical Examination of Richard Bouckham's *Jesus and the Eyewitnesses*," *JSNT* 31 [2008]: 204)는 다음과 같이 주장한다. "두 가지 측면—역사적 사건 및 초기 전승에 대한 의무감과 나중 단계에서 전승이 형성되는 것과 그것에 대한 신학적인 해석—은 서로 진위(眞僞)를 가려내야 하는 대상이 아니다. 따라서 '예수를 기억하는 것'은 전달 과정과 복음서 저자들에 의해 빚어진 해석

예수 전승의 **삶의 자리**는 고립된 신앙 공동체의 긴급하고 다양한 필요를 만족시키기 위해 예수의 행위와 말씀을 전반적으로 재창조한 익명의 전달자들 사이, 즉 전승이 비인격적인 전달 법칙에 따라 형성되는 그런 공간에 위치하지 않는다. 반대로 이 전승의 배경은 초기 교회의 설교, 변증, 논쟁, 예배 및 제자 훈련 등으로 구성되었다. 나아가 그 배경에는 과거-목격자들의 증언을 통해 협의된 과거-를 기억하도록 이끄는 방향성이 존재한다. 과거에 대한 이런 기억은 반복되고 또 계속해서 실행되었으며, 그것을 통해 전승에 대한 통제력을 발휘했던 것이다.[137]

예수의 모범

초기 그리스도인들은 예수를 본받음으로써 예수 전승의 요소를 보존할 수 있었던 것 같다. 바로 이것이 비르예르 에르핫손이 "행위 전승"(behavioral tradition)이라고 부르는 것이다.[138] 사회과학자들은 전승의 전달이 단순히 스승이 말하는 것을 배우는 것이 아니라, 어떻게 그가 그것을 말했는지 본받는 일을 포함한다는 것을 간파했다.[139] 스승의 행위를 본받는 것은 철학 학파에서도 실행되었다.[140] 유대 사회에서 토라에 대한

에 대항해서 목격자들의 이야기의 신뢰성에 호소하는 것을 의미하지 않는다. 오히려 그것은 두 가지 측면을 서로 연결하는 것을 의미한다.

[137] Samuel Byrskog, "The Eyewitnesses as Interpreters of the Past: Reflections on Richard Bauckham's *Jesus and the Eyewitnesses,*" *JSHJ* 6 (2008): 159, 167.
[138] Birger Gerhardsson, "The Gospel Tradition," in *The Interrelations of the Gospels,* ed. D. Dungan (Leuven: Leuven University Press, 1990), 501-502.
[139] Jan Vansina, *Oral Tradition as History* (Madison: University of Wisconsin Press, 1985), 47.
[140] Philostratus, *Lives of the Sophists* 5.21.

랍비의 특별한 해석은 구체적인 할라카, 곧 독특한 "생활 방식"으로 이끌곤 한다. 따라서 신약성서에서 나타나는 예수의 모범이 신앙 공동체에게 윤리의 구성 요소라는 것을 발견하는 일은 결코 놀랍지 않다(예. 롬 13:14; 고전 11:1; 빌 2:5-11; 살전 1:6; 히 2:18-3:2; 12:3-4; 벧전 2:21). 특별히 바울 서신에서 "본받음"의 주제는 설득력이 있는데, 이 주제는 예수의 행위에 대해 세부적으로 알아야 한다고 요구한다.[141]

점차 학자들은 이런 점을 깨닫게 되었다. 존 도미닉 크로산(John Dominic Crossan)은 모방에 대한 연구가 초기 교회가 어떻게 예수의 행위와 관습을 재현했으며, 모방이 어떻게 이처럼 기억할 만한 행위 안에서 구체화된 해당 전승을 보존하는 데 기여했는지 보여준다고 주장한다.[142] 그레고리 라일리(Gregory Riley)는 기독교 운동의 시작과 발전을 위해 에너지와 연료를 공급한 거대한 원천이 바로 예수의 행위라고 생각한다.[143] 사무엘 뷔쉬코그는 더 직설적으로 다음과 같이 주장한다. "과거와 가장 깊은 연속성을 갖는 것은 단순히 과거를 기억하는 것이 아니라 과거를 모방하는 데 있다. 또한 과거를 수동적으로 기억하는 것이 아니라, 오히려 과거의 행

---

141) 참조. David Stanley, "Imitation in Paul's Letters: Its Significance for His Relationship to Jesus and to His Own Christian Foundation," in *From Jesus to Paul: Studies in Honor of F. W. Beare*, ed. P. Richardson and J. C. Hurd (Waterloo: Wilfred Laurier University, 1984), 127-141.
142) 모방의 긍정적인 역할에 대해 다음 논문을 보라. John Dominic Crossan, "Itinerants and Householders in the Earliest Jesus Movement," in *Whose Historical Jesus?* ed. W. E. Arnal and M. Desjardins (Waterloo: Wilfred Laurier University Press, 1997), 15-16.
143) Gregory J. Riley, "Words and Deeds: Jesus as Teacher, Jesus as Pattern of Life," *HTR* 90 (1997): 427-436. E. P. Sanders(*Jesus and Judaism*, 3-13)도 단순히 예수의 어록 자료보다 예수의 활동/행위에 강조점을 두어야 한다고 촉구했다. 다음 연구서를 보라. F. Scott Spencer, *What Did Jesus Do? Gospel Profiles of Jesus' Personal Conduct* (Harrisburg: Trinity, 2003).

위를 따라 하는 데 있다."[144]

따라서 예수 전승을 이해하는 데에는 패러다임 전환이 요구된다. 예수 전승은 오직 언어를 통해서만 다른 사람들에게 전달된 것이 아니라, 실천 및 행위와 행동을 통해서도 전달되었다. 여기에는 공동 식사, 세례 의식, 치유 행위, 기도, 축귀, 순회 복음 전파 사역, 세족식 등이 포함될 것이다. 이런 행위는 예수의 사역에서 역사를 지니고 있다. 그러므로 이런 행위가 실행될 때, 그것은 의심할 여지 없이 어떤 상징적인 의미를 되살려냈을 것이다. 이 관습이 예수의 행위를 기억하고 해석하는 기회를 제공했을 것이다. 또한 이런 관점은 그 과정에서 새로운 의미가 행위에 덧붙여졌을 수도 있다는 것을 부인하지 않는다. 오히려 이 관점은 행동과 언어가 서로 밀접하게 연결되어 있을 가능성이 높다는 점을 지적한다.

교사들: 예수 전승의 관리인

예수의 어록은 짧고 의미심장한 말로만 이루어진 텍스트가 아니라, 간단히 말해 가르침이다. 예수는 선생님으로 인식되었다. 이는 그가 자신의 지식을 신중하고 체계적으로 전달할 뿐만 아니라, 자신을 따르는 사람들에게 그 지식을 지속적으로 전달하는 데 관심을 갖고 있음을 암시한다. 교회의 수가 늘어나고 성장하는 과정에서 교사라는 직분이 생겨나고, 그들에게 예수의 가르침을 온전히 보존하는 역할이 주어졌다고 보는 것은 이치에 맞다. 사실상 예수뿐만 아니라 쿰란 공동체의 의의 교사, 심지어 피타고라스 같은 인물의 경우에도, 전문적인 교사들에 의해 스승의 가르침이 보존되고 전파되었을 것이다. 교사들은 해당 운동의 창시자의 행위

---

144) Byrskog, *Story as History*, 107.

와 지혜를 확실하게 전달하는 능력을 가졌다고 인정받은 이들이었다. 이 교사들이 반드시 "걸어 다니는 열람 전용 도서관"은 아니었을 것이다.[145] 하지만 그들은 여전히 랍비와 구속자로 알려진 인물의 가르침을 감독하고 지도하는 사람들이었다.

바울 서신과 사도행전에서 그 용어가 나타나듯이, 교사(διδάσκαλος)라는 직분은 비교적 이른 시기에 생겨났다.[146] 이 직분에 어떤 역할이 포함되어 있는지에 대해 던은 다음과 같이 말한다. "이들[교사들]은 신앙 공동체의 토대가 되는 전승을 보존, 전달, 해석하는 책임을 지고 있었다고 추측된다. 그중에는 [구약성서의] 예언서와 예수 전승을 해석하는 일이 포함되어 있었을 것이다. 교사들이 그 밖에 다른 어떤 것을 가르쳤겠는가?"[147] 시간이 지나면서, 교사들이 자연스럽게 기독교의 핵심 교리를 가르치고, 기독교에 대해 변증하는 임무를 떠맡았을 것이다. 이런 활동을 하면서, 아마도 그들은 예수 전승을 이용했을 것이다. 자신의 신앙 공동체가 지니고 있던 전승의 관리인으로서, 교사는 예수에게서 유래한 가르침이나 예수에 대한 가르침이 참된 것인지 확인했다. 따라서 「디다케」(Διδαχή) 곧 "가르침"이라고 불리는 문서가 예수 전승에 대한 많은 반향과 암시—심지어 복음서와 독립적인 위치에 있는 듯한—를 포함하고 있음은 전혀 놀랄 일이 아니다.[148] 이것은 예수 전승이 교회 안에서 교육을 담당

---

145) Vansina, *Oral Tradition as History*, 37.
146) 롬 12:7; 고전 12:28-29; 갈 6:6; 엡 4:11; 참조. 행 13:1; 약 3:1; 히 5:12; 딤전 2:7; 「디다케」15.1-2.
147) Dunn, *Theology of the Apostle Paul*, 582; 참조. idem, *Living Word*, 28-30; idem, *Jesus Remembered*, 176-177.
148) 「디다케」 안에 독립적인 구전이 보존되어 있을 가능성에 대해 다음을 참조하라. R. Glover, "The *Didache's* Quotations and the Synoptic Gospels," *NTS* (1958): 12-29; J. S. Kloppenborg, "*Didache* 16:6-8 and Special Matthean Tradition," *ZNW* (1979): 54-

하던 엘리트에게 전적으로 속해 있었다는 의미가 아니다. 왜냐하면 다른 곳에서 교육은 대체로 신앙 공동체 전체에게 주어진 기능으로 묘사되기 때문이다(롬 15:14; 골 3:16을 보라). 우리는 신앙 공동체가 보존해왔으며, 그 공동체 안에서 섬기던 목격자와 교사들이 감독해온 전승을 마주하고 있는 것이다. 중요한 교사들은 예수에 대한 기억과 전승에 꼭 필요한 보증인이었다.[149]

신앙 공동체의 소유로서의 예수 전승

예수의 가장 가까운 추종자, 목격자, 그리고 신앙 공동체의 교사들은 예수 전승의 형태와 모양에 어떤 통제를 행사했다. 하지만 시간이 지나면서, 예수 전승은 이른바 민주화되었고 신앙 공동체의 소유가 되었다. 신앙 공동체는 예수의 말씀과 행위를 생활 방식의 규범으로 기대했다. 따라서 전승의 소지자 및 전달자로서 단순히 지도자들보다 기독교 공동체를 더 강조할 필요가 있다. 많은 학자는 복음서 저자들의 신학적인 창의성에 초점을 맞추어왔다. 그리고 이 학자들은 독자들이 순진하게도 예수에 대한 [복음서 저자들의] 묘사를 사실로서 믿을 만한 것으로 받아들였거나,

---

67; Jonathan Draper, "The Jesus Tradition in the Didache," in *Gospel Perspectives* 5, ed Wenham, 269-287; idem, "The Jesus Tradition in the Didache," in *The Didache in Modern Research*, ed. J. A. Draper (Leiden: Brill, 1996), 72-91; W. Rordorf, "Does the Didache Contain Jesus Tradition Independently of the Synoptic Gospels?" in *Jesus and the Oral Gospel Tradition*, ed. Wansbrough, 394-423; David Flusser and Huub van de Sandt, *The Didache: Its Jewish Sources and Its Place in Early Judaism and Christianity* (Compendia Rerum Iudaicarum Ad Novum Testamentum 5; Minneapolis: Fortress, 2002), 40-49.

149) Bockmuehl, *Seeing the Word*, 176.

독자들이 역사적 자료를 다루는 일과 관련된 자유에 무관심했다고 추측했다. 하지만 만약 복음서 저자들이 "신앙 공동체" 안에 있었거나, 보다 더 좋은 표현으로 그들이 팔레스타인과 시리아 및 지중해를 넘어서 그리스도인들의 "연락망" 안에 위치해 있었다면, 우리는 신앙 공동체가 예수에 대한 복음서 저자들의 묘사를 무비판적으로 받아들였거나 복음서 저자들이 다시 묘사한 전승을 전혀 알지 못했다고 추측할 수 없을 것이다.

구술 전달의 정확도는 문자 그대로 그것을 기억하는 것에 의해서가 아니라, 신앙 공동체의 맥락 안에서 그것이 습관적으로 반복되는 것에 의해 보증된다. 습관적인 반복을 통해서, 신앙 공동체는 전승을 온전한 상태로 소유하고 지키는 것이다. 전승을 통제하는 요소는 "그래요. 그 이야기가 그렇게 전개되는 것이 맞습니다!"라고 신앙 공동체가 한 목소리로 보증하는 것이다.[150] 이 관점은 리젠펠트(Riesenfeld)의 견해와 상당히 대조된다. 그는 전승이 신앙 공동체 안에서 배타적으로 특정 그룹에 맡겨져 있었다고 이해하면서, 전승의 소지자로서 신앙 공동체의 역할을 부인한다.[151] 나는 교회 안에서 전승을 보호하기 위해 특별한 교사들이 선정되어 있었다는 것을 부인하지 않는다. 하지만 전승을 보호하는 전반적인 책임은 신앙 공동체 전체에게 주어져 있었다. 이 점과 관련해서, 그레이엄 휴즈(Graham Hughes)는 다음과 같이 말한다.

> 전달 과정과 동시대에 살고 있던 사람들은 저자가…전승에 대해 제시하는 정보가 사실인지 실제로 검토해볼 수 있었다. [전승은] 신앙 공동체의 공적

---

150) 참조. Bailey, "Informal Controlled Oral Tradition," 6; idem, "Middle Eastern Oral Tradition," 364-365.
151) Riesenfeld, *Gospel Tradition*, 17.

소유다. 그 공동체 안에서 전승이 받아들여진 것이다.…하지만 이것은 결국 예수에 대한 묘사가 단순히 [복음서 저자들의] 지시대로 되는 것이 아니라, 역사적으로 철저한 검토를 받을 수밖에 없다는 점을 암시해준다.[152]

우리는 예수 전승을 온전하고 참되게 전달하고 보증하는 기독교 공동체의 역할에 대해 진지하게 숙고해보아야 한다. 이 점과 관련해서, 던은 다음과 같이 유익한 주장을 들려준다.

복음서 저자들이 다른 어느 곳에서 전승을 발견했겠는가? 그 전승이 어떤 교사의 집 골방에 놓여 있던 오래된 상자 안에 이용되지 않은 채 보관되어 있었을까? 아니면 전승을 다시 연행하지도 않은 채 나이 들어버린 어떤 사도의 희미한 기억 속에 남아 있었을까? 그럴 가능성은 거의 없다! 반대로, 공관복음서가 많은 교회에게 처음으로 전달되었을 때, 교회들은 (공동체가 입으로 반복적으로 외워서 기억하고 있든지 또는 기록된 형태든지) 그 자료의 상당 부분을 자신의 판본으로 **이미** 소유하고 있었을 것이다. 교회들은 전승의 상당 부분에 대해 복음서 저자의 판본과 자신이 지니고 있던 판본을 서로 비교할 수 있었을 것이다.[153]

예수 전승을 가르치고 기억하는 데 참여하는 신앙 공동체의 역할은 틀림없이 골로새 교회 안에서도 나타난다. 골로새서 3:16에서 바울은 교

---

152) Graham Hughes, *Hebrews and Hermeneutics: The Epistle to the Hebrews as a New Testament Example of Biblical Interpretation* (SNTSMS 36; Cambridge: Cambridge University Press, 1979), 92.
153) Dunn, *Jesus Remembered*, 250.

인들에게 "그리스도의 말씀이 너희 속에 풍성히 거하여 모든 지혜로 피차 가르치며 권면하고"라고 간청한다. 여기서 "그리스도의 말씀"(ὁ λόγος τοῦ Χριστοῦ)이라는 표현은 주격 소유격(그리스도에게서 유래된 말씀)이거나, 목적 소유격(그리스도에 대한 말씀)일 것이다. 하지만 이 두 가지 해석 중 어떤 한 가지를 절대적으로 강조할 필요는 없다. 왜냐하면 두 가지 의미가 모두 가능하기 때문이다. 어떤 경우라고 하더라도, 바울은 골로새 교인들에게 예수의 말씀을 마음속에 깊이 새기고, 모든 지혜로 서로 가르치고 권면하라고 당부한다.[154]

III — 결론

간략하게 말해서, 누적된 증거는 초기 교회 안에 예수 전승을 보존하고자 하는 경향이 있었다는 것을 지지한다. 예수를 기억하는 일은 초기 교회에게 꼭 필요하면서도 중요한 것이었다. 그래서 초기 교회는 그 기억을 보존하는 수단을 갖추고 있었다.

우리는 어떻게 예수 전승이 유래되었으며, 그 전승이 복음서 안으로 스며들었는지 입증해줄 만한 정확한 청사진을 제시하는 데까지 이르지 못했다. 하지만 우리는 이를 증명하는 몇 가지 실마리를 갖고 있다. 어떤 실마리는 다른 것보다 더 분명하다. 그리고 그 실마리는 역사적인 사실이

---

154) 참고. F. F. Bruce, *The Epistles to the Colossians, to Philemon, and to the Ephesians* (NICNT; Grand Rapids: Eerdmans, 1984), 157; James D. G. Dunn, *The Epistles to the Colossians and to Philemon* (NIGTC; Grand Rapids: Eerdmans, 1996), 236; Michael F. Bird, *Colossians and Philemon* (NCCS; Eugene: Cascade, 2009), 108-109.

라고 간파할 수 있는 사역과 밀접하게 연결되어 있다. 우선 우리는 이 실마리를 통해 왜 예수 전승이 유포되었는지 확인하는 일을 시도할 수 있다. 따라서 나는 앞에서 살펴본 증거를, 예수 전승을 전달하는 과정에서 그 전승을 보존하는 힘을 확인하는 **적절한** 근거로 여긴다. 왜냐하면 우리의 지식은 공백이 너무 커서, 이와 다르게 주장할 수 없기 때문이다. 예수 전승의 형성 과정에 대한 주장은 대부분 결국 **미리 전제된** 가정, 정황적인 증거, 추론, 가설, 비교, 추측, 단순한 짐작 등에 기초하고 있다. 어떻게 예수 전승이 다루어졌고 그것이 정경 복음서 안에서 발전되어갔는지에 대해 우리는 아무런 오류가 없는 이론에는 결코 이르지 못할 것이다. 하지만 역사적 예수에 대한 탐구의 서론으로서, 그 질문에 대한 답변을 찾아내려는 시도는 꼭 필요하다.

이런 한계를 인정하지만, 나는 여전히 몇몇 증거의 실마리를 짜 맞추어서, 다음과 같이 제안할 만한 충분한 자료를 발견해낼 수 있다고 주장한다. 곧 예수 전승은 초기 교회 안에서 명백한 목적을 지니고 있었으며, 몇몇 요소는 예수에 대한 기억이 효과적으로 보존되는 것을 가능케 했다는 것이다.

추기
복음서에 대한 복음적·비평적 접근

복음서 연구와 관련해서, 학자들이 사용하는 도구에는 본문비평, 자료비평, 장르비평, 문학비평, 서사비평, 편집비평, 사회과학적 비평 등이 있다. 나는 많은 젊은 복음주의 신학생들이 처음에 몇몇 강의에 참여할 때, 불안해하거나 심지어 화를 내는 것을 경험했다. 그들은 공관복음서 문제, 간음 현장에서 붙잡힌 여인의 이야기에 대한 본문비평적인 의문점, 마태가 마가복음의 이야기를 다시 유대화함, 예수의 이 말씀 저 말씀의 진위에 대한 논쟁, 예수와 알렉산더 대제의 탄생 이야기의 비교 등과 같은 주제에 대해 매우 거북해한다. 이 신학생 중 많은 이들은 리 스트로벨(Lee Strobel)의 유명한 『예수 사건』(The Case for Christ)을 읽으면서 만족스러워한다. 하지만 이들은 수업 과제로 스트리터(B. H. Streeter)의 『사복음서』(The Four Gospels)나, 알베르트 슈바이처(Albert Schweitzer)의 『역사적 예수에 대한 탐구』(The Quest of the Historical Jesus)를 읽어야 한다는 말을 들으면, 마음이 상하기도 한다. 어떻게 이 모든 신학적인 탐구 방법이 성서에 대한 전통적인 가르침, 곧 성서가 영감으로 쓰였고 오류가 없으며 구원의 메시지를 지니고 있고, 또한 기독교의 다양한 소망을 구체적으로 표현한다는 견해와 조화를 이룰 수 있는가? 이것은 꼭 다루어야 할 좋은 질문이다.[155]

나는 복음서에 대한 다음 두 가지 접근 방법을 무익한 것이라고 평가한다. 첫째, 몇몇 지나친 세속주의자들은 성서를 고대의 터무니없는 마술 보관소, 짓궂은 신화 이야기, 괴상한 종교 의식 및 초현실적인 미신에 지나지 않는다고 생각한다. 그들은 성서와 신화적인 다른 종교들을 끊임없이 비교하면서, 성서 이야기에서 독특한 요소들을 무미건조한 것으로 만들어버린다. 이 방법에 대해 덧붙여 말하자면, 그들은 성서 본문에서 언급되는 모든 역사적인 요소에 대해 근거를 제시하며 낱낱이 설명하고자 시도하는, 끊임없는 음모 이론의 옹호자들이다. 이런 접근 방법은 초자연적인 것, 근대 이전의 것, 종교의 냄새가 나는 것은 무엇이든지 본능적으로 싫어하는 자세와 연결되어 있다. 이런 회의주의자들은 성서에 언급된 일이 실제로 일어나지 않았다는 것을 입증하고자 할 때 오히려 적극적인 전도자가 된다. 둘째, 똑같이 열정적인 성서-신자들이 있다. 이들은 성서를 마치 1611년에 하늘에서 떨어진 것으로서, 고대 영어로 기록되었고 고색창연한 가죽으로 장정되어 있으며, 예수의 말씀은 붉은 색으로 인쇄되어 있고, 스코필드의 주석이 수록되어 있으며, 종말에 대한 도표가 부록으로 제시되어 있는 것으로 여기려고 한다. 이런 사람들은 요한복음의 연대 문제 같은 주제의 탐구를, 버락 오바마(Barack Obama) 대통령의 실물 크기로 만들어진 금상에 경배하는 것과 똑같이 종교적으로 무례한 것으로 여긴다. 이 두 가지 접근 방법은 모두 나를 숨 막히게 한다. 이는 독단적일 뿐만 아니라 어리석은 주장이다. 또한 충분한 정보에 기초하지 않

---

155) 물론 내가 대학에서 강의할 때, 학생들은 때때로 내가 [학자들이] 시어낸 허튼소리로 예수에 대한 이 모든 무의미한 것의 정체를 벗겨준다고 생각하기도 했다. 예수가 고대의 다른 어떤 인물보다도 역사적인 측면에서 접근하기가 더 쉽다는 것을 알아차리자, 그들의 놀라움은 매우 컸다. 그뿐 아니라 그들은 더 많은 관심을 갖게 되어, 다음과 같은 사실을 깨닫게 되었다. 곧 예수에 대해 자신이 알고 있다고 생각했던 모든 것은 잘못된 정보에 대한 미디어의 과대 선전과 성서에 무지한 교육에 기초하며, 그것은 건전한 역사적 탐구라기보다 오히려 미국의 TV 애니메이션 시리즈 "심슨 가족"에 가까운 것이었다는 사실 말이다.

으며, 창의력이 모자란다. 우리에게는 또 다른 방법이 있다!

나 자신의 접근 방법에는 "믿음에 기초한 비평"(believing criticism)이라는 이름을 붙일 수 있다.[156] 이 접근 방법은 성서를 영감 받은 참된 하나님의 말씀으로 다룬다. 그러나 이 방법은 우리가 하나님이 우리에게 주신 상황과 과정에 비추어 하나님의 말씀을 연구할 때, 사실상 그 말씀을 최상으로 섬기는 것이라고 주장한다. 성서는 믿을 만하다. 왜냐하면 하나님 자신이 그분의 말씀에 신실하시기 때문이다. 성서는 권위를 지니고 있다. 왜냐하면 성령이 그 말씀을 통해 우리에게 말씀하시기 때문이다. 그럼에도 불구하고 하나님은 인간의 언어, 인간 저자, 심지어 인간적인 과정―하나님은 이 과정을 수단으로 사용하셔서 그분의 계시가 문서로 기록되게 하시고 그것을 인류에게 주셨다―을 사용하는 것을 적합하다고 여기셨다. 성서의 핵심 내용을 이해한다는 것은 성서와 연관된 인간적인 측면, 곧 하나님이 그분의 말씀을 우리에게 말씀하시는 데 있어 인간적 요소를 사용하신다는 것과 씨름하는 일을 의미한다. 이것은 우리가 다음과 같은 주제를 자유롭게 다룰 수 있어야 함을 요구한다. 예를 들면, 어떻게 복음서 본문이 우리에게 전달되었는가?(본문비평[text criticism]) 복음서 저자들은 어떤 자료를 사용했는가?(자료비평[source criticism]) 복음서는 언제 그리고 어디서 기록되었는가?(역사비평[historical criticism]) 왜 복음서가 기록되었는가?(문학비평[literary criticism]) 복음서는 어떤 종류의 문학인가?(장르비평[genre criticism]) 어떻게 복음서 저자들은 자신이 입수한 자료를 편집하고, 자신의 목적에 적합하게 활용했는가?(편집비평[redaction criticism]) 어떻게 지금의 형태로 제시된 복음서의 이야기가 의

---

[156] 참조. Mark Noll, *Between Faith and Criticism: Evangelicals, Scholarship, and the Bible in America* (Vancouver: Regent College, 1988), 163-180.

미를 빚어내는가?(서사비평[narrative criticism]) 어떻게 예수에 대한 이야기가 문화적인 가치 및 담론의 방식과 상호 작용을 하는가?(사회과학적 비평[social-scientific criticism]) 어떻게 복음서가 초기 교회에 의해 공인된 예수에 대한 네 개의 공식적인 이야기로 받아들여졌는가?(정경비평[canonical criticism]) 신앙 공동체가 예수 그리스도에 대한 증언으로서 복음서를 소중하게 여겨왔던 사실에도 불구하고가 아니라, 바로 그와 같은 신앙 공동체를 고려할 때, 우리가 이 주제에 대해 다양한 질문을 제기하는 것은 타당하다.

더욱이 우리가 복음서가 역사적인 측면에서 믿을 만하다고 말한다 해도, 이는 복음서가 오늘날의 역사 서술 기준으로 평가되기를 의도했다는 의미는 아니다. 또한 복음서가 비디오카메라를 숨긴 채 예수를 따라다니는 일에 해당하는 고대의 대응물이라는 뜻도 아니다. 복음서는 역사적인 측면에서 가장 초기의 목격자들의 기억에 기초하고 있다. 비록 고대의 저자들이 오늘날의 역사 서술 도구—각주 표시, 표절 파악 프로그램, 비디오 영상 및 편집부—를 갖고 있지 않았다 하더라도, 여전히 그들은 어떤 사건이 일어났다고 주장되지만 실제로는 일어나지 않은 것과, 어떤 사건이 일어났다고 주장되고 또 실제로도 일어난 사건 사이의 차이점을 분명히 알았다. 성 누가 및 주께서 사랑하시던 제자와 베드로후서의 저자[157] 등은 모두 예수-이야기가 가공의 이야기가 아니라고 믿었다(눅 1:1-4; 요 19:35; 20:31; 벧후 1:16). 예술적 허용, 신학적 윤색, 전승의 전달자들에게 내재하는 신입견을 고려한 후에도 예수의 증인들은 다음과 같은 그들의 확신에 변함이 없었다. 곧 그들이 이야기하는 예수는 마치 개인적으로 마주

---

[157] 베드로후서의 익명의 저자 및 목격자들과 관련해서 다음 연구서들을 보라. Byrskog, *Story as History* 242-244; Bockmuehl, *Seeing the Word*, 183.

하고 있는 존재처럼 역사적으로 진짜라는 것이다. 정경에 포함된 사복음서의 이야기는 모두 예수를 1세기에 팔레스타인 지역에 살았던 역사적 인물로 묘사한다. 복음서는 시간을 초월하는 신화나, 영적인 양분을 공급할 목적으로 의도적으로 지어낸 이야기가 아니다. 비록 복음서가 단순히 역사 보고서는 아니라 할지라도, 복음서는 역사적인 측면에서 믿을 만한 주장을 한다.[158]

또한 고대나 현대 모두 역사는 해석된 것이라는 사실을 기억하자. 성 마태, 옥스퍼드 대학 출판부, 아니면 뉴욕 타임스든지 간에 선입견 없이 보도하거나 전적으로 객관적인 역사는 전혀 없다. 따라서 복음서는 예수에 대한 냉정한 사실이 아니라, 오히려 나사렛 예수와 교회가 경배하는 주님이 하나 됨을 이루고 있다는 데 관심을 기울인다. 복음서는 신학적으로 초점을 맞추고 있다는 것을 조금도 부끄러워하지 않는다. 그래서 복음서는 "예수에 대한 이야기는 하나님에 대한 이야기의 연속이자 구체화다"라고까지 주장한다.[159] 선포의 저술로서, 복음서는 예수에 대한 이야기를 제시하고 해석해서, 그 이야기를 읽은(들은) 독자들(청중)이 감동을 받아서, 예수를 하나님의 아들이자 주님으로 인정하도록 만들려는 것이다. 또

---

[158] Crossan(*Historical Jesus*, iii)은 오늘날 잘 알려진 다음과 같은 주장을 했다. "엠마오로 가던 길 위에서 일어난 사건은 결코 일어나지 않았다. 하지만 엠마오 사건은 언제나 일어난다." 그의 이런 주장은 역사와 무관한 신앙을 명백하게 표현하고 있다. 나는 복음서 저자들이 이런 신앙에 맹렬하게 반대한다고 생각한다. 고대 이방 종교들은 종교를 시간을 초월하는 신화와 형이상학적인 신비에 지나지 않는 것으로 취급했다. 그것은 "결코 일어나지 않았지만 언제나 존재한다"는 것이다. 배교자 율리아누스 황제(재위 기간: 기원후 361-363년)의 친구였던 Sallustius는 신플라톤주의에 기초한 이방 사상을 옹호하기 위해 기독교를 반대하는 자신의 글 (*On the Gods and the World*, 4)에서 같은 주장을 했다.

[159] Joel B. Green, "The Gospel according to Mark," in *The Cambridge Companion to the Gospels*, ed. Stephen C. Barton (Cambridge: Cambridge University Press, 2007), 147.

한 그들로 하여금 예수의 죽음과 부활을 이스라엘의 하나님이 세상을 구원하시는 결정적인 수단이라고 인정하도록 하려는 것이다.[160]

비록 복음서가 예수의 지난날의 사건, 곧 그의 지상 생활과 부활 사건 이전의 사역에 관심을 기울이고 있지만, 여전히 복음서는 예수가 다시 살아나셔서 하늘로 올라가신 주님이라고 믿는 사람들의 관점에서 그에 대한 이야기를 들려준다. 바로 이 이유로 말미암아, 초기 기독교의 증언에 의해 제시된 예수에 대한 이야기는 특별한 맥락 안에 위치하고 있는 것이다. 그 맥락은 역사적인 대상을 가리킬 뿐만 아니라 하나님과 이스라엘 및 하나님 나라에 대한 종교적인 내러티브를 통해 예수의 생애를 설명해준다. 래리 허타도(Larry Hurtado)는 복음서의 역사적 실재와 신학적인 내러티브 두 가지를 다음과 같이 훌륭하게 설명해준다.

요컨대 이 모든 것은 예수를 구체적인 역사적·지리적·문화적 배경 속에 위치시키려고 하나같이 체계적인 노력을 기울이고 있다. 이 모든 것은 사복음서 저자들과 이 복음서가 염두에 둔 독자들(그들 가운데 로마가 다스리던 세계의 다양한 곳에 살고 있던 이방인 신자와 유대인 신자들이 포함됨)이 공경했던 예수, 또한 그들이 하나님의 목적과 유일무이한 방법으로 연결되어 있다고 이해했던 예수가 틀림없이 **나사렛 예수**라고 일관되게 주장한다. 예수는 시간을 초월하는 어떤 상징도 아니며, "옛날 옛적에" 있었던 신화적인 인물도 아니다. 그는 구체적으로 장소적인 측면에서는 로마가 다스리던 유대라는 특정 장소와, 시간적인 측면에서는 유대 역사의 특정 시대 속에서 살았고 활동했던 유

---

[160] Beverly R. Gaventa and Richard B. Hays, "Seeking the Identity of Jesus," in *Seeking the Identity of Jesus: A Pilgrimage*, ed. Beverly R. Gaventa and Richard B. Hays (Grand Rapids: Eerdmans, 2008), 8.

대인이었다.…정경에 포함된 복음서는 더 크고 분명한 "내러티브 세계"나 이야기 줄거리를 강조한다. 정경의 복음서 저자들은 예수에 대한 자신들의 이야기를 이런 "내러티브 세계" 안에 배치한다. 이 내러티브의 지평은 뒤로 거슬러 올라가 이스라엘 성서의 이야기 줄거리(타나크[Tanach]/구약성서)까지 이어지고, 또한 연대기적인 측면에서 하나님의 목적이 종말에 최종적인 승리를 거두는 데까지 확장된다.…성서 이야기의 지평을 시간적인 측면에서 "뒤로" 돌리는 것이 예수를 이해할 수 있는 의미-맥락을 제시해준다면, 지평을 "앞으로" 연장해서 종말의 시점을 내다보는 것은 예수를 담대하게 따를 수 있도록 만드는 소망과 예수가 섬긴 하나님의 목적을 제시해준다.[161]

이처럼 복음서 저자들은 역사적 예수와 신학적으로 중요한 예수를 동일한 주제로 다루었다. 사실상 바로 이 점이 복음서의 이야기에서 역사적 예수를 교회가 믿는 예수와 구분하는 것을 어렵게, 심지어 불가능하게 만든다. 이것은 마치 자주색에서 붉은 색과 파란 색을 구별해내려고 시도하는 것과 같다.[162] 예수에 대한 초기 교회의 신학적인 증언을 통해 우리는 주로—비록 전적으로는 아닐지라도—예수에 대한 역사를 얻을 수 있을 것이다. 복음서는 단지 예수가 실제로 어떤 행동을 했고 무슨 말을 했는지가 아니라, 만물에게 생명을 주고 의로움을 베푸는 이스라엘의 하나님의 위대한 목적 안에서 예수는 누구인지 또한 어떤 존재가 될 것인지에

---

161) Larry Hurtado, *Lord Jesus Christ: Devotion to Jesus in Earliest Christianity* (Grand Rapids: Eerdmans, 2003), 266-268.
162) 최근에 Dale C. Allison이 이처럼 적절하게 지적했다. "The Historians' Jesus and the Church," in *Seeking the Identity of Jesus: A Pilgrimage*, ed. Gaventa and Hays, 79-95; idem, *The Historical Christ and the Theological Jesus* (Grand Rapids: Eerdmans, 2009).

대한 것이다. 따라서 역사적인 탐구 과제는 복음서에 들어 있는 해석의 층을 벗겨내서, 본문의 유적에서 다른 것이 섞이지 않은 순수한 예수의 이미지를 발견하려는 희망을 품고, 복음서의 밑에 놓여 있는 전승을 파헤치는 일이 아니다. 오히려 크리스 키스(Chris Keith)가 말하듯이, "복음서를 빚어낸 과거를 비평적으로 재구성하기 위한 첫 걸음은 복음서를 이해하고 설명하고자 하는 노력을 통해 복음서를 해석하는 방향으로 나아가야 한다. 하지만 양식비평과 그 결과가 보여주었던 것처럼, 복음서로부터 벗어나서는 안 된다.…"163)

이것은 우리가 복음서를 읽기 위해 실제로 자유롭게 되었음을 의미한다. 이는 높임을 받은 주님으로서의 예수에 대해 역사적으로 언급하는 신학적 증언으로서 복음서가 읽히기를 바라는 것과 같다. 그렇다면 갈릴리 바다의 동쪽 해변에서 예수가 고쳐준 귀신 들린 사람이 한 명이었는지(막 5:2; 눅 8:27), 아니면 두 명이었는지(마 8:28)는 중요하지 않다. 예수는 그곳에서 귀신 들린 사람을 낫게 해주었다. 그리고 마태는 단순히 둘로 제시하는 것을 좋아한다. 그래서 그는 가능하다면 모든 것을 둘로 만든다! 이와 비슷하게 겨자씨가 정말로 세상에서 가장 작은 씨인지(막 4:31), 아니면 베드로가 닭이 처음 울기 전에 예수를 세 번 부인했는지, 그리고 그 다음에 또 다시 세 번 부인했는지(마 26:69-74; 눅 22:56-60; 요 18:16-27; 막 14:66-68)를 입증하고자 하는 것은, 대헌장(Magna Carta)을 이해하려고 시도하면서 쉼표가 올바른 위치에 찍혀 있는지에 대해 논쟁하는 것과 같다. 장 칼뱅도 이렇게 말했다. "우리는 복음서 저자들이 연대의 순서니 섬

---

163) Chris Keith, "The Indebtedness of the Criteria Approach to Form Criticism and Recent Attempts to Rehabilitate the Search for an Authentic Jesus," in *Jesus, Criteria, and the Demise of Authenticity,* ed. Keith and Le Donne, 39-40.

지어 그리스도가 행하고 말한 모든 것에 대해 세부적인 설명을 정확하게 제시하지 않는다는 것을 알고 있다."164) 복음서 저자들은 우리에게 예수에 대한 큰 그림을 그려준다. 곧 예수의 말씀을 요약하고, 그의 생애에 대한 주요한 윤곽을 제시하며, 예수를 예언자들의 약속과 연결해서 소개한다. 그리고 복음서 저자들은 예수가 누구인지, 왜 예수가 죽었는지에 대해 가장 중대한 의미를 선포한다. 우리는 세부적인 내용을 무관심하게 다루어서는 안 된다. 하지만 그 세부가 우리가 "복음서"라고 부르는 이야기의 초점은 아니다. 복음서를 종교적인 이야기로 가득 채워진 소설이라고 여기지 않기 위해 나는 복음서가 역사적인 측면에서 전반적으로 믿을 만하다는 점이 전적으로 중요하다고 생각한다. 하지만 우리가 역사적 실재에 대해 예수 시대에 어울리지 않는 현대식 판단 기준을 복음서를 다루는 데 끌어와서, 그것을 신학적인 타당성을 입증하는 조건으로 삼으려고 해서는 안 될 것이다. 이 점과 관련해서, 마르틴 헹엘은 다음과 같이 불만을 토로한다.

18세기에 역사비평이 시작되기까지, 비성서적이며 궁극적으로는 합리주의적인 변증학이 이른바 정통 개신교 안에서 규범 그 자체로 머물러 있었다. 사실상 이 점은 오늘날 몇몇 복음주의적이고 근본주의적인 진영에서도 마찬가지다. 이런 "근본주의적이며 합리주의적인" 성서 해석은 신약성서를 하나의 법전으로 만드는 것으로서, 복음서를 역사적이고 신학적으로 이해하는 데 진정한 도움을 별로 주지 못한다(이 두 가지는 서로 분리될 수 없다). 그와 같은 해석 방법은 급진적이며 비역사적인 회의주의로서, 성서 본문의 미학적인 가치

---

164) John Calvin, *Commentary on a Harmony of the Evangelists* (Grand Rapids: Eerdmans, 1989), 216.

와 관련해서 본문을 오직 문자적인 접근 방법으로 탐구하고자 한다. 아니면 변경될 수 없이 확고한 "진리의 내용"과 관련해서, 그 방법은 본문을 교리주의적인 접근 방법으로 해석하고자 시도한다. 그래서 이 해석 방법은 정확한 역사적 탐구를 금하거나, 적어도 역사적 탐구에 관심을 갖지 않는다.[165]

정경의 사복음서는 예수에 대한 증언에서 서로 신학적인 통일성을 이루며, 예수를 자신의 주님으로 따른다고 고백하는 사람들에게 정경의 권위를 갖는다. 사복음서를 성서로 여긴다는 것은 사복음서의 서로 구별되는 이야기를 무리하게 짜 맞추려고 시도하거나, 각 복음서의 개별성을 무시해버리거나, 얼핏 보기에 일치하지 않는 것처럼 보이는 모든 요소를 조화시키거나, 예수에 대한 각 복음서의 고유한 초상화를 경시하라고 우리에게 강요하지 않는다. 복음서는 거대한 교회의 유리창에 만들어져 있는 네 가지 스테인드글라스처럼 연구해야 하며, 그것에 경탄해야 한다. 각각의 스테인드글라스에 만들어진 초상화는 동일한 인물을 다루지만, 그 인물을 서로 다르게 묘사한다. 네 가지 중에서 어떤 초상화도 다른 것보다 "더 사실적"이지 않다. 하지만 저마다의 묘사는 서로 통일성을 이루며, 다 함께 교회의 믿음에 기초한 예수를 나타내는 이미지를 완벽하게 보여준다. 이런 주장에 동의하면서, 교회 교부인 아우구스티누스는 다음과 같이 말했다.

만약 [복음서의] 시로 다른 네 가지 판본 중에서 어떤 것이 예수의 음성을 가상 사실적으로 묘사하는가라고 질문한다면, 여러분은 자신이 원하는 판본이 어떤 것이든지 그것으로 결정할 수 있다. 하지만 한 가지 전제할 것은, 여러분

---

165) Hengel, *Four Gospels and the One Gospel of Jesus Christ*, 23-24.

은 복음서 저자들이 모두 예수의 말씀을 똑같은 형태로 제시하지 않지만, 그들은 여전히 동일한 의미를 전달하려는 의도를 지녔음을 이해해야 한다. 그리고 표현 방법에서 나타나는 이 다양성은 다음과 같은 측면에서 여전히 유용하다. 곧 오직 하나의 복음서만 있는 경우보다 사복음서는 우리에게 예수의 말씀의 의미를 보다 더 적합하게 가르칠 수 있게 해준다. 또한 사복음서는 말씀이 예수가 말씀하신 것과 실제로 일치하지 않는 의미로 해석되지 않도록 보호해준다.[166]

아우구스티누스의 견해에 의하면, 복음서 저자들은 우리에게 다양하면서도 내용이 풍부한 예수의 초상화를 그려주었다. 그 초상화는 예수가 실제로 누구인지 우리가 더 온전하고 확실하게 파악하게 해준다.

그렇다면 예수에 대한 믿음을 지니고 고백하는 공동체로서, 어떻게 우리는 복음서 텍스트가 우리에게 제시하는 비판적인 질문에 접근해야 하는가? 첫째, 우리는 신뢰의 해석학과 더불어 시작해야 한다. 우리는 예수를 신뢰한다. 그리고 예수는 분명히 자신을 가리키는 성서를 신뢰한다. 하나님의 말씀은 하나님의 아들에 의해 입증된다. 나아가 이 말씀은 성령의 내적인 증거에 의해 그 타당성이 입증된다. 성령은 하나님의 말씀이 언제나 참이며 믿을 수 있다고 증거해준다. 둘째, 우리는 우리의 손과 발을 역사의 진흙과 먼지에 푹 담가야 한다. 예수는 역사적인 상황과 상관없이 해석될 수 있는 비역사적이며 종교적인 우상이 아니다. 그는 아마존 강 유역의 우림 지역이나, 고비 사막의 어느 곳에서 세상의 구주로 태어났을 수 없다. 그는 새로워진 이스라엘을 통해 세상을 구원하시려는 하나님의 약속을 성취하려고 이스라엘 자손으로서 이스라엘에 왔다. 따라서

---

166) Augustine, *Harmony of the Gospels* 2.14.31.

좋든지 싫든지, 우리는 역사적인 맥락 안에서 예수를 연구해야 할 의무가 있다. 나는 이것이 심지어 제자도의 꼭 필요한 과제 중 하나라고 주장하고자 한다.[167] 왜냐하면 이스라엘의 성서의 맥락 안에서 또한 로마가 통치하던 팔레스타인 지역의 사회·정치적인 상황 안에서, 예수가 메시아와 하나님의 아들로 계시되었기 때문이다. 따라서 우리가 가현적 기독론— 이 견해에 의하면 예수는 단지 사람처럼 보이기만 했다고 함—의 옹호자가 아니라면, 예수 자신이 놓여 있던 맥락 안에서 나사렛 예수라는 역사적인 인물에 대한 연구에 몰두해야 한다. 이는 우리가 관련 자료를 얻을 수 있는 범위 안에서, 현존하는 자료에 대해 고고학적·사회-역사적·문화적 연구를 해야 함을 의미한다. 이는 입수할 수 있는 범위 안에서 1세기의 유대와 그리스 및 로마의 주요한 문헌에 우리 자신이 가능한 한 넓고 깊게 몰입하는 것을 요구한다. 그렇게 해서 우리는 예수가 살았던 세상에서 걷고 말하고 듣고 냄새 맡을 수 있을 것이다. 이는 우리가 복음서를 한 장 한 장 탐구하며, 예수가 의도한 것이 정확히 무엇인지, 또한 청중이 그를 어떻게 이해했는지 질문하는 것을 수반한다. 그리고 이는 왜 복음서 저자들이 저마다 그처럼 이야기했는지, 또한 왜 그들이 그런 독특성을 지니고 있는지 질문하는 것을 포함한다. 셋째, 우리는 복음서 저자들이 그들이 의도했던 독자에게 어떤 영향을 미쳤는지, 사복음서 전체가 지금 그 복음서를 읽는 신앙 공동체를 어떻게 형성하려고 의도했는지를 탐구해야 한다.

그러므로 어려울 뿐만 아니라 심지어 위태로운 "비평적인" 질문과 관련해서, 브루스 칠턴(Bruce Chilton)은 이렇게 말한다. "한 가지 우선적인

---

167) N. T. Wright, *The Challenge of Jesus* (London: SPCK, 2000), 14-15. 내가 이 점에 대해 보다 자세하게 설명하는 다음 논문도 참조하라. Michael F. Bird, "Should Evangelicals Participate in the 'Third Quest for the Historical Jesus'?" *Themelios* 29 (2004): 4-14.

복음적·비평적 과제는 우리의 추측을 퍼뜨리는 것이 아니라, 오히려 열린 자세로 상세하게 탐구하도록 권장하는 것이다. 이런 탐구는 추측이 옳은 것인지 입증해줄 것이다."[168] 그리고 교회 공동체로서 복음서를 읽는 것과 관련해서, 우리는 단지 신앙생활에 도움을 주는 지혜만 얻어내려고 해서는 안 된다. 오히려 우리는 예수의 이야기가 점차 우리의 삶을 변화시키고 예배를 풍성하게 하며 복음 전파에 관심을 갖도록 우리를 고무하고, 신앙 공동체가 하나가 되게 하며, 우리의 목회 사역에 영향을 미치도록 힘써야 한다. 그래서 복음서를 통해 우리에게 주어진 예수의 비전이 복음 전파를 위한 프로젝트가 되어서, 예수에 대한 이야기가 온 세상에 알려지게 해야 한다.

---

168) Bruce D. Chilton, "An Evangelical and Critical Approach to the Sayings of Jesus," *Themelios* 3 (1978): 85.

제3장 — 예수 전승의 형성 과정

20세기의 신약 신학 연구에서는 몇몇 새로운 비평 연구 유형이 등장했다. 이 새로운 유형들이 복음서에 대한 탐구 양상을 발전시켰다. 양식비평은 초기 교회의 구술 전달 배경, 몇몇 상황에서 예수 전승의 사회적 기능, 또한 전승이 전달된 구술 하부-장르를 인정했다. 편집비평은 복음서 저자들이 자신의 자료를 취사선택하여 구체적인 형태로 표현하며 덧붙이는 일과 관련해서, 그들의 신학적인 작업을 더 잘 인식하도록 이끌었다. 최근에 서사비평은 근본적으로 이야기의 형태로 전달된 복음서의 특성을 통찰하게 했다. 또한 서사비평은 의미가 등장인물의 성격 묘사, 플롯, 관점, 서술 등을 통해 빚어진다는 것을 입증했다. 이처럼 **구술성**(orality), **신학**, **이야기**로서 복음서를 인식하는 것은 복음서를 탐구하는 데 새로운 큰길을 열어주었다.

이런 접근 방법들이 가져다준 수많은 유익에도 불구하고, 우리는 오늘날 신학적인 지식이 쇄도하는 가운데서도 무언가를 잃어버렸다고 느끼지 않을 수 없다. 전승들이 등장한 정확한 "양식"이나 "상황"과 상관없이, 복음서 저자들이 신학적으로 무엇을 성취했으며 텍스트가 얼마나 얽히고설킨 이야기를 포함하고 있든지에 상관없이, 우리는 복음서 텍스트가 예수라는 역사적인 인물 안에서 텍스트를 초월하며 또한 텍스트 밖에 있는 지시 대상을 지니고 있다는 사실을 인식해야 한다. 따라서 문학적·신학적·내러티브적 기획들과 복음서 저자들의 역사적 의도성을 맞바꾸어버린다면, 이는 해석자들에게 손실을 가져다줄 것이다. 이 점과 관련해서, 숀 프레인(Seán Freyne)은 다음과 같이 주장한다. "예수는 복음서에서 다양한 초상화로 나타난다. 이 점에서 갈릴리 사람 예수를 순전히 문학적인 방법으로 접근하는 것은 적합하지 않은 것 같다. 왜냐하면 이는 오늘날 우리의 역사적인 자의식에 비추어볼 때, 비평적인 인식을 결여하고 있기 때문이다. 다시 말해, 역사적인 존재로서 우리는 역사를 만들어간다. 그러므로 우리는 우리의 기본적인 텍스트와 텍스트 밖의 지시 대상을 평가하는 데 이런 쟁점을 무시할 수 없다."[1] 정경 복음서의 목적은 역사적인 인물에 대해 기쁜 소식을 선포하며, 동시대인들에게 그 인물이 지니고 있는 영속적인 중요성을 설명하려는 것이다.

그러므로 이 장에서 내가 의도하는 목표는 초기 교회의 맥락 안에서 예수 전승의 형성 과정을 설명해주는 요소를 확인하는 것이다. 제2장에서 나는 초기 교회가 예수의 생애에 의도적으로 관심을 기울인 몇 가지 이유를 탐구했다. 또한 나는 어떻게 예수 전승이 초기 교회 안에서 보존될 수 있었는가를 설명해주는 몇 가지 요소에 관심을 기울였다. 이제 예수 전승에 대한 전반적인 좌표를 그리고자 한다. 따라서 나는 복음서의 양식과 특성을 가장 잘 설명해주는 전달 모델을 확립하고자 한다. 그 과정이 복잡하지만, 내가 바라건대 이것이 예수 전승으로부터 텍스트로 옮겨간 과정을 밝혀줄 것이다.

---

[1] Seán Freyne, *Galilee, Jesus and the Gospels: Literary Approaches and Historical Investigations* (Philadelphia: Fortress, 1988), 27.

I — 구전 모델

어떻게 예수 전승이 시작되고 전달되었는가에 대해 설득력 있는 가설을 전개하는 일은 중요한 문제들과 연결되어 있다. 사실상 예수 전승의 전달 과정에 대한 정확한 세부 사항과 관련하여 우리의 역사 지식 안에 있는 공백은 중세의 해양 지도의 세부 사항과 비슷할 것이다. 중세의 해양 지도는 미지의 지역을 "여기에 용이 있다!"라고 표기했다. 우리는 단순히 복음서의 너머에 또한 앞에 무엇이 놓여 있는지 정확하게 알 수 없다. 샌더스(E. P. Sanders)와 마가렛 데이비스(Margaret Davies)는 이렇게 말한다. "우리에게는 정확하게 대답할 수 없는 다음과 같은 질문이 남아 있다. 곧 전승의 자료는 어떻게 전달되었는가? 왜 다양한 유형이 보존되거나 만들어졌는가?"[2] 하지만 이런 문제에 대해서 많이 당황할 필요는 없다. 물론, 앞과 같은 경계는 필요하다. 그런데도 여전히 많은 학자들은 나름대로 확신에 차서, 복음서에 흔적을 남긴 전승의 형성에 대해 몇몇 가설을 제시한다.[3] 물론 다양한 모델이 제시되었다. 그 가운데서 어떤 모델이 가장 설득

---

[2] E. P. Sanders and M. Davies, *Studying the Synoptic Gospels* (London: SCM, 1989), 136. Christopher Rowland, *Christian Origins* (London: SPCK, 1985), 130-131: "우리는 우리가 복음 전승의 기원과 발전 과정에 대해 정확히 모르는 것이 많이 있다는 사실을 받아들여야 한다." James D. G. Dunn, *Jesus Remembered* (CITM 1; Grand Rapids: Eerdmans, 2003), 210: "우리는 고대 사회에서 구전이 어떻게 전승되었는지 충분히 알지 못한다. 그래서 어떻게 예수 전승이 구전 단계에서 구체적으로 전달되었는지 이해하기 위해 우리가 알고 있는 지식으로부터 명백한 가이드라인을 끌어낼 수 없다."

[3] 참조. Rowland, *Christian Origins*, 131; E. P. Sanders, *The Historical Figure of Jesus* (London: Penguin, 1993), 60. Sanders는 복음서의 발전 과정을 다음 네 단계로 제시한다. (1) 교육적인 맥락에서 단위가 사용되었다. (2) 서로 관련된 단위를 모아서, 페리코프 그룹을 형성했다. (3) 원-복음서가 기록되었다. (4) 복음서가 저술되었다. John Dominic Crossan,

력이 있는지 분별해야 한다.

되돌릴 수 없는 상실

몇몇 학자들은 예수 전승의 구전 전달에 대한 이론을 제시하려는 전반적인 시도가 막다른 골목에 이르렀다고 믿는다. 예를 들면, 배리 헤노(Barry Henaut)는 다음과 같이 주장한다.

> 구전 단계는 이미 사라졌고, 복음서 텍스트의 시리즈와 복음서 전 단계의 자료 뒤에 숨겨졌다. 복음서 텍스트와 그 자료는 완전히 발전된 텍스트성을 지녔다. 이 특성은 구전에 대한 정확한 설명을 보존하려는 것이 아니라, 오히려 새로운 사회적 상황에 신학적인 대답을 전달하려는 의도를 갖고 있다. 구전 단계는 사라졌다. 왜냐하면 우리가 양식비평과 편집비평을 받아들인 다음에도, 우리에게 여전히 하나의 전승이 남아 있기 때문이다. 곧 이 전승에는 예수의 부활 사건 이후에 세워진 교회의 도장이 찍혀 있으며, 그 전승을 구술로 전달되기 이전의 상태로 되돌릴 수 없기 때문이다.[4]

헤노에 의하면, 문제가 되는 것은 텍스트성이다. 텍스트성은 구전에서 어떤 요소를 되찾아 재인식하는 일을 방해하는 난공불락의 방벽을 형

The Historical Jesus: The Life of a Mediterranean Jewish Peasant (San Francisco: HarperCollins, 1991), xxxi. Crossan은 예수 전승이 세 층(層)으로 이루어졌다고 확인해준다. (1) 보존-예수의 말씀, 행위, 사건에 대한 핵심 내용을 기록함. (2) 발전-복음서 이전의 자료를 새로운 상황과 배경에 적용함. (3) 새로운 말씀, 새로운 이야기, 커다란 복합물이 만들어졌으며, 이 과정을 통해 내용이 바뀜.

4) Barry W. Henaut, *Oral Tradition and the Gospels: The Problem of Mark 4* (JSNTSup 82; Sheffield: Sheffield Academic, 1993), 14.

성한다.5) 이 견해에 대한 대답으로서, 복음서 및 그 자료가 사회적인 상황에 신학적인 답변을 제시하려고 시도한다는 헤노의 주장은 충분히 옳다. 하지만 이데올로기로 채색된 텍스트는 그것이 제시하는 역사적인 지시 대상과 전달 양식을 고려할 가치가 없는 것으로 만든다는 그의 추론은 타당하지 않다. 이 암묵적인 전제는 "역사"와 "신학"을 둘로 나누는 명백하게 그릇된 이분법에 기초한 것이다. 헤노가 입증한 모든 것은 다음과 같다. 곧 해석되지 않은 구전은 전혀 없고, 객관적인 구전 역사도 전혀 없으며, 예수 전승 가운데 아무런 통제를 받지 않은 것도 전혀 없다는 것이다. 이 결론은 로마 교황이 가톨릭 신자라고 선언하는 것과 같이 자명하다. 모든 텍스트와 전승은 저자 및 전달자들의 흔적을 지니고 있다. 그러나 이는 그 내용 안에서 어떤 역사나 전달 과정도 알아낼 수 없다는 의미는 아니다. 구전이거나 기록된 것이거나, 모든 역사 이야기에는 이를 처음에 말하거나 전달한 사람의 관점이 스며들어 있다. 그래서 예수 전승이 마른 나무처럼 고정된 상태로 머물러 있다고 생각하는 것은, 마치 단순한 민속 이야기에서 복잡한 그리스-로마의 수사학으로 발전된 어떤 창의적이며 자유분방한 토론을 상상하는 일과 똑같이 순진한 것이다.

더욱이 헤노는 자신의 회의주의적인 입장과 관련해서 다소간 선택적이다. 한편으로, 그는 복음서의 배후에 있는 구전을 재구성할 수 있다는 데 대해 냉소적이다. 다른 한편으로, 그는 마가복음의 자료를 마가의 편집으로부터 구분하는 데—나는 이것 역시 대단히 힘겨운 작업이라고 생각한다—자신의 역량을 전혀 아끼지 않는다. 헤노는 구전과 텍스트를 대비시키고, 텍스트를 구전보다 우위에 두는 편견을 구체적으로 보여준다. 그는 자신이 텍스트의 층(層)들을 다 드러내서 확인할 수 있다고 자신만

---

5) Henaut, *Oral Tradition and the Gospels*, 15, 190-191.

만해한다. 하지만 그는 복음서 저자들이 사용한 구전 자료가 복음서에 그 자료의 흔적을 남겼을 수도 있다는 데는 찬동하지 않는다. 유대 문화의 "필사의 구술성"(scribal orality)을 고려할 때, 이는 받아들이기 어려운 전형적인 편견이다. 마틴 재피(Martin Jaffee)에 의하면, 유대 문화에서 구술적 의사소통은 지식이 텍스트로 기록되는 과정에서 가장 우선적인 수단이었다.[6] 이 경우에서 볼 수 있듯이, 우리는 십중팔구 처음부터 예수에 대한 구전과 기록 전승이 서로 공존했으며 또한 서로 결합되었다는 데 직면한다. (연설과 같은) 구전 수단이 때때로 문서로 기록된 반면에, (편지와 같은) 기록된 전달 매체는 종종 입으로 전달되었다.[7] 더욱이 예수 전승의 구전 형식은 마가복음 저자가 파피루스에 기록하자마자 기억에서 지워진 것이 아니다. 구전 자료와 기록 자료의 접촉은 예수 전승이 시작될 때부터 존재했다. 십중팔구 그 접촉은 한동안 지속되었을 것이다.

누군가는 내가 구전 자료와 기록 자료를 순진하게 한 덩어리로 만들고 있다고 생각할지도 모르겠다. 이런 염려에 대해 나는 신약성서 곧 복음서와 서신은 대체로 구술로 전달된 내용이 기록 형태로 나타난 현상이

---

[6] M. S. Jaffee, *Torah in the Mouth: Writing and Oral Tradition in Palestinian Judaism 200 BCE-400 CE* (Oxford: Oxford University Press, 2001), 61.

[7] 참조. Hans von Campenhausen, *The Formation of the Christian Bible*, trans. J. A. Baker (Philadelphia: Fortress, 1972), 121: "기록 전승과 구전은 서로 나란히 가거나 교차하며, 나아가 서로 풍성하게 하거나 뒤틀리게 한다. 그 과정에서 이 두 요소는 서로 구별되지 않거나, 심지어 구별할 수 없는 상태가 된다." Harry Gamble, *Books and Readers in the Early Church* (New Haven: Yale University Press, 1995), 29-30: "예수 전승의 구전 측면에 대해 또는 특별히 마가복음의 편집에 대해 무엇이라고 말하든지, 70년 이전까지의 기독교가 전적으로 구술 문화였다고 묘사할 수 없다. 그와 같은 묘사는 정확하지 않다. 초기 기독교는 대체로 글을 읽고 쓸 수 있는 유대 문화의 모체 안에서 생겨났다. 비록 곧바로 자신의 방대한 문헌을 빚어낸 것은 아니지만, 초기 기독교가 문헌과 관련된 측면을 전혀 지니고 있지 않았던 것은 결코 아니다."

라는 점을 지적하고자 한다. 기독교의 가장 초기 문헌은 초기 교회가 구술로 전달한 내용이 텍스트로 만들어진 것이다. 그중에는 복음 선포, 복음에 대한 변증, 권면, 기도, 논쟁, 찬양, 교리, 스토리텔링 등이 포함되어 있다. 벤 위더링턴(Ben Witherington)은 이렇게 말한다. "그러므로 신약성서의 이야기를 들려줄 때, 우리는 두 번째 현상에 대한 이야기를 들려주고 있는 것이다. 곧 주로 구술로 전달된 것—이는 복음 전파와 교육, 기도와 찬양 및 입으로 의사소통하는 다른 형태에 기초한 것이다—이 문헌으로 남아 있는 이야기를 들려주는 것이다."[8] 로마서와 같은 편지는 바울이 구술한 내용을 받아쓴 것이다(참조. 롬 16:22). 또한 우리가 알고 있는 바로는 그 편지는 로마에 살고 있던 그리스도인들에게 입으로 낭독되었다. 몇몇 학자가 마가복음에 관심을 기울였는데, 그들은 마가복음이 입으로 말해서 귀로 들어가도록 의도된 텍스트였다고 이해한다.[9] 제4복음서의 저

---

[8] Ben Witherington, *The New Testament Story* (Grand Rapids: Ecrdmans, 2004), 5. 다음 논문도 주목하라. Paul Achtemeier, "*Omne Verbum Sonat*: The New Testament and the Oral Environment of Later Western Antiquity," *JBL* 109 (1990): 15: "구전 환경은 침투력이 강해서, 기록된 것 중에 음성으로 전달되지 않은 것은 **전혀 없다**"(Achtemeier 강조). C. H. Dodd, *Historical Tradition in the Fourth Gospel* (Cambridge: Cambridge University Press, 1963), 8: "초기 교회는 사람들이 주장해온 것만큼 문서 중심의 신앙 공동체가 아니었다. 초기 교회는 주로 살아 있는 목소리를 수단으로 해서 세상에서 자기가 해야 할 일—예배, 교육, 복음 전파—을 했다. 그리고 예배, **디다케**, **케리그마**라는 세 가지 활동 양식으로부터 전승이 생겨났다. 그리고 이 전승이 초기 교회 시대의 모든 문헌의 배후에 놓여 있다. 그 가운데 우리의 복음서도 포함되어 있다."

[9] 참조. Pieter J. J. Botha, "Mark's Story as Oral Traditional Literature: Rethinking the Transmission of Some Traditions about Jesus," *HTS* 47 (1991): 304-331; Joanna Dewey, "Mark as Aural Narrative: Structures and Clues to Understanding," *STR* 36 (1992): 45-56; idem, "Mark—A Really Good Oral Story: Is That Why the Gospel of Mark Survived?" *JBL* 123 (2004): 495-507; Christopher Bryan, *A Preface to Mark* (Oxford: Oxford University Press, 1993); Whitney Shiner, *Proclaiming the Gospel: First-Century Performance of Mark* (Harrisburg: Trinity, 2003). Richard A. Horsely, *Hearing the*

자는 마가복음의 이야기를 상당 부분 전제한다. 이는 그가 자신의 복음서를 기록할 때, 마가복음의 필사본을 반드시 자기 앞에 놓아두고 있었기 때문이 아니라, 아마도 그가 마가복음이 입으로 낭독되는 것을 반복적으로 들어서 그 복음서의 핵심 줄거리를 기억하고 있었기 때문일 것이다.[10] 속사도 시대의 교부들에게서 발견되는 예수의 말씀은 구전과 기록 전승이 결합되어 있음을 드러낸다.[11] 이처럼 구술성(orality)과 텍스트성(textuality) 사이의 경계선은 잘 변하고 가소성이 있다.[12] 따라서 우리는 제임스 던의 불만에 주목할 필요가 있다. 오직 복음서와 그 자료 사이의 문학적인 관계에만 기초한 통상적인 사고방식은 진지하게 재검토해야 할 필요가 있다. 또한 복음서가 저술되는 데 지속적으로 영향을 미친 구

Whole Story: The Politics of Plot in Mark's Gospel (Louisville: Westminster John Knox, 2001), 62: "고대 사회에서 텍스트와 연행이 서로 밀접한 관계에 있었다는 점을 고려할 때, 마가복음이 신앙 공동체에서 낭독되었으며, 사람들이 이를 들었음을 인식하는 것은 중요하다. 따라서 마가복음이 하나의 사본 또는 여러 개의 사본으로 만들어지고 나서, 그 복음서는 계속해서 반복적으로 낭독된 '텍스트'였다."

10) 내가 생각하기에, 설득력이 있는 것으로 다음 연구서의 논의를 참조하라. Ian D. Mackay, *John's Relationship with Mark* (WUNT 2. 182; Tübingen: Mohr, 2004).

11) 최근의 것으로 참조. Stephen E. Young, *Jesus Tradition in the Apostolic Fathers: Their Explicit Appeals to the Words of Jesus in Light of Orality Studies* (WUNT 2.311; Tübingen: Mohr, 2011); 또한 여전히 참고할 만한 것으로서 Helmut Koester, *Synoptische Überlieferung bei den apostolischen Vätern* (Berlin: Akademie, 1957).

12) *Torah in the Mouth*, 특히 64-72에서 Jaffee는 이 점을 상세하게 강조한다. Richard Bauckham, *Jesus and the Eyewitnesses* (Grand Rapids: Eerdmans, 2006), 280: "책이 읽기보다 들려주기 위해서 존재했고 그 내용도 기록을 통해서뿐만 아니라 기억되고 구술로 전달되었던 곳에서, 우리는 기록 자료와 구전 자료를 기억하는 것을 지나치게 명확하게 구분하려고 해서는 안 될 것이다." 또한 참조. Tom Thatcher, ed., *Jesus, the Voice, and the Text: Beyond the Oral and Written Gospel* (Waco: Baylor University Press, 2008); Rafael Rodriguez, "Reading and Hearing in Ancient Contexts," *JSNT* 32 (2010): 151-178; Annette Weissenrieder and Robert B. Coote, eds., *The Interface of Orality and Writing* (WUNT 1.260; Tübingen: Mohr, 2010).

전에 대해서도 참작해야 할 필요가 있다.13)

예수 전승의 탐구—나는 이것을 복음서의 이전 형태에서 전승의 모양에 대한 지도 그리기로 이해한다—는 그림자를 쫓는 것과는 다른 작업이다. 우선, 우리는 복음서에서 구술성을 드러내주는 표시를 입증할 수 있고, 기억을 돕는 고안 장치를 찾아낼 수 있으며, 갈릴리나 유다의 지역적인 배경이 지닌 특성을 간파할 수 있고, 텍스트에서 틀에 박힌 구전 양식을 확인할 수 있다. 그다음, 우리는 예수 전승을 예수의 제자들에게 영향을 미친 예수의 가르침과 복음 전파가 지속적으로 말의 형태로 전달된 것이라고 생각해볼 수 있다. 예수의 말씀과 그에 대한 이야기를 기억하고, 다시 말하고, 반복해서 말하는 일이 가장 초기의 교회 안에서 활발하게 이루어졌을 것이다. 고린도전서부터 「클레멘스 1서」(*1 Clement*)에 이르기까지, 최초의 기독교 자료가 이런 현상을 입증한다. 따라서 예수로부터 복음서로 이어지는 예수 전승의 구전 단계를 분석하는 작업은 두 방향으로 추적할 수 있다. 곧 초기 교회의 가장 이른 단계에서부터 그 이전으로 거슬러 올라가고, 또한 복음서를 통해서 이후의 시기로 추적할 수 있다.14)

유동적이며 자유롭고 유연함

양식비평 학파는 초기 교회의 "배경" 안에서 만들어진 전승과 더불어, 그

---

13) James D. G. Dunn, "Altering the Default Setting: Re-Envisaging the Early Transmission of Jesus Tradition," *NTS* 49 (2003): 139-175; idem, *Jesus Remembered*, 222-223, 237-238; idem, "Remembering Jesus," 1:190-193.
14) 참조. James D. G. Dunn, "Remembering Jesus: How the Quest of the Historical Jesus Lost Its Way," in *Handbook for the Study of the Historical Jesus*, ed. T. Holmén and S. E. Porter (4 vols.; Leiden: Brill, 2011), 1:198.

전달 과정이 대체로 유동적이라고 주장했다(이 장의 뒤에 있는 양식비평에 대한 〈추기〉를 참고하라).[15] 이 견해의 가장 최근의 옹호자들은 현재 기능이 거의 정지된 북미의 "예수 세미나"다. 이 세미나의 주요 대변자인 로버트 펑크(Robert Funk; 2005년 사망)의 견해에 따르면, 복음서 저자들이 예수 전승을 완전히 또한 완벽하게 개조했다는 이유에 기초해서 복음서 전승에 대한 역사적인 온전함을 의심하는 것은 타당하다. 저자들은 예수의 말씀에 해석적인 논평을 덧붙였고, 예수의 말씀을 자신의 견해와 억지로 일치시켰으며, 이해하기가 어려운 말씀의 효력을 감소시켰고, 자신이 원하는 대로 예수에 대한 이야기와 말씀을 지어냈다. 또한 사람들에게 널리 알려진 격언으로부터 내용을 빌려와서 이를 예수가 말한 것으로 돌렸으며, 기회가 주어질 때마다 70인역으로부터 가져온 주해를 덧붙였다. 종종 예수를 노골적으로 기독교화했고, 예수가 자신의 죽음 이후에 일어나는 사건을 아는 것처럼 묘사했으며, 전반적으로 변질된 전승을 예수 자신이 말한 것처럼 돌려놓았다.[16] 그 최종 결과는 다음과 같다. 곧 "복음서에 묘사된 예수는 상상력으로부터 나온 신학적 가공물이다. 그 작품에는 나사렛 출신의 불가사의한 현자의 흔적이 함께 짜였다. 그 흔적은 자기를 인정해달라고 또한 자신에 대한 기억을 제압하는 신앙을 가진 사람들의 단단한 통제로부터 자신을 자유롭게 풀어달라고 외치고 있다."[17] 펑크는 하나의 유비를 들어 "구술로 민간전승을 전달하는 것은 농담을 말하고 또 다시 말

---

15) 참조. 예를 들면 Rudolf Bultmann, "The Study of the Synoptic Gospels," in *Form Criticism: A New Method of New Testament Research*, ed. F. C. Grant (New York: Harper & Row, 1962), 7-75.

16) Robert W. Funk and Roy W. Hoover, *The Five Gospels: The Search for the Authentic Words of Jesus* (San Francisco: HarperCollins, 1993), 21-25.

17) Funk and Hoover, *Five Gospels*, 4.

하는 일과 비슷하다"라고 쓰고 있다.[18] 농담은 결코 똑같이 다시 말해지지 않는다. 또한 펑크는 뉴멕시코 주 로스웰 인근에 외계인이 착륙했다는 소문과 그 후속 사건을 오늘날 도시에서 신화가 생겨난 사례로 제시한다. 이런 예가 어떻게 전설이 생겨나는지를 가르쳐준다는 것이다.[19] 이 두 가지 예는 얼마나 빠른 시간 안에 구술 보고가 발전되거나 왜곡될 수 있는지 강조하려고 제시되었다. 그렇다고 하더라도, 펑크는 복음서 안에 믿을 만한 핵심 자료가 존재한다고 생각한다. 그 자료는 예수의 말씀과 일화들로 이루어져 있는데, 그 말씀과 일화들은 짧고 의미심장하며 자극적이고 기억하기 쉽다. 즉 경구와 비유들이 바로 그것이다.[20]

이 접근 방법이 지닌 주요한 힘은 예수 전승의 다양성과 가변성을 설명해주며, 복음서 저자들이 어떻게 자신의 신학을 통해 전승을 필터링했는가를 올바로 지적한다는 것이다. 양식비평가들과 예수 세미나 참여자들이 구술 연행자들(performers)의 성향을 지적하고, 복음서 저자들이 전승을 신학화하거나 전승을 자신의 배경에 적합하게 만들고자 했다고 본 것은 대체로 옳다. 또한 우리는 좋은 의도를 지닌 종교인들이 자신의 종교적인 신념을 강화하려는 성향을 지니고 있다는 것도 알고 있다. 그렇다고 하더라도, 나는 예수 전승을 이처럼 의도적으로 왜곡하는 일이 실제로 일어났다는 데에는 회의적이다. 적어도 전승의 가장 처음 단계에서는 이런 일이 일어나지 않았다.

첫째, 우리는 이 학자들의 다음과 같은 주장이 너무 지나친 것은 아닌

---

[18] Funk and Hoover, *Five Gospels*, 27.
[19] Robert W. Funk, *The Acts of Jesus: The Search for the Authentic Deeds of Jesus* (San Francisco: HarperCollins, 1998), 5–6.
[20] Funk and Hoover, *Five Gospels*, 28; Robert W. Funk, *Honest to Jesus: Jesus for a New Millennium* (San Francisco: HarperCollins, 1996), 40.

지 의구심을 품지 않을 수 없다. 곧 예수 전승이 체계적으로 오염되었으며 누군가 그 전승을 그토록 자기 멋대로 다루었는데도 불구하고, 여기에 대한 반대가 전혀 없었다는 것이다. 하지만 이런 견해와는 반대로, 초기 그리스도인은 교회의 교사들이 선포한 예수가 정확하게 어떤 인물인지에 대해 지대한 관심을 기울였던 것 같다(고후 11:4; 요일 4:2을 보라). 왜 "다른" 복음서들이 전파하는 예수가 2세기와 3세기에 초기 형태의 정통 교회에 속했던 많은 이들에게 비판의 대상이었는지도 이 점을 잘 암시해준다. 우리는 전승 안에서 다음과 같은 경우를 종종 마주하게 된다. 예를 들면, 마가복음과 요한복음에서 오병이어의 기적 사건에 대한 이야기는 서로 겹치는 부분이 있고(막 6-8장 및 요 6장), 주기도문 같은 것은 두 가지로 전승되었을 가능성이 있으며(마 6:9-13/눅 11:2-4), 최후의 만찬에 대한 바울의 설명은 공관복음서의 해당 내용과 비교할 때 서로 일치한다(고전 11:23-26; 눅 22:14-22). 이런 예를 살펴보면, 우리는 다양성과 규칙성이 섞여 있음을 발견하게 된다.[21] 따라서 해당 내용이 서로 완전히 모순되거나 설명할 수 없을 만큼 상당한 불일치를 드러내는 것은 아니다. 우리는 바로 이 점, 즉 각색과 불변성의 혼합을 발견하기를 기대해야 한다. 다시 말해 "다양성 및 견고성, 보존 및 창의성, 덧없음 및 예측 불가능 등 이 모든 요소가 구술 전달의 유형을 특징짓는다." 또한 이 점은 예수 전승에도 똑같이 적용된다.[22] 전반적으로 말하자면, 심지어 수십 년이라는 시간의 간격이 있음에도 불구하고, 다양한 형태로 서로 다른 장소에서 전달되는 전승의 일관

---

21) 나는 여기서 문학적인 관계에 대한 관점만으로는 이런 다양한 유사성을 온전히 설명할 수 없다고 생각한다.

22) E. A. Havelock, *Preface to Plato* (Cambridge: Harvard University Press, 1963), 92, 147, 184, Dunn, *Jesus Remembered*, 200에서 인용함. 또한 Dunn은 해당 내용을 Werner Kelber, *The Oral and the Written Gospel* (Philadelphia: Fortress, 1983), 33에서 인용함.

성에 나는 깊은 인상을 받았다.[23] 초기 교회에서 유포된 예수에 대한 기억은 전반적인 개요뿐만 아니라 심지어 세부적인 내용에서도 주목할 만큼 일관성이 있다.[24] 존 녹스(John Knox)는 열정적으로 활동하던 시기에 역사적 보수주의의 옹호자가 아니었음에도 불구하고 다음과 같이 말했다. "기억된 일련의 사실과 인상은 처음 1세기 내내 전승이 그릇되게 발전되어가는 것을 막았다."[25]

둘째, 나는 복음서 저자들이 예수 전승을 다루는 데 있어, 특별히 수난 이야기에서, 구약성서가 **창조적인 연못**이라기보다 **해석적인 전달 체계**의 기능을 수행했다고 기꺼이 주장하고자 한다.[26] 모든 기억은 이미 존재하

---

23) 참조. C. H. Dodd, *The Founder of Christianity* (New York: Macmillan, 1970), 22: "제한된 요소… 구술 전달의 다양한 변화, 번역의 영향, [예수의] 말씀을 '동시대화'하고자 하는 교육적인 관심 등을 모두 헤아려볼 때, 처음 세 복음서는 전반적으로 예수의 말씀을 서로 일관되고 조화롭게 제시한다. 더욱이 세 복음서는 방법, 문체, 내용과 관련해서 독특하게 제시하므로, 합리적인 비평가라면 아무도 다음 사실을 의심하기 어려울 것이다. 비평가가 예수의 개별적인 말씀에 유보적인 자세를 보인다고 하더라도, 우리는 여기서 유일무이하고 독특한 선생의 사상이 반영되어 있다는 것을 발견할 것이나." A. E. Harvey, *Jesus and the Constraints of History* (London: Duckworth, 1982), 5: "이 저자들[복음서 저자들]이 가장 완벽하고 상상력이 풍부한 예술가가 아닌 한, 또한 부족하고 믿을 수 없는 자료로부터 놀랍고 일관성 있는 인물을 빚어낼 수 없는 한, 우리는 (세부 내용 가운데 있는 경우가 무엇이든지) 그들이 묘사하는 예수는 실제 존재했던 바로 그 예수라고 생각할 만한 충분한 이유를 갖고 있다."
24) 참조. Ernst L. Abel, "The Psychology of Memory and Rumor Transmission and Their Bearing on Theories of Oral Transmission in Early Christianity," *JR* 51 (1971): 275-276: "양식비평에서 얻은 결론과 반대되는 것으로서, 소문 전달에 대한 연구 결과는 다음 사항을 암시해준다. 곧 **정보가 전달되는 과정에서, 이야기의 전반적인 형식이나 개요는 고스란히 그대로 남아 있지만, 원래의 세부적인 내용은 점점 더 줄어들면서 보존된다**"(Abel 강조).
25) John Knox, *Jesus: Lord and Christ* (New York: Harper, 1958), 77.
26) 참조. J. B. Green, "Passion Narrative," in *DJG*, ed. Joel B. Green, Scot McKnight, and I. Howard Marshall (Downers Grove: InterVarsity, 1992), 602-603; N. T. Wright, *Jesus and the Victory of God* (COQG 2; London: SPCK, 1996), 60-61; Craig A. Evans, "The Passion of Jesus: History Remembered or Prophecy Historicized?" *BBR* 6 (1996): 159-165; Gerd Theissen and Annette Merz, *The Historical Jesus: A Comprehensive*

고 있는 패턴, 유형, 범주의 구조에 의해 걸러진다.[27] 구약성서는 문학 양식과 유형론적인 구조를 제공해준다. 그 양식과 구조 안에서 예언자, 기적 행위자 및 선생으로서의 예수에 대한 이야기가 다시 말해질 수 있었다. 그러나 구약성서의 유형은 예수 전승을 전체적인 규모로 만들도록 이끌지 않았다.

셋째, 만약 펑크가 상상하는 것과 비슷한 방법으로 예수 전승이 도용되고 말살되었다면, 역사적 예수 연구의 모든 분야는 쓸모없을 것이다. 이는 수소폭탄으로 완전히 파괴되어 재로 변한 도시의 거리 지도를 다시 만들려고 시도하는 일과 같을 것이다. 예수 전승이 전반적으로 믿을 만하다는 것은 역사적 예수 탐구에서 **필수 요소**다. 왜냐하면 만약 예수의 추종자들에 의한 예수에 대한 사실적인 기억이 전혀 없다면, 모든 시도는 무효가 되며 역사적 예수 탐구는 무의미할 것이기 때문이다. 이는 마치 미국의 백인우월주의 극우 단체인 KKK 집회가 열리는 곳에서 레게 밴드의 공연을 보려고 입장권을 예매하는 일과 같다.[28]

Guide, trans. John Bowden (Minneapolis: Fortress, 1998), 106-108; Mark Goodacre, "Scripturalization in Mark's Crucifixion Narrative," in *The Trial and Death of Jesus: Essays on the Passion Narrative in Mark*, ed. G. van Oyen and T. Shepherd (Leuven: Peeters, 2006), 33-47; 반대 입장: Crossan, *Historical Jesus*, 372; idem, *The Birth of Christianity: Discovering What Happened in the Years Immediately after the Execution of Jesus* (San Francisco: HarperCollins, 1998), 521.

27) 참조. Anthony Le Donne, *The Historiographical Jesus: Memory, Typology, and the Son of David* (Waco: Baylor University Press, 2009), 특히 52-64.

28) 참조. Seán Freyne, *Jesus, A Jewish Galilean: A New Reading of the Jesus-Story* (London: Continuum, 2005), 4: "우리는 예수의 초기 추종자들이 그에 대한 기쁜 소식을 전파하기 시작할 때 그들이 예수라는 역사적인 인물에게 상당한 관심을 기울이고 그를 기억했다는 것을 받아들이든지, 아니면 역사적 예수에 대한 탐구 과정 전체를 포기해야 한다." Dale C. Allison, "The Historians' Jesus and the Church," in *Seeking the Identity of Jesus: A Pilgrimage*, ed. Beverly R. Gaventa and Richard B. Hays (Grand Rapids: Eerdmans,

넷째, 펑크는 전승의 전달 과정에 대한 유비로서 파티에서의 농담과 외계인이 불시착했다는 도시의 신화를 언급한다. 하지만 이것은 단지 외형상 비슷해 보일 뿐이다. 누가 이 두 가지 예가 예수 전승의 전달 과정과 비슷하다고 실제로 생각하겠는가? 최초의 그리스도인들은 펑크가 상상하는 것보다 예수의 말씀이 지닌 무게와 권위에 훨씬 더 애착을 가졌던 것 같다. 예수의 말씀은 무게를 지니고 있었으며, 종말론적인 열정으로 가득했다. 그의 말씀은 설교나 가르침을 통해 주어졌다. 그리고 그의 말씀은 "이 예수가 과연 누구였는가?"라고 질문하던 교회들에게 충분히 전달되었다.

공식적인 통제

초기 교회의 구전에 대한 또 다른 접근 방법은 일단의 학자 그룹에서 나왔다. 이 학자들은 제자들이 스승의 가르침을 암기하는 랍비의 수업 모델에 따른 전승의 고성을 지지했다.[29] 랍비들은 자신의 가르침을 재생산

2008), 84-85: "그들[복음서 저자들]은 예수가 부활하기 이전의 사건을 보존하려는 경향을 지니고 있거나, 아니면 그렇지 않을 것이다. 첫 번째 경우라면, 우리에게는 무엇인가 성취할 가능성이 있다. 그러나 두 번째 경우라면, 예수에 대한 우리의 탐구는 의미가 없을 것이며, 아무것도 모르겠다고 두 손을 드는 것을 숙고해야 할 것이다. 만약 예수 전승이 전반적인 측면에서 심각하게 잘못된 방향으로 이끈다면, 우리는 그 전승의 세부 내용을 거의 중시할 수 없을 것이다." Sanders, *Historical Figure of Jesus*, 193: "복음서 저자들은 사료를 함부로 지어낸 것이 아니다. 그들은 그것을 발전시켰고, 거기에 형태를 부여했으며, 자신들이 원하는 방향으로 이를 이끌어갔다."

29) Harald Riesenfeld, *The Gospel Tradition* (Oxford: Blackwell, 1970); Birger Gerhardsson, *Memory and Manuscript: Oral Tradition and Written Transmission in Rabbinic Judaism and Early Christianity: With Tradition and Transmission in Early Christianity* (Grand Rapids: Eerdmans, 1998); idem, *The Origins of the Gospel Traditions* (Philadelphia: Fortress, 1979); idem, *The Gospel Tradition* (Lund: Gleerup,

하는 데 세심한 관심을 갖고 가르쳤으며, 또한 제자들이 자신의 가르침을 암기하기를 기대했다.[30] 랍비 엘리에제르 벤 히르카누스(Eliezer ben Hyrcanus)는 다음과 같이 선언했다. "한평생 나는 내 스승들에게서 들은 것 외에 어떤 것도 결코 말하지 않았다."[31] 정확한 기억은 다음과 같이 말할 정도로 소중하게 여겨졌다. "그의 미쉬나 가운데 한 가지 말씀이라도 잊어버리는 사람이 있다면, 성서는 그를 자신의 영혼을 잃어버린 자로 간주한다."[32] 전수받은 내용으로부터 벗어나는 일을 최소화하기 위해, 특별한 암기 방법과 다른 통제 방법들이 사용되었다. 랍비식 교육 체계와 예수 전승의 전달 과정을 비교하는 작업은 19세기 초의 독일 신학

1986); idem, "The Path of the Gospel Tradition," in *The Gospels and the Gospel*, ed. P. Stuhlmacher (Grand Rapids: Eerdmans, 1991), 75-96; idem, *The Reliability of the Gospel Tradition* (Peabody: Hendrickson, 2001); Rainer Riesner, *Jesus als Lehrer. Eine Untersuchung zum Ursprung der Evangelien-Überlieferung* (WUNT 2.7; Tübingen: Mohr, 1981); idem, "Jesus as Preacher and Teacher," in *Jesus and the Oral Gospel Tradition*, ed. H. Wansbrough (JSNTSup 64; Sheffield: Sheffield Academic, 1990), 185-210; idem, "From Messianic Teacher to the Gospels of Jesus Christ," in *HSHJ*, ed. T. Holmén and S. E. Porter (Leiden: Brill, 2011), 1.405-406; Samuel Byrskog, *Jesus the Only Teacher: Didactic Authority and Transmission in Ancient Israel, Ancient Judaism and the Matthean Community* (CBNT 24; Stockholm: Almquist & Wiksell, 1994). 참조. Peter H. Davids, "The Gospels and the Jewish Tradition: Twenty Years after Gerhardsson," in *Gospel Perspectives 1: Studies of History and Tradition in the Four Gospels*, ed. R. T. France and D. Wenham (Sheffield: JSOT, 1983), 75-99; Ben F. Meyer, "Some Consequences of Birger Gerhardsson's Account of the Origins of the Gospel Tradition," in *Jesus and the Oral Gospel Tradition*, ed. Wansbrough, 424-440; Paul Barnett, *Jesus and the Logic of History* (NSBT 3; Leicester: Apollos, 1997), 138-144; idem, *Finding the Historical Christ* (Grand Rapids: Eerdmans, 2009), 99-103.

30) *m. 'Aboth* 1.2-12; *Sipre Deut* 48.1.1-4.
31) *b. Sukkoth* 28a.
32) *Pirqe 'Aboth* 3.9.

자 기젤러(J. K. L. Gieseler)까지 거슬러 올라간다.³³⁾ 유럽 대륙의 몇몇 학자, 특별히 스칸디나비아 출신의 학자들은 랍비식 교육 모델을 이용해서, 어떻게 예수 전승이 전달되었는지 설명하려고 시도했다. 하랄드 리젠펠트(Harald Riesenfeld)의 견해에 따르면, 예수의 가르침은 "거룩한 말씀"이었으며, 유대교의 구전이 나중에 미쉬나에 집대성된 것과 상당히 비슷하게, 그 말씀은 "엄격히 통제되는 전달 과정"을 통해 전해졌다. 예수 전승은 "특별한 사람들에게 맡겨졌기" 때문에, 그것은 "확고하게 세워진 법칙에 의해 통제되었다."³⁴⁾ 리젠펠트는 사실상 전승이 점차적으로 정교하게 가다듬어졌다는 점을 시인한다. 하지만 그는 다음과 같이 추측한다. "개요(outlines), 즉 예수의 말씀과 행위 전승의 적절한 종류의 시작이 거룩한 말씀으로서 암기되고 낭독되었다는 점, 바로 이것이 핵심이다. 우리는 이 개요를 자신의 제자들과의 관계 안에 있던 선생으로서 예수의 활동에 이르기까지 거슬러 올라가 추적해야 한다."³⁵⁾

리젠펠트의 제자인 비르예르 에르핫손은 예수 전승의 전달과 암기를 강조했던 랍비식 교육 방법의 이전 단계 사이의 상관관계를 더 정확하게 밝히고자 했다. 그는 암기가 랍비 교육과 헬레니즘 교육에서 한 가지 보편적 특징이었다고 주장한다. 곧 "일반적으로 말씀과 지식의 세부 항목은 암기해야 했다. 우리가 아는 만큼, 우리는 그만큼 기억해야 한다(*tantum*

---

33) Riesner, "Messianic Teacher," 409-410. Martin Dibelius의 *From Tradition to Gospel* (New York: Scribner, 1965), 39도 참조하라. 다음과 같이 주장하는 Dibelius도 랍비식 모델과 예수 전승의 전달 과정 사이에 진정한 유사점이 있다고 이해했다. 곧 "랍비 교육을 받은 유대인들은 이처럼 텍스트를 암기해서 인용할 수 있을 정도로 충분한 암기 실습을 했다."
34) Riesenfeld, *Gospel Tradition*, 15-16, 19.
35) Riesenfeld, *Gospel Tradition*, 26.

scimus, quantum memoria tenemus)!"[36] 랍비 교육에서 암기는 이해에 앞선다.[37] 반복, 압축과 암기 기술의 사용은 모두 교육용 도구 상자에 들어 있었다.[38] 나아가 에르핫손은 다음과 같이 주장한다. 곧 만약 예수가 랍비처럼 가르쳤다면, "그는 반드시 자기의 제자들이 말씀을 암기하게 했을 것이다. 만약 그가 가르쳤다면, 그는 반드시 자기의 제자들에게 암기하도록 요구했을 것이다."[39]

랍비식 교육 방법이 예수 전승의 전달 과정에 대한 모델을 제공한다고 보고 양자 간에 평행 관계를 설정하는 입장은 심각한 비판을 불러일으켰다.[40] 첫째, 마르틴 헹엘은 예수가 제자들을 제자도로 부른 일에도 랍비-제자 모델이 투사될 수 없다고 주장했다. 예수의 리더십 방식은 랍비나 서기관의 방식보다 오히려 카리스마적인 예언자의 방식에 방향이 맞추어져 있다는 것이다.[41] 사실상, 복음서 저자들은 예수가 유대교의 서

---

36) Gerhardsson, *Memory and Manuscript*, 123-124.
37) Gerhardsson, *Memory and Manuscript*, 126-127.
38) Gerhardsson, *Memory and Manuscript*, 136-170; idem, *Tradition and Transmission*, 17; idem, *Origins of the Gospel Tradition*, 19-20.
39) Gerhardsson, *Memory and Manuscript*, 328; idem, "Path of the Gospel Tradition," 85.
40) Morton Smith, "A Comparison of Early Christian and Early Rabbinic Tradition," *JBL* 82 (1963): 169-176; W. D. Davies, "Reflections on a Scandinavian Approach to the 'Gospel Tradition,'" in *Neotestamentica et patristica. Eine Freundesgabe, Herrn Professor Dr. Oscar Cullmann zu seinem 60. Geburtstag uberreicht* (NovTSup 6; Leiden: Brill, 1962), 14-34; Jacob Neusner, "The Rabbinic Traditions about the Pharisees before A.D. 70: The Problem of Oral Transmission," in *The Origins of Judaism, Volume II: The Pharisees and Other Sects* (New York: Garland, 1990), 160-162; Sanders, *Jesus and Judaism*, 15; Sanders and Davies, *Studying the Synoptic Gospels*, 129-132; Henaut, *Oral Traditions and the Gospels*, 41 53; Kelber, *Oral and Written Gospel*, 8-14, 17.
41) Martin Hengel, *The Charismatic Leader and His Followers*, trans. J. C. G. Greig

기관과 같이 가르치지 않았다고 알려준다(막 1:22/마 7:29).[42] 둘째, 엄격하고 공적으로 통제된 전승은 예수 전승에 나타난 광범위한 다양성을 적합하게 설명해주지 않는다. 에르핫손과 그의 동료들은 이런 비난을 알고 있다. 하지만 이런 다양성이 사도들의 편집이나 다양한 학파로부터 파생되었다고 보는 그들의 설명은 전적으로 설득력 있지 않다. 예수 전승의 형성 과정에서 창의성이 작용했다는 것은 여전히 사실인 것이다.[43] 셋째, 이런 체계적인 암기가 발생한 실제 배경을 증명해주는 것이 거의 없다.[44] 리젠펠트는 바울이 아라비아 사막에서 삼 년을 보낸 것은 예수 전승을 암기하는 데 몰두하기 위해서라고 주장했다. 하지만 그의 주장은 지나친 것처럼 여겨진다.[45] 예수의 집에 대한 언급이 예수가 가르치는 그 자신의 학교를 가리킨다는 리스너(Riesner)의 제안에 대해서도 똑같은 내용을 말할 수 있다(막 2:1; 3:20; 9:33).[46] 뷔쉬코그는 선생으로서의 예수에게 초점을 맞추었고 예수의 가르침을 신앙 공동체의 삶에 적용했던 마태 학파를 가정한다. 그래서 결과적으로 예수 전승은 주의 깊게 통제를 받으며 전달되었을 것이라고 추측한다. 하지만 마태 학파가 존재했음을 당연

(Edinburgh: Clark, 1981), 42-57; C. K. Barrett, *Jesus and the Gospel Tradition* (London: SPCK, 1967), 9-10.

42) Smith, "Comparison," 172.

43) 참조. Gerhardsson, *Memory and Manuscript*, 334-335; idem, *Tradition and Transmission*, 37-40; idem, "Pass of the Gospel Tradition," 78-79; idem, *Reliability*, 54; E. Earle Ellis, "The Synoptic Gospels and History," in *Authenticating the Activities of Jesus*, ed. B. D. Chilton and C. A. Evans (NTTS 28; Leiden: Brill, 1999), 56; Dunn, *Jesus Remembered*, 198.

44) Barrett, *Jesus and the Gospel Tradition*, 9-10; Sanders and Davies, *Studying the Synoptic Gospels*, 142.

45) Riesenfeld, *Gospel Tradition*, 17-18.

46) Riesner, *Jesus als Lehrer*, 33-39.

한 것으로 받아들일 수는 없을 것 같다.⁴⁷⁾ 예수가 사람들을 가르치는 사역을 하는 동안 십중팔구 그 내용을 암기하는 일이 이미 나타났을 것이다. 그러나 예수의 사역이 가진 긴박한 성격은, 다음과 같은 지점을 보여준다. 즉 다른 마을들도 하나님 나라에 대한 복음을 절박하게 들어야 할 그때에, 백과사전적인 지식을 체계적으로 전파하기 위해 허비할 시간은 전혀 없었다는 것이다.⁴⁸⁾ 넷째, 예수의 부활 사건 이후에 사도들이 **신학교**(collegium)를 형성했고, 그 이후로 예수 전승을 통제했다는 견해는 분명히 논쟁의 여지가 있다. 왜냐하면 사도들이 어느 곳에나 존재했던 것은 아니며, 그들의 권위는 종종 도전받았기 때문이다.⁴⁹⁾

그럼에도 불구하고 예수 전승에 대한 이런 관점은 다소 성급하게 거부되었다. 많은 학자들은 기원후 135년 이후의 랍비 교육과 관련된 관점을 70년 이전의 시대로 되돌려서 적용했다고 주장하면서, 에르핫손을 부당하게 비판했다.⁵⁰⁾ 에르핫손은 자신이 연구 결과를 제시하고 저술했던

---

47) Byrskog, *Jesus the Only Teacher*, 235, 329, 401.
48) Crossan, *Historical Jesus*, xxxi: "예수는 자기 뒤에 암기자가 아니라 사상가를, 반복해서 암송하는 사람이 아니라 제자를, 앵무새가 아니라 인간을 남겨놓았다."
49) Gerhardsson, *Memory and Manuscript*, 214-215, 329-333; idem, *Tradition and Transmission*, 35-36; 참조. Davies, "Reflections on a Scandinavian Approach," 25-27; Davies, "Gospels and Jewish Tradition," 87-88; Kelber, *Oral and Written Gospel*, 17.
50) 참조. Smith, "Comparison of Early Christian and Early Rabbinic Tradition," Gerhardsson의 이론이 시대착오적이라는 Smith의 공격은 (불행하게도) 상당히 많은 영향을 미쳐왔다. 비슷한 견해를 제시하는 것으로서 다음 논문도 참조하라. Shemaryahu Talmon, "Oral Tradition and Written Transmission, or the Heard and Seen Word in Judaism of the Second Temple Period," *Jesus and the Oral Gospel Tradition*, ed. Wansbrough, 132-133; Davies, "Gospels and the Jewish Tradition," 76-81. 하지만 Neusner가 1998년에 간행된 *Memory and Manuscript* 서문 xxv-xlvi에서 Smith를 신랄하게 비판하는 것뿐만 아니라, *Memory and Manuscript*에 대한 그의 처음 서평에서 Gerhardsson을 오해한 것을 사과하며 유감을 나타낸 사실을 참고하라. 다음과 같은 Neusner의 주장은 오해가 아니다. 만약 "랍비 문헌뿐만 아니라 복음서를 동시에 현상의 모델로 본다면, 우리는 자료를 있

당시에는 랍비 전승이 얼마나 오래전까지 거슬러 올라가는지에 대해 보다 낙관적인 견해가 있었다고 인정한다. 비록 그렇다고 하더라도, 그는 랍비들과 관련된 완숙한 형태의 전달 방법이 예루살렘 파괴(135년)나 심지어 성전 파괴(70년)보다 더 이른 시기까지 거슬러 올라가지는 못한다고 주장한다. 그는 언제나 탄나임 랍비와 아모라임 랍비를 구별했다(이 두 부류의 랍비는 대략 기원후 200년 미쉬나가 편집되기 이전 시기의 랍비[탄나임]와 이후 시기의 랍비[아모라임]를 가리킨다). 그는 어떤 텍스트의 저자로 간주되던 한 랍비의 이름을 언급했다. 그리고 그는 랍비 아키바(Aqiba)를 변천의 시대에서 명확한 표시자로 이해했다.[51] 에르핫손의 강조점은 비록 70년과 135년 이후에 교육 방법은 개선되었지만, 랍비들의 교육 방법에서 본

는 그대로 받아들이며, 그 자료가 포함하고 예증하는 것을 평가하는 것이다"(xlvi). 또한 다음과 같이 동조하는 Bauckham(*Jesus and Eyewitnesses*, 250)의 말을 참조하라. 곧, 비록 Gerhardsson이 바리새파 유대교와 랍비 유대교 사이에 많은 연속성이 있다고 추측하지만, 심지어 그렇다고 하더라도 "랍비 유대교는 신약 시대보다 후대이기는 하지만 무엇인가를 밝혀주는 한 가지 평행 사례가 될 수 있을 것이다." Gerhardsson("Path of the Gospel Traditions," 85)은 다음과 같이 답변한다. "나는 결코 사각형으로 된 두 개의 블록을 그리고 나서, 하나는 랍비의 유대교를 묘사하고, 다른 하나는 초기 기독교를 묘사한다고 말하지 않았다. 나는 결코 이 두 개가 쌍둥이라고 말하지 않았다. 나는 결코 예수가 단지 랍비에 지나지 않는다고 말하지 않았다. 또한 나는 그가 후기의 탄나임(*Tannaim*) 유형에 속한 랍비였다고 말하지도 않았다. 나아가 나는 예수의 제자들이 예루살렘에 랍비 아카데미를 세웠다고 말하지도 않았다. 그리고 복음 전승은 미리 만들어진 것으로서, 예수가 그것을 제자들이 기억하도록 주입 교육을 시켰으며, 그들은 단지 그것을 반복해서 말하며 설명하기만 하면 되었다고 말하지 않았다." Gerhardsson의 이론에 대해 조심스럽지만 동정적으로 신술히는 다음 연구서를 참고하라. Dale C. Allison, *Constructing Jesus: Memory, Imagination, and History* (Grand Rapids: Baker, 2011), 26 n. 105. Gerhardsson의 연구를 긍정적으로 평가하는 또 다른 논문도 참조하라. Werner Kelber, "The Work of Birger Gerhardsson in Perspective," in *Jesus in Memory: Traditions in Oral and Scribal Perspective*, ed. W. Kelber and S. Byrskog (Waco: Baylor University Press, 2009), 173-206.

51) Gerhardsson, *Memory and Manuscript*, xii, 77-78; idem, *Tradition and Transmission*, 14; idem, "Path of the Gospel Tradition," 85.

질적인 요소는 보다 이른 시대까지 추적할 수 있다는 것이다.[52] 그는 "교육의 기본적인 요소"가 기원후 65-135년 사이의 혁명적인 기간에 중단되지 않았다고 주장한다. 랍비 아키바가 암기를 고안해낸 게 아니라는 것이다.[53]

에르핫손을 지지하면서, 우리는 랍비 시대 훨씬 이전부터 유대 교육에서 암기가 중요한 역할을 했다고 덧붙일 수 있다. 외경 「마카베오하」는 암기의 중요성에 대해 다음과 같이 분명하게 말한다. "우리는 이 책을 읽는 사람들에게 흥미를 주고 그 내용을 기억하려는 사람들에게 편의를 주어 모든 사람에게 유익한 책이 될 수 있도록 힘쓰겠다"(「마카베오하」 2:25 – 공동번역 개정). 요세푸스도 유대 교육의 일반적인 특징으로서 암기를 강조했다.[54] 그뿐 아니라 복음서(막 7:1-15/마 15:1-11), 바울(갈 1:14), 사도행전(6:14), 요세푸스(「유대 고대사」 13.297-298) 모두 바리새파가 진정으로 성서와 별도로 구전을 지니고 있었다고 증언해준다. 아마도 그 구전은 틀림없이 암기 형태로 전달되었을 것이다. 제이콥 뉴스너(Jacob Neusner)는 기원후 70년 이전의 랍비 자료에서 암기를 위한 몇 가지 구조를 지적했다.[55] 바리새파의 구전 가르침이 후대의 랍비 교육 방법과 충분할 만큼의 연속성을 지니고 있다는 에르핫손과 리스너의 주장은 분명히 옳다. 따라서 많은 학자들은 비록 랍비의 교육 방법이 135년 이후 시기에 속한다고 하더라도, 그것의 핵심 요소는 아마도 70년 이전부터 존재했을 것이라는 견해

---

52) Gerhardsson, *Memory and Manuscript*, 76-78; idem, *Tradition and Transmission*, 16-21.

53) Gerhardsson, *Tradition and Transmission*, 14, 18; idem, "Path of the Gospel Tradition," 84-85.

54) Josephus, *Life* 8; *Against Apion* 1.60; 2.171-173, 204.

55) Neusner, "Rabbinic Traditions about the Pharisees before A.D. 70," 155-156.

를 진지하게 취급한다.[56]

초기 교회가 전승 자료의 공식적인 전달을 실행했다는 명백한 증거가 있다. 바울의 편지에는 이 점이 적지 않게 나타난다. 여기서 "공식적"이라는 용어는 다른 사람들에게 전승을 믿을 만하게 전달하려고 신중하게 노력했음을 의미한다.[57] 전승 자료를 주고받는 것을 가리킬 때, 신약성서와 초기 기독교 문헌은 랍비 문헌에서 나타나는 것과 같은 용어를 사용한다. 전달을 의미하는 "전승"(παράδοσις)과 다른 사람들에게 특별한 가르침을 "건네주다"(παραδίδωμι)와 그것을 "받다"(παραλαμβάνω)를 나타내는 언급은 랍비 문헌에서 사용된 용어인 마사르(מסר)와 카발(קבל)에 상응한다. 이 히브리어 단어들은 랍비들이 제자들에게 가르침을 전달하는 과정을 묘사하는 데 사용되었다.[58] 이것은 적어도 초기 기독교와 랍비 유대교 안에서

---

[56] Davids, "Gospels and Jewish Tradition"; W. D. Davies, *The Setting of the Sermon on the Mount* (Cambridge: Cambridge University Press, 1964), 464-480; idem, "Reflections on a Scandinavian Approach," 10, 33-34; Sanders, *Jesus and Judaism*, 14-15; Philips S. Alexander, "Orality in Pharisaic-Rabbinic Judaism at the Turn of the Eras," in *Jesus and the Oral Gospel Tradition*, ed. Wansbrough, 159-184.

[57] 참조. Bauckham, *Jesus and the Eyewitnesses*, 264.

[58] παραδίδωμι: 막 7:13(장로들의 유전[전승]); 눅 1:2; 「바나바서」 19:11(예수 전승); 행 6:14(바리새파와 구전); 롬 6:17(가르침의 본[本]); 고전 11:2, 23(주의 만찬); 15:3-4(부활에 대한 설명); 벧후 2:21(거룩한 명령); 유 3절(기독교의 가르침); 참조. BDAG, 762-763. παράδοσις: 마 15:2, 3, 6; 막 7:3, 5, 8, 9, 13(장로들의 전승[유전]); 고전 11:2(주의 만찬); 갈 1:14(조상의 전승[전통]); 골 2:8(사람[들]의 전승[선통]); 살후 2:15; 3:6(그리스도인들에게 기르친 전승). παραλαμβάνω: 막 7:4(장로들이 전승); 고전 11:23(주의 만찬); 고전 15:1-3(부활에 대한 설명); 빌 4:9(바울의 가르침); 살전 2:13(하나님의 말씀); 살전 4:1-2(기독교의 가르침); 살후 3:6(바울이 전해준 전승); 「디다케」 4.13(주의 계명). 또한 막 7:13과 고전 11:2에서 παραδίδωμι와 παράδοσις가 함께 나타나는 데 주목하라. 그리고 살후 3:6; 고전 11:23; 15:3에서 παραδίδωμι/παράδοσις와 παραλαμβάνω가 함께 사용되는 데 주목하라. 또한 참조. Riesenfeld, *Gospel Tradition*, 16; Gerhardsson, *Memory and Manuscript*, 290-291; idem, *Tradition and Transmission*, 7; BDAG, 763; Jaffee, *Torah in the Mouth*, 73-75.

이루어진 전승의 전달 사이에 한 가지 중요한 접촉점을 제공해준다.[59]

전승 전달의 이런 과정이 예수의 추종자들 사이에서 정확히 예수의 부활 사건 이후에 일어났다고 생각할 이유는 전혀 없다. 복음서에서 사람들이 예수에게 인사할 때 가장 자주 사용하는 용어는 "랍비"(ῥαββί)다. 비록 예수가 이 범주를 초월하며, 다른 지도자의 모델(즉 현자, 치유자, 예언자, 교사 등)에도 부분적으로 어울리기는 하지만, 그 용어는 여전히 예수의 가르치는 사역을 묘사하는 데 적합하다.[60] 랍비로서 예수는 자기 제자들을 가르쳤다. 또한 예수는 제자들이 자기에게서 배운 것을 익히기를 기대했다. 또한 복음서는 예수가 자기의 생애 동안 제자들을 시켜서 자신의 가르침을 다른 사람들에게 전달하게 했다고 확인해준다(막 6:7-13; 눅 9:1-6; 10:1-16; 마 9:36-10:15). 이것을 위해 예수의 가장 가까운 추종자들은 그의 가르침을 기억하고 반복해서 말해야 했을 것이다.[61] 예수 전승은 가장 기본적으로 랍비 학교가 아니라, 바로 예수 자신이 조직한 "선교 캠페인"을 통해 시작되었다.[62]

가르침을 위한 도구로서 암기는 2세기나 3세기의 랍비들의 교육 관습에만 국한되지 않는다. 그것은 고대 그리스-로마 세계에서도 잘 알려

---

59) 참조. Ben Witherington, *The Christology of Jesus* (Minneapolis: Fortress, 1990), 12; Paul W. Barnett, *Jesus and the Logic of History* (NSBT 3; Leicester: Apollos, 1997), 142-144.

60) 참조. Günther Bornkamm, *Jesus of Nazareth,* trans. Irene McLuskey, Fraser McLuskey, and James M. Robinson (London: Hodder & Stoughton, 1973), 57, 83, 96-97; Bruce D. Chilton, *Profiles of a Rabbi* (Atlanta: Scholars, 1989); idem, *Rabbi Jesus* (New York: Doubleday, 2000).

61) Davids, "Gospels and Jewish Tradition," 84; Riesner, *Jesus als Lehrer,* 453-475; idem, "Messianic Teacher," 422-423; Allison, *Constructing Jesus,* 25-26.

62) Gerd Theissen, *The New Testament: A Literary History,* trans. L. M. Maloney (Minneapolis: Fortress, 2012), 23, 25.

져 있었다.[63] 고대 그리스 문화에서, 직업적인 음유 시인들은 호메로스(Homer)의 모든 작품을 암기할 수 있었다.[64] 수사학을 배우는 학생들은 종종 유명한 연설을 암기했다.[65] 소(小)플리니우스(Pliny the Younger)는 자신의 즉흥적인 연설을 똑같이 반복해서 말할 수 있었던 웅변가들을 칭찬했다.[66] 연설을 암기한다는 것은 이를 정확히 반복한다는 것을 의미했지만, 암기로 배운 연설은 수정되거나 확대될 수도 있었다.[67] 철학 학교에서 한 교사의 제자들은 스승의 가르침을 보존하기 위해 그의 연설과 말씀의 모든 내용을 빠뜨리지 않고 공동으로 기억할 수 있었다.[68] 어린아이와 어른들은 반복을 통해 크레이아(*chreia*: 어떤 유명한 인물에 대한 간결하고 유용한 일화—역주)들을 암기했다.[69] 이와 같이 암기에 의한 교육과 관련해서, 랍비 문헌과 고대 그리스-로마 문헌의 증거 사이에 중대한 차이점이

---

63) Libanius(*Autobiography* 11)는 다음과 같이 말한다. "나는 뛰어난 문장력으로 가장 유명한 사람들의 작품을 암기하는 데 몰두했다. 그러자 이 삶의 방식을 추구하고자 하는 강한 열망이 나를 엄습했다." 비슷한 주장으로 Plato, *Euthydemos* 276D를 참조하라. 또한 Horace, *Ep.* 1.18.12-14; Quintilian, *Inst.* 1.3.1; 2.4.15; 11.2.1-51; Seneca, *Controversiae* 1. pref. 2; Plutarch, *De Liberis Educandis* 13; Philo, *De Vita Mosis* 1.48; Xenophon, *Symposium* 3.5-6; Diogenes Laertius, *Vitae* 10.1.12. 또한 참조. Gerhardsson, *Memory and Manuscript*, 123-126; Riesner, *Jesus als Lehrer*, 440-443; Craig S. Keener, *A Commentary on the Gospel of Matthew* (Grand Rapids: Eerdmans, 1999), 28; idem, *The Gospel of John: A Commentary* (2 vols.; Peabody: Hendrickson, 2004), 1:57-62; idem, *The Historical Jesus of the Gospels* (Grand Rapids: Eerdmans, 2009), 145-148; Bauckham, *Jesus and the Eyewitnesses*, 280-287.

64) Xenophon, *Symposium* 3.5-6.
65) Eunapius, *Vitae Sophistarum* 2.8; Cicero, *De Inventione* 1.9; Quintilian, *Inst.* 11.2.1-51.
66) Pliny, *Ep.* 2.3.3.
67) Seneca, *Ep.* 33.4.
68) Philostratus, *Vitae Sophistarum* 1.22.524.
69) Dio Chrysostom, *Orationes* 72.11; Seneca, *Ep.* 33.7.

나 불연속성은 전혀 없다.[70] 이 모든 것은 암기로 배우는 것이 고대의 교육에서 일부분을 차지했음을 의미한다. 암기는 의심할 여지 없이 선택적이며 불완전하다. 하지만 리스너(Riesner)는 다음과 같이 올바로 지적한다. "그럼에도 불구하고 예수의 어록 중에서 원래의 표현을 어느 정도 재구성하려고 시도하는 모든 학자는 구술 전달 과정에서 틀림없이 암기에 의해 배우는 것이 부분적으로 있었다고 암암리에 시인한다."[71]

얀 반시나(Jan Vansina)에 의하면, 오랜 세월에 걸쳐서 구전이 믿을 만하게 전달되는 데 필수적인 조건은 다음과 같다. (1) 고정된 전달자들의 존재. (2) 전승을 확실하게 전달하는 데 도움을 주는 암기 기술의 사용.[72] 예수의 말씀에 대한 기억과 스승의 가르침을 암기하는 고대 학생의 방법은 해당 전승의 인증자로서 목격자 및 교사들과 결합되어, 우리에게 이 두 가지 조건을 제공해주는 것 같다. 기억에는 오류가 전혀 없는 것이 아니며, 기억이 상당 부분 현재의 경험에 기초해서 **구성된다**는 것은 오늘날 인정된다. 또한 기억은 무엇인가 특이하거나 생생한 것을 기억하고, 해당 사건과 정서적으로 관련되어 있으며, 세부 내용에 대한 개요를 보존하고 있는 주체에 의해 **제약될** 수 있음도 인정된다. 그리고 기억은 회상의 빈도수에 따라 깊이 새겨진 기억에 의해, 또한 해당 사건을 기억하고 있는 사람들과 상호 작용을 통해 입증된 기억에 의해 **제약될** 수 있다.[73] 나는 스칸디나비아 학자들의 접근 방법이 전승의 다양성과 그것이 종종 전달된 다소 "비공식적인" 방법을 잘 설명해주는 능력을 지니고 있다고 생

---

70) Keener, *Historical Jesus*, 150.
71) Riesner, "Jesus as Preacher and Teacher," 203.
72) Jan Vansina, *Oral Tradition as History* (Madison: University of Wisconsin Press, 1985), 31.
73) 참조. Bauckham, *Jesus and the Eyewitnesses*, 330-335, 341-346.

각하지 않는다. 그럼에도 불구하고, 그 접근 방법은 유대 사회의 맥락에서 예수 전승의 윤곽과 내용을 설명해주는 데 진정으로 쓸모가 있다. 그래서 게르트 타이센은 다음과 같이 주장한다. "랍비의 가르침과 관련된 전달 방법을 초기 교회에 직접적으로 전가하는 데 대해 유보 조건을 제시해야 함에도 불구하고, 우리는 여기서 기독교의 가장 초기 단계에서 전승의 전달 과정과 관련하여 역사적인 유비가 있음을 인정해야 한다."[74]

구술성과 텍스트성 사이에서

워너 켈버는 예수 전승 연구를 위해 민간 전승과 인류학 연구의 관련성을 입증하려고 시도했다. 그는 구술 의사소통과 문서 의사소통 사이에 근본적인 차이점이 있다고 주장한다. 기록된 텍스트에서는 저자가 의사소통 행위에 대해 독점적인 주도권을 행사한다.[75] 하지만 기록된 텍스트와 상당히 다르게, 구술/청각 전달에서는 말하는 사람과 듣는 사람 사이에 "구술의 종합"이라는 결과가 빚어진다.[76] 구전에서 청중은 입으로 말하는 행

---

[74] Gerd Theissen, *The Gospels in Context: Social and Political History in the Synoptic Tradition*, trans. Linda M. Maloney (Minneapolis: Fortress, 1991), 3 n. 3. 참조. Alexander, "Orality in Pharisaic-Rabbinic Judaism," 184: "어떻게 초기 기독교가 자신의 전승을 정교하게 만들고 전달했는지 조명하는 데 랍비 교육과 관련된 모델이 특별히 적합할 가능성이 있다. 후대의 랍비 학교와 신약성서를 서로 비교하는 것은 아마도 더욱 타당성이 있을 것이다. 왜냐하면…광범위한 측면에서 말하자면, 랍비 학교는 나른 것과 명백하게 다른 제노가 아니기 때문이다. 랍비 학교는 중동 지역과 지중해 전역에 광범위하게 퍼져 있던 한 가지 문화 현상의 실례인 것이다. 그것은 기독교가 생겨나기에 앞서 확립된 하나의 현상이다." 또한 참조. Kelber, "Work of Birger Gerhardsson," 177: Gerhardsson은 "전승 과정의 역사적인 구체성과 전승을 주고받는 데 작용했던 실제적인 방법을 입증하는 데 적합하고 설명에 도움이 되는 모델을 제시했다."

[75] Kelber, *Oral and the Written Gospel*, 14-15.
[76] Kelber, *Oral and the Written Gospel*, 19.

위에 영향을 미치며, 그것을 통해 메시지의 구성에 참여한다. 이 사회적 과정은 불트만의 견해와 반대되는 것으로서, 예수 구전이 그가 활동하던 시기에 시작되었고, 엄밀히 말해서 예수의 부활 사건 이후에 나타난 현상이 아님을 의미한다.[77] 대조적으로 에르핫손에 반대해서, 켈버는 "구술 전달은 문자 그대로 암기하는 기술에 의해서라기보다는 오히려 **사회적 동일시의 법칙에 의해 통제된다**"라고 주장한다.[78] 켈버가 이론화하는 구두 전달은 정형화된 안정성과 구성의 다양성을 모두 포함한다.

하지만 켈버의 우선적인 관심은 구술 연행과 기록된 텍스트의 특성 사이에 뚜렷한 괴리가 있다는 점을 지지하는 것이다. 여기에 기초해서, 그는 의사소통의 두 가지 형태를 위한 서로 다른 종류의 해석학을 제안한다. 그는 "기록된 복음이라는 장르 자체가 이전에 존재하던 전승에 대해 근본적인 대안을 제공하려는 의도와 연결될 수 있다"고 주장한다.[79]

켈버의 견해를 비판하면서, 많은 학자들은 켈버가 구술 전달의 수단과 기록 전달의 수단 사이에 지나치게 커다란 간격을 만들어놓았다고 반박했다.[80] 만약 이 두 가지 수단이 그 정도로 양립될 수 없다면, 왜 그리고 어떻게 마가가 자신의 복음서 텍스트 안에 구술적 의사소통의 특징을 남

---

[77] Kelber, *Oral and the Written Gospel*, 20-21.
[78] Kelber, *Oral and the Written Gospel*, 24, 21(Kelber 강조).
[79] Kelber, *Oral and the Written Gospel*, xvii.
[80] Gerhardsson, *Gospel Tradition*, 113-143; Henaut, *Oral Tradition and the Gospels*, 73; Dunn, *Jesus Remembered*, 202-203. 또한 참조. John Halverson, "Oral and Written Gospel: A Critique of Werner Kelber," *NTS* 40 (1994): 180-195; L. W. Hurtado, "Greco-Roman Textuality and the Gospel of Mark: A Critical Assessment of Werner Kelber's *The Oral and the Written Gospel*," *BBR* 7 (1997): 91-106. Gamble, *Books and Readers*, 30: "구전 양식과 기록 양식을 강하게 구별하는 것은 시대에 어울리지 않는 일로, 텍스트가 고정되어 있다는 현대적인 개념과 오늘날의 독서 습관을 전제하는 것이다."

겨놓았는지 질문해야 한다. 또한 우리는 복음서 저자들이 구술 양식으로 자신의 이야기를 기록했다는 인상을 받는다. 예수 전승을 텍스트로 옮기는 데 마가복음이 얼마나 중대한지와 상관없이, 우리는 마가복음의 저술이 예수 전승을 구술로 연행하는 것을 정지 상태에 이르게 했다거나, 마가복음의 등장이 필연적으로 예수 전승을 길들이고 얼어붙게 했다고 추측해서는 안 된다. 마가복음을 마태복음, 누가복음, 요한복음과 비교해보면, 그렇게 추측해서는 안 된다는 것이 곧 드러난다. 구술 전달과 텍스트 전달을 둘로 나누는 일 역시 불필요하다. 왜냐하면 주어진 페리코프와 로기온은 그것의 전달 및 보존의 여러 과정을 통해 다양한 단계에서 구술 양식과 기록 양식 사이를 오갔을 가능성이 있기 때문이다. 이 경우와 관련해서, 뷔쉬코그는 다음과 같이 말한다. "초기 기독교 안에서 순전히 구술성만을 지닌 것은 없다. 그 대신 구전의 다양한 '구술성'과 필사 관습 사이의 상호 작용이 있을 뿐이다."[81] 또한 민간 전승이나 호메로스풍의 음유 시인 및 사회·인류학적 연구를 예수 전승에 적용하는 문제가 남아 있다. 나아가 예수 전승의 출현 및 취급과 관련해서 보다 적절한 평행을 이루는 요소는 제2성전기 유대교 자료와 고대 그리스-로마의 자료에서 발견된다.[82]

---

[81] Samuel Byrskog, "A New Perspective on the Jesus Tradition: Reflections on James D. G. Dunn's *Jesus Remembered*," in *Memories of Jesus. A Critical Appraisal of James D. G. Dunn's* Jesus Remembered, ed. R. B. Stewart and G. R. Habermas (Nashville: Broadman & Holman, 2010), 75.

[82] Talmon, "Oral Tradition and Written Transmission," 121-158; Alexander, "Orality in Pharisaic-Rabbinic Judaism," 159-184; David E. Aune, "Prolegomena to the Study of Oral Tradition in the Hellenistic World," in *Jesus and the Oral Gospel Tradition*, ed. Wansbrough, 59-106.

비공식적으로 통제된 구전

1990년대 중반에 케네스 베일리(Kenneth Bailey)는 전승의 전달 과정에 대한 대안 이론을 제안함으로써 해당 논쟁에 기여했다.[83] 베일리는 전승의 철저한 케리그마화(비공식적으로 통제되지 않은 전승)에 대한 양식비평의 견해를 거부한다. 또한 그는 랍비의 교육 방법과 연결하는 스칸디나비아 학자들의 견해(공식적으로 통제된 전승)도 받아들이지 않는다. 대신 베일리는 스스로 "비공식적으로 통제된 구전"(informal controlled oral tradition)이라고 이름 붙인 모델을 옹호한다.[84] 이 모델에 의하면, 전승은 비공식적으로 전달된다. 곧 이론적 차원에서는, 공동체에 속한 누구나 이야기와 말씀을 다시 말하는 데 참여할 수 있다는 것이다. 하지만 이런 전승 역시 통제를 받는다. 왜냐하면 공동체 전체가 전승을 소유하고 있기 때문이다. 이런 배경에서 전달된 자료의 유형에는 격언, 수수께끼, 시가(詩歌), 비유 및 마을의 역사에서 중요한 인물에 대한 이야기가 포함되어 있다. 그리고 전승 안에 다양한 정도의 유연성이 존재한다는 점도 고려해야 한다. 예를 들면, 시가(詩歌)나 격언에는 "아무런 유연성도 없지만" 비유나 역사적 인물에 대한 회고에는 "어느 정도의 유연성"이 있다. 비유나 인물에 대한 회고에서 이야기를 이어가는 "중심 줄거리"는 바뀔 수 없지만, 세부 사항에서는 약간의 유연성이 허용된다. 마지막으로 농담이나 대수롭지 않은 소

---

83) Kenneth E. Bailey, "Informal Controlled Oral Tradition and the Synoptic Gospels," *AJT* 5 (1991): 34-54; reprinted in *Themelios* 20 (1995): 4-11(모든 추가적인 언급은 *Themelios*에 기초함); idem, "Middle Eastern Oral Tradition and the Synoptic Gospels," *ExpT* 106 (1995): 363-367.
84) Bailey, "Informal Controlled Oral Tradition," 4; idem, "Middle Eastern Oral Tradition," 364.

식에서는 "전적인 유연성"이 허용된다. 왜냐하면 그것은 "공동체의 정체성과 상관이 없으며, 지혜롭거나 소중한 것으로 판단되지 않기" 때문이다.[85] 이 모델은 구술 전달이 "구조화되었지만 열려 있는" 배경 안에서 작용하고 있다는 외이빈 안데르센(Øivind Andersen)의 주장에 가깝다.[86] 베일리는 중동 지역에서 30년 동안 가르치며 그곳의 마을 생활을 잘 알고 있는 자신의 경험으로부터 (고대와 현대의) 광범위한 분야의 일화와 실질적인 예를 제시한다.

베일리는 자신의 모델을 공관복음서 연구에 적용하면서, 자신의 모델이 팔레스타인 지역에 위치한 마을에서 기원후 70년에 로마에 대항한 유대인들의 반란 시점까지 작동했다고 주장한다. 더욱이 공관복음서에 들어 있는 자료의 유형은 비공식적으로 통제된 구전에 의해 보존된 양식을 포함한다. 그중에는 격언, 비유, 시가(詩歌), 대화, 갈등 이야기 및 역사적 내러티브 등이 들어 있다. 베일리는 "중동 마을의 **비공식적이지만 통제된** 구전이 방법론적인 구조를 제공해줄 수 있으며, 그 구조 안에서 우리 앞에 놓여 있는 대부분의 자료를 인식하고 해석할 수 있다"라고 결론짓는다.[87]

그러나 다음에 열거하는 몇 가지 요소는 베일리의 논지에 불리한 것으로 여겨진다.[88] (1) 베일리가 소개하는 일화는 바로 현대의 마을 생활

---

85) Bailey, "Informal Controlled Oral Tradition," 7-8; idem, "Middle Eastern Oral Tradition," 366.
86) Øivind Andersen, "Oral Tradition," in *Jesus and the Oral Gospel Tradition*, ed. Wansbrough, 19.
87) Bailey, "Informal Controlled Oral Tradition," 10(Bailey 강조).
88) Bailey의 이론에 대한 가장 강력한 비판은 다음 논문에서 제기되었다. Theodore J. Weeden, "Kenneth Bailey's Theory of Oral Tradition: A Theory Contested by Its Evidence," *JSHJ* 7 (2009): 3-43. Weeden은 중동 마을의 생활에 대해 Bailey가 일화로 제기하는 증거가 정말로 "비공식적으로 통제된 구전"을 반영하는지 의문을 품는다. 왜냐하면 이 공

동체가 들려준 많은 이야기는 오래된 역사적인 사실을 보존하기 위해서가 아니라, 오히려 구전 사회의 사회적인 정체성에 타당성을 부여하기 위해 끊임없이 반복된 것이기 때문이다(33, 37). 또한 Weeden은 스코틀랜드에서 온 이집트 선교사 John Hogg의 생애에 대한 Bailey의 설명이 정확한지에 대해서도 의문을 제기한다. 그러면서 그는 구전에 대한 Bailey의 설명과 Hogg의 딸 Rena가 저술해서 발행한 전기 사이의 여러 가지 불일치가 오히려 "비공식적으로 통제되지 않은 구전"을 반영한다고 생각한다(20). 그리고 Weeden은 **하플라트 사마르**(haflat samar; 아랍어로 보존을 위한 모임을 의미함―역주)가 구전을 보존하기 위한 공식적인 배경이 아니라, 이야기를 말하면서 서로 즐거워하는 파티라고 주장하면서 Bailey의 이론에 이의를 제기한다(38-42). 결국 Weeden은 Bailey가 제시하는 일화가 비공식적으로 통제된 구전에 대해 사실상 "어떤 형식"을 지지해준다고 양보한다. 하지만 그는 구전에 대한 Bailey의 이론이 예수 전승의 전달 과정을 묘사하는 데 유용한 모델을 대표하는지에 대해서는 의심한다(42-43).

그에 대한 응답으로서, Weeden이 John Hogg에 대한 Bailey와 Rena Hogg의 기술 사이에 발견하는 차이점 중에서 몇 가지는 전승의 대규모 파손에 의해서가 아니라 Rena Hogg가 자신의 자료를 편집했다는 사실로 쉽게 설명할 수 있을 것이다. (예. John Hogg의 강도들이 "개종했는지" 아니면 그들이 "자신들의 잘못된 생활방식을 뉘우쳤는지" 또한 그가 설교하던 도중에 자신의 머리에 "오줌"을 부었는지, 아니면 "썩은 물"을 부었는지 등은 전승의 왜곡을 의미하지 않을 것이다!) 더 문제가 되는 것으로서, Weeden은 Rena Hogg가 보존한 원래의 판본이 있으며, 그 판본이 Bailey의 판본에 불리하게 작용한다고 추측하는 것 같다. Rena Hogg의 기록된 이야기에 특권을 부여하는 것과 별도로, Weeden은 똑같은 이야기의 반복으로서 세부 내용에서는 언제나 다소 변화가 있지만, 개요는 그대로 유지되는 구전의 특성을 제대로 파악하지 못한다. 구전은 똑같은 이야기에 대한 다양한 판본을 우리에게 제공한다. 그리고 Bailey는 이야기를 다시 말하는 것과 관련된 유연성과 불변성을 설명하려고 메커니즘에 대한 타당한 설명을 제시한다. 또한 자신의 아버지에 대한 이야기에 사실과 허구가 섞이기 시작했다는 Rena Hogg의 주장은 널리 알려진 소문에 적절한 감성을 불어넣고 독자들을 자기 이야기에 몰입하게 하는 후기 빅토리아 시대의 문학적인 수사 기교처럼 여겨진다. 나는 John Hogg의 생애와 관련된 세부 내용은 결코 전설과 같은 방향으로 진행되지 않는다는 것을 덧붙이고자 한다. 우리는 Rena Hogg의 이야기에서 몇 사람으로 이루어진 강도단이 강도들의 종족이 되는 것을 보지 못한다. 거기에는 기적적인 요소가 개입되지 않는다. 그리고 이집트의 개신교 공동체는 John Hogg에 대한 역사를 다시 쓸 필요성을 인식하지 않았다. 다시 말해서, 양식비평가들이 예수 전승에서 일어났다고 생각하는 모든 것이 John Hogg의 삶과 관련된 역사에서는 아무것도 일어나지 않았다.

하지만 Bailey가 소개하는 일화가 비공식적으로 통제된 구전에 대한 형식을 지지한다는 Weeden의 주장은 옳다. 그 형식은 Bailey가 시적한 것보다 더 많은 유연성과 다양성을 지니고 있을 것이다. 그렇지만 그 형식은 여전히 성격 묘사, 개요, 순서, 지리적인 정보 및 중요한 의미와 관련해서 전반적으로 정확성을 유지하고 있다. Bailey의 견해를 변호하는 것으로 다음에서 생겨난 일화를 끌어온 것이다. 베일리의 이론을 뒷받침하기 위해서는 보다 엄밀한 사회-인류학적인 연구가 요구된다. (2) 베일리의 가설이 인정을 받으려면, 우리는 전승의 전달자들, 사용된 자료의 종류, 공동체에 의해 실행된 통제, 중동의 공동체에서 사용된 새로운 자료의 소개를 위한 표현 기법 등이 초기 교회가 예수 전승을 다루는 데 일어난 것과 실질적으로 동일하다고 가정해야 한다.[89] 베일리의 모델과 초기 교회 사이에 유사점이 있으리라고 상상할 수는 있지만, 그럼에도 우리는 그것을 확신할 수 없다. (3) 설령 베일리의 이론이 팔레스타인의 환경에서 유효하다고 하더라도, 우리는 여전히 예수 전승이 복음서가 실제로 기록되었던 곳, 즉 시리아, 그리스 및 로마로 전달되었을 때 어떤 일이 일어났는지 명확하게 알지 못한다는 문제를 갖고 있다. (4) 베일리가 시인하듯이, **비공식적으로 통제되지 않은** 모델과 **공식적으로 통제된** 모델이 모두 중동의 배경에 현존한다.[90] 동일한 점이 1세기의 팔레스타인에도 적용된다. 이 경우에 예수 전승은 전달자의 상황과 전승에 대한 그들의 자세에 따라서 서로 다른 모델에 의해, 서로 다른 정도의 통제와 더불어, 서로 다른 배경에서 보존될 수 있었을 것이다.

하지만 이런 취약점이 있다는 이유로 우리가 베일리의 제안이 가진 상대적인 강점을 간과해서는 안 될 것이다. (1) 고대 그리스의 호메로스의 서사시에 대한 연구나 20세기 초 발칸 반도의 민간 전승 연구에 의존하고 있는 다른 모델과 비교해볼 때, 해당 모델은 중동 지역의 마을 생활

논문을 보라. James D. G. Dunn, "Kenneth Bailey's Theory of Oral Tradition: Critiquing Theodore Weeden's Critique," *JSHJ* 7 (2009): 44-62.
89) Bailey, "Informal Controlled Oral Tradition," 6.
90) Bailey, "Informal Controlled Oral Tradition," 6; idem, "Middle Eastern Oral Tradition," 364.

과 훨씬 비슷하다. (2) 복음서에서 발견되는 자료의 유형은 비공식적으로 통제된 환경에서 전달된 자료의 종류와 공명(共鳴)한다. (3) 또한 베일리는 예수 전승의 고정성과 유연성을 설명해준다. 반면에 양식비평의 모델과 스칸디나비아 학파의 모델은 어떤 한 측면에 비해 다른 측면을 강조하는 경향을 갖고 있다. (4) 전승을 다루는 것과 관련해서, 베일리의 제안은 "공동체"의 역할을 강조한다. (5) 베일리의 모델은 예수에 대해 연구하는 학자들 사이에서 지지를 얻고 있다. 이 학자들은 그가 제시한 모델에서 구술 전달에 대한 적합한 패러다임을 발견했다.[91]

---

91) Wright, *Jesus and the Victory of God*, 135-136; Craig L. Blomberg, *Jesus and the Gospels: An Introduction and Survey* (Leicester: Apollos, 1997), 84; Dunn, *Jesus Remembered*, 205-210; idem. "Jesus in Oral Memory: The Initial Stages of the Jesus Tradition," in *Jesus: A Colloquium in the Holy Land*, ed. D. Donnelly (London: Continuum, 2001), 81-145; idem, *A New Perspective on Jesus: What the Quests for the Historical Jesus Missed* (Grand Rapids: Baker, 2005), 45-46; idem, "Remembering Jesus," 194-195; idem, *Jesus, Paul, and the Gospels* (Grand Rapids: Eerdmans, 2011), 37-38; Paul R. Eddy and Gregory A. Boyd, *The Jesus Legend: A Case for the Historical Reliability of the Synoptic Jesus Tradition* (Grand Rapids: Baker, 2007), 262-263 n. 84. Kelly R. Iverson, "Orality and the Gospels: A Survey of Research," *CBR* 8 (2009): 91은 "이 연구의 점증하는 힘은 설득력이 있다"라고 결론짓는다. Allison, *Jesus of Nazareth*, 73 n. 280은 다소 모호한 입장을 보인다. Markus Bockmuehl, *Seeing the Word: Refocusing New Testament Study* (STI; Grand Rapids: Baker, 2006), 175 n. 26의 주의 사항도 참조하라. 그는 Bailey의 모델이 그 견해를 뒷받침하기에는 증거가 불충분하다고 여긴다. Birger Gerhardsson, "The Secret of the Transmission of the Unwritten Jesus Tradition," *NTS* 51 (2005): 6-7은 오늘날 아랍의 농부 문화와 고대 유대의 관습이 서로 어떤 관계에 있는지 불확실하며, Bailey의 비교는 "근거가 빈약하다"고 생각한다. Bauckham, *Jesus and the Eyewitnesses*, 252-263은 Bailey가 전승의 통제와 관련된 메커니즘을 정확하게 설명하지 않았으며, 비공식적으로 통제된 전승에서 고정성과 유연성에 대한 그의 설명 역시 공식적으로 통제된 전승에도 적용할 수 있다고 생각한다. Samuel Byrskog("New Perspective on the Jesus Tradition," 68)에 의하면, "예수 전승에 대해 '설명에 도움이 되는 모델'로서 작용하기 위해 그것[Bailey의 모델]은 고대의 사회문화적인 배경에서 그와 같은 관습을 묘사해주는 텍스트와 모종의 연관성을 가져야 할 필요가 있다. 더욱이 그것은 작은 마을 모임의 행사뿐만 아니라, 도시 배경에서 초기 기독교의 가정 모임(예배)에 대해서도 설명해야 한다. 하지만 그것

II — 새로운 패러다임: 사회적 기억 안에서의 예수

"비공식적으로 통제된" 구전이라는 이론은 예수 전승이 어떻게 전달되었는지를 설명해주는 타당성 있는 실제적 모델처럼 보인다. 하지만 그 이론은 대체로 일화의 증거에 기초하며, 예수 전승이 어떻게 초기 교회에서 전달될 수 있었는지 기껏해야 유비적으로 알려줄 뿐이다. 따라서 그 이론은 전승의 전달에 포함되는 선택성과 주관성을 설명해주는 이론으로 보충되거나 대체되어야 할 필요가 있다. 만약 예수가 목격자들에 의해 "기억되었다면" 그리고 예수 전승 가운데 상당 부분이 가장 초기의 교회에서 "암기되었다면", 우리는 전승의 전달을 설명하기 위해 기억 이론을 발전시켜야 할 필요가 있다.[92] 우리는 단순히 핵심 인물에 대한 기억을 다루는 것이 아니라, 초기 교회 안에서 유포되었던 개인적·집단적·문화적인

은 이 두 가지 사항 어느 것에 대해서도 충분히 다루지 않는다."

[92] Jens Schröter("Remarks on James D. G. Dunn's Approach to Jesus Research," in *Memories of Jesus*, ed. Stewart and Habermas, 130-131)는 다음과 같이 주장한다. "그러므로 역사는…'사실로' 과거의 이미지를 [제시하지 않고], 오히려 현재의 상황 아래에서 그것이 나타나는 대로 과거의 이미지를 제시해준다. 따라서 과거의 '실제' 사건을 재생한다는 개념은 '기억된 과거'로서의 역사 모델로 대체되어야 한다. 따라서 지나간 시대의 '실제' 사건을 재생한다는 개념은 기억된 과거라는 역사 이해로 대체되어야 한다. 나 자신의 말로 이 개념을 표현한다면, 과거에 대한 이미지로서 역사는 언제나 수정되고 변경되기 마련이다." 따라서 우리는 구술성과 관련하여 기억의 개념을 반영하지 않은 것이 초기의 양식비평 연구에서 중요한 결함이라고 말할 수 있다. 참조. Wolfgang Schadewaldt, "Die Zuverlässigkeit der synoptischen Tradition," *Theologische Beiträge* 13 (1982): 220; Werner H. Kelber, "The Case of the Gospels: Memory's Desire and the Limits of Historical Criticism," *Oral Tradition* 17 (2005): 65; Judith C. Redman, "How Accurate Are Eyewitnesses? Bauckham and the Eyewitnesses in Light of Psychological Research," *JBL* 129 (2010): 193.

기억을 추적하는 것이다. 기억이 그룹 안에서 공유된다면, 이는 어떤 의미에서 공동체의 기억이 되는 것이다. 왜냐하면 이제 다른 사람들도 동일한 기억을 새로운 연행으로 반복해서 말할 수 있기 때문이다. 그리고 그 그룹은 공동의 동의에 의해 새롭게 말해진 기억의 사실 여부를 통제하거나 수정할 수 있다. 특별히 처음으로 해당 기억을 유포한 사람들이 여전히 존재한다면, 더욱 그렇다.[93]

---

93) 내 생각에, Bauckham(*Jesus and the Eyewitnesses*, 310-318; 참조. Samuel Byrskog, "A New Perspective on the Jesus Tradition: Reflections on James Dunn's *Jesus Remembered*," *JSNT* 26 [2004]: 464-468)은 (Dunn의 *Jesus Remembered*와 암묵적으로 대화하면서) 목격자들의 개인적인 기억을 옹호하면서 기억의 집단적인 측면을 지나치게 경시한다. 보컴은 다음 사항에 관심을 갖는다. 곧 집단적인 기억의 초점은 심지어 그룹과 기억을 공유한다고 하더라도 자기 기억의 개인 소유자로서 목격자들의 역할을 무시한다는 것이다(313-316). 또한 그 초점은 과거를 기억함으로써 현재를 분별하게 하는 그룹의 시도를 위한 대변자로서 목격자들의 역할을 고려하지 않는다. 그리고 집단적인 기억에 대한 강조는 양식비평가들이 제안한 그릇된 모델과 같은 종류의 모델로 전개될 수 있다. 양식비평가들의 주장에 의하면, 예수 전승은 대체로 공동체의 필요성으로부터 만들어졌다(317-318). 하지만 Dunn, "On History, Memory and Eyewitnesses: In Response to Bengt Holmberg and Samuel Byrskog," *JSNT* 26 (2004): 482은 다음과 같이 다르게 생각한다. "나는 전승의 전달 과정에서 개인의 중요성을 무시하려는 생각이 전혀 없다. 나는 Byrskog가 필요하다고 생각하는 강조와 관심을 개인에게 주지 않을 것이다. 하지만 나는 사실상 교사, '사도적인 관리인' 및 교회를 세운 사도들의 역할을 강조한다. 또한 나는 특별히 자신이 직접 '목격한' 경험을 다른 사람들과 공유함으로써 전승이 발생하게 한 예수의 제자들의 역할을 힘주어 말한다. 그리고 나는 이런 개인과 전승의 특별한 요소를 되풀이해서 들려주는 '선배 제자들'에 의존하는 신앙 공동체를 상상해본다. 하지만 다른 한편으로, 공동체의 전승을 제외시킨 채 **전승**에 대해 말하는 것은 사실 불가능하다." I. Howard Marshall, "A New Consensus on Oral Tradition? A Review of Richard Bauckham's *Jesus and the Eyewitnesses*," 6 (2009): 190-191은 Bauckham과 Dunn의 견해가 서로 배타적이 아님을 다음과 같이 밝혀준다. "우리는 그들이 반대하고 있는 전승에 대한 그릇된 견해에 맞서서 견고한 방어진을 구축하는 두 명의 동맹군 학자 사이의 비교적 사소한 차이점에 대해 다루고 있다." Iverson, "Orality and the Gospels," 94도 비슷하게 주장한다. "서로 겨루는 그들의 모델이 구전이 공유하는 견해를 모호하게 해서는 안 될 것이다." 나중에 Byrskog("New Perspective on the Jesus Tradition," 71)는 "그룹의 공동 활동은 결코 전승의 배후에 있거나 전승을 전달하는 그룹 안에 있는 구체적인 사람들의 역할에 관심을 기울이는 것으로부터 벗어나서는 안 될 것이다."

내가 여기서 지지하는 모델—나는 그것을 "사회적 기억 안에서의 예수"라고 부른다—은 제임스 던의 『예수와 기독교의 기원』(Jesus Remembered)에서 힌트를 얻은 것이다. 던은 역사적 예수 탐구에 대한 한 가지 해석학을 확립하려고 시도한다. 그의 해석학은 객관적인 역사에 대한 헛된 추구를 피하고, 역사주의적인 회의주의의 위험으로부터 벗어나려는 것이다. 예수 전승은 예수가 자기의 제자들에게 영향을 미친 흔적을 지니고 있다. 그 "영향"은 하나의 해석학적인 집단을 포함한다. 이는 제자들의 후속 경험 안에서 이루어지는 만남의 지속적인 인식 과정과 손을 맞잡고, 예수에 대한 진정성 있는 회고 사이에서 왔다 갔다 한다는 것이다. 던은 다음과 같이 말한다. "지금 공관복음서 전승이라고 불리는 것 가운데 가장 먼저 다시 말해진 것에서 우리가 실제로 갖고 있는 바는 처음 제자들의 기억이다. 그 대상은 예수 자신이 아니라, 오히려 기억된 예수다."[94] 핵심적으로

---

94) Dunn, *Jesus Remembered*, 130-131; 또한 참조. idem, *The Living Word* (Philadelphia: Fortress, 1987), 27-44; idem, *New Perspective*, 35-56; idem, *Jesus, Paul, and the Gospels*, 7-8, 22-44. 또한 Dahl("Anamnesis: Memory and Commemoration in Early Christianity," in *Jesus in the Memory of the Early Church* [Minneapolis: Augsburg, 1976], 28-29)의 다음과 같은 비슷한 논평을 주목하라. "역사비평가는 이것으로부터 다음과 같이 결론지을 것이다. 곧 복음서 안에서 찾아내야 할 것은 무엇보다도 예수의 생애가 아니라, 예수에 대한 제자들의 기억이다." Le Donne, *The Historiographical Jesus*, 76은 이렇게 주장한다. "처음 세대의 제자들에게 진정한 예수는 자신이 기억하는 예수였다." Francis Watson, "Veritas Christi: How to Get from the Jesus of History to the Christ of Faith without Losing One's Way," in *Seeking the Identity of Jesus*, ed. Hays and Gaventa, 108은 나음과 같이 말한다. "우리는 예수에 대해 듣는다. 하지만 그 예수는 단지 처음의 그리스도인들이 우리가 듣기를 원했던 예수다. 복음서는 우리를 예수 자신이 아니라, 초기 기독교 공동체에게 직접 접근하게 한다는 주장에는 진리의 씨앗이 들어 있다. 하지만 다음과 같이 말하는 것이 더 좋을 것이다. 곧 복음서는 초기 기독교 공동체 안에서 받아들여진 예수에게 우리가 직접 접근하게 한다." 또한 참조. N. A. Dahl, "The Problem of the Historical Jesus," in *Jesus the Christ: The Historical Origins of Christological Doctrine* (Minneapolis: Fortress, 1991), 94; Jens Schröter, *Erinnerung an Jesu Worte. Studien zur Rezeption*

중요한 사항은, 과연 예수가 누구인지는 오직 그가 자신을 따르던 사람들에게 미친 영향에 의해 결정된다는 것이다. 왜냐하면 영향이 발생했고 그것을 통해 전승이 빚어졌으며, 또한 그 전승은 예수가 영향을 미쳤다는 표시와 제자들의 기억을 가지고 있기 때문이다. 따라서 예수와 복음서 사이에 있는 간격은 텅 빈 공간이 아니라, 예수에 의해 영향을 받은 사람들이 살고 있는 곳이다. 왜냐하면 예수는 기억할 만한 것을 말하고 행했으며, 이런 말씀과 행위에 대한 기억이 그 공간을 채웠기 때문이다. 예수에 대한 이 기억이 말로 표현되고 새겨지게 되자, 그 기억은 예수 전승이 되었다. 그 기억은 공유되고 유포되며 가다듬어졌다. 또한 종종 자료들이 그룹을 지어 다른 방식으로 모였으며, 결론이 제시되었다. 그 결론은 전승이 전달하는 이야기들이 청중의 현재 상황에 타당하다는 것을 보여주려는 것이다.[95] 비록 많은 학자가 던이 제시하는 패러다임의 세부 내용에서 결점을 들추어내려고 애쓰지만(특히 그것이 사회적 기억 이론과 실제로 관계를 맺지 않는다고 주장하면서!), 그의 패러다임은 예수 전승의 형성과 관련된 쟁점을 해결하는 데 가치가 있는 접근 방법이며, 복음서의 발전 과정을 설명하는 데 유익한 모델이다.

아니나 다를까, 던이 쓴 책의 여파로 예수 전승 및 기억 이론 관련 연구에 대한 관심이 폭발하게 되었다. 기억에 대한 사회학과 심리학의 연

---

der Logienüberlieferung in Markus, Q und Thomas (Neukirchen-Vluyn: Neukirchner, 1997), 1-5, 462-466, 482-486; Luke Timothy Johnson, *The Writings of the New Testament: An Interpretation* (rev. ed.; London: SCM, 1999), 125-155; Gerhardsson, *Memory and Manuscript,* 329-333; idem, *Tradition and Transmission,* 43; idem, *Origin of the Gospel Tradition,* 46; Stephen Hultgren, *Narrative Elements in the Double Tradition: A Study of their Place within the Framework of the Gospel Narrative* (BZNW 113; Berlin; de Gruyter, 2002), 354.

95) Dunn, *Jesus, Paul and the Gospels,* 44.

구 방법 및 결과가 점차적으로 복음서 연구 분야에 도입되었다.[96] 그 결

---

96) Dunn 이전의 연구로서 다음을 참조하라. W. S. Taylor, "Memory and the Gospel Tradition," *TT* 14 (1959): 470-479; Nils A. Dahl, "Anamnesis: Memory and Commemoration in Early Christianity," in *Jesus in the Memory of the Early Church* (Minneapolis: Augsburg, 1976), 11-29 (and 167-175); G. M. Keightley, "The Church's Memory of Jesus: A Social Science Analysis of 1 Thessalonians," *BTB* 17 (1987): 149-156; Jens Schröter, "The Historical Jesus and the Sayings Tradition: Comments on Current Research," *NeoT* 30 (1996): 151-168; idem, *Erinnerung an Jesu Worte*; Werner H. Kelber, " The Case of the Gospels: Memory's Desire and the Limitations of Historical Criticism," *Oral Tradition* 17 (2002): 55-86; Richard Horsely, "Oral Tradition in New Testament Studies," *Oral Tradition* 18 (2003): 34-36; Dunn 이후의 연구로는 다음을 참조하라. 특별히 Alan Kirk and Tom Thatcher, "Jesus Tradition as Social Memory," in *Memory, Tradition, and Text: Uses of the Past in Early Christianity*, ed. Kirk and Thatcher (Semeia 52; Leiden: Brill, 2005), 25-42; P. J. J. Botha, "New Testament Texts in the Context of Reading Practices of the Roman Period: The Role of Memory and Performance," *Scriptura* 90 (2005): 621-640; Werner Kelber, "The Generative Force of Memory: Early Christian Traditions as Processes of Remembering," *BTB* 36 (2006): 15-22; Bauckham, *Jesus and the Eyewitnesses*, 310-357; Tom Thatcher, *Why John Wrote a Gospel: Jesus — Memory — History* (Louisville: Westminster John Knox, 2006); Richard A. Horsely, Jonathan A. Draper, and John Miles Foley, eds., *Performing the Gospel: Orality, Memory, and Mark: Essays Dedicated to Werner Kelber* (Minneapolis: Fortress, 2006); Scot McKnight and Terence C. Mournet, eds., *Jesus in Early Christian Memory* (LNTS 359; London: Clark, 2007); Stephen C. Barton, Loren T. Stuckenbruck, and Benjamin G. Wold, eds., *Memory in the Bible and Antiquity: The Fifth Durham-Tübingen Research Symposium* (WUNT 212; Tübingen: Mohr, 2007); Werner Kelber and Samuel Byrskog, eds., *Jesus in Memory: Traditions in Oral and Scribal Perspectives* (Waco: Baylor University Press, 2009); Rafael Rodriguez, *Structuring Early Christian Memory: Jesus in Tradition, Performance and Text* (LNTS 407; London: Clark, 2010); Yoon-Man Park, *Mark's Memory Resources and the Controversy Stories (Mark 2:1-3:6): An Application of the Frame Theory of Cognitive Science to the Markan Oral-Aural Narrative* (Leiden: Brill, 2009); Kelly R. Iverson, "Orality and the Gospels: A Survey of Research," *CBR* 8 (2009): 71-106; Robert Stewart and Gary R. Habermas, eds., *Memories of Jesus: A Critical Appraisal of James D. G. Dunn's Jesus Remembered* (Nashville: Broadman and Holman, 2010); Ruben Zimmermann, "Memory and Form Criticism: The Typicality of Memory as a Bridge between Orality

과 사회적 기억에 대한 사회과학 분야가 활용되면서, "기억"으로서의 예수 전승이 보다 복잡하고 세련되며 풍성한 방식으로 묘사되었다(예. 톰 대처[Tom Thatcher], 옌스 슈뢰터[Jens Schröter], 앨런 커크[Alan Kirk], 크리스 키스[Chris Keith], 앤소니 르 돈[Anthony Le Donne]과 라파엘 로드리게즈[Rafael Rodriguez] 등). 사회적 기억 이론에서 과거는 단순히 저장하고 다시 기억해내는 인식적인 기능과 관련된 무엇이 아니다. 오히려 과거의 기억은 현재의 필요에 비추어 재구성되어 정신적인 구조 위에 세워진다. 사회적 기억 이론은 현재를 계속해서 형성하는 어떤 것으로서 우리로 하여금 과거의 기억을 이해하게 한다. 또한 기억의 사회적 특성은 기억이 언제나 개별적인 상술(詳述)을 초월하며, 심지어 이를 교정한다는 것을 의미한다. 동시에 과거는 현재에 비추어 굴절되거나 재구성되고, 현재 상황은 심지어 과거를 규제한다. 이 경우에 "기억"은 사회적이고 문화적인 구조 안에서 과거와 현재의 끊임없는 절충이다. 사회적 기억은 어떻게 초기 교회와 같은 그룹이 자신의 현재 상황에 비추어 또한 그것과 관련해서 과거를 수용하는지에 대해 개념화하는 방법을 제공해준다.

예수 전승이 가장 초기의 교회에서 종종 **기억**으로 언급되거나 예수가

---

and Literality in the Early Christian Remembering Process," in *The Interface of Orality and Writing*, ed. Weissenrieder and Coote, 130-143; Le Donne, *Historiographical Jesus*; Allison, *Constructing Jesus*, 1-30; Redman, "How Accurate Are Eyewitnesses?" 177-197; Dennis C. Dulling, "Social Memory and Biblical Studies: Theory, Method, and Application," *BTB* 26 (2006): 2-3; idem, "Memory, Collective Memory, Orality and the Gospels," *HTS* 67 (2011): 103-113; William D. Shiell, *Delivering from Memory: The Effect of Performance on the Early Christian Audience* (Eugene: Pickwick, 2011); Chris Keith, "Memory and Authenticity: Jesus Tradition and What Really Happened," *ZNW* 102 (2011): 155-177; idem, *Jesus' Literacy: Scribal Culture and the Teacher from Galilee* (LNTS 413; London: Clark, 2011), 27-70; Robert K. McIver, *Memory, Jesus, and the Synoptic Gospels* (Atlanta: Society of Biblical Literature, 2011).

기억되었다고 반복적으로 묘사되는 것은 사회적 기억 안에서의 예수 모델의 타당성을 입증해준다.[97] 무엇보다도 복음서의 이야기는 예수를 기억하고자 하는 충동이 예수가 활동하던 시기에 이미 시작되었음을 명백하게 가리킨다.

베다니 마을의 나병환자 시몬의 집에서 예수에게 기름을 부었던 무명의 여인에 대한 이야기는 그의 행위가 사람들에게 기억되도록 만들었다. 왜냐하면 예수가 자기 제자들에게 이렇게 말하기 때문이다. "온 천하에 어디서든지 이 복음이 전파되는 곳에서는 이 여자가 행한 일도 말하여 **그를 기억하리라** 하시니라(εἰς μνημόσυνον αὐτῆς)"(마 26:13/막 14:9). 이 크레이아는 부활절 이전의 예수의 삶을 묘사하는 개별 이야기가 예수가 활동하던 시기에 기쁜 소식을 선포하는 수단이었다는 마가 자신의 이해를 정확하게 드러낸다.[98]

예수가 제자들과 유월절 식사를 할 때, 그가 보여준 상징적인 몸짓 가운데 하나는 다음과 같다. "또 떡을 가져 감사기도 하시고 떼어 그들에게 주시며 이르시되 '이것은 너희를 위하여 주는 내 몸이라. **너희가 이를 행하여 나를 기념(기억)하라**(τοῦτο ποιεῖτε εἰς τὴν ἐμὴν ἀνάμνησιν)'"(눅 22:19). 성만찬을 묘사하는 누가복음의 표현은 바울에게도 알려졌으며, 그 표현은 살아 있는 기억이 되어서 정식으로 전달되었고, 또 다른 사람들에게 받아들여졌다(고전 11:23-25). 유월절을 지키는 데 있어 기억이라는 개념은 핵심적으로 중요하다.[99] 하지만 예수의 "최후의 만찬"에서 기억(기념)하라는 요구는 단지 정시적인 것만은 아니다. 다시 말해 이때 기억은

---

97) 참조. Dahl, "Anamnesis," 25-29.
98) M. Eugene Boring, *Mark* (NTL; Louisville: Westminster John Knox, 2006), 384.
99) 참조. 출 12:14; 신 16:3; *m. Pesaḥim* 10.5.

이전의 사건을 인식적인 측면에서 회상하는 것만이 아니다. 오히려 그 식사는 근본적으로 본받아 행하는 것이다(곧 "이것을 행하라"). 다시 말해 제자들이 앞으로 그 행위를 본받아서 반복하는 것은 기억(기념)이라는 목적을 위한 것이다. 우리는 여기서 예수의 부활 사건 이전에 일어난 완전한 본보기를 가진다. 그 본보기는 예수의 죽음을 이해하는 데 결정적으로 중요한 것이며, 거기에는 상징적인 내용이 풍부히 들어 있다. 그 식사를 통해 예수를 본받는 것은 그의 죽음을 기념하는 결과를 빚어낸다.

예수가 심문을 받고 있을 때, 베드로는 닭이 울기 전에 예수를 세 번 부인했다. 우리는 "**베드로가** 예수께서 자기에게 하신 **그 말씀을 기억했다** (ἀνεμνήσθη ὁ Πέτρος τὸ ῥῆμα)"라고 듣는다(마 26:75/막 14:72/눅 22:61). 여기서 "그 말씀"은 베드로가 예수를 부인할 것이라는 예수의 예고를 가리킨다(마 26:34-35/막 14:30-31/눅 21:31-34). 베드로의 실수는 예수의 말씀을 기억하는 것에 기초해서 언급된다. 기억된 이 말씀은 베드로의 실수를 지적해서 몹시 아프게 하고, 그로 하여금 극심한 고통을 느끼며 뉘우치게 만든다. 또한 마가복음의 독자 또는 청중은 베드로가 회복된다는 것을 알고 있다(막 16:7; 참조. 요 21:15-19). 따라서 그들은 베드로가 예수를 세 번 부인한 것이 그의 이야기의 결말이 아니라는 것을 알고 있다. 사실상 여기서 베드로의 실수에 대한 기억은 아마도 로마에 살고 있던 신자들을 격려해주었을 것이다. 그들도 극심한 박해 아래서 자신의 믿음을 저버릴 수도 있는 유혹을 받고 있었기 때문이다. 이 경우에 예수의 말씀과 베드로의 실수와 회복을 기억하는 것은 교회의 사회적 기억과 서로 밀접하게 관련되어 있다.

요한복음의 고별 담론에서 예수는 제자들에게 장차 그들이 박해를 당하면, 그것은 그들이 예수의 경고를 기억할 기회라고 알려준다. 예수는 제자들에게 예수의 말씀, 곧 종이 주인보다 크지 못하다는 말씀을 **기억**

하라고 당부한다. 그러면서 예수는 사람들이 자신을 박해한 것같이, 장차 그들도 박해를 받을 것이라고 설명해준다(요 15:20). 후에 예수는 자기 제자들에게 다음과 같이 말한다. 곧 제자들이 박해를 받을 때, 그들은 예수의 말씀을 **기억해야** 할 필요가 있으며, 예수가 그들에게 박해와 관련해서 미리 경고한 것을 회상해야 할 필요가 있다(요 16:4)는 것이다. 부활 사건 이전에 예수가 말한 것에 기초한 전승을 거쳐서 부활 사건 이후의 상황에서 제자들이 박해받는 것을 설명하는 한 가지 방법으로서, 요한복음의 전승은 "기억"(μνημονεύω)의 중요성에 대해 증언한다.

한 가지 더욱 흥미로운 현상은 어떻게 부활 사건 이전의 예수의 말씀이 부활 사건 이후의 배경에서 단순히 회상된 것이 아니라, 그 말씀을 기억함으로써 더욱 강조되었는가라는 것이다. 제4복음서는 예수의 부활 사건 이전의 에피소드를 부활 사건 이후에 기억하는 두 가지 주요한 예를 제공한다. 첫째, 예수는 유대인들에게 성전을 헐물라고 말하면서 비유의 의미를 지닌 도전을 제기한다. 그가 성전을 사흘 만에 다시 세우겠다는 것이다(참조. 요 2:19). 복음서 저자는 스스로 다음과 같이 덧붙여 말하면서 예수의 이 불가사의한 말씀에 대해 설명한다. "죽은 자 가운데서 살아나신 후에야 제자들이 이 말씀하신 것을 기억하고(ἐμνήσθησαν) 성경과 예수께서 하신 말씀을 믿었더라"(요 2:22). 둘째, 예수가 승리자로서 예루살렘으로 들어가는 구약성서의 예언(슥 9:9)을 성취하는 것과 관련해서, 요한은 예수의 제자들이 한참 뒤에야 비로소 그 사건의 의미를 깨닫게 되었다고 설명한다. "제자들은 처음에 이 일을 깨닫지 못하였다가 예수께서 영광을 얻으신 후에야 이것이 예수께 대하여 기록된 것임과 사람들이 예수께 이같이 한 것임이 생각났더라(ἐμνήσθησαν)"(요 12:16).

누가복음의 이야기에서, 예수의 부활 사건에 대한 경험에는 예수가 제자들에게 자신이 다시 살아나리라고 가르친 것을 "기억"하도록 동기를 부여하는 일이 포함되어 있다. 천사는 무덤에 있던 여인들에게 이렇게 말한다. "[그는] 여기 계시지 않고 살아나셨느니라. 갈릴리에 계실 때에 너희에게 어떻게 말씀하셨는지를 기억하라(μνήσθητε ὡς ἐλάλησεν ὑμῖν). 이르시기를 '인자가 죄인의 손에 넘겨져 십자가에 못 박히고 제삼일에 다시 살아나야 하리라' 하셨느니라"(눅 24:6-7). 곧바로 이어지는 절에서는 "그들이 예수의 말씀을 기억하고"(καὶ ἐμνήσθησαν τῶν ῥημάτων αὐτοῦ; 눅 24:8)라고 기록되어 있다. 이 말에 의하면, 누가복음의 이야기에서 부활 사건에 대한 경험은 부활 사건 이전의 기억을 상기시키고 강조한다.

누가복음과 요한복음은 부활 사건 이전과 이후에 속한 내용을 서로 섞지 않았다. 오히려 부활 사건의 경험은 새로운 구조를 가르쳐주었다. 이 구조에 기초해서, 제자들은 부활 사건 이전의 예수의 역사를 기억하게 되었다. 요한복음에 의하면, 특별히 예수의 가르침에 순종하며 하나님 아버지가 예수를 보내심을 인정하는 것과 관련해서, 보냄을 받은 성령은 "너희[제자들]에게 모든 것을 가르치고 내가 너희에게 말한 모든 것을 [너희에게] 생각나게 할(ὑπομνήσει ὑμᾶς)"(요 14:26) 것이다. 이와 비슷하게, 예수의 부활 사건과 관련된 누가복음 이야기에서는 예수가 제자들의 마음을 열어주자, 비로소 그들은 예수의 사역과 구약성서에 대해 올바로 이해한다. 곧 "[그가] 그들의 마음을 열어 성경을 깨닫게 하시고"(눅 24:45)라고 언급된다. 이처럼 예수의 부활 이후의 시기는 예수에 대한 기억과 관련해서, 지적인 조명이 이루어지며 구약성서를 올바로 해석하는 시기로 묘사된다. 따라서 예수의 부활 사건에 대한 경험은 기억을 지워버리거나 손쉽게 짜 맞춘 것이 아니다. 오히려 그 경험은 참된 기억이 되살아나도록 자극했으며, 다시 살아나신 주님으로서의 예수에 대한 신앙으로 빚어진 새로운 메시아적인 해석학의 방침에 따라 재해석되었다.

신약성서의 나머지 부분과 초기 기독교 문헌에서 예수의 말씀과 행위를 기억하는 것은 권면에서 최절정의 위치를 차지하고 있다. 왜냐하면 예수의 말씀과 행위보다 신자들이 가르침을 얻기 위해 기초로 삼을 수 있는 더 높은 권위는 없기 때문이다. 사도행전에 나오는 예루살렘에서의 베드로의 연설은 욥바에 있던 그가 왜 가이사랴에 살고 있는 이방인 고넬료의 집으로 들어가기로 결정했는지 설명해준다. 그는 자신이 기쁜 소식을 전하자, 예루살렘 교회의 신자들과 마찬가지로 이방인들도 성령을 받았다고 이야기한다. 이 사건에 기초해서, 베드로는 다음과 같이 예수의 말씀을 기억하며 자신의 행위가 정당하다는 것을 주장한다. "내가 주의 말씀에 '요한은 물로 세례를 베풀었으나 너희는 성령으로 세례를 받으리라' 하신 것이 생각났노라(ἐμνήσθην δὲ τοῦ ῥήματος τοῦ κυρίου). 그런즉 하나님이 우리가 주 예수 그리스도를 믿을 때에 주신 것과 같은 선물을 그들에게도 주셨으니 내가 누구이기에 하나님을 능히 막겠느냐"(행 11:16-17). 여기서 이방인들이 성령을 받은 사건과 일반적으로 인식되어오던 규범이 깨어진 일은 예수 전승과 관련해서 설명되고 정당화된다. 사도행전에서 나중에 바울은 에베소의 장로들에게 작별 인사를 한다. 사도 바울은 자신이 그들에게 모범을 보여주며, 목회 활동을 하면서 꼭 필요한 것을 스스로 조달한다고 분명하게 말한다. 그러면서 그는 다른 곳에서는 알려지지 않은, 예수 전승에서 유래된 한 가지 말씀을 언급하며 자신을 정당화한다. "[내가] 범사에 여러분에게 모본을 보여준 바와 같이 수고하여 약한 사람들을 돕고 또 주 예수께서 친히 말씀하신 바 '주는 것이 받는 것보다 복이 있다' 하심을 기억하여야 할지니라(μνημονεύειν τε τῶν λόγων τοῦ κυρίου Ἰησοῦ)"(행 20:35).[100] 목회 서신에 속하는 한 편지에서 바울은 자신이 전

---

[100] 사도행전에서의 예수 전승에 대해 다음 논문을 참조하라. W. A. Strange, "The Jesus-Tradition in Acts," *NTS* 46 (2000): 59-74.

하는 복음에 대해 간략하게 정의하면서 이렇게 말한다. 곧 "다윗의 씨로 죽은 자 가운데서 다시 살아나신 예수 그리스도를 기억하라(Μνημόνευε Ἰησοῦν Χριστόν)"(딤후 2:8). 복음에 대한 이런 정의가 복음 전파의 내러티브를 회상하는 데 뿌리를 두고 있음은 뚜렷이 드러나는 사실이다. 이 정의는 예수의 메시아적 생애를 회고하는 일이 초기 기독교의 신앙고백에서 핵심적인 초점이었음을 보여준다. 이 경우에 앞과 같은 정의는 교회의 지도자들을 격려하는 용도로 사용된다. 마지막으로, 베드로후서(여기서는 이 편지의 저자 및 출처와 관련된 논쟁은 피하고자 함)에서 그 편지 전체는 다음과 같이 구약성서에 기록되어 있는 명령과 사도들의 가르침과 예수 전승을 기억하라는 권면에 기초하고 있다. "곧 거룩한 예언자들이 예언한 말씀과 주 되신 구주께서 너희의 사도들로 말미암아 명하신 것을 기억하게 하려 하노라(μνησθῆναι τῶν προειρημένων ῥημάτων)"(벧후 3:2). 로마의 클레멘스(기원후 70-100년경)는 고린도 교회에 보내는 자신의 편지의 두 부분에서 다른 곳에서는 알려지지 않은 예수의 두 가지 말씀을 포함한다. "무엇보다도 주 예수의 말씀을 기억합시다(μεμνημένοι τῶν λόγων τοῦ κυρίου Ἰησοῦ). 그 말씀은 그가 온유함과 오래 참음으로 가르치실 때 말씀하신 것입니다. 주님은 이렇게 말씀하셨습니다. '이웃을 불쌍히 여겨라. 그러면 너희도 불쌍히 여김을 받을 것이다. 용서하라. 그러면 너희도 용서받을 것이다. 너희가 행하는 대로, 너희에게 행해질 것이다. 너희가 주는 대로, 너희에게 주어질 것이다. 너희가 판단하는 대로, 너희도 판단받을 것이다. 너희가 사람들에게 친절을 베푸는 대로, 사람들도 너희에게 친절을 베풀 것이다. 너희가 사람들을 대하는 방법대로, 사람들도 너희에게 대할 것이다.'"[101] 교회의 분열을 반대하면서 클레멘스는 다음과 같이 지시한다.

---

101) *1 Clem.* 13.1-2.

"너희는 우리의 주님이신 예수의 말씀을 기억하라(μνήσθητε τῶν λογῶν Ἰησοῦ τοῦ κυρίου ἡμῶν). 주님은 이렇게 말씀하셨다. '그 사람에게 화가 있으리라! 어떤 사람이 내가 선택한 사람 중 한 사람을 죄를 짓게 하는 것보다, 차라리 그가 태어나지 않은 것이 더 좋았을 것이다. 어떤 사람이 내가 선택한 사람을 잘못된 길로 가게 하는 것보다, 차라리 맷돌을 그에게 묶어서 그를 바다 속으로 던지는 것이 더 좋을 것이다.'"[102] "기억하라"는 호소는 복음서 안에서 발견되지 않는 이런 말씀(곧 *agrapha*)에 더 적합할 것이다. 왜냐하면 우리가 알고 있는 한 그 말씀을 포함하고 있는 기록이 전혀 없기 때문에, 그 말씀은 오직 신앙 공동체의 공동 기억을 통해 보존될 수 있었을 것이기 때문이다.

기원후 100년에 이르러 갑작스럽고 광범위한 기억상실이 찾아온 것은 아니다. 반대로 예수와 사도들에 대한 기억은 2세기 초에도 지속되었다. 파피아스는 다음과 같이 주장한다. 그는 "장로들에게서 모든 것을 신중하게 배웠고 세밀하게 기억했다(καλῶς ἔμαθον καὶ καλῶς ἐμνημόνευσα)"고 한다. 곧 그는 "다른 사람들의 명령을 기억하는(μνημόνευσιν) 사람에게서가 아니라, 주님이 주신 명령을 기억하는" 전달자에게서 직접 받았다는 것이다.[103] 예수 전승에 대한 살아 있는 음성이 바로 살아 있는 기억이었다. 또한 파피아스는 베드로의 증언에 기초해서 요한 마가가 기록했다는 마가복음의 기원에 대한 전승을 다음과 같이 증언해준다. 물론 이 증언은 논쟁의 여지가 있다.

그리고 그 장로는 종종 이렇게 말했다. "베드로의 통역자(ἑρμηνευτής)가 된 마

---

102) *1 Clem.* 46.7-8.
103) Papias, *Fragments* 3.3.

가는 그리스도가 말했거나 행한 것 가운데서 자신이 기억했던(ἐμνημόνευσεν) 모든 것을 정확하게 기록했다. 하지만 순서대로 기록하지는 않았다. 마가는 예수에게서 직접 듣지도 않았고 또 그를 따라다니지도 않았다. 내가 말한 대로, 나중에 마가는 베드로를 따라다녔다. 마가는 필요에 따라서 그의 가르침을 개작했지만, 주의 말씀을 순서대로 설명하려는 의도를 갖고 있지는 않았다. 따라서 마가는 자신이 기억하고 있던(ἀπεμνημόνευσεν) 것을 기록하는 데 아무런 잘못도 하지 않았다. 왜냐하면 그는 자신이 들었던 것 중에서 아무것도 빠트리지 않는 것과 또한 그것에 대해 그릇된 진술을 하지 않는 데 자신의 유일한 관심을 기울였기 때문이다."[104]

따라서 마가 전승은 베드로의 가르침에 대한 마가의 기억에 기초한 것이라고 말할 수 있다. 에우세비오스가 전해주는 말에 의하면, 알렉산드리아의 클레멘스도 똑같은 이야기를 들려준다. 그 이야기에 의하면, 베드로의 로마 청중은 "오직 한 번 듣는 것이나 신적인 선포에 대한 기록되지 않은 가르침에 만족하지 않았다." 그래서 그들은 마가를 권면해 그가 "그들에게 말로 주어진 가르침을 문자로 기록해서" 전해주도록 했다. 클레멘스의 진술은 살아 있는 기억이 거쳐온 길을 잘 드러낸다. 그 기억은 구전으로 전달되었고, 반복을 통해 형태를 갖게 되었으며, 가르침과 복음 전파를 위해 사용되었고, 마침내 문서로 기록되었다.[105]

로마의 클레멘스가 「클레멘스 1서」 13.2에서 보여주는 것처럼, 빌립보 교인들에게 보낸 폴리카르포스의 편지는 거의 동일한 아그라폰(*agraphon*)에 기초하고 있다. 그는 빌립보 교인들이 부도덕한 행위를 일

---

[104] Papias, *Fragments* 3.15.
[105] Eusebius, *Hist. Eccl.* 2.15.

삼는 대신에, 주님이 가르치시면서 다음과 같이 말씀하신 것을 기억하라 (μνημονεύοντες)고 권면한다. "판단하지 말라. 그러면 너희도 판단받지 않을 것이다. 용서하라. 그러면 너희도 용서받을 것이다. 다른 사람들을 불쌍히 여겨라. 그러면 너희도 불쌍히 여김을 받을 것이다. 너희가 판단하는 원리와 방법으로 너희도 판단받게 될 것이다."[106] 예수 전승은 신앙과 행위에 대한 모범을 인증해주는 수사학적인 호소의 대상으로 여겨졌으며, 신앙 공동체의 공동의 기억으로 확인되었다. 그리고 저자들은 자신의 청중이 그것에 대해 알기를 기대했다.

2세기에 들어서도 예수를 기억하는 일의 중요성은 지속되었다. 기독교 저술가 헤게시포스(Hegessipus; 기원후 110-180년경)는 초기 교회에 대한 다섯 권의 "회고록"(ὑπομνήματα)을 저술했다. 이 회고록은 사도들의 가르침과 초기 교회의 역사를 다루고 있다.[107] 그리고 위(僞)-클레멘스의 「시인」(Recognitions)에서 베드로는 "말씀을 암기하기 위해 주님의 말씀을 회고하고 반복하는" 것으로 묘사된다.[108] 비록 위-클레멘스가 이차적인 자료이고 후대에 쓰였으며 심지어 꾸며낸 요소도 들어 있지만, 여전히 그것은 기억의 중요성에 대해 높이 평가하며, 운동의 창시자에 대한 기억을 보존하는 고대의 관습과도 잘 조화된다. 그리고 「사도서신」(Epistula Aposolorum)에서는 기억에 대해 의식하고 있는 보존자로서 사도들을 다음과 같이 묘사한다. 곧 "그것[복음의 말씀]을 들었을 때 우리는 그것을 외웠으며, 또한 온 세상을 위해 이를 기록했다."[109] 순교자 유스티누스는

---

106) Polycarp, *Philippians* 2.3.
107) Eusebius, *Hist. Eccl.* 2.23.3.
108) *Pseudo-Clementine Recognitions* 2.1.
109) *Epistula Apostolorum* 1.

이 편지에 "사도들의 회고록"(τὰ ἀπομνημονεύματα τῶν ἀποστόλων)이라는 이름을 붙였다.[110] 이 이름은 분명히 복음서 장르와 전승사 연구 둘 다에 적합한 것이다. 복음서가 **무엇**을 포함하고 있는지 또한 복음서가 **어떻게** 예수에 대한 전승을 보존했는지 결정하는 것과 관련해서 "기억"이 중요한 범주였음은 명백하다. 유스티누스의 주장은 고대의 현자(賢者)에 대한 전승을 회고하는 틀에 박힌 장르를 능가하는 것이다. 하지만 그는 특별히 예수에 대한 사도들의 설명을 살아 있는 기억이 유효한 기간 안에 위치시킨다.[111] 또한 우리는 이레나이우스가 말한 데 주목할 필요가 있다. 그는 폴리카르포스가 주님에 대해 "목격자들"에게서 얻은 것을 "기억했고" 또 "가르쳤다"고 말한다. 그리고 이레나이우스 자신도 "그것을 공책이 아니라 마음에 기록했으며 사실 그대로 기억할" 수 있었다고 한다.[112] 이레나이우스는 한 가지 전승에 기여했는데, 그 전승에 의해 목격자들의 증언이 이후 시대의 기억을 통해 심지어 2세기 후반에 이르기까지 보존되었다. 마침내 영지주의 저자들이 책을 저술했을 때, 그들도 마찬가지로 자신의 책이 사도들의 기억에 기초하고 있다고 주장했다. 「야고보외경」(*The Apocryphon of James*)은 다음과 같이 주장한다. 곧 "열두 제자들은 동시에 모두 함께 앉아 [있었다]. 그들은 주님이 은밀하게 또는 공개적으로 그들 각 사람에게 말씀하신 것을 기억하고 있었다. 그들은 [그것을] 책에 [기록했다]."[113] 초기 교회 안에서 누가 사도들이 전해준 진정한 전승의 관리인인가에 대한 논쟁은 궁극적으로 누가 예수에 대한 사도들의 기억을 소

---

110) *Dial. Trypho.* 100.4; 101.3; 102.5; 103.6, 8; 104.1; 105.1, 5, 6; 106.1, 3; 107.1; *Apologia I* 33.5; 66.3; 67.3.
111) Bockmuehl, *Seeing the Word*, 185.
112) Eusebius, *Hist. Eccl.* 5.20.6-7.
113) *Apocryphon of James* 2.1-15.

유하고 있는가에 대한 논쟁이었다.[114]

앞에서 언급한 모든 사항을 고려할 때, 1세기와 2세기의 광범위하고 다양한 증거는 초기 교회의 핵심 임무 가운데 하나가 예수의 말씀과 행위를 사실 그대로 회상하는 것이었음을 암시한다.[115] 우리는 다음 사실을 회피할 수 없다. 곧 "우리가 검토해온 증거는 가장 초기의 그리스도인들이 [예수에 대한] 전승을 보존하고 전달하기 위해 예수의 사역을 기억하는 데 관심을 기울였음을 입증해준다. 여기에는 적어도 예수의 말씀과 행위가 포함되어 있다."[116]

만약 앞에서 언급한 관점이 옳다면, 자료비평과 전승비평의 목표는 근본적으로 세밀하게 다시 검토되어야 할 필요가 있다. 그것은 역사를 신학과 분리하거나 전승의 층을 확인하는 것으로 더 이상 정의될 수 없다. 오히려 그것은 초기 기독교의 형성 과정에서 기억이 끼친 영향력을 추적하는 것으로 생각해야 한다. 예수와 관련된 역사적 사건은 복음서에서 발견되는 예수에 대한 연속적 내러티브 표상들과 떼어놓을 수 없다.[117] 예

---

114) 참조. Helmut Koester, *Ancient Christian Gospels: Their History and Development* (London: SCM, 1990), 34.

115) James H. Charlesworth, *Jesus within Judaism: New Light from Exciting Archaeological Discoveries* (London: SPCK, 1989), 20.

116) Henry Wansbrough, "Introduction," in *Jesus and the Oral Gospel Tradition*, ed. Wansbrough, 12.

117) 참조. Jens Schröter, "Von der Historizität der Evangelien. Ein Beitrag zur gegenwärtigen Diskussion um den historischen Jesus," in *Der historische Jesus. Tendenzen und Perspektive der gegenwärtigen Forschung*, ed. J. Schröter and R. Brucker (BZNW 114; Berlin: de Gruyter, 2002), 205-206: "그 결과는 복음서의 배후에 있는 '사실 그대로의' 예수가 아니다. 오히려 그 결과는 일종의 역사적 구성이다. 그 구성은 현재의 다양한 인식 조건에서 설득력이 있는 것을 요구한다." 또한 Keith, "Memory and Authenticity," 170: "사회적 기억 이론의 관점에서 판단할 때, 예수에 대한 믿을 만한 전승을 탐구하고자 하는 학자들은 다음과 같다고 할 수 있을 것이다. 곧 그들은 유니콘이나, 바다 속으로

수 전승은 교회의 가르침으로 둘러싸인 양파와 같은 것으로 축소될 수 없다. 곧 예수의 말씀 가운데서 믿을 만한 핵심 부분이 나타나기까지, 그 가르침을 하나하나 벗겨낼 수 없다. 반대로, 예수 전승은 예수에 대한 기억에 근거해서 부수적으로 일어나는 회상이다. 이 기억이 초기 교회를 형성했다. 브루스 칠턴(Bruce Chilton)은 복음서 연구를 위해 이것이 무엇을 의미하는지 다음과 같이 올바르게 추론한다. "복음서에 대한 해석은 반드시 생산 능력이 있는 해석이어야 한다. 우리는 예수가 말하고 행동한 것이 어떻게 운동을 일으키고, 또 기억을 만들어냈는지 추적할 필요가 있다. 그 운동과 기억은 복음서가 기록된 시점까지 연속적으로 이어지는 단계를 만들어냈으며 각 단계는 고유한 사회적 맥락을 가지고 있다."[118]

예수를 기억하는 일은 결코 진공상태에서 일어나지 않고, 사회적 배경 안에서 생겨난다. 기억은 사람의 사적인 마음의 창고에 간직되는 것이 아니다. 오히려 기억은 공동체를 통해 분류되고 공유되며 퍼져나간다. 동시에 공동체는 공동의 과거에 대한 기억을 간직하고 있다. 예수에 대한 기억은 어떤 의미에서 "상호 주관적인"(intersubjective) 것이다.[119] 이는 역사가를 위해 좋은 일이다. 왜냐하면 다른 사람들과 기억을 공유하며 이어지는 사회적 대화는 상상과 그릇된 기억을 합리적인 범위까지 수정할 수 있

침몰한 아틀란티스 섬이나, 무지개의 끝에 있다는 황금으로 만들어진 병을 찾고 있는 이들과 같다. 오직 실제 과거만 반영하는 예수 전승은 더 이상 존재하지 않는다. 이런 전승은 결코 존재했던 적이 없다. 모든 전승—모든 기억—에는 과거와 현재가 나눌 수 없을 정도로 결합되어 있다. 만약 현재가 과거를 위한 것이 아니라면, 현재는 기억해야 할 것이 아무것도 없을 것이다. 만약 과거가 현재의 구조를 위한 것이 아니라면, 과거는 기억될 수 없을 것이다."

118) Bruce D. Chilton, *Pure Kingdom: Jesus' Vision of God* (Grand Rapids: Eerdmans, 1996), 51.
119) 참조. Bauckham, *Jesus and the Eyewitnesses*, 311-313.

기 때문이다.[120] 예수에 대한 기억은 신앙 공동체의 맥락 안에서 자라난 것이다. 그 공동체 안에서 핵심적인 개인과 그룹의 합의가 예수에 대한 다른 기억과 비교되면서 이전의 기억 행위에 맞서 기억의 진정성과 지속성을 결정한다.[121] 기억의 사회학은 기억의 보존과 온전성을 설명하는 데 가장 좋은 요소 중 하나다.[122]

하지만 기억은 단지 후세를 위해 회상한 과거에 대한 회고는 아니다. 기억은 현재에 영향을 미치려고 과거를 살아나게 한다. 기억은 과거를 불러냄으로써 현재를 정의한다. 또한 기억은 청중에게 그들이 지지하는 유산을 알려줌으로써 현재에 힌트를 제공한다. 따라서 기억은 단순히 잠자고 있는 두뇌 세포로부터 과거의 정보를 검색하는 것이 아니다. 오히려 과거는 기억의 과정에 기초해서 세워지며, 공동체의 사회적 구조에 비추어서 형성된다. 그 이유는 단순하고 명백하다. 과거의 이미지가 현재에도 타당하려면, 공유된 기억이 반드시 기억하는 맥락에 배치되어야 하며, 타

---

120) Le Donne, *Historiographical Jesus*, 47-48.
121) 참조. Redman("Eyewitnesses," 186): "우리가 기대하듯이, 그룹에 속한 사람들이 함께 일한다면, 그 사람들은 혼자서 일하는 구성원보다 특별한 사건에 대해 세부 내용을 더 잘 생각해낼 수 있을 것이다. 하지만 만약 각 사람의 개별 기억을 모두 모은다면, 기억된 항목과 세부 내용의 총체는 집단적인 그룹이 기억한 횟수와 세부 내용의 총체보다 더 많을 것이다. 그룹의 기억은 시간이 지나면 개인의 기억보다 더 안정적인 것처럼 보인다. 하지만 그룹 안에서 자료를 체계화한 방법에 따라 다양한 차이점이 있다."
122) 이 이유 때문에 "사회석 기억"에 대한 Bauckham(*Jesus and the Eyewitnesses*, 291), Dunn(*New Perspective on Jesus*, 43-44), Gerhardsson("Secret of the Transmission," 8-9) 및 Byrskog(*Story as History*, 255)의 망설임은 근거가 없다. 왜냐하면 사회적 기억은 구술 역사를 익명의 무덤 안으로 집어넣어 잊게 하거나, 목격자 및 교사 같은 이들이 통제 역할을 하는 것처럼 다른 통제를 부인하지 않기 때문이다. 여기서 강조하고자 하는 바는 사회적 기억이 개개인들을 고립된 대상으로, 곧 사회적 맥락에서 떼어내어 분석할 수 있는 대상으로 다루는 것을 거부한다는 것이다. 따라서 개인의 기억과 공동의 기억은 동시에 서로 영향을 미친다(Rodriguez, *Structuring Early Christian Memory*, 44-47).

당한 신념의 현존하는 구조에 적합하도록 만들어져야 한다. 기억은 과거로부터 지속되며, 현재를 기반으로 하여 의존적으로 구성된다. 과거는 현재를 위해 공시적으로 구성되는 반면에 기억은 과거 안에 기억의 통시적인 깊이를 간직한다. 과거는 회고 행위―기념, 모방, 연행―에 의해 형성된다. 이런 회고는 공동체에게 알려지고 받아들여진 보다 광범위한 내러티브 안에서 과거를 예시해준다. 공동체의 내러티브는 회고를 해석하는 인식적이고 언어적인 열쇠 역할을 한다. 반면에 회고는 과거를 공동체의 내러티브로 만들어진 역사 안에 깊이 심어준다. 회고와 공동체의 내러티브는 서로 결합된다. 그래서 과거는 현재의 사회적 실재를 형성하며, 과거 자체에 대한 회고는 공동체의 사회적 상황에 의해 형성된다. 그러므로 사회적 기억은 과거의 유적과 현재의 불확실성 사이에 절충을 이루게 한다.[123] 이와 같이 예수에 대한 기억은 전승 자체 안에서의 안정성과 다양성을 설명하기 위한 과거의 회상과 현재의 도입 사이의 혼합이다. 따라서 예수 전승은 기억의 산물, 곧 기억된 과거와 역동적인 현재 사이의 지속적인 절충과 의미론적인 참여라고 생각할 수 있다.[124] 예수의 역사는 기억하는 과정 안에서 구성되며, 예수에 대한 다양한 기억 안에서 민주화된다. 그리고 신앙 공동체에 의해 타당하다고 인정되는 예수에 대한 단일한 기억이 형성되기까지 기억은 서로 결합된다.

    사회적 기억 모델은 스칸디나비아 학자들의 접근 방법과 차이가 있다. 왜냐하면 그 모델은 체계적인 암기에 전혀 호소하지 않기 때문이다. 기억

---

[123] Kirk, "Memory Theory and Jesus Research," 1:817-818.
[124] Schröter, *Erinnerung*, 463. 그리고 Keith(*Jesus' Literacy*, 58)의 견해에 의하면, 사회적 기억 이론에서 "현재는 단순히 과거를 함부로 짓밟지 않는다. 즉 현재는 과거에 영향을 주는 동시에 과거는 현재에 영향을 준다."

은 비공식적으로 반복되며 기억에 대한 통제는 신앙 공동체 내에 위치한다. 그리고 신앙 공동체의 권위 있는 교사들에 의해 그 통제가 실행된다. 전달은 예수의 가르침을 거룩한 말씀으로 이해하거나 기계적으로 암기해서 이루어진 것이 아니라, 오히려 예수의 추종자들에게 기억이 영향을 미쳐서 이루어진 것으로 간주될 수 있다. 예수에 대한 기억은 결코 전적으로 고정되거나 유동적인 형태로 재연되지 않았다. 오히려 그것은 청중에게 극적인 결과를 (다시) 빚어내기 위해서 연행되었다.[125] 하지만 주요한 통제를 제공하는 것은 바로 공동체의 차원이다.[126] 복음서 안에서 예수 전승을 분석할 때, 우리는 한 사람의 기억에 기초하고 있는 끊어지기 쉬운 단 하나의 전달 "사슬"을 다루는 것이 아니다. 오히려 공동체의 전달 "망"(net)을 다루는 것이다. 그 전달 망은 전승이 더 광범위하게 보존되도록 도와준다.[127]

반면에 많은 학자들은 제자들이나 초기 교회가 예수를 정확하게 기억했는지에 대해 의혹을 제기했다. 데일 앨리슨은 "인간의 기억이 지닌 취약성은 이른바 역사적 예수를 탐구하는 모든 이를 고민하게 할 것이다"라

---

[125] 참조. Kelber, *Oral and Written Gospel*, 24, 27: "기억과 전달은 사람들의 마음과 생각에 반향을 불러일으킬 정도로 메시지를 정확하게 표현하는 능력에 달려 있다." 예수 전승은 "말 그대로가 아니라, 습관적인 암기로 이어지는 방식으로 고정되었다."

[126] 나는 다음 일화를 지적하고자 한다. 미쉬나에는 Aqavya ben Mehalelel이 자신의 죽음을 바로 앞에 두고 충고한 이야기가 소개된다. 현자(賢者)였던 그는 동시대 전승을 무시한 것을 다음과 같이 후회했다고 한다. "나는 내가 들은 것을 주장했고, 그들은 그들이 들은 것을 주장했다. 하지만 너희는 개인에게서 또한 많은 사람에게서 들었다. 개인의 가르침을 버려두고, 많은 사람의 가르침을 꼭 붙잡고 있는 것이 가장 좋을 것이다"(*m. Eduyoth* 5.7). Jaffee, *Torah in the Mouth*, 68은 다음과 같이 말하는데, 여기서 집단적인(공동의) 기억과 관련한 한 가지 사례를 본다. "바로 집단적인 기억의 합의가 개인의 주장에 맞서서 전달된 전승에 대해 믿을 만한 윤곽을 규정했다."

[127] Keener, *Historical Jesus*, 146, 149; Kirk, "Memory Theory and Jesus Research," 839-840.

고 경고한다.[128] 고(故) 로버트 펑크의 견해에 의하면, "복음서와 성서의 다른 부분에 기록된 이야기의 상당 부분은 민간전승이다. 곧 그것은 기억 안에 포장되어 있다는 것을 의미한다. 그 기억은 오랜 세월에 걸쳐서 여러 번 편집되고 삭제되고 덧붙여지고 결합되었다."[129] 존 도미닉 크로산은 사람들이 어떤 사항을 정확하게 기억할 수 있다는 것을 의심하지 않는다. 하지만 그는 기억이 언제나 믿을 만한 수단은 아니라고 애써서 강조한다. 그러면서 이렇게 주장한다. "기억은 정확한 회상이라기보다 창조적 재구성이거나 그 이상이다. 불행하게도 때때로 우리는 어디서 하나가 끝나고, 어디서 다른 하나가 시작되는지 말할 수 없다."[130] 크로산은 이렇게도 덧붙인다. "사실과 허구, 기억과 환상, 회상과 조작은 기억 속에서 서로 얽혀 있다.… 독립적이며 문서로 확인된 것 외에, 우리를 포함해서 아무도 무엇이 무엇인지 절대적으로 확신할 수 없다."[131] 나아가 크로산은 기억의 불완전성을 강조하는 심리학적인 연구 사례 중에서 몇 가지를 언급한다.

우리는 다음과 같은 크로산과 펑크의 주장을 인정해야 할 것이다. 곧 경험은 사람들이 세부 내용보다 개요나 구조를 기억하는 경향을 지니고 있다고 우리에게 가르쳐준다는 것이다.[132] 기억은 오류를 전혀 범하지 않는 안내자가 아니다. 우리는 동방이 가진 기억의 효능을 의지할 수 있는 대안으로 낭만화할 수 없다. 하지만 초기 그리스도인들이 예수를 "정확하

---

128) Allison, *Constructing Jesus*, 1.
129) Funk, *Acts of Jesus*, 6; 참조. Funk and Hoover, *Five Gospels*, 28-29.
130) Crossan, *Birth of Christianity*, 59.
131) Crossan, *Birth of Christianity*, 60.
132) 참조. Robert McIver and Mark Carroll, "Experiments to Determine Distinguishing Characteristics of Orally Transmitted Material When Compared to Material Transmitted by Literary Means, and Their Potential Implications for the Synoptic Problem," *JBL* 121 (2002): 667-687.

게" 기억하지 않았다는 이론을 받아들이지 않을 만한 몇 가지 설득력 있는 근거가 있다.

1. 크로산은 기억에 실수가 있다는 것을 보여주는 예를 언급한다(예. 어떤 사람이 유인 우주왕복선 챌린저 2호기가 공중 폭발했을 때 자신이 어느 곳에 있었는지 잘못 기억하는 것 등이다). 하지만 이 예는 질문을 받은 개인에게 단순히 우연적인 의미를 지닌 것이며, 그의 핵심적인 신념 및 정체성과 연결되어 있지 않다.[133] 해당 대상은 정서적인 측면에서 과거의 사건에 참여하지 않았으며, 심지어 과거의 사건은 추적할 수 있는 이야기와 더불어 공동체가 세워지는 것과 막연하게 연결되어 있다. 그래서 이 예는 예수 전승에 대한 회고와 타당한 비교 대상이 되지 못한다. 우리는 예수의 말씀과 행위가 초기 기독교 공동체의 자기 이해를 위한 기반을 형성했다는 사실을 고려해야 한다. 우리는 잊기 쉽고 사소한 일반적인 지식의 세부 내용을 다루는 것이 아니다. 초기 기독교 공동체의 신앙, 윤리 규범, 상징 및 관습 등은 모두 예수가 그들에게 미쳤던 영향에 기초해서 정의되고 방향이 설정되었다. 그리고 그 영향은 예수에 대한 기억 속에서 구체화되었다.

2. 만약 누군가가 수십 년이 지나서 예수에 대한 기억을 불러내려고 시도하는 예수의 가장 가까운 제자들과 일반적인 지지자들을 상상한다면, 기억의 취약성 및 실수 가능성에 대한 연구는 분명히 매력이 있을 것이다. 하지만 우리는 예수 운동이 갈릴리, 예루살렘, 유대, 시리아 및 소아시아 등지에서 네트워크와 신지들로 구성된 공동체를 형성했다는 사실을

---

133) 참조. Abel, "Psychology of Memory and Rumor," 280. Abel은 Schachter와 Burdick의 연구를 인용한다. 소문에 대한 그들의 연구는 해당 정보가 단지 관찰한 대상에게 흥미가 있고 그 대상과 관련이 있을 때 기억된다는 것을 입증했다.

알고 있다. 또한 우리는 예수에 대한 그들의 기억이 "망"의 맥락에서 재생되었음도 알고 있다. 그리스도인들로 구성된 이 그룹은 개인들로서가 아니라 하나의 공동체로서 예수를 기억했다. 더욱이 예수에 대한 기억을 더하거나 발전시킬 수 있게 하는 통제 행위나 지침을 제공했던 것은 바로 신앙 공동체의 맥락이었다. 아이러니하게도 크로산 역시 바로 이 점을 정확하게 입증한다. 왜냐하면 그는 기억이 결함이 있다고 밝혀져서, 살아 있는 기억 안에 있는 증인들을 만났던 동시대인들에 의해 교정된 예를 제시해주기 때문이다.[134]

3. 예수를 기억하는 일은 어떤 사람이 정확하게 열이틀 전 저녁 7시 15분에 무엇을 하고 있었는가를 기억하는 것과 같은 단발적인 사건이 아니었다. 기억이 일관성이 있으려면, 그 기억을 자주 회상하고 검토해보는 것이 중요하다. 제프리 올릭(Jeffrey Olick)의 견해에 의하면, "진정한 공동체는 기억을 일삼는 공동체다. 그 공동체는 끊임없이 자기 공동체를 구성하는 데 기초가 되는 기억에 대해 말하고 또 말한다."[135] 공생애 기간에 약 삼 년에 걸쳐서 아마도 예수는 동일한 사항을 여러 번 다양한 장소에서 가르치고 말했을 것이다. 순회 사역을 하면서, 자신이 찾아갔던 마을에서 하나님 나라에 대한 메시지를 긴급하게 전파할 때, 예수는 이곳저곳에서 거의 동일한 내용을 말해야 할 필요가 있었을 것이다.[136] 그래서 타

---

[134] Bockmuehl, *Seeing the Word*, 174.
[135] Jeffrey K. Olick, "Collective Memory: The Two Cultures," *Sociological Theory* 17 (1999), 344. Kirk, "Memory Theory and Jesus Research," 815에 인용됨.
[136] Gerhardsson, *Memory and Manuscript*, 334-335; Kelber, *Oral and the Written Gospel*, 30; N. T. Wright, *The New Testament and the People of God* (COQG 1; Minneapolis: Fortress, 1992), 422-424; idem, *Jesus and the Victory of God*, 51, 170-171; Keener, *Historical Jesus*, 142; Dunn, *Jesus Remembered*, 239-245; idem, "Remembering Jesus," 197-198; idem, *Jesus, Paul, and the Gospels*, 43-44; Bauckham,

이센(Theissen)은 "예수 전승의 기원은 예수의 가르침과 순회 사역 안에서 찾을 수 있다"라고 추측한다.[137] [순회 사역을 통한] 반복은 예수의 원래 말씀이 아니라, 말씀의 기억을 강화했을 것이다. 왜냐하면 "원래" 말씀이 있을 수 없기 때문이다. 예수는 자신의 가장 가까운 제자들과 보다 광범위한 지지자들에게 말씀 및 가르침을 여러 경우에 말했던 것 같다. 따라서 각 경우가 어떤 의미에서 원래의 말씀이나 가르침인 것이다. 하지만 예수의 추종자들의 범위를 넘어서, 예수의 부활 사건 이전에도 틀림없이 사람들이 예수가 말하고 행한 것을 다시 말하고 다시 듣는 일이 시작되었을 것이다. 우리는 쉽게 다음과 같이 상상해볼 수 있다. 어떤 사람이 예수에게서 병 고침을 받았다. 그는 이웃에게 자신에게 어떤 일이 일어났는지 말했을 것이다. 또한 어떤 어부는 예수가 회당에서 논쟁이 일어나는 데 원인을 제공했다고 자기 아들들에게 말했을 것이다. 그리고 어떤 여인은 자기 남편에게 그날 자신이 들었던 재미있는 비유를 들려주었을 것이다.[138] 따라서 초기 교회 안에서 [예수 전승에 대한] 이런 반복은 더 규칙

Jesus and the Eyewitnesses, 345-346; Allison, *Constructing Jesus*, 24; Redman, "Eyewitnesses," 189; Theissen, *New Testament*, 23.

137) Theissen, *New Testament*, 25.

138) Dunn, *Jesus Remembered*, 240; Bauckham, *Jesus and the Eyewitnesses*, 345-346. 또한 참조. Gerd Theissen, *The Shadow of the Galilean*, trans. J. Bowden (Philadelphia: Fortress, 1987), 특히 97-107. Theissen은 갈릴리 지역에 있는 마을에서 예수 전승이 구술로 전달되기 시작했다는 이야기를 소개해준다. 그 이야기는 지어낸 것이지만, 현실성이 있다. 또한 Theissen은 다른 곳(*New Testament*, 26)에서 이렇게 주장한다. "이와 같이 예수가 죽은 다음에 그에 대한 전승은 세 가지 사회적인 맥락에서 전해졌다. 곧 그의 제자들 사이에서, 공동체 안에서, 또한 일반 대중 안에서다." 이 주제에 대한 보다 밀도 있는 연구로서 다음을 참고하라. Heinz Schürmann, "Die vorösterlichen Anfänge der Logientradition. Versuch eines formgeschichtlichen Zugangs zum Leben Jesu," in *Der historische Jesus und der kerygmatische Christus*, ed. H. Ristow and K. Matthiae (Berlin: Evangelische Verlaganstalt, 1962), 342-370.

적으로 또한 공식적으로 일어났다. 교육, 변증, 예배 의식 및 심지어 논쟁과 같은 다양한 배경에서 예수에 대한 기억은 끊임없이 상기되었다. 단지 한 개인에 의해서가 아니라 공동체에 의해서, 단지 하나의 공동체가 아니라 팔레스타인 지역을 넘어 지중해 연안에 위치한 도시에 세워진 수많은 공동체에 의해서, 예수에 대한 기억은 끊임없이 상기되었다. 참으로 우리는 복음서에서 이런 반복적인 유형을 발견할 수 있다. 이 점에 근거해서, 우리는 확실한 기억에 기초한 구전의 문학적인 저장소를 만나고 있다고 결론 내릴 수 있다.[139]

4. 제자들이 예수를 잊어버렸다고 추측하는 학자들은 효과적으로 상상력을 마음껏 펼칠지도 모른다.[140] 회의주의는 상당히 편리한 진공상태를 만들어낸다. 그 안에서 서로 다르게 묘사되는 예수에 대한 이론이 생겨나며, 서로 이질적인 공동체 사이에서 예수에 대한 전기적 내러티브와 관련해서 피비린내 나는 논쟁이 펼쳐진다. 이는 복음서가 실제로 "예수"에 대해서 말하지 않고 무엇인가 다른 것에 대해서, 예를 들면 도마 공동체와 요한 공동체의 대립 같은 것에 대해 말한다는 의미다. 하지만 십중팔구 구술 연행은 초기 그리스도인들의 집단적인 기억 안에 예수 전승을 쐐기로 박아놓았을 것이다. 또한 그것은 예수의 추종자들이 살고 있던 전승 환경의 중요한 구성 요소가 되었다. 이는 틀림없는 사실이다. 만약 우리가 예수 전승이 처음에는 입으로 말해졌지만 곧 기억에서 사라졌으며, 그 전승은 어떤 공동체에도 아무런 영향을 미치지 않았고, 나아가 예수에 대한 기억은 초기 교회에 지속적인 영향을 행사하지 않고 단지 나중에 글

---

139) 참조. Allison, *Constructing Jesus*, 15-24.
140) Dahl, "Problem of the Historical Jesus," 94.

로 기록된 것이라고 전제하지 않는다면 말이다.[141] 만약 그렇다면, 우리는 예수의 최초 추종자들이 "심각한 기억상실증"을 앓고 있었다고 전제해야 한다. 나는 그런 전제가 타당성이 없다고 판단한다.[142]

IV — 결론

복음서를 이해하기 위해서는 이 텍스트의 의도가 고대 그리스-로마 세계에 퍼져 있는 독자들에게 예수에 대해 이야기하고자 하는 것임을 파악해야 한다. 복음서는 예수를 그리스도로 고백하는 신자들의 네트워크에서 발생했다. 복음서는 고유한 권리를 가진 책으로서 신학적인 기록물이다. 또한 복음서에는 초기 교회의 신앙이 반영되어 있다. 하지만 복음서는 순전히 신학적인 기만으로 가득한 채, 허구적인 표현으로 꾸며져 있는 책이 아니다. 그래서 예수의 과거에 접근하는 일을 결코 불가능하게 만들지 않는다. 복음서는 예수라는 역사적 인물에 대한 전기적인 설명이며, 이스라엘의 종교 역사 안에 배열되어 있고, 지중해 동부 연안에 위치한 고대 그리스-로마 도시 안에 살고 있던 그리스도인들의 상황에 비추어 이야기를 전달한다.

---

141) Rodriguez, *Structuring Early Christian Memory*, 4.
142) Witherington, *Christology of Jesus*, 14. 또한 참조. Meier, *Marginal Jew*, 1:169-170. Meier는 예수 전승 안에는 "창조적인 추진력" 옆에 "보수적인 힘"이 있었다고 생각한다. 그 힘은 "편의를 위한 기억상실증"을 허용하지 않았다고 본다. Allison, *Constructing Jesus*, 9. n. 47은 기억의 신뢰성에 대해 전반적으로 유보적인 입장을 보이는데도 불구하고, 복음서 저자들을 "기억상실증 환자"라고 혹평하기를 거부한다.

예수 전승의 구술 전달과 관련해서 제안된 모델을 모두 검토하고, 각 모델에 대한 찬성과 반대의 견해를 언급하고 나서, 이제 나는 어느 모델도 복음서가 형성된 과정을 완전하게 설명해주지 못한다는 입장을 제시하고자 한다. 나는 "비공식적으로 통제된 구전"이라는 케네스 베일리의 모델이 제공해주는 전반적인 "인상"에 동조한다. 베일리의 모델은 특별히 구전의 사회적 현실에 적용한 것으로서, 팔레스타인 지역의 마을 생활과 고대 그리스-로마의 도시에 있던 회당과 아고라에서의 대화에 잘 어울린다. 하지만 그 모델은 결국 사회적이고 인류학적인 증거보다 일화의 증거에 기초하고 있다. 이와 비슷하게, 스칸디나비아 학자들이 제시하는 모델은 랍비 교육 방법에 호소한다. 틀림없이 이 모델은 예수 전승이 어떻게 처음에 팔레스타인 지역에서 전달되었는가에 대해 가장 가까운 유비를 제공해준다. 하지만 스칸디나비아 모델은 일부분을 밝혀주지만, 모든 것을 설명해주지는 않는다. 게다가 우리는 기원후 70년 이전의 구술 문화에서 전달 과정을 구체적으로 밝혀낼 수 없다. 왜냐하면 이에 대한 우리의 지식은 아무리 높게 평가해도 부족하기 때문이다. 이와 같은 모델, 곧 베일리와 스칸디나비아 학자들의 모델은 예수 전승에 대한 탐구에 도움을 준다. 왜냐하면 그 모델이 때때로 훌륭한 이유를 제시하며 우리에게 전승이 어떻게 이루어졌는지에 대해 상상하는 방법을 제공해주기 때문이다. 하지만 그 모델은 전승의 양식, 내용, 견고성 및 다양성에 대해 명료하게 설명해주지 못한다.

이 경우에 구전과 관련해서 문제점이 가장 적은 모델이 어느 것인지 확인하는 것보다 우리가 진정으로 필요로 하는 것은 보다 근본적인 설명이다. 곧 구술성과 텍스트성 사이의 유동적인 상호 교환과 더불어, 어떻게 구술 역사가 구전을 통해 전달되었는지 설명해주는 일종의 기억 해석학과 같은 것이 필요하다. 다시 말해서, 예수 전승에 대한 견해는 사회적 기억의 기초 이론으로 뒷받침되어야 할 필요가 있다. 곧 그것은 복음서를 당시의 구술 문화와 기록 문화 안에서 초기 그리스도인들의 상황에서 해석되고 적용된 예수에 대한 기억으로 특징짓는 이론이다. 또한 그것은 구술 및 기록 수단의 다양성을 넘어서 개인, 집단, 문화적인 힘에 의해 형성된 것으로서 예수에 대한 기억이 지닌 상호주관적인 특성을 설명해주는 한 가지 방법이다.

나는 "사회적 기억 안에서의 예수"라는 표현이 이 연구 과제를 위한 유용한 지시어라고 제안한다. 왜냐하면 이 표현은 전승이 궁극적으로 기억이며, 기억은 개인 및 그룹의 기억 과정에 의해 전달되고 변형된다는 점을 강조하기 때문이다. 또한 이 모델은 믿을 만할 뿐만 아니라 왜곡된 기억을 드러내기 위해 우리가 편견과 전기의 요소를 통합하는 것을 가능하게 해준다. 목격자, 교사, 전승을 전달하고 받아들이는 인식할 수 있는 과정과 구술 기억 및 비망록의 풍부한 혼합의 도움을 받아서, 초기 교회는 예수를 기억하고 그를 하나님이 보내신 구원자뿐만 아니라 유대인 현자로 설명했다. 문제가 되고 있는 자료의 유형과 전승의 소지자가 전승을 공식적이거나 비공식적인 방법으로 통제했는가에 의존하면서, 전승은 고정성과 유연성 사이에서 왔다 갔다 한다. 이것이 획일적이었다고 생각할 이유는 전혀 없다. 이는 후대의 예수 추종자들의 신앙심과 냉철하게 구별되는 예수를 제시하지 않는다. 그 대신 자신의 친구들과 제자들에게 영향을 미쳤던 예수를 우리에게 제시해준다.

복음서가 만들어내는 것은 역사적 예수에게 억지로 덧붙여진 믿음의 그리스도가 아니다. 오히려 복음서는 과거의 예수의 행위에 대해 마치 다큐멘터리-드라마와 같이 놀라운 묘사를 제공해준다. 또한 복음서는 예수에 대한 공동(집단)의 기억을 통해 예수의 음성을 오늘날의 청중에게도 들려준다. 따라서 복음서에 수록되어 있는 예수에 대한 기억은 우리에게 진정성과 예술적 특성, 사실과 믿음, 역사와 해석을 전해준다. 복음서 저자들은 실증주의적 인식론을 만족시키려는 목적에서 예수의 생애를 저술하는 것이 아니다. 기독교 자체 내에서의 논쟁이나 유대교와의 논쟁에서 무기로 사용하려고 예수의 이미지를 꾸며낸 것도 결코 아니다. 오히려 복음서는 과거에 일어난 이야기를 서술해서 예수라고 불리는 한 인물, 이스라엘의 메시아이자 세상의 진정한 주님이 지금 바로 우리에게 중요성을 지니고 있음을 일깨우려는 것이다.

추기
양식비평의 결함

20세기의 복음서 연구에서 한 가지 주요한 접근 방법은 양식비평(Form-geschichte)이었다. 양식비평의 목표는 공관복음서 전승의 배후에 있는, 문서로 기록되기 이전의 구술 단계를 개념화하고 설명하는 것이었다. 신약성서의 양식비평 학자들은 그들보다 대략 한 세대 앞선 동료인 헤르만 궁켈(Hermann Gunkel)과 율리우스 벨하우젠(Julius Wellhausen)과 같은 20세기 초의 구약학자들의 연구에 기초하고 있다. 1920년대에 독일의 세 학자 곧 칼 루트비히 쉬미트(K. L. Schmidt), 마르틴 디벨리우스(Martin Dibelius), 루돌프 불트만(Rudolf Bultmann)은 복음서에 대한 양식비평 연구를 선도하고 있었다.[143] 1930년대와 1940년대에 영국에서는 빈센트 테일러(Vincent Taylor)와 로버트 라이트풋(R. H. Lightfoot) 같은 학자들이 양식비평의 원리를 신중하게 받아들이고 그것을 적용했다.[144] 루돌프 불

---

143) K. L. Schmidt, *Der Rahmen der Geschichte Jesu. Literarkritische Untersuchungen zur Ältesten Jesuberlieferung* (Berlin: Trowitzsch, 1919); Marin Dibelius, *From Tradition to Gospel*, trans. Bertram Lee Woolf (Cambridge: Clarke, 1971 [1919]); Rudolf Bultmann, *History of the Synoptic Tradition*, trans. J. Marsh (2nd. ed.; New York: Harper & Row, 1963 [1921]).

144) Vincent Taylor, *The Formation of the Gospel Tradition* (London: Macmillan, 1933); R. H. Lightfoot, *History and Interpretation in the Gospels* (London: Hodder & Stoughton, 1935). 뒤에 출간된 다음 학자들의 연구서도 무시할 수 없다. B. S. Easton, *The*

불트만의 견해에 의하면, 양식비평의 목표는 "공관복음서의 말씀과 이야기에서 원래의 단위가 무엇인지를 찾아내는 것이다. 그리고 그것의 역사적인 배경이 무엇인지, 그것이 일차적인 전승인지 아니면 이차적인 전승에 속하는지, 아니면 편집의 산물인지를 밝히는 것이다."[145]

양식비평은 복음서에서 다양한 "양식" 또는 하위 장르를 확인함으로써 시작된다. 그다음 어떤 주어진 단위에 특별한 양식을 부여한다. 그리고 그 양식의 배후에 있는 초기 교회의 **삶의 자리**(Sitz im Leben)를 추론한다. 그리고 나서 문서로 기록되기 이전 단계에서 그 단위가 발전된 과정을 추적한다. 여기서 작동하는 가정은 다음과 같다. 곧 복음서는 전승의 첨가를 통해 수사학적인 측면에서 단순한 양식으로부터 보다 복합적인 단위로 전개된 일종의 민속(folk) 문학이라는 것이다. 또한 전승 과정에서 다양한 단위에 내용이 첨가되었다고 주장한다. 각 복음서 저자가 성취한 것은, 이 개별 단위(말씀, 이야기 등)를 모두 연결해서 하나의 내러티브로 만들어낸 것이다. 복음서에 접근하는 방법과 관련해서, 양식비평은 양파 껍질을 차례대로 벗겨나가는 것과 비슷하다. 곧 양식비평은 복음서에서 한 층 한 층을 떼어내서, 이를 원래 말씀 또는 이야기로 되돌린다. 그뿐 아니라, 양파 껍질을 벗기는 것과 똑같이, 양식비평 학자가 복음서에 있는 전승의 층들을 가려내고 잘라내는 작업을 지켜보는 것은 누군가를 울고 싶게 만들 것이다. 왜냐하면 이를 지켜보는 일은 고통스럽기 때문이다 (앞으로 양식비평에 대한 더 많은 비판을 다룰 것이다).

Gospel before the Gospels (London: Allen & Unwin, 1928); C. K. Barrett, *Jesus and the Gospel Tradition* (London: SPCK, 1967) and C. F. D. Moule, *The Birth of the New Testament* (London: Black, 1981 [1962]).

145) Bultmann, *History of the Synoptic Tradition*, 2-3.

이 양식이 실제로 무엇인지에 대해서는 양식비평 학자들 사이에서도 의견이 일치하지 않는다. 하지만 가장 널리 받아들여지는 것으로서 이 양식은 대체로 다음과 같이 분류된다. (1) 개별적인 로기아(말씀), (2) 선언 이야기 혹은 아포프테그마(apophthegm) 또는 패러다임이라고 불림(마지막에 감동을 주는 짤막한 이야기), (3) 비유와 직유(은유적인 짧은 내러티브, (4) 담론(연설), (5) 기적 이야기(초자연적인 행위가 포함됨), (6) 역사적인 내러티브(대체로 신화에 기초함). 이 양식은 구전을 담고 있으며, 원래 전승에 여러 층이 첨가되어서 변질되었다. 그리고 복음서는 초기 교회의 다양한 상황에 맞추어진 양식으로부터 저마다 최종적인 형태를 취했다.

양식비평의 가치는 예수의 가르침이 잔존하는 구전 형태 안에 들어 있다고 인정하며, 예수 전승에 구전의 구성 요소가 존재함을 가정하는 데 있다. 또한 초기 교회에서 예수 전승의 기원과 형성을 추적하려고 열정적으로 힘쓰는 것도 양식비평의 강점이다. 하지만 실제로 양식비평의 모든 전제와 탐구 절차는 예외 없이 철저한 불신을 받아왔다. 양식비평은 디스코가 사라질 무렵과 거의 동일한 시기에 학자들의 무대에서 서서히 사라졌다. 하지만 고대 로마인들이 카르타고에게 했던 것과 거의 똑같이, 땅에 소금을 뿌리는 일이 여전히 필요하다. 그래서 그 땅에서 아무것도 다시 자라나지 않도록 확실히 해야 한다. 따라서 나는 여기서 예수 전승의 기원에 대한 지도를 그리는 양식비평의 패러다임이 지니고 있는 주요한 결점 목록을 제시하고자 한다.[146]

---

146) 다음 논문 및 연구서에서 양식비평에 대한 다른 평가 및 비판을 보라. Graham N. Stanton, "Form Criticism Revisited," in *What about the New Testament?* ed. M. Hooker and C. Hickling (London: SCM, 1975), 13-27; S. H. Travis, "Form Criticism," in *New Testament Interpretation: Essays on Principles and Methods,* ed. I. Howard Marshall (Grand Rapids: Eerdmans, 1977), 153-164; Reiner Blank, *Analyse und Kritik der*

팔레스타인 배경과 헬레니즘 배경 사이의 차이점

여기서 중요한 지점은, 예수 전승의 발전 과정을 추적하는 양식비평의 패러다임이 기독교의 기원에 대한 양식비평의 견해와 밀접하게 연결되어 있음을 기억하는 것이다. 빌헬름 부세트(Wilhelm Bousset)의 선례를 따라서 루돌프 불트만은 기독교가 다양한 단계를 통해 발전되었다고 이해한다. "초기 교회"는 단지 다른 많은 기독교 그룹에 대한 포괄적 용어이며, 각 교회는 저마다의 독특한 상황과 관점을 지니고 있었다. 기독교는 팔레스타인 지역의 유대 기독교의 배경에서 시작되었지만 곧바로 디아스포라 지역으로 옮겨갔으며, 헬레니즘의 영향을 받고 있던 유대 기독교의 배경 안에 뿌리를 내렸다. 마침내 기독교는 유대의 맥락을 넘어서 이방인 기독교란 배경으로 바뀌었다. 이 "배경"이 실제로 "단계"이며, 이 "단계"를 통해 예수 전승이 전달되었고 마침내 복음서 안에 자리를 잡았다. 어떤 자료는 나중에 어느 단계에서 지어낸 것인 반면에, 다른 자료는 몇 단계를 거쳐서 내용이 덧붙여지며 전달되었다. 그래서 불트만은 다음과 같이 주장할 수 있었다. 곧 논쟁 이야기는 팔레스타인 배경에서 유래되었고, 기적 이야기와 "나는 ~이다"라는 예수의 말씀은 헬레니즘 배경에서 온 것이다 등등. 이 다양한 "배경"은 마치 분류함처럼 사용된다. 양식비평가들은 복음서에서 다양한 단위를 떼어내어, 그 단위를 특정한 배경

---

formgeschichtlichen Arbeiten von Martin Dibelius und Rudolf Bultmann (Basel: Reinhardt, 1981); Marin Hengel, *Four Gospels and One Gospel of Jesus Christ*, trans. J. Bowden (Harrisburg: Trinity, 2000), 143-145; Robert H. Stein, *Studying the Synoptic Gospels: Origin and Interpretation* (2nd ed.; Grand Rapids: Baker, 2001), 173-194; Bauckham, *Jesus and Eyewitnesses*, 241-249; Craig Blomberg, *The Historical Reliability of the Gospels* (2nd ed.; Downers Grove: InterVarsity, 2007), 50-66; Eddy and Boyd, *Jesus Legend*, 237-306; Keener, *Historical Jesus*, 153-161.

에서 비롯된 것으로 분류한다. 이제 이런 구조는 너무 많은 문제점을 지니고 있어서, 오늘날 그것을 고수하려는 사람은 찾아볼 수 없다.

첫째, 유대주의와 헬레니즘을 완벽하게 분리하는 것은 역사적인 측면에서 더 이상 가능하지 않다. 마르틴 헹엘은 고대 그리스와 로마 시대에 헬레니즘의 영향을 받은 유대 세계와 헬레니즘 사이의 복잡한 관계에 대해 자세하게 보여주었다. 프톨레마이오스와 셀레우코스 왕조 치하에서, 그 다음에는 마카비 일가 이후 시대와 로마의 하수인이었던 헤롯 가문의 통치하에서, 고대 근동의 다른 민족과 마찬가지로 유대인들은 헬레니즘에 의해 어느 정도 문화의 변화, 수용 및 통합을 경험했다. 상업, 교육, 문화, 문학 분야를 막론하고, 모든 부문에서 헬레니즘의 영향이 유대 사회에 스며들었다. 그래서 기원전 3세기 중반 무렵까지, 모든 유대주의는 헬레니즘적인 유대주의의 다양한 형태라고 표현되어야 한다. 따라서 팔레스타인 유대교와 헬레니즘 유대교를 분리하는 것은 불가능하다.[147]

둘째, 초기 교회는 유대인과 헬라주의자와 이방인을 인위적으로 서로 분리하지 않았다. 사도행전 1-6장과 바울의 편지에 기초해서 우리가 알고 있는 바에 의하면, 팔레스타인 지역의 교회는 처음부터 아람어를 말하는 구성원과 그리스어를 말하는 구성원이 나란히 공존했다. 바나바와 요한 마가 같은 사람은 이 두 가지 언어를 잘 구사했기 때문에, 두 그룹 사이에서 상당히 자유롭게 활동했다. 곧 그들은 유대 지역과 보다 광범위한 팔레스타인 지역에서, 또한 지중해 동쪽의 유대인 디아스포라 지역에서 시역했다. 아마도 처음부터 이방인 개종자들이 생겨났을 것이다. 곧 이방인에서 기독교 신앙으로 개종한 예루살렘의 니골라를 선두로 해

---

[147] Martin Hengel, *Judaism and Hellenism: Studies in Their Encounter in Palestine during the Early Hellenistic Period* (2 vols.; Philadelphia: Fortress, 1974), 1:103-106.

서(행 6:5), 다메섹, 안디옥, 가이사랴 등지의 다른 이방인 개종자들을 예로 들 수 있다(행 8-11장). 바울은 기원후 50년대와 60년대에 갈라디아, 고린도, 빌립보와 로마에 있던 교회에 보내는 편지에서 유대인과 이방인의 교제와 관련된 문제를 다루고 있다. 따라서 그는 초기 교회 안에서 전적으로 이방인만을 위한 종교 공간에 대해 증거를 남기지 않는다. 분명히 마가복음은 두 가지 언어를 사용하는 사람의 저작이다. 따라서 마가복음은 예수 전승을 아람어와 그리스어 형태로 소화한다.[148] 사실상 마태복음과 요한복음은 그리스어 및 그리스 문화와 대단히 친숙하다는 점을 드러내지만, 여전히 이 두 복음서에는 유대의 관용적인 표현과 세계관이 두드러지게 반영되어 있다. 그리스도를 믿는 이들이 살고 있던 장소와 그들의 구성에 따라서 혼합의 정도는 차이가 있었지만, 분명히 초기 교회는 인종적·문화적·언어적으로 처음부터 섞여 있었다.

셋째, 우리는 초기 교회가 작은 운동이었다는 사실을 고려해야 한다. 기원후 70년 무렵에 아마도 그리스도인의 수는 약 20,000을 넘지 않았을 것이다. 또한 교회의 지도자들은 이곳저곳으로 많이 이동했고 활동적이었다. 이를 통해 다양한 신앙 공동체들 사이에 긴밀한 상호 접촉과 문헌 및 전승의 공유가 이루어졌다.[149] 편지 및 복음서와 같은 자료가 팔레스타인 지역뿐만 아니라 디아스포라 지역의 교회 사이에서 공유되었듯이, 예수 전승은 다양한 언어 및 문화 배경 안에서 이곳저곳으로 유포되었다. **만약** (이른바

---

[148] 예수 전승이 두 가지 언어로 전달된 중요성에 대해서는 다음 연구서를 보라. Sang-Il Lee, *Jesus and Gospel Traditions in Bilingual Context: A Study in the Interdirectionality of Language* (Berlin: de Gruyter, 2012).

[149] 이 점에 대해서는 다음 논문을 보라. Michael B. Thompson, "The Holy Internet: Communication between Churches in the First Christian Generation," in *The Gospels for All Christians: Rethinking the Gospel Audiences*, ed. R. Bauckham (Grand Rapids: Eerdmans, 1998), 49-70.

로마에서) 마가복음에 텍스트로 묘사된 예수 전승이 동쪽으로 옮겨가서 (이른바 시리아 지역에서) 마태에 의해 사용되었다면, **만약** (이른바 아가야 지역에서) 누가가 마가복음과 마태복음을 손에 넣었다면, **만약** (이른바 에베소에서) 요한이 다소 간접적으로 마가복음과 누가복음을 포함했다면, **그렇다면** 이것은 예수 전승의 텍스트 형태 및 심지어 구술 형태와 관련해서도 동방과 서방 사이에 빈번한 교류가 있음을 입증해주는 명백한 사례다. 그러므로 예수 전승이 팔레스타인 배경에서 헬레니즘 배경을 거쳐서 이방인 배경이라는 한 가지 길을 거쳐 갔다는 생각은 순진할 정도로 단순화된 것이다.

따라서 양식비평의 기획 가운데 상당 부분은 심지어 실제로 존재하지도 않았던 "헬레니즘 기독교"와 같은 대상에게 예수 전승의 발전의 원인을 둠으로써 이를 설명하려는 시도에 기초하고 있다.

구전에 대한 그릇된 견해

양식비평을 시도하는 이들은 구전의 특성을 잘못 이해했다는 비판을 받을 수 있다. 그들은 초기 교회에서 구술성의 중요성을 간파했음에도 불구하고 전승의 기원을 찾아내려는 시도에서 양식의 가치를 과도하게 평가했다. 그들은 전승의 전달자들을 무시하면서, 구술 현상을 설명하기 위해 대체로 문학적인 모델에 의존했다.

첫째, 양식비평가들이 어떻게 예수 전승이 나타났는지 상상하는지와 관련해서 심각하고 성가신 질문이 제기된다. 요컨대 그들은 예수 이야기가 "신앙 공동체의 필요성 및 사용의 압박에 의해 일반화되고 정형화되었다"고 주장한다.[150] 하지만 그들은 예수 자신에 대해 또한 예수가 자신

---

150) Nineham, "Eyewitness Testimony and the Gospel Tradition," 243.

의 최초 추종자들에게 미친 영향에 대해서는 실제로 거의 언급하지 않는다. 양식비평가들에 따르면, 복음서는 있는 그대로의 기억에 구전의 잔존하는 층이 덮였고, 나중에 그것이 기록된 문서로 신학적으로 배열된 결과다. 불트만은 복음서가 "기억"을 언급하는 방법에 의해 설명될 수 없으며, 초기 교회에서 창조적으로 생겨난 문학 양식에 의해 설명될 수 있다고 강력하게 주장한다. 기억이 초기 교회에서 어떤 역할을 했을 가능성은 있지만, 복음서의 최종 형태를 결정하는 데는 역할을 하지 않았다는 것이다.[151] 여기서 문제는 복음서가 과거 자체의 요소를 제외하고, 모든 부차적이며 부수적인 요소에 의해 형성된다고 이해한다는 것이다.[152] 하지만 만약 우리가 복음서뿐만 아니라 복음서가 기록된 초기 기독교의 맥락이 형성된 것과 그 실체를 올바로 파악한다면, 기억은 틀림없이 더 중요한 역할을 했을 것이다. 마르틴 헹엘은 다음과 같이 쓰고 있다.

따라서 양식비평에서 무시된 또 한 가지 요소는 개인의 기억이다. 개인의 기억은 보고 들은 것을 몇 십 년 동안 간직할 수 있다. 그것은 "목격자"라는 현상과 밀접하게 연결되어 있다. 우선, 각 사람은 개별적인 기억을 지니고 있었다. 특히 "목격자"는 동일한 과정을 상당히 다르게 또한 제한된 방법으로 관찰할 수 있었을 것이다. 물론 동시에 해당 기억은 끊임없이 교환되었다. 그다음 이런 교환은 초기 기독교의 예배에서 증인들의 공동체를 통해 "제도화되었다." 왜냐하면 "예수에 대한 기억"은 그가 세례 요한에게서 세례 받은 일로부터 수난을 당한 것과 그것에 대한 해석에 이르기까지 내러티브 형식으로 선포되었기 때문이다. 이처럼 "기억의 보물"이 생겨났고, 그것은 보충되거나

---

151) Bultmann, *History of the Synoptic Tradition*, 48 n. 2.
152) Kirk, "Memory Theory and Jesus Research," 813.

통제될 수 있었다.[153]

둘째, 전승의 기원에 대한 한 가지 설명으로서 양식에 호소하는 양식비평은 논쟁의 여지가 충분히 있다. 여기서 양식비평가들은 두 가지 그릇된 전제를 제시했다. (a) 그들은 이야기가 "순수한 양식"으로 시작되었지만, 그다음 전달 과정에서 덧붙여진 내용으로 불순하게 되었다고 주장한다. 그래서 교회가 덧붙인 층에서 원래의 양식을 찾아야 한다는 것이다. 하지만 왜 구술 양식이 처음부터 수정되거나 섞일 수 없었는지에 대해서는 아무런 이유도 제시되지 않는다. 실제로 빈센트 테일러(Vincent Taylor)는 불트만 및 디벨리우스의 입장과 반대되는 주장을 했다. 곧 예수 전승은 비본질적인 세부 내용을 지닌 채 혼란스럽고 뒤섞인 양식으로 시작되었다가 나중에 보다 표준적이며 분별할 수 있는 양식으로 점차 순화되었다는 것이다.[154] (b) 양식비평가들은 특정 양식과 특정 배경이 서로 일대일로 상응한다고 가정한다. 따라서 한 가지 자료 유형은 하나의 배경에서 유래되었으며, 반면에 또 다른 자료 유형은 또 다른 배경에서 유래되었다는 것이다. 하지만 현재는 동일한 전승이 다양한 배경에서 연행될 수 있다는 사실이 자명한 것으로 받아들여진다. 구술 양식이나 심지어 문학적인 양식의 표준 유형도 단 하나의 배경이 독차지하지 않는다. 예를 들면,

---

153) Martin Hengel, "Eye-Witness Memory and the Writing of The Gospels," in *The Written Gospel*, ed. M. Bockmuehl and D. A. Hagner (FS Graham Stanton; Cambridge: Cambridge University Press, 2005), 86. 비슷한 주장으로 다음을 참조하라. Kirk and Thatcher, "Jesus Tradition as Social Memory," 29: "성서 연구에서 하나의 분석적인 범주로서 기어이 사라진 것은 몇 가지 요인에 기인할 것이다. 그중 가장 중요한 요인은 양식비평의 영향일 것이다."

154) Vincent Taylor, *The Formation of the Gospel Tradition* (London: Macmillan, 1933).

유대교 맥락에서 아포프테그마라고 여겨질 수 있었던 것은 고대 그리스-로마 맥락에서 쉽게 크레이아로 간주될 수 있었다. 이런 현상은 양식이 배경에 상응한다는 주장을 설득력 없게 만든다.

셋째, 주목할 만한 사항으로서, 양식비평의 패러다임에는 전승의 전수자가 없다. 이 과정에서 목격자와 교사들은 어디 있는가? 만약 양식비평가들이 옳다면, 예수의 목격자들은 예수가 부활하고 난 후 오래지 않아 어디론가 사로잡혀 갔을 것임이 분명하다. 또한 예수 전승에 대해 가르치던 교사들은 모두 오순절 성령 강림 사건 이후 곧바로 땅에 삼켜졌을 것이다. 물론 이런 표현은 다소 과장되었다. 하지만 그렇다고 하더라도 공식적으로 또는 비공식적으로 활동했던 전승의 관리인으로 불린 사람들의 역할은 양식비평에서 무시되었다. 만약 유동적이며 창의적인 전승에 대한 양식비평가들의 주장이 신빙성을 지니려면, 참으로 그와 같은 인물들이 없었다는 전제가 필수적이다. 하지만 기억에 대한 호소, 목격자들의 불요불굴의 자세 및 교사들의 존재를 고려할 때, 이런 부류의 역할이 없다는 것은 전혀 논리에 맞지 않는다. 우리가 예수 전승을 사회적 기억의 맥락 안에 위치시키면 시킬수록, 익명의 사람들의 회상의 저장소가 아니라 공식적·비공식적인 통제 사이에서 오가는 전승의 조화 안에 위치시키면 시킬수록, 예수 전승에 대한 양식비평의 전반적인 접근 방법은 점점 더 타당성이 없어진다.

넷째, 양식비평가들은 구전의 발전 과정을 기록 문서의 발전 과정과 똑같은 방법으로 이해하는 잘못을 범했다. 불트만은 마태와 누가가 마가의 기록된 텍스트를 사용한 것이 전승의 전수자들이 마가복음 이전의 구전을 다루고 수정한 방법과 비슷하다고 믿었다.[155] 하지만 여기에는 몇

---

155) Bultmann, *History of the Synoptic Tradition*, 6.

가지 문제점이 있다. 우선, 공관복음서 전승의 경향은 단순히 첨가나 성장을 향하고 있지 않았다는 문제가 있다. 샌더스(E. P. Sanders)는 공관복음서 전승이 주어진 단위에 따라서 늘어나기도 하고 줄어들 수도 있다는 것을 입증했다.[156] 그는 다음과 같이 주장한다. "양식비평가들은 자료가 변화되었다고 생각했다. 이 점에서 그들은 옳았다. 하지만 자료가 어떻게 변화되었는지 알고 있다는 그들의 생각은 틀렸다."[157] 그뿐 아니라, 양식비평가들은 구전 연구에 문학적인 모델을 적용했다. 또한 그들은 구전을 계속해서 포개지는 층이라고 상상했다. 곧 각각의 층은 이전의 층 위에 쌓인다는 것이다. 하지만 구전을 연행의 연속으로, 곧 덧붙일 뿐만 아니라 바로잡을 수도 있는 상호 작용을 하는 전승의 흐름으로 생각하는 편이 훨씬 더 타당할 것이다. 로드리게즈(Rodriguez)에 따르면, 연행은 전승을 **실제화했다**. 각 연행은 표현과 순서에서 차이가 있다. 하지만 그것은 기본적으로 연행에 의해 전달된 **동일한 것**이다. 연행은 살아 있는 전승이며, 전승은 사회적인 이야기 안에 깊이 새겨져 있고, 이야기는 기억이다.[158] 더욱이 사실상 예수 전승은 구약성서에서 끌어온 전형적인 유형이나, 랍비 문헌과 헬레니즘의 문학적인 유형 안에 존재하는 구술 양식을 따랐다. 하지만 이는 그 이야기가 해당 양식에 기초해서 지어낸 것이라는 의미가 아니다. 오히려 이전에 존재하던 범주와 유형을 사용하는 것은 회상을 보존하고 전파하기 위한 우리의 인식 구조에서 필수 불가결한 부분이다.[159]

---

156) E. P. Sanders, *The Tendencies of the Synoptic Tradition* (SNTS 9; Cambridge: Cambridge University Press, 1969), 272.
157) Sanders, *Jesus and Judaism*, 16.
158) Rodriguez, *Structuring Early Christian Memory*, 85.
159) Le Donne, *Historiographical Jesus*, 52-64.

주의 전승에 더해진 기독교 예언자들의 역할

흔히 양식비평은 부활한 예수를 대신해서 기독교 예언자들이 계시를 말했으며 그 계시가 주의 전승에 덧붙여졌다고 생각한다. 나아가 그 계시는 역사적 예수의 말씀과 뒤섞였다고 한다.[160] 신약성서에는 예수의 예언의 말씀을 포함하는 몇몇 구절이 있다. 예를 들면, 데살로니가전서 4:15-17처럼 "주의 말씀[들]"과 같은 것이다. 마찬가지로, 요한계시록 16:15에서는 역사적 예수의 말씀이 예언의 말씀으로 확대되어 있는 것 같다(참조. 마 24:43-44). 예언과 관련된 자료가 우연히 역사적 예수의 말씀과 혼합되었다는 견해는 사실일 가능성이 있다. 그러나 여기서도 나는 또 다시 실상은 그렇게 간단하지 않다고 확신한다.

불트만은 부활한 그리스도의 계시의 말씀이 예수 전승에 들어 있는 말씀과 결합되는 일은 "점차적으로" 일어났다고 주장했다.[161] 보링(Boring)의 관점에 의하면, 그 일은 "최종적으로" 일어났다.[162] 비슷하게, 제럴드 호손(Gerald Hawthorne)은 두 자료가 합쳐진 것은 때때로 "무의식적으로" 발생했다고 생각한다.[163] 이는 부활한 주님의 말씀과 역사적 예

---

160) 참조. Bultmann, *History of the Synoptic Tradition*, 127-128: "교회는 기독교 예언자들의 이런 말과 전승에 들어 있는 예수의 말씀을 구분하지 않는다. 왜냐하면 심지어 전승에 들어 있는 주님의 말씀도 과거의 권위자가 선포한 것이 아니라, 부활한 주님의 말씀이기 때문이다. 부활한 주님은 교회에게 언제나 동시대의 인물이다." 참조. M. Eugene Boring, *The Continuing Voice of Jesus: Christian Prophecy and the Gospel Tradition* (Louisville: Westminster John Knox, 1991); 특히 Dale C. Allison, *Jesus of Nazareth: Millenarian Prophet* (Minneapolis: Fortress, 1998), 7-10이 "Faustina"라고 불리는 유대인 여예언자에 대해 말하는 상상력 넘치는 이야기를 참조하라.

161) Bultmann, *History of the Synoptic Tradition*, 127.
162) Boring, *Continuing Voice of Jesus*, 31.
163) G. F. Hawthorne, "Christian Prophets and the Sayings of Jesus: Evidence of and

수의 말씀을 구분하는 것이 원래부터 존재했음을 암시한다.[164] 보링은 요한계시록이 저술된 시기에 부활 사건 이전과 이후의 예수의 말씀이 또 다시 구분되었다고도 주장한다.[165] 아마도 이는 더 이른 시기에 일어났을 것이며, 복음서의 저술에 의해 쉬워졌을 것이다. 복음서는 역사적 예수의 말씀과 부활 사건 이후의 예수의 예언 말씀을 명백하게 구분해주기 때문이다. 이는 기독교 운동이 시작될 무렵(기원후 30년 무렵)과 마가복음이 저술된 시기(기원후 70년 무렵)에 모두 부활한 그리스도의 예언의 음성과 역사적 예수의 말씀이 구별되었다는 것을 넌지시 알려준다. 만약 그렇다면, 어떤 변화에 직면한 것이다. 곧 40년이라는 중간 시대에 역사적 말씀과 예언적 언급을 구분한 것으로부터 예언적 언급과 역사적 예수의 말씀을 전혀 구분하지 않은 것으로 변화되었으며, 또 다시 되돌아가서 예언적 언급과 예수 전승을 구분하는 것으로 변화되었다는 것이다. 이와 같이 짧은 기간 내에 그런 급진적인 변화가 기독교의 다양한 배경에서 동시에 일어났다는 주장은 타당성이 없다고 여겨진다.

던은 신약성서 및 유대교 문헌과 후대의 기독교 저서들이 모두 예언에 대해 상당한 정도의 회의주의를 보여준다고 주장했다.[166] 누가는 언

Criteria for," *SBL Seminar Papers* 8 (Missoula: Scholars, 1975), 117.

164) Hawthorne, "Christian Prophets and the Sayings of Jesus," 110; David Hill, *New Testament Prophecy* (Atlanta: John Knox, 1979), 162; David E. Aune, *Prophecy in Early Christianity and the Ancient Mediterranean World* (Grand Rapids: Eerdmans, 1983), 234.

165) Boring, *Continuing Voice of Jesus*, 112-113.

166) James D. G. Dunn, "Prophetic 'I'-Sayings and the Jesus Tradition: The Importance of Testing Prophetic Utterances within Early Christianity," *NTS* 24 (1977-1978): 179. 같은 페이지에서 Dunn은 다음과 같이 말한다. "우리가 그 시대의 비교 자료를 살펴볼 때마다, 예언자의 말로서 또는 높임을 받은 그리스도의 말씀으로서 예언적 언급의 독특한 특성은 유지되었다. 또한 지상의 예수의 말씀과 현재의 예언적 영감 사이의 구분은 암시되거나 명백하게 언

제나 계시의 말씀을 전하는 예언자의 이름을 신중하게 언급한다(참조. 눅 1:67-79; 행 11:27-28; 13:1-2; 21:9-12). 이것은 "부활한 그리스도의 말씀 선집이 누가 그것을 말했는지 언급되지 않은 채 유포되었던"[167] 기간이 있었다는 개념에 대해 의문을 제기하도록 이끈다. 나아가 보링의 주장에도 불구하고,[168] 많은 학자들은 여전히 고린도전서 7:10, 12, 25, 40에서 바울이 자신의 영감 받은 진술과 예수의 말씀을 명백하게 구분한다고 주장한다.[169] 이 점에 비추어볼 때, 예수 전승의 발전 과정에 대한 만족스러운 재구성은 반드시 구전의 전달에 대한 유대교의 맥락과 초기 기독교의 카리스마적인 차원을 모두 설명해야 한다.[170]

텍스트 양식과 삶의 자리의 관계

복음서의 형성에 대한 양식비평의 전제는 복음서가 우리에게 역사적 예수보다는 초기 교회의 상황에 대해 더 많이 말한다는 것이다. 비록 겉으로 보기에 복음서는 예수에 대한 이야기이지만, 복음서가 실제로 표현하는

급되었다"(Dunn 강조). 또한 Byrskog, *Jesus the Only Teacher*, 360: "예언자들이 새롭고 독자적인 계시를 말했다는 것은 정말로 가능하다. 그러나 마태는 그 예언이 부활 사건 이전의 예수의 말씀으로서 예수 전승 안으로 들어오는 것을 분명히 허용하지 않았다. 새롭고 독자적인 계시가 예수 전승 안으로 전적으로 자유롭게 들어와서 통합된 일은 전혀 없다. [복음서 저자의] 창의성 안에는 [예수 전승을] 보존하고자 하는 목표가 있었다."

167) Dunn, "Prophetic 'I'-Sayings and the Jesus Tradition," 179.
168) Boring, *Continuing Voice of Jesus*, 28-29.
169) 참조. Ben Witherington, *Jesus the Seer: The Progress of Prophecy* (Peabody: Hendrickson, 1999), 325. 전승의 형성 과정과 관련해서, 기독교 예언자들의 역할에 대한 다른 신중한 평가에 대해서는 다음 연구서를 보라. Theissen and Merz, *Historical Jesus*, 110-111; Rowland, *Christian Origins*, 131; Byrskog, *Jesus the Only Teacher*, 360.
170) Ellis, "Synoptic Gospels and History," 56.

것은 초기 교회 자체에 대한 자기 이해와 관심사다. 불트만은 다음과 같이 주장한다. "자료가 우리에게 제공하는 것은 무엇보다도 초기 기독교 공동체의 메시지다. 교회는 이 메시지의 대부분이 예수로부터 연유했다고 주장했다."[171] 비슷하게 노먼 페린(Norman Perrin)은 이렇게 주장한다. "출발점으로서 우리는 복음서 저자들이 역사적 예수의 가르침에 대해서가 아니라, 초기 교회의 신학에 대해 직접적인 정보를 제공한다는 전제를 받아들여야 한다."[172] 마가복음 2:18-22에서 언급되는 금식 논쟁 같은 것은 예수의 생애에서 일어난 사건을 말하는 것이 아니라, 어떻게 초기 교회가 당시의 바리새파와 세례 요한의 종파가 제기한 질문에 맞서서, 누군가가 만들어낸 예수에 대한 이야기에 호소하면서, 금식하지 않던 자기의 관습을 변호했는지를 말한다는 것이다. 불트만은 예수가 안식일에 사람들의 병을 고쳐주었고 또한 금식을 의식적으로 피했을 가능성이 충분히 있다고 생각했지만, 이를 앞과 같은 이야기의 핵심적인 강조점으로 여기지는 않았다. 논쟁 이야기는 단순히 팔레스타인 지역에 위치한 초기 교회의 변증이자 논박이라는 것이다. 그것은 초기 교회가 예수로부터 연유한다고 본 원리를 조명해주는 것으로서 상상으로 만들어낸 장면으로 이루어져 있다고 한다.[173]

---

171) Rudolf Bultmann, *Jesus and the Word*, trans. Louise Pettibone Smith (London: Ivor Nicholson & Watson, 1935), 12. Helmut Koester, "Written Gospels or Oral Tradition?" *HTR* 113 (1994): 297에서 그는 다음과 같이 더 억제되고 믿을 만한 주장을 제시한다. "양식비평은 전승의 시작과 계속이 초기 기독교 공동체였다는 전제와 더불어 시작된다. 따라서 이 공동체의 예배 의식, 교육 및 선교 활동에서 예수로부터 나온 또한 예수에 대한 자료를 구술로 사용한 것은 예수로부터 나온 또한 예수에 대해 기억한 모든 것에 알맞은 삶의 상황이었다."

172) Norman Perrin, *What is Redaction Criticism?* (London: SPCK, 1970), 69.

173) Bultmann, *History of the Synoptic Tradition*, 18, 40-41.

그러나 초기 기독교 운동 안에서 벌어진 논쟁 가운데 상당수―특히 바울 집단에서 비롯된 논쟁―은 복음서에 전혀 나타나지 않는다. 예를 들면 이신칭의, 할례, 방언, 세례, 이방인의 신분, 사도직의 판단 기준 및 우상에게 바친 음식 등이 그렇다. 이 모든 주제는 예수가 직접 말한 것으로 돌릴 수도 있다. 하지만 의미심장하게도 복음서에서 이 주제들은 전혀 등장하지 않는다. 톰 라이트는 이렇게 말한다. "공관복음서 전승은 이런 쟁점에 대한 '주의' 대답이나 논평을, 예수에 대한 이야기를 다시 말하는 일 안으로 인위적으로 끌어오는 것을 일관되게 거부한다. 이 점은 우리가 공관복음서 전승 안에서 발견하는 이야기가 1세기의 40년대, 50년대, 60년대 또는 심지어 그 이후의 시기에도 현실의 다양한 필요를 말하기 위해 지어낸 것이라는 생각을 단호히 경계하게 한다."[174] 사도행전, 갈라디아서와 베드로전서는 라이트의 판단이 옳다고 확인해준다. 여기서 우리는 각 저자가 되풀이되는 문제점을 해결하기 위해 예수의 말씀으로 돌릴 수 있는 텍스트를 만들어내기를 분명하게 주저한다는 것을 알아차릴 수 있다.[175] 반면에 「도마복음」 53과 같은 상당히 후대에 비밀리에 전해지는 문서에는 그와 같은 사례가 들어 있다. 해당 부분에서 우리는 저자가 할례에 대해 언급하면서 마치 예수가 직접 말한 것처럼 지어낸 사실을 발견할 수 있다.[176]

---

174) Wright, *New Testament and the People of God*, 422; 참조. C. F. D. Moule, *The Phenomenon of the New Testament* (London: SCM, 1967), 43-81; Theissen and Merz, *Historical Jesus*, 104-106.

175) Sanders and Davies, *Studying the Synoptic Gospels*, 132.

176) 이 논쟁 사항이 복음서가 저술되던 시기에 해결되었다는 것은 타당성이 별로 없다. 속사도 교부들과 순교자 Justin가 이 점을 입증해준다. 그들은 유대교와 기독교가 [종교석인 쟁점과 관련해서] 서로 지속적으로 부딪혔으며, 또한 발전 중인 교회가 유대교의 유산이 지닌 의미와 계속해서 씨름해야 했다고 밝혀주었다. 참조. Ignatius, *Magn.* 8.1; 10.3; *Phild.* 6.1; Justin, *Dial. Tryph.*

그러므로 양식비평가들은 초기 교회 안에서 예수 전승의 **사용**과 초기 교회 안에서 예수 전승의 **기원**을 올바로 구분하지 못한 것 같다. 비록 불트만이 양식과 배경을 서로 관련지은 것처럼 이 두 가지 쟁점을 서로 효과적으로 연결했지만, 이는 잘못된 방향으로 나아간 것이다. 이 점과 관련해서 맨슨(T. W. Manson)은 이렇게 말한다. "우리는 복음서 안에서 이 이야기의 목록을 만들 수 있다. 그리고 그 이야기에 각각 이름을 붙일 수 있다.… 하지만 마가복음 안에 들어 있는 단락은 '아포프테그마', '선언 이야기' 또는 '패러다임'이라고 이름 붙여진 것에 대해 역사적인 증거로서 그 이상도 그 이하도 아니다."[177]

또한 복음서 안에 있는 많은 단락이 교회의 **삶의 자리**에 대한 알레고리라는 주장은 순환논리라는 느낌을 준다. 한 가지 예를 들면, 마태복음 10:5-6("이방인의 길로도 가지 말고 사마리아인의 고을에도 들어가지 말고 오히려 이스라엘 집의 잃어버린 양에게로 가라")은 종종 이방인에게 선교하는 것을 반대했던 유대 그리스도인 그룹이 지어낸 것으로 이해되었다.[178] 심지어 샌더스도 다음과 같이 인정한다. 곧 어떤 원시 기독교 그룹도 이방인 선교를 반대하지 않았으며, 단지 이방인이 교회 안으로 들어오는 근거에 대해서만 논쟁이 빚어졌다는 것이다. 하지만 바로 이어지는 문장에서 샌더스는 마태복음 10:5-6의 배후에 갈라디아서나 사도행전에서 언급되지 않은 그룹이 있다고 주장한다. 바로 이 그룹이 이방인 선교를 반대했다는 것이다.[179] 그래서 마태복음 10:5 6은 이방인을 싫어하는 그리스도인 그

---

[177] T. W. Manson, "The Quest of the Historical Jesus—Continued," in *Studies in the Gospels and Epistles* (Manchester: Manchester University Press, 1962), 5.
[178] Bultmann, *History of the Synoptic Tradition*, 155-156, 163.
[179] Sanders, *Jesus and Judaism*, 220.

룹이 만들어낸 것이라고 한다. 그리고 이 그룹이 존재했다는 데 대한 증거 텍스트가 바로 마태복음 10:5-6이라는 것이다! 이 논증은 분명히 순환논법이다. 그런데도 이 견해는 광범위한 지지층을 얻고 있다.[180] 이방인을 교회에 포함시키는 것을 단호하게 반대했다는 이 유대 그리스도인 그룹의 존재는 가정에 기초하고 있으며, 실제로 입증되지 않았다. 그런데도 예수 전승 가운데서 모든 편파적인 경향이 이 그룹에서 비롯되었다고 여겨졌다. 그뿐 아니라, [마 10:5-6에 대한 양식비평가들의 이해가 옳다면] 이방인 선교를 명백하게 찬성하는 마태가 왜 이른바 그처럼 인종 중심적인 예수의 말씀을 자신의 복음서에 그대로 놓아두었는지 설명하기가 어렵다.

해석되지 않은 역사는 전혀 존재하지 않는다는 금언은 반복해서 말할 가치가 있다.[181] 역사를 말하는 데에는 모두 사실과 해석이 섞여 있으며, 과거와 현재의 관점이 결합되어 있다.[182] 공동체의 다양한 필요와 동시

---

[180] Richard Bauckham, foreword in James LaGrand, *The Earliest Christian Mission to "All Nations" in the Light of Matthew's Gospel* (Grand Rapids: Eerdmans, 1999). Bauckham은 이렇게 논평한다. "오늘날 학계에서는 초기 교회에서 어떤 그룹이 모든 민족에게 기독교의 복음을 전하는 데 반대했다고 입증하는 증거는 전혀 없다는 것이 자명해졌다. 어딘가 다른 곳에서 마 10:5-6을 말했다고 묘사되는 가장 보수적인 유대 그리스도인들도 그것에 반대하지 않았다. 기독교로 개종한 이방인들이 할례를 받고 토라 전체를 준수해야 한다(이는 마 10:5-6과 본질적으로 다른 방침임)고 주장했던 예루살렘 교회 안에 있던 이들도 단지 일시적으로 영향을 미쳤을 뿐이다. 따라서 우리는 단지 마 10:5-6의 증거에만 기초해서 해당 본문을 예수의 말씀으로 유포했던 기독교 그룹을 가정하는 데 직면해 있다."

[181] 참조. Wright, *New Testament and the People of God*, 94-96; idem, *Jesus and the Victory of God*, 87-89; Charlesworth, *Jesus within Judaism*, 166.

[182] Bauckham, *Jesus and the Eyewitnesses*, 3. 참조. Chris Keith, ("The Indebtedness of the Criteria Approach to Form Criticism and Recent Attempts to Rehabilitate the Search for an Authentic Jesus," in *Jesus, Criteria, and the Demise of Authenticity*, ed. C. Keith and A. Le Donne [London: Clark, 2012], 39): 해당 논문에서 Keith는 이렇게 주장한다. "어떤 과거의 실재—그것에 대한 개인적인 기억, 복음 전승의 단위, 역사적 인물 등—가 있

대의 사건은 예수 전승에 **색칠할** 가능성이 있지만, 그것들이 예수 전승을 스스로 **만들어내지는** 않았다.[183] 복음서의 신학적인 핵심 내용이 반드시 복음서의 역사적 가치를 무효화하는 것은 아니라는 점은 당연한 결과다. 왜냐하면 복음서 저자들이나 그들의 자료에 의해 나중 어느 시점에 하나가 다른 하나를 위해 포기되었다기보다, 예수 전승의 역사적인 지시 대상과 신학적인 해석은 처음부터 함께 형성되었을 것이기 때문이다. 역사적 예수가 예수의 추종자들의 신앙과 분리되었던 "옛날 옛적에"는 결코 없었다. 하워드 마셜(Howard Marshall)은 이렇게 말한다.

> 새로운 상황에 대한 예수의 말씀의 중요성을 다시 표현하기 위해 복음서 저자들에 의해 또한 전승 과정 안에서 예수의 말씀의 기본 전승이 **수정되었다**는 것은 명백하다. 하지만 초기 교회가 이 기본 전승을 스스로 **지어낸** 것은 결코 아니다. 유사하게, 예수에 대한 이야기와 그의 가르침에 대한 내러티브 배경은 교회의 **삶의 자리**에서 만들어진 산물이 아닐 것이다. 이런 자료가 교회의 상황에서 사용되기에 적합하다고 인정된 일이, 그 자료가 앞의 목적을 위해 만들어진 것임을 결코 입증해주지는 않는다.[184]

나는 복음서가 특수한 배경으로부터 저술되었다는 것을 부인하지 않는다. 다른 모든 문학작품과 마찬가지로, 복음서도 저자와 독자 모두를 위한 텍스트 안에 깊이 새겨진 맥락을 지니고 있다. 이야기가 말하는 모

는데, 사람이나 그룹에 의미를 부여하는 해석으로부터 그 실재를 분리할 수 있다는 관점은 단순히 잘못된 것이다."

183) Gerhardsson, *Origins of the Gospel Traditions*, 46.
184) I. Howard Marshall, *The Gospel of Luke* (NIGTC; Grand Rapids: Eerdmans, 1978), 33.

든 것은 이야기하는 사람의 배경에 대해 어느 정도 말해준다. 나는 이른바 복음서의 배후에 있는 다양하지만 고립되고 내향적인 신앙 공동체의 내부 논쟁과 그들 간의 경쟁 관계의 플롯을 짜기 위해 복음서를 사용하는 일에 회의적이다. 오히려 나는 복음서가 그리스도인들의 네트워크 또는 조직망 한가운데서 저술되었으며, 이런 배경에 대해 말하기 위해 쓰였다고 인식한다. 복음서에 포함된 예수에 대한 기억은 고대 그리스-로마 세계에서 예수의 추종자들의 신앙, 행동, 정체성에 영향을 미치려는 의도를 갖고 있다. 따라서 복음서는 단순히 하나의 공동체의 신앙을 드러내는 것이 아니라, 실제로 어느 정도 저자들과 청중(독자들)의 배경을 반영하고 있다. 우리는 **삶의 자리**가 초기 교회 안에서 예수를 기억하도록 만드는 사건의 공시적인 지평선이라고 말할 수 있다. **삶의 자리**가 "기억을 통해 현재를 과거와 연결하는 사회적 원동력"이라고 상정한 사무엘 뷔쉬코그의 견해는 옳다. 다시 말해 삶의 자리는 "과거와 현재의 시간적인 두 지평선 사이"를 조화시키려고 시도한 전승과 관련된다는 것이다.[185]

---

185) Samuel Byrskog, "A Century with the *Sitz im Leben*: From Form-Critical Setting to Gospel Community and Beyond," *ZNW* 98 (2007): 22.

제4장 ── 복음서의 문학적 유전학

: 공관복음서 문제 및 요한 문제

우리는 예수 전승이 초기 교회에서 구술 및 기록 자료로 전달되었음을 알고 있다. 또한 우리는 이 다양한 자료가 정경의 사복음서를 형성했다고 합리적으로 추론할 수 있다(눅 1:2을 보라). 예를 들면, 주제와 관련된 측면에서 상당히 일관성이 있는 마가복음 2-3장은 예수와 관련된 갈등 이야기를 모아서 기록한 초기의 선집에 기초하고 있을 가능성이 높다. 예루살렘 성전에 자신의 입상을 세우려고 한 로마 황제 칼리굴라가 야기했던 위기를 고려할 때, 마가복음 13장에 수록된 감람산 담론은 기원후 40년 무렵 구체적인 형태를 갖게 되었을 것이다. 마가복음 14-16장은 마가가 자신의 복음서를 기록하기 얼마 전부터 기록된 형태로 존재하던 잘 알려진 수난 내러티브에 기초해서 저술되었을 것이다. 그리고 누가복음과 마태복음에 공통적으로 들어 있는 예수의 어록 전체 또는 일부분은 간략한 자료에서 비롯되었을 가능성이 있다. 두 복음서 저자들이 모두 이 자료를 각자의 복음서 안으로 끌어왔을 것이다.[1] 한편 요한복음은 믿음을 갖게

---

[1] 참조. 예를 들면 H. W. Kuhn, *Ältere Sammlungen im Markusevangelium* (Göttingen: Vandenhoeck & Ruprecht, 1971); Yoon-Man Park, *Mark's Memory Resources and the Controversy Stories (Mark 2:1-3:6): An Application of the Frame Theory of Cognitive Science to the Markan Oral-Aural Narrative* (Leiden: Brill, 2010); N. H. Taylor, "Palestinian Christianity and the Caligula Crisis, Part II: The Markan Eschatological Discourse," *JSNT* 62 (1996): 13-41; Gerd Theissen, *The Gospels in Context: Social and Political History in the Synoptic Tradition* (Minneapolis: Fortress, 1991), 125-165; Marion L. Soards, "The Question of a Pre-Markan Passion Narrative," *Bible Bhashyam*

하는 수단으로서 예수의 "표적"이 지닌 뛰어남을 강조하는 기록 자료를 사용했을 것이다.[2] 더 가설적인 견해로, 어떤 학자들은 복음서가 정경에 수록된 저마다의 형태를 갖추기에 앞서 복음서의 첫 번째 및 두 번째 편집본이 존재했을 가능성을 제기했다. 예를 들면, 히브리어로 기록된 마태복음의 초기 편집본, 원-마가복음, 제2마가복음이나 원-누가복음 등이다.[3]

---

11 (1985): 144-169; idem, "Oral Tradition before, in, and outside of the Canonical Passion Narratives," in *Jesus and the Oral Gospel Tradition,* ed. H. Wansbrough (Sheffield: JSOT, 1991), 334-350; John S. Kloppenborg, *Excavating Q: The History and Setting of the Sayings Gospel* (Minneapolis: Fortress, 2000); James M. Robinson, Paul Hoffmann, and John S. Kloppenborg, eds., *The Critical Edition of Q* (Minneapolis: Fortress, 2000).

2) 참조. Robert Fortna, *The Fourth Gospel and Its Predecessor: From Narrative Source to Present Gospel* (Philadelphia: Fortress, 1988), 219-220; J. L. Martyn, *History and Theology in the Fourth Gospel* (rev. ed.; Nashville: Abingdon, 1979), 12, 24, 65, 93-94, 164-166. 또한 이 주제와 관련해서 다음 연구서의 평가를 보라. Craig L. Blomberg, *The Historical Reliability of John's Gospel* (Downers Grove: InterVarsity, 2002), 44-46.

3) 이런 몇몇 이론에 대해 다음을 보라. B. H. Streeter, *The Four Gospels: A Study of Origins* (London: Macmillan, 1930), 199-222; Vincent Taylor, *Behind the Third Gospel: A Study of the Proto-Luke Hypothesis* (Oxford: Oxford University Press, 1926); Albert Fuchs, *Sprachliche Untersuchungen zu Matthaüs und Lukas. Ein Beitrag zur Quellenkritik* (Analecta Biblica 49; Rome: Biblical Institute Press, 1971); idem, *Spuren von Deuteromarkus* (5 vols.; SNTU 5; Münster: Lit, 2004-7); M.-É. Boismard and P. Benoit, *Synopses des quatre Évangiles en Français avec parallèles des apocrypes et des pères* (Paris: Cerf, 1972); M.-É. Boismard, "The Two-Source Theory at an Impasse," *NTS* 26 (1979): 1-17; Ralph P. Martin, *New Testament Foundations* (2 vols.; Grand Rapids: Eerdmans, 1975-78), 1:152-156; Philippe Rolland, "Les prédécesseurs de Marc. Les sources présynoptiques de Mc, II, 18-22 et parallèles," *RB* 89 (1982): 370-405; idem, "Marc, première harmonie évangélique?" *RB* 90 (1983): 23-79; idem, "A New Look at the Synoptic Question," *EJTh* 8 (1999): 133-144; Helmut Koester, "History and Development of Mark's Gospel (From Mark to Secret Mark and 'Canonical' Mark)," in *Colloquy on New Testament Studies: A Time for Reappraisal and Fresh Approaches,*

말할 필요도 없이, 복음서 이전 단계의 자료에 대한 이 모든 논의는 어느 정도 사변적이다. 이것은 그림 퍼즐이 얼마나 많은 조각으로 이루어져 있는지 알아맞히려고 시도하는 것과 같다. 의심할 여지 없이, 복음서는 다양한 구술 및 기록 자료에 기초하고 있다. 하지만 과연 복음서 안에 있는 이 자료들을 정확하게 분리해서 확인하는 일이 가능한가에 대해서는, 복음서를 연구하는 학자들 사이에서 여전히 논쟁 중이다. 따라서 복음서 연구에서 비평적 과제 가운데 한 가지는 우리가 할 수 있는 범위 안에서 복음서 저자들이 사용한 정확한 자료를 확인하고, 그들이 그 자료를 어떻게 사용했는지에 대해 묘사하는 것이다. 이런 절차에 대한 자료비평은 복음서 안에 들어 있는 자료의 역사, 통일성 및 형태를 분별하려고 시도한다.[4]

복음서의 자료비평에서 한 가지 주요한 특징은 복음서의 문학적인 상호 관계를 탐구하는 것이다. 정경 사복음서는 서로 비슷하면서도 서로 다르다. 더 자세히 말해, 세 공관복음서(마태복음, 마가복음, 누가복음)는 내러티브 구조와 언어적인 표현에서 특별한 유사성을 지니고 있다. 반면에 요한복음은 복음서 전승 가운데서 보다 독립적인 갈래를 드러낸다. 다른 세 복음서와 비교할 때, 요한복음은 자신의 고유한 특성을 지니고 있다. 세 공관복음서는 서로 비슷한 점을 상당히 많이 갖고 있어서, 한 공관복음서 저자가 또 다른 하나 또는 그 이상의 복음서에서 내용을 가져왔을 가능성이 상당히 높다. 따라서 이 점과 관련해서 제기되는 중요한 질문은 다음과 같다. 누가 누구에게서, 언제, 어떻게, 어느 정도로 내용을 끌어왔는

---

ed. B. Corley (Macon: Mercer University Press, 1991), 35-57; Delbert Burkett, *Rethinking the Gospel Sources: From Proto-Mark to Mark* (London: Clark, 2004).

4) 이 쟁점에 대한 훌륭한 안내로 다음 논문을 보라. David Wenham, "Source Criticism," in *New Testament Interpretation*, ed. I. H. Marshall (Grand Rapids: Eerdmans, 1977), 139-152.

가? 반면에 요한복음은 고유한 특성을 지니고 있기 때문에 우리는 다음과 같은 질문에 직면하게 된다. 요한복음은 공관복음서에 대해 전적으로 독립적인가? 아니면 공관복음서 전승과 어떤 간접적인 관계를 갖고 있는가? 이 질문들은 각각 "공관복음서 문제"와 "요한 문제"로 알려져 있다.

I — 공관복음서 문제

신약성서에 들어 있는 처음 세 복음서는 "공관복음서"(Synoptic Gospels)라고 불린다. 왜냐하면 이 세 복음서는 예수의 생애에서 일어난 사건을 서로 비슷하게 묘사해서, 이 복음서들을 함께 볼 수 있기 때문이다. 다시 말해 이 세 복음서를 공관(共觀), 즉 시각적으로 함께 볼 수 있다. 따라서 공관복음서에서 제기되는 "문제"는 왜 마태복음, 마가복음, 누가복음이 서로 비슷하면서도 서로 다른가에 대한 것이다.[5] 마가복음은 661개의 절

---

5) 공관복음서 문제에 대한 가장 좋은 안내서는 다음 연구서다. Mark Goodacre, *The Synoptic Problem: A Way Through the Maze* (London: Sheffield Academic, 2001). 공관복음서 논쟁 역사에 대해서는 다음을 보라. David L. Dungan, *The History of the Synoptic Problem: The Canon, the Text, the Composition, and the Interpretation of the Gospels* (New York: Doubleday, 1999). 다음에 제시된 참고문헌 요약도 보라. Thomas R. W. Longstaff and Page A. Thomas, *The Synoptic Problem: A Bibliography, 1716-1968* (Macon: Mercer University Press, 1988). 이 주제에 대한 중요한 논문 목록은 다음을 참조하라. Arthur J. Bellinzoni, ed., *The Two-Source Hypothesis: A Critical Appraisal* (Macon: Mercer University Press, 1985). 공관복음서 문제에 대한 현재의 상황으로 다음 논문집을 보라. Paul Foster, Andrew Gregory, John Kloppenborg, and Jozef Verheyden, eds., *New Studies in the Synoptic Problem: Oxford Conference. April 2008* (FS Christopher Tuckett: BETL 239: Leuven: Peeters, 2011).

로 이루어져 있다. 그중 대략 500개의 절이 평행 본문의 형태로 마태복음에, 또한 대략 350개의 절이 누가복음에 나타난다. 통계 수치로 표현하면, 마가복음의 절의 약 85퍼센트가 마태복음에서, 또한 약 65퍼센트가 누가복음에서 발견된다("삼중 전승"). 또한 마가복음에 들어 있지 않은 내용 가운데 대략 220절에서 235절이 마태복음과 누가복음에 모두 나타난다("이중 전승"). 그리고 각 복음서에는 다른 복음서에서 중복되어 나타나지 않는 적은 분량의 고유한 자료가 발견된다(마태복음과 누가복음의 경우에 이 자료는 종종 "특수" 전승이라고 불린다). 교회 역사를 통해 이 차이점을 조화시키는 데 많은 관심이 기울여졌다. 하지만 19세기 중엽부터 학자들은 공관복음서의 공통 자료와 문학적인 상호 관계에 기초해서 비슷한 점에 대한 설명을 시도하려고 집중적으로 노력해왔다. 공관복음서 문제가 지닌 텍스트의 복합성을 입증하기 위해서 우리는 앞으로 어휘(표현), 순서, 삽입 및 편집 자료, 구약성서의 인용 등에서 나타나는 비슷한 점을 살펴볼 것이다. 왜냐하면 이 요소들은 유사점과 차이점을 설명하는 데 해결책이 필요하다는 것을 구체적으로 보여주기 때문이다.

	비공유 자료	공유 자료[6]
마가복음 (661절)	7%	93%
마태복음 (1068절)	42%	58%
누가복음 (1149절)	59%	41%

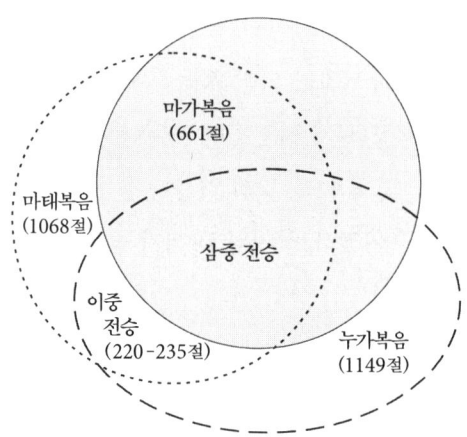

왜 공관복음서 문제가 존재하는가?

1. 어휘(표현)의 유사성

세 복음서에서 모두 나타나는 페리코프를 (나란히 펼쳐놓고) 그것을 함께 살펴보는 것은 세 복음서에 표현된 내용이 서로 비슷하다는 것을 눈으로 직접 관찰할 수 있는 좋은 방법이다.[7] 표현상의 일치가 정확하게 어느 정

---

6) B. F. Westcott, *Introduction to the Study of the Gospels* (8th ed.; London: Macmillan, 1895), 179에서 인용함.

7) 원서에서는 영역본 New Revised Standard Version(NRSV)이 인용되었다(이 번역서의 이 부분에서는 "표준새번역"에 기초했으며, 필요한 부분은 꺾쇠 괄호(예. [예수께서]) 안에 덧붙였다—역주).

도인지는 페리코프마다 서로 다르다. 대체로 내러티브 자료보다 예수의 어록을 다루는 자료에서 비슷한 점이 더 많이 나타난다. 그뿐 아니라, 마가복음-마태복음 및 마가복음-누가복음, 마태복음-누가복음 사이에서 표현상의 일치 정도는 서로 차이가 있다. 그리고 일치점은 어휘, 구절, 문법 및/또는 순서의 다양한 부분에서 나타난다. 이 표현상의 일치는 어느 페리코프에서든 입증이 가능하다. 그러나 여기서 나는 예수가 어린아이들을 축복하는 이야기와 어떻게 메시아가 다윗의 자손일 수 있는가를 다루는 페리코프에 초점을 맞추고자 한다.

> **표현상의 유사점에 대한 열쇠**
>
> 아무런 표시가 없는 부분 ▶ 고유 자료
> **그림자 처리된 부분** ▶ 삼중 일치
> 밑줄 친 부분 ▶ 마가복음-마태복음에서 일치
> 점선 친 부분 ▶ 마가복음-누가복음에서 일치
> **굵게 처리된 부분** ▶ 마태복음-누가복음에서 일치

예수가 어린아이들을 축복함

마가복음 10:13-16	마태복음 19:13-15	누가복음 18:15-17
13사람들이 어린이들을 예수께 데리고 와서, 쓰다듬어 주시기를 바랐는데, [그러나] 제자들이 그들을 꾸짖었다. 14그러나 [예수께서] 이것을 보시고, 예수께서 노하셔서 제자들에게 말씀하셨다. "어린이들이 내게 오는 것을 허락하고, 막지 말아라. 하나님 나라는 이런 사람들의 것이다.	13그 때에 사람들이 어린이들을 예수께 데려와서, 손을 얹어 기도해 주시기를 바랐다. 그런데 제자들이 그들을 꾸짖었다. 14그러나 예수께서 말씀하셨다. "어린이들이 내게 오는 것을 **허락하고, 막지 말아라.** 하늘나라는 이런 사람들의 것이다."	15사람들이 아기들까지 예수께 데려와서, [그들을] 쓰다듬어 주시기를 바랐다. 제자들이 보고서, 그들을 그렇게 하지 못하게 했다. 16그러자 예수께서 아기들을 가까이에 부르시고 말씀하셨다. "어린이들이 내게로 오는 것을 허락하고, 막지 말아라. 하나님 나라는 이런 사람의 것이다.

마가복음 10:13-16	마태복음 19:13-15	누가복음 18:15-17
¹⁵내가 진정으로 너희에게 말한다. 누구든지 어린이와 같이 하나님 나라를 받아들이지 않는 사람은 거기에 들어가지 못할 것이다. ¹⁶그리고 예수께서는 어린이들을 껴안으시고, 그들에게 손을 얹어서 축복하여 주셨다.	¹⁵그리고 그들에게 손을 얹어주시고, 거기에서 떠나셨다.	¹⁷내가 진정으로 너희에게 말한다. 누구든지 어린이와 같이 하나님 나라를 받아들이지 않는 사람은 거기에 들어가지 못할 것이다."
¹³Καὶ προσέφερον αὐτῷ παιδία ἵνα αὐτῶν ἅψηται· οἱ δὲ μαθηταὶ ἐπετίμησαν αὐτοῖς. ¹⁴ἰδὼν δὲ ὁ Ἰησοῦς ἠγανάκτησεν καὶ εἶπεν αὐτοῖς· ἄφετε τὰ παιδία ἔρχεσθαι πρός μέ, μὴ κωλύετε αὐτά, τῶν γὰρ τοιούτων ἐστὶν ἡ βασιλεία τοῦ θεοῦ. ¹⁵ἀμὴν λέγω ὑμῖν, ὃς ἂν μὴ δέξηται τὴν βασιλείαν τοῦ θεοῦ ὡς παιδίον, οὐ μὴ εἰσέλθῃ εἰς αὐτήν. ¹⁶καὶ ἐναγκαλισάμενος αὐτὰ κατευλόγει τιθεὶς τὰς χεῖρας ἐπ᾽ αὐτά.	¹³Τότε προσηνέχθησαν αὐτῷ παιδία ἵνα τὰς χεῖρας ἐπιθῇ αὐτοῖς καὶ προσεύξηται· οἱ δὲ μαθηταὶ ἐπετίμησαν αὐτοῖς. ¹⁴ὁ δὲ Ἰησοῦς εἶπεν· ἄφετε τὰ παιδία καὶ μὴ κωλύετε αὐτὰ ἐλθεῖν πρός με, τῶν γὰρ τοιούτων ἐστὶν ἡ βασιλεία τῶν οὐρανῶν. ¹⁵καὶ ἐπιθεὶς τὰς χεῖρας αὐτοῖς ἐπορεύθη ἐκεῖθεν.	¹⁵Προσέφερον δὲ αὐτῷ καὶ τὰ βρέφη ἵνα αὐτῶν ἅπτηται· ἰδόντες δὲ οἱ μαθηταὶ ἐπετίμων αὐτοῖς. ¹⁶ὁ δὲ Ἰησοῦς προσεκαλέσατο αὐτὰ λέγων· ἄφετε τὰ παιδία ἔρχεσθαι πρός με καὶ μὴ κωλύετε αὐτά, τῶν γὰρ τοιούτων ἐστὶν ἡ βασιλεία τοῦ θεοῦ. ¹⁷ἀμὴν λέγω ὑμῖν ὃς ἂν μὴ δέξηται τὴν βασιλείαν τοῦ θεοῦ ὡς παιδίον, οὐ μὴ εἰσέλθῃ εἰς αὐτήν.

여기서 마가복음이 제시하는 이야기가 가장 길고, 마태복음의 이야기가 가장 짧다. 주목해야 할 사항으로서, 세 복음서에서 표현이 가장 많이 일치하는 부분은 어린아이들이 자기에게 오는 것을 막지 말라는 예수의 말씀이다. 오직 마가복음과 누가복음만 어린아이와 같은 이들이 하나

님 나라에 들어간다는 긍정적인 사례에 대한 "아멘"으로 시작되는 예수의 말씀이 들어 있다. 해당 내용이 마태복음에서는 나타나지 않는다. 이 단락 전체에서 마가복음과 마태복음의 표현이 서로 일치하는 곳은 몇 군데 있지만, 여기서 마태복음과 누가복음의 표현만 일치하는 곳은 전혀 없다.

어떻게 메시아가 다윗의 자손일 수 있는가?

마가복음 12:35-37	마태복음 22:41-46	누가복음 20:41-44
³⁵예수께서 성전에서 가르치실 때에, 이렇게 이르셨다. 어찌하여 율법학자들은, 그리스도가 다윗의 자손이라고 [말]하느냐? ³⁶다윗 자신이 성령에 의해서 친히 이렇게 말하였다. 주께서 내 주께 말씀하셨다. 「내가 네 원수를 네 발아래에 굴복시킬 때까지, 너는 내 오른쪽에 앉아 있어라.」 ³⁷다윗 스스로가 그를 주라고 불렀는데, 어떻게 그가 다윗의 자손이 되겠느냐? 많은 무리가 예수의 말씀을 기쁘게 들었다.	⁴¹바리새파 사람들이 모였을 때에, 예수께서 그들에게 물으셨다. ⁴²"너희는 그리스도를 어떻게 생각하느냐? 그는 누구의 자손이냐?" 그들이 예수께 말하기를 "다윗의 자손입니다" 하였다. ⁴³예수께서 그들에게 말씀하셨다. "그러면 다윗이 성령에 의해서 그리스도를 주라고 부르면서 말하기를 ⁴⁴'주께서 내 주께 말씀하셨다. 「내가 네 원수를 네 발아래에 굴복시킬 때까지, 너는 내 오른쪽에 앉아 있어라.」' [말]하였으니 이것이 어찌 된 일이냐? ⁴⁵다윗이 그를 주라고 불렀는데, 어떻게 그가 다윗의 자손이 되겠느냐?"	⁴¹예수께서 그들에게 말씀하셨다. "어떻게 사람들이 그리스도를 다윗의 자손이라고 하느냐? ⁴²다윗이 친히 시편에서 이렇게 말하였다. '주께서 내 주께 말씀하셨다. ⁴³「내가 네 원수를 네 발아래에 굴복시킬 때까지, 너는 내 오른쪽에 앉아 있어라.」' ⁴⁴다윗이 그를 주라고 불렀는데, 어떻게 그가 다윗의 자손이 되겠느냐?"

마가복음 12:35-37	마태복음 22:41-46	누가복음 20:41-44
	⁴⁶그러자 아무도 예수께 한 마디도 대답하지 못했으며, 그날부터는 그에게 감히 묻는 사람도 없었다.	
³⁵Καὶ ἀποκριθεὶς ὁ Ἰησοῦς ἔλεγεν διδάσκων ἐν τῷ ἱερῷ· πῶς λέγουσιν οἱ γραμματεῖς ὅτι ὁ χριστὸς υἱὸς Δαυίδ ἐστιν;	⁴¹Συνηγμένων δὲ τῶν Φαρισαίων ἐπηρώτησεν αὐτοὺς ὁ Ἰησοῦς ⁴²λέγων· τί ὑμῖν δοκεῖ περὶ τοῦ χριστοῦ; τίνος υἱός ἐστιν; λέγουσιν αὐτῷ· τοῦ Δαυίδ.	⁴¹Εἶπεν δὲ πρὸς αὐτούς· πῶς λέγουσιν τὸν χριστὸν εἶναι Δαυὶδ υἱόν;
³⁶αὐτὸς Δαυὶδ εἶπεν ἐν τῷ πνεύματι τῷ ἁγίῳ· εἶπεν κύριος τῷ κυρίῳ μου· κάθου ἐκ δεξιῶν μου, ἕως ἂν θῶ τοὺς ἐχθρούς σου ὑποκάτω τῶν ποδῶν σου. ³⁷αὐτὸς Δαυὶδ λέγει αὐτὸν κύριον· καὶ πόθεν αὐτοῦ ἐστιν υἱός; Καὶ [ὁ] πολὺς ὄχλος ἤκουεν αὐτοῦ ἡδέως.	⁴³λέγει αὐτοῖς· πῶς οὖν Δαυὶδ ἐν πνεύματι καλεῖ αὐτὸν κύριον λέγων· ⁴⁴ εἶπεν κύριος τῷ κυρίῳ μου· κάθου ἐκ δεξιῶν μου, ἕως ἂν θῶ τοὺς ἐχθρούς σου ὑποκάτω τῶν ποδῶν σου; ⁴⁵εἰ οὖν Δαυὶδ καλεῖ αὐτὸν κύριον, πῶς υἱὸς αὐτοῦ ἐστιν; ⁴⁶καὶ οὐδεὶς ἐδύνατο ἀποκριθῆναι αὐτῷ λόγον οὐδὲ ἐτόλμησέν τις ἀπ' ἐκείνης τῆς ἡμέρας ἐπερωτῆσαι αὐτὸν οὐκέτι.	⁴²αὐτὸς γὰρ Δαυὶδ λέγει ἐν βίβλῳ ψαλμῶν· εἶπεν κύριος τῷ κυρίῳ μου· κάθου ἐκ δεξιῶν μου, ⁴³ἕως ἂ θῶ τοὺς ἐχθρούς σου ὑποπόδιον τῶν ποδῶν σου. ⁴⁴Δαυὶδ οὖν κύριον αὐτὸν καλεῖ καὶ πῶς αὐτοῦ υἱός ἐστιν;

여기서 우리는 분명히 동일한 이야기가 세 복음서 저자들에 의해 어떻게 서로 다소 다르게 묘사되어 있는지 볼 수 있다. 마태복음이 제시하는 이야기가 가장 길고, 누가복음의 이야기가 가장 짧다. 세 복음서가 공유하는 어휘가 많이 있는데, 특별히 시편 110:1을 인용하는 부분에서 더욱 그렇다. 세 복음서의 묘사가 서로 일치하는 것 외에도, 마가복음과 누

가복음, 마가복음과 마태복음, 마태복음과 누가복음이 특정 어휘에서 서로 일치한다.

여기서 표현이 서로 일치하는 현상은 공관복음서 사이에 문학적인 상관관계가 있다는 언급으로 가장 잘 설명할 수 있을 것이다. 또한 이처럼 표현과 구조가 서로 비슷한 것은 문학 용어로 가장 잘 설명된다. 한 복음서의 내용이 다른 복음서 안에 복사(copy)되었을 것이다. 우리는 공관복음서 저자들이 문학적인 공통 자료를 알고 있었다고 제안할 수 있다. 또는 내 생각으로는, 이런 표현 및 구조의 일치를 설명하기 위해 공관복음서 사이의 문학적인 관련성을 상정해야 하는데, 이 편이 더 타당한 가정인 것 같다. 만약 이런 가정이 정말로 옳다면, 우리는 당연히 다음과 같은 질문을 제기할 수 있다. 곧 어느 복음서가 **최초로 쓰여서**, 다른 두 복음서 저자가 그것을 따르며 내용을 다소 다르게 표현하고 덧붙였을까?

2. 개요와 순서의 유사성

공관복음서의 문학적인 상관 관계를 보여주는 또 하나의 특징은 세 복음서가 내러티브의 개요(narrative outline)를 공유하고 페리코프의 순서가 일치한다는 것이다.

공관복음서는 개요를 공유한다. 곧 예수의 세례에서 시작하여 예수의 갈릴리 사역, 예루살렘으로의 여행, 그다음 예루살렘에서 예수의 체포, 재판, 죽음과 부활로 이어진다. 각 복음서 저자는 이 이야기들 서로 다르게 편성한다. 마가복음은 대체로 두 부분으로 나뉘는 하나의 이야기다. 곧 가이사랴 빌립보에서의 베드로의 신앙고백까지 이어지는 사건들(막 1:1-8:30)과 그 이후로 전개되는 사건들(막 8:31-16:8)로 이루어져 있다. 마태복음에서는 다섯 개의 긴 담론이 눈에 띈다(마 5:1-7:29; 10:1-42; 13:1-

53; 18:1-35; 24:1-25:46). 각 담론은 예수의 가르침을 설명하는 내러티브가 뒤따른다. 누가복음은 예수의 예루살렘 여행에 초점을 맞춘 구조를 지니고 있다. 예루살렘으로의 여행 부분에서 예수의 가르침에 대한 자료의 상당 부분이 발견된다(눅 9:51-19:10). 한편 오직 마태복음에만 들어 있는 고유 자료(흔히 "M"이라고 이름 붙임)와 누가복음에만 고유하게 나타나는 자료(흔히 "L"로 일컬어짐)가 상당 부분 있다. 해당 자료는 각 복음서 전체의 이곳저곳에 나타난다. 만약 공관복음서가 서로 독자적으로 혹은 반(半)-독자적으로 쓰였다면, 세 복음서는 어떤 이유에서든지 지금의 모습과 상당히 다른 원래 개요를 갖고 있었을 것이다. 예를 들면, 요한복음은 예루살렘 성전에서의 예수의 시위를 그의 사역의 시작 부분에 위치시킨다(요 2:13-22). 반면에 공관복음서는 해당 사건을 예수의 사역에서 마지막 부분에 놓는다(막 11:15-18/마 21:12-13/눅 19:45-46). 그러나 공관복음서는 동일한 개요를 서로 가깝게 따르며, 눈으로 확인할 수 있듯이 동일한 기본적인 플롯과 더불어 동일한 이야기를 제공한다.

공관복음서는 전체적인 개요를 공유할 뿐만 아니라, 동일한 이야기를 종종 동일한 순서로 들려준다. 복음서의 모든 페리코프의 순서에 대한 완전한 목록은 쿠르트 알란트(Kurt Aland)가 편집한『사복음서 대조표』(Synopsis)의 부록에서 볼 수 있다. 이 목록을 보면, 공관복음서와 요한복음의 전체 내용을 일목요연하게 알 수 있다.[8] 예수의 활동에 대한 다양한 부차적인 스토리들을 정리하는 상상할 수 있는 수많은 방법 중에서, 치

---

[8] Kurt Aland, *Synopsis of the Four Gospels: Greek-English Edition of the Synopsis Quattuor Evangeliorum* (12th ed.; Stuttgart: German Bible Society, 2001), 341-355. 대부분의 학자들이 선택하는 것으로 공관복음서 및 요한복음을 서로 비교하는 또 다른 책은 다음과 같다. A. Huck and H. Greeven, *Synopse der drei ersten Evangelien mit Beigabe der johanneischen Parallelstellen* (Tübingen: Mohr, 1981).

유 이야기, 말씀, 내러티브적 묘사 등이 자주 공통 순서를 따른다는 사실은 세 공관복음서 사이에 일종의 문학적인 상관관계가 있음을 암시해준다. 예를 들면, 마가복음 2:1-3:6에는 예수와 유대교 지도자들 사이에 벌어진 일련의 논쟁 이야기들이 수록되어 있다. 하지만 이 이야기들은 예수와 유대교 지도자들 사이에 충돌이 빚어진 순서를 가리켜주지 않는다. 비록 마태복음에 추가적인 자료가 중간에 삽입되어 있기는 하지만, 마태복음과 누가복음은 모두 개별 단위들의 동일한 시퀀스(sequence)를 포함하고 있다(눅 5:17-6:11; 마 9:1-17; 12:1-14을 보라). 이 점과 관련해서 가장 가능성 높은 시나리오는 복음서 저자들 중 하나가 이런 순서로 저술했고, 다른 저자들이 그것을 따랐다는 것이다. 이에 덧붙여 공관복음서가 동일한 순서로 제시되어 있음을 가리키는 것으로, 우리는 예수의 사역에서 초기와 마지막 단계에서 두 단위를 선택해서 해당 목록을 살펴보고자 한다.

갈릴리에서 예수의 사역

에피소드	마가복음	마태복음	누가복음
예수가 가버나움의 회당에서 가르침	1:21-22		4:31-32
예수가 가버나움에서 귀신 들린 사람을 낫게 함	1:23-28		4:33-37
예수가 열병에 걸린 베드로의 장모를 낫게 함	1:29-31	8:14-15	4:38-39
예수가 해가 지고 나서 병자들을 고쳐줌	1:32-34	8:16-17	4:40-41
예수가 가버나움을 떠나감	1:35-38		4:42-43
갈릴리에서 예수의 복음 전파 사역에 대한 요약	1:39	4:23	4:44
예수와 베드로, 그물이 찢어질 정도로 많은 고기를 잡음			5:1-11
예수가 나병환자를 깨끗하게 해줌	1:40-45	8:1-4	5:12-16
예수가 중풍병자를 고쳐줌	2:1-12	9:1-8	5:17-26
레위가 부름 받음	2:13-17	9:9-13	5:27-32
금식에 대한 논쟁	2:18-22	9:14-17	5:33-39
안식일에 밀 이삭을 자른 것에 대한 논쟁	2:23-28	12:1-8	6:1-5

에피소드	마가복음	마태복음	누가복음
안식일에 손 마른 사람을 고쳐준 것에 대한 논쟁	3:1-6	12:9-14	6:6-11
갈릴리 호숫가에서의 치유 사역	3:7-12	4:24-25; 12:15-16	6:17-19
열두 사도를 선택함	3:13-19	10:1-4	6:12-16

이 부분에서 마가복음과 누가복음은 공통 개요를 공유한다. 여기서 두 복음서 사이에 일치하지 않는 단 하나는 누가가 기적적으로 많은 물고기를 잡는 사건과 더불어 베드로가 부름을 받는 이야기를 포함한다는 것이다(눅 5:1-11). 이 사건과 이야기는 마가복음에서 발견되지 않는다. 한편 마태는 이 개요를 취해서 자신의 복음서의 여러 곳, 특별히 마태복음 8장, 9장 및 12장에서 다룬다. 하지만 그는 틈틈이 다른 자료를 끼워 넣으며, 예수의 활동에 대한 요약을 다른 곳에 위치하게 한다.

예루살렘에서 예수의 마지막 밤

에피소드	마가복음	마태복음	누가복음
예수를 죽이려고 미리 의논함	14:1-2	26:1-5	22:1-2
베다니에서 여인이 예수의 머리에 향유를 부음	14:3-9	26:6-13	
가룟 유다가 예수를 배반함	14:10-11	26:14-16	22:3-6
유월절을 예비함	14:12-17	26:17-20	22:7-14
예수가 자신이 배반당할 것을 예고함	14:18-21	26:21-25	
최후의 만찬	14:22-25	26:26-29	22:15-20
또 다시 예수가 자신이 배반당할 것을 예고함			22:21-23
제자들 중에서 가장 큰 자와 제자들의 상급			22:24-30
예수가 베드로의 부인을 예고함	14:26-31	26:30-35	22:31-34

예수가 배반당하는 밤에 대한 공관복음서 이야기에서 세 복음서에서 제시되는 사건의 순서는 매우 비슷하다. 특히 마가복음과 마태복음에서

제시되는 사건 순서는 서로 일치한다. 누가복음은 이 순서에서 살짝 벗어난다. 왜냐하면 누가는 베다니에서 여인이 예수의 머리에 향유를 붓는 사건을 소개하지 않기 때문이다. 그 대신 누가는 예수의 사역의 보다 이른 시기에 그가 바리새인의 집에 초대를 받았을 때 여인이 그에게 향유를 부은 이야기를 소개한다(참조. 눅 7:36-50). 또한 누가는 예수가 배반당하는 것에 대한 예고를 최후의 만찬 **이후에** 위치시킨다. 반면에 마가복음과 마태복음에서 그 예고는 최후의 만찬 **이전에** 소개된다. 그렇다고 하더라도, 공관복음서에서 예수가 배반을 당한 혼란스러운 날에 일어난 사건 순서는 주목할 만할 정도로 서로 일치한다. 이 모든 사건 순서가 놀라울 정도로 서로 일치하기 때문에, 공관복음서가 단순히 입으로 전해진 내용을 기억해서 기록해놓은 데 기초했다고 주장할 수는 없다. 따라서 이런 유사성에 대한 타당한 설명은 문학적인 것(곧 기록된 것에 대한 의존-역주)과 관련된다.

3. 삽입 자료와 편집자적 자료의 유사성

공관복음서 사이에서 공유되는 불필요한 편집자 주(editorial remarks)는 시사해주는 바가 매우 많다. 공관복음서가 공유하는 괄호로 표시된 삽입 문구는 하나 또는 그 이상의 복음서에서 나타난다. 이런 언급은 틀림없이 기록 문서에 기초하여 편집적인 측면에서 삽입된 것이며, 공관복음서 사이의 문학적인 기원 관계를 분명하게 가리킨다. 여기서 나는 두 가지 예를 들고자 한다.

"독자들"을 위해 괄호로 표시된 언급

마가복음 13:14-16	마태복음 24:15-17	누가복음 21:20-22
¹⁴"황폐하게 하는 가증스러운 물건이 서지 못할 곳에 선 것"을 보거든, (읽는 사람은 깨달아라) 그때에는 유대에 있는 사람들은 산으로 도망하여라. ¹⁵지붕 위에 있는 사람은, 내려오지도 말고, 제 집 안에서 무엇을 꺼내려고 들어가지도 말아라. ¹⁶들에 있는 사람은 제 겉옷을 가지러 뒤로 돌아서지 말아라.	¹⁵그러므로 너희는 예언자 다니엘이 말한 바 "황폐하게 하는 가증스러운 물건이 거룩한 곳에 선 것"을 보거든, (읽는 사람은 깨달아라) ¹⁶그때에 유대에 있는 사람들은 산으로 도망하여라. ¹⁷지붕 위에 있는 사람은 제 집 안에서 물품을 꺼내려고 내려오지 말아라.	²⁰예루살렘이 군대에게 포위당하는 것을 보거든, 그 도시의 파멸이 가까이 온 줄 알아라. ²¹그때에 유대에 있는 사람들은 산으로 도망하고, 그 도시 안에 있는 사람들은 거기에서 빠져 나가고, 산골에 있는 사람들은 그 성안으로 들어가지 말아라. ²²그때가 기록된 모든 말씀이 이루어질 징벌의 날들이기 때문이다.
¹⁴Ὅταν δὲ ἴδητε τὸ βδέλυγμα τῆς ἐρημώσεως ἑστηκότα ὅπου οὐ δεῖ, ὁ ἀναγινώσκων νοείτω, τότε οἱ ἐν τῇ Ἰουδαίᾳ φευγέτωσαν εἰς τὰ ὄρη, ¹⁵ὁ [δὲ] ἐπὶ τοῦ δώματος μὴ καταβάτω μηδὲ εἰσελθάτω ἆραί τι ἐκ τῆς οἰκίας αὐτοῦ, ¹⁶καὶ ὁ εἰς τὸν ἀγρὸν μὴ ἐπιστρεψάτω εἰς τὰ ὀπίσω ἆραι τὸ ἱμάτιον αὐτοῦ.	¹⁵Ὅταν οὖν ἴδητε τὸ βδέλυγμα τῆς ἐρημώσεως τὸ ῥηθὲν διὰ Δανιὴλ τοῦ προφήτου ἑστὸς ἐν τόπῳ ἁγίῳ, ὁ ἀναγινώσκων νοείτω, ¹⁶τότε οἱ ἐν τῇ Ἰουδαίᾳ φευγέτωσαν εἰς τὰ ὄρη, ¹⁷ὁ ἐπὶ τοῦ δώματος μὴ καταβάτω ἆραι τὰ ἐκ τῆς οἰκίας αὐτοῦ, ¹⁸καὶ ὁ ἐν τῷ ἀγρῷ μὴ ἐπιστρεψάτω ὀπίσω ἆραι τὸ ἱμάτιον αὐτοῦ.	²⁰Ὅταν δὲ ἴδητε κυκλουμένην ὑπὸ στρατοπέδων Ἰερουσαλήμ, τότε γνῶτε ὅτι ἤγγικεν ἡ ἐρήμωσις αὐτῆς. ²¹τότε οἱ ἐν τῇ Ἰουδαίᾳ φευγέτωσαν εἰς τὰ ὄρη καὶ οἱ ἐν μέσῳ αὐτῆς ἐκχωρείτωσαν καὶ οἱ ἐν ταῖς χώραις μὴ εἰσερχέσθωσαν εἰς αὐτήν, ²²ὅτι ἡμέραι ἐκδικήσεως αὗταί εἰσιν τοῦ πλησθῆναι πάντα τὰ γεγραμμένα.

*이 부분에서 성서 본문은 표준새번역에 기초함—역주

    "읽는 사람은 깨달아라"라는 구절은 수수께끼 같아서 우리를 어리둥절하게 만든다. 이것은 **다니엘서**의 독자가 깨달으라는 의미인가? 아니면 **복음서**의 독자가 깨달으라는 뜻인가? 둘 중 어느 쪽이든, 이와 같이 다소

[본문에서] 벗어난 언급이 마가나 마태에 의해 복음서 텍스트 안으로 들어왔지만, 눈으로 확인할 수 있듯이 누가복음에는 이 표현이 들어 있지 않다는 것은 다소 놀랍다.

예수를 사로잡으려는 계획에 대한 편집자 주

마가복음 14:1-2, 10	마태복음 26:4-5, 14	누가복음 22:1-3
¹유월절과 무교절 이틀 전이었다. 그런데 대제사장들과 율법학자들은 어떻게 흉계를 꾸며서 예수를 죽일까 하고 궁리하고 있었다. ²그런데 그들은 "백성이 소동을 일으키면 안 되니 명절에는 하지 말자" 하고 말하였다.	⁴[그들이] 흉계를 꾸며서 예수를 죽이려고 모의하였다. ⁵그러나 그들은 "백성 가운데서 소동이 일어날지도 모르니, 명절에는 하지 맙시다" 하고 말하였다.	¹유월절이라고 하는 무교절이 다가왔다. ²그런데 대제사장과 율법학자들은 예수를 없애버릴 방책을 찾고 있었다. 그들은 백성을 두려워하였다.
¹⁰열둘 가운데 하나인 가룟 유다가 대제사장들에게 예수를 넘겨줄 마음을 품고 그들을 찾아갔다.	¹⁴그 때에 열둘 가운데 하나인 가룟 유다라는 자가 대제사장들에게 가서 묻기를	³사탄이 열둘 가운데 하나인 가룟이라는 유다에게로 들어갔다.
¹Ἠν δὲ τὸ πάσχα καὶ τὰ ἄζυμα μετὰ δύο ἡμέρας. καὶ ἐζήτουν οἱ ἀρχιερεῖς καὶ οἱ γραμματεῖς πῶς αὐτὸν ἐν δόλῳ κρατήσαντες ἀποκτείνωσιν· ²ἔλεγον γάρ· μὴ ἐν τῇ ἑορτῇ, μήποτε ἔσται θόρυβος τοῦ λαοῦ.	⁴καὶ συνεβουλεύσαντο ἵνα τὸν Ἰησοῦν δόλῳ κρατήσωσιν καὶ ἀποκτείνωσιν· ⁵ἔλεγον δέ· μὴ ἐν τῇ ἑορτῇ, ἵνα μὴ θόρυβος γένηται ἐν τῷ λαῷ.	¹Ἤγγιζεν δὲ ἡ ἑορτὴ τῶν ἀζύμων ἡ λεγομένη πάσχα. ²καὶ ἐζήτουν οἱ ἀρχιερεῖς καὶ οἱ γραμματεῖς τὸ πῶς ἀνέλωσιν αὐτόν, ἐφοβοῦντο γὰρ τὸν λαόν.
¹⁰Καὶ Ἰούδας Ἰσκαριὼθ ὁ εἷς τῶν δώδεκα ἀπῆλθεν πρὸς τοὺς ἀρχιερεῖς ἵνα αὐτὸν παραδοῖ αὐτοῖς.	¹⁴Τότε πορευθεὶς εἷς τῶν δώδεκα, ὁ λεγόμενος Ἰούδας Ἰσκαριώτης, πρὸς τοὺς ἀρχιερεῖς…	³Εἰσῆλθεν δὲ σατανᾶς εἰς Ἰούδαν τὸν καλούμενον Ἰσκαριώτην, ὄντα ἐκ τοῦ ἀριθμοῦ τῶν δώδεκα.

*이 부분에서 성서 본문은 표준새번역에 기초했지만, 필요한 경우에 그리스어 원문에 따라서 다소 표현을 바꿈—역주

여기에 제시된 단락은 예수가 사로잡히는 배경과 관련된 장면을 묘사한다. 이 단락은 결코 구전의 한 부분일 수 없다. 이 단락의 내용은 예수의 적대자들이 무엇을 두려워하고 있으며 무슨 일을 꾸미고 있는지에 대해 모든 것을 알고 있는 내레이터가 진술한 것이다. 여기서 세 공관복음서는 개요와 세부 내용―대제사장들이 백성을 두려워하고 있으며, 열두 제자 중 하나인 가룟 유다가 예수를 넘겨줄 방법을 의논하려고 그들을 찾아감―에서 일치한다. 하지만 마가복음과 마태복음의 표현이 서로 일치하는 것과 마가복음과 누가복음의 표현이 서로 일치하는 것에 주목해보라. [세 공관복음서의 이 단락을 서로 비교해보면] 한 복음서 저자가 예루살렘에서 예수가 보낸 마지막 하루에 해당하는 장면을 순서대로 기록하려고 시도한 것처럼 여겨진다. 나중에 그것이 다른 두 공관복음서 저자들이 작성한 판본 안으로 들어갔을 것이다.

4. 구약성서 인용의 유사성

또 한 가지 탐구해야 할 현상은, 어떻게 공관복음서가 구약성서를 인용하는 데 있어 서로 정확하게 일치하는가에 대해서다. 그 인용은 현존하는 구약성서의 모든 히브리어와 그리스어 텍스트와 다르지만, 세 공관복음서에서는 일치한다.

광야에서 외치는 목소리

이사야 40:3 (MT)	이사야 40:3 (LXX)	마가복음 1:3	마태복음 3:3	누가복음 3:4
한 소리가 외친다. "광야에 야웨의 길을 예비하라. 사막에 우리의 하나님을 위해서 큰길을 곧게 내어라."	한 소리가 광야에서 외친다. "주의 길을 예비하라. 우리의 하나님의 길들을 곧게 만들어라."	광야에서 외치는 이의 소리가 있다. "너희는 주님의 길을 예비하고, 그의 길[들]을 곧게 하여라."	광야에서 외치는 이의 소리가 있다. "너희는 주의 길을 예비하고, 그의 길[들]을 곧게 하여라."	광야에서 외치는 이의 소리가 있다. "너희는 주의 길을 예비하고, 그의 길[들]을 곧게 하여라."
קול קורא במדבר פנו דרך יהוה ישרו בערבה מסלה לאלהינו	φωνὴ βοῶντος ἐν τῇ ἐρήμῳ ἑτοιμάσατε τὴν ὁδὸν κυρίου εὐθείας ποιεῖτε τὰς τρίβους τοῦ θεοῦ ἡμῶν.	φωνὴ βοῶντος ἐν τῇ ἐρήμῳ ἑτοιμάσατε τὴν ὁδὸν κυρίου, εὐθείας ποιεῖτε τὰς τρίβους αὐτοῦ.	φωνὴ βοῶντος ἐν τῇ ἐρήμῳ ἑτοιμάσατε τὴν ὁδὸν κυρίου, εὐθείας ποιεῖτε τὰς τρίβους αὐτοῦ.	φωνὴ βοῶντος ἐν τῇ ἐρήμῳ ἑτοιμάσατε τὴν ὁδὸν κυρίου, εὐθείας ποιεῖτε τὰς τρίβους αὐτοῦ.

*이 부분에서 성서 본문은 표준새번역에 기초했지만, 필요한 경우에 그리스어 원문에 따라서 다소 표현을 바꿈―역주

마소라 텍스트(MT: 히브리어)와 70인역(LXX: 그리스어)의 이사야 40:3에서는 "우리의 하나님"을 위해서 큰길 또는 "우리의 하나님"[의 길들]이라고 묘사되어 있지만, 이와 **대조적으로** 마가복음과 마태복음 및 누가복음은 "그의" [길들]이라고 표현되어 있다. 이런 공관복음서 판본은 아람어로 쓰인 타르굼 전승이나, 히브리어로 쓰인 미드라쉬나, 심지어 세 복음서 저자들이 모두 입수할 수 있었던 우리에게 알려지지 않은 자료에서 유래한 느슨한 그리스어 패러프레이즈(paraphrase)에 기초할 가능성이 있다. 이사야 40:3에 대한 이런 독특한 그리스어 번역이 세 공관복음서에서 모두 발견되는 것은 분명히 세 복음서 사이에 문학적인 관련성이 있음을 밝혀주는 한 가지 표시다. 이제 우리는 다음과 같은 질문을 제기해야 한다. 곧 어느 복음서 저자가 먼저 "우리의 하나님"을 "그의"라고 창의적으로 번

역한 것을 공관복음서 전승 안으로 끌어왔는가? 이것이 유일한 사례는 아니다. 마가복음 12:30/마태복음 22:37/누가복음 10:27에서 신명기 6:5을 인용하면서 독특하게 "마음, 목숨, 뜻, 힘"이라고 넷으로 구분해서 표현하는 것과 같은 또 다른 사례가 공관복음서에 많이 있다. 마소라 텍스트와 70인역에서 신명기의 해당 구절과 비교해볼 때, 이는 독특한 번역이다. 공관복음서 전체에서 구약성서의 인용 구절의 표현이 모두 서로 일치하는 것은 아니다. 하지만 종종 세 공관복음서가 모두 공유하는 구약성서 구절에 대한 특이한 번역이 있다. 이 점은 어떻게 구약성서의 인용 구절을 이처럼 독특하게 번역한 것이 공관복음서 전승 안으로 들어왔는지에 대해 설명해주는 한 가지 요소다.

5. 결론

이 모든 문제를 검토해보면, 우리가 다음과 같은 질문에 대해 정확하게 설명하려고 시도할 때 공관복음서 문제는 사실 하나의 문제라는 것을 알 수 있다. 곧 **왜** 공관복음서 사이에 이와 같이 광범위한 표현상의 일치가 있는가? 왜 공관복음서는 동일한 개요를 공통적으로 따르고 있는가? 왜 공관복음서는 삽입된 언급과 편집상의 배열을 공유하는가? 또한 왜 공관복음서는 구약성서 텍스트에 대한 독특한 그리스어 번역을 공통으로 받아들이는가? 이 모든 요소는 공관복음서 사이에 어떤 상호관계가 있다는 것을 가리킨다. 하지만 이 수수께끼에 대한 근원적인 질문은 여전히 남아 있다. 곧 누가 누구를 제일 먼저 사용했는가?

공관복음서 문제를 해결하기 위한 다양한 대안

공관복음서 문제의 복잡성을 직접 경험하기 위해 이제까지 우리는 공관복음서 전승이 지니고 있는 텍스트 현상을 간략하게 검토해보았다. 지금부터는 공관복음서 사이의 유사점과 차이점을 설명하려고 시도하는 다양한 이론을 살펴보고자 한다. 해결책이 다양하고 또 늘어나고 있지만, 나는 다음 견해에 초점을 맞추고자 한다. 곧 아우구스티누스의 견해, 그리스바흐(Griesbach)의 견해, 원-복음서 이론, 공통 구전, 두-(네-)자료설 및 파러의 가설에 기초한 다양한 견해 등을 집중적으로 다루고자 한다.[9]

1. 아우구스티누스의 견해

복음서의 저작 순서에 대해 아우구스티누스가 제시하는 견해는 다음과 같다. 곧 마태복음이 가장 먼저 기록되었고, 그다음에 마가복음, 그리고 누가복음이, 마지막으로 요한복음이 저술되었다는 것이다. 심지어 종교개혁 이후 시대까지도, 이 순서는 기독교 신학자들 사이에서 지배적인 견해였다.[10]

---

9) 누가복음 우선설을 지지하는 견해로 다음 논문을 보라. Robert L. Lindsey, "A Modified Two-Document Theory of the Synoptic Dependence and Interdependence," *NovT* 6 (1963): 239-263; 마태복음이 나중에 기록되었다는 입장을 지지하는 견해와 관련해서, 다음을 참조하라. Ronald V. Huggins, "Matthean Posteriority: A Preliminary Proposal," *NovT* 34 (1992): 1-22; Martin Hengel, *The Four Gospels and the One Gospel of Jesus Christ*, trans. J. Bowden (Harrisburg: Trinity, 2000), 68-70; Bartosz Adamczewski, *Q or not Q? The So-called Triple, Double, and Single Traditions in the Synoptic Gospels* (Frankfurt am Main: Lang, 2010). 마태복음이 나중에 저작되었다는 견해에 대한 평가와 관련해서, 다음 논문을 보라. Paul Foster, "Is it Possible to Dispense with Q?" *NovT* 45 (2003): 333-336.
10) 아우구스티누스와 공관복음서 문제에 대해 다음 연구서를 보라. Dungan, *History of the Synoptic Problem*, 112-141.

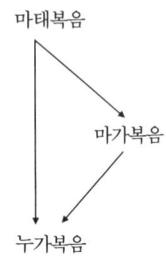

아우구스티누스는 대작 「삼위일체론」을 저술하는 과정에서 시간을 내어 복음서의 내용이 서로 모순된다는 마니교의 주장을 논박하는 글을 썼다. 복음서의 내용이 서로 모순된다는 주장은 새로운 것이 아니었다. 이는 고대 그리스 철학자인 켈수스(Celsus)에서 포르피리오스(Porphyry)에 이르기까지, 이방인 기독교 비판가들의 핵심적인 주장이었다. 기독교의 성서 해석자들은 그 논리가 지닌 신랄함을 느낄 수 있었다. 성서와 기독교에 대한 이와 같은 비판에 대한 논박서로서, 아우구스티누스는 「복음서의 조화」(Harmony of the Gospels)라는 책을 썼다. 이 논박서는 역사-비평적인 저서가 아니라, 근본적으로 복음서를 신학적으로 이해하는 책이었다. 이 책은 기독교에 대한 비판자들에게 답변을 제공했다. 아우구스티누스는 정경 사복음서의 특별한 권위를 보존하고, 복음서가 조화를 이룬다는 설명에 기초해서 사복음서의 다양한 차이점을 설명하는 데 관심을 기울였다. 이 아프리카의 주교는 다음과 같이 주장했다.

그래서 이 사복음서 저자들은 온 세상에 널리 알려져 있다(아마도 세상이 동서남북 네 부분으로 이루어져 있기 때문에 그들은 넷일 것이다. 어떤 점에서 이 4라는 숫자는 하나의 신비스러운 표시로서 그리스도의 교회가 온 세상에 세워진다는 것을 가리키는 것 같다). 사복음서는 다음과 같은 순서로 저술된 것으로 여겨진다. 곧 제일 먼저 마태복음이, 그다음에 마가복음이, 세 번째로 누가복음이, 제일 마지막으로 요한복음이 저술되었다. 따라서 사복음서 저자들이 복음에 대한 지식을 알고 그것을 전파한 하나의 순서가 있는 반면에 그들이 복음서를 저술한 다른 순서가 있다.[11]

아우구스티누스의 「복음서의 조화」는 복음서 저자들이 텍스트, 역사적인 사실 및 신학적인 관점과 관련해서 일관성을 보이고 있음을 입증하려고 시도한 야심만만한 프로젝트였다. 아우구스티누스가 마태복음 우선설을 주장한 최초의 인물은 아니었다. 그 견해가 이전에도 확실히 있었다. 필사본에서 마태복음은 언제나 제일 앞에 위치하며, 몇몇 서방 사본(W 및 D)에서는 요한복음이 두 번째로 나온다.[12] 또한 초기 교회에서 마태복음은 복음서 중에서 가장 널리 알려졌고 가장 주목을 끌었다. 이 점은 왜 사람들이 단순하게 마태복음이 제일 먼저 쓰였을 것이라고 추측하는지에 대해 부분적으로 설명해준다. 그러므로 마태복음이 제일 먼저 저술되었다고 간주하는 것과 관련해서, 아우구스티누스는 단순히 널리 알려져 있던 전승을 따른 것처럼 보인다.

교부의 이런 증거를 무시하는 데에는 분명히 위험이 뒤따른다. 하지만 마태복음 우선설이 합리적으로 타당성을 인정받으려면, 그 견해는 단순히 전승에 기초해서 가정할 것이 아니라 텍스트에 기초해서 확립되어야 할 필요가 있다. 마태복음 우선설을 받아들이는 것과 관련해서, 교부 시대의 저자들은 다음과 같은 전제에 영향을 받았다. 곧 "마태복음"을 저

---

11) Augustine, *Harmony of the Gospels*, 1.3.
12) 마태복음 우선설을 넘어서, 복음서의 순서와 관련해서, 교부들의 견해는 일치하지 않는다. 곧 사도가 아니었던 누가와 마가가 저술한 복음서가 어떤 순서로 저술되었는지에 대해 견해가 나뉜다.

술한 "마태"는 세리였다가 사도로 부름을 받고 예수의 사역을 직접 목격한 바로 그 "마태"였다는 것이다(참조. 마 9:9). 하지만 마태복음을 누가 저술했는가라는 질문에 대한 대답은 여전히 미해결 상태로 남아 있다. 그래서 다음과 같은 현상이 빚어진 것은 놀라운 일이 아니다. 곧 개신교 스콜라주의 시대의 신학자들이 복음서에 대한 비평적인 연구 방법을 적용했을 때, 복음서의 저술 순서에 대한 아우구스티누스의 견해는 수정되거나 (J. J. 그리스바흐에 의한 경우처럼) 거부되어야 했다(H. J. 홀츠만과 B. H. 스트리터에 의한 경우처럼).

2. 그리스바흐 가설

그리스바흐 가설은 요한 야콥 그리스바흐(Johann Jakob Griesbach; 1745-1812년)의 이름을 딴 이론이다. 그의 견해는 마태복음이 먼저 쓰였고, 중간에 누가복음이 위치하며, 제일 마지막에 마가복음이 쓰였다고 강조하는 것으로 유명하다.

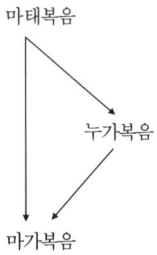

이 견해 역시 마태복음이 먼저 저술되었다고 주장하지만, 아우구스티누스의 견해와 달리, 그리스바흐는 공관복음서 중에서 누가복음이 아니라 마가복음이 마지막에 쓰였다고 주장한다. 그리스바흐가 [그리스

어 텍스트에 기초해서] 공관복음서를 비교하는 책을 저술할 당시에는 아우구스티누스의 전통이 지닌 명성에 기초해서 대체로 마태복음 우선설이 받아들여졌다. 또한 헨리 오웬(Henry Owen)은 『사복음서 고찰』(*Observations on the Four Gospels*, 1764)에서 이미 그 가설에 대한 논증을 시도했다. 아마도 그리스바흐가 영국을 방문했을 때 헨리 오웬의 저서를 입수해서 읽었을 것이다. 그리스바흐는 공관복음서 문제에 대해 두 가지 논문을 썼다. 그 논문에서 그는 다음과 같은 입장을 옹호했다. 곧 마태복음이 가장 먼저 저술된 복음서이며, 누가가 그것을 사용했고, 마가는 마태복음과 누가복음을 요약했다는 것이다. 1783년의 어느 강연에서, 그리스바흐는 이와 같이 주장했다. 곧 부활에 대한 공관복음서의 내러티브는 마가가 마태복음과 누가복음을 자신의 자료로 사용했음을 가리키며, 누가가 마태복음을 사용했음을 보여준다는 것이다. 1789년의 또 다른 강연에서 그리스바흐는 보다 간략하고 명료한 복음서를 저술하기 위해 마가가 마태복음과 누가복음을 요약했다고 상세하게 주장했다.[13]

그리스바흐의 이론은 19세기 후반에 지지를 잃고, 마가복음 우선설을 주장하는 두 자료설로 대체되었다. 비록 마태복음 우선설의 오래된 전통으로 말미암아 많은 로마 가톨릭 학자가 그 이론을 지지하는 것을 유지했지만, 교황 비오 12세(Pius XII)의 회칙 「성령의 영감」(*Divino Afflante Spiritu*, 1943)을 따라서 또한 제2차 바티칸 공의회(1962-1965년) 이후로, 로마 가톨릭 성서학자들은 점차적으로 마가복음 우선설을 받아

---

13) William Farmer, *The Synoptic Problem: A Critical Analysis* (New York: Macmillan, 1964), 7-9; William Baird, *History of New Testament Research* (3 vols.; Minneapolis: Fortress, 1992-2003), 1:138-148; Dungan, *History of the Synoptic Problem*, 309-326.

들였다.14) 19세기에 독일에서 그리스바흐 이론은 헤겔의 변증법적 사고에 기초한 바우어(F. C. Baur)의 견해를 따르던 튀빙겐 학파의 지지를 받았다. 곧 바우어는 유대 기독교라는 "정"(正, 테제; 마태복음)에 이어서, 바울의 기독교라는 "반"(反, 안티테제; 누가복음)이 뒤따랐으며, 그 결과로 모든 교회를 포함하는 기독교라는 "합"(合, 진테제; 마가복음)이 나타났다고 주장했다. 튀빙겐 학파가 제시한 이런 구조는 자료에 대한 비평적인 분석을 통해 전반적으로 거부되었다. 이 분석은 튀빙겐 학파의 이론을 뒷받침하려고 자료에 부여된 시기를 정밀 분석하여 타당성이 없음을 입증했다. 결과적으로, 그리스바흐 가설을 지지하던 독일 학자들의 입장은 무너져 내리기 시작했다. 20세기가 가까이 다가올 무렵에 홀츠만(H. J. Holtzmann)과 파울 베른레(Paul Wernle)가 마가복음 우선설을 받아들이면서, 그리스바흐 가설은 더욱더 지지 기반을 잃어버리게 되었다. 하지만 그리스바흐 가설은 몇몇 지역에서 다시 등장하게 되는데, 주로 윌리엄 파머(William Farmer)의 주도를 통해서였다.15) 그리스바흐 가설이 가진 주요 강점은 다음과 같다. (1) 순서에 기초한 해당 논점은 두 자료설에 기초

---

14) 참조. 예를 들면 Raymond E. Brown, *Introduction to the New Testament* (ABRL; New York: Doubleday, 1997), 111-124; Joseph A. Fitzmyer, "The Priority of Mark and the 'Q' Source in Luke," in *Jesus and Man's Hope*, ed. D. G. Buttrick (Pittsburgh: Pittsburgh Theological Seminary, 1970), 1:131-170.

15) Farmer, *Synoptic Problem,* chapter 3, reprinted as "A New Introduction to the Synoptic Problem," in Bellinzoni, ed., *The Two-Source Hypothesis,* 163-197; idem, *Jesus and the Gospel: Tradition, Scripture, and Cacon* (Philadelphia; Fortress, 1982), 1-11; idem, *The Gospel of Jesus: The Pastoral Relevance of the Synoptic Problem* (Louisville: Westminster John Knox, 1994); idem, "The Case for the Two-Gospel Hypothesis," in *Rethinking the Synoptic Problem,* ed. D. A. Black and D. R. Beck (Grand Rapids: Baker, 2001), 97-135; 특히 다음 연구서를 보라. Christopher M. Tuckett, *The Revival of the Griesbach Hypothesis: An Analysis and Appraisal* (SNTSMS 44; Cambridge: Cambridge University Press, 1983).

해서 뿐만 아니라, 그리스바흐 가설에 기초해서도 설명될 수 있다.[16] 또한 (2) 삼중 전승에서 마가복음에 대조되는 것으로서 누가복음과 마태복음이 소규모로 서로 일치하는 것과 이른바 Q 자료와 마가복음이 서로 겹치는 것은 모두 마태복음으로부터 누가복음이 독립되어 있다는 견해에 대해 진지한 질문을 제기한다.[17]

그리스바흐 가설을 반대하는 견해는 다음과 같은 특징을 지니고 있다. 곧 이 견해는 마가복음 우선설과 Q 자료의 존재를 지지하며, 마태와 누가가 모두 마가복음과 Q 자료를 알고 있었다고 본다(앞으로 이 점에 대해 보다 상세하게 다룰 것이다). 그리스바흐 가설의 진짜 아킬레스건은 바로 이 가설이 지니고 있는 마가복음에 대한 편견이다. 그리스바흐는 복음서 저자들에 대한 전통적인 입장을 고수하고 있었다. 그는 다음과 같이 주장했다. "어떤 이들은 복음서 저자의 이름으로 유포된 복음서의 진짜 저자가 그들이 아니라고 생각한다. 하지만 이 견해는 진리에서 멀리 벗어난 것이다."[18] 결과적으로 그리스바흐는 사도인 동시에 예수를 직접 본 마태가 목격자가 아닌 마가의 증언에 의존한다는 것은 가능성이 거의 없다고 생각했다. 하지만 이는 공관복음서의 내적인 관계와 관련해서 저자가 누구

---

16) Farmer, "New Introduction," 177-180, idem, *Jesus and the Gospel*, 4-5; idem, "Two-Gospel Hypothesis," 111-113; 순서에 기초한 논의에 대해 다음을 보라. David J. Neville, *Arguments for Order in Synoptic Source Criticism* (Macon: Mercer University Press, 1993), idem, *Mark's Gospel—Prior or Posterior? A Reappraisal of the Phenomenon of Order* (JSNTSup 222; London: Sheffield Academic, 2002), Malcolm Lowe, "The Demise of Arguments from Order for Marcan Priority," *NovT* 24 (1982): 27-36; 하지만 Farmer에 대한 Tuckett(*Griesbach Hypothesis*, 26-40)의 비판을 참조하라.

17) Farmer, "New Introduction," 181-182; idem, *Jesus and the Gospel*, 5-6; idem, "Two-Gospel Hypothesis," 113-114; 하지만 Farmer에 대한 Tuckett(*Griesbach Hypothesis*, 61-93)의 비판을 참조하라.

18) Baird, *History of New Testament Research*, 1:146 n. 102에 인용됨.

인지 추론한 것이지, 텍스트적 현상의 요구에 의해 추론한 것이 아니다. 마가복음에 대해 그리스바흐는 다음과 같이 혹평하고 있다. "마가가 성령의 감동으로 자신의 복음서를 기록했다고 주장하는 사람들은 반드시 그것을 불충분한 것으로 여겨야 한다!"[19] 또한 파머는 마가복음이 사도들이 생존하던 시기를 지나서 2세기 초에 기록되었다고 주장하면서 저작 연대를 뒤로 늦춘다.[20] 그뿐 아니라, 우리는 그리스바흐 가설에 의문을 품지 않을 수 없다. 이 가설을 따른다면, 왜 마가는 누가복음과 마태복음을 자신의 방법대로 축약하고 결합했는가? 또한 왜 그는 예수의 탄생에 대한 내러티브 및 산상 수훈/평지 설교와 그렇게 많은 비유를 생략했는가? 이 의문점에 대해 샌더스와 데이비스는 다음과 같이 말한다.

> 마가가 그리스바흐의 주장대로 행했을 수도 있다. 하지만 진짜 질문은, 마가가 왜 그렇게 했는가 하는 것이다. 그리스바흐 가설에 반대하는 가장 강력한 논점은 전문적인 것이 아니라 일반적인 것이다. 왜 누군가가 마태복음과 누가복음을 신중하게 결합해서 그것에 대한 간략한 판본을 저술했겠는가? 왜 그는 그렇게 많은 자료—주의 기도와 산상 수훈과 같은 자료—를 누락했는가? 그러면서 왜 그는 단순히 중복되는 표현과 사소한 세부 사항(예. "네 사람에게 메워 가지고"; 막 2:3 등)만을 덧붙였는가?[21]

그리스바흐 가설에 기초하면, 마가의 의도가 무엇이었는지 명백하게

---

19) Baird, *History of New Testament Research*, 1:147에 인용됨.
20) Farmer, "New Introduction," 191-192.
21) Sanders and Davies, *Studying the Synoptic Gospels*, 92.

밝혀지지 않는 것 같다.[22]

3. 히브리어/아람어 원-복음서

공관복음서 문제에 대한 또 다른 해결책은 숨어 있는 자료, 곧 히브리어나 아람어로 쓰인 원-복음서를 전제하는 것이다. 아마도 이 원-복음서는 교회 교부들이 언급한 초기 유대 기독교의 복음서 가운데 하나와 동일시할 수 있을 것이다. 이 해결책은 복음서 사이의 유사점과 차이점을 설명하는 또 다른 수단이다.[23]

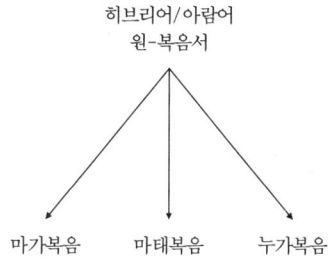

레싱(G. E. Lessing)은 『복음서 저자들에 대한 새로운 가설』(*Neue Hypothese über die Evangelisten*, 1778년)이라는 저서에서 복음서가 아람어나 히브리어로 쓰인 하나의 복음서에 기초하고 있으며, 각 복음서 저자가 그것을 서로 다르게 사용했다고 생각했다. 그는 이 원-복음서를 교부

---

[22] 참조. Tuckett, *Griesbach Hypothesis*, 12-13, 52-60; Robert H. Stein, *Studying the Synoptic Gospels: Origin and Interpretation* (2nd ed.; Grand Rapids: Baker, 2001), 146-148.

[23] Farmer, *Synoptic Problem*, 3-5, 10-11, 14; Baird, *History of New Testament Research*, 1:150-151; Dungan, *History of the Synoptic Problem*, 323-324.

들에게도 알려진 「나사렛복음」(Gospel of the Nazarenes)이나 「히브리복음」(Gospel of the Hebrews)과 동일시했다. 이 원-복음서는 초기 교회 안에서 수정되었고, 복음서 저자들은 아람어/히브리어로 쓰인 서로 다른 판본을 사용했다. 그리고 그들은 그 자료를 자신들의 강조점과 목적에 맞도록 개작했다는 것이다. 아이히호른(J. G. Eichhorn)은 『신약성서 개론』(Einleitung in das Neue Testament, 1804년)에서 레싱의 제안을 받아들여 그 관점을 더욱 발전시켰다. 그는 원래의 원-복음서가 다양한 판본으로 개정되었다고 주장했다. 하지만 레싱과 달리, 아이히호른은 마태복음과 누가복음의 일치점에 대한 이중 전승을 설명하는 한 가지 방법을 제시했다. 아이히호른은 원-복음서가 다음 네 가지 형태로 개정되었다고 주장했다. 곧 A는 마태복음의 기초가 되었고, B는 누가복음의 기초가 되었으며, C는 A와 B로부터 만들어진 판본이며, 마가가 이 판본을 사용했고, 마지막으로 D는 마태와 누가가 모두 사용했다는 것이다.

얼마 후 18세기 말에 독일의 목회자이며 문학비평가인 헤르더(J. G. von Herder)도 공관복음서의 전승이 아람어로 쓰인 공통의 원-복음서에서 유래되었다고 주장했다. 그는 공관복음서 저자들이 저마다 그 복음서를 독립적으로 받아들였다고 보았다.[24] 처음에 헤르더는 마태복음 우선설에 대한 보다 전통적인 체계를 믿었다. 하지만 1797년에 그는 자신의 생각을 바꾸고, 아람어로 쓰인 원-복음서로 이어지는 구전 과정을 주장했다. 기원후 35년에서 40년 사이의 어느 시기에 초기의 구전이 "말씀의 일꾼 된 자들"(눅 1:2)에 의해 팔레스타인 지역에서 아람어로 말해진 구술 복음서의 구조를 갖게 되었다는 것이다. 또한 복음을 전파하며 그들과 협

---

[24] 다음 연구서에서 공관복음서 문제에 J. G. Herder가 기여한 데 대한 개관을 보라. Farmer, *The Synoptic Problem*, 30-34; Baird, *History of New Testament Research*, 1:181.

력했던 사람들도 이 초기의 구전을 공유했다고 한다. 이 구술 복음은 예수의 세례에서 시작해서 그의 승천으로 마무리되는 예수의 생애에 대한 개관(참조. 행 1:22)을 포함하고 있었다. 이 협력자들은 자신들의 편의를 위해 원-복음서가 기록되게 했으며, 그 복음서는 정경에 포함된 복음서의 기초가 되었다. 헤르더의 견해에 의하면, 마가는 원-복음서를 로마로 가져갔고, 그곳에서 이 책을 그리스어로 펴냈다. 또한 누가도 원-복음서를 사용했으며, 여기에 자신이 작성한 개요를 덧붙였다. 나중에 원-복음서는 팔레스타인 지역에서 두 가지 형태로 저술되었다. 먼저 히브리어로 쓰인 「나사렛복음」이, 그다음에는 그리스어로 쓰인 마태복음이 저술되었다.

최근에 제임스 에드워즈(James Edwards)는 마태가 히브리어 복음서를 저술했는데, 그것이 그리스어로 번역되었으며, 누가 및 「에비온복음」(Gospel of the Ebionites)과 「나사렛복음」의 저자들도 그것을 사용했다고 주장했다.[25] 스티븐 헐트그렌(Stephen Hultgren)은 마가에게 알려진 전승 구조가 "공통적이며 일관성이 있고 원시적인 내러티브-케리그마적인 구조, 즉 예수의 세례에서 시작해서 그의 수난과 죽음 및 부활까지 이어지는 구조" 안에 예수에 대한 모든 전승, 심지어 일반적으로 Q 자료로부터 연유한다고 여겨지는 전승까지도 포함하고 있다고 주장했다. 따라서 그 결과는 삼중 전승 및 이중 전승이 내러티브-케리그마 전승과 예수의 어록 전승으로 둘로 나뉜다기보다 오히려 이미 존재하던 내러티브 구조에 의존한다는 것이다.[26]

---

[25] James R. Edwards, *The Hebrew Gospel and the Development of the Synoptic Tradition* (Grand Rapids: Eerdmans, 2009); idem, "The Gospel of Ebionites and the Gospel of Luke," *NTS* 48 (2002): 568-586.
[26] Stephen Hultgren, *Narrative Elements in the Double Tradition: A Study of Their Place within the Framework of the Gospel Narrative* (BZNW 113; Berlin de Gruyter,

비록 복음서가 팔레스타인에서 유래된 자료와 아람어 자료를 다양하게 포함하고 있을 가능성이 있다고 하더라도, 이른바 공관복음서 전승의 기초를 제공해준다는 아람어 또는 히브리어로 쓰인 원-복음서를 지지하는 이론은 다음과 같은 몇 가지 문제점을 지니고 있다. 첫째, 만약 공관복음서가 아람어로 쓰인 한 가지 원-복음서에 기초했다면, 우리는 현재 정경의 공관복음서 안에서 발견할 수 있는 것보다 전승 안에서 훨씬 더 다양한 것을 발견하기를 기대해야 할 것이다. 왜냐하면 아람어를 그리스어로 번역하는 과정에서 공관복음서의 자료의 내용, 순서 및 어휘와 관련해서 더 많은 다양성이 개입되었을 것이기 때문이다. 둘째, 비록 파피아스가 "마태가 [주님의] 말씀을 히브리어로 기록했으며, 각자 그것을 자신의 능력대로 최선을 다해서 해석했다"(Ματθαῖος μὲν οὖν Ἑβραΐδι διαλέκτῳ τὰ λόγια συνετάξατο, ἡρμήνευσε δ' αὐτὰ ὡς ἦν δυνατὸς ἕκαστος)고 말했다고 하더라도, 그의 진술은 모호하다. 곧 그것이 마태복음이 처음에 유대인의 언어로 기록되었다는 의미인지, 아니면 해당 언어의 관용적인 어구와 표현 방식대로 기록되었다는 의미인지 명확하게 알 수 없다.[27] 마태복음의 전승과 저자 및 독자들이 팔레스타인 유대교와 연관성을 지니고 있다고 하더라도, 어쨌든 마태복음은 디아스포라의 헬레니즘 유대교 안에 놓여 있

2002), 310, 316.

27) Papias, *Fragment* 3.16 (= Eusebius, *Hist. Eccl.* 3.39.16). 이 쟁점에 대한 논의와 관련해서 다음 연구서 및 논문을 보라. W. R. Schoedel, *Polycarp, Martyrdom of Polycarp, Fragments of Papias* (Camden: Nelson, 1967), 109-110; Josef Kürzinger, *Papias von Hierapolis und die Evangelien des Neuen Testament* (Regensburg: Pustet, 1983), 10-11; Robert H. Gundry, *Matthew: A Commentary on His Handbook for a Mixed Church under Persecution* (2nd ed.; Grand Rapids: Eerdmans, 1994), 619-620; Armin Baum, "Ein aramäischer Urmatthäus im kleinasiatischen Gottesdienst. Das Papiaszeugnis zur Entstehung des Matthäusevangeliums," *ZNW* 92 (2001): 257-272; Edwards, *Hebrew Gospel*, 3-7.

는 것처럼 보인다.[28] 셋째, 복음서 안에는 구약성서의 인용과 관련해서 70인역이 지니고 있는 문체상의 특성이 나타난다. 이 점은 세 공관복음서의 최종적인 편집에는 히브리어보다 그리스어의 문학적인 맥락이 놓여 있음을 보여준다.[29] 넷째, 유대 기독교에서 유래된 복음서의 존재와 정확한 숫자(즉 「히브리복음」 「나사렛복음」 「에비온복음」 등)에 대해 여전히 논쟁이 빚어지고 있다. 그것과 상관없이, 「히브리복음」 그리고/또는 「나사렛복음」은 이른바 그리스어로 쓰인 정경 마태복음이 사용했다는 아람어로 쓰인 원래 복음서를 나타내는 것이라기보다, 오히려 2세기에 마태복음이나 누가복음을 개작한 것일 가능성이 훨씬 더 높다. 아마도 정경 복음서에 들어있지 않은 예수의 말씀을 덧붙였을 것이다.[30] 다섯째, 복음서 이전 단계의 자료가 마가복음이나 마태복음을 닮으면 닮을수록, 그것은 정경 마가복음이나 마태복음에 대한 설명으로 더욱 쓸모없어진다. 그래서 한동안 널리 알려졌던 원-마가복음 이론은 이제 거의 사라졌다.

4. 공통 구전

최초의 원-복음서에 대한 이론 외에도, 일부 학자들은 복음서가 구전 그리고/또는 기록 자료의 공통적인 자원에 기초하고 있지만, 여전히 서로

---

[28] 참조. 예를 들면 Joachim Gnilka, *Das Matthäusevangelium II* (HTK; Freiburg: Herder, 1988), 533-534.

[29] Gundry, *Matthew*, 617-620.

[30] Andrew Gregory, "Prior or Posterior? The Gospel of the Ebionites and the Gospel of Luke," *NTS* 51 (2005): 344-360. James Edwards의 견해에 반대하면서, Gregory는 Epiphanius의 *Panarion*에 포함된 인용을 통해 우리에게 알려진 「에비온복음」은 아마도 공관복음서가 모두 저술된 이후에 그것을 조화시키려고 시도한 복음서였으리라고 주장한다.

독자적으로 저술되었다고 제안했다.[31]

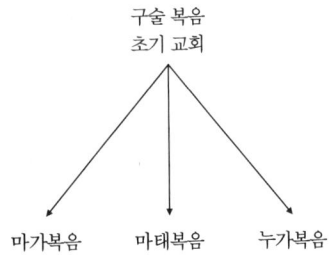

복음서에 대한 기젤러(J. K. L. Gieseler)의 비평적 연구(1818년)는 공관복음서의 핵심 자료로서 아람어로 **기록된** 복음서보다 오히려 아람어로 **구술된** 복음서를 선호한다. 영국의 저명한 신약학자 웨스트코트(B. F. Westcott)는 복음서가 주로 팔레스타인의 지역적인 배경과 예수에 대한 사도들의 복음 전파의 구술 상황에서 유래되었다고 간주했다. 최초의 복음서는 입으로 전달된 메시지였지 문자로 기록된 문서가 아니었으며, 그 메시지는 신약성서의 서신서에까지 영향을 미쳤다는 것이다. 웨스트코트의 견해에 의하면, 복음서는 예수에 대한 복음을 입으로 전파한 일련의 사실적인 내용과 연관성이 있는 것 같다. 구체적으로 말해, 마가복음은 베드로의 설교에 기초해서 저술되었고, 마태복음은 히브리적인 원형에 기초했으며, 누가복음은 바울 집단의 설교로부터 유래했다는 것이다. 웨스트코트는 다음과 같이 결론짓는다. "초기 교회의 상황으로부터 얻을 수 있는 모든 증거와 복음서의 기원에 대한 전승은 분명히 전체적인 개요와 표현에 있어서 최초의 구술 복음이 존재했다는 것을 확립해주는 방향으로 기울고 있다. 여러 사도의 설교에 나타난 전형적인 유형에 따라서, 그

---

31) Farmer, *Synoptic Problem*, 30-35.

구술 복음은 시간이 지나면서 다양하고 특별한 형태로 기록되었다."[32] 또한 웨스트코트는 복음서들 사이의 많은 일치점은 과장된 것이라고 생각한다. 왜냐하면 이런 일치점들은 내러티브 자료보다 주로 주의 말씀에 적용되기 때문이다. 그는 복음서의 "상호 사용"을 받아들이지 않는다. 왜냐하면 이 개념은 다양한 차이점이 의도적으로 고안되었음을 암시하기 때문이다. 하지만 그와 같은 의도는 발견되지 않는다. 비슷하게 웨스트코트는 공관복음서의 배후에 그리스어나 아람어로 기록된 자료가 있다는 것을 거부한다. 왜냐하면 그와 같은 자료가 남아 있지 않기 때문이다. 웨스트코트는 "복음서의 전반적인 형태는 구술 자료를 가리킨다"라고 주장한다.[33] 비록 복음서가 서로 다른 청중(독자들)의 필요에 따라서 독자적으로 기록되었을지라도, 그는 마가복음이 편집과 관련해서는 아니라고 하더라도 "본질에 있어서 가장 오래된 복음서"라고 생각한다.[34]

존 리스트(John M. Rist)는 마가복음과 마태복음이 비슷한 전승에 기초했지만 서로 분리된 채 독자적으로 기록되었다는 견해를 옹호한다. 그의 견해에 의하면, 단순히 한 판본이 다른 판본보다 더 오래되어 보인다는 점은 그 판본이 다른 판본의 자료 역할을 했다고 가정할 만한 아무런 근거도 제시해주지 않는다. 또한 만약 마태가 자기 앞에 마가복음의 필사본을 펼쳐놓고 저술하고 있었다면, 그는 마가복음의 자료 가운데서 불필요하고 부주의하게 몇 가지를 개정하지는 않았을 것이다(예. 세례 요한의 죽음, 회당장 야이로의 딸과 맹인 바디매오에 대한 이야기 등이다).[35] 스코트(James

---

32) Westcott, *Introduction to the Study of the Gospels*, 174-175(전반적인 논의를 알려면, 165-193을 보라).
33) Westcott, *Introduction to the Study of the Gospels*, 189.
34) Westcott, *Introduction to the Study of the Gospels*, 190.
35) John M. Rist, *On the Independence of Matthew and Mark* (SNTSMS 32; Cambridge:

M. Scott)도 누가가 마가복음 및 마태복음과 독립적으로 자신의 복음서를 저술했다는 비슷한 견해를 제시했다. 그는 누가복음 1:1-4이 누가가 전적으로 구술 자료에만 의존했다는 것을 의미한다고 해석한다. 그러면서 스코트는 두 가지 주요한 전승이 있다고 이해한다. 곧 마가복음과 "Q" 자료의 절반을 포함하는 내러티브 전승과, 사도들에게서 비롯된 일련의 독자적인 전승이 있다는 것이다.[36)]

루돌프 불트만의 제자인 에타 린네만(Eta Linnemann)은 50세에 회심을 경험하고 난 이후로는 역사비평적인 방법을 사용하는 것을 단념했다. 린네만은 공관복음서가 서로 직접적인 연관성이 전혀 없이 저술되었다고 주장한다. 그녀는 공관복음서의 기원을 설명하기 위해 주로 목격자들의 관점, 기억 및 교부들의 전승에 의존한다. 또한 공관복음서는 서로 다른 장소에서 3년 혹은 4년의 기간 안에 서로 독립적으로 생겨났다는 것이다.[37)] 이와 비슷하게, 보 라이케(Bo Reicke)는 공관복음서가 모두 기원후 60년대에 기록되었으며, 세 복음서의 유사점은 구전을 공유했기 때문이라고 주장한다. 그는 이 이론이 문학적인 의존에 기초한 "인위적인 자료 이론"보다 선호할 만하다고 생각한다.[38)]

존 웬함(John Wenham)은 구조적인 의존이라는 수단과 더불어 언어적 독립성이라는 입장을 제시했다. 복음서의 언어가 서로 비슷한 것은 각 복음서가 초기의 구전을 독자적으로 사용한 데 기초한다는 것이다. 하지만

Cambridge University Press, 1978).
36) James M. Scott, *Luke's Preface and the Synoptic Problem* (unpublished dissertation, University of Aberdeen, 1985).
37) Eta Linnemann, *Is There a Synoptic Problem? Rethinking Literary Dependence of the First Three Gospels,* trans. R. Yarbrough (Grand Rapids: Baker, 1992).
38) Bo Reicke, *The Roots of the Synoptic Problem* (Philadelphia: Fortress, 1986), 169.

총체적이며 구조적인 유사점은 문학적인 관계를 암시해준다. 웬함이 제시하는 시나리오에 의하면, 복음서 저자들은 예루살렘의 구전을 사용했지만, 다른 복음서를 알고 있는 상황에서 그렇게 했다. 이런 웬함의 논의로부터 나오는 결과는 기본적으로 아우구스티누스의 견해와 동일하며, 여기에 구전 개념이 보충된 것이다. 그는 공관복음서의 저술 시기를 매우 이르게 추측한다. 곧 마태복음은 40년 무렵에, 마가복음은 45년 무렵에, 누가복음은 50년대 중반에 저술되었다는 것이다.[39]

성서비평에 대한 깊은 반감을 가지고, 몇몇 보수적인 신학자들은 공관복음서의 독립성이 복음주의 신앙의 중요한 한 가지 항목이라고 주장했다. 그 독립성이 복음서 사이의 문학적인 연관성을 주장하는 학자들에 의해 뻔뻔스럽게 타협되어왔다는 것이다.[40] 그들은 문학적인 연관성을 제안하는 모든 주장을 "사탄적인 맹목"의 결과라고 부른다. 이런 맹목이 "복

---

[39] John Wenham, *Redating Matthew, Mark, and Luke: A Fresh Assault on the Synoptic Problem* (Downers Grove: InterVarsity, 1992). Bruce Chilton, *Profiles of a Rabbi: Synoptic Opportunities in Reading about Jesus* (Atlanta: Scholars, 1989)는 Wenham의 견해와 비슷한 입장을 지지한다. 하지만 의도적으로 Westcott와 Streeter 사이에 위치하면서, 그는 마가복음 우선설을 받아들인다. 그러나 그는 누가와 마태가 마가가 사용한 동일한 구술 자료를 사용했다고 이해한다. Armin Baum도 같은 입장에 있다. Armin Baum, *Der mündliche Faktor und seine Bedeutung für die synoptische Frage. Analogien aus der Antiken Literatur, der Experiemtnalpsychologie, der Oral Poetry-Forschung und dem rabbinischen Traditionswesen* (TANZ 49; Tübingen: Francke, 2008); idem, "Matthew's Sources—Written or Oral? A Rabbinic Analogy and Empirical Insights," in *Built upon the Rock: Studies in the Gospel of Matthew*, ed. J. Nolland and D. Gurtner (Grand Rapids: Eerdmans, 2008), 1-23.

[40] Robert L. Thomas and F. David Farnell, eds., *The Jesus Crisis: The Inroads of Historical Criticism into Evangelical Scholarship* (Grand Rapids: Kregel, 1998); Robert L. Thomas, ed., *Three Views on the Origins of the Synoptic Gospels* (Grand Rapids: Kregel, 2002).

음서 기록의 질을 떨어뜨리는" 결과를 빚어낸다는 것이다.[41]

문학적 독립 이론은 다음과 같은 몇 가지 이유에서 잘못되었다. 첫째, 만약 공관복음서가 전반적으로 구전에 기초하고 있다면, 우리는 세 복음서의 언어상의 일치점을 세부적으로 설명하기가 어렵다. 신약성서의 숙련된 번역가라면 누구든지 여러분에게 다음 사실에 대해 말해줄 것이다. 곧 세 명의 번역자가 독자적으로 아람어로 된 예수의 말씀을 그리스어로 번역한다면—그리스어는 어순과 문법에서 유연한 언어다—그들이 모두 어떤 단어나 구절을 문자 그대로 일치하게, 심지어 어떤 문장이 상당 부분 거의 일치하게 번역할 가능성은 거의 없다는 것이다. 둘째, 세 명의 저자가 서로 독자적으로 구전에 포함된 다양한 주요 내용을 똑같은 순서, 똑같은 문장 구조, 똑같은 내러티브 틀, 똑같이 삽입된 편집자적 언급으로 요약했다는 주장은 타당성이 거의 없다. 반드시 이 요소들은 적어도 부분적으로는 세 복음서의 문학적인 상호 관계에 의해서 설명되어야 한다. 셋째, 1세기의 기독교 지도자들의 이동 상황과 읽고 쓰는 능력을 고려할 때, 만약 마가복음 필사본이 마태나 누가의 손으로 들어갔다고 하더라도, 이는 조금도 이상한 일이 아니다. 따라서 우리는 서로 독립적이지만 거의 동일한 방식으로 기록된 세 가지 이야기를 다루고 있는 것이 아니라, 오히려 서로 맞물려 있는 전승을 다루고 있는 것이다.

5. 두(네) 자료설[42]

두(네) 자료설은 두 가지 주요한 자료, 즉 마가복음과 가설적인 자료, 곧

---

41) Thomas, "Epilogue," in *Jesus Crisis*, 380.
42) 두 자료설을 주장하는 모든 학자가 B. H. Streeter의 네 자료설을 받아들이지는 않을

마태와 누가가 독립적으로 사용한 "Q"라고 불리는 자료를 상정한다.

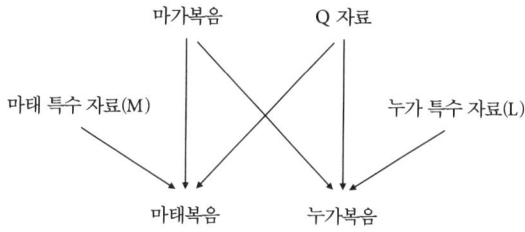

그뿐 아니라, 마태도 "M"이라고 불리는 유일하고 특별한 자료를, 누가도 "L"이라고 불리는 유일하고 특별한 자료를 입수해서 사용했다.[43] 이것으로부터 "네" 자료설이 비롯되었다. 이 이론에서 가장 중요한 요소는 전통적으로 주장되어오던 마태복음 우선설이 마가복음 우선설로 바뀌었다는 것이다.[44]

몇몇 학자들은 공관복음서와 관련하여 이 접근 방법을 암시했다(예.

것이다. 하지만 여기서 나는 두 자료설과 네 자료설을 함께 다루고자 한다. 그것은 단순히 네 자료설이 두 자료설에 의존하고 있기 때문이다.

[43] 이 주제에 대한 간략한 요약과 논의는 다음을 보라. Brice C. Jones, *Matthean and Lukan Special Material: A Brief Introduction with Texts in Greek and English* (Eugene: Wipf & Stock, 2011). 간결한 자료 요약에 대해서는 다음을 참조하라. Goodacre, *Synoptic Problem*, 42-47. 주목할 만한 것으로서 다음과 같은 연구서들이 있다. Gerd Petzke, *Das Sondergut des Evangeliums nach Lukas* (ZWB; Zurich: Theologischer, 1990); Bertram Pittner, *Studien zum lukanischen Sondergut* (ETS 18; Leipzig: Benno, 1991); Kim Paffenroth, *The Story of Jesus According to L* (JSNTSup 147; Sheffield: Sheffield Academic, 1997); Stephenson H. Brooks, *Matthew's Special Community: The Evidence of His Special Sayings Material* (JSNTSup 16; Sheffield: JSOT, 1987); Hans-Theo Wrege, *Das Sondergut des Matthäus-Evangeliums* (ZWB: Zurich: Theologischer, 1991); Hans Klein, *Bewährung im Glauben. Studien zum Sondergut des Evangelisten Matthäus* (Neukirchen-Vluyn: Neukirchener, 1996).

[44] Farmer, *Synoptic Problem*, 36-177; Dungan, *History of the Synoptic Problem*, 326-341; Baird, *History of New Testament Research*, 2:115-116, 265-266.

1786년에 슈토르[C. G. Storr], 1835년에 라흐만[K. Lachmann], 1838년에 바이세[C. H. Weisse]와 같은 학자들이다). 하지만 주된 공헌자는 하인리히 율리우스 홀츠만(Heinrich Julius Holtzmann)으로, 그는 유명한 『공관복음서』(Die synoptischen Evangelien, 1863년)에서 마가복음 우선설과 Q 자료의 존재에 대한 논의를 제시했다(이 입장에 대한 정확한 논의는 나중에 다룰 것이다). 처음에 홀츠만은 마태와 마가가 정경 마가복음을 직접 의존하지 않고, 사라져버린 원-마가복음에 의존했다고 주장했다. 그러나 결국 그는 정경 마가복음 우선설을 지지하기 위해 앞의 입장을 포기했다. 홀츠만의 업적은 다음과 같다. 곧 그는 공관복음서의 역사성과 관련해서 다비트 슈트라우스(David Strauss)와 바우어(F. C. Baur) 및 튀빙겐 학파의 회의주의를 공격하는, 공관복음서 전승에 대한 설명을 제공했다. 또한 그는 로마 가톨릭 교회가 오랫동안 가르쳐온—마태복음이 교회 안에서 베드로의 수위권(首位權)을 지지하기 때문에—마태복음 우선설에 이의를 제기했다. 홀츠만의 이론은 독일 신학계에서 벌어진 논쟁에서 승리를 거두었다. 그의 이론은 마침내 알브레히트 리츨(Albrecht Ritschl)과 아돌프 폰 하르낙(Adolf von Harnack)조차도 그 주제에 대한 자신의 생각을 바꾸도록 설득했다. 그다음으로 영국에서는 스트리터(B. H. Streeter)의 『사복음서』(The Four Gospels, 1924년)가 네 자료설이라는 견고한 입장을 제시했다. 스트리터는 버킷(F. C. Burkitt), 존 호킨스(John Hawkins), 애봇(E. A. Abbott)와 같은 다른 학자들의 연구에 기초해서 네 자료설을 주장했으며, 이 가설이 지난 백 년 동안 복음서 연구 영역의 학계를 지배해왔다(이른바 "옥스퍼드 가설"). 비록 이 입장이 도전을 받지 않은 것은 아니지만, 네 자료설은 오늘날 대부분의 복음서 학자들이 선호하는 선택으로 남아 있다.[45]

---

45) 참조. 예를 들면 Stein, *Synoptic Gospels*, 143-152; Craig Blomberg, *Jesus and the*

비록 두(네) 자료설이 지배적이기는 하지만, 그 이론에 취약점이 없는 것은 아니다.⁴⁶⁾ (1) 마태복음 우선설이 종종 이데올로기적인 이유에 근거해서 선호되는 것과 마찬가지로, 마가복음 우선설도 신학적인 선입관을 지니고 있다고 언급된다. 파머는 "마가복음 가설"(즉 마가복음 우선설)에 대한 알베르트 슈바이처의 분석에는 예수의 생애를 탐구하는 자유주의 신학의 "신조와 신앙고백"이 들어 있다고 지적한다.⁴⁷⁾ 헤르베르트 슈톨트(Herbert Stoldt)와 하요 우덴 메어봄(Hajo Uden Meijboom)은 모두 마가복음 가설(우선설)을 탐구하고 나서, 이 이론이 신학적인 논의에 기초하며, 텍스트 상의 증거는 이를 지지하지 않는다고 주장했다.⁴⁸⁾ (2) 마가복음과 대조해서 마태복음과 누가복음 사이의 이른바 작은 일치(minor agreements)는 항상 두 자료설을 몹시 괴롭혀왔다. 이와 같은 일치는 누가

Gospels: An Introduction and Survey (Downers Grove: InterVarsity, 1997), 86-92; Scot McKnight, *Interpreting the Synoptic Gospels* (Grand Rapids: Baker, 1993), 33-44; Mark Goodacre, *The Case Against Q* (Harrisburg: Trinity, 2002), 19-45; Darrell L. Bock, *Studying the Historical Jesus: A Guide to Sources and Methods* (Grand Rapids: Baker, 2003), 163-179; Craig A. Evans, "Sorting Out the Synoptic Problem: Why an Old Approach Is Still Best," in *Reading the Gospels Today*, ed. S. E. Porter (Grand Rapids: Eerdmans, 2004), 1-26; Mark L. Strauss, *Four Portraits, One Jesus: An Introduction to Jesus and the Gospels* (Grand Rapids: Zondervan, 2007), 43-55.

46) 특히 Bellinzoni가 편집한 *Two-Source Hypothesis*에 수록되어 있는 고전적인 논문들을 참고하라. 마가복음 우선설을 반대하는 논문들은 95-217, Q 자료의 존재를 부인하는 논문들은 319-433에 수록되어 있다.

47) Farmer, *Pastoral Relevance*, 207에서 Schweitzer의 주장을 인용함. Albert Schweitzer, *The Quest of the Historical Jesus*, trans. W. Montgomery (New York, Macmillan, 1948), 203-204.

48) Hans-Herbert Stoldt, *History and Criticism of the Marcan Hypothesis*, trans. D. Niewyk (Macon: Mercer University Press, 1980); Hajo Uden Meijboom, *A History and Critique of the Origin of the Marcan Hypothesis, 1835-1866*, trans. J. J. Kiwiet (Macon: Mercer University Press, 1993).

가 마태복음을 자료로 사용했거나 그 반대의 경우를 가정한다면 더 잘 이해될 것이다. (3) Q 자료설은 항상 두 자료설이 지니고 있던 취약점이었다. Q 자료설은 마가복음과 Q 자료가 서로 중복된다는 것을 설명하는 문제 등으로 도전받고 시달리고 있다. 곧 누가복음과 마태복음에 들어 있는 Q 자료는 왜 똑같은 순서로 나타나지 않는가? 이른바 Q 자료에 기초하고 있는 마태복음과 누가복음의 언어는 왜 서로 차이가 있는가? 또한 이중 전승은 대체로 구전이 지속되었으며 누가가 마태복음을 사용했다는 것과 같은 다른 요소에 의해 설명될 수 있다. 심지어 결국 홀츠만도 누가가 마태복음을 사용했다는 입장에 굴복하면서, Q 자료설을 역사비평의 불확실한 처지 속에 남겨놓았다.[49] 클레이턴 설리번(Clayton Sullivan)은 다음과 같이 주장한다.

> 마가복음 우선설을 **반대하는** 슈톨트와 파머의 논점은 마가복음 우선설을 **지지하는** 홀츠만과 스트리터의 논점과 마찬가지로 설득력이 있다. 따라서 두 번째 복음서가 가장 먼저 저술되었다는 가설은 이미 결론이 난 것이 아니라, 여전히 미해결의 문제로 남아 있다. 그러므로 성서 해석자들은 마가복음 우선설을 더 이상 "의문의 여지가 없는" 하나의 해석학적인 도구로 받아들일 수 없다.…마찬가지로, 최근에 학자들은 Q 자료 가설에 대해서 평가했다. 그 평가에 의하면, Q 자료설은 벨사살(참조. 단 5:27)과 마찬가지로 저울에 달아보니 무게가 부족했다.[50]

---

49) Dungan, *History of the Synoptic Problem*, 330-331에서 H. J. Holtzmann, *Lehrbuch der historisch-kritischen Einleitung in das Neue Testament* (Freiburg: Siebeck, 1892), 2:339, 350이 인용되었다.

50) Clayton Sullivan, *Rethinking Realized Eschatology* (Macon: Mercer University Press, 1988), 23(Sullivan 강조).

6. 파러의 이론

마지막으로 살펴보려는 가설은 오스틴 파러(Austin Farrer)의 이름을 딴 "파러의 이론"이다(또한 이 이론은 마이클 굴더[Michael Goulder]와 마크 굿에이커[Mark Goodacre]와 밀접하게 연결되어 있다). 이 이론이 설명하는 바에 의하면, 마가복음이 제일 먼저 쓰였고 그다음에 마태가 마가복음을 사용해서 자신의 복음서를 저술했으며, 나중에 누가가 마가복음과 마태복음을 모두 사용하면서 자신의 복음서를 저술했다. 이 이론이 지니고 있는 핵심적인 특징은 (그리스바흐 가설과 반대되는 것으로서) 마가복음 우선설이 유지된다는 것이다. 하지만 파러의 이론은 (두[네] 자료설과 반대되는 것으로서) Q 자료의 존재를 인정하지 않는다.

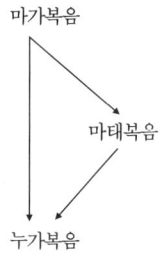

공관복음서 문제에 대해 지금은 고전이 된 한 논문에서, 파러는 누가가 마태복음을 사용했다고 단정함으로써 Q 자료의 명백한 필요성을 제거하려고 시도했다.[51] 그는 Q 자료 가설은 이른바 누가가 마태복음을 사

---

51) Austin M. Farrer, "On Dispensing with Q," in *Studies in the Gospels: Essays in Memory of R. H. Lightfoot*, ed. D. E. Nineham (Oxford: Blackwell, 1955), 55-58, repr. in Bellinzoni, ed., *The Two Source Hypothesis*, 321-356(앞으로 이 논문을 인용할 경우에 재판[reprint]에 기초함). 보다 이른 시기에 제시된 다음 논문을 주목하라. E. W. Lummins, *How Luke Was Written: Considerations Affecting the Two-Document Theory with*

용했다는 것에 대한 불신에 기초하고 있다는 견해를 제시했다.[52] 그는 Q 자료를 반대하면서, 이른바 Q 자료 안에서 두 복음서 저자의 신학적 특징을 아무것도 발견할 수 없다고 주장한다. 또한 그는 Q 자료가 자기충족적인 실체임을 가리키는 명백한 순서도 찾아볼 수 없다고 한다. Q 자료는 정식 "복음서"가 아니며, 우리가 고대 기독교로부터 알고 있는 어떤 문서와도 닮지 않았다는 것이다. 그러므로 "Q 자료의 제안은 입증되지 않은 유일한 것을 제안하는 입장"처럼 보인다.[53] 또한 파러는 Q 자료와 같이 예수의 말씀 모음집이라고 알려진 문서가 왜 그처럼 많은 내러티브 자료를 포함하고 있는지 질문한다.[54] 그리고 마태복음과 누가복음의 작은 일치에 대한 스트리터의 설명에 반응한다(예. 한 복음서를 다른 복음서에 동화시키려는 과정에서 비롯된 필사자의 오류, 문체 및 요지의 다양하고 우연한 일치, 교리적인 관심사의 공유 등). 나아가 파러는 누가가 마태복음을 사용할 수 없었다는 주장에 반응한다(예. 누가는 그처럼 많이 생략하지 않았을 것이다, Q 자료에서 비롯된 누가복음의 표현은 종종 마태복음의 표현보다 더 원시적인 것처럼 보인다, 누가가 마태복음을 사용했다고 추정되는 방식은 그가 마가복음을 사용한 방식과 다르게 진행되어야 할 것이다, 마태복음과 비교해서 누가는 공통 자료를 덜 적합한 곳에 그리고 마가복음의 맥락과는 다른 곳에 위치시켰다 등등).[55] 누가복음의 구성과 관련해서, 파러는 다음과 같이 주장한다. 곧 누가는 자신의 복음서가 내러티브로 시작되어(눅 1:10-10:24), 예수의 가르침으로 이루어진 커다란

Special Reference to the Phenomena of Order in the Non-Markan Matter Common to Luke (Cambridge: Cambridge University Press, 1915).

52) Farrer, "Dispensing with Q," 323.
53) Farrer, "Dispensing with Q," 324-326(인용된 글은 326쪽에 나옴).
54) Farrer, "Dispensing with Q," 327-329.
55) Farrer, "Dispensing with Q," 329-333.

단원이 뒤따르며(눅 10:25-18:30), 예루살렘에서 일어난 사건들에 대한 내러티브(눅 18:31-24:53)로 되돌아가도록 의도했다는 것이다. 누가는 마가복음에 들어 있지 않은 마태복음의 자료를 마가복음의 맥락으로부터 떼어냈다는 것이다. 이는 단순히 누가가 단 하나의 뼈대 위에서 자신의 이야기를 잘 풀어나갈 수 있기 때문이다. 그래서 그는 마가복음을 선택했다는 것이다.[56] 파러는 이렇게 결론짓는다. "일단 Q 자료를 제거하면, 우리는 이름 없는 키메라(사자의 머리에 염소 몸통에 뱀 꼬리를 단 그리스 신화 속 괴물-편집자 주)의 자손을 없애고, 자유롭게 성 마태가 감동을 받은 대로 쓰도록 할 수 있다"[57]

다른 학자들도 파러의 입장에 가세했다. 마이클 굴더는 누가가 마가복음과 마태복음을 사용했다는 파러의 새로운 패러다임을 통해 누가복음에 대한 체계적인 연구를 시도했다. 그의 논점의 핵심은 다음과 같다. 곧 교부 문헌에서 Q 자료는 나타나지 않고, 마태복음에 사용된 어휘가 누가복음에 나타나며, 수난 이야기에 대한 삼중 전승과 같이 예수 어록의 자료 밖에서도 작은 일치가 존재한다는 것이다. 굴더에 의하면, 이 모든 것은 누가가 마태복음을 사용했다는 것을 가리킨다.[58] 마크 굿에이커도 파

---

56) Farrer, "Dispensing with Q," 333-353.
57) Farrer, "Dispensing with Q," 353.
58) Michael Goulder, *Midrash and Lexicon, the Evangelist's Calendar: A Lectionary Explanation of the Development of Scripture* (London: SPCK, 1978); idem, *Luke: A New Paradigm* (2 vols ; JSNTSup 20; Sheffield: JSOT, 1989); idem, "Luke's Compositional Options," *NTS* 39 (1993): 150-152; idem, "Is Q a Juggernaut?" *JBL* 115 (1996): 667-691; idem, "Self-Contradiction in the IQP?" *JBL* 118 (1999): 506-517. Goulder에 대해 (긍정적으로) 평가하는 다음 연구서를 보라. Mark S. Goodacre, *Goulder on the Gospels: An Examination of a New Paradigm* (JSNTSup 133; Sheffield: Sheffield Academic, 1996). 한편 (부정적으로) 평가하는 다음 논문을 참고하라. John S. Kloppenborg, "Is There a New Paradigm?" in *Christology, Controversy, and Community: New*

러 이론의 확고한 지지자였다. 그는 이른바 "편집상의 피로"를 지적했다. 곧 누가가 처음에는 그의 자료(곧 마태복음)를 변화시켜 제시하지만, 나중에는 이미 주어진 단원의 이야기 전개에 따라서 약간의 확대와 더불어 자기 앞에 놓여 있는 텍스트를 그대로 복제(reproduction)한다는 것이다.[59] 지난 수년 동안 Q 자료의 존재에 회의를 품는 연구가 활발히 진행되어왔으며 다양한 논문이 발표되었다. 그래서 두 자료설이 누려왔던 권세는 서서히 약화되고 있다.[60]

파러의 이론이 지닌 강점은 다음과 같다. 이 이론은 Q 자료의 필요성을 무효로 하며, 우리에게 공관복음서의 문학적인 상호 관계에 대한 단순하고 간결한 이론을 제시해준다. 특별히 이 이론은 마가복음과 대조되는 것으로서 누가복음과 마태복음의 작은 일치와 이른바 마가복음-Q 자료의 중복에 대해 설명해준다. 파러의 이론과 관련해서 쉽사리 사라지지 않는 의문점은 단순히 그 이론이 너무 간단하다는 것이다. 만약 누가가 마가복음과 마태복음 외에도 다른 자료, 특별히 예수의 어록에서 자료를 사용했다면, 또한 그 다른 자료(기록 자료든 구술 자료든)가 몇몇 경우에 마태복음과 중복된다면, 이중 전승의 수수께끼는 단순히 누가가 마태복음을

Testament Essays in Honour of David Catchpole, ed. D. Horrell and C. M. Tuckett (NovTSup 99; Leiden: Brill, 2000), 23-47.

59) Goodacre, *Synoptic Problem,* 154-156; idem, *Case against Q,* 40-43; idem, "Fatigue in the Synoptics," *NTS* 44 (1998): 45-58.

60) 참조. 예를 들면 David L. Dungan, Allan J. McNicol, and David B. Peabody, eds., *Beyond the Q Impasse: Luke's Use of Matthew* (Valley Forge: Trinity, 1996); Mark Goodacre and Nicholas Perrin, eds., *Questioning Q: A Multi-Dimensional Critique* (Downers Grove: InterVarsity, 2004); and Bartosz Adamczewski, *Q or not Q? The So-Called Triple, Double, and Single Traditions in the Synoptic Gospels* (Frankfurt am Main: Lang, 2010); John C. Poirier, "The Synoptic Problem and the Field of New Testament Introduction," *JSNT* 32 (2009): 179-190.

사용했다는 주장만으로 해결될 수 없다.[61]

오래된 문제에 대한 새로운 시각

위에서 제시한 개관은 공관복음서 문제가 매우 복잡하다는 사실을 입증하기 위해 필요한 논의였다. 이 복잡한 문제는 몇몇 상황에 의해 더욱 어려워졌다. 이 점에 대해 우리는 진지하게 파악해야 할 필요가 있다.

1. 공관복음서 연구는 종종 사본을 취사선택해서 편집된 절충적인 네슬레-알란트(Nestle-Aland) 그리스어 신약성서가 복음서 저자들이 직접 기록한 원래의 책과 상관관계가 있다는 가정에 기초해서 순진하게 실행된다. 나는 지난 이백 년 이상의 기간에 걸쳐서 발전되어온 절충적인 텍스트가 복음서 저자들이 실제 기록한 것에 가까우리라는 근거 있는 확신을 갖고 있다(적어도 우리가 이를 비평적으로 재구성하는 만큼 가깝다고 할 수 있다). 하지만 우리는 우리가 갖고 있는 정교하게 인쇄된 그리스어 신약성서가 복음서 저자들이 실제로 기록한 것과 동일한 것이라고 쉽사리 받아들일 수 없다. 마가복음에 대해 UBS⁴가 제시하는 판본은 마태나 누가가 사용했던 마가복음의 텍스트와 동일하지 않을 수도 있다.[62]

---

61) 참조. John C. Poirier, "The Composition of Luke in Source-Critical Perspective," in *New Studies in the Synoptic Problem,* ed. Foster, Gregory, Kloppenborg, and Verheyden, 210: "내 생각에 Farrer의 가설은 두 사료설이 보여주듯이 가설적인 문서에 열려 있는 자세로 탐구할 수 있다(또한 탐구해야 한다)." 다음과 같은 비판도 참고하라. Foster, "Is It Possible to Dispense with Q?" 321: "만약 Goodacre가 이런 몇몇 경우에 대안적인 자료가 사용되었다는 것을 기꺼이 인정한다면('다른 전승'에 대한 그의 언급은 이것을 암시하는 듯함), 어떻게 그가 이와 같은 자료가 기록 자료가 아니라 구술 자료라고 확신을 갖고 결정할 수 있겠는가?"

62) 참조. Gordon D. Fee, "A Text-Critical Look at the Synoptic Problem," *NovT* 22 (1980): 12-28; J. K. Elliott, "The Relevance of Textual Criticism to the Synoptic Problem," in *The*

2. 공관복음서 문제에 대한 연구에서 사용되는 대조표는 가치중립적인 가설이 아니라 공관복음서 문제에 대해 하나의 특별한 해결책을 지지하는 방향으로 기울어져 있다는 사실을 기억할 필요가 있다. 데이비드 둥안(David Dungan)과 버나드 오처드(Bernard Orchard)는 가장 많이 공통적으로 사용되는 대조표, 곧 허크-그리븐(Huck-Greeven)과 알란트(Aland)가 만든 대조표가 공관복음서의 평행 텍스트를 단락별로 구분해서 제시하는 것과 관련해서 두 자료설의 방향으로 기울어져 있다고 불평한다.[63] 오처드는 이와 같은 편견에 반응했다. 곧 그는 스스로 공관복음서 대조표를 편집하고 작성해서, 의도적으로 그리스바흐 이론으로 향하게 했다.[64] 비록 다양한 공관복음서 대조표가 어느 한쪽으로 가울어져 있다는 주장이 다소 과장되었을지는 모르지만, 심지어 그렇다고 해도 우리는 모든 공관복음서 대조표에 대해 비평적인 측면에서 평가할 필요가 있다.[65]

Interrelations of the Gospels, ed. D. L. Dungan (BETL 95; Leuven: Leuven University Press, 1990), 348-359; idem, "Which Is the Best Synopsis?" *ExpT* 102 (1991): 200-204; idem, "Printed Editions of Greek Synopses and their Influence on the Synoptic Problem," in *The Four Gospels 1992*, ed. F. Van Segbroeck, C. M. Tuckett, G Van Belle, and J. Verheyden (FS F. Neirynck; BETL 100; Leuven: Leuven University Press, 1992), 337-357; Peter Head, "Textual Criticism and the Synoptic Problem," in *New Studies in the Synoptic Problem*, ed. Foster, Gregory, Kloppenborg, and Verheyden, 115-156.

63) Bernard Orchard, "Are All Gospel Synopses Biased?" *TZ* 34 (1978): 157-161; idem, "The 'Neutrality' of Vertical Column Synopses," *ETL* 62 (1986): 155-156; David L. Dungan, "Theory of Synopsis Construction," *Bib* 61 (1980): 305-329; idem, "Synopses of the Future," *Bib* 66 (1985): 457-492; idem, "Synopses of the Future," in *The Interrelations of the Gospels*, ed. Dungan, 317-347.

64) Bernard Orchard, *A Synopsis of the Four Gospels in Greek: Arranged According to the Two-Gospel Hypothesis* (Macon: Mercer University Press, 1983).

65) John Kloppenborg는 비록 어떤 공관복음서 대조표가 공관복음서에 대한 한 가지 이론의 확실한 측면을 명료하게 밝혀주거나 모호하게 할 수도 있지만, 그 대조표에 광범위하고 체계적인 편견은 발견되지 않는다고 주장한다. 다음 논문을 보라. John S. Kloppenborg,

3. 공관복음서가 생겨나는 데 기여한 요인 중에서 우리가 알지 못하는 것이 있을 수 있다. 하지만 원-마가복음, 제2마가복음, 또는 원-누가복음에 대한 이론은 문제가 있다. 왜 누군가가 책을 단지 살짝 개정된 형태로 새로 내는 성가신 일을 하려고 하겠는가? 현재 우리에게 남아 있는 자료를 고려할 때, 그런 이론은 궁극적으로 입증이 불가능하다. 그러나 만약 이 이론 가운데 하나가 사실이라면, 공관복음서의 기원을 정확하게 그리려고 하는 우리의 능력과 관련해서 모든 가능성이 열려 있게 될 것이다.[66] 하지만 누군가가 장차 고고학적인 발굴 작업을 통해 이런 가설적인 복음서 자료 가운데 하나를 실제로 찾아내지 않는 한, 그와 같은 일은 일어나지 않을 것이다. 비슷하게, 만약 공관복음서가 문서로 기록되지 않은 자료(곧 구술 자료)에 영향을 받았다면, 또 다시 공관복음서는 우리가 단순히 해결책을 발견하거나 짜 맞출 수 없는 요소에 의해 형성되었을 것이다.

4. 공관복음서 문제에 대한 어떤 해결책을 제시하려는 시도와 관련해서, 제일 마지막에 남아 있는 것은 수많은 주관적인 견해다. 어떤 이는 전승의 발전 과정을 설명하기 위해 "법칙"을 발전시키려고 할 것이다. 하지만 비록 그런 법칙이 실제로 참이라고 하더라도, 그 법칙은 실제로 증명될

"Synopses and the Synoptic Problem," in *New Studies in the Synoptic Problem*, ed. Foster, Gregory, Kloppenborg, and Verheyden, 51-86.

66) 다음과 같은 질문을 더 제기할 수 있을 것이다. 만약 마가가 보다 이른 시기에 자신의 복음서에 대한 초안을 작성했다면, 마태와 누가가 마가복음보다 앞서 그것을 사용했다면, 또는 누군가가 그 초고를 개작해서 흰새의 성경에 포함된 형태로 만들었다면, 과연 어떻게 되었을까? 만약 마태가 자신의 복음서의 판본을 아람어로 기록하고 (그것을 누가가 사용했다면), 그가 또 다른 판본을 그리스어로 기록하고 (그것을 교부들이 사용했다면), 과연 어떻게 되었을까? 만약 누가가 자신의 복음서의 판본을 마가복음에 기초해서 기록하고, 나중에 마태복음을 일고 나서 그 판본을 업데이트했다면 (그리고 Marcion이 원-누가복음을 사용했다면), 과연 어떻게 되었을까? 우리가 이런 질문에 대한 대답을 어떻게 알겠는가? 우리가 그것을 어떻게 입증하겠는가? 우리가 어디서 증거를 찾아내서, 이런 공관복음서 문제를 해결하는 데 적용하겠는가?

수 없다. 또한 그런 접근 방법은 그 법칙이 공관복음서 전승 전체에 걸쳐서 변하지 않으며 시종 일관된 것이라는 그릇된 가정을 이끌어낼 것이다. 하지만 실제 경험은 우리에게 다음의 사실을 말해준다. 곧 기록 자료와 구술 자료가 한 작품 안에서 결합될 때, 그처럼 융통성이 전혀 없이 일관적으로 일어나지는 않는다는 사실이다. 더욱이 일치와 차이에 대한 다양한 설명은 각 경우에 대해 어느 정도 논리적으로 설득력 있게 제시된다. 따라서 이런 일치와 차이에 대해 판단을 내리기가 매우 어려울 수 있다.

사실상 공관복음서 문제는 매우 복잡하고 어려워서 결심을 굳힌 공관복음서 연구자조차도 절망스러운 상황으로부터 어떻게든 벗어나기를 원한다. 자기 주관대로 스스로 확신하는 연구자들 외에, 그런 곤경에서 벗어나는 공관복음서 연구자는 단 한 사람도 없다.

공관복음서 연구와 관련된 회의적인 입장을 언급하고 나서, 이제 나는 낙관적인 측면에서 한 가지 잠정적인 해결책을 제시하고자 한다. 거의 반세기 전에, 샌더스는 공관복음서 문제의 미래에 대한 자신의 견해를 다음과 같이 제시했다. "나는 언제나 공관복음서 문제에 대한 새로운 견해가 받아들여질지에 대해 다소 의혹을 품고 있다. 그 새로운 견해는 깔끔한 두 자료설보다 더 유연하고 복잡한 특성을 지닐 것이다. 더 단순한 견해에 대한 학문적인 선호를 마땅히 존중하지만, 자료상의 증거는 보다 복잡한 견해를 요구하는 것처럼 보인다."[67] 나는 샌더스의 주장이 공관복음서 문제에 대한 해결책에 진정으로 들어맞는다고 생각한다. 나는 두(네) 자료설이 기본적으로 옳다고 생각한다. 하지만 공관복음서 문제가 지닌 더 복잡한 특성에 적응하기 위해서 특별히 누가가 마가복음과 Q 자료 및 마태

---

[67] E. P. Sanders, *Tendencies of the Synoptic Tradition* (SNTSMS 9; Cambridge: Cambridge University Press, 1969), 279.

복음을 사용했다는 것과 관련해서, 두(네) 자료설이 지니고 있는 몇 가지 특징은 개선되어야 할 필요가 있다.

(비록 "세 자료설"이라고 불리기도 했지만) 나는 이 입장을 홀츠만-건드리 가설(Holtzmann-Gundry hypothesis)이라고 부른다. 이런 호칭은 첫 번째 주장자인 독일의 학자 홀츠만과 이 가설의 가장 훌륭한 대변자인 미국의 학자 로버트 건드리(Robert H. Gundry)의 이름을 따서 지어졌다. 이 가설에 대해 간략하게 말하면 다음과 같다. (1) 마가복음이 먼저 저술되었다. (2) 마태는 마가복음과 Q 자료를 사용했다. (3) 누가도 마가복음과 Q 자료를 사용했다. (4) 나중에 누가는 마태복음의 내용 가운데 일부를 자신의 저서에 포함시켰다.

이 입장에 대한 간략한 역사를 소개하자면 다음과 같다. 홀츠만은 마가복음 우선설을 주장했으며, Q 자료(또는 그가 이 자료를 "로기아"라고 부르듯이 Λ)의 존재를 제안했다.[68] 하지만 15년 뒤에 신학 학술지에 발표한 논문에서 그는 자신의 견해를 수정했다. 곧 그는 누가가 누가복음 16:17에서 마태복음 5:18을 복사했다고 슬며시 주장했다.[69] 그 후에 홀츠만은 『신약성서에 대한 역사비평 입문』에서 공관복음서 문제의 몇 가지 사항에 대해 자기의 생각을 바꿨다고 다음과 같이 선언했다.[70]

---

[68] H. J. Holtzmann, *Die synoptischen Evangelien. Ihr Ursprung und geschichtlicher Charakter* (Leipzig: Engelmann, 1863).

[69] H. J. Holtzmann, "Zur synoptischen Frage," *Jahrbücher für protestantische Theologie* 4 (1878): 145-188, 328-382, 533-568, 특히 552-562.

[70] Farmer, *Synoptic Problem*, 20, 40, 47과 같이 몇몇 학자는 Holtzmann이 이런 결론에 이르는 데에는 박사학위 과정에 있던 자신의 제자 Eduard Simons의 박사학위 논문 *Hat der dritte Evangelist den kanonischen Matthäus benutzt?* (Bonn: Georgi, 1880)에서 영향을 받았다고 생각한다. 반면에 Edward C. Hobbs, "A Quarter-Century without 'Q,'" *Perkins School of Theology Journal* 33 (1980): 11은 오히려 Holtzmann이 시몬스에게 영향을 미쳤을 것이라고 지적한다. 왜냐하면 Holtzmann은 Simons가 박사학위 논문을 제출하

1. 마가복음을 벗어나서 마태복음과 누가복음이 예수의 말씀에 대해 제공하는 모든 것이 예수의 어록 모음집(sayings collection) 안에 포함될 수 있는 것은 아니다. 때때로 어록 모음집에서 유래된 요소는 마태보다 누가에 의해 더 많이 수정되었다. 그 모음집은 주님의 말씀으로부터 분리될 수 없는 틀로서, 내러티브 스케치(narrative sketch)를 포함하고 있었을 것이다.
2. 마태복음을 위한 다른 자료는 입증되지 않는다. 반면에 누가복음에 대해 그와 같은 질문을 제기할 수 있다.
3. 누가는 마가복음 외에도 마태복음을 지니고 있었다. **누가가 사용하지는 않았다고 하더라도, 그는 마가복음과 마태복음을 알고 있었다.**
4. 따라서 적어도 원-마가복음과 마가복음을 구별하는 대부분의 동기는 제거되었다.[71]

홀츠만의 제자인 에두아르트 시몬스(Eduard Simons)는 누가가 Q 자료뿐만 아니라 마태복음도 사용했다고 주장했다.[72] 비록 누가가 사용한 주요 자료는 마가복음과 Q 자료이지만, 마태복음도 간헐적으로 사용했다는

기 2년 전에 그와 같은 견해를 발표했으며, 또한 몇 년 전부터 Simons를 가르쳐왔기 때문이다.
71) 독일어 원문은 다음과 같다. "1) In der Spruchsammlung lässt sich nicht Alles unterbringen, was Mt und Lc von Redegehalt über Mc hinaus darbieten; ihre Elemente sind zuweilen von Lc noch mehr überarbietet als von Mt; sie enthielt möglicher Weise auch skizzenhafte Erzählungen als Umrahmungen davon unabtrennbarer Herrnssprüche. 2) Weitere Quellen sind für Mt unerweislich; dagegen bleibt für Lc die Frage nach solchen offen. 3) Lc hat neben Mc auch Mt, wenn nicht benutzt, so doch gekannt. 4) In Folge dessen kommen wenigstens die Meisten Motive zur Unterscheidung eines Urmarcus von Mc in Wegfall." H. J. Holtzmann, *Lehrbuch der historisch-kritischen Einleitung in das Neue Testament*, 2:350.
72) Simons, *Hat der dritte Evangelist den kanonischen Matthäus benutzt?* 특히 11-13, 104-112.

것이다. 하지만 누가는 자신이 마가복음을 사용한 것과 동일하게 마태복음을 자료로 사용한 것이 아니라, 보다 부차적인 의미에서 그것을 사용했다고 한다. 다시 말해서, 마태복음의 표현이 종종 필터(여과 장치)를 거쳐 누가복음 안으로 스며드는 방법을 사용했다는 의미다. 시몬스의 견해에 의하면, 만약 우리가 누가가 어떤 과정을 통해서 마태복음을 접하고 그중 상당 부분을 머릿속에 지니고 있었다고 상상한다면, 그는 마태복음을 기억해내어 어떤 경우에는 많이, 다른 경우에는 조금 사용했을 것이고, 심지어 어떤 경우에는 무의식적으로 이를 반영했으리라는 추측이 이치에 맞는다. 그는 이렇게 주장한다. "우리는 다음과 같이 생각해야 한다. 곧 정경에 포함된 마태복음은 누가에게 제3의(부차적인) 자료였다. 누가는 마태복음을 비판적인 입장에서 항상 동일한 방법이 아니라 자유로운 방식으로 사용했다."[73] 하지만 시몬스도 Q 자료를 완전히 제거하는 것을 주저한다. 그는 다음과 같이 유보적 입장을 취한다. 곧 마가복음을 벗어나서 마태복음과 누가복음이 공유하는 모든 자료가 Λ 자료(즉 Q)의 내용에 상응한다는 것은 가능하지 않다는 것이다. 어쨌든 누가가 사용한 두 번째 주요 자료로서 Q 자료의 위치는 보존되었다. 시몬스에 의하면, 누가는 예수의 어록 모음집에서 자료를 끌어왔다.[74]

시몬스의 접근 방법은 거의 주목을 받지 못한 채 사라지는 듯했다. 하지만 19세기 말 미국에서 에드워드 힝크스(Edward Y. Hincks)가 시몬스

---

[73] "Vielmehr müssen wir unsere Auffassung dahin formuliren, dass der kanonischen Mt. für Lc. eine Nebenquelle, die Benutzung eine mit Kritik verbundene... ungleichmässige und freie war." Simons, *Hat der dritte Evangelist den kanonischen Matthäus benutzt?* 108.

[74] Simons, *Hat der dritte Evangelist den kanonischen Matthäus benutzt?* 112.

의 방법을 인용하면서 이 주장에 동의했다.[75] 힝크스는 당시에 서로 경쟁하는 주요 가설에 주목했다. 그 가운데에는 원-마가복음 이론(H. J. Holtzmann)과, 마가가 마태복음의 로기아 자료를 사용했다는 이론(B. Weiss)이 포함되어 있다. 하지만 그는 이 이론들이 문제가 있고 불충분하다고 판단하여 받아들이지 않았다. 대신 힝크스는 시몬스의 주장이 설득력 있다고 생각했다. 왜냐하면 마태복음은 광범위하게 유포되었고, 누가복음은 나중에 저술되었으므로 누가가 마태복음을 입수할 수 있었을 것이며, 마태복음과 누가복음 사이의 차이점은 누가복음이 마태복음과 독립적인 관계에 있다고 요구할 필요 없이 다른 방법으로 설명할 수 있기 때문이다.[76] 그뿐 아니라 힝크스의 견해에 의하면, 누가가 마태복음을 사용한 것은 마가복음과 대조되는 것으로서 누가복음과 마태복음의 일치점을 설명해준다. 또한 그는 마가복음과 로기아 자료(Q)가 누가복음과 마태복음에서 사용된 동일한 이야기에 대해 독립적인 이야기를 포함하는 것 같다고 상정한다. 이는 복음 전파에 대한 예수의 가르침과 예수가 바알세불과 연합되어 있다는 비난(곧 마가복음과 Q 자료가 서로 겹치는 부분)에 대해

---

[75] Edward Y. Hincks, "The Probable Use of the First Gospel by Luke," *JBL* 10 (1891): 92-106.

[76] 마태복음과 누가복음의 차이점에 대해서 Hincks("Use of the First Gospel," 96-97)는 다음과 같이 설명한다. (1) 누가는 로기아 자료(즉 Q)를 마태복음과 다르게 사용했다. (2) 예수의 유년기에 대한 내러티브에서 누가복음은 마태복음에 수록되어 있는 족보의 영향을 받았음을 보여준다. 하지만 누가복음은 그것 외에도 다른 자료를 따르고 있다. (3) 누가는 마태가 마가복음을 사용한 것과 다른 방법으로 마가복음을 사용한다. 왜냐하면 누가는 마태복음보다 마가복음을 더 높게 평가했기 때문이다. (4) 누가가 마태복음의 자료를 생략한 것과 관련해서, 만약 그 자료가 로기아 자료에 포함되어 있고 마태가 그 자료를 로기아 자료 안에서 발견했다면, 생략과 관련된 의문점은 여전히 미해결로 남는다. (5) 누가는 마태가 구약성서를 실용적으로 사용하듯이 이를 사용하지 않았다. 왜냐하면 그는 독자적인 "교리 개념"을 지니고 있었기 때문이다. (6) 누가는 자신의 복음서에 묘사된 부활에 대한 설명을 위해 다른 자료를 사용했다.

설명하려고 언급되었다.[77]

로베르트 모르겐탈러(Robert Morgenthaler)는 공관복음서의 통계에 대해 연구하고 나서 다음과 같은 결론에 이르렀다. 곧 누가가 마가복음과 마태복음을 사용했든지, 누가가 마가복음과 Q 자료를 "잘못된 대안"으로 사용했든지 **둘 중 하나**라는 것이다. 대신, 모르겐탈러는 누가가 마가복음과 Q 자료 및 마태복음을 자료로 사용했다는 "세 자료설"(Dreiquellen-Theorie)을 선호했다. 모르겐탈러의 견해에 의하면, 누가복음과 마태복음 사이의 작은 일치는, 비록 그 일치가 누가가 마태복음을 사용했다는 것을 가리키지만, Q 자료의 존재를 제거하지는 않는다.[78] 사실상 일치에 대한 백분율은 이중 전승과 삼중 전승에서 다양하게 나타난다. 이런 사실은 "누가가 마가복음과 Q 자료를 주로 사용하고 부차적으로 마태복음을 사용했든지, 아니면 마가복음과 마태복음을 주로 사용하고 부차적으로 Q 자료를 사용했다"는 것을 이론적으로 가능케 한다.[79] 마태복음이 나중에 저술된 문서이기 때문에, 이 책이 더 부차적이었을 가능성이 있다. 누가는 더 오래된 자료인 마가복음과 Q 자료 및 자신이 입수한 특수 자료를 새롭게 결합하여 새 텍스트를 확립하면서, 잠재적으로 마태복음을 자신의 기억 속에 간직하려고 했다.[80]

로버트 건드리는 최근에 세 자료설의 접근 방법을 가장 설득력 있게 주장한 인물이다. 하지만 공관복음서 문제에 대한 연구 분야 밖에 있는 사람들 사이에서 그의 견해는 대체로 주목받지 못했다. 건드리는 마태복

---

77) Hincks, "Use of the First Gospel," 99-101.
78) Robert Morgenthaler, *Statistische Synopse* (Zurich: Gottelf, 1971), 300-305.
79) "Lk neben Mk und Q auch noch Mt, oder neben Mk und Mt auch noch Q benützte," Morgenthaler, *Statistische Synopse*, 300.
80) Morgenthaler, *Statistische Synopse*, 301.

음과 마가복음에 대한 주요 주석서를 저술했다. 또한 그는 누가복음 안에 이른바 마태복음의 "이질적인 본문"(foreign bodies)이 존재한다는 것을 탐구했다.[81] 건드리의 견해에 의하면, 마태와 누가는 모두 마가복음을 사용했으며, 비(非)-마가복음 전승을 공통으로 소유했다. 비-마가복음 전승은 대체로 Q 자료라고 표기되는 자료뿐만 아니라, 예수의 탄생 이야기와 같은 다른 자료도 포함했다. 이것은 전형적인 두 자료설같이 들린다. 하지만 건드리는 다음과 같이 덧붙인다.

> 마태복음의 특징을 지닌 것(Mattheanisms)이 누가복음에서 종종 이질적인 본문으로 보이기 때문에, 우리도 누가가 마태복음을 자신의 주요 자료 위에 덧칠하는 것으로 사용했다고 생각해야 한다. 마태복음이 [누가복음의] 주요 자료 가운데 하나가 아니라는 사실은 마태복음 자료가 [누가복음과] 일치하지 않는 것에 의해 입증된다(만약 일치한다면, 우리는 다른 경우를 추측해야 할 것이다). 하지만 마태복음의 이질적인 본문은 보다 초기의 자료에서가 아니라, 현재 우리가 알고 있는 마태복음에서 유래한다. 이런 점은 그 이질적인 본문이 마태복음의 독특한 어휘 선택, 문체 및 신학과 일치하며, 종종 자신의 강조점을 위해 (때때로 마가복음에서 가져온) 마태복음의 맥락에 의존한다는 사실을 통해 입증된다. 반면에 누가복음에서 그 이질적인 본문은 맥락과 관련된 강조점을 지니지 않는다. 따라서 우리는 마태복음과 누가복음 사이의 다

---

81) Gundry, *Matthew*; idem, *Mark: A Commentary on His Apology for the Cross* (Grand Rapids: Eerdmans, 1993); idem, "Matthean Foreign Bodies in Agreements of Luke with Matthew against Mark: Evidence That Luke Used Matthew," in *The Four Gospels 1992*, ed. van Segbroeck et. al., 2:1466-1495; idem, "The Rejoinder on Matthean Foreign Bodies in Luke 10: 25-28," *ETL* 71 (1995): 139-150; idem, "The Refusal of Matthean Foreign Bodies to Be Exercised from Luke 9:22; 10:25-28," *ETL* 75 (1999): 104-122.

양한 작은 일치, 즉 마태복음이 지닌 특징의 범주에 상응하지 않는 작은 일치에 초조할 필요가 없다.…그 일치 역시 누가복음에 마태복음이 덧칠해졌음을 나타낼 가능성이 있다. 마태복음의 이질적인 본문을 제외하고, 우리가 확신을 가지고 알지는 못하겠지만 말이다.[82]

건드리는 여전히 Q 자료가 존재한다고 확신하는데 그 이유는 다음과 같다. "누가복음의 저자가 마태복음에서 대규모로 [자료를] 끌어왔다는 것"은 문제가 있다. 왜냐하면 그것은 동시에 "누가복음이 마태복음의 자료와 대규모로 불일치한다"는 결론에 이르기 때문이다.[83] Q 자료를 전제한다고 해서 건드리가 다음과 같이 주장하는 데 방해를 받지는 않는다. 왜냐하면 누가가 마태복음을 사용했고, 그것이 누가복음에 마태복음의 이질적인 본문이 몇 가지 존재한다는 것을 설명해주기 때문이다.

1. 마가복음 우선설

공관복음서 문제에 대한 해결 방법이 부족한 상황에서, 마가복음 우선설은 우리가 생각하기에 의심할 여지가 없는 한 가지 전제라고 여겨진다. 비록 아래에서 제시되는 뼈대가 마태복음과 누가복음을 올바른 위치와 정확한 순서로 결합하지는 않지만, 마가복음 우선설의 근거는 견고한 것 같다. 마가복음 우선설은 다음과 같은 논의에 기초하고 있다.[84]

---

82) Gundry, *Matthew*, 5.
83) Gundry, *Matthew*, xvi.
84) 참조. Streeter, *Four Gospels*, 151-152; Werner G. Kümmel, *Introduction to the New Testament* (Nashville: Abingdon, 1966), 56-63; Stein, *Synoptic Gospels*, 49-96 (특히 94-96); Bellizoni가 편집한 *Two-Source Hypothesis*, 21-29에 수록된 논문을 보라.

1) **내용 흡수.** 마가복음은 정경 복음서 중에서 가장 짧은 복음서다. 마태복음은 마가복음의 내용 가운데 85퍼센트를 포함하고, 누가복음은 마가복음의 내용 가운데 거의 65퍼센트에 이르는 분량을 갖고 있다. 또한 [다른 복음서들과 비교해볼 때] 마가복음은 고유한 자료를 가장 적게 지니고 있다.[85] 이런 통계는 마가복음이 마태복음과 누가복음 안으로 흡수되었다는 가정을 설득력 있게 해준다. 삼중 전승의 어떤 부분에서, 마가복음의 실제 어휘와 표현은 서로 결합되거나 엇갈린 상태로 마태복음과 누가복음에 의해 복제되었다(예. 막 2:18-22/마 9:14-17/눅 5:33-39에서 금식과 관련된 질문에 대한 단락을 보라). 삼중 전승에서는 공관복음서 중에서 마가복음이 일반적으로 중개념이나 공통분모에 해당한다. 만약 마가가 자신의 복음서를 저술할 때 누가복음과 마태복음을 자기 앞에 두었다고 가정하면, 누가복음/마태복음이 일치하는 사항과 마가복음이 일치하지 않는 것을 설명하기가 더 어렵다(예. 막 3:22-27/마 12:24-30/눅 11:15, 17-23에서 바알세불 논쟁 이야기를 보라). 마가복음이 나중에 기록되었다는 주장은 다음과 같이 대답하기 어려운 많은 의문점을 남긴다. 예를 들면, 왜 마가는 이렇게 많은 자료를 생략했는가? 왜 마가는 자신의 복음서에 포함된 단락 중에서 마태복음과 누가복음에 동시에 나타나는 증거를 생략했는가?

Scot McKnight, "A Generation Who Knew Not Streeter: The Case for Markan Priority," in *Rethinking the Synoptic Problem*, ed. D. A. Black and D. R. Beck (Grand Rapids: Baker, 2001), 65-95.

85) 마태복음과 누가복음에서 발견되지 않는 유일한 마가복음 자료는 다음과 같다. 막 7:33-36(귀먹고 말 더듬는 사람을 고쳐준 사건), 8:22-26(벳새다에서 맹인이 고침을 받은 사건), 14:51-52(겟세마네 동산에서 어떤 남자가 벌거벗은 채로 달아난 사건) 등이다. 이 단락들은 마가가 덧붙였다기보다 마태와 누가가 생략한 것이라고 이해하는 편이 더 타당성 있다. 왜냐하면 그 단락들은 공관복음서 전승에 새로운 차원이나 활력을 전혀 제공해주지 않기 때문이다.

2) 순서. 마가복음의 단위와 단원은 일반적으로 마태복음과 누가복음의 지지를 받고 있다. 어떤 경우에 마태복음이나 누가복음이 마가복음의 순서에서 벗어날 때, 다른 복음서는 대체로 마가복음의 순서를 지지한다. 순서에 기초한 논의 자체가 이른바 "라흐만의 오류"(Lachmann fallacy)에 빠질 수도 있다.[86] 하지만 왜 누가복음과 마태복음이 마가복음의 순서에서 벗어났는지, 가령 마태가 주요 담론을 삽입한 것과 누가가 이방인에 대한 마가복음의 우호적인 자료를 자신의 두 번째 저서인 사도행전으로 미룬 것 등에 대한 적절한 설명을 결합할 때, 마가복음의 순서가 가장 먼저 제시되었다는 입장은 여전히 유효하다.

3) 개선과 편집. 나아가 마가복음 우선설은 마태와 누가가 마가복음의 문법을 개선하고 자신의 복음서 이야기에 마가복음의 내용을 편집하여 가감했다는 것에 의해서도 지지를 받는다. 예를 들면, 마가복음 1:12에서는 "성령이 곧 그[예수]를 광야로 몰아내신지라"고 묘사되어 있다. 여기서 마가는 ἐκβάλλω라는 그리스어 동사를 사용했다. 이 동사는 "내쫓다" 또는 "몰아내다"를 뜻하며, 대체로 예수가 귀신 들린 사람들에게서 귀신을

---

[86] "라흐만의 오류"라는 명칭은 Karl Lachmann의 이름을 따서 붙여진 것이다. 하지만 이 명칭은 Lachmann 이후에 마가복음 우선설을 지지하는 논리를 잘못 전개한 학자들을 가리킨다. Lachmann의 오류는 먼저 증명되어야 하는 것을 기본적으로 전제하는 오류를 의미한다. Lachmann과 같은 학자들은 원-마가복음이라는 문서를 전제하여 다음과 같은 논거를 전개한다. 세 공관복음서의 저자들은 자신의 복음서에서 페리코프의 순서를 결정하기 위해 이 원-마가복음에 의존한다는 것이나. 정경 마가복음은 순서와 관련해서 원-마가복음과 마태복음/누가복음의 일지 사항을 연결해주는 매개체였다. 왜냐하면 정경 마가복음이 원-마가복음의 순서에 가장 가깝기 때문이다. 하지만 만약 누군가가 원-마가복음과 정경 마가복음 사이의 구별을 없애버린다면(예. C. H. Weisse, P. Wernle, 마침내 H. Holtzmann이 했던 것처럼), 정경 마가복음의 연대기적인 우선성은 더 이상 지지받지 못한다. 왜냐하면 마가복음은 두 번째나 세 번째로 쓰였을 수 있고, 마태복음과 누가복음을 연결하는 매개체였을 수도 있기 때문이다. 참조. B. C. Butler, *The Originality of St. Matthew* (Cambridge: Cambridge University Press, 1951), 62-71; William R. Farmer, "The Lachmann Fallacy," *NTS* 14 (1968); 441-443.

"쫓아내는 것"을 묘사할 때 사용된다. 누가와 마태는 모두 마가가 사용한 다소 부정확한 그리스어 단어의 의미를 더 잘 전달하려고 보다 정확한 그리스어 동사 ἄγω 즉 "이끌다"로 바꾸었다(마 4:1/눅 4:1). 마가가 그리스어 동사 ἐκβάλλω를 마태복음과 누가복음의 이야기에 도입했다는 것보다, 마태와 누가가 모두 마가복음에 사용된 다소 서투른 그리스어 동사를 개선해서 자신의 복음서에 표현했다고 이해하는 편이 훨씬 더 가능성이 높다. 마태복음의 많은 부분 역시 마태가 마가복음을 자신의 자료로 사용했다는 가정을 훨씬 더 타당성 있게 만든다. 마태는 마가복음을 재유대화하려는 경향을 보인다. 그래서 그는 특히 유대 그리스도인 청중을 위해 마가복음 내러티브가 야기할 수 있는 잠재적인 불쾌감과 오해를 없애고자 한다. 예를 들면, 마가복음 7:19c과 마태복음 15:17-18을 나란히 놓고 비교해보면, 어떻게 마태가 마가복음의 편집자적 논평인 "예수께서는 이런 말씀으로 모든 음식은 깨끗하다고 하셨다"를 생략했는지가 드러난다. 왜냐하면 마가복음의 해당 내용은 아마도 이방인에 대한 바울의 가르침을 반영하지만, 마태복음은 유대 그리스도인 청중이 유대인의 음식 규정을 계속해서 지키기를 기대했을 가능성이 있기 때문이다. 이 모든 것을 검토하고 나서, 스트리터는 다음과 같이 불만을 토로한다. "그리스어 텍스트에 기초한 공관복음서 비교를 모두 면밀하게 검토하고 나서도, 어떻게 마가복음이 제일 먼저 저술되었고 원시적인 특징을 지녔다는 것을 조금이라도 의심할 수 있는지 나는 이해할 수가 없다."[87]

    4) 구약성서 인용. 공관복음서에서 구약성서 텍스트가 인용된 것은 마가복음 우선설의 방향을 지지한다. 마태는 자신의 복음서에서 구약성서 텍스트를 가장 명백하게 인용한다. 마태복음은 구약성서 텍스트에 대

---

[87] Streeter, *Four Gospels*, 164.

한 독특하고 유례가 없는 번역을 가장 많이 포함하고 있다. 데이비드 뉴(David New)는 마태가 이 특별한 독법(readings)을 인용하는 것은 마가복음 후천설보다 마가복음 우선설을 암시한다고 주장한다. 왜냐하면 만약 마가가 마태복음에 의존했다면, 그가 70인역의 현존하는 텍스트 형태와 매우 가까운 텍스트 형태만 인용하는 것이 참으로 이상해 보이기 때문이다. 따라서 마태가 마가복음에 의존하지 않을 때마다 구약성서의 소수 텍스트 형태를 사용했을 것이다.[88]

5) 기독론. 복음서 저자들이 제시하는 다양한 기독론의 그림 역시 마가복음 우선설을 지지한다. 피터 헤드(Peter Head)의 박사학위 논문은 마태복음에 대한 마가복음 우선설을 주장하기 위해 기독론적인 논의를 활용했다. 헤드는 마태복음의 기독론에서 선별된 특징, 특히 "주(님)", "선생님", "메시아", "인자", "다윗의 자손" 같은 주요 칭호가 사용된 것은 마태가 마가복음을 사용했다는 가정을 그 반대 경우보다 더 설득력 있게 만든다고 주장한다.[89] 예를 들면, 가이사랴 빌립보에서 "당신은 바로 그리스도이십니다"(막 8:29; 그리스어 본문을 따라서 번역함-역주)라는 베드로의 신앙고백에 대한 마가복음의 기술은 마태복음에 제시된 "당신은 바로 그리스도, 살아 계신 하나님의 아들이십니다"(마 16:16)와 비교해서 상당히 완화되어 있다. 심지어 누가복음의 "하나님의 그리스도시니이다"(눅 9:20)가 마가복음의 해당 표현보다 더 강하게 묘사되어 있다.[90]

---

[88] David S. New, *Old Testament Quotations in the Synoptic Gospels and the Two-Document Hypothesis* (SBLSCS 37; Atlanta: Scholars, 1993).

[89] Peter M. Head, *Christology and the Synoptic Problem: An Argument for Markan Priority* (SNTSMS 94; Cambridge: Cambridge University Press, 1997).

[90] 참조. Head, *Christology and the Synoptic Problem*, 174-186.

2. Q-라이트(Q-Lite)

마태복음과 누가복음에는 공통적으로 나타나지만 마가복음에는 나오지 않는 구절이 대략 220절에서 235절에 이른다. 이것은 대략 마태복음의 4분의 1과 누가복음의 5분의 1에 해당한다. 이 "이중 전승"은 전체 또는 부분적으로 "Q"라고 불리는 가설적인 문서에 속한다고 종종 여겨진다. Q 자료에 대한 논의는 요한 아이히호른(Johann Eichhorn)이 마태와 누가가 독자적으로 공관복음서 이전 단계의 자료를 사용했다고 제안한 1794년까지 거슬러 올라간다.[91] 영국에서 허버트 마쉬(Herbert Marsh)는 1798년에 원-복음서 자료(א)와 예수의 어록 자료(ב)가 존재한다고 제안했다.[92] 프리드리히 슐라이어마허(Friedrich Schleiermacher, 1832년)는 "주님의 말씀"(oracles of the Lord)이라는 파피아스의 진술이 마태복음과 누가복음이 공유하는 공통 자료를 가리킬 가능성이 있다고 생각했다. 나중에 크레드너(K. A. Credner, 1836년)가 이 이론을 받아들였다. 크리스티안 헤르만 바이세(Christian Hermann Weisse, 1838년)는 이 로기아 자료를 그리스어 문자 Λ로 표기했다. 아마도 요한네스 바이스(Johannes Weiss, 1890년)가 처음으로 "출처" 또는 "자료"를 뜻하는 독일어 단어 Quelle에서 Q 글자로 이 자료를 표기했을 것이다. 누가와 마태가 사용했다는 예수의 어록 자료는 나중에 독일에서 홀츠만(1863년)과 파울 베른레(Paul Wernle, 1899년)를 통해서, 영국에서는 스트리터(B. H. Streeter, 1924년)를 통해서 널리 알려졌다.

---

[91] Kümmel, *Introduction to the New Testament*, 50; Farmer, *Synoptic Problem*, 9-11.
[92] Farmer, *Synoptic Problem*, 11-15.

이중 전승은 다음과 같은 다양한 자료 유형을 포함한다.[93]

- N   내러티브(Narratives): 예수의 행적에 대해 설명한다.
- Par   비유(Parables): 하나님 나라에 대한 비유적인 언어로 이루어져 있다.
- JOr   심판에 대한 말씀(Judgment Oracles): 분쟁 및 악인에 대한 형벌을 경고한다.
- Beat 복(Beatitudes): 하나님의 특별한 호의를 입은 이들에게 복을 선포한다.
- PP   예언적 선포(Prophetic Pronouncements): 하나님이 그분의 백성을 위해 하시고자 하는 일을 미리 말해준다.
- WS   지혜의 말씀(Wisdom Sayings): 하나님의 의도에 대해 잠언과 같은 말씀을 들려준다.
- Exh   권면(Exhortations): 하나님 나라를 추구하는 신앙 공동체의 공유하는 삶에 초점을 맞춘다.

학자들은 어느 단락이 실제로 Q 자료에 속하는지와, 평행 텍스트의 정확한 범위에 대해 논쟁을 벌이고 있다. 그럼에도 불구하고 이중 전승(즉 Q 자료)의 범위 안에는 대략 다음과 같은 텍스트가 포함되어 있다.

---

93) Howard Clark Kee, *The Beginnings of Christianity: An Introduction to the New Testament* (London: Clark, 2005), 85-86에서 발췌함.

이중 전승(누가복음의 순서를 따름)[94]

누가 순서	누가복음		마태복음	마태 순서
1	3:7-9, 16-17	PP	세례 요한의 설교	3:7-12	1
2	4:1-13	N	예수가 시험받음	4:1-11	2
3	6:20-23, 27-30, 32-36	Beat, WS	평지 설교(제1부)	5:3-6, 11-12, 39-42, 45-48	3
4	6:37-38, 41-49	WS, Par	평지 설교(제2부)	7:1-5, 16-21, 24-27	7
5	7:1-10	N	가버나움의 백부장	8:5-13	9
6	7:18-35	N, PP	세례 요한에 대한 말씀	11:2-19	13
7	9:57-60	PP	제자도에 대한 말씀	8:19-22	10
8	10:1-12	PP	선교 담론	9:37-10:15	11
9	10:13-15, 21-24	JOr, Beat	화(禍)와 복(福)	11:21-23, 25-26	14
10	11:1-4	Exh	주의 기도	6:9-13	5
11	11:9-13	WS	기도에 대해서	7:7-11	8
12	11:14-23	N, PP	바알세불 논쟁	12:22-30	15
13	11:24-26	JOr	배교(背敎)에 대한 말씀	12:43-45	17
14	11:29-32	PP	표적을 보여주기를 거부함	12:38-42	16
15	11:33-35	Par	빛에 대한 말씀	5:15; 6:22-23	4
16	11:39-52	JOr	바리새인들에 대한 비판	23:4, 23-25, 29-36	20

---

94) Kümmel, *Introduction to the New Testament*, 65-66에서 발췌함. 목록, 공관복음서 대조표 및 주석에 대해 다음 연구서들을 보라. T. W. Manson, *The Sayings of Jesus* (London: SCM, 1937), 39 148; John S. Kloppenborg, *Q Parallels: Synopsis, Critical Notes and Concordance* (Sonoma: Polebridge, 1988); Dale C. Allison, *The Jesus Tradition in Q* (Harrisburg: Trinity, 1997); James M. Robinson, John S. Kloppenborg and Paul Hoffmann, eds., *The Critical Edition of Q* (Herm.; Minneapolis: Fortress, 2000).

17	12:2-10	PP, JOr, Par	인자에 대한 시인	10:26-33	12
18	12:22-34	Par	염려와 보물	6:25-33, 19-21	6
19	12:39-46	Par	깨어 있어라	24:43-51	23
20	13:18-21	Par	겨자씨와 누룩	13:31-33	18
21	13:34-35	PP	예루살렘에 대한 탄식	23:37-39	21
22	14:15-24	Par	큰 잔치 / 혼인 잔치	22:1-14	19
23	17:22-37	JOr	인자의 재림에 대한 담론	24:26-28, 37-41	22
24	19:11-28	Par	달란트 비유	25:14-30	24

자료비평과 장르를 면밀하게 살펴보면, Q 자료가 존재한다는 가정은 설득력이 있다. 누가가 마태복음을 사용한 경우 또는 그 반대의 경우— 많은 학자들은 이 두 가지 경우에 문제가 있다고 이해함[95]—에 호소하지 않으면서, 우선 이 가정은 전체적으로 또는 부분적으로 이중 전승을 설명해준다. 또한 Q 자료는 1세기 그리스-로마 세계의 문학적인 배경에서 타당성이 있다. 예수의 직접적인 추종자들이나 초기 교회의 제자들이 예수의 말씀, 비유, 선포 및 경고를 함께 모아서 그것을 편리한 모음집으로 만들었다는 것은 충분히 상상할 수 있다.[96] 공관복음서 전승에서 유래

---

[95] 누가가 마태복음을 사용하지 않았다는 근거와 관련해서, 다음을 보라. Streeter, *Four Gospels*, 183; Joseph A. Fitzmyer, *The Gospel According to Luke* (2 vols.; AB; Garden City: Doubleday, 1981), 1:73-75; Stein, *Synoptic Gospels*, 99-112; Christopher Tuckett, "Synoptic Problem," in *ABD*, 4:268.

[96] 고대의 어록에 대한 연구로서 다음을 참조하라. John S. Kloppenborg, *Formation of Q: Trajectories in Ancient Wisdom Collections* (Philadelphia: Fortress, 1987), 263-316; 동일한 강조점을 간략한 형태로 제시하는 것으로서 다음 논문을 참조하라. Foster, "Is It Possible to Dispense with Q?" 322-324.

된 주의 말씀은 야고보서와 「도마복음」에 제시된 예수의 로기아 선집에서 풍부하게 반영된다. 이는 예수의 말씀이, 그 진정성과 기원이 어떠하든지, 기독교 문헌에서 높임을 받고 사용되었음을 명백하게 보여주는 사례다. 나아가 문학 장르와 관련해서 Q 자료와 같이 예수의 말씀이 수록된 문서는 당시에 존재하던 문학과 유사성이 있다는 것을 드러낸다. 곧 이는 구약 외경 「집회서」와 같은 유대교의 지혜 문학에서 발견되는 존경받는 현자의 어록과 유사하고, 미쉬나에 편찬된 랍비의 말씀과 비슷한 점을 지니고 있으며, 위(僞)-이소크라테스(Pseudo-Isocrates)의 「데모니쿠스에게」(To Demonicus) 또는 키프리아누스(Cyprian)의 「퀴리니우스에게」(To Quirinius) 같은 그리스어로 된 비밀스런 지혜 선집과 어느 정도 비슷하다. 따라서 Q 자료는 전적으로 타당성이 있는 이론이다. 왜냐하면 이런 문서는 예수에 대한 기본적인 교리 교육 자료로서 초기 교회의 교육과 관련된 필요성을 채워줄 것이기 때문이다. 또한 Q 자료는 존경받는 지도자들의 어록을 제공하는 유사 문학과도 잘 어울리기 때문이다.[97]

Q 자료의 주요 문제는 마태와 누가가 둘 다 사용한 기록 자료라는 개념이 아니다. 오히려 진짜 문제는 Q 자료 이론이 때때로 Q의 기원, 층, 편집 및 Q 배후에 있는 신앙 공동체 등에 대해 지나친 추측을 하는 것처럼 여겨진다는 점이다. 나는 Q 학자들 중 약 70퍼센트가 모래 위에 집 짓기 같은 작업을 하는 데 머물고 있다는 의구심을 품고 있다. 누가복음과 마태복음의 텍스트에 기초해서 Q 자료의 편집 및 저술 역사를 판단하려는

---

[97] 나는 Larry Hurtado, *Lord Jesus Christ: Devotion to Jesus in Early Christianity* (Grand Rapids: Eerdmans, 2003), 256-257의 주장에 근거하고 있다. "만약 Q 자료가 사도행전에 나오는 스데반과 연결되어 있는 예루살렘의 신자 집단과 같은 헬라파 신자들에 의해 저술되었다면, 이것은 어떻게 Q 자료가 진정성을 충분히 주장할 정도로 상당한 분량의 예수 전승을 모아놓을 수 있었는지에 대해 만족스럽게 설명할 수 있을 것이다."

시도는, 누가복음과 마태복음의 텍스트에 기초해서 마가복음의 편집 및 저술 과정을 판단하려고 시도하는 것처럼 부질없다. 그뿐 아니라 Q 자료에 대한 학계의 연구들은 서로 너무 일치하지 않아서, 종종 정신분열 같은 현상을 보인다. 이 점과 관련해서 얼 엘리스(E. Earle Ellis)는 다음과 같이 논평한다.

> Q 자료는 유일한 문서이고, 복합적인 문서이며, 몇 가지로 이루어진 문서다. Q 자료는 보다 이른 시기의 자료를 포함하고 있다. Q 자료는 다양한 편집본으로 사용된다. Q 자료는 원래 그리스어로 쓰였다. Q 자료는 아람어로 쓰였다. Q 자료는 다양한 번역본으로 사용된다. Q 자료는 마태복음의 **로기아**다. 그렇지 않다. Q 자료는 형태와 순서를 지니고 있다. Q 자료는 단편 모음집이다. Q 자료는 복음서다. Q 자료는 복음서가 아니다. Q 자료는 전적으로 예수의 말씀으로 이루어져 있다. Q 자료는 내러티브를 포함하고 있다. Q 자료는 모두 마태복음과 누가복음 안에 보존되어 있다. 그렇지 않다. Q 자료에 대한 마태복음의 순서는 옳다. 아니다. 누가복음이 제시하는 순서가 옳다. 둘 중에 어느 것도 옳지 않다. 마가가 Q 자료를 사용했다. 마가는 Q 자료를 사용하지 않았다.[98]

나는 모든 복음서 연구자가 날마다 아침에 일찍 일어나서 존 마이어(John Meier)의 다음과 같은 주장을 암송하기를 제안한다. "Q 자료는 하나의 가설적인 문서다. 우리는 그 자료의 범위, 어휘 및 표현 방식, 그것이 유래된 신앙 공동체, 층위 및 편집 과정을 정확하게 알 수 없다." 이어서

---

[98] E. Earle Ellis, *The Making of the New Testament Documents* (Leiden: Brill, 2002), 17-18.

그는 다음과 같이 덧붙여 말한다. "날마다 이 점을 상기한다면, 내 생각에 그것은 결국 회의주의에 이르게 될 상상의 날개를 펼치는 일을 우리가 그만두도록 만들 것이다."[99]

하지만 누가가 마태복음을 사용했을 가능성에 호소함으로써 Q 자료를 전적으로 제거하려는 시도는 숙고할 만한 가치는 있지만, 타당성이 별로 없는 것 같다.

1) 마태복음과 누가복음에 공통으로 나타나는 텍스트를 서로 비교해 보면 단어 하나하나가 서로 일치하는 경우가 있다. 이 점은 두 복음서가 기록 자료를 공유한다는 주장이 옳다는 것을 보증한다. 예를 들면, (두 주인을 섬기는 것에 대한) 마태복음 6:24과 누가복음 16:13에서는 28개 단어 가운데 27개가 공통으로 사용된다. 또한 (화[禍]에 대한 예수의 말씀을 다루는) 마태복음 11:21-23과 누가복음 10:13-15은 49개 단어 중 43개를 공통으로 사용한다.[100]

2) 마태복음과 누가복음에 이중으로 나타나는 예수의 말씀도 Q 자료가 존재한다는 것을 지지해준다. 이중으로 나타나는 예수의 말씀은 한 가지 말씀이 두 가지 형태로 표현되는 것이다. 곧 하나는 마가복음의 것이고, 다른 하나는 마가복음의 것이 아니다. 예를 들면, 이혼에 대한 예수의 말씀(막 10:11-12/마 19:9 및 마 5:32/눅 16:18)과 요나의 표적에 대한 말씀이 그렇다(막 8:11-12/마 16:1-2 및 마 12:38-42/눅 11:29-32). 때때로 이중 말씀은 누가복음과 마태복음에 모두 나타난다. 다른 경우에 이중 말씀은 둘

---

99) John P. Meier, *A Marginal Jew: Rethinking the Historical Jesus* (ABRL; New York: Doubleday, 2001), 2:178.
100) 다음 논문에서 다른 통계 목록을 참조하라. J. A. Fitzmyer, "Luke's Use of Q," in *Two-Source Hypothesis*, ed. Bellinzoni, 251-252.

중 하나의 복음서에서만 나타난다. 두 자료설에 의하면, 예수의 말씀이 이중으로 나타나는 것은 마태와 누가가 서로 다른 두 자료, 곧 마가복음과 Q 자료를 사용했기 때문이다.

공관복음서 전승에서 이중으로 나타나는 예수의 말씀

예수의 말씀	판본 (Version)	마가복음	마태복음	누가복음
마가복음과 누가복음에서				
누구든지 첫째가 되고자 하면, 모든 사람의 꼴찌가 되어야 한다.	마가복음	9:35		9:48
	마가복음	10:43-44	20:26-27	22:24-27
마태복음과 누가복음에서				
이미 가진 사람은 더 받을 것이다.	마가복음	4:25	13:12	8:18
	이중 전승		25:29	19:26
누구든지 내 제자가 되고자 하면, 자기 십자가를 지고 나를 따르라.	마가복음	8:34	16:24	9:23
	이중 전승		10:38	14:27
누구든지 자기 목숨을 구하고자 하는 사람은 잃을 것이다.	마가복음	8:35	16:25	9:24
	이중 전승		10:39	17:33
누구든지 내 이름으로 어린아이 하나를 영접하면 나를 영접하는 것이다.	마가복음	9:37	18:5	9:48
	이중 전승		10:40	10:16
마태복음에서				
그가 귀신의 왕을 힘입어 귀신을 쫓아낸다.	마가복음	3:22	9:34	
	이중 전승		12:24	11:15
요나의 표적 밖에는 보일 표적이 없다.	마가복음	8:11-12	16:1-2	
	이중 전승		12:38-42	11:29-32
누구든지 그 아내를 버리고 다른 데에 장가드는 자는…	마가복음	10:11-12	19:9	
	이중 전승		5:32	16:18
먼저 된 자로서 나중 되고 나중 된 자로서 먼저 될 자가 많을 것이다.	마가복음	10:31	19:30	
	이중 전승		20:16	13:30
누구든지 이 산더러 들리어 바다에 던져지라 하면…	마가복음	11:22-23	21:21	
	이중 전승		17:19-20	17:5-6

누가복음에서				
등불을 가져오는 것은 말 아래에 두려는 것이 아니냐?	마가복음	4:21		8:16
	이중 전승		5:15	11:33
나타내려 하지 않고는 감춰진 것이 없다.	마가복음	4:22		8:17
	이중 전승		10:26	12:2
누구든지 나와 내 말을 부끄러워하면…	마가복음	8:38		9:26
	이중 전승		10:32-33	12:9
말하는 사람은 너희가 아니라, 바로 성령이시다.	마가복음	13:9-11		21:12-15
	이중 전승		10:19	12:11-12

누가가 마태복음을 사용한 것은 이와 같이 이중으로 나타나는 몇 가지에 대해 설명해줄 수 있을 것이다. 특히 누가가 마가복음에서 발견되는 판본을 따를 때와, 마태복음에서 나타나는 또 다른 판본을 따르는 경우다. 하지만 Q 자료는 예수의 어록 자료로 간주되기 때문에, 마가복음에 들어 있는 예수의 말씀과 평행을 이루는 말씀을 포함할 가능성이 있다. 게다가 만약 누가가 마태복음을 사용했다면, 우리는 다음 사항에 대해 의문을 품지 않을 수 없다. 왜 누가는 마태복음에서 이중으로 나타나는 네 가지를 보존하지만, 마가복음의 판본 가운데서 다섯 가지를 생략하고, 또 자신이 마태복음과 마가복음에서 전해 받은 단락을 확대하여 다섯 가지를 더 만들어내는가에 대해서다. 누가가 예수의 말씀에 대한 또 다른 자료, 즉 그가 예수의 말씀에 대한 자료를 포함시키는 데 영향을 미친 추가적인 어록 자료에 의존하므로, 그가 이중으로 나타나는 것을 없애거나 형성했다는 것은 마태복음을 선택적으로 따랐다는 것보다 더 복잡하다.

3) 이중 전승에서 누가복음은 마태복음과 상당히 다르기 때문에 누가복음의 독자성을 어느 정도 주장할 수 있다. 하나님 나라가 침노를 당한다는 예수의 말씀(마 11:12/눅 16:16), 달란트/므나의 비유(마 25:14-30/눅 19:11-27)와 잃어버린 양의 비유(마 18:12-14/눅 15:3-7)를 서로 펼쳐놓고

비교해보면, 해당 단락의 세부 내용과 관련해서 이 차이점이 입증된다. 누가가 마태복음을 편집했다는 것으로 이 차이점을 설명할 수도 있을 것이다. 하지만 특별히 평지 설교와 몇몇 비유 및 예수의 말씀과 관련해서, 누가가 자신이 다르게 배치한 평행 전승에 접근해가고 있다는 것으로 설명할 수도 있을 것이다. 이런 독립성은 누가가 마가복음의 말씀을 마태가 확대한 것을 왜 언급하지 않는지, 또는 삼중 전승에서 마태의 편집을 가리키는 특징(예. 베드로의 신앙고백. 비교. 막 8:29-30; 마 16:15-19; 눅 9:20-21)을 왜 포함시키지 않는지 설명해줄 것이다.[101]

4) 또한 누가는 많은 경우에 Q 자료의 평행 텍스트 안에 있는 단락의 더 원시적인 판본을 소유하고 있는 것 같다.[102] "더 원시적인"(more primitive)이라는 표현이 무엇을 의미하는지 이해하기가 어려울 수 있다. 이것은 더 믿을 만하며 예수가 실제로 말한 것에 더 가깝다는 의미인가? 전승의 역사에서 더 이른 시기의 형태를 의미하는가? 복음서 저자들의 편집이 조금 덜 스며들었다는 것을 가리키는가? 만약 우리가 원시성을 단순하고 간결하며 윤색이 덜 되었다는 관점에 기초해서 판단한다면, 몇몇 사항에서 누가복음은 정말로 더 원시적인 판본을 지닌 것처럼 보인다. 예를 들면, 복(福)에 대한 말씀 가운데 일부(마 5:3, 6/눅 6:20-21), 심판에 대한 예고(마 23:24/눅 11:49), 주의 기도(마 6:9-13/눅 11:2-4)와 요나의 표적(마 12:40/눅 11:30) 등은 누가복음의 묘사가 더 원시적인 것처럼 보인다. 더 구체적인 예를 든다면, 바알세불 논쟁(마 12:28/눅 11:20)에서 누가복음에는 "하나님의 손"이라고 표현되어 있다. 아마도 이것은 마태복음의 "하나님의 영"이라는 표현보다 더 원래의 것이다. 왜냐하면 누가는 성령

---

101) 하지만 다음 답변에 주목하라. Goodacre, *Synoptic Gospels*, 128-131.
102) 참조. Streeter, *Four Gospels*, 183; Foster, "Is It Possible to Dispense with Q", 327.

에 특별한 관심을 갖고 있어서(예. 눅 10:21; 11:13), 만약 그가 마태복음의 이 표현을 알았다면, 그것을 자신의 복음서에 덧붙였을 것이기 때문이다. 비슷하게, 신실한 청지기와 불신실한 청지기에 대한 이야기에서(마 24:51; 눅 12:46), "신실하지 아니한 자"라는 누가복음의 표현이 마태복음의 "외식하는 자"라는 표현보다 더 원래의 것이다. 비록 누가가 "외식하는 자"라는 표현을 사용하기를 꺼리지는 않지만, 그럼에도 마태가 이 표현을 더 많이 사용하는 경향이 있다. 아마도 마태가 해당 표현을 이곳에 덧붙였을 것이다.[103] 사실상 누가복음과 마태복음은 이중 전승 안에서 겉으로 보이는 그들의 "원시성"을 번갈아 가면서 드러낸다. 하지만 누가복음은 마태복음보다 더 원시적인 판본을 더 많이 보존하고 있다. 이 점은 누가가 구별된 자료를 입수했다는 것을 가리킨다.

5) 누가복음과 마태복음에 제시된 개요 전체를 나란히 펼쳐놓고 살펴보면, 두 복음서가 공유하는 자료는 매우 다른 부분에서 나타난다. 두 가지 예외(눅 3:7-9, 17 및 4:2-13)를 제외하고, 마태복음과 달리 누가복음은 결코 이중 전승에서 온 자료를 마가복음의 맥락에 집어넣지 않는다. 누가복음은 기본적으로 마가복음의 개요를 따르고 있다. 하지만 누가는 몇 가지를 생략하고(막 1:16-20 및 6:45-8:26), 마태복음과 공유하는 자료를—

---

103) 공정한 입장을 취하려면, 우리는 다음 사항도 고려해야 한다. (1) 때때로 마태복음이 더 원시적인 자료인 것처럼 보인다. 예를 들면, 천국이 침노를 당한다(마 11:12/눅 16:16)는 것과 같은 예수의 말씀이다. 여기서 누가복음의 설명은 구원사적인 관점에서 편집되었으며, 누가가 즐겨 사용하는 그리스어 εὐαγγελίζω를 포함하고 있다. (2) 비록 마태가 마가복음 텍스트를 매우 분명하게 사용하지만, 때때로 마태복음은 마가복음보다 더 원시적인 것 같다(예. 마 9:8 및 막 2:12에서 예수가 중풍병자를 고쳐주고 그의 죄를 용서해준 사건의 결론을 보라. 마 9:6에서 마태는 인류 전체를 암시하면서, "인자"가 지니고 있는 전반적인 함의를 인정하는 것처럼 보이기 때문이다). (3) 누가복음의 원시성은 누가가 마태복음의 언어를 단순화하고 마태복음의 어휘를 없애버린 것일 가능성이 있다. 추가 참조. Goodacre, *Synoptic Problem*, 133-140.

비록 독점적인 것은 아니지만—주로 두 가지 중요한 단원에 덧붙이며(눅 6:20-7:35 및 9:57-13:34), 마태복음의 순서로부터 벗어나도록 만든다. 예를 들면, 깨어서 준비하고 있으라는 비유와 큰 잔치의 비유(눅 12:39-46; 14:15-24)는 누가복음에서 중간 부분에 나오지만, 마태복음에서는 이 두 비유가 훨씬 뒷부분에서 나타난다(마 24:43-51; 22:1-14). 더욱이 마태복음의 담론에서 발견되는 자료는 서로 떨어진 채, 누가복음 전체에 걸쳐서 골고루 배치되어 있다. 크리스토퍼 터킷(Christopher Tuckett)은 다음과 같이 질문한다. "만약 누가가 마태복음을 알고 있었다면, 왜 그는 마태복음의 순서를 그토록 철저하게 바꾸었는가? 곧 예수의 가르침에 대한 자료를 다섯 단원으로 명료하고 간결하게 나누어 각 단원이 특별한 주제를 다루도록 한 마태복음의 배열을 왜 누가는 흐트러뜨렸는가?"104) 클로펜보그는 만약 누가가 마태복음을 사용했다면, 이는 "누가가 마태복음 안에서 발견한 예수의 말씀을 그 맥락에서 떼어내 함부로 이곳저곳으로 흩어놓았음"을 의미할 것이라고 생각한다.105) 심지어 스트리터는 그런 가정이 누가를 "괴짜"로 만드는 일과 다를 바가 없다고 주장한다.106) 만약 누가가 마태복음을 사용했다면, 인용과 산상 설교를 이곳저곳으로 흩어버리는 접근 방법은 저술 및 작품 구성적인 측면에서 이상한 짓이고, 역사상 가장 훌륭한 종교 연설 중 하나를 해체하는 일이다. 누군가가 왜 그와 같이

---

104) Tuckett, "Synoptic Gospels," 4:268.
105) Kloppenborg, *Excavating Q*, 39.
106) Streeter, *Four Gospels*, 183. 다음 논문과 연구서에서 이런 주장에 대한 반응도 보라. Michael Goulder, "The Order of a Crank," in *Synoptic Studies: The Ampleworth Conferences of 1982 and 1983*, ed. C. M. Tuckett (JSNTSup 7; Sheffield: JSOT, 1984), 111-130; Goodacre, *Synoptic Gospels*, 123-128.

저술하겠는가?[107] 그렇다면 누가가 마태복음의 앞부분과 뒷부분을 왔다 갔다 하면서, 해당 자료를 자신이 받아들인 마가복음의 개요 구조에 일관성이 없는 방법으로 이곳저곳으로 흐트러뜨렸다기보다는, 오히려 누가와 마태가 많은 경우에 동일한 자료를 서로 다르게 사용했을 가능성이 더 높을 것이다. 많은 학자들은 누가복음의 순서를 설명하는 데 두 자료설이 훨씬 더 적합하다고 생각한다.[108]

설령 내가 Q 자료의 존재를 긍정한다고 하더라도, 나는 이중 전승 안에 있는 모든 것을 무사히 Q 자료로 돌릴 수 있다고 확신하지 않는다. 이중 전승은 구전과 기록 전승에서 온 것으로 이루어져 있을 가능성이 있다. 그중 일부가 Q 자료 안으로 들어가게 되었을 것이다. 따라서 나는 누가와 마태가 이중 전승에서 추가 자료, 특히 내러티브 자료를 공유했을 것이라는 생각을 떨쳐버릴 수 없다.[109] 스트리터는 "문제가 되는 200절 중에서 상당 부분이 아마도 Q 자료가 아니라 다른 자료에서 유래되었을 것이다"라고 진지하게 시인한다.[110] 테런스 머넷(Terence Mournet)은 자료들 사이에서 글자 그대로의 표현이 70퍼센트 이하로 평행을 이루는 것은 거기에 구전이 작용할 기회가 높다는 것을 의미한다고 주장했다. 이런 내용은 마태복음과 누가복음 사이에 거의 100퍼센트에서 8퍼센트까지의 범위 안에서 언어가 일치하거나 상응하는 것과 관련해서, Q 자료의 상당

---

107) 하지만 Goodacre, *Synoptic Gospels*, 123-128을 보라.
108) 참조. Sanders and Davies, *Synoptic Gospels*, 112, 114; Foster, "Is It Possible to Dispense with Q?" 316-319.
109) 나는 세례 요한에 대한 자료(마 3:7-12/눅 3:7-9, 16-17; 마 11:2-19/눅 7:18-35), 예수가 시험받은 이야기(마 4:1-11/눅 4:1-13), 백부장에 대한 이야기(마 8:5-13/눅 7:1-10), 그리고 마가복음과 Q 자료에서 중복되는 어떤 것이 Q 자료에서 왔다는 견해에 의구심을 품고 있다.
110) Streeter, *Four Gospels*, 185.

부분에 적용될 수 있다.[111] 독특한 연합을 이루고 있는 그리스바흐 이론과 파러 이론의 지지자들은 자료 가운데 일부가 서로 겹치는 현상을 설명하기 위해 누가가 마가복음과 마태복음 외에도 다른 구전과 기록 전승을 사용했다고 주장했다.[112] 누가와 마태가 다른 기록 자료와 구술 자료를 공유했을 가능성은 전적으로 타당성이 있다. 바로 이런 결과가 Q-라이트(Q-lite)일 것이다. 마태복음 8:5-13과 누가복음 7:1-10 및 13:28-29을 살펴보는 작업은 이 점을 입증하는 데 도움이 될 것이다.

이중 전승에서 예수의 말씀 자료와 내러티브 요소
백부장의 종을 고쳐준 사건

마태복음 8:5-10	누가복음 7:1-10
⁵예수께서 **가버나움**에 들어가셨을 때에, **한 백부장**이 다가와서 그에게 간청하여 ⁶말하기를 "주님, 내 종이 중풍으로 집에 누워서 몹시 괴로워하고 있습니다" 하였다. ⁷예수께서 "내가 가서 고쳐주마" 하고 말씀하셨다.	¹예수께서 자기의 모든 말씀을 백성에게 들려주신 뒤에, **가버나움**으로 가셨다. ²어떤 **백부장**의 종이 병들어 거의 죽게 되었는데, 그는 주인에게 소중한 종이었다. ³백부장은 예수의 소문을 듣고 유대인의 장로들을 예수께로 보내어 그에게 청하기를, 와서 자기 종을 낫게 해달라고 하였다. ⁴그들이 예수께로 와서 간곡히 탄원하기를 "그는 선생님에게서 은혜를 받을 만한 사람입니다.

---

111) Terence C. Mournet, *Oral Tradition and Literary Dependency: Variability in the Synoptic Tradition and Q* (WUNT 2.195; Tübingen: Mohr, 2005). Mournet는 James D. G. Dunn, *Jesus Remembered* (CITM 1; Grand Rapids: Eerdmans, 2003), 147-149, 173-254을 따르고 있다.

112) Farmer, "Two-Gospel Hypothesis," 100, 116; Allan James McNicol, "The Composition of the Synoptic Eschatological Discourse," in *The Interrelations of the Gospels: A Symposium*, ed. D. Dungan (BETL 95; Leuven: Leuven University Press, 1990), 162; Farrer, "Dispensing with Q," 332-333; Goodacre, *Synoptic Problem*, 94-96, 138-140; idem, *Case against Q*, 65-66, 133-151; Poirier, "Composition of Luke," 210.

마태복음 8:5-10	누가복음 7:1-10
	⁵그는 우리 민족을 사랑하는 사람이고, 우리에게 회당을 지어주었습니다" 하였다. ⁶예수께서 그들과 함께 가셨다. 예수께서 백부장의 집에서 그리 멀지 않은 곳에 이르셨을 때에, 백부장은 친구들을 보내어 예수께 이렇게 아뢰게 하였다. "주님, 더 수고하실 것 없습니다. 나는 주님을 내 집에 모셔 들일 만한 자격이 없습니다.
⁸백부장이 대답하여 말하였다. "주님, 나는 주님을 내 집에 모셔 들일 만한 자격이 없습니다. [하지만] 그저 말씀만 해주십시오. 그러면 내 종이 나을 것입니다.	⁷그래서 내가 주님께로 나아올 엄두도 못 냈습니다. 그저 말씀만 하셔서 내 종을 낫게 해주십시오.
⁹[왜냐하면] 나도 상관을 모시는 사람이고, 내 밑에도 병사들이 있어서, 내가 이 사람더러 가라고 하면 가고 저 사람더러 오라고 하면 옵니다. 또 내 종더러 이것을 하라고 하면 합니다." ¹⁰예수께서 이 말을 들으시고 놀랍게 여기셔서, 따라오는 사람들에게 말씀하셨다. "내가 진정으로 너희에게 말한다. 나는 지금까지 이스라엘 안에서 아무에게서도 이런 믿음을 본 일이 없다."	⁸[왜냐하면] 나도 상관을 모시는 사람이고, 내 밑에도 병사들이 있어서, 내가 이 사람더러 가라고 하면 가고 저 사람더러 오라고 하면 옵니다. 또 내 종더러 이것을 하라고 하면 합니다." ⁹예수께서 이 말을 들으시고 그를 놀랍게 여기시어, 돌아서서 자기를 따라오는 무리에게 [그가] 말씀하셨다. "내가 너희에게 말한다. 나는 이스라엘 안에서 이런 믿음을 본 적이 없다." ¹⁰심부름 왔던 사람들이 집에 돌아가서 보니, 종은 나아 있었다.
⁵Εἰσελθόντος δὲ αὐτοῦ εἰς Καφαρναοὺμ προσῆλθεν αὐτῷ ἑκατόνταρχος παρακαλῶν αὐτὸν ⁶καὶ λέγων· κύριε, ὁ παῖς μου βέβληται ἐν τῇ οἰκίᾳ παραλυτικός, δεινῶς βασανιζόμενος. ⁷καὶ λέγει αὐτῷ· ἐγὼ ἐλθὼν θεραπεύσω αὐτόν.	¹Ἐπειδὴ ἐπλήρωσεν πάντα τὰ ῥήματα αὐτοῦ εἰς τὰς ἀκοὰς τοῦ λαοῦ, εἰσῆλθεν εἰς Καφαρναούμ. ²Ἑκατοντάρχου δέ τινος δοῦλος κακῶς ἔχων ἤμελλεν τελευτᾶν, ὃς ἦν αὐτῷ ἔντιμος. ³ἀκούσας δὲ περὶ τοῦ Ἰησοῦ ἀπέστειλεν πρὸς αὐτὸν πρεσβυτέρους τῶν Ἰουδαίων ἐρωτῶν αὐτὸν ὅπως ἐλθὼν διασώσῃ τὸν δοῦλον αὐτοῦ. ⁴οἱ δὲ παραγενόμενοι πρὸς τὸν Ἰησοῦν παρεκάλουν αὐτὸν σπουδαίως λέγοντες ὅτι ἄξιός ἐστιν ᾧ παρέξῃ τοῦτο· ⁵ἀγαπᾷ γὰρ τὸ ἔθνος ἡμῶν καὶ τὴν

⁸καὶ ἀποκριθεὶς ὁ ἑκατόνταρχος ἔφη· κύριε, οὐκ εἰμὶ ἱκανὸς ἵνα μου ὑπὸ τὴν στέγην εἰσέλθῃς, ἀλλὰ μόνον εἰπὲ λόγῳ, καὶ ἰαθήσεται ὁ παῖς μου.	συναγωγὴν αὐτὸς ᾠκοδόμησεν ἡμῖν. ⁶ὁ δὲ Ἰησοῦς ἐπορεύετο σὺν αὐτοῖς. ἤδη δὲ αὐτοῦ οὐ μακρὰν ἀπέχοντος ἀπὸ τῆς οἰκίας ἔπεμψεν φίλους ὁ ἑκατοντάρχης λέγων αὐτῷ· κύριε, μὴ σκύλλου, οὐ γὰρ ἱκανός εἰμι ἵνα ὑπὸ τὴν στέγην μου εἰσέλθῃς· ⁷διὸ οὐδὲ ἐμαυτὸν ἠξίωσα πρὸς σὲ ἐλθεῖν· ἀλλὰ εἰπὲ λόγῳ, καὶ ἰαθήτω ὁ παῖς μου.
⁹καὶ γὰρ ἐγὼ ἄνθρωπός εἰμι ὑπὸ ἐξουσίαν, ἔχων ὑπ' ἐμαυτὸν στρατιώτας, καὶ λέγω τούτῳ· πορεύθητι, καὶ πορεύεται, καὶ ἄλλῳ· ἔρχου, καὶ ἔρχεται, καὶ τῷ δούλῳ μου· ποίησον τοῦτο, καὶ ποιεῖ. ¹⁰ἀκούσας δὲ ὁ Ἰησοῦς ἐθαύμασεν καὶ εἶπεν τοῖς ἀκολουθοῦσιν· ἀμὴν λέγω ὑμῖν, παρ' οὐδενὶ τοσαύτην πίστιν ἐν τῷ Ἰσραὴλ εὗρον.	⁸καὶ γὰρ ἐγὼ ἄνθρωπός εἰμι ὑπὸ ἐξουσίαν τασσόμενος ἔχων ὑπ' ἐμαυτὸν στρατιώτας, καὶ λέγω τούτῳ· πορεύθητι, καὶ πορεύεται, καὶ ἄλλῳ· ἔρχου, καὶ ἔρχεται, καὶ τῷ δούλῳ μου· ποίησον τοῦτο, καὶ ποιεῖ. ⁹ἀκούσας δὲ ταῦτα ὁ Ἰησοῦς ἐθαύμασεν αὐτὸν καὶ στραφεὶς τῷ ἀκολουθοῦντι αὐτῷ ὄχλῳ εἶπεν· λέγω ὑμῖν, οὐδὲ ἐν τῷ Ἰσραὴλ τοσαύτην πίστιν εὗρον. ¹⁰Καὶ ὑποστρέψαντες εἰς τὸν οἶκον οἱ πεμφθέντες εὗρον τὸν δοῦλον ὑγιαίνοντα.

*성서 본문은 표준새번역을 따름. 필요한 경우에는 그리스어 본문에 기초해서 번역함─역주

심판에 대한 예언과 대반전(大反轉)

마태복음 8:11-13	누가복음 13:28-29
¹¹내가 너희에게 말한다. "많은 사람이 동과 서에서 와서, 하늘나라에서 아브라함과 이삭과 야곱과 함께 잔치 자리에 앉을 것이다. ¹²그러나 이 나라의 아들늘은 바깥 어두운 데로 쫓겨나서, 거기서 울며 이를 갈 것이다." ¹³그리고 예수께서 백부장에게 "가거라. 네가 믿은 대로 일이 될 것이다" 하고 말씀하셨다. 그런데 바로 그 시각에 그 종이 나았다.	²⁸아브라함과 이삭과 야곱과 모든 예언자는 하나님의 나라 안에 있는데, 너희는 바깥으로 쫓겨나 것을 너희가 보게 될 때에, 기기서 슬피 울면서 이를 갈 것이다. ²⁹사람들이 동과 서에서, 또 남과 북에서 와서, 하나님의 나라에서 잔치 자리에 앉을 것이다.
¹¹λέγω δὲ ὑμῖν ὅτι πολλοὶ ἀπὸ ἀνατολῶν καὶ δυσμῶν ἥξουσιν καὶ	²⁸ἐκεῖ ἔσται ὁ κλαυθμὸς καὶ ὁ βρυγμὸς τῶν ὀδόντων, ὅταν ὄψησθε Ἀβραὰμ

마태복음 8:11-13	누가복음 13:28-29
ἀνακλιθήσονται μετὰ Ἀβραὰμ καὶ Ἰσαὰκ καὶ Ἰακὼβ ἐν τῇ βασιλείᾳ τῶν οὐρανῶν, ¹²οἱ δὲ υἱοὶ τῆς βασιλείας ἐκβληθήσονται εἰς τὸ σκότος τὸ ἐξώτερον· ἐκεῖ ἔσται ὁ κλαυθμὸς καὶ ὁ βρυγμὸς τῶν ὀδόντων. ¹³καὶ εἶπεν ὁ Ἰησοῦς τῷ ἑκατοντάρχῃ· ὕπαγε, ὡς ἐπίστευσας γενηθήτω σοι. καὶ ἰάθη ὁ παῖς [αὐτοῦ] ἐν τῇ ὥρᾳ ἐκείνῃ.	καὶ Ἰσαὰκ καὶ Ἰακὼβ καὶ πάντας τοὺς προφήτας ἐν τῇ βασιλείᾳ τοῦ θεοῦ, ὑμᾶς δὲ ἐκβαλλομένους ἔξω. ²⁹καὶ ἥξουσιν ἀπὸ ἀνατολῶν καὶ δυσμῶν καὶ ἀπὸ βορρᾶ καὶ νότου καὶ ἀνακλιθήσονται ἐν τῇ βασιλείᾳ τοῦ θεοῦ.

이 두 단락에서 몇 가지 주목할 만한 사항을 발견할 수 있다.[113]

1) 두 복음서 저자들은 해당 단락을 서로 매우 다른 맥락에 배치한다. 마태는 백부장의 종이 고침 받은 이야기(마 8:5-10)를 종말론적인 잔치에 대한 예수의 말씀과 연결하면서(마 8:11-12) 편집자적 언급(마 8:13)으로 해당 이야기를 마무리한다. 반면에 누가는 백부장의 종이 고침 받은 이야기(눅 7:1-10)를 평지 설교(눅 6:17-49) 다음에 소개한다. 또한 그는 종말론적인 잔치에 대한 예수의 말씀을 나중에 하나님 나라에 대한 권면과 가르침을 다루는 단원의 한가운데 위치시킨다(눅 13:28-29).

2) 백부장의 종이 고침을 받은 이야기에 대한 마태복음 판본과 누가복음 판본에서 언어적 상응이 나타나는 곳은 도입 부분의 가버나움이라는 배경과 예수와 백부장 사이에 이어지는 대화 뿐이다. 하지만 예수가 백부장을 직접 만났는지, 아니면 그가 유대 장로들로 구성된 대표단을 통해 백부장의 말을 전달받았는지에 대해 두 판본은 서로 일치하지 않는다.

---

113) 다음 연구서에 제시된 분석도 보라. Michael F. Bird, *Jesus and the Origins of the Gentile Mission* (LNTS 311; London: Clark, 2006), 83-93; idem, "Who Comes from the East and the West? The Historical Jesus and Matt 8:11-12/Luke 13:28-29," *NTS* 52 (2006): 441-457.

3) 종말론적인 잔치에 대한 예수의 말씀과 관련해서, 두 판본의 언어는 서로 매우 가깝다. 하지만 주요한 차이는 누가가 예수의 말씀을 확대해서 소개하며 슬피 울면서 이를 간다는 것(누가복음에서는 첫 번째로, 마태복음에서는 두 번째로 소개됨)과, 잔치 자리에 앉으리라는 약속에 대한 말씀의 순서가 두 판본에서 서로 뒤바뀐다는 점이다.

이 점에 대해서는 다음과 같은 세 가지 가능한 설명이 있다. (1) 그리스바흐와 파러 이론: 누가가 마태복음의 자료 순서를 뒤바꾼 것이다. (2) 두 자료설: 두 단락은 모두 Q 자료 안에 들어 있었다. (i) 마태가 이방인에 대한 우호적인 그림을 제시하려고 백부장의 종에 대한 이야기와 종말론적인 잔치에 대한 예수의 말씀을 결합했을 것이다. 아니면 (ii) 해당 말씀과 해당 이야기는 원래 Q 자료 안에서 결합되어 있었지만, 누가가 말씀과 이야기를 분리했을 것이다. (3) 홀츠만-건드리 이론: 해당 말씀은 원래 Q 자료에 속했을 것이다. 하지만 누가는 그 이야기를 다른 자료에서 얻었거나, 마태복음에서 가져왔을 것이다.

나는 (3)이 가장 타당성 있는 설명이라고 생각한다. 첫째, 만약 누가가 알고 있었던 말씀과 이야기의 유일한 판본이 마태복음 8:5-13의 말씀과 이야기라고 한다면, 그는 그것을 함께 결합시키고자 하는 경향을 보였을 것이다. 왜냐하면 그리스바흐와 파러의 이론에 의하면, 누가는 마태복음의 자료를 나눈다기보다, 오히려 그것을 다른 곳으로 옮겨서 결합시키기 때문이다.[114] 아니면 마가복음의 수로보니게 여인에 대한 이야기를 생략한 것과 마찬가지로, 누가가 마태복음에서 발견한 백부장에 대한 이야기를 생략했을 수도 있다. 왜냐하면 누가는 이방인을 포함시킨다는 중대한 카드를 나중에 활용하려는 의도를 지니고 있기 때문이다. 그러나 나는 누

---

114) 예를 들면 눅 16:16-17은 마 11:12-13과 마 5:18을 서로 결합한 것이다.

가가 마태복음 8:5-13과 같은 단락을 하나로 보존하지 않고 오히려 두 부분으로 나누어 서로 다른 곳에 위치하도록 한 것으로 보지 않는다. 왜냐하면 우리는 누가가 같은 방식으로 처리하는 다른 구체적인 사례를 전혀 갖고 있지 않기 때문이다. 그러므로 누가는 누가복음 7:1-10과 누가복음 13:28-29의 두 단락을 **모두** 마태복음의 현재 형태에서 가져오지 않았을 것이다. 이는 누가가 어느 한 단락, 아니면 두 단락 모두를 Q 자료나 다른 전승에서 끌어왔다는 것을 암시해준다.[115]

둘째, 많은 사람이 동과 서에서 온다는 것에 대한 예수의 말씀은 Q 자료에서 제시된 신학에 잘 어울린다. 원래 예수의 종말론적인 말씀은 이스라엘의 포로 생활이 예수의 하나님 나라 사역으로 끝나게 되며, 그것을 비웃는 사람들은 정당함을 입증받지도 못하고 족장들과 함께 종말의 잔치에 참석하지도 못한다는 언급으로 의도되었다. 이 모티프는 이스라엘의 회복과 관련된 다른 Q 자료와도 전적으로 일치한다(예. 마 19:28-29/눅 22:28-30; 마 23:37-39/눅 13:34-35).

셋째, 백부장에 대한 이야기는 Q 자료 안에서 매우 두드러진다. 언제나 학자들은 Q 자료 안에 포함된 내러티브 전승을 이례적인 것으로 생각해왔다. 대부분 세례 요한과 제자도 및 심판에 대한 예수의 말씀 자료를 포함하고 있는 Q 자료에서 백부장 이야기는 전혀 어울리지 않는다는 것이다. 하지만 나는 Q 자료가 원래 어떤 내러티브 자료도 갖지 않은 채 오직 예수의 말씀만 모아놓은 것이라고 보는 입장에 대해 의구심을 품고 있다. 백부장 이야기에 대한 마태복음 판본과 누가복음 판본은 언어가 서로

---

[115] Simons, *Hat der dritte Evangelist den kanonischen Mattäus benutzt?* 11-12. Simons는 이 구절이 누가가 해당 자료를 마태복음이 아니라 Q 자료에서 직접 끌어왔다는 것을 입증해준다고 생각한다. 왜냐하면 만약 누가가 오직 마태복음만 알고 있었다면, 해당 자료가 제시된 누가복음 판본을 설명하기가 어렵기 때문이다.

일치하는 부분이 50퍼센트도 되지 않는다. 그러므로 해당 자료는 공통의 구전이나 기록된 다른 자료 문서에서 유래되었을 것이다. 아니면 누가가 해당 이야기를 마태복음에서 가져왔을 수도 있다. 어쨌든 마태와 누가는 예수의 말씀을 아마도 Q 자료에서 얻고, 내러티브는 다른 자료에서 입수했을 것이다. 마태는 해당 말씀과 내러티브를 하나로 결합했지만, 누가는 둘을 서로 떼어놓았다.[116]

지금까지 나는 마가복음 우선설에 대해 논의했다. 또한 Q 자료와 독립적인 전승이 섞여 있는 것을 포함하는 이중 전승과 더불어, 매우 조심스럽게 Q-라이트가 존재한다는 견해를 지지했다. 그리고 나는 누가가 마태복음을 사용했을 가능성을 열어놓았다. 이제 그 가능성에 대해 자세하게 살펴보고자 한다.

3. 누가의 마태복음 사용

Q 자료가 존재한다는 가정과 연결해서 마가복음 우선설을 제기하는 일은 공관복음서 문제의 상당 부분을 해결할 수 있을 것처럼 보일 수 있다. 하지만 안타깝게도 나는 그렇게 생각하지 않는다. 나는 삼중 전승에서 누가복음과 마태복음 사이의 작은 일치와 마가복음과 Q 자료가 서로 겹치는 것은, 누가와 마태가 Q 자료를 끌어왔을 뿐만 아니라, 누가가 마태복음을 사용했음을 강력하게 암시해준다고 주장할 것이다.

---

116) 마태가 마 8:5-10과 마 8:11-12을 결합했다는 주장은 여전히 타당성이 있다. 왜냐하면 이스라엘의 포로 생활의 종결을 예고하는 구약성서의 몇몇 구절과 제2성전 텍스트는 종종 이방인의 종말론적인 순례 여행에 대한 희망과 결합되어 있기 때문이다. 다음 연구서의 논의를 참조하라. Bird, *Jesus and the Origins of the Gentile Mission*, 90-92.

a. 삼중 전승에서의 작은 일치

언제나 두 자료설의 취약점은 마가복음과는 일치하지 않지만 마태복음과 누가복음 사이에는 서로 일치하는 사례의 수와 관련되었다.[117] 만약 누가가 마태복음을 사용했다는 것에 대해 단 하나의 사례라도 입증될 수 있으면, 두 자료설은 무너지고 만다. 이 작은 일치의 수가 정확하게 얼마인가는 여전히 논쟁의 대상이 되고 있다. 하지만 그 수는 대략 200에서 1000까지라고 추정된다.[118] 그뿐 아니라, 이런 일치는 다양한 형태를 취하며 생략, 개정, 확장 및 추가를 공유한다.[119] 이런 작은 일치 가운데 어떤 것은 다른 것보다 더욱 인상적이다. 특히 마태의 편집("이질적인 본문")이 누가복음 안으로 들어간 것처럼 보일 때같이, 일치점들이 누적되는 경우에는 더욱 그렇다.[120]

하지만 두 자료설을 특히 난처하게 만드는 것은 예수의 수난 이야기에 독특하게 일치하는 요소가 많이 나타난다는 사실이다. 이는 분명히 Q

---

117) 상당히 설득력 있는 다음 논문을 참조하라. M. E. Boring, "The 'Minor Agreements' and Their Bearing on the Synoptic Problem," in *New Studies in the Synoptic Problem*, ed. Foster, Gregory, Kloppenborg, and Verheyden, 227-251.

118) E. A, Abbott, *The Corrections of Mark Adopted by Matthew and Luke* (London: Black, 1901), 300-324 (230); J. C. Hawkins, *Horae Synopticae* (Oxford: Clarendon, 1909), 210-211 (239); Josef Schmid, *Matthäus und Lukas: Eine Untersuchung des Verhältnisses Ihr Evangelien* (Freiburg: Herder, 1930), 175 (250); Stoldt, *Marcan Hypothesis*, 11-21 (272); Frans Neirynck, *The Minor Agreements of Matthew and Luke against Mark* (Leuven: Leuven University Press, 1974), 55-195; idem, *The Minor Agreements in a Horizontal-Line Synopsis* (SNTA 15; Leuven: Leuven University Press, 1991) (770); Andreas Ennulat, *Die "Minor Agreements" Untersuchungen zu einer offenen Frage des synoptischens Problems* (WUNT 2.62; Tübingen: Mohr, 1994), 35-416 (1187).

119) 참조. Stoldt, *Marcan Hypothesis*, 11-21; Stein, *Synoptic Gospels*, 125-136.

120) 참조. Goodacre, *Goulder and the Gospels*, 89-131; idem, *Case against Q*, 154-160; Gundry, "Matthean Foreign Bodies," 1467-1495.

자료의 범위 밖에 있는 것이다. 여기서 예수의 재판에 대한 공관복음서 판본 가운데 두 가지 예를 제시하고자 한다.

수난 내러티브에서의 두 가지 작은 일치
예수가 인자가 다시 오실 것을 예고함

마가복음 14:62	마태복음 26:64	누가복음 22:69
예수께서 말씀하셨다. "내가 바로 그이요. 당신들은 **인자가 전능하신 분의 오른쪽에 앉아 있는 것과, [또한] 하늘의 구름을 타고 오는 것을 보게 될 것이오.**"	예수께서 그에게 대답하셨다. "당신이 말하였소. 내가 당신들에게 다시 말하오. **이제로부터 당신들은 인자가 권능의 보좌 오른쪽에 앉아 있는 것과 [또한] 하늘 구름을 타고 오는 것을 보게 될 것이오.**"	"그러나 **이제부터 인자가 전능하신 하나님의 오른쪽에 앉게 될 것이다.**"
ὁ δὲ Ἰησοῦς εἶπεν· ἐγώ εἰμι, καὶ ὄψεσθε τὸν υἱὸν τοῦ ἀνθρώπου ἐκ δεξιῶν καθήμενον τῆς δυνάμεως καὶ ἐρχόμενον μετὰ τῶν νεφελῶν τοῦ οὐρανοῦ.	λέγει αὐτῷ ὁ Ἰησοῦς· σὺ εἶπας. πλὴν λέγω ὑμῖν· ἀπ' ἄρτι ὄψεσθε τὸν υἱὸν τοῦ ἀνθρώπου καθήμενον ἐκ δεξιῶν τῆς δυνάμεως καὶ ἐρχόμενον ἐπὶ τῶν νεφελῶν τοῦ οὐρανοῦ.	ἀπὸ τοῦ νῦν δὲ ἔσται ὁ υἱὸς τοῦ ἀνθρώπου καθήμενος ἐκ δεξιῶν τῆς δυνάμεως τοῦ θεοῦ.

*성서 본문은 표준새번역을 따름. 필요한 경우에 그리스어 텍스트에 기초해서 번역함—역주

예수가 예언자로서 조롱당함

마가복음 14:65	마태복음 26:67-68	누가복음 22:64
그들 가운데서 더러는 달려들어 예수께 침을 뱉고, 얼굴을 가리고 주먹으로 치고 하면서 "**알아맞혀 보아라**" 하고 놀려대기 시작하였다. 그리고 하인들은 예수를 손바닥으로 쳤다.	그때에 그들은 그의 얼굴에 침을 뱉고, 그를 주먹으로 치고, 또 더러는 손바닥으로 때리기도 하며, 말하기를 "그리스도야, **너를 때린 사람이 누구인지 알아맞혀 보아라**" 하였다.	또 그들은 예수의 눈을 가리고 말하기를 "**너를 때린 사람이 누구인지 알아맞혀 보아라**" 하였다.

마가복음 14:65	마태복음 26:67-68	누가복음 22:64
Καὶ ἤρξαντό τινες ἐμπτύειν αὐτῷ καὶ περικαλύπτειν αὐτοῦ τὸ πρόσωπον καὶ κολαφίζειν αὐτὸν καὶ λέγειν αὐτῷ· προφήτευσον, καὶ οἱ ὑπηρέται ῥαπίσμασιν αὐτὸν ἔλαβον.	Τότε ἐνέπτυσαν εἰς τὸ πρόσωπον αὐτοῦ καὶ ἐκολάφισαν αὐτόν, οἱ δὲ ἐράπισαν 68 λέγοντες· προφήτευσον ἡμῖν, χριστέ, τίς ἐστιν ὁ παίσας σε;	καὶ περικαλύψαντες αὐτὸν ἐπηρώτων λέγοντες· προφήτευσον, τίς ἐστιν ὁ παίσας σε;

첫 번째 일치에서(막 14:62/마 26:64/눅 22:69), 예수가 대제사장 가야바의 질문에 대답하는 말은 시편 110:1과 다니엘 7:13의 결합이다. 마가복음과 마태복음은 "당신들은 보게 될 것이오"(ὄψεσθε)라는 미래 동사와 인자가 구름을 타고 올 것이라는 묘사를 공유한다. 이런 점에서 두 복음서는 가장 가깝다. 대조적으로, 누가복음은 보다 간단명료하고 덜 묘사적이며 매우 간결하다. 그리고 그리스어 동사 미래형 ὄψεσθε가 사용된 것을 고려할 때, 마가복음의 진술은 예수의 재림을 직접적으로 예고하는 것으로 이해될 수 있다. 하지만 나는 이 점을 확신하지 못한다. 왜냐하면 시편 110편과 다니엘 7장은 예수가 땅으로 내려오는 것이 아니라 높임을 받는 것을 가리키기 때문이다. 미래의 재림이 아니라, 예수가 높임을 받는다는 것이 주요 강조점이라는 사실은 마태복음과 누가복음에서 덧붙여진 독특한 표현 "이제로부터"(개역개정, "이 후에")가 입증해준다. 곧 이 표현은 예수가 높임을 받는 일이 이미 시작되었음을 가리킨다! 마가복음의 진술을 보다 명료하게 나타내기 위해 마태와 누가가 독자적으로 이 표현을 덧붙였다는 것은 다소 지나친 주장일 것이다. 더욱이 마태복음에서 ἀπ' ἄρτι, 즉 "이제로부터"라는 그리스어 구문은 마태가 교회 시대를 가리킬 때 사용하는 독특한 표현이다(마 23:39; 26:29). 누가는 약간 다른 언어 변화(ἀπὸ τοῦ νῦν)를 사용하면서 마태복음을 따르고 있다.[121] 이 점과 관련해서 타당성 있는 시나리오는 마가복음이 가장 먼저 저술되었고, 마태는 마가복음을 가깝게 따르고 있으며 다만 마태는 예수의 "오심"에 대한 마가복음의 언급을 보다 명료하게 만들었다는 것이다. 그리고 누가는 마태복음의 덧붙여진 표현을 따랐다. 하지만 재판에 대한 자신의 복음서 버전에서는 예수의 말씀을 축약하고 그 위치를 이동시켰다.

두 번째 일치에서(막 14:65/마 26:67-68/눅 22:64), 예수는 예언자로서 조롱당하며 신체 공격을 당한다. 오직 마태복음과 누가복음에서만 예수를 고통스럽게 하는 사람들이 퍼붓는 잔혹한 유머를 설명하기 위해 "너를 때린 사람이 누구인가?"(τίς ἐστιν ὁ παίσας σε;)라는 표현이 덧붙여져 있다.[122] 굴더는 여기서 "Q 자료의 지지자들이 대부분 연막 속으로 사라질 것이다"라고 주장한다. 왜냐하면 마태와 누가 두 저자 모두 독자적으로 이 절을 덧붙였고 동일한 어휘로 묘사했다는 근거가 전혀 없는 것 같기 때문이다.[123] 네이링크(Neirynck)와 터킷(Tuckett)은 이 일치를 마지못해서 불확실한 수정(conjectural emendation)으로 설명하려고 한다. 이는 자료의 증거 없이 공관복음서 문제를 해결하고자 하는 마지막 피난처라고 할 수 있다.[124]

---

121) 참조. Gundry, *Matthew*, 545.
122) 이상하게도 Gundry(*Matthew*, 547)는 다음과 같이 생각한다. 이와 같은 일치에도 불구하고 "아마도 우리는 마태복음이 [누가복음에게] 영향을 미쳤다고 생각해서는 안 될 것이다. 오히려 마태가 두 가지 역사적인 전승—마가복음 및 누가복음의 이전 형태—를 결합했다고 생각해야 할 것이다." 다음 연구서들도 보라. Streeter, *Four Gospels*, 199-222; Marion L. Soards, *The Passion According to Luke: The Special Material of Luke 22* (JSNTSup 14; Sheffield: JSOT, 1987), 102-103.
123) Goulder, "Juggernaut," 675.
124) Frans Neirynck, "The Minor Agreements and the Two Source Theory," in *Minor*

이런 작은 일치를 설명할 수 있는 몇 가지 방법이 있다. 어떤 학자들은 작은 일치에 깊은 인상을 받고 나서, 혹시 Q 자료가 실제로 수난 이야기를 포함하고 있었던 것은 아닐까라고 호기심을 품었다.[125] 하지만 Q 자료를 연구하는 학자들은 대체로 그와 같은 논의를 일축했다. 왜냐하면 수난 이야기에 들어 있는 누가가 사용한 특별한 자료가 Q 자료에서 유래되었다고 생각할 만한 아무런 근거가 없기 때문이다. 또한 Q 자료는 순전히 예수의 말씀 모음집일 가능성이 더 크다.[126] 다른 학자들은 마태와 누가가 오늘날 우리가 갖고 있는 마가복음과는 다른 마가복음 판본을 사용했다고 주장했다. 윌리엄 샌데이(William Sanday)는 마태와 누가가 "마가복음의 교정판(recension)을 사용했으며, 그 교정판은 현존하는 모든 마가복음 필사본이 유래된 판본과 다르다"고 제안했다.[127] 이와 비슷하게, 스타인(Stein)은 마태와 누가가 마가의 "원본문"을 사용하지 않았다고 주장한다. 그 대신 복음서의 복사본이 "원본문의 '계파'에서 유래되었지만, 그것은 오늘날 우리가 알고 있는 '마가복음'이 유래된 '계파'와 다소 다르다"고

Agreements: Symposium Göttingen, 1991, ed. G. Strecker (Göttingen: Vandenhoeck & Ruprecht, 1993), 49-51; Christopher Tuckett, "The Minor Agreements and Textual Criticism," in Minor Agreements, ed. Strecker, 135-141.

125) 참조. E. Hirsch, Frühgeschichte des Evangeliums (Tübingen: Mohr, 1941), 1:243-248(그는 눅 22:48, 62, 64, 69; 22:47이 마가복음과 같은 Q 자료의 수난 이야기에서 유래되었는지에 대해 의구심을 품고 있다). 또한 참조. E. Earle Ellis, "Gospel Criticism: A Perspective on the State of the Art," in The Gospel and the Gospels, ed. P. Stuhlmacher (Grand Rapids: Eerdmans, 1991), 36.

126) 참조. 예를 들면 Kloppenborg, Formation of Q, 85-87.

127) William Sanday, "The Conditions under Which the Gospels Were Written, in Their Bearing upon Some Difficulties of the Synoptic Problem," in Oxford Studies in the Synoptic Problem, ed. W. Sanday (Oxford: Clarendon, 1911), 21.

주장한다.[128] 에눌라트(Ennulat)와 보링(Boring)도 마가복음의 또 다른 교정판에 대한 개념을 주장한다.[129] 심지어 알버트 푹스(Albert Fuchs)는 엄청난 분량의 책 5권을 저술했는데, 여기서 작은 일치가 우리가 알고 있는 정경 마가복음으로부터가 아니라 마가복음의 초기 형태로부터 유래되었다고 주장했다. 이 초기 형태는 제2마가복음 곧 마가복음의 편집본으로서, 언어적 측면에서 개정되고 내용 면에서는 예수의 몇몇 말씀이 추가되어 확대되었다는 것이다.[130] 울리히 루츠(Ulrich Luz)는 작은 일치를 설명하기 위해 마가복음 우선설, 제2마가복음 및 다양한 구전의 결합이라는 견해를 제안했다.[131] 하지만 원-마가복음과 제2마가복음 이론이 분명히 가능하지만, 여전히 이 이론은 전적으로 가설에 지나지 않는다는 문제가 대두된다. 게다가 다양한 편집본과 텍스트의 다양한 교정판에 호소하려 한다면, 우리는 다음과 같이 질문해야 한다. 즉 현재와 같은 마가복음 사본들의 모든 텍스트적 변형들 가운데, 마가복음에서 작은 일치가 존재함을 보여주는 사본 전승이 왜 하나도 발견되지 않는 것인가? 더욱이 파러 이론과 그리스바흐 이론의 지지자들은 작은 일치 안에서 누가가 마태복음을 사용했다는 자신들의 주장을 입증해주는 훌륭한 증거를 발견했다. 파러 이론과 그리스바흐 이론이 그 이론을 약화시키는 다른 문제를 지니고 있다는 점을 제외한다면, 나는 이 주장에 반대하지 않는다.[132] 마지막

---

128) Stein, *Synoptic Gospels*, 138.
129) Ennulat, *Die "Minor Agreements,"* 418; Boring, "'Minor Agreements,'" 246-249.
130) Fuchs, *Spuren von Deuteromarkus*.
131) Ulrich Luz, "Korreferat zu W. R. Farmer, 'The Minor Agreements of Matthew and Luke against Mark and the Two-Gospel Hypothesis," in *Minor Agreements*, ed. Strecker, 209-220.
132) 예를 들면 다음을 참조하라. Farrer, "Dispensing with Q," 329-330; Michael D. Goulder, "Luke's Knowledge of Matthew," in *Minor Agreements*, ed. Strecker, 142-

으로, 모르겐탈러(Morgenthaler)는 이 작은 일치가 반드시 Q 자료의 존재를 제거하는 것은 아니지만, 그 일치는 두 자료설의 확장을 필요로 하는 새로운 구조를 요청한다고 주장한다. 곧 단어와 문장이 서로 일치하는 현상을 설명하기 위해 세 자료설을 필요로 한다는 것이다.[133]

작은 일치에 대한 가장 강력한 반응은 당연히 스트리터를 선두로 한 두 자료설의 옹호자들에게서 나왔다.[134] 스트리터는 작은 일치가 타당하지 않고, 우연히 일어난 것이며, 속아 넘어가기 쉬운 것이라고 설명하려 시도했다. 사실 그 일치는 서로 다른 두 독자적인 편집자들이 마가복음을 편집적인 측면에서 개선한 것이며, 필사자가 마태복음을 [마가복음에] 동화시키려는 의도에서 빚어진 것으로 텍스트가 변질되었다는 증거라는 것이다. 나는 스트리터의 입장이 분명히 가능하다고 생각한다. 또한 그의 입장은 마태와 누가가 서로 독자적으로 마가복음과 Q 자료를 사용했다는 견해와도 일치한다. 예를 들면 예수가 나병환자를 고쳐준 이야기에서(막 1:40-42/마 8:2-3/눅 5:12-13), 마태와 누가는 모두 마가복음의 이야기에 단지 "보라"(ἰδού)와 "주여"(κύριε)를 덧붙이며, "즉시"를 의미하는 그리스어 부사를 다른 것(εὐθέως)으로 바꾼다. 이것은 두 복음서 저자가 이 부분에서 마가복

162; Goodacre, *Goulder and the Gospels*, 89-131; idem, *Case against Q*, 152-169; William R. Farmer, "The Minor Agreements of Matthew and Luke against Mark and the Two Gospel Hypothesis," in *Minor Agreements*, ed. Strecker, 163-208; David B. Peabody, *One Gospel from Two: Mark's Use of Matthew and Luke: A Demonstration by the Research Team of the International Institute for Renewal of Gospel Studies* (Harrisburg: Trinity, 2002), 4-7.

133) Morgenthaler, *Statistische Synopse*, 305.

134) 예를 들면 다음을 참조하라. Streeter, *Four Gospels*, 293-331; Robert H. Stein, "The Matthew-Luke Agreements against Mark: Insight from John," *CBQ* 54 (1992): 482-502; idem, *Synoptic Gospels*, 125-142; Neirynck, "Minor Agreements and the Two-Source Theory"; Ennulat, *Die "Minor Agreements."*

음에 의존하고 있다는 데 대한 결정적인 증거이며, 두 편집자가 서투른 그리스어로 기록된 텍스트를 우연히 서로 일치하도록 고쳤다고 이해될 수 있다. 유사하게, 마가복음과는 일치하지 않지만 마태복음과 누가복음이 서로 일치하는 몇몇 경우도, 두 편집자가 마가복음의 해당 텍스트를 동일한 방법으로 명료하게 표현할 필요가 있다고 이해했다는 가정에 기초해서 설득력 있게 설명할 수 있다. 이는 고침을 받은 중풍병자가 마가복음에서는 "[그가] 모든 사람 앞에서 나가거늘"(ἐξῆλθεν ἔμπροσθεν πάντων)이라고 묘사되었지만, 왜 마태와 누가는 집으로 가라는 예수의 명령대로 "그가 자기 집으로 돌아갔다"(ἀπῆλθεν εἰς τὸν οἶκον αὐτου)라고 바꾸어 표현했는지를 설명해준다(막 2:12/마 9:7/눅 5:25). 더욱이 우리는 복음서에서 동화와 조화가 텍스트 변질의 가장 초기 형태였다는 것을 알고 있다. 예를 들면 예수가 데가볼리 지역으로 여행한 이야기와 관련해서(막 5:1/마 8:28/눅 8:26), 누가복음과 마가복음의 증언이 "거라사"(Γαρασηνός)임에도 불구하고, 필사자들은 마태복음의 "가다라"(Γαδαρηνός)를 억지로 누가복음과 마가복음에 표기하려고 하는 경향을 보였다.[135] 심지어 스트리터는 마태복음 26:67-68/누가복음 22:64에서 "너를 친 자가 누구냐"라는 표현이 일치하는 것은 유사하게 변질된 텍스트에서 유래되었을 수 있다고 주장한다. 마가복음의 몇몇 필사본(W f[13] 579 700)에서 나타나는 동일한 구절이 사실상 이 점을 입증해준다는 것이다. 또한 해당 구절이 마가복음에 삽입된 것과 마찬가지로, 그것이 마태복음 안에 끼어들었을 수 있다는 것이다.[136]

    결국 작은 일치에 대한 스트리터의 설명은 가능성이 있긴 하지만 설득

---

135) 참조. Michael F. Bird, "Textual Criticism and the Historical Jesus," *JSHJ* 6 (2008): 133-156.
136) Streeter, *Four Gospels*, 326-327.

력이 없다. 실제로 우연의 일치는 발생한다. 하지만 텍스트가 서로 일치하는 경우를 종합해보면, 우리는 더 이상 우연의 일치가 아니라 의도적인 중복을 다루고 있다는 의심이 든다. 마찬가지로, 작은 일치에 대해 설명하려고 원-마가복음이나 불확실한 수정에 호소해야 하는 이론이 있다면, 이는 절망으로 이어지는 행위에 가담하는 것이다. 왜냐하면 실제 증거는 그 반대의 경우를 가리키기 때문이다. 마지막으로, 스트리터의 설명이 작은 일치에 대해 많은 것을 설명해줄지도 모르지만, 문자 그대로 마태복음의 이질적인 본문—마태복음의 자료로서 누가복음을 닮지 않은 자료—이 누가복음에 들어가 있는 부분이 여전히 수십 곳이나 된다.[137] 이 이질적인 본문은 누가가 마태복음을 사용했을 가능성을 부인한다기보다 오히려 높이기 때문에 그것을 단순히 제쳐놓을 수는 없다. 그 가능성을 부인하는 일은 아무도 보거나 듣지 못한 문서와 다른 변종에 대한 추측에 기초한 것이다.

b. 마가복음과 Q 자료의 중복

마가복음과 Q 자료가 겹치는 부분은 삼중 전승이 명백하게 나타나는 곳이다. 하지만 이 부분에서도 마가복음과 비교해보면 마태복음과 누가복음이 심지어 더 밀도 있게 일치하기도 한다. 이 구절은 다루기가 까다롭다. 왜냐하면 그 구절은 삼중 전승과 이중 전승 사이의 구분을 모호하게 만들기 때문이다.[138] 두 자료설의 옹호자들은 일반적으로 이 일치를 마가복음과 Q 자료가 동일한 사건을 기록한 것이라고 설명한다. 또한 그

---

137) Gundry가 제시하는 "이질적인 본문" 목록 가운데 마태복음이 누가복음에 영향을 미쳤다는 데 대한 그의 설명이 특히 설득력 있는 부분은 다음과 같다. 막 6:7/마 10:1/눅 9:1; 막 9:1/마 16:28/눅 9:27; 막 9:40/마 12:30/눅 11:23 또한 막 15:39/마 27:54/눅 23:34 등이다.

138) Goodacre, *Synoptic Problem*, 53.

들은 그 후에 두 자료가 누가와 마태에 의해 독자적으로 각 복음서에 결합되었다고 설명한다. 이와 달리, 파러 이론과 그리스바흐 이론의 지지자들은 마태복음이 각 경우마다 정도의 차이가 있게 누가복음에 영향을 미쳤다고 이해한다. 곧 단순한 표현상의 변화(작은 일치)를 가져온 것에서부터, 보다 전체적이고 실제적인 내용을 추가한 데(큰 일치) 이르기까지 영향을 미쳤다는 것이다. 이런 큰 일치의 내용은 누가복음을 거쳐 마가복음에까지 전달되었다.

마가복음과 Q 자료의 중복으로 확인되는 자료

	마가복음	마태복음	누가복음
세례 요한의 설교	1:7-8	3:11-12	3:15-17
예수가 세례 받음	1:9-11	3:13-17	3:21-22
예수가 시험받음	1:12-13	4:1-11	4:1-13
바알세불 논쟁	3:22-30	12:22-37	11:14-23
겨자씨 비유	4:30-32	12:31-32	13:18-19
제자들의 복음 전파 사역	6:6-13	10:1-15	9:1-6; 10:1-12

두 자료설의 가정에 기초해서 마가복음과 Q 자료의 관계에 대한 논쟁이 활발하게 전개되었다. 어떤 학자들은 마가복음과 Q 자료 중 어느 자료가 먼저인지 하는 문제가 명확하지 않다는 근거를 들어 마가복음이 Q 자료로부터 전적으로 독립되어 있다고 결론지었다.[139] 다른 학자들은 서로

---

139) Rudolf Laufen, *Die Doppelüberlieferungen der Logienquelle und des Markusevangeliums* (BBB 54; Bonn: Hanstein, 1980); Joachim Schüling, *Studien zum Verhältnis von Logienquelle und Markusevangelium* (FB 65; Würzburg: Echter, 1991); Harry T. Fledderman, *Mark and Q: A Study of the Overlap Texts* (BETL 122; Leuven: Leuven University Press, 1995); Joel Marcus, *Mark 1-8* (AB; New York: Doubleday, 2000), 51-53.

겹치는 부분과 예수의 말씀이 중복되는 것을 고려할 때 마가복음이 이차적이며 Q 자료에 의존한다고 추측한다.[140] 또 다른 학자들은 심지어 더욱 복잡한 해결책을 선호한다. 그들은 마가복음이 Q 자료에 의존하며, Q 자료는 마가복음 이전 단계의 전승에 의존한다고 주장한다.[141] 마가복음과 Q 자료의 구절이 서로 겹친다는 사실은 공관복음서 전승 과정 중 어느 시점에 자료가 결합되었음을 보여준다. 또한 이 사실은 실제로 어떤 자료가 서로 결합되었는지 확인해야 하는 과제를 우리에게 안겨준다.

다음에 나오는 겨자씨 비유는 마가복음과 Q 자료의 중복 또는 "큰 일치"에 대한 좋은 예다.[142]

겨자씨 비유

마가복음 4:30-32	마태복음 13:31-32	누가복음 13:18-19
30 그리고 그가 말씀하셨다. "우리가 하나님의 나라를 어떻게 비길까? 또는 무슨 비유로 그것을 나타낼까?	31 그가 또 다른 비유를 들어서, 그들에게 말씀하셨다. "하늘나라는 겨자씨와 같다. 어떤 사람이 그것을 가	18 그가 말씀하셨다. "하나님의 나라는 무엇과 같은가? 내가 그것을 무엇에다가 비길까?

---

140) T. E. Floyd Honey, "Did Mark Use Q?" *JBL* 62 (1943): 319-331; John Pairman, "Mark as Witness to an Edited Form of Q," *JBL* 80 (1961): 29-44; Jan Lambrecht, "Q Influence on Mark 8:34-9:1," in *Logia: Les paroles de Jésus—The Sayings of Jesus*, ed. J. Delobel (BETL 59; Leuven: University of Leuven, 1982), 277-304; Hultgren, *Narrative Elements in the Double Tradition*, 328-329.

141) Wolfgang Schenk, "Der Einfluß der Logienquelle auf das Markusevangelium," *ZNW* 70 (1979): 145-146.

142) 훌륭한 개관을 제시해주는 다음 논문을 보라. Zeba Antonin Crook, "The Synoptic Parables of the Mustard Seed and the Leaven: A Test-Case for the Two-Document, Two-Gospel, and Farrer-Goulder Hypotheses," *JSNT* 78 (2000): 23-48.

³¹겨자씨와 같으니, 그것은 땅에 심을 때에는 세상에 있는 모든 씨보다도 더 작다. ³²그러나 심고 나면 자라서, 모든 풀보다 더 커지며, 공중의 새들이 그 그늘에 깃들 수 있게 된다."	겨다가 자기 밭에 심었다. ³²겨자씨는 모든 씨보다 더 작은 것이지만, 자라고 나면 어떤 풀보다 더 커져서 나무가 되며, 공중의 새들이 와서 그 가지에 깃들인다."	¹⁹그것은 마치 겨자씨와 같다. 어떤 사람이 그것을 가져다가 자기 정원에 심었더니 자라서 나무가 되어 공중의 새들이 그 가지에 깃들였다."
³⁰Καὶ ἔλεγεν· πῶς ὁμοιώσωμεν τὴν βασιλείαν τοῦ θεοῦ ἢ ἐν τίνι αὐτὴν παραβολῇ θῶμεν; ³¹ὡς κόκκῳ σινάπεως, ὃς ὅταν σπαρῇ ἐπὶ τῆς γῆς, μικρότερον ὂν πάντων τῶν σπερμάτων τῶν ἐπὶ τῆς γῆς, ³²καὶ ὅταν σπαρῇ, ἀναβαίνει καὶ γίνεται μεῖζον πάντων τῶν λαχάνων καὶ ποιεῖ κλάδους μεγάλους, ὥστε δύνασθαι ὑπὸ τὴν σκιὰν αὐτοῦ τὰ πετεινὰ τοῦ οὐρανοῦ κατασκηνοῦν.	³¹Ἄλλην παραβολὴν παρέθηκεν αὐτοῖς λέγων· ὁμοία ἐστὶν ἡ βασιλεία τῶν οὐρανῶν κόκκῳ σινάπεως, ὃν λαβὼν ἄνθρωπος ἔσπειρεν ἐν τῷ ἀγρῷ αὐτοῦ· ³²ὃ μικρότερον μέν ἐστιν πάντων τῶν σπερμάτων, ὅταν δὲ αὐξηθῇ μεῖζον τῶν λαχάνων ἐστὶν καὶ γίνεται δένδρον, ὥστε ἐλθεῖν τὰ πετεινὰ τοῦ οὐρανοῦ καὶ κατασκηνοῦν ἐν τοῖς κλάδοις αὐτοῦ.	¹⁸Ἔλεγεν οὖν· τίνι ὁμοία ἐστὶν ἡ βασιλεία τοῦ θεοῦ καὶ τίνι ὁμοιώσω αὐτήν; ¹⁹ὁμοία ἐστὶν κόκκῳ σινάπεως, ὃν λαβὼν ἄνθρωπος ἔβαλεν εἰς κῆπον ἑαυτοῦ, καὶ ηὔξησεν καὶ ἐγένετο εἰς δένδρον, καὶ τὰ πετεινὰ τοῦ οὐρανοῦ κατεσκήνωσεν ἐν τοῖς κλάδοις αὐτοῦ.

*표준새번역을 따름. 필요한 경우, 그리스어 원문에 기초해서 번역함—역주

    공관복음서에서 겨자씨 비유는 마가복음이 [전승 과정에서] 중간 단계에 위치하지 않는다는 것을 보여주는 명백한 예다. 여기서 우리는 삼중 일치(그림자 처리), 마가복음과 마태복음의 일치(밑줄), 마가복음과 누가복음의 일치(점선 표기), 누가복음과 마태복음의 일치(볼드체) 등을 발견하게 된다. 자료비평적인 관점에서 판단할 때, 이 비유는 설명하기가 까다로운

텍스트다.

스트리터는 마태가 마가복음과 Q 자료를 결합했으며, 누가는 Q 자료 판본을 따랐다고 생각했다.[143] 비슷하게, 터킷은 마가복음과 누가복음이 형식 및 시작 부분의 두 가지 의문문 외에 서로 일치하는 단어가 거의 없다는 점을 고려할 때 두 판본이 서로 독립적인 입장에 있음을 강력하게 주장할 수 있다고 생각한다.[144] 맥니콜(McNicol)은 누가가 세 번째로 마태복음 13장의 담론을 세밀하게 탐구했으며, 하나님 나라에 대한 주제를 소개하려고 겨자씨와 누룩에 대한 쌍둥이 비유를 사용했다는 견해를 제시했다.[145] 건드리는 여기서 마태복음의 유일한 자료가 Q 자료가 아니라 마가복음이며, 누가가 도입 부분의 두 가지 질문을 그대로 유지하면서 마가복음을 따르고 있다고 생각한다. 건드리는 누가가 "~와 같이"(ὁμοία)라는 표현을 사용하며 "어떤 사람이 가져다가"(ὃν λαβὼν ἄνθρωπος)를 언급하는 것이 마태복음의 영향일 가능성이 있다고 추측한다.[146] 굴더는 누가가 단순히 해당 이야기와 관련해서 마태복음의 판본을 선호했다고 설명한다.[147] 루돌프 페쉬(Rudolf Pesch)는 마가가 해당 비유를 확대한 것은 마가복음 판본이 Q 자료보다 이차적이라는 것을 암시해준다고 제안한다.[148]

자료비평에 기초해서 겨자씨 비유를 설명하는 다수의 견해는 문제가

---

[143] Streeter, *Four Gospels*, 209, 246-248, 306.
[144] Tuckett, *Griesbach Hypothesis*, 80-81.
[145] McNicol in *Beyond the Q Impasse*, 204-205.
[146] Gundry, *Matthew*, 264-267.
[147] Goulder, *Luke*, 566.
[148] Rudolf Pesch, *Das Markusevangelium 1:1-8:26* (HTK; Freiburg: Herder, 1976), 260.

있다. 그리스바흐 가설에 기초한 설명의 문제는 다음과 같다. 즉 이 가설은 마가가 세심한 과정을 통해 누가복음과 마태복음을 결합했다고 설명한다. 다시 말해 마가는 누가복음과 마태복음이 서로 일치하는 경우에는 그것을 제거하고, 반면에 두 복음서가 서로 다른 경우에는 마태복음을 그대로 유지했는데 서투른 그리스어 문체로 그렇게 했다는 것이다. 이 관점에 의하면 마가는 의도적으로 누룩 비유를 제외했다. 누룩 비유는 누가복음과 마태복음에서 겨자씨 비유와 긴밀하게 연결되어 있다(마 13:33/눅 13:20-21). 두 자료설이 지니고 있는 수수께끼는 다음과 같다. 만약 누가가 자기 앞에 Q 자료를 펼쳐놓고 해당 비유를 기록했다면, 우리는 왜 그가 마가복음에 제시된 두 가지 의문문을 그대로 두었는지 설명하기가 난처하다. 따라서 마태가 아니라 오히려 누가가 마가복음을 해당 비유를 다루는 또 다른 자료와 결합한 것처럼 보인다. 그렇다면 가장 타당성 있는 이론은 마가복음 우선설을 지지하고, 마태가 마가복음을 확대했으며, 누가는 마가복음의 형태를 받아들이고 마태복음의 내용을 축약해서 마가복음의 내용에 보충했다는 견해다.

나는 자료가 서로 겹친다는 개념에 대해 확실한 문제가 있다고 생각하지 않는다. 예수의 말씀과 이야기가 초기 기독교 문헌의 다양한 자료에 나타난다는 사실은 중복이 정말로 가능하다는 것을 입증해준다(예. 성찬 제정에 대한 말씀의 판본). 예수의 죽음 이후 40년 안에 예수에 대해 기록한 것으로서, 마가복음과 Q 자료 같은 두 문서가 몇몇 부분에서 그 내용이 겹친다는 것은 충분히 이해할 만하다. 왜냐하면 두 문서는 똑같은 주제에 초점을 맞추고 있기 때문이다. 심지어 그리스바흐 이론과 파러 이론의 지지자들도 여전히 이중 전승 안에서 발견되는 다양한 차이점을 설명하기 위해 "다른" 자료가 존재하며, 또한 이 자료가 때때로 겹칠 가능성이 있다고 추측한다. 따라서 중복 개념은 단지 두 자료설에만 적용되는 독특한 주장이 아니며, 타당성이 없는 설명도 아니다.[149] 오히려 마가복음과 Q 자료의 중복은 두 자료설의 지지자들에게 편리한 축복이다. 왜냐하면 그것은 누가가 마태복음을 사용했다고 암시하지 않으면서도 마가복음의 자료와 이중 전승 사이의 결합을 만족스럽게 설명하기 때문이다.[150]

하지만 이 우연의 일치는 중대한 재앙을 가져올 수도 있다. 왜냐하면 누가가 마태복음을 사용했다는 보다 단순한 설명이 가능하며 또한 그것이 선호할 만하기 때문이다. 현상에 대한 설명으로서, 누가가 마태복음과 마가복음을 사용했다는 것이 실제적으로 보다 단순하다. 이런 설명은 그 선결 조건으로서 더 적은 자료와 자료들 간의 덜 복잡한 관계를 요구한다. 또한 우리는 다음과 같은 질문에 대해 답변해야 할 책임에서 면제된다. 곧 왜 서로 겹치는 현상은 단지 이 텍스트들에서만 나타나고, 예를 들면 주의 기도, 산상 설교, 주의 만찬, 수난 이야기 같이 예수 전승에 대한 다양한 판본을 발견하리라고 기대되는 곳에서는 나타나지 않는가? 마가복음과 Q 자료의 중복은 누가복음이 마태복음으로부터 독립되어 있다는 주장을 지지한다. 마가복음과 이중 전승이 놀랍게 일치하는 이유가, 마가복음과 Q 자료 각각의 독립적인 수렴을 통해서라고 단순히 추측함으로써 말이다. 하지만 누가복음이 마가복음을 마태복음과 결합하는 데 중간 입장을 차지할 수 있다는 점을 인식한다면, 이런 놀라움은 사라지며 독립성은 타협된다. 겨자씨 비유에서 이 점이 설득력 있게 밝혀진다. 그뿐 아니라, 비록 마가복음과 Q 자료가 서로 겹친다고 상상하는 것, 마태와 누가가 모두 독자적으로 두 자료를 결합하려고 생각했으며 그들이 (아마도 이

---

149) Tuckett, *Griesbach Hypothesis*, 77-78; Poirier, "Composition of Luke," 210.
150) David Dungan, "Mark—The Abridgement of Matthew and Luke," in *Jesus and Man's Hope* (Pittsburgh: Pittsburgh Theological Seminary, 1970), 73.

부분을 기록할 때 마가복음을 살펴보며) 마가복음의 순서에 따라서 그렇게 했다고 상상하는 일은 충분히 가능하지만, 이런 추측은 다소 의구심을 불러일으키며 우리를 또 다른 해결책으로 밀어붙인다. 곧 누가가 마태복음을 알고 있었다는 해결책 말이다.[151] 샌더스는 마가복음과 Q 자료가 서로 겹치는 것이 두 자료설의 "아킬레스건"이라는 점을 간파했는데, 이런 그의 판단에는 중대한 의미가 담겨 있다.[152]

구전의 영향을 받았을 가능성에도 불구하고, 누가가 마태복음을 사용했다는 견해에 기초해서 작은 일치와 큰 일치를 설명할 수 있다면, 이것이 Q 자료의 필요성을 완전히 없애버리는가? 나는 그런 입장이 Q 자료의 필요성을 의심하게 만들고 위축시키지만 완전히 없애지는 못한다고 생각한다. 모르겐탈러는 "만약 이 '작은 일치'에 근거해서 Q 자료의 존재와 필요성을 의심한다면 이는 근본적인 실수일 것이다"라고 추측한다.[153] 터킷은 작은 일치에 비추어볼 때 "누가가 '이중 전승'의 대부분을 위해 Q 자료를 사용했지만, 그가 마태복음을 알고 있었으며 종종 마태복음을 사용했다"는 것 역시 가능하다고 생각한다.[154] 나중에 다른 논문에서 터킷은 다음과 같은 주장을 덧붙인다. "작은 일치는 기껏해야 누가가 마가복음의 자료 안에서 마태복음을 부차적으로 사용했음을 보여주는 것 같다. 이것으로부터 우리는 아마도 누가가 비-마가복음 자료에서 마태복음을

---

[151] Poirier, "Composition of Luke," 215.
[152] Sanders and Davies, *Synoptic Gospels*, 79; E. P. Sanders, "The Overlaps of Q and Mark and the Synoptic Problem," *NTS* 19 (1973): 453.
[153] "Es wäre ein prinzipieller Fehler, anhand dieser 'minor agreements' Q in Frage zu stellen," Morgenthaler, *Statistische Synopse*, 301.
[154] Christopher M. Tuckett, "On the Relationship Between Matthew and Luke," *NTS* 30 (1984): 130.

부차적으로 사용했다는 견해를 끌어낼 수 있을 것이다. 하지만 작은 일치 그 자체는…누가가 마가복음을 이용할 수 없는 곳에서 오직 마태복음만 사용했다는 것을 입증할 수 없다."155) 비슷하게 네이링크도 다음과 같이 주장한다. 그는 비록 누가가 삼중 전승에서 마가복음과 마태복음을 사용했다고 하더라도, 이중 전승에서 추가 자료를 사용하는 것이 불가능하지 않음을 인정한다. 따라서 "다른 곳에서, 즉 누가가 [Q 자료와 같은] 또 다른 자료를 사용하는 곳에서 마태복음을 연상시키는 비슷하고 부차적인 영향이 미쳤을 것이라고 추론할 수 있다."156)

마가복음과 Q 자료의 중복은 누가가 마태복음과 마가복음을 사용했다는 것으로 가장 잘 설명할 수 있다. 누가가 사용한 자료가 마가복음과 Q 자료인지 아니면 다른 예수 전승인지 상관없이 자료가 서로 겹치는 일은 정말로 가능하다. 다시 말해 누가가 마태복음을 사용했다고 해서 Q 자료를 배제할 필요는 없다. 왜냐하면 마태복음은 삼중 전승과 이중 전승 둘 다에서 누가복음에 부차적인 영향을 미쳤을 가능성이 있기 때문이다. 이 점은 터킷이 제기한 다음과 같은 자명한 논리로 이어진다. 곧 마태복음이 누가복음에게 부차적인 영향을 미쳤다는 것은, 누가가 마태복음에 의존했다는 결과를 필요로 하지 않는다는 것이다.157) 이와 같이 이해한다면, 누가는 자신이 마가복음이나 Q 자료를 사용한 것과 똑같은 방법으로 마태복음을 사용할 필요가 없었다. 예를 들면 건드리는 다음과 같이

---

155) Christopher M. Tuckett, "The Existence of Q," in *The Gospel behind the Gospels: Current Studies on Q*, ed. R. A. Piper (Leiden: Brill, 1995), 32-33.
156) Frans Neirynck, "Recent Developments in the Study of Q," in *Evangelica II. 1982-1991*, ed. F. van Segbroeck (BETL 99; Leuven: Leuven University Press, 1991), 414.
157) Christopher Tuckett, *Q and the History of Early Christianity* (Edinburgh: Clark, 1996), 17-18 n. 43.

생각한다. "누가는 마태복음의 필사본을 손 닿는 곳에 놓고 사용하는 방법이 아니라, 마태복음을 회상하는 방법으로 사용했을 것이다. 따라서 그는 마가복음과 Q 자료의 필사본 같은 것을 사용한 것보다는 덜 자주 마태복음을 사용했을 것이다." 아니면 만약 누가가 정말로 마태복음의 필사본을 갖고 있었다면 "그는 자신이 마태복음과 Q 자료를 따른 것보다, 마가복음과 Q 자료를 더 가깝게 따랐을 것이다."[158] 아니면 모르겐탈러가 주장하듯이 "누가는 세 자료를 모두 자기 앞에 놓아두고 있었다. 그는 원칙적으로 마가복음과 Q 자료에 우선권을 부여했을 것이다. 하지만 그는 때때로 마태복음 텍스트도 참고했을 것이다."[159] 이처럼 학자들은 누가복음이 사용한 자료와 관련해서 마태복음을 **보조 자료**(Simons), "덧붙인 것"(Gundry), 또는 누가복음에 영향을 미쳤을 가능성이 있는 "부차적인" 자료(Tuckett, Neirynck)라고 불렀다.

　이런 접근 방법은 아마도 몇몇 사람의 눈살을 찌푸리게 만들 것이다. 또한 어떤 이들은 내가 이중 전승의 모든 것 또는 대부분을 설명하기 위해, 아니면 Q 자료를 전적으로 불필요하게 만들기 위해(즉 패러 가설), 누가가 마태복음을 사용했다는 데 왜 그냥 동의하지 않는지 궁금해할 것이다.[160] 존 푸아리에(John C. Poirier)는 누가가 Q 자료와 마태복음을 동시에 사용했다는 홀츠만-건드리 지지자들의 제안을 "대담성의 실패"라고

---

158) Gundry, "Foreign Bodies," 1494.
159) "Lk hatte alle 3 vor sich, gab grundsätzlich Mk und Q den Primat, berücksichtigte aber gelegentlich den Mt-Texten. So entstanden die 'minor agreements.'" Morgenthaler, *Statistische Synopse*, 301.
160) 참조. Goulder, *Luke*, 10; Goodacre, *Case against Q*, 60-61, 165-169; Jeffrey Peterson, "Order in the Double Tradition and the Existence of Q," in *Questioning Q*, ed. Goodacre and Perrin, 41-42.

생각한다.[161] 하지만 몇몇 요인은 나를 더 어려운 방향으로 나아가도록 떠민다.

첫째, 홀츠만, 시몬스, 힝크스, 모르겐탈러, 건드리 등이 제기한 논의와 더불어, 누가가 마가복음, Q 자료 및 마태복음을 사용했다는 주장은 선례가 없지 않다. 또한 그 주장은 계속해서 숙고할 가치가 있다. 두 자료설 및 파러 가설과 관련된 여전히 해결되지 않은 몇 가지 문제점을 고려할 때, 만약 몇몇 용기 있는 이들이 이런 대담한 주제에 대해 박사학위 논문을 쓴다면, 나는 공관복음서 문제와 Q 자료 연구 및 자료비평에 새로운 연구 방향을 열 수 있으리라고 생각한다.

둘째, 나는 Q 자료가 존재하며 누가가 다른 자료도 사용했다는 관점을 계속 유지하고 있다. 왜냐하면 이중 전승은 Q 자료가 존재한다는 전제에만 기초해서는 설명될 수 없듯이, 누가가 마태복음을 사용했다는 전제에만 기초해서도 설명될 수 없기 때문이다. 오히려 이중 전승의 요소를 설명하려면, 마태복음과 누가복음 사이의 문학적인 연관성과 상관없이, 마태와 누가가 마가복음 외에도 자료를 공유하고 있다는 가능성을 가정해야 한다.[162] 기독교 지도자들이 이곳저곳으로 광범위하게 여행하며 자신이 지니고 있던 문헌을 유포했다는 점을 고려할 때, 마가복음이 누가와 마태가 공유했던 유일한 자료이어야 할 이유는 무엇인가?[163] 심지어 파

---

161) John C. Poirier, "The Q Hypothesis and the Role of the Pre-Synoptic Sources in Nineteenth-Century Scholarship," in *Questioning Q*, ed. Goodacre and Perrin, 17.
162) 참조. Foster, "Is It Possible to Dispense with Q?" 326, 비교. Goodacre, *Case against Q*, 167.
163) 나는 사도행전, 바울 서신, 「클레멘스 1서」, 주님의 제자들과 장로들의 순회 사역에 대한 Papias의 증언 등에 근거해서 이런 관점을 갖게 되었다. 다음 논문도 보라. Michael Thompson, "The Holy Internet: Communication between Churches in the First Century," in *The Gospels for All Christians*, ed. R. Bauckham (Grand Rapids:

러 이론 및 그리스바흐 이론의 지지자들조차 누가가 마가복음과 마태복음 외에도 다른 자료를 소유했다고 생각한다. 이는 일종의 Q 자료와 비슷한 이론을 위해 문을 열어주는 생각이다. 사실상 샌더스와 마가렛 데이비스는 (파러)-굴더 이론에 공감하는 입장을 보이면서 다음과 같이 주장한다. "굴더는 예수의 어록 자료를 포기할 수 있다는 점에 대해 우리를 설득하지 못했다. 하지만 다음과 같은 수정안과 더불어, 우리는 굴더의 이론을 받아들인다. 곧 마태가 마가복음을 사용했으며, 누가는 마태복음과 마가복음을 모두 사용했다는 것이다." 아마도 이것이 훌륭한 요약인 것 같다.

나는 다음과 같은 수수께끼를 풀 수 없다는 것을 인정한다. 곧 이중 전승은 정확히 언제 누가가 마태복음을 사용한 특징을 드러내는가? 또는 정확히 언제 누가와 마태가 마가복음 외에 구전 또는 기록 전승을 공유하는가? 어림잡아 말하자면, 나는 기꺼이 예수의 말씀 자료 **대부분**이 마태와 누가 모두에게 알려진 문서(Q-라이트)에서 연유했다고 본다. 또한 이중 전승 안에서 내러티브 자료는 누가와 마태가 입수한 다른 전승에서 연유했다고 생각한다. 그리고 나는 누가가 마태복음을 사용한 것은 겉으로 잘 드러나지 않는 단계에 소극적으로 이루어졌으며, 이는 아마도 누가복음 텍스트에 대한 최초의 개정이었을 것이라고 제안한다.

결론

요약하면, 나는 **복음서들 사이에 문학적인 관계**가 있다고 믿는다. 왜냐하면 구전은 복음서에서 발견되는 밀접한 언어 및 구조적인 상응 관계를 설

Eerdmans, 1998), 49-70.

명할 수 없기 때문이며, 또한 원-복음 이론들은 사변적이고 이를 입증해주는 명백한 증거가 없기 때문이다. 나는 **마가복음 우선설**을 믿는다. 왜냐하면 이 이론은 왜 마가복음이 누가복음과 마태복음 사이의 중개념이며, 마가복음의 언어상 다소 거친 표현이 두 복음서 저자에 의해 매끄럽게 다듬어졌는지를 설명해주기 때문이다. 나는 **Q 자료**를 믿는다. Q 자료가 오해를 불러일으킬 수도 있지만, 이 자료는 마태복음과 누가복음 사이의 문학적인 연관성을 지지하도록 허용하기 때문이다. 이런 연관성은 마태복음과 누가복음에 제시된 순서가 서로 다르며 이중 전승이 서로 다르게 사용된 현상을 간접적으로 충분히 설명해준다. 나는 **누가가 마태복음을 사용했다**는 것을 믿는다. 왜냐하면 이런 가정은 작은 일치에 대해 설명해주며, 이른바 Q 자료와 마가복음의 중복이라는 이례적인 현상을 제거해주기 때문이다. 결과적으로 이 모든 요소를 고려할 때, 우리는 공관복음서 문제에 대한 한 가지 해결책을 다음과 같은 도표로 제시할 수 있다.

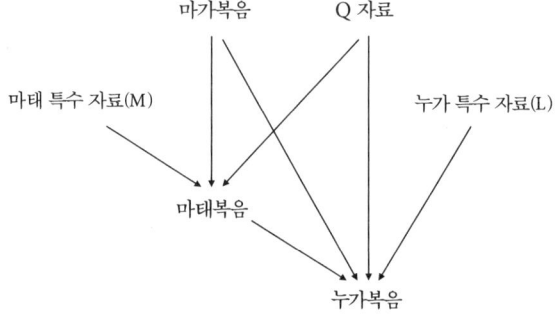

II — 요한 문제

제4복음서는 분명히 하나의 복음서이며 예수에 대한 책이다. 이 책은 예수의 죽음과 부활에서 절정에 이르며, 예수를 메시아로 믿는 신앙을 요구한다. 하지만 요한복음은 정경의 다른 세 복음서와 다르다. 요한복음은 고유한 자료를 많이 포함하고 있고, 공관복음서와 다른 신학적인 특성을 지니고 있으며, 공관복음서의 내용과 비슷하지 않은 것이 많이 있고, 심지어 상이한 내러티브 구조를 갖고 있다. 이 책은 일탈로 이루어져 있으며, 심지어 공관복음서 전승에서 의도적으로 벗어나기까지 한다. 공관복음서를 읽고 나서 요한복음을 읽는 일은, 탐정 소설을 읽은 다음에 스릴이 넘치는 공상과학소설을 읽는 것과 비슷하다. 영화에 비교한다면, 공관복음서는 "본 아이덴티티"에 해당할 것이고, 반면 요한복음은 "매트릭스"에 해당할 것이다.

"요한 문제"(독일어로는 *Johanneische Frage*)는 요한 문헌, 다시 말해서 요한복음, 요한 서신 및 (어떤 이들에게는) 요한계시록의 기원에 대한 논의다. 요한 문헌과 관련된 주요 질문은 각각의 저자, 배경, 기원에 대한 것이다.[164] 제4복음서의 유전학과 관련해서, 우리는 여기서 제4복음서의 자료 및 제4복음서와 공관복음서의 관계에 관심을 기울이고자 한다. 하지만 제4복음서의 저자 문제에 대해 먼저 언급하지 않은 채 제4복음서와 공관복음서의 관계를 다루는 것은 불가능하다.

---

164) 참조. 예를 들어 Holtzmann, *Einleitung*, 497-553; Martin Hengel, *The Johannine Question*, trans. J. Bowden (London: SCM, 1989).

저자

공관복음서와 마찬가지로 요한복음도 공식적으로는 저자의 이름이 명백하게 밝혀져 있지 않다. 필사본에 나타나는 "요한에 따른 복음서"(P^{66} P^{75} A D L W 33)나 "요한에 따른"(ℵ B)이라는 명칭은 아마도 필사자들이 복음서의 기원과 관련된 편협한 지식에 기초해서 두루마리 필사본이나 파피루스 필사본에 덧붙인 부분인 것 같다.[165] "요한"이라는 이름은 십중팔구 해당 복음서를 기록한 신앙 공동체의 지도자의 제자들 사이에서 유래되었을 것이다. 이 제자들이 자신의 지도자가 죽은 직후에 그 명칭을 복음서에 덧붙였을 것이다. 아마도 그 명칭은 마가복음, 마태복음, 누가복음의 사본에서 발견되는 다른 복음서의 명칭을 의도적으로 모방해서 덧붙여졌던 듯하다. 기원후 100년 무렵에 이미 이 세 복음서는 기독교 공동체에서 널리 유포되고 있었다. 그 후 저자가 "요한"이라는 언급과 더불어 제4복음서가 요한과 관련된 네트워크 안에서 또한 그 범위를 넘어서 널리 유포되었을 것이다. 하지만 "요한"은 팔레스타인의 유대인 남자 이름 중에서 가장 흔한 이름 가운데 하나다. 그래서 어느 "요한"이 과연 제4복음서의 저자인가라는 질문이 제기된다.

요한복음에는 예수께서 "사랑하시던 제자"라고 불린 수수께끼와 같은 인물에 대한 언급이 있다. 그 제자는 최후의 만찬에서 바로 예수 곁에 앉아 있었다(요 13:23). 그는 대제사장과 잘 아는 사이였다(요 18:15-16). 그는 예수의 십자가 처형 장면을 직접 목격했다(요 19:26-27). 또한 그는 예수의 빈 무덤과 부활한 예수를 직접 보았다(요 20:2-8; 21:7, 20). 이 제자는 권위 있는 증언을 제공해주며, 요한복음은 그의 증언에 기초하고 있다(요

---

[165] 제6장에서 복음서의 명칭에 대한 보다 전반적인 설명을 보라.

1:14; 21:24; 참조. 요일 1:1-3). 2세기와 3세기에 예수께서 사랑하시던 이 제자는 일반적으로 세베대의 아들 요한, 열두 제자 중 한 사람, 사도, 야고보의 동생과 동일시되었다. 폴리카르포스와 파피아스 같은 2세기 초의 인물들이 바로 이 사도 요한의 제자라고 여겨졌다.[166] 이레나이우스에 따르면, 폴리카르포스는 "자신이 친교를 나누었던 우리 주님의 제자인 요한과 사도들 가운데서 남은 사람들과 함께" 열나흘째 날에(참조. 레 23:5) 부활절을 기념했다.[167] 또한 이레나이우스는 "주님의 품에 기대어 누웠던 주님의 제자 요한이 소아시아의 에베소에 거주하고 있었던 동안에 그 복음서[요한복음]를 출간했다"고 선언한다.[168] 알렉산드리아의 클레멘스는 다음과 같이 말한다. "복음서에 외적인 사실이 설명되어 있음을 의식하고 있던 요한은 제자들의 강권을 받고 또한 성령에 의해 감동을 받아서 마침내 영적인 복음서를 저술했다."[169] 에베소의 주교 폴리크라테스(Polycrates)는 사도 요한이 바로 주께서 사랑하시던 제자였으며 " 목격자이자 교사였으며, [최후의 만찬에서] 주님의 가슴에 기대어서 식사했던 제자였다"고 주장한다.[170] 발렌티누스파의 교사였던 프톨레마이오스와 헤라클레온(Heracleon) 둘 다 사도 요한이 제4복음서의 저자라고 확인해준다.[171] 반-마르키온 서문은 요한이 아직 "육신 안에" 있는 동안, 다시 말해 아직 살아 있는 동안 자신의 복음서를 제자 파피아스에게 받아쓰게 했다고 말한

---

166) Irenaeus는 Polycarp가 요한을 알고 있었으며(Eusebius, *Hist. Eccl.* 5.20. 5-6), Papias 도 요한을 알고 있었다고 주장한다(Irenaeus, *Adv. Haer*. 5.33.4). 하지만 Eusebius는 Papias 가 요한을 몰랐다고 주장한다(*Hist. Eccl.* 3.39.2).
167) Eusebius, *Hist. Eccl.* 5.24.
168) Irenaeus, *Adv. Haer*. 3.1.2.
169) Eusebius, *Hist. Eccl.* 6.14.7.
170) Eusebius, *Hist. Eccl.* 5.24.3.
171) Irenaeus, *Adv. Haer*. 1.8.5; Origen, *Commentary on John* 6.13.

다. 무라토리 정경 목록은 제4복음서의 저자를 "제자들 중 한 사람인 요한"이라고 언급하며, 그 저술 과정에 대해 다음과 같이 말한다. "요한을 따르던 제자들과 주교들이 그에게 [저술하도록] 강권했다. 그러자 그는 그들에게 다음과 같이 말했다. '나와 함께 오늘부터 사흘 동안 금식합시다. 우리 각 사람에게 무슨 계시가 주어지든지, 그것을 서로 말하도록 합시다.' 바로 그날 밤 사도 가운데 하나인 안드레에게 계시가 내렸는데, 요한이 자기 자신의 이름으로 모든 것을 기록해야 하며 그들 모두 그것을 검토해야 한다는 내용이었다." 반-마르키온 서문과 무라토리 정경 목록이 쓰인 연대에 대해서는 논쟁이 빚어지고 있다(대략 2세기부터 4세기 사이에 쓰인 것으로 추측된다). 하지만 마치 전설과도 같은 그 문서들의 이야기는 역사적인 진정성을 제공해주지 못한다. 어쨌든 세베대의 아들이자 사도 가운데 하나이며 로마제국에 속한 소아시아의 도시 에베소에서 저술한[172) 제4복음서 저자로서 제자 요한의 신원이 기독교의 정통 신앙에 기초한 가장 초기의 기록물과 "다른" 문서 가운데서 강력하게 증언된다.[173)

---

172) Irenaeus, *Adv. Haer.* 3.11; 3.3.4; Clement of Alexandria apud Eusebius, *Hist. Eccl.* 3.23.6; *Acts of John.*
173) 예외는 알로고이(*Alogoi*), "반-로고스파" 또는 "비합리론자들"이라고 불리는 그룹이다. 이들은 제4복음서와 요한계시록의 저자가 이설(異說) 주창자 Cerinthus라고 주장했다(Epiphanius, *Panarion*, 51.3-4). 또한 가이우스(Gaius)라고 불리는 2세기 중엽의 로마 장로도 요한계시록의 진정성과 권위를 받아들이지 않았으며, 아마도 제4복음서도 그렇게 여겼을 것이다(Eusebius, *Hist. Eccl.* 3.28; Dionysius Bar-Salibi). 3세기 초에 로마 교회의 지도자 Hippolytus가 죽고 나서, 그를 기념하는 동상이 세워졌다. 그 기념비에는 그의 공적을 기리는 목록이 새겨져 있었다. 그중 한 가지로서 그의 저서 "요한복음 및 요한계시록에 대한 변증"이 포함되어 있다. 그 변증서는 Gaius와 같은 사람들이 요한복음과 요한계시록을 반대했다고 간주한다(Streeter, *Four Gospels*, 437). 어떤 지역에서 요한복음의 진정성을 의심하며 그것을 받아들이지 않은 이유는 아마도 그 복음서가 늦은 시기(대략 기원후 90-100년)에 저술되었기 때문일 것이다. 또한 몇몇 이단에 속한 이들은 요한복음에 관심을 기울였다. 예를 들면 몬타누스파는 제4복음서가 보혜사 성령을 언급하기 때문에, 영지주의자들은 제4복음서가

하지만 전통적으로 요한복음의 저자가 사도 요한이라는 다양한 증거에도 불구하고, 제4복음서의 저자로서 적절한 또 다른 후보는 파피아스가 "장로 요한"이라고 부르는 인물이다.[174] 파피아스는 다음과 같이 증언한다. "장로들을 모시던 사람 중에 누군가가 우연히 내가 있는 곳으로 오면, 나는 그에게 장로들이 무슨 말을 전해주었는지 물었다. 곧 안드레, 베드로, 빌립, 도마, 야고보, 요한, 마태뿐만 아니라, 주의 제자들 중 다른 사람, 나아가 주의 제자들이었던 아리스티온이나 장로 요한이 말한 것은 무엇이든지 질문했다."[175] 파피아스는 열두 사도를 알고 있던 장로들의 제자들을 통해 목격자들이 전해준 전승과 자신이 직접 마주치게 되었다고 말한다. 또한 그는 사도들과 구별되는 사람으로서, "주의 제자들" 가운데서 특별히 두 사람을 구별해내어 그들이 장로 요한과 아리스티온이라고

로고스에 대해 말하기 때문에 관심을 기울였다. 또한 나그함마디 문서에도 요한복음에서 언급되는 주제가 풍부하게 다루어진다. 그리고 우리가 알고 있는 바에 의하면, 발렌티누스 학파에 속한 영지주의자 Heracleon이 최초로 요한복음에 대한 주석서를 저술했다. 요한복음에 대한 정통 교회의 최초의 변증은 Hippolytus와 Irenaeus가 이끌었다. Irenaeus는 Cerinthus와 Valentinus의 영지주의적인 가르침을 교회 안에서 없애버리고, "교회 안에서 진리에 대한 규범"을 확립하기 위해 요한이 제4복음서를 저술했다고 주장했다(*Adv. Haer.* 3.11.1, 7). 제4복음서에 대해 우리가 알고 있는 가장 초기의 파피루스 필사본이 모두 이집트 지역에서 유래되었다는 점을 고려할 때, 제4복음서는 분명히 이집트 지역에 거주하던 그리스도인들에게 널리 알려졌을 것이다. 더 자세히 알려면 다음을 보라. F. F. Bruce, "Some Notes on the Fourth Evangelist," *EQ* 16 (1944): 101-109; Charles Hill, *The Johannine Corpus in the Early Church* (Oxford: Oxford University Press, 2004); Kyle Keefer, *The Branches of the Gospel of John: The Reception of the Fourth Gospel in the Early Church* (LNTS 332; London: Clark, 2006), Tuomas Rasimus, ed., *The Legacy of John: Second-Century Reception of the Fourth Gospel* (NovTSup 132; Leiden: Brill, 2010); Dan Batovici, "The Second-Century Reception of John: A Survey of Methodologies," *CBR* 10 (2012): 396-409.

[174] 참조. Hengel, *Johannine Question*, 76-80; Bauckham, *Jesus and the Eyewitnesses*, 412-471.

[175] Papias, *Fragment* 3.4 (Eusebius, *Hist. Eccl.* 3.39.3-4).

확인해준다. 이 "장로" 요한이 주께서 사랑하시던 제자이자 요한 서신의 저자일 가능성이 있다(요이 1절, 요삼 1절에서 "장로"에 대한 언급과 요일 1:1-3에서 목격자의 증언에 대한 언급을 참조하라). 다음과 같은 이유에 근거해서 이 견해는 지지를 받고 있다. (1) 목격자의 증언에 의존한다는 점과 요한복음이 상대적으로 늦게 저술되었다는 점은 그 저자로서 예수의 오래된 추종자들 가운데 "장로 요한"과 같은 인물을 필요로 한다. (2) 에우세비오스 자신도 요한계시록을 저술한 사람이 세베대의 아들 요한이 아니라 장로 요한이라고 분명하게 밝혀준다. 그의 진술은 요한 문헌 중 적어도 어떤 것은 장로 요한에게서 연유한다는 점을 암시한다.[176] (3) 요한복음 13장 이전까지 이른바 주께서 사랑하시던 제자는 언급되지 않는다. 따라서 아마도 그는 예수가 순회 사역을 할 때 그와 동행했던 열두 제자 중 한 사람이 아니라, 제사장 가문과 연관된 사람으로서 예수를 따랐던 유대인 중 한 사람일 것이다.[177] 더욱이 (4) 예수의 핵심 모임에 속한 구성원이 또 다른 복음서, 즉 사도 베드로의 기억에 기초한 것으로 알려지거나 추측되는 복음서인 마가복음과 전적으로 다른 복음서를 저술할 수 있겠는가?

요한복음의 저자와 관련해서 가장 설득력 있는 결론은 다음과 같다. 제4복음서는 예수의 유대인 제자의 증언에 기초하고 있다. 나중에 그는 에베소에서 기독교 공동체를 이끌었다. 후대 전승은 이 제자가 바로 사도 요한임을 확인해준다. 비록 이 신원 확인이 확실하지는 않지만 말이다. 설령 제4복음서의 최종 형태가 그의 증언의 타당성을 강조하기 위해, 또

---

[176] Eusebius, *Hist. Eccl.* 3.39.5-7. 의심할 여지 없이 이것은 Eusebius를 포함해서 많은 사람이 허위라고 여겼던 책의 저자가 사도 요한일 수 없다는 입장에서 사도 요한의 저작성을 면제해주려는 시도였을 것이다.

[177] 여전히 나는 요 1:35-41에서 주께서 사랑하시던 제자가 암시되었다고 확신하지 않는다. 왜냐하면 이 시점에 그가 그곳에 있었다는 것을 가리켜주는 명백한 증거가 없기 때문이다.

한 예수의 재림에 앞서 기대와 달리 그가 사망한 문제를 다루기 위해 그의 제자들에 의해 편집되었다고 하더라도, 제4복음서는 이 제자의 증언에 기초하고 있다.[178]

<h2 style="text-align:center">공관복음서와 요한복음[179]</h2>

1. 요한복음과 공관복음서의 차이점

2세기 이래로 제4복음서와 공관복음서의 관계는 줄곧 논쟁의 대상이 되어왔다. 사복음서는 모두 동일한 기본적인 배경, 등장인물, 장르와 플롯을 공유한다. 특별히 사복음서에는 다음과 같은 서로 겹치는 자료가 있다. 세례 요한의 사역, 성전 정화 사건, 예수가 물 위를 걸음, 오병이어의 기적, 예수에게 향유를 부음, 승리의 예루살렘 입성, 제자들과 함께 보낸 예수의 마지막 밤, 예수의 수난과 죽음 및 부활 등이다. 하지만 공관복음서는 요한복음과 몇 가지 측면에서 상당히 다르다.

첫째, 예수의 사역에 대한 각 복음서의 설명과 관련해서 요한복음과 공관복음서의 내러티브 사이에 차이점이 있다.[180] 공관복음서는 세례 요

---

178) Armin Baum, "The Original Epilogue(20:30-31), the Secondary Appendix(22:1-23), and the Editorial Epilogues(21:24-25) of John's Gospel," in *Earliest Christian History*, ed. M. F. Bird and J. Maston (WUNT 2:320; Tübingen: Mohr, 2012), 227-270. 이 논문에서 Armin Baum은 제4복음서의 원래 결말이 요 20:30-31이고, 해당 부분은 편집적인 사항으로서 부차적으로 덧붙여졌다는 데 대해 훌륭하게 논증한다.
179) 여기서 제시되는 설명은 대체로 내가 다음 사전에서 해당 주제에 대해 전개했던 이전의 생각을 확대한 것이다. 곧 "Synoptics and John," in *Dictionary of Jesus and the Gospels*, ed. J. B. Green, N. Perrin, and J. K. Brown (2nd ed.; Downers Grove: InterVarsity, 2013), 920-924.
180) H. F. D. Sparks의 복음서 대조표는 대체로 요한복음의 순서에 따라서 평행 본문을 일목

한이 체포된 다음에 예수가 갈릴리에서 사역을 시작했다고 말한다(막 1:14; 마 4:12; 눅 3:20). 반면에 제4복음서에서 예수의 사역은 일정 기간 세례 요한의 사역 시기와 겹친다. 또한 예수의 사역은 유대 지역에서 시작된다(요 1:28-37; 3:23-36; 4:1-2). 공관복음서는 예수가 갈릴리와 유대 지역에서 사역한 일을 회상시켜주며, 그다음에 예수가 예루살렘을 마지막으로 방문한 일을 언급한다. 그리고 예수의 사역은 예루살렘에서 십자가 처형을 받는 것으로 절정을 이룬다. 반면에 제4복음서는 예수가 대부분의 시간을 유대 지역에서 보내는 것으로 묘사하며, 갈릴리 지역에서는 상대적으로 적은 시간을 보낸다(요 2:1-11; 4:43-54; 6:1; 7:1-9). 또한 예수가 예루살렘에서 몇몇 유대 명절에 참석했다고 언급된다. 그중 유월절(요 2:13; 12-19장), 오순절(요 5장), 장막절(요 7-8장) 및 수전절(요 10장) 등이 포함되어 있다. 공관복음서에서는 예수에 대한 서기관, 바리새인, 지도적 제사장들의 적대감이 내러티브 전체를 통해 점차적으로 고조되며(예. 막 3:6), 예루살렘 성전에서 예수의 행동 이후로 그 적대감은 최고조에 이른다(예. 막 11:18; 마 26:3-5; 눅 19:47). 요한복음 역시 예수에 대한 적대감이 유대 지도자들에 의해 점차적으로 고조되어가는 일을 포함하고 있다. 하지만 요한복음에서는 예수가 죽은 나사로를 다시 살려주는 사건에 자극받아서 유대 지도자들이 그를 죽이기로 결심한다(요 11:47-53). 연대기와 관련해서, 요한복음과 공관복음서는 때때로 사건 순서에 대해 서로 다른 정보를 제공해준다. 적어도 성전 정화 사건 및 최후의 만찬과 관련한 정보가 서로 다르다. 공관복음서에서 성전 정화 사건은 예수 사역의 마지막 무렵에 일

요연하게 보여준다. 그 대조표는 제4복음서가 공관복음서와 어느 부분에서 평행을 이루는지, 또한 어느 부분에서 그렇지 않은지 확인하는 데 유용하다. H. F. D. Sparks, *A Synopsis of the Gospels, Part 2: The Gospel According to St. John with the Synoptic Parallels* (London: Black, 1974).

어난다(막 11:15-18; 마 21:12-13; 눅 19:45-46). 반면에 요한복음에서 같은 사건은 예수 사역 초기에 일어난다(요 2:1-12). 공관복음서는 예수가 그의 제자들과 마지막으로 식사한 것이 유월절 음식이었다고 구체적으로 밝혀준다(막 14:12; 마 26:17-19; 눅 22:15). 하지만 제4복음서는 그 식사가 유월절 전날 밤에 있었으며(요 13:1; 18:28), 유월절 준비일에 예수가 죽었다고 언급한다(요 19:31).

둘째, 예수 사역의 유형과 메시지에도 차이가 있다. 사복음서는 모두 예수가 하나님의 일을 하고 있다고 확인해준다. 하지만 제4복음서에서 예수는 자신의 신적 정체성을 더 예리하게 의식하고 있다. 공관복음서에서 예수는 자신이 신적 권위를 지니고 있음을 여러 번 암시한다(예. 마 1:21; 28:18). 제4복음서에서도 예수는 이스라엘의 하나님이 성육신하신 것으로 명백하게 확인된다(요 1:1, 14; 8:58; 20:28). 심지어 예수는 자신이 하나님과 동등한 존재라고까지 주장한다(요 5:18). 더욱이 공관복음서에서 예수의 메시지는 하나님 나라에 초점이 맞추어져 있다(예. 막 1:15; 눅 4:43 등). 요한복음에서도 예수가 전하는 메시지의 핵심은 "영생"을 얻는 것과 관련되어 있다(예. 요 3:15-16, 36; 4:14, 36; 5:24, 39). 공관복음서에 의하면, 예수의 가르침이 지닌 공통적인 특징은 예수가 비유를 사용한다는 것이다(예. 막 4:34). 제4복음서에서도 예수의 가르침은 비유적이며 은유적인 특성을 지니고 있다. 그렇지만 공관복음서의 비유와 비교해볼 때, 거기에는 공관복음서의 비유에 나오는 보다 분명한 종말론적인 내러티브와 사회적인 논쟁이 결여되어 있다.

셋째, 요한복음은 공관복음서의 주요 주제를 생략하고 독특한 자료를 많이 포함하고 있다. 요한복음에는 비유, 축귀, 세리, 예수가 시험받은 이야기, 변화산 사건이나 성찬 제정과 같은 것이 언급되지 않는다. 하지만 제4복음서는 다음과 같은 독특하고 유례가 없는 자료로 가득하다. 곧 "나는 ~이다"라고 선언하는 예수의 말씀, 예수와 니고데모의 대화, 예수와 사마리아 여인과의 대화, 예수의 여성 제자들에 대한 이야기, 베데스다 못가에서 38년 된 지체장애인을 고쳐준 사건, 실로암 못에서의 맹인 치유 사건, 가나에서 물을 포도주로 변화시킨 것과 죽은 나사로를 다시 살리신 기적 이야기, 제자들의 발을 씻겨준 에피소드, 보혜사 또는 "위로자"가 온다는 약속과 예수의 대제사장 기도 등은 오직 요한복음에서만 나타난다. 또한 요한복음에서는 진리, 증언, 세상, 사랑, 거하는 것, 믿음, 빛과 대립되는 어둠 및 아버지와 아들의 관계 같은 독특한 주제가 다루어진다.

제4복음서는 다른 복음서들과 명백하게 다르다. 이 점은 제4복음서가 사용한 자료에 대해 많은 의문점을 불러일으켰다. 제4복음서와 공관복음서를 비교하는 것은 사과를 오렌지와 비교하는 것과는 같지 않을지 모르지만, 오렌지를 귤과 비교하는 것과는 분명 비슷하다. 이런 차이를 어색하게 조화시키려 하거나 무리하게 설명하려고 시도하기보다, 오히려 우리는 정경 복음서를 있는 그대로 존중하는 편을 선택해야 할 것이다. 곧 요한복음을 공관복음서화 하려고 시도하지 않고 요한복음을 요한복음이 되도록 해야 한다.[181]

이 연구서의 마지막 장에서 나는 사복음서의 통일성에 대해 자세하게 말할 것이다. 그렇게 함으로써 나는 사복음서의 내러티브가 본질적으로 조화를 이룬다는 것과 사복음서가 신학적으로 위대한 작품임을 밝히고자 한다. 여기서는 제4복음서가 예수에 대해 자기만의 고유한 신학적 관점을 지니고 있다는 것과 이것이 난해한 자료-비평적인 의문을 불러일으킨다는 것을 말하는 것으로 충분하다. 이 의문 가운데서 가장 긴급한 것은

---

[181] 이 점과 관련하여 다음 논문을 참조하라. James D. G. Dunn, "Let John Be John: A Gospel for Its Time," in *The Gospel and the Gospels*, ed. Stuhlmacher, 293-322.

요한복음과 공관복음서의 관계와 관련되어 있다.

2. 요한복음과 공관복음서 사이에 문학적 연관성이 가능한가?

제4복음서가 공관복음서 및 공관복음서 전승과 관련이 있다는 것을 설명하려고 시도하는 몇 가지 견해가 있다. 아래에 소개하는 몇 가지 분석 방법은 결코 모든 시도를 포함하지는 않지만, 우리가 숙고해볼 만한 주요한 선택 사항을 제시해준다.[182]

1) 보충. 공관복음서와 요한복음 사이의 차이에 대한 인식과 그것에 대한 당혹감은 오래전부터 분명하게 존재하고 있었다. 켈수스에서 포르피리오스에 이르기까지, 기독교에 대한 이교도 비평가들은 요한복음과 공관복음서 사이에 서로 조화되지 않는 요소가 있다고 이해했다. 여기에 근거해서 그들은 기독교를 맹렬하게 비판했다. 타티아노스(Tatian)에서 아우구스티누스를 거쳐서 칼뱅에 이르기까지, 복음서를 조화시키고자 하는 시도들은 이런 긴장 관계를 해결하고 연대기 및 내용에 있어서 겉으로 모순되는 것처럼 보이는 요소들을 제거하고자 했다. 그 결과 초기의 설득

---

[182] 참조. Dwight Moody Smith, *John among the Gospels* (2nd ed.; Columbia: University of South Carolina Press, 2001); Adelbert Denaux, ed., *John and the Synoptics* (BETL 101; Leuven: Leuven University Press, 1992); James D. Dvorak, "The Relationship between John and the Synoptic Gospels," *JETS* 41 (1998): 201-213; Raymond E. Brown, *An Introduction to the Gospel of John*, ed. F. J. Moloney (ABRL; New York: Doubleday, 2003), 94-104; Ian D. Mackay, *John's Relationship with Mark* (WUNT 2.182; Tübingen: Mohr, 2004), 9-54; Tom Thatcher, "The New Current through John: The Old 'New Look' at the New Critical Orthodox," in *New Currents through John: A Global Perspective*, ed. T. Thatcher and F. Lozada (Atlanta: Society of Biblical Literature, 2006), 1-26; Francis J. Moloney, "Recent Johannine Studies: Part Two: Monographs," *ExpT* 123 (2012): 421-424.

력 있는 한 가지 응답은, 요한복음을 다른 세 복음서 저자들의 저작에 대한 의식적인 보충으로 여기는 것이었다.

무라토리 정경 목록에 따르면, 요한이 자기의 복음서를 기록하고 그다음에 그의 동료들이 그것을 검토해야 한다는 계시가 사도 안드레에게 주어졌다. 그러자 다른 제자들의 강권과 주교들의 간청에 의해 요한복음이 기록되었다. 이와 같이 복음서들 중에서 가장 개별적이고 독특한 이 책은 사도들과 그들의 전승에 기초한 지도자들에게 권위를 인정받는 신앙 공동체의 프로젝트가 된다.

알렉산드리아의 클레멘스는 요한복음이 독특한 특성을 지니고 있으며, 영적으로 다른 차원으로 영향을 미치고 있다고 이해했다. 그는 다음과 같이 기록한다. "마침내 요한은 복음서를 통해 외적인 사실이 밝혀졌다(τὰ σωματικὰ ἐν τοῖς εὐαγγελίοις δεδήλωται)는 것을 알게 되었다. 자기 제자들의 간청을 받아서 또한 성령의 감동을 받아서, 요한은 영적인 복음서를 저술했다(πνευματικὸν ποιῆσαι εὐαγγέλιον)."[183] 다시 말해 요한복음은 단순히 외적이거나 역사적인 설명이 아니라, 예수에 대한 영적인 통찰력이 넘치는 내용을 의도적으로 보충하는 복음서로서 저술되었다는 것이다.

요한복음에 대한 영적-상징적 해석은 심지어 보다 이른 시기, 곧 2세기의 발렌티누스 학파의 교사였던 헤라클레온까지 거슬러 올라간다. 그는 요한복음을 상징적으로 해석한 최초의 인물이었다.[184] 3세기에 오리게네스는 제4복음서를 철저하게 영적으로 해석하려고 시도했다. 오리게네스는 요한복음과 공관복음서 사이에 존재하는 차이, 즉 역사적인 사실

---

183) Eusebius, *Hist. Eccl.* 6,14,7.
184) 참조. Elaine H. Pagels, *The Johannine Gospel in Gnostic Exegesis: Heracleon's Commentary on John* (Nashville: Abingdon, 1973).

과 관련된 긴장감을 화해시킬 수 없다고 여겼으며, 요한복음에 더 깊은 신비적이고 영적인 의미를 체계적으로 부여하려고 애썼다.

가이사랴의 에우세비오스는 요한이 공관복음서에 있는 부족한 점을 메우기 위해 주로 세례 요한이 죽기 이전의 예수의 사역 초기 단계에 속한 내용을 저술했다고 제안한다.

이 점을 이해하는 사람은 더 이상 복음서가 서로 일치하지 않는다고 생각하지 않을 것이다. 왜냐하면 요한복음은 그리스도가 처음에 행한 것을 포함하고 있으며, 반면에 다른 복음서들은 예수의 생애 후반부에 대해 설명하기 때문이다. 그리고 요한복음의 저자는 당연히 우리 구세주의 육신에 따르는 족보를 제시하는 것을 생략했다. 왜냐하면 마태와 누가가 이미 예수의 족보를 제시했기 때문이다. 따라서 요한복음의 저자는 예수 그리스도의 신성에 대한 가르침을 제시하는 것으로 자신의 복음서를 시작한다. 이는 하나님의 영에 의해 다른 복음서 저자들보다 뛰어난 인물인 요한복음의 저자를 위해서 마련된 것이었다.[185]

교회 역사의 상당 기간 동안 요한복음은 다른 복음서를 보충하는 복음서로 간주되었다. 다른 복음서가 누락한 세부 사항을 덧붙임으로써, 그리고 예수의 메시지가 지닌 영적인 측면에 관심을 기울임으로써 다른 복음서를 완전하게 만들기 위해 요한복음이 기록된 것이라고 보았다.[186] 심지어 오늘날 몇몇 학자들도 제4복음서가 공관복음서에 대한 하나의 해석으

---

[185] Eusebius, *Hist. Eccl.* 3.24.7-13.
[186] 참조. Maurice Wiles, *The Spiritual Gospel: The Interpretation of the Fourth Gospel in the Early Church* (Cambridge: Cambridge University Press, 1960), 13-21.

로서 또는 추가적인 엑스트라로서 기록되었다는 관점을 계속 제기했다.[187]

이런 전통적인 견해의 문제점은, 요한이 보충하는 복음서를 저술할 것이라는 사도들 사이의 협약과 같은 것을 전제한다는 점이다. 그 이야기는 요한복음의 독특성을 설명하기 위한 변증적 관심사에서 만들어진 것이며, 전설과 같은 윤색과 결합되어 있다. 게다가 요한복음은 결코 공관복음서에 어떤 내용을 보충하는 책이 아니다. 요한복음과 공관복음서를 나란히 펼쳐놓고 살펴보면 연대기적인 측면에서 해결하기 어려운 여러 문제점이 드러나고(예. 언제 예수가 성전을 정화했는가?), 신학적인 측면에서 몇 가지 모호한 요소가 나타난다(예. 세례 요한이 마지막 때 다시 오기로 되어 있는 엘리야 예언자인가, 아닌가?).

2) 완전하게 함. 리처드 보컴은 "보충" 이론에 대한 현대적인 변형을 제시했다. 그는 요한복음이 마가복음의 독자들을 염두에 두고 저술되었다고 주장한다.[188] 요한복음을 연구하는 학자들 가운데 상당수는 요한복음

---

187) Streeter, *Four Gospels*, 393-426; R. H. Lightfoot, *St. John's Gospel: A Commentary*, ed. C. F. Evans (Oxford: Clarendon, 1956), 26-42; R. V. G. Tasker, *John: An Introduction and Commentary* (TNTC; London: Tyndale, 1960), 32-33; Andrew T. Lincoln, *The Gospel According to Saint John* (BNTC; Peabody: Hendrickson, 2005), 39.

188) Richard Bauckham "John for Readers of Mark," in *The Gospels for All Christians*, ed. Bauckham, 147-171. 다음 논문도 보라. Andreas Köstenberger, "John's Transposition Theology: Retelling the Story of Jesus in a Different Key," in *Earliest Christian History*, ed. Bird and Maston, 191-226. Köstenberger의 견해는 "보완과 전승의 맞물림" 사이의 교차로에 위치해 있다. 그리고 Jörg Frey도 Bauckham과 비슷한 주장을 한다. Jörg Frey, Das Vierte Evangelium auf dem Hintergrund der älteren Evangelientradition. Zum Problem Johannes und die Synoptiker," in *Johannesevangelium, Mitte oder Rand des Kanons? Neue Standortbestimmungen*, ed. T. Söding (Freiburg im Bresgau: Herder, 2003), 60-118. Frey는 요한복음이 (마태복음이 아니라) 마가복음과 아마도 누가복음을 전제한다고 생각한다. 제4복음서는 마가복음을 대체하거나 보충하는 것이 아니라, 마가복음에 제시된 이야기의 줄거리를 비판적으로 받아들이고 독자적으로 개작한 것이다.

이 구술적이고 문학적인 측면에서 공관복음서로부터 독립되어 있다고 추측한다. 또한 많은 학자들은 요한복음이 다른 기독교 네트워크로부터 떨어져 있던 고립되고 내향적인 "요한 공동체"로부터 유래되었다고 추측한다. 하지만 만약 마가복음이 자신의 직접적인 지지층을 넘어서 유포되었다면, 그래서 누가와 마태가 마가복음을 사용했다면, 아마도 마가복음은 "요한 공동체"에게도 유포되었을 것이다. 또한 요한복음의 저자와 편집자들은 마가복음이 그랬던 것처럼 자신들의 복음서도 광범위하게 유포되기를 의도했을 것이다. 보컴은 요한복음의 저자가 사용한 자료에 대해 탐구하기보다 오히려 서사비평의 접근 방법을 취한다. 그는 요한복음 텍스트가 여러 곳에서의 내포 독자(즉 텍스트로부터 나타나는 독자들의 모습) 편에서 마가복음 이야기에 대한 지식을 어느 정도 지니고 있다고 가정한다. 보컴은 요한복음이 자기만의 내러티브의 완전성과 더불어 자기 충족적인 이야기라서, 일관성을 유지하려고 마가복음과 같은 어떤 내부적인 텍스트를 필요로 하지 않는다는 점은 인정한다. 하지만 요한복음은 여전히 마가복음의 이야기에 친숙한 독자들에게 이야기를 들려준다. 이와 같은 예로서, 보컴은 몇몇 인물(세례 요한, 안드레, 열두 제자, 가룟 유다 및 본디오 빌라도)에 대한 요한복음의 세부적인 묘사뿐만 아니라, 요한복음 3:24("요한이 아직 옥에 갇히지 아니하였더라"=막 1:14)과 요한복음 11:2(베다니의 "이 마리아는 향유를 주께 붓고 머리털로 주의 발을 닦던 자요"=막 14:3-9)에 있는 삽입된 언급을 가리킨다. 이 예들이 요한복음이 자기 독자들 가운데 일부가 마가복음의 전승에 친숙하다고 전제하는 데 대한 증거가 된다는 것이다. 보컴에 의하면 제4복음서는 보다 사색적인 해석으로 마가복음을 바로잡거나 단순히 보충하는 것이 아니라, 오히려 예수에 대한 마가복음의 이야기를 완전케 하고 강화하고 확대하려는 의도를 지니고 있다. 보컴은 다음과 같이 주장한다. "제4복음서는 초기 기독교 운동의 다른 공동체들로부터 고립되어 있던 요한 공동체를 위해 저술된 것이 아니라, 마가복음이 이미 널리 읽히고 있던 교회 사이에서 전반적으로 유포되게 하려고 저술되었다."[189]

보컴의 이론은 참신할 뿐만 아니라 여러 면에서 설득력이 있다. 하지만 그의 견해는 사실상 다음과 같은 몇 가지 취약점을 지닌다. (1) (불트만의 방식으로!) 요한복음의 밑바탕을 이루는 가설적인 자료를 제시하는 것은 자료비평가들 안에서는 항상 큰 확신을 불러일으키지 못한다. 따라서 실제 독자가 아니라 내포 독자로부터 어떤 자료를 추론하려는 시도는 위험한 것이다. 왜냐하면 내러티브 세계와 실제 세계가 언제나 상응하는 것은 아니기 때문이다. (2) 요한복음을 한편으로는 자기 충족적이지만, 다른 한편으로는 텍스트와 관련해서 내부적으로 마가복음에 의존하는 것으로 여기는 입장이 불가능하지는 않다. 하지만 이는 너무 작은 것을 너무 크게 만드는 것이다. 왜냐하면 만약 요한복음의 저자가 마가복음을 불러와서 이를 확대하려고 했다면, 우리는 그것이 지금 요한복음에 나타나는 것보다 훨씬 더 많이 나타나기를 기대할 것이다. 문학적인 관점에서 판단할 때, 모든 텍스트가 어느 정도 상호텍스트적(inter-textual)이지만, 제4복음서는 대체로 예수에 대한 하나의 독자적인 설명이다. (3) 보컴은 독자/청중이 요한복음 자료를 자신들의 마음속에 박혀 있는 마가복음의 개요 안으로 집어넣는 모습을 상상하는 것 같다. 예를 들면 독자/청중은 요한복음 1:19-4:43에 묘사된 사건이 마가복음 1:13과 1:14 사이에 어떻게 어울릴지 생각해본다는 것이다. 하지만 우리는 복음서의 조화를 시도하는 기독교의 필사자를 제외하고, 누가 그렇게 연결하려고 할지 질문할 수 있다. (4) 요한복음의 저자가 예수에 대한 어떤 전승을 전제한다는 것과, 그

---

189) Bauckham, "John for the Readers of Mark," 171.

가 구체적으로 마가복음을 전제한다는 것은 서로 다른 문제다. 왜냐하면 예수가 사역을 시작하기 이전에 세례 요한이 감옥에 갇히게 된 사건은 다른 곳에서도 알려져 있었기 때문이다(마 11:2; 눅 3:19-20; 아마도 행 11:16). 마찬가지로 예수에게 향유를 부은 이야기에 대한 자료와 베다니에서 살고 있던 자매에 대한 자료는 누가에게 알려져 있었다. 비록 그가 그 자료를 요한복음의 경우처럼 연결하지는 않았지만 말이다(눅 7:36-50; 10:38-52).[190] 보컴의 서사-비평적인 관점은 접근 방법으로서 숙고할 만하다. 그는 요한이 자기의 청중에게 알려진 전승을 전제하고 있다고 올바로 지적한다. 하지만 다음과 같은 의문점이 남아 있다. 과연 "어느 전승"과 "어떤 형태로" 요한복음의 저자와 그의 독자/청중은 그것을 알고 있었는가?

3) 대체. 자기보다 앞선 다른 학자들의 연구에 기초해서, 한스 빈디쉬(Hans Windisch)는 제4복음서를 공관복음서를 보충하기 위해서가 아니라 대체하기 위한 의도적인 시도로 여겼다. 빈디쉬는 대체 이론의 주요 상대가 보충 이론, 해석 이론, 독립 이론이라고 이해했다. 그는 자신의 연구 과정에서 그 이론들을 논박하려고 힘썼다. 그는 요한이 적어도 마가복음을 알고 있었다고 확신했다. 그 근거로 내러티브 전승 안에서 마가복음과 정확하게 평행을 이루는 몇 가지 텍스트가 나타나며, 마가복음에서 소개되는 예수의 몇 가지 말씀이 새로운 형태이긴 하지만 요한복음에 나타난다는 점을 지적했다(예. 막 8:35과 요 12:25에서 사람의 목숨을 얻는 것과 잃는 것에 대한 말씀). 빈디쉬는 이것이 이미도 요한이 마태복음뿐만 아니라 누가복음도 알고 있었음을 암시해준다고 추측한다. 그 근거로서, 예를 들어 세례

---

190) Bauckham, "John for the Readers of Mark," 153-154, 164. Bauckham은 단순히 구전을 공유한 것이 아니라, 요한복음의 저자가 그 자료의 마가복음적인 특성을 받아들였다는 것을 입증하려고 시도한다.

요한이 자신이 메시아라고 주장하지 않은 것과 같이, [요한복음은] 비-마가복음 자료 안에서 공관복음서의 전승과 몇몇 부분에서 접촉이 있다는 것이다. 또한 요한이 다른 세 복음서 모두를 어떤 형태로든 알고 있었다는 점을 고려할 때, 빈디쉬는 요한복음 안에는 공관복음서의 내용을 보충한다고 기대하게 만드는 점이 전혀 없다고 믿었다. 왜냐하면 요한복음은 자율적이고 자기 충족적인 내러티브지, 부족한 것을 채워주는 것이 아니기 때문이다. 실제로 요한복음의 저자는 최대한으로 보아 예수에 대해 대안적인 설명을 제시하거나, 최소한으로 평가할 때 공관복음서를 전적으로 무시한다는 것이다.[191]

빈디쉬의 이론에는 많은 문제가 있다. 그는 문제 가운데 상당수를 예견했음에도 불구하고 그의 답변은 충분하지 못했다. 우선 제4복음서에는 다른 예수 이야기를 인용해서 비판하거나 거부하는 곳이 전혀 없다. 이 점은 제4복음서가 다른 복음서를 대체하기 위한 비평적인 노력을 하지 않는다는 것을 보여준다. 빈디쉬는 요한의 반박이 미묘하거나 간접적이라고 답변한다. 하지만 나는 공관복음서에 대한 요한의 비판이라고 주장되는 부분이 너무 미묘하고 간접적이어서 거의 알아볼 수 없다고 생각한다. 나는 제4복음서의 저자와 편집자들이 자신들의 복음서가 공관복음서가 제시하지 않는 방법으로 해당 지역뿐만 아니라 모든 곳에 살고 있는 그리스도인들의 필요를 채워줄 수 있다고 여겼다는 것이 분명히 가능하다고 생각한다. 그들은 다음과 같은 방법으로 이 목적을 이루었다. 곧 디아스포라의 유대인을 대상으로 해서 복음주의적인 내러티브를 기록했고, 그리스도를 믿

---

[191] Hans Windisch, *Johannes und die Synoptiker. Wollte der vierte Evangelist die älteren Evangelien ergänzen oder ersetzen?* (Leipzig: Hinrich, 1926). 또한 참조. Ernest C. Colwell, *John Defends the Gospel* (Chicago: Willet, Clark, 1936); Robert M. Grant, "The Fourth Gospel and the Church," *HTR* 35 (1942): 95.

지 않는 유대인과 그리스도를 믿는 유대인 사이에 전개된 적대적인 논쟁에 비추어 저술했으며, 예수에 대한 추가적인 통찰을 제공했고, 전승의 다른 자원에 호소했다. 하지만 또 다시 이것은 대체보다 오히려 보충인 것처럼 들린다. 비록 요한복음에는 공관복음서와 평행을 이루는 텍스트가 한정되어 있기는 하지만, 아마도 대체 이론이 지니고 있는 가장 큰 문제점은 장르, 내러티브의 개요, 인물 묘사 및 예수에 대한 핵심 주제에 있어서 요한복음이 여전히 공관복음서와 비슷하다는 점일 것이다. 만약 우리가 **모방이 감탄의 최고 형태**라는 격언을 받아들인다면, 요한복음을 공관복음서 전승에 대한 비판으로 이해하는 것은 거의 불가능하다. 요한복음은 공관복음서를 비판하지 않고 오히려 문학적 존중을 드러내며, 최상의 질에 대한 신학적 존경심을 갖고서 자신의 고유한 역할을 감당하고 있다.

요한복음과 공관복음서에서 평행하는 말씀에 대한 실례

예수께서 그들에게 말씀하시기를 "이 성전을 허물어라. 그러면 내가 사흘 만에 다시 세우겠다" 하였다 (요 2:19).	"우리가 이 사람이 말하는 것을 들었는데 '내가 사람의 손으로 지은 이 성전을 허물고, 손으로 짓지 않은 다른 성전을 사흘 만에 세우겠다' 하였습니다"(막 14:58). 말하기를 "이 사람이 하나님의 성전을 허물고 사흘 만에 세울 수 있다고 했습니다" 하였다(마 26:61).
이틀 뒤에 예수께서는 거기를 떠나서 갈릴리로 가셨다. (예수께서는 친히 "예언자는 자기 고향에서는 존경을 받지 못한다"라고 밝히셨다) (요 4:43-44).	그래서 예수께서 그들에게 말씀하셨다. "예언자는 자기 고향과 자기 친척과 자기 집 밖에서는 존경을 받지 않는 법이 없다"(막 6:4). 그러면서 그들은 예수를 달갑지 않게 여겼다. 예수께서 그들에게 말씀하셨다. "예언자는 자기 고향과 자기 집 밖에서는 존경을 받지 않는 법이 없다"(마 13:57). 예수께서 또 말씀하셨다. "내가 진정으로 너희에게 말한다. 어떤 예언자도 자기 고향에서는 환영을 받지 못한다"(눅 4:24).

자기의 목숨을 사랑하는 사람은 잃을 것이요, 이 세상에서 자기의 목숨을 미워하는 사람은 영생에 이르도록 그 목숨을 보존할 것이다(요 12:25).	그리고 예수께서 제자들과 함께 무리를 불러놓고 그들에게 말씀하셨다. "누구든지 나를 따라오려거든, 자기를 부인하고 자기 십자가를 지고 나를 따라오너라. 누구든지 제 목숨을 구하고자 하는 사람은 잃을 것이요, 누구든지 나와 복음을 위하여 제 목숨을 잃는 사람은 구할 것이다"(막 8:34-35). 그때에 예수께서는 제자들에게 말씀하셨다. "누구든지 나를 따라오려거든, 자기를 부인하고 제 십자가를 지고 나를 따라오라. 누구든지 제 목숨을 구하고자 하는 사람은 잃을 것이요, 누구든지 나를 위하여 제 목숨을 잃는 사람은 찾을 것이다"(마 16:24-25). 그리고 예수께서 모든 사람에게 말씀하셨다. "누구든지 내 뒤를 따라오려거든, 자기를 부인하고 날마다 자기 십자가를 지고 나를 따라오너라. 누구든지 제 목숨을 구하려고 하는 사람은 잃을 것이요, 누구든지 나를 위하여 제 목숨을 잃는 사람은 구할 것이다"(눅 9:23-24).
내가 진정으로 진정으로 너희에게 말한다. 종이 주인보다 높지 않고, 보냄을 받은 사람이 보낸 사람보다 높지 않다(요 13:16). 내가 너희에게 "종이 주인보다 높지 않다"고 한 말을 기억하여라. 사람들이 나를 박해했으면 너희도 박해할 것이요, 또 그들이 내 말을 지켰으면 너희의 말도 지킬 것이다(요 15:20).	제자는 스승보다 높지 않고 종은 주인보다 높지 않다(마 10:24). 제자가 스승보다 높지 않다. 그러나 누구든지 다 배우고 나면 자기의 스승과 같이 될 것이다(눅 6:40).

*표준새번역에 기초함. 필요한 경우 그리스어 원문에 기초해서 번역함─역주

4) 의존. 20세기 중반에는 요한복음이 공관복음서로부터 본질적으로 독립되어 있다는 가드너-스미스(P. Gardner-Smith)와 도드의 견해가 지배적이었다. 하지만 배럿(C. K. Barrett)은 요한복음이 공관복음서에 의존한

다는 입장이 다시 활기를 띠게 하는 데 성공했다. 그러나 배럿은 의존이 단순한 보충적인 논의인지, 아니면 필수적인 논쟁점인지에 대해서는 판단을 내리지 않았다.[192]

배럿은 어느 곳에서 의존 텍스트를 찾아야 할지에 대해 신중한 자세를 보인다. 그는 요한이 마태복음을 알고 있었는지에 대해서는 거의 논쟁이 빚어지지 않는다고 인정한다.[193] 오직 요한복음과 누가복음만 베다니의 마리아 및 마르다(요 11:1-12:8; 눅 10:38-42)와 이전 대제사장 안나스(요 18:13, 24; 눅 3:2; 행 4:6)를 언급한다는 점을 고려할 때, 요한이 누가복음에서 관련 자료를 빌려왔을 가능성이 높다. 또한 요한복음과 누가복음은 다음의 몇 가지 내러티브의 세부 내용을 공유한다. 사탄이 가룟 유다 안으로 들어감(요 13:2, 27; 눅 22:3), 예수가 최후의 만찬에서 베드로가 부인할 것을 예고함(요 13:38; 눅 22:34), 예수가 사로잡힐 때 대제사장의 종의 귀가 잘림(요 18:10; 눅 22:50), 예수가 부활한 날 새벽에 무덤에서 두 천사가 나타남(요 20:12; 눅 24:4) 등이다. 비록 요한복음과 누가복음의 문학적인 연관성을 명백하게 입증해주는 것은 아니지만, 이 텍스트는 그런 연관성을 암시한다. 왜냐하면 그 텍스트가 예수 전승에 대한 공통의 지식에서 유래할 가능성이 있기 때문이다.[194]

---

[192] C. K. Barrett, "John and the Synoptics," *ExpT* 85 (1974): 228-233; idem, *The Gospel According to St. John: An Introduction with Commentary and Notes on the Greek Text* (2nd ed.; London: SPCK, 1978), 42-56.

[193] Streeter, *Four Gospels*, 396 and 408-416에서 Streeter는 많은 학자들이 믿고 있는 것을 다음과 같이 요약한다. "마태복음과 요한복음 사이에 접촉점이 있다고 주장하는 견해가 있다고 하더라도, 그것은 매우 적다." 반면에 다음 논문 및 연구서를 보라. H. F. D. Sparks, "St. John's Knowledge of Matthew: The Evidence of John 13:16 and 15:20," *JTS* 3 (1952): 58-61; Lincoln, *Saint John*, 26-39; Paul N. Anderson, *The Fourth Gospel and the Quest for Jesus: Modern Foundations Reconsidered* (London: Clark, 2006), 119-125.

[194] Smith, *John among the Gospels*, 85-110에 있는 개관을 참조하라. 반면에 Barbara Shellard는 요한복음을 사용한 것이 바로 누가라고 생각한다. Barbara Shellard, *New Light*

배럿은 요한복음이 마가복음에 의존한다는 점에 대해서는 보다 자신 있게 주장했다. 그는 요한복음과 마가복음의 순서, 선별된 예 및 심지어 단어 선택이 서로 일치한다는 데 깊은 인상을 받았다. 그는 요한이 때때로 마가복음에서 구체화된 전승을 바로잡는다고 이해했다. 예를 들면, 세례 요한의 투옥과 관련하여 예수의 사역 시기(요 3:24; 막 1:14-15)와 누가 예수의 십자가를 골고다 언덕까지 메고 갔는지(요 19:17; 막 15:21)에 대한 것 등이다. 그는 이런 사례가 요한이 마가복음을 알고 있었고 사용했다는 것을 논박할 수 없을 정도로 입증해주지는 않는다고 인정했다. 하지만 이것은 다음의 이론을 충분히 개연성이 있는 것으로 만든다. 곧 요한은 적어도 마가복음을 읽었고, 마가복음의 기본 개요를 사용했으며, 아마도 의도적인 것은 아닐지라도 몇몇 사건에 대해 기록할 때 마가복음의 구절을 반영했다는 것이다. 어떤 사람은 이 증거에서 요한이 마가복음 자체보다 마가복음의 전승 또는 마가복음과 비슷한 전승을 알고 있었으리라고 추론할 수도 있다. 하지만 우리는 사실상 마가복음 자체를 벗어나는 마가복음의 전승을 알지 못한다. 그러므로 보다 단순한 가정은 요한이 마가복음을 입수했다고 가정하는 것이다. 그렇다면 두 복음서 사이의 역사적·신학적 차이는 요한의 독특한 관심사와 전제 때문이다. 그리고 그 차이는 두 복음서 사이에 문학적인 연관성이 있을 수 있다는 것을 부인하지 않는다.[195]

이런 견해를 가진 학자가 배럿만은 아니다. 다른 많은 학자도 그의 편에 가담해서, 요한복음이 공관복음서 가운데 하나 또는 그 이상에 의존하고 있다고 주장했다. 프란스 네이링크(Frans Neirynck)가 이끄는 "루뱅 학파"(Leuven school)는 요한복음의 수난 및 부활 이야기와 공관복음서 사이

---

on *Luke: Its Purposes, Sources, and Literary Context* (London: Clark, 2004), 148-188.
195) Barrett, *St. John*, 42-45.

의 밀접한 연관성에 대해 상세하게 탐구했다.[196] 토마스 브로디(Thomas Brodie)는 요한복음이 일종의 미드라쉬 형태와 같이 공관복음서에 대해 사색하는 책이라고 생각한다.[197] 우르반 폰 발데(Urban C. von Wahlde)는 제4복음서의 첫 번째 판본은 공관복음서로부터 독립적인 반면, 세 번째 판본의 편집자는 요한복음의 요소를 공관복음서와 조화시키려 시도했다고 독창적으로 제안한다.[198]

요한복음이 문학적인 측면에서 마가복음에 의존하는지에 대한 의심은 쉽게 사라지지 않는다. 왜냐하면 두 복음서 사이의 유사점은 종종 모호해서, 우연의 일치일 수도 있고, 다음과 같이 다른 방법으로 설명할 수도 있기 때문이다. 곧 요한복음이 마가복음에 문학적으로 의존되어 있다기보다, 양자의 전승이 서로 평행을 이루거나 맞물려 있다고 설명할 수도 있는 것이다. 요한복음에서 사용되었다고 추정되는 자료를 공관복음서로부터 추출하기 위한 판단 기준은 결코 자명한 것이 아니다. 더욱이 마가복음의 내용 가운데 93퍼센트가 마태복음과 누가복음에서 발견되는 반면, 요한복음이 공관복음서와 평행을 이루는 부분은 단지 8퍼센트뿐이다. 이런 통계는 누가복음이나 마태복음이 마가복음에 의존하고 있는 똑같은 방식으로 요한복음이 마가복음에 의존하고 있다는 입장을 거의 지지해주지 않는다.[199] 마지막으로, 이 견해는 어쩔 수 없이 다음과 같은 설명을 요

---

196) 참조. 예를 들면, M. Sabbe, "The Johannine Account of the Death of Jesus and Its Synoptic Parallels (Jn 19:16b-42)," *ETL* 70 (1994): 34-64; Frans Neirynck, "John and the Synoptics: The Empty Tomb Stories," *NTS* 30 (1984): 161-187.

197) Thomas L. Brodie, *The Quest for the Origin of John's Gospel: A Source-Oriented Approach* (Oxford: Oxford University Press, 1993).

198) Urban C. von Wahlde, *The Gospel and Letters of John* (ECC; 3 vols.; Grand Rapids: Eerdmans, 2010), 1:130-131.

199) Gary M. Burge, *Interpreting the Gospel of John* (Grand Rapids: Baker, 1992), 23.

구한다. 즉 이 모든 차이는 제4복음서 저자가 공관복음서의 자료를 의도적으로 변화시킨 결과라고 말이다. 하지만 그 차이에 대해 일률적으로 설명하는 것은 어렵다. 특히 세례 요한과 예수의 재판에 대한 내러티브와 같은 부분에서는 더욱 그렇다.

5) **청각적인 영향**. 20세기 중반에 요한복음이 공관복음서에 의존한다는 이론은 사라졌다가 재빠르게 다시 나타났다.[200] 그러나 이런 의존이 문학적인 영향이라고 생각해서는 안 된다. 요한이 반드시 마태복음, 마가복음, 누가복음 필사본을 자기 책상 위에 놓고 있지는 않았을 것이다. 어떤 학자들은 연행이나 이차적인 구술 전달을 통해 공관복음서 중에서 하나 또는 그 이상이 요한복음에 영향을 미쳤을 것이라고 주장했다.[201]

이안 맥케이(Ian Mackay)는 마가복음 6-8장과 요한복음 6장을 비교 연구하고 나서 다음과 같은 결론을 끌어냈다. 두 이야기 사이에 주목할 정도로 다양한 반향이 있다는 사실은, 요한이 많은 무리를 배불리 먹게 한 마가복음의 급식 내러티브에서 어떤 요소를 자신의 이야기 안으로 가져와 개작했을 가능성이 높음을 가리킨다. 하지만 맥케이는 요한복음이 마가복음에 의존하는 것이 직접적이라기보다 자유롭고 실용적이며, 실제 텍스트로부터 어느 정도 거리를 두고 있지는 않은지 의문을 품고 있다. 이 의문점으로부터 맥케이는 제4복음서의 저자가 연행을 통해 마가복음을 알고 있었으며 또 그것으로부터 관련 내용을 끌어왔다고 가정한다(심

---

200) George R. Beasley-Murray, *John* (WBC; Dallas: Word, 1987), xxxvi-xxxvii.
201) 참조. Kümmel, *Introduction*, 204. Kümmel은 요한이 마가복음과 누가복음을 "기억으로부터" 사용했는데, "자신의 기억에 따라 마가복음과 누가복음 가운데서 유용하다고 여겨지는 것을 인용했다"고 생각한다. 비슷한 논의로서 다음 논문을 보라. C. Goodwin, "How did John Treat His Sources?" *JBL* 73 (1954): 61-75.

지어 저자 자신도 그런 연행에 참여했을 것이다).²⁰²⁾ 맥케이는 다음과 같이 추측한다. "요한복음 저자가 자신의 신앙 공동체의 특별한 관점 및 취지와 더불어 그 공동체의 독자적인 이야기를 계속 저술하며 확대하려고 의도했다는 사실에도 불구하고, 만약 마가복음이 요한복음 저자의 상상력과 기억 안에 뿌리를 내리고 있었다면, 정확성과 자유로움이 놀라울 정도로 결합되어 있다는 점은 충분히 설명될 것이다."²⁰³⁾ 요한복음서 저자는 자기 나름의 전통과 필요를 가진 신앙 공동체를 위해 주께서 사랑하시던 제자의 복음을 저술했거나 다시 기록했다.

미카엘 라반(Michael LaBahn)은 제4복음서의 기원을 설명하기 위해 1세기 미디어 문화에 호소했다.²⁰⁴⁾ 라반은 제4복음서를, 구전의 자원 안으로 다시 들어간 공관복음서의 기록 자료와 함께 이차적인 구술성의 산물이라고 여긴다. 요한복음의 저자가 그것으로부터 자료를 끌어왔다는 것이다. 라반의 견해에 의하면 제4복음서는 공관복음서로부터 독립적이지만, 공관복음서가 생겨난 전승의 흐름에 의존한다.

기억, 연행, 이차적인 구술성에 이렇게 호소하는 것은 요한복음이 공관복음서와 같지만 동시에 다른 관계를 지니고 있다는 점을 설명하는 데 훌륭한 모델이다. 문제는 이 모델이 훌륭하기는 하지만 여전히 입증되지 않았고 또한 입증될 수도 없다는 점이다.

---

202) Mackay는 주께서 사랑하시던 제자와, 주께서 사랑하시던 제자의 증언을 편집했던 요한복음서 저자를 구별한다.
203) Mackay, *John's Relationship with Mark*, 302.
204) Michael LaBahn, *Jesus als Lebensspender. Untersuchungen zu einer Geschichte der johanneischen Tradition anhand ihrer Wundergeschichten* (BZNW 98; New York: de Gruyter, 1999). 참조: Anthony Le Donne and Tom Thatcher, eds., *The Fourth Gospel in First-Century Media Culture* (LNTS 426; London: Clark, 2011).

6) **상호 영향.** 몇몇 학자들은 요한복음이 텍스트와 관련해서 공관복음서로부터 독립적인 반면, 요한복음과 공관복음서의 밑바탕을 이루는 전승은 서로가 서로에게 영향을 미쳤다는 입장을 옹호한다.

마리-에밀 부아마르(M.-E. Boismard)는 문학 이전의 복잡한 전승을 제시하는 것을 선호하면서, 정경에 포함된 사복음서 모두 몇 가지 발전 단계를 거쳤다고 주장한다. 그 과정에서 각 복음서는 다양한 단계에서 다른 복음서로부터 자료를 끌어왔다는 것이다. 그는 요한복음의 예비적인 판본에 기초하고 있는 마가복음과 누가복음의 중간 단계의 판본을 제안한다. 반대로, 요한복음 저자와 최종 편집자가 나중에 개작한 요한복음의 편집본들은 마가복음과 누가복음의 중간 단계의 판본에 기초하고 있다는 것이다.[205]

폴 앤더슨(Paul Anderson)은 요한복음과 공관복음서 사이에 "영향을 미친" 연속적인 관계를 상상한다. 앤더슨에 의하면 요한 전승은 자율적이며 공관복음서로부터 독립적이지만, 공관복음서의 다양한 요소 및 보다 이른 단계의 공관복음서의 전승과 접촉했다는 것을 드러낸다. 단순히 요한복음이 제일 마지막에 저술되었기 때문에 이 책이 공관복음서에 의존한다는 의미가 아니다. 왜냐하면 사복음서의 밑바탕을 이루는 전승은 몇 가지 측면에서 서로 맞물려 있을 가능성이 있기 때문이다. 요한복음은 (마가복음과 관련해서) 영향을 주고 확대적이며 교정적이고, (누가복음과 관련해서) 형성적이고 질서 있으며 신학적이고, (마태복음과 관련해서) 강화하고 변증적이며 교정적이라고 이해될 수 있다.[206]

---

[205] M.-E. Boismard and A. Lamouille with G. Rochais, *L'Evangile de Jean. Commentaire* (Paris: Cerf, 1977).

[206] Anderson, *Fourth Gospel and the Quest for Jesus*, 40, 101-125. 다음 주석서

부아마르의 제안이 가진 문제는 요한복음과 공관복음서 사이에 나타나는 모든 차이가 구별된 자료를 요구하며, 또한 이 자료는 별로 통제받지 않은 채 증가하는 것처럼 보인다는 점이다. 하지만 요한 문제에 더 복잡한 해결 방법이 제기되면 될수록, 우리는 공관복음서 전승의 이전 단계와 요한복음 전승의 이전 단계의 발전 과정을 실제로 진지한 방법으로 추적할 수 있는지에 대해 점점 더 확신하지 못하게 된다. 앤더슨의 제안은 훨씬 더 실행 가능하고 설득력이 있다. 기독교 지도자들이 상당히 자유롭게 이동하던 구술 문화에서 전승 사이의 상호 영향은 문학적인 저술의 측면에만 한정되지 않는다. 이는 예수 전승이 형성되는 과정에서 초기 단계뿐만 아니라 대체로 구술 전달 단계에서도 일어났다. 하지만 우리는 여전히 어느 지점에서 공관복음서 전승이 요한복음에게 영향을 미쳤는지 또는 그 반대의 경우에 대해 논쟁을 벌이고 있다. 예를 들면 다음과 같은 문제다. 어느 이야기가 언제 어디서 어떤 자료에 의해 영향을 받았는가? 구체적으로 그 영향은 어느 단계에서 일어났는가? 구술 전달 단계인지 아니면 문자 기록 단계인지, 요한복음의 최초 판본에서인지 아니면 두 번째 판본에서인지 등이다. 이런 질문에 정확한 답변을 제시하는 것은 실제로 가능하지 않다. 그래서 많은 학자들은 간단한 문학적 관계를 주장하는 것이 보다 단순한 해결책이라고 제안할 것이다.

요한복음과 마가복음에서 서로 매우 가깝게 묘사되는 부분에 대한 한 가지 좋은 예는 기적적인 급식 이야기다. 여기서는 구조적인 유사점이 강하게 나타난다(두 복음서의 해당 이야기는 기본적인 개요를 공유하며, 물 나 해당 이

도 보라. Raymond E. Brown, *The Gospel According to John* (AB; 2 vols.,; New York: Doubleday, 1966), 1:lxvi-lxvii. Brown은 더 일찍 공관복음서와 요한 전승 사이의 "교차 영향"에 대해 언급했다.

야기에 이어서 예수가 물 위를 걸은 사건이 소개된다). 또한 이 부분에서 어떤 구절은 언어 표현이 서로 매우 유사하다(특히 막 6:36-37과 요 6:5-7). 호기심을 끄는 대목으로, 마가복음 6장과 달리 (예수가 빵을 들고 감사 기도를 드리는 것은) 요한복음 6장과 마가복음 8장에서 서로 일치한다. 하지만 몇 가지 중요한 차이도 있다. 요한복음은 세부적인 설명을 다소 다르게 제시한다. 또한 비-공관복음서 자료도 약간 포함되어 있다(예. 요 6:14은 예수를 오실 예언자라고 묘사한다). 이는 요한복음과 공관복음서의 상호 관계에 대한 어떤 이론을 이끌어내기 위해 시험해보는 단락으로 사용하기에 좋다.[207]

기적적인 급식 이야기에 대한 요한복음과 마가복음의 설명

요한복음 6장	마가복음 6장	마가복음 8장
¹그 뒤에 예수께서 갈릴리 바다, 곧 디베랴 바다 건너편으로 가시니, ²큰 무리가 예수를 따랐다. 그것은 그들이 예수가 병자들을 고치신 표적들을 보았기 때문이다. ³예수께서 산에 올라가서, 제자들과 함께 앉으셨다. ⁴마침 유대 사람의 명절인 유월절이 가까운 때였다. ⁵예수께서 눈을 들어서, 큰 무리가 자기에게로 모여드는 것을 보시고 "우리가 어디에서 빵을 사다가, 이 사람들	³⁰사도들이 예수께로 모여와서, 자기들이 한 일과 가르친 일을 다 보고하였다. ³¹그 때에 예수께서 그들에게 "너희는 따로 외딴 곳으로 가서 좀 쉬어라" 하고 말씀하셨다. 거기에는 오고가는 사람이 하도 많아서 음식을 먹을 겨를조차 없었기 때문이다. ³²그래서 그들은 배를 타고 따로 외딴 곳으로 떠나갔다. ³³그런데 많은 사람이 보고서 그들인 줄 알고 여러 성읍에서 길을 따라 그 곳으로	¹그 무렵에 다시 큰 무리가 모여 있었는데 먹을 것이 없었다. 예수께서 제자들을 가까이 불러놓고 말씀하셨다. ²"저 무리가 나와 함께 있은 지가 벌써 사흘이나 되었는데, 먹을 것이 없으니 가엾다. ³내가 그들을 굶은 채로 집으로 돌려보내면 길에서 쓰러질 것이다. 더구나 그 가운데는 먼 데서 온 사람들도 있다." ⁴제자들이 대답하였다. "이 빈 들에서 어느 누가 무슨 수로 이 모든

---

207) 또한 참조. Paul N. Anderson, *The Christology of the Fourth Gospel: Its Unity and Disunity in Light of John 6* (Valley Forge: Trinity, 2006), 98-102; Mackay, *John's Relationship with Mark*, 111-158.

을 먹이겠느냐?" 하고 빌립에게 말씀하셨다. ⁶ 예수께서는 빌립을 시험해 보시고자 이렇게 말씀하신 것이었다. 예수께서는 자기가 하실 일을 잘 알고 계셨던 것이다. ⁷ 빌립이 예수께 대답하였다. "이 사람들에게 모두 조금씩이라도 먹게 하려면 빵 이백 데나리온어치를 가지고서도 충분하지 못합니다." ⁸ 제자 가운데 하나이며 시몬 베드로의 동생인 안드레가 예수께 말하였다. ⁹ "여기 한 아이가 보리빵 다섯 개와 물고기 두 마리를 가지고 있습니다. 그러나 이렇게 많은 사람에게 그것이 무슨 소용이 있겠습니까?" ¹⁰ 예수께서 "사람들을 앉혀라" 하고 말씀하셨다. 그곳에는 잔디가 많았다. 사람들이 앉았는데, 그 수가 오천 명쯤 되었다.	함께 달려가서, 그들보다 먼저 그곳에 이르렀다. ³⁴ 예수께서 배에서 내려서 큰 무리를 보시고, 그들이 마치 목자 없는 양과 같으므로 그들을 불쌍히 여기셨다. 그래서 그들에게 여러 가지로 가르치기 시작하셨다. ³⁵ 날이 이미 저물었으므로 제자들이 예수께 다가와서 아뢰었다. "여기는 빈 들이고 날도 이미 저물었습니다. ³⁶ 이 사람들을 흩어, 제각기 먹을 것을 사 먹게 근방에 있는 농가나 마을로 보내시는 것이 좋겠습니다." ³⁷ 예수께서 "너희가 그들에게 먹을 것을 주어라" 하시니, 제자들이 "그러면 우리가 가서 빵 이백 데나리온어치를 사다가 그들에게 먹이라는 말씀입니까?" 하였다.	사람이 먹을 빵을 장만할 수 있겠습니까?" ⁵ 예수께서 그들에게 물으시기를 "너희에게 빵이 몇 개나 있느냐?" 하시니, 그들이 대답하기를 "일곱 개가 있습니다" 하였다. ⁶ 예수께서는 무리에게 명하여 땅에 앉게 하셨다. 그리고 빵 일곱 개를 손에 드시고 감사를 드리신 뒤에, 떼어서 제자들에게 주시면서 사람들에게 나누어주게 하시니, 제자들이 사람들에게 나누어주었다. ⁷ 또 그들에게는 작은 물고기가 몇 마리 있었는데, 예수께서 그것을 축복하신 뒤에 그것도 사람들에게 나누어주게 하셨다. ⁸ 그리하여 사람들이 배불리 먹었고, 남은 부스러기를 주워 모으니 일곱 광주리에 가득 찼다. ⁹ 사람은 사천 명쯤이었다. 예수께서는 그들을 헤쳐 보내셨다.
¹¹ 예수께서 빵을 들어서 감사를 드리신 다음에 앉은 사람들에게 나누어주셨다. 그리고 물고기도 그와 같이 해서 그들이 원하는 대로 주셨다. ¹² 그들이 배불리 먹은 뒤에 예수께서 제자들에게 "남은 부스러기를 다 모으고, 조금도 버리지 말아라"	³⁸ 예수께서는 그들에게 "너희에게 빵이 얼마나 있느냐? 가서 알아보아라" 하고 말씀하셨다. 그들이 알아보고 "빵 다섯 개와 물고기 두 마리가 있습니다" 하고 말하였다. ³⁹ 예수께서는 제자들에게 명하여, 모두들 떼를 지어 푸른 풀밭에 앉게 하셨다.	

요한복음 6장	마가복음 6장	마가복음 8장
하고 말씀하셨다. ¹³ 그래서 보리빵 다섯 개에서, 먹고 남은 부스러기를 모으니 열두 광주리에 가득 찼다. ¹⁴ 사람들은 예수께서 하신 표적을 보고 "이분은 참으로 세상에 오시기로 된 그 예언자다" 하고 말하였다.	⁴⁰ 그들은 백 명씩 또는 쉰 명씩 떼를 지어 앉았다. ⁴¹ 예수께서 빵 다섯 개와 물고기 두 마리를 손에 드시고 하늘을 우러러 감사 기도를 드리신 뒤에, 빵을 떼어서 제자들에게 주시면서, 사람들에게 나누어주게 하셨다. 그리고 그 물고기 두 마리도 모든 사람에게 나누어주셨다. ⁴² 그들은 모두 배불리 먹었다. ⁴³ 빵 부스러기와 물고기 남은 것을 주워 모으니 열두 광주리에 가득 찼다. ⁴⁴ 빵을 먹은 사람은 남자 어른만도 오천 명이었다.	

유사점과 차이점

텍스트	유사점	차이점
요 6:1-3; 막 6:32	예수와 제자들이 바다를 건넘	외딴 곳(막 6장), 예수와 제자들이 산으로 올라감 (요 6장)
요 6:2; 막 6:33; 8:1	큰 무리(많은 사람)가 예수께 몰려옴	무리가 예수를 알아봄(막 6장); 무리에게 먹을 것이 없었음(막 8장); 큰 무리는 예수가 행한 표적을 봄(요 6장)
요 6:4	평행 텍스트가 없음	유월절이 가까이 다가옴(요 6장)
요 6:5a; 막 6:34; 8:2-3	예수가 무리를 보고 불쌍히 여김	큰 무리는 목자 없는 양과 같음(막 6장); 무리에게 먹을 것이 전혀 없음(막 8장); 무리는 빵을 지니고 있지 않음(요 6장)
요 6:5-6; 막 6:35-39; 8:2-5	예수가 자기 제자들에게 무리를 먹이는 것에 대해 말함	제자들이 먼저 예수에게 말을 건넴(막 6장); 예수가 먼저 제자들에게 말을 건넴(막 8장); 예수가 빌립에게 말함(요 6장)

요 6:7; 막 6:37; 8:4	큰 무리에게 어떻게 빵을 먹일 수 있는가에 대한 문제가 제기됨	이백 데나리온어치의 빵이 필요함(요 6장; 막 6장), (그리스어 원문에는 요 6:7이 "이백 데나리온"의 의미로 되어 있지만, NRSV에서 "여섯 달의 품값"으로 번역되어 내용상 서로 차이점이 없기에 바로잡음—역주)
요 6:8-9; 막 6:38; 8:7	제자들이 빵 다섯 개와 물고기 두 마리를 예수께 가져옴	아이가 언급되지 않음(막 6장); 작은 생선 두어 마리(막 8장); 한 아이에게서 빵 다섯 개와 물고기 두 마리를 구함(요 6장)
요 6:10; 막 6:39, 44; 8:6, 9	예수가 무리를 앉히도록 제자들에게 지시함	오천 명이 떼를 지어 푸른 잔디 위에 앉음(막 6장), 사천 명이 땅에 앉음(막 8장), 오천 명이 앉음, 떼를 지어 앉은 것에 대한 언급이 없음, 잔디가 많음(요 6장)
요 6:11; 막 6:41; 8:6-7	예수가 떡과 물고기를 받아서 축사하고, 그것을 무리에게 나누어 주게 함	예수가 떡을 축복함(막 6장), 떡에 대해서 축사함(막 8장 및 요 6장), 물고기를 축복함(막 8장)
요 6:12-13 (참조, 6:26); 막 6:42-43; 8:8	무리가 배부르게 먹음, 남은 조각을 거두어들임	남은 떡 조각과 물고기를 열두 광주리에 가득 차게 거둠(막 6장), 남은 조각을 일곱 광주리에 거둠(막 8장), 예수가 남은 조각을 거두라고 지시하자, 열두 광주리가 남은 빵 조각으로 가득 참(요 6장)
요 6:14	평행 텍스트가 없음	사람들이 예수가 세상에 오실 그 예언자라고 말함 (요 6장)
요 6:17; 막 6:45; 8:10	배에 오름	제자들이 배를 타고 벳새다로 건너감(막 6장); 예수와 제자들이 달마누다 지방으로 감(막 8장), 제자들이 배를 타고 가버나움으로 건너감(요 6장)

7) **겹치는 전승.** 또 다른 학자 집단의 견해에 의하면, 요한은 목격자들의 설명에 기초해서 상당히 독립적인 전승을 제시한다. 하지만 요한복음과 공관복음서 사이에도 몇 가지 "겹치는 전승"이 있다. 비록 전승이 겹치는 부분에서 엄밀하게 문학적인 의손을 암시해주는 것은 없지만, 거기에는 평행 텍스트가 부분적으로 나타난다. 평행 텍스트 사이에 미묘한 차이가 있기는 하지만, 이는 내용을 서로 보강하고 설명하는 역할을 한다.[208]

---

208) Leon Morris, *Studies in the Fourth Gospel* (Grand Rapids: Eerdmans, 1969), 40-63; D. A. Carson, *The Gospel According to John* (Pillar; Grand Rapids: Eerdmans, 1990),

레온 모리스(Leon Morris)는 다음과 같이 지적한다. 요한복음은 때때로 누가복음과 다르지만 마태복음 및 마가복음과 일치하고, 때때로 마태복음 및 마가복음과 다르지만 누가복음과 일치하며, 때때로 오직 마태복음과만 일치하거나 오직 마가복음과만 일치한다. 모리스의 판단에 의하면 이것은 요한복음이 공관복음서에 의존하는 것이 아니라, 제4복음서의 배후에 공관복음서의 전승과 서로 겹치는 연결 사항이 있음을 암시해준다. 여러 곳에서 요한은 자료를 서로 맞물리게 하면서 공관복음서에 있는 많은 요소를 설명하고 그것에 상응하는 정보를 제공해준다. 비록 각 복음서가 보여주는 그림은 서로 다르지만, 복음서 저자들이 묘사하는 것은 바로 동일한 인격적 주체다.[209]

모리스가 제시하는 예 가운데서 가장 설득력 있는 것은 "성전을 허물라"는 데 대한 예수의 말씀이다.[210] 예수의 재판에 대한 마가복음 판본에서 몇몇 증인은 "우리가 그의 말을 들으니 '손으로 지은 이 성전을 내가 헐고 손으로 짓지 아니한 다른 성전을 사흘 동안에 지으리라' 하더라"(막 14:58; 참조. 마 26:60-61)고 증언한다. 예수가 십자가에 달려 있을 때 그를 조롱하던 사람들도 이런 비난을 반복한다(막 15:29; 참조. 마 27:40). 하지만 문제는 공관복음서의 어느 곳에서도 예수는 실제로 자신이 성전을 허물고 또 다른 성전을 지으리라고 말하지 않는다는 것이다. 그러나 요한복음에서 발견되는 한 가지 전승에서 예수는 사실상 그와 같은 말을 했다. 요한복음에서 성전 시위는 "너희가 이 성전을 헐라. 내가 사흘 동안에 일으

51-58; Craig Keener, *The Gospel of John: A Commentary* (Peabody: Hendrickson, 2003), 1:40-42; Köstenberger, "John's Transposition Theology," 191-226.

209) Morris, *Studies in the Fourth Gospel*, 41-42.
210) Morris, *Studies in the Fourth Gospel*, 46; 참조. Carson, *Gospel According to John*, 53.

키리라"(요 2:19)는 예수의 주장으로 절정을 이룬다. 그다음에 예수의 이 말이 자기 몸의 부활을 은밀하게 가리키는 것이라는 편집자적 논평이 뒤따른다(요 2:21). 이는 요한복음이 공관복음서 전승 안에서 발견한 어떤 것을 명료하게 밝혀주지만, 그것이 반드시 공관복음서에 의존하는 것은 아니라는 사실을 명백하게 입증하는 한 가지 예다.

비슷하게, 요한복음의 몇몇 요소는 그 자체로 특이하고 문맥에 어울리지 않는 듯하다. 예를 들면 예언자가 고향에서는 높임을 받지 못한다는 예수의 말씀이 그렇다(요 4:44). 이는 갈릴리 사람들이 예수에게 모호한 태도를 취한다는 것을 표현하는 대목으로, 이 말씀은 마가복음 6:4/마태복음 13:57에 묘사된 거의 똑같은 예수의 말씀과 나란히 읽을 때 견인력을 얻는다. 이렇게 서로 겹치는 부분은 의도적으로 고안된 것이라기보다는 우연의 일치일 것이다. 또한 이것은 어떤 복잡한 전승사의 증거가 된다.[211] 모리스는 이 점에 근거해서, 요한복음과 공관복음서 사이에 관계가 있지만 그 관계가 반드시 문학적인 연관성은 아니라고 결론 내린다. 요한복음 전승과 공관복음서 전승 모두에서 발견되는 전승은 서로 공명하고 강화하는 역할을 한다는 것이다.[212]

비록 우리가 요한복음이 공관복음서로부터 전적으로 독립되어 있다고 생각하지 않는다 하더라도, 여전히 서로 겹치는 전승을 상정할 수 있다. 예를 들면, 카슨(Carson)은 요한이 누가복음을 읽지 않았다고 하더라도 아마도 마가복음은 읽었을 것이고 그 후 자신의 복음서를 저술했으리라고 생각한다.[213] 이와 비슷하게, 쾨스텐버거(Köstenberger)는 요한이 마

---

211) Carson, *Gospel According to John*, 54-55.
212) Morris, *Studies in the Fourth Gospel*, 61-62.
213) Carson, *Gospel According to John*, 51.

가복음과 누가복음뿐만 아니라 목격자들의 회상에 기초하고 있지만, 공관복음서 자료에 대해 의도적인 신학적 전환을 시도했다고 여긴다. 그 결과는 존재하는 텍스트를 창의적으로 다시 저술하는 것으로서, 이는 텍스트의 숨겨진 가능성을 실현하고, 텍스트의 메시지를 새롭고 독특한 맥락으로 확장하는 것이었다. 요한은 마가복음을 읽었고, 또 누가복음을 읽었을 가능성도 있다. 비록 요한복음과 마가복음 및 누가복음의 관계가 간접적이고 상당히 미묘하지만, 그럼에도 불구하고 요한은 누가복음은 아니라 할지라도 마가복음의 문학적인 계획과 신학적인 특성을 기반으로 저술했다.[214] 예를 들면, 쾨스텐버거는 가이사랴 빌립보에서 예수가 그리스도(막 8:29; 마 16:16; 눅 9:20)라고 말한 베드로의 고백을 "하나님의 거룩하신 자"(요 6:69)라는 베드로의 고백으로 바꾼 것을 전환(transposition)으로 이해한다. 나아가 그는 예수가 그리스도 및 하나님의 아들(요 11:27)이라는 마르다의 신앙고백에서 마가복음 자료가 간접적으로 반영되어 있다고 이해한다. 이 신앙고백이 제4복음서의 목적 진술문(요 20:31)을 미리 보여준다는 것이다.[215]

분명히 겹치는 전승이라는 제안은 요한복음의 완전한 독립성에 호소하지 않으면서도, 요한복음과 공관복음서의 자료가 외관상 일치하는 것처럼 보이는 점을 잘 설명해준다. 그렇다고 하더라도 요한복음이 보다 명백하게 밝혀주는 몇 가지 사항은 단순히 요한복음이 공관복음서의 자료와 조화를 시도하는 것일 가능성이 있다. 또한 우리에게는 다음과 같은 의문점도 남는다. 즉 우리의 논의의 최종 결과가 요한이 공관복음서를 다소 간접적이고 유동적으로 받아들여서 단순히 문학적으로 의존했다는 결

---

214) Köstenberger, "John's Transposition Theology," 197-201.
215) Köstenberger, "John's Transposition Theology," 205.

론은 아닌가 하는 질문 말이다.

8) 공관복음서와 비슷한 자료. 루돌프 불트만은 공관복음서가 요한복음에 영향을 미쳤다고 하더라도 직접적인 영향은 조금밖에 미치지 않았다고 주장했다. 이 견해로 불트만은 유럽 대륙의 학자들에게 큰 영향을 미쳤다. 그는 요한복음이 몇 가지 자료에 기초하고 있다고 이해했다. 그 자료에는 기적 자료, 영지주의 주제에 상당히 영향을 받은 담론 자료, 수난과 부활 자료, 자료를 만들어내고 다시 배열한 초기 교회의 편집자 등이 포함되어 있다. 불트만은 예를 들어 수난 이야기 같은 것에 대해 요한이 공관복음서에서 종종 동일한 사건을 묘사한 평행 자료에 기초하여 저술하고 있다고 생각했다. 대부분의 경우에 요한복음과 공관복음서 사이의 유사점은 서로 비슷하며 평행을 이루지만 또한 서로 독립적인 자료에 기인한다는 것이다. 문자적으로 일치하는 소수의 구절은 사실상 다른 복음서를 알고 있던 최종 편집자로부터 온 것이다.[216] 예를 들면 불트만은 마가복음 1:8과 언어가 거의 일치하는 요한복음 1:26("나는 물로 세례를 베풀거니와")을 편집자가 덧붙인 것이라고 이해했다. 왜냐하면 이런 표현은 해당 문맥에 거슬리기 때문이다. 또한 그는 마가복음 6:30-51과 마찬가지로 예수가 물 위를 걸은 사건과 연결되는 요한복음 6:1-26의 급식 기적 사건은 세부적인 내용에서 일치하는 요소가 많이 포함되어 있지만, 독립성을 가리키는 다른 특징도 많이 지니고 있다고 생각했다.[217]

---

[216] Rudolf Bultmann, *The Gospel of John: A Commentary*, trans. G. R. Beasley-Murray, R. W. N. Hoare, and J. K. Riches (Philadelphia: Westminster, 1971). 특히 6-7면에서 Walter Schmithals의 머리말을 참조하라. Bultmann의 견해를 요약해주는 것으로서 다음 연구서들을 보라. Smith, *John among the Gospels*, 48, 65-66; Mackay, *John's Relationship with Mark*, 16-19.

[217] Bultmann, *The Gospel of John*, 91 n. 1, 210-211.

비록 불트만이 제4복음서에 대해 자료비평적이고 문학적이며 신학적인 질문, 특히 요한복음의 일치와 불일치에 대해 깊이 이해했음에도 불구하고 그가 제시하는 해결 방법은 만족스럽지 못하다. 우선, 표적 자료를 제외하고 그가 제4복음서를 위해 제안한 자료 중 아무것도 계속해서 존속하지 못했다는 점을 들 수 있다. 심지어 표적 자료조차 요한복음을 연구하는 학자들 사이에서 보편적인 동의를 얻지 못했다.[218] 더구나 요한복음과 공관복음서 사이의 유사점을 전-복음서(pre-Gospel) 자료나 후대의 복음서 편집 작업과 평행을 이루는 것으로 추측하는 일은 해당 유사점에 대해 원래의 복음서 저자가 저술하던 단계가 아니라 모든 단계에서의 유사성을 상정하는 것처럼 보인다. 불트만은 제4복음서의 문학적이고 신학적인 독립성을 옳게 이해했던 반면에, 제4복음서가 왜 공관복음서 전승과 유사성을 지니고 있는지에 대해서는 설득력 있는 설명을 제시하지 못했다.

9) **독립성**. 요한복음이 하나의 보충이나 대체로서 다른 복음서에 의존하고 있다고 단순하게 가정되었을 때, 가드너-스미스는 요한복음이 공관복음서로부터 독립되어 있다고 주장하면서 요한복음 연구에 천둥 번개를 일으켰다.[219] 가드너-스미스에 의하면 예수에 대한 구전이 광범위하게 유포되고 해석되었다는 것은 요한복음과 공관복음서에 대해 많은 것을 설명해줄 수 있다. 언어가 서로 일치하는 부분의 수가 불과 몇 개밖에 되지 않고, 구조적인 유사점은 문학적인 의존이라기보다 오히려 널리 알려진 케리그마에 기초한다는 것이다. 그뿐 아니라 가드너-스미스는 단지

---

[218] 참조. D. A. Carson, "Current Source Criticism of the Fourth Gospel," *JBL* 97 (1978): 411-429.

[219] P. Gardner-Smith, *Saint John and the Synoptic Gospels* (Cambridge: Cambridge University Press, 1938).

유사점을 설명하는 것만 아니라 차이점에 대해 설명하는 것 역시 문제가 있다고 지적한다. 제4복음서를 처음부터 끝까지 체계적이지만 간략하게 살피고 난 후, 그는 요한복음의 독립성에 기초해서 요한복음과 공관복음서 사이의 동일성과 차이를 설명하는 것이 더 좋다고 생각한다.

가드너-스미스는 도드에게 어느 정도 세례 요한에 해당하는 인물이었다. 도드는 기념비적인 연구서인 『제4복음서의 역사적 전승』(*Historical Tradition in the Fourth Gospel*)을 통해 더욱더 강력해지는 활력과 열정으로 요한복음의 독립성에 대한 논지를 전개했다.[220] 도드는 요한복음과 공관복음서 사이의 유사성에 대해 철저하게 비교하고 분석했다. 그는 요한복음 자료를 특성상 대체로 구술 자료로 이해했고, 공관복음서의 평행 텍스트와 어느 정도 구별할 수 있음을 입증하기 위해 구체적인 사례를 하나하나 제시했다. 도드는 다음과 같이 주장한다.

> 그러므로 제4복음서의 어떤 본문을 다른 복음서의 평행 본문과 비교할 때 우리는 다음과 같은 질문을 제기해야 한다. 먼저, 초기 교회의 일반적인 전승을 배후로 가진 작품들 안에서, 언어 또는 내용의 일치가 합리적인 기대 수준 이상으로 나타나는지를 질문해야 한다. 그다음, (제4복음서 저자가 공관복음서를 모방하고 있다고 추측한다면) 어떤 주목할 만한 차이점을, 이 유명한 복음서 저자의 매너리즘으로 또는 잘 알려진 그의 교리적 경향으로 설명할 수 있는지 질문해야 한다. 만약 그렇지 않다면, 그것은 해당 본문을 공관복음서로부터 독립적인 것으로 취급해야 할 **분명한** 사례다. 또한 우리는 혹시 어떤 본문이 형태 또는 핵심 내용에서 어떤 특성을 지니고 있는지, 또 **삶의 자리**를 가리

---

[220] C. H. Dodd, *Historical Tradition in the Fourth Gospel* (Cambridge: Cambridge University Press, 1963).

키는 어떤 것이 있는지 질문해야 한다. 나아가 우리는 그 특성이 우리에게 알려진 전승 자료와 삶의 자리를 연결해주는지 질문해야 한다.[221]

요한복음의 독립성을 주장하는 가드너-스미스와 도드의 이론에는 몇 가지 문제점이 있다. 우선, 그들은 요한복음 전승의 형성 과정을 설명하기 위해 지나치게 구전에 호소했다. 그렇다. 요한복음의 배후에는 구전이 있다. 하지만 공관복음서와 겹치는 어떤 부분에서 단지 몇 가지 요소가 독특하다는 이유만으로, 요한복음이 공관복음서를 편집한 결과가 아니라 독립적인 구전에 기인한다고 할 수 있는지는 분명하지 않다.[222] 또한 도드는 양식비평이 여전히 성행하고 있던 19세기 중엽에 해당 연구서를 저술했다. 그렇지만 양식비평의 관점(도드는 양식비평의 방법보다 양식비평의 관점에 더 관련되어 있었다)은 점차 지붕부터 밑바닥까지 무너져 내렸다. 따라서 양식비평가들이 이해한 것처럼 예수 전승의 구전 유포의 주장은 한때 상당한 지지를 받았으나 지금은 설득력이 약하다. 또한 도드는 의존이 순수하게 문학적인 조건으로-한 필사자가 다른 사람의 작품을 복사하는 조건으로-설명되어야 한다는 전제를 받아들였다. 그러나 앞에서 살펴본 대로 우리가 숙고해야 할 다른 범주가 있다. 예를 들어 기억, 이차적인 구술 전달 및 연행 등이 그 범주다. 요한은 이런 다양한 방법을 통해 다른 복음서를 알 수 있었을지도 모른다. 마지막으로 내가 판단하기에 모든 것 가운데 가장 문제가 되는 것으로서, 1세기 말에 자신의 복음서를 저술한 요한이 (적어도 마태복음과 누가복음의 배경으로서) 광범위하게 유포되었던

---

221) Dodd, *Historical Tradition in the Fourth Gospel*, 9.
222) Dodd는 이 문제에 대해 충분히 인식하고 있다(*Historical Tradition in the Fourth Gospel*에서 9쪽을 보라).

마가복음과 같은 문서를 알지도 못했고 사용하지도 않았다는 것은 타당성이 거의 없다. 만약 요한이 마가복음을 알았거나 또는 마가복음에 대해 알고 있었다면, 비록 장르나 구조의 측면뿐이라고 하더라도, 아마도 그것은 요한에게 어느 정도 영향을 미쳤을 것이다.

결론: 요한 문제 재논의

제4복음서의 기원과 공관복음서와 비교했을 때 요한복음의 동일성과 차이에 대한 문제는 모든 사람을 계속해서 당혹스럽게 만들 것이다. 카슨은 이런 꽉 막힌 상태에 대해 다음과 같이 말한다. "요한복음이 공관복음서 중 하나 또는 그 이상의 복음서에 **문학적으로** 의존했다는 이론은 이제까지 합리적인 의심을 뛰어넘을 정도로 입증되지 않았다. 하지만 요한복음이 공관복음에 문학적으로 의존하지 **않는다**는 이론도 마찬가지로 입증되지 않았다."[223] 만약 이 논쟁을 앞으로 진전시키려면, 우리는 공관복음서 전승에 맞서서 요한복음 전승의 발전 과정을 이해하기 위해 의존 **또는** 독립을 넘어서는 새로운 범주와 구조를 발전시켜야 한다. 왜냐하면 요한복음과 공관복음서의 관계는 이 두 가지 범주가 허용하는 것보다 더 복잡하기 때문이다.

나는 한 가지 해결책을 추구하면서 다음과 같이 생각한다. 요한복음은 공관복음서와 상당히 다르다는 점에서 독립적이라는 것이다. 제4복음서는 주로 다른 전승에 기조하고 있고 자기 고유의 독특한 목표와 목적을 가지고 있다. 하지만 요한은 분명히 공관복음서 전승과 공관복음서에 대해 어느 정도 알고 있었다. 그는 독자들이 공관복음서 이야기의 줄거리

---

223) Carson, *Gospel According to John*, 51(Carson 강조).

에 친숙하다고 전제하는 것으로 보인다. 그러므로 요한은 종종 삽입구적인 언급을 제시한다. 또한 요한복음 6장과 18-20장과 같은 곳에서는 공관복음서 자료와 언어상으로 관련성이 있다는 점이 강하게 나타난다. 당시 기독교 지도자들이 광범위하게 이동했고 교회마다 서로의 사정에 깊은 관심을 가졌다는 점을 고려할 때, 에베소에서 기록한 것으로 추측되는 제4복음서의 저자가 마가복음이나 누가복음을 읽을 기회를 전혀 갖지 못했다는 것은 타당성이 별로 없다.[224] 어떻게 요한이 공관복음서를 "아는지" 상관없이, 그는 공관복음서로부터 다소 거리를 두는 방식으로 공관복음서에 대한 지식을 자신의 복음서에 적용한다. 요한복음과 그 자료가 공관복음서 이전 단계의 것인지 아니면 이후 단계의 것인지와 상관없이, 복음서 저자는 공관복음서에 직접적으로 의존하지 않은 채 자신의 이야기를 자유롭게 말하고 있다.[225] 제4복음서는 이전 이야기와의 연속성을 드러낼 뿐만 아니라 그것으로부터 상당히 자유롭다.[226]

이 점을 설명하기 위해 나는 문자로 기록되기 이전 단계에서 공관복음서 전승과 요한복음 전승이 돌발적으로 서로 마주치게 되었으리라는 추측을 제안한다. 또한 요한복음의 자료 중 상당 부분이 독립적인 특성을 지녔다고 인정하고, 요한이 공관복음서 전승을 접할 수 있었으리라고 상상할 것을 제안한다. 요한은 자신의 복음서를 저술하기 이전에 공관복음

---

224) 참조. Brown, *Gospel According to John*, 1:xlvi; Smith, *John among the Gospels*, 241; Keener, *Gospel of John*, 1:41-42.

225) Keener, *Gospel of John*, 1:42.

226) 참조. Manfred Lang, *Johannes und die Synoptiker. Eine redaktionsgeschichtliche Analyse von Johannes 18-20 vor dem markanischen und lukanischen Hintergrund* (FRLANT 192; Göttingen: Vandenhoeck & Ruprecht, 1999), 56-60. 하지만 나는 요한이 자신의 수난 이야기를 만들기 위해 마가복음과 누가복음을 기본적으로 편집했다는 Lang의 입장에 반대한다.

서 텍스트, 아마도 마가복음을, 혹시 누가복음까지도 읽거나 구술 연행을 관찰함으로써 공관복음서 전승을 접했을 것이다. 이것은 제4복음서가 마가복음의 구조를 의식적으로 받아들이고, 서로 겹치는 전승이 존재하며, 요한이 공관복음서에 제시된 단락의 위치를 종종 의도적으로 이동시킨다는 것과 더불어 제4복음서가 공관복음서와 전반적으로 차이가 있다는 사실을 설명해준다. 이런 복잡한 관계는 제4복음서가 다소 독자적인 접근 방법으로 예수에 대한 이야기를 말하는 것과 연결되어 있다. 제4복음서에서 예수 이야기는 상징적인 의미가 부여되어 있다. 또한 제4복음서의 저자는 예수가 하나님의 아들이며 메시아라는 기독론을 전개하고, 예수의 말씀 전승을 미드라쉬와 같은 방법으로 해석하려고 시도하며, 유대교의 지혜 모티프를 풍부하게 반영한다. 이런 요소를 모두 고려할 때, 나는 왜 요한복음이 현재의 형태와 구조 및 내용을 지니고 있는지에 대해 납득할 만한 설명을 할 수 있다고 생각한다.

III — 결론

복음서는 구전의 자원으로부터 또한 예수 전승을 점진적으로 텍스트로 표현한 자료로부터 나타났다. 구전은 다양한 목격자와 그룹들 사이에서 상호 작용을 했다. 각각의 목격자와 그룹은 사료 자원과 추종자들을 갖고 있었을 것이다. 그러므로 복음서 역시 문학적인 측면에서 어느 정도 서로 영향을 미쳤을 것이라고 추측된다. 이 문학적인 유전학, 즉 내가 복음서 사이의 내부 관계라는 의미로 쓴 것은 다음과 같이 설명할 수 있다.

우리는 공관복음서 안에서 세 복음서 사이의 문학적인 관계를 밝혀주는 명백한 자취를 간파할 수 있다. 복음서 가운데 하나 또는 그 이상은 다른 복음서에서 자료를 빌려왔다. 하지만 그 관계는 단순하지 않다. 그 관계는 지속적인 구전, 이차적인 구술 전달, 서로 평행을 이루는 전승, 아마도 보다 이른 시기와 후대의 판본들에 의해 복잡하다. 거의 확실해 보이는 것은 마가복음이 가장 먼저 저술되었다는 것과 나중에 누가와 마태가 마가복음을 사용했다는 점이다. 하지만 그 이후의 과정에 대해서는 단지 추측할 수 있을 뿐이다. 그렇다고 하더라도, 나는 마태와 누가가 마가복음 외에도 어떤 자료를 부분적으로 공유했을 가능성이 높다고 생각한다(아마도 우리가 "Q"라고 부르는 문서와 다른 다양한 전승을 공유했을 것이다). 그리고 누가가 훗날 어느 시점에 마태복음의 요소를 자신의 복음서에 결합했을 것이다(즉 홀츠만-건드리 이론). 그러므로 누가복음은 공관복음서 전승의 발전 과정에서 정점에 위치해 있다.

요한복음과 관련해서 그 기원은 정말 수수께끼 같다. 요한복음은 어떤 절대적인 방식으로 공관복음서에 "의존한다" 또는 "독립적이다"라고 단순하게 분류하는 것을 거부한다. 나는 전반적으로 다음과 같이 생각한다. 요한복음은 예수의 유대인 제자, 곧 그 사랑받는 제자의 증언에 빚을 지고 있다. 그는 에베소에서 복음서를 기록했다. 나중에 그의 추종자들이 이 복음서에 후기를 덧붙였다. 복음서 저자든, 그의 추종자들이든, 다른 초기 교회로부터 분리되어 있지는 않았을 것이다. 어떤 시점에 저자는 마가복음을, 아마도 누가복음 역시 알게 되었을 것이다. 심지어 그는 마태복음까지 알았을지도 모른다. 하지만 요한에게 알려진 공관복음서 텍스트는 그가 예수 전승을 자기 나름의 창의적인 방법으로 이야기하는 데 구조와 장르를 제공했을 것이다. 또한 그 텍스트는 요한복음의 몇몇 부분에서 비슷한 표현을 만들면서 지문을 살짝 남겼다. 그러나 요한의 이야기는 문학적인 측면에서 독립적이며, 그 이야기의 설명을 위해 주로 비-공관복음서 전승 자료에 의존한다.

여기서 우리는 사복음서의 문학적인 유전학에 대해 설명했다. 자료비평의 위험은 복음서의 복잡한 퍼즐이 어떻게 짜 맞추어졌는지 밝혀내려고 최선을 다하는 반면, 종종 복음서 이야기의 문학적인 아름다움과 내러티브의 신학적인 특성을 잊어버린다는 점이다. 바로 이것이 오늘날 사람들이 복음서가 귀찮아도 여전히 이를 읽어야 하는 이유다. 우리는 복음서가 우리에게 제시하는 자료비평 문제를 이해함으로써 복음서를 감상하는 것이 아니다. 분명히 자료비평 연구는 복음서를 이해하는 데 도움을 준다. 특히 각 복음서 저자가 어떻게 자신의 자료를 편집하고 개정했는지 파악하는 데 도움을 준다. 또한 이런 작업은 우리가 어떤 특정한 사례에서 해당 자료가 지니고 있는 정확한 목적과 고유한 관점을 이해하는 것을 가능하게 해준다. 하지만 복음서를 올바로 감상하려면, 우리는 반드시 복음서 저자가 제시하는 내러티브 세계 안으로 들어가야 한다. 거기서 우리는 등장인물, 플롯, 긴장감, 분위기, 주제 등과 같은 것을 통해서 이야기가 어떻게 의미를 빚어내는지 살펴보아야 한다. 독자들에게 가장 영향을 미치는 것은 바로 이야기가 지니고 있는 신학적·수사학적·역사적·문화적 특성이다. 그러므로 이제 우리는 문학작품으로서의 복음서로 반드시 돌아가야 한다.

추기

복음서의 순서에 대한 교부들의 언급

여기서는 복음서의 기원에 대한 교부들의 언급을 인용해서 모아놓았다. 하지만 여기 제시된 명단은 [1세기에서 5세기 사이의] 기독교 저자들의 의견에서 나온 것으로 사복음서의 기원에 대한 전승과 사변을 총망라한 것은 아니다. 지면의 한계로 인해 이 목록에는 기독교 전통에 따라 복음서의 기원에 대해 보다 많이 알려진 언급들이 포함되어 있다.[227]

파피아스(70-155년경)

그는 자신의 저서에서 아리스티온에게서 들은 주의 말씀에 대한 다른 설명을 전해준다. 아리스티온은 이미 앞에서 언급되었다. 또한 그는 장로 요한이 들려준 전승도 전해준다. 우리의 현재 목적을 위해 우리는 앞에서 이미 인용한 이 진술에 복음서를 저술한 마가에 대한 전승을 덧붙여야 한다. 그 전승은 다음과 같이 설명해준다. "그리고 그 장로는 종종 이렇게 말했다. '베드로의 통역자가 된 마가는 자신이 기억하고 있던 모든 것을 정확하게 기록했다. 하지만 그는 그리스도가 말하거나 행한 것에 대해 순서대로 기록하지는 않았다.

---

[227] 교부들의 증언을 더 자세히 설명해주는 것으로 다음 논문을 보라. Bernard Orchard, "The Historical Tradition," in *The Order of the Synoptics: Why Three Gospels?* ed. B. Orchard and H. Riley (Macon: Mercer University Press, 1987), 111-214.

그는 주님의 말씀을 직접 들었거나, 주님을 따라다니지는 않았다. 하지만 내가 이미 말한 대로, 나중에 그는 베드로를 따라다녔다. 마가는 베드로가 가르쳐준 것을 받아들였지만, 주님의 말씀을 순서대로 설명하려는 의도는 갖고 있지 않았다. 결과적으로, 마가는 자신이 기억하고 있던 것을 기록함에 있어서 아무것도 잘못한 게 없었다. 왜냐하면 그는 자신이 들은 것 가운데 아무것도 빠뜨리지 않고 기록하는 것을, 아니면 그것을 잘못 전달하지 않는 것을 자기의 중대 관심사로 삼았기 때문이다.'" 이처럼 파피아스는 마가와 관련하여 위에서 소개한 이야기를 들려주었다. 그러나 마태에 대해서 그는 다음과 같이 말했다. "마태는 말씀을 히브리어로 기록했다. 그리고 각 사람이 그것을 자신이 할 수 있는 한 최선을 다해 해석했다." 동일한 저자는 요한의 첫 번째 편지로부터 증언을 사용했다. 마찬가지로 그는 베드로의 편지가 증언하는 것도 비슷하게 이용했다. 「히브리복음」 안에 포함된 것으로서, 그는 많은 죄를 지었다고 주님 앞에서 [유대인들로부터] 고소당한 어떤 여인에 대한 또 다른 이야기를 들려주었다. 이미 말한 것 외에도, 우리는 이 일에 대해 숙고해야 한다.[228]

이레나이우스(202년 사망)

베드로와 바울이 로마에서 복음을 전파하며 교회를 세우고 있을 때, 마태는 히브리인들 사이에서 그들의 언어로 기록된 복음서를 펴냈다. 그들이 떠난 후, 베드로의 제사이자 통역자였던 마가도 베드로가 전파했던 것을 기록해서 우리에게 전해주었다. 그리고 바울의 동역자였던 누기도 그[바울]가 전파한 복음을 책에 기록했다. 그다음 주님의 제자이며 주님의 품에 기대어 식사를

---

[228] Papias, *Fragment* 3.15-17 = Eusebius, *Hist. Eccl.* 3.39.

했던 요한 자신도 에베소에 머물던 동안에 복음서를 펴냈다.²²⁹⁾

알렉산드리아의 클레멘스(150-215년경)

이것은 내[에우세비오스]가 클레멘스의 저서에서 발췌하여 여기에 삽입한 것으로 사실을 알려서 독자들을 유익하게 하려는 것이다. 이제 이 사도[요한]의 논쟁의 여지가 없는 저서들에 주의를 기울여보자. 먼저 그의 복음서는 하늘 아래 있는 모든 교회에게 알려져 있는데, 참된 것으로 인정되어야 한다. 고대인들은 이 복음서를 다른 세 복음서 다음에 네 번째 위치에 두었다. 다음 사항들은 그 이유에 대해 밝혀준다. 참으로 위대하고 거룩한 그 사람들, 즉 내가 의미하는 그리스도의 사도들은 흠 없이 깨끗한 삶을 살았다. 그들의 마음에는 온갖 미덕이 가득했다. 그들은 언변이 뛰어난 사람들은 아니었지만, 진정으로 하나님의 권능을 믿고 의지했으며, 그 권능이 기적을 행하는 능력을 지니고 있음을 확신했다. 구세주는 그들에게 그와 같은 능력을 은사로 주셨다. 그럼에도 그들은 자신들의 스승의 가르침을 어떻게 학식이 넘치는 언어와 미사여구로 선포해야 하는지 알지 못했고 그런 시도를 하지도 않았다. 대신 그들은 단지 자신들을 통해 하나님의 영이 하는 일을 드러냈을 뿐이다. 또한 그들은 단지 기적을 행하는 그리스도의 능력을 나타냈을 뿐이다. 그리고 그들은 하나님 나라에 대한 소식을 온 세상에 알렸다. 하지만 그들은 책을 저술해서 펴내는 데에는 별로 관심을 기울이지 않았다. 하지만 그들은 사실상 이 일도 했다. 왜냐하면 대단히 위대한 인물인 바울이 그들의 사역을 도와주었기 때문이다. 예를 들면, 바울은 표현력과 사상의 풍성함에서 그들 모두를 능가했다. 바울은 교회에게 단지 간략한 편지만 써서 보냈다. 하지만 그는 사람들에게 전해줄 수많은 신비스러운 일을 겪었다. 왜냐하면 그는 심지어 셋

---

229) Irenaeus, *Adv. Haer.* 3.1.1 = Eusebius, *Hist. Eccl* 5.8.2-4.

째 하늘에까지 이끌려갔기 때문이다. 또한 바로 하나님의 낙원에 이끌려 올라가서 이루 말로 표현할 수도 없고 사람이 말해서도 안 되는 말씀을 들었기 때문이다. 한편 우리 구주의 나머지 추종자들, 곧 열두 사도, 70인 제자들과 이외에 수많은 다른 사람들도 [예수 및 복음과 관련된] 이 일에 무지한 것은 아니었다. 그럼에도 불구하고 주님의 모든 제자 중 오직 마태와 요한만 그것을 기록해서 우리에게 전해주었다. 그리고 전승에 의하면, 그들은 단지 필요에 의해서 복음서를 기록하게 되었다. 나중에 이방인들에게 가기에 앞서, 마태는 처음에 히브리인들에게 복음을 전파했다. 또한 그는 자신의 모국어로 그의 복음서를 기록했다. 이와 같이, 이 세상을 떠나가기에 앞서 마태는 자신이 돌보아야 했던 사람들에게 복음서를 남겨주었다. 그리고 전승에 의하면, 마가와 누가가 그들의 복음서를 쓴 다음에, 그때까지 줄곧 복음을 입으로만 선포해왔던 요한도 마침내 다음과 같은 이유에서 그의 복음서를 저술했다. 이미 언급한 세 복음서는 모든 사람과 요한의 손에까지 들어왔다. 전승에 의하면, 요한은 세 복음서를 인정하고 또한 그것이 참되다고 증언했다. 하지만 세 복음서에는 그리스도가 초기의 사역에서 행한 일에 대한 이야기가 빠져 있었다. 참으로 이것은 사실이다. 왜냐하면 분명히 세 복음서는 세례 요한이 감옥에 갇힌 다음에 주님이 한 해 동안 사역한 것만 기록했고, 세 복음서가 복음서 이야기를 시작하면서 이 점을 지적했기 때문이다. 마태는 예수가 사십 일 동안 금식하고 나서 마귀에게 시험을 받은 것을 언급한 다음에 예수의 사역의 연대기에 대해 다음과 같이 알려준다. "예수께서 요한이 잡혔음을 들으시고 [유다 지역으로부터] 갈릴리로 물러가셨나"(마 4.12). 또한 마가도 비슷하게 "요한이 잡힌 후 예수께서 갈릴리에 오셔서"(막 1:14)라고 말한다. 누가는 예수의 행적에 대한 자신의 이야기를 시작하기에 앞서, 헤롯에 대해 "그 위에 한 가지 악을 더하여 [헤롯은] 요한을 옥에 가두니라"(눅 3:20)고 말하면서 그 시점을 알려준다. 그러므로 전승에 의하면, 이런 이유로 말미암아 복음서를 저술하라는 간청을 받고 난 뒤, 사도 요한은 이전의 복음서 저자들이 생략한 시기에 대한 이야기를 자신의 복음서에서 제시했다. 다시 말해, 그는 세례 요한이 감옥에 갇히기 이전 기간에 주님이 행한 일에 대해 이야기해주었다. 그는 "예수께서 이 첫 표적을 갈릴리 가나에서 행하여"(요 2:11)라고 말하면서 이 점을 알려준다. 또한 그는 예수가 사역을 하고 있던 기간에 세례 요한이 여전히 살렘 가까운 애논에서 세례를 베풀고 있었다고 말한다(요 3:23). 그러면서 "요한이 아직 옥에 갇히지 아니하였더라"(요 3:24)라고 그 시점을 명백하게 밝혀준다. 따라서 요한은 자신의 복음서에서 세례 요한이 감옥에 갇히기 이전에 행해진 그리스도의 행적을 기록하고 있다. 하지만 다른 세 복음서 저자들은 그 시점 이후에 일어난 사건을 언급한다. 이 점을 이해하는 사람은 더 이상 복음서가 서로 일치하지 않는다고 생각할 수 없을 것이다. 왜냐하면 요한복음은 그리스도의 사역에서 최초의 행위를 포함하고 있지만, 다른 복음서들은 예수의 생애 후반부에 대해 설명하기 때문이다. 그리고 요한은 육신에 따른 구세주의 족보를 언급하는 것을 당연히 생략한다. 왜냐하면 마태와 누가가 이미 그런 족보를 제시했기 때문이다. 그래서 요한은 하나님의 영의 인도함을 받아서 구세주의 신성에 대한 가르침으로 자신의 복음서의 이야기를 시작한다. 마치 이것은 다른 복음서 저자들보다 뛰어난 존재로서, 요한을 위해 예비된 것처럼 여겨진다. 이것으로서 우리는 요한복음에 대해 충분히 말한 것 같다. 우리는 마가복음이 저술되도록 이끌었던 이유를 이미 언급했다. 누가복음과 관련해서 말하자면, 누가는 자신의 복음서를 시작하면서 자신이 왜 그것을 저술하게 되었는지 밝혀준다. 그는 다른 많은 사람들이 구주가 행한 사건에 대한 내러티브를 저술하려고 다소 무모하게 시도했다고 지적한다. 그 자신은 그 사건에 대해 탐구해서 완벽한 지식을 갖게 되었다. 바울과 함께 지내며 그와 친밀하게 사귐을 갖는 것을 통해서, 또한 나머지 사도들과의 교제를 통해서, 누가는 모든 사실을 온전히 파악했다. 그러자 그는 우리를 불확실한 견해로부터 해방시켜야 할 필요성을 느끼고, 자신의 복음서에서 구주와 관련된 사건에 대한 이야기를 정확하게 전달했다.[230]

또 다시 동일한 책(*Hypotyposeis* 6)에서 클레멘스는 복음서의 순서와 관련해서 가장 초기의 장로들의 전승을 다음과 같이 전해준다. 그는 족보를 포함하고 있는 복음서들이 가장 먼저 기록되었다고 말한다. 마가복음은 다음과 같은 과정을 통해 기록되었다. 베드로가 성령에 의해 로마에서 공개적으로 말씀을 전하며 복음을 선포하고 있었을 때, 당시 로마에 있던 많은 사람이 마가, 즉 오랫동안 베드로를 따라다녔고 베드로가 전해준 [주님의] 말씀을 잘 기억하고 있었던 그에게 [주님의] 말씀을 자세하게 기록해줄 것을 요청했다. 그러자 마가는 자신의 복음서를 저술하고 나서 그것을 요청한 사람들에게 주었다. 마가가 이런 작업을 하고 있다는 것을 알게 되었을 때, 베드로는 그것을 직접적으로 금지하지도 않았고 그렇다고 격려하지도 않았다. 마침내 요한이 [주님에 대한] 외적인 사실이 다른 복음서에서 명백하게 드러났다는 것을 알게 되었다. 친구들의 간청을 받고 성령의 감동을 받은 요한은 영적인 복음서를 저술했다. 클레멘스가 이와 같이 설명한다.[231]

반(反)-마르키온 서문(150-250년경)

마가는 [복음서를] 기록했다. 그는 뭉툭한 손가락으로 불렸는데, 그의 손가락과 필이 너무 짧아서 팔을 뻗어도 머리 위까지 닿지 않았기 때문이다. 마가는 베드로의 통역자였다. 베드로가 죽은 다음에 그는 이날리아 시역에서 복음시를 기록했다.

---

230) Eusebius, *Hist. Eccl.* 3.24.1-15.
231) Eusebius, *Hist. Eccl.* 6.14.5-7.

누가는 시리아 지역에 위치한 안디옥 출신이었다. 그의 직업은 의사였다. 또한 그는 사도들의 제자였다. 하지만 나중에 누가는 바울이 순교할 때까지 그를 따라다녔으며 흠 없이 주님을 섬겼다. 결혼을 하지 않아 그에게는 아내도 없었고 아이도 없었다. 그는 성령으로 충만했으며, 84세까지 살다가 보에티아(Boetia)에서 죽었다. 그러므로 복음서들이 이미 기록되었다. 곧 마태는 유대 지역에서, 마가는 이탈리아에서 자신의 복음서를 기록했다. 성령의 감동을 받아 누가는 아가야 지방에서 자신의 복음서를 저술했다. 그는 복음서의 머리말에서 자신보다 먼저 다른 사람들이 복음서를 저술했다고 알려준다. 또한 그는 그리스어를 사용하는 신자들을 위해 자신의 이야기에서 모든 사건을 순서대로 설명하는 것을 중요하게 여기고 최선의 노력을 기울여 복음서를 저술했다. 그래서 신자들이 유대교의 꾸며낸 이야기에 미혹을 받거나, 이교도들의 신화에 유혹을 받아서 길을 잃어버리지 않고 진리에서 떠나지 않게 했다. 그래서 누가는 자신의 복음서의 시작 부분에서 꼭 필요한 것으로서 세례 요한의 출생에 대해 다룬다. 세례 요한은 복음의 시작이고 우리의 주님이신 예수 그리스도의 선구자였다. 그는 사람들을 완전하게 하는 데 동반자였으며, 회개를 촉구하고 입증하는 세례를 도입했으며, 마침내 순교에 동참하는 자가 되었다. 열두 소예언서를 기록한 예언자들 중 하나인 말라기도 분명히 그에 대해 언급했다. 그 후에 같은 인물인 누가가 사도행전을 기록했다. 나중에 사도 요한은 밧모 섬에서 요한계시록을 기록했으며, 소아시아 지역에서 복음서를 저술했다.

요한은 살아 있는 동안 요한복음을 기록해서 교회에 주었다. 또한 요한의 친밀한 제자였던 히에라폴리스의 파피아스도 주의 말씀에 대한 다섯 권의 해설서에서 다음과 같이 알려준다. 곧 요한이 신중하게 천천히 불러주는 동안 그가 복음서를 받아썼다는 것이다. 하지만 이단 교리를 주장한 마르키온은 요한에게 정죄받고 그에 의해서 추방되었다. 왜냐하면 마르키온은 요한의 가르침과 반대되는 것을 가르쳤기 때문이다. 그러나 그 후에 그[마르키온]는 폰토스(Pontus)에 있던 형제들로부터 저서나 편지를 그[요한]에게 가져왔다.[232]

오리게네스(184-254년경)

제일 먼저 기록된 [복음서는] 마태복음이었다. 마태는 한때 세리였지만 나중에 예수 그리스도의 사도가 되었다. 그는 유대교에서 개종한 신자들을 위해 복음서를 펴냈다. 왜냐하면 그 복음서가 히브리어로 기록되었기 때문이다. 두 번째로 기록된 복음서는 마가복음이었다. 마가는 베드로의 가르침에 따라 복음서를 기록했다. 베드로 역시 자신의 편지에서 마가를 자기 아들로 인정했다. 베드로는 이렇게 말한다. "택하심을 함께 받은 바벨론에 있는 교회가 너희에게 문안하고 내 아들 마가도 그리하느니라"(벧전 5:13). 그리고 세 번째로 기록된 복음서는 누가복음이다. 누가는 이방인들을 위해 복음서를 저술했는데 바울이 그 복음을 칭찬했다(고후 8:18). 그리고 이 세 복음서 다음에 요한복음이 기록되었다.[233]

아우구스티누스(354-430년)

온 세상에 널리 알려진 이 사복음서 저자들은 다음과 같은 순서로 복음서를 기록했다고 여겨진다. 곧 첫째로 마태복음, 그다음에 마가복음, 세 번째로 누가복음, 마지막으로 요한복음이 기록되었다(아마도 복음서가 넷인 것은 세상이 네 부분으로 구성되어 있기 때문일 것이다. 사복음서 서사들은 어떤 면에서 넷이라는 숫자의 신성함을 통해 온 세상에 복음을 선포해서 그리스도의 교회가

---

232) 불가타역 이전의 몇 가지 오래된 라틴어 필사본에서 발견됨(R. Pearce 번역).
233) Eusebius, *Hist. Eccl.* 6.25.

세워지게 했다). 따라서 [예수의 가르침을] 배우는 것과 전파하는 것에서 사복음서 저자들에게 한 가지 순서가 있고, 복음서의 저술에서 또 다른 순서가 있다.[234]

이 사복음서 중에서 오직 마태복음만 히브리어로 기록되었다고 여겨진다. 다른 세 복음서는 그리스어로 기록되었다. 사복음서 저자들은 저마다 자신에게 적절한 방법대로 서술의 순서를 유지한 것처럼 보인다. 이것은 분명히 각 복음서 저자가 자신보다 먼저 저술을 시도한 사람들이 쓴 것을 알지 못한 채 저술하려고 선택했다거나, 어떤 사항에 대한 정보가 전혀 없어서 그것을 생략했다고 간주되어서는 안 된다. 하지만 실상은 다음과 같다. 곧 사복음서 저자들은 저마다 영감의 은사를 받은 대로 자신이 공동으로 알고 있는 불필요한 내용을 자신의 수고에 덧붙이는 것을 삼갔다. 마태는 영감을 받아 주님의 성육신을 왕의 계보에 따라서 기록했다. 또한 그는 주님의 행적과 말씀을 거의 대부분 사람들의 현재 삶과 연관을 지어서 설명했다. 마가는 마태를 가까이 따른다. 마가는 마치 마태복음을 충실하게 요약한 것 같다. 왜냐하면 마가의 내러티브에서 그는 요한복음과 제휴하는 것이 전혀 없기 때문이다. 마가복음은 마태복음 및 누가복음과 정도에 따라서 공통점을 지닌다. 마가가 자기 혼자서 기록한 것은 조금밖에 없다. 마가복음은 누가복음과 다소 연관성이 있다. 하지만 마가복음은 마태복음과 많은 단락에서 연관성을 갖고 있다. 또한 마가는 마태가 사용한 내용 가운데서 상당 부분을 거의 동일하게 서술한다. 해당 부분에서 마가복음은 오직 마태복음과 일치하든지, 아니면 마태복음과 더불어 나머지 복음서와도 일치한다. 반면에 누가는 주님에 대해 제사장 계보와 인물에 따라서 묘사한 것 같다. 왜냐하면 누가는 자신의 고유한

---

234) Augustine, *Harmony of the Gospels* 1.2.3.

방법대로 그 계보를 다윗까지 거슬러 올라가기 때문이다. 그가 따른 것은 왕의 혈통이 아니라, 왕이 아니었던 사람들의 계보다. 누가는 자신의 족보를 다윗의 아들 나단으로 이어지게 한다. 나단도 왕이 아니었다. 하지만 마태의 족보에서는 그렇지 않다. 마태의 족보는 솔로몬 왕으로 연결된다. 마태의 족보는 매우 엄밀하게 다른 왕들로 이어진다. 이 족보를 제시하면서, 오직 마태만 열 넷이라는 신비로운 숫자를 보존했다. 우리는 나중에 이 숫자에 대해 언급할 것이다.[235]

그리고 이와 같은 방법으로 마가―네 생물의 신비적인 상징으로 잘 알려진 사람의 모습에 대해 대답한 것으로 여겨짐―는 우선적으로 마태의 동료였던 것으로 보인다. 왜냐하면 마가는 나머지 복음서 저자들보다 오히려 마태와 연합해서 상당수의 사항에 대해 이야기하는 것처럼 보이기 때문이다. 그는 왕 같은 인물에 대한 개념과 적당한 조화를 이루며 행동한다. 내가 첫 번째 책에서 말한 대로 그는 수행원들을 동반하는 습관을 지니고 있다. 아니면 그는 [다른 공관복음서 저자들]과 연합한다. 왜냐하면 비록 그가 마태복음과 대다수의 단락에서 일치하지만, 몇몇 다른 곳에서는 오히려 누가복음과 일치하기 때문이다. 이 사실은 그가 사자 및 수송아지와 관련되어 있다는 것을 보여 준다. 다시 말해서 마태가 강조하는 왕의 직위와 관련되어 있다. 또한 그는 누가가 소개하는 제사장의 직위와도 연결되어 있다. 그곳에서 그리스도는 또한 두드러지게 사람으로 나타난다. 마가가 제시하는 그 인물은 사자와 수송아지와도 연결되어 있다.[236]

---

235) Augustine, *Harmony of the Gospels* 1.2.4.
236) Augustine, *Harmony of the Gospels* 4.10.11.

히에로니무스(347-420년)

나는 지금 신약성서에 대해 말하고 있다. 신약성서는 의심할 여지 없이 그리스어로 기록되었다. 하지만 사도 마태의 저서는 예외다. 마태는 그리스도에 대한 복음서를 제일 처음으로 저술했다. 또한 그는 유대 지역에서 히브리어로 자신의 저서를 펴냈다.[237]

무라토리 단편(150-450년경)

…그럼에도 불구하고 그[베드로]는 거기 있었다. 그리고 그[마가]는 [그것들을 자기 복음서의 내러티브 안에] 기록했다. 세 번째 복음서는 누가에 의한 것이다. 누가는 유명한 의사였다. 그리스도가 승천한 이후 바울은 율법에 열심을 품고 있던 누가를 선택해서 함께 [선교 여행을] 다녔다. 누가는 자신의 이름으로 [일반적인] 믿음에 따라 세 번째 복음서를 저술했다. 하지만 누가는 육신을 입고 오신 주님을 직접 보지 못했다. 따라서 사건을 정확하게 확인하고 나서, 누가는 세례 요한의 출생에 대한 이야기부터 말하기 시작했다. 네 번째 복음서는 요한복음이다. 요한은 제자들 중 [한 사람]이었다. 요한의 동료 제자들과 주교들은 그에게 [복음서를 저술해줄 것을] 간청해왔다. 그러자 요한은 그들에게 이렇게 말했다. "오늘부터 사흘 동안 나와 함께 금식합시다. 그리고 각 사람에게 무슨 계시가 주어지든지 그것을 서로 말하도록 합시다." 바로 그날 밤에 사도들 중 [한 사람인] 안드레에게 다음과 같은 계시가 주어졌다. 곧 요한이 자신의 이름으로 모든 것을 기록해야 하며, 그들 모두 그것을 검토해야 한다는 것이었다. 그래서 비록 복음서의 각 책이 저마다 다양한 요소를 가르치지만, 그럼에도 불구하고 이것은 신자들의 신앙에 아무런 영향을 미치지 않는다. 왜냐하면 최고의 주권자이신 성령이 모든 [복음

---

237) Jerome, *Preface to the Four Gospels* (to Damasus).

서] 안에서 모든 것에 대해, 곧 탄생에 대해, 수난에 대해, 부활에 대해, 제자들과 공생애를 보낸 것에 대해, 초림과 재림 등에 대해 선포하기 때문이다. [예수의] 초림은 이미 일어났다. 그는 낮은 신분으로 왔으며, [사람들에게] 멸시받았다. 반면에 [예수는] 왕의 권능을 지니고 영광스러운 모습으로 재림할 것이다. 이는 미래에 일어날 것이다. 또한 놀랍게도 요한은 자신의 서신들에서도 이 특별한 사항에 대해 일관되게 언급한다. 그리고 그는 자신에 대해 다음과 같이 말한다. "우리는 우리의 눈으로 본 것, 우리의 귀로 들은 것, 또한 우리의 손으로 만져본 것을 너희에게 썼다." 이와 같은 방법으로 그[요한]는 자신이 직접 목격하고 들었을 뿐만 아니라 주님의 모든 놀라운 행적을 순서대로 기록한 사람이라고 선언한다. 더욱이 모든 사도의 행위도 하나의 책에 기록되어 있다. 누가는 "데오빌로"를 위해 자기의 면전에서 일어난 개별적인 사건들을 수집했다. 하지만 그는 베드로의 순교와 바울이 스페인으로 여행하기 위해 그 도시 [로마를] 떠나간 것은 언급하지 않는다.[238]

---

238) *Muratorian Fragment* 1-39(B. Metzger 번역).

제5장 — 복음서의 장르 및 목표

: 복음서란 무엇인가? 왜 복음서를 저술했는가?

2세기의 이교도인 철학자 켈수스는 기독교를 반박하는 책을 써야겠다는 강렬한 마음을 갖게 되었다. 켈수스가 복음서를 펼쳐서 처음으로 읽었을 때, 그는 자신이 읽고 있던 것을 어떤 종류의 문헌이라고 생각했을까? 고대의 전기를 기독교적으로 개작한 것인가? 아니면 그리스도인들이 독창적으로 고안해낸 새로운 형태의 문학작품인가? 만약 누군가가 마가복음 필사본 하나를 알렉산드리아의 대형 도서관에 기증했다면, 그 도서관의 사서는 이 필사본을 어떤 종류의 책으로 구분해서 해당 구역에 비치했을까? 비극, 희극, 역사, 전기, 서신, 예언서, 아니면 어떤 분야에 비치했겠는가? 복음서의 장르를 탐구하고 나서 복음서를 그리스-로마 및 유대교의 비슷한 저서들과 비교한다면, 우리는 이를 고대의 문학세계 안에 더 잘 배치할 수 있으며, 그 문학적인 특성과 목적을 더 잘 이해할 수 있을 것이다.[1]

복음서의 장르에 대한 질문은 본질적이고 역사적이며 해석학적인 과제다.[2] 장르는 확인할 수 있는 문학 유형이다. 이는 텍스트와 텍스트의 계

---

[1] 나는 이 설명을 Scot McKnight에게 빚지고 있다.
[2] 참조. Adela Yarbro Collins, *The Beginning of the Gospel: Probings of Mark in Context* (Minneapolis: Fortress, 1992), 2: "마가복음의 장르에 대해 결정하는 것은 단순히 분류학이나 학계의 전문적인 연구와 관련된 사항만은 아니다. 마가복음의 문학 형태에 대해 어떤 전제를 지니고 있는가는 그것이 독자들의 삶과 교회 및 공동체의 삶에 영향을 미치도록 허용하는 결과를 빚어낼 것이다." 복음서 장르에 대한 연구와 관련된 다양한 신학적 과제에 대해 특히 다음 논문을 보라. Robert H. Gundry, "The Symbiosis of Theology and Genre Criticism of the Canonical Gospels," in *The Old Is Better: New Testament Essays in Support of Tradition*

파와의 관계를 구분해준다. 문학비평가들은 장르가 어느 정도로 규범적이거나 묘사적인지, 어떻게 장르가 독자들과 독서를 제약하는지에 대해 논쟁한다. 어쨌든 장르는 의사소통 행위를 어떤 형태로 암호화하기 위해 저자를 위한 의사소통 구조를 만들어낸다. 그리고 독자들은 쉽게 그 형태를 해독한다. 예를 들어 우연히 "옛날 옛적에"라는 표현으로 시작되는 이야기를 읽게 된다면, 우리는 그 이야기를 동화 장르와 동일시할 것이다. 또한 우리는 곧바로 그 이야기에서 무엇을 기대해야 할지, 그 이야기를 어떻게 현실과 연결해서 이해해야 할지에 대해 단서를 찾아낼 것이다. 이와 비슷하게, 만약 우리가 우연히 "제1막"으로 시작되는 문서를 읽는다면, 우리는 연극 극본을 읽고 있음을 알아차리고 그것을 연극 대사로 여길 것이다. 또는 만약 우리가 타블로이드판으로 인쇄된 어떤 것을 집어 들고 "최근 여론 조사에서 대통령의 지지도가 떨어짐"이라는 표제어를 읽는다면, 그 인쇄물과 내용의 유형은 우리가 사실과 더불어 저널리스트의 견해가 섞여 있는 뉴스를 읽고 있음을 알아차리게 해줄 것이다. 우리는 그것을 단순히 정보로 받아들이고, 비판적인 시각으로 평가하고자 할 것이다. 이와 같이 장르는 중요하다. 왜냐하면 장르는 이미 알려진 문학적인 표현의 틀에 호소함으로써 저자와 독자 사이에 무엇인가를 기대하게끔 하는 구조를 만들어내기 때문이다.

문학을 이해하기 위해 구체적인 구조를 만들어내고 기술하는 장르의 힘을 고려해볼 때, 복음서 저자들이 제시하는 각각의 예수 이야기를 읽는 사람들에게 어떤 문학적 기대를 활성화하기를 시도했는지 탐구하는 작업은 마땅한 것이다. 그뿐 아니라 만약 복음서가 어떤 유형의 문학인지 판단

Interpretations (WUNT 178; Tübingen: Mohr, 2005), 18-48. 다음 개요도 보라. Judith A. Diehl, "What is a 'Gospel'? Recent Studies in Gospel Genre," *CBR* 20 (2010), 1-26.

할 수 있다면, 우리는 복음서 저자들이 자신들의 저서를 통해 어떤 종류의 영향력을 미치고자 했는지 이해하는 데 한 걸음 더 다가가게 될 것이다. 의사소통에서 수단은 종종 메시지다. 왜냐하면 무엇이 어떻게 말해졌는가(전달 수단)는 무엇이 말해졌는가(전달 내용)와 똑같이 중요하기 때문이다. 따라서 적합한 문학적인 전달 수단을 제공하기 위해 장르가 선별되고 발전되는 것이다. 그 전달 수단을 통해 저자들은 자신의 다양한 목적, 예를 들어 즐거움이나 정보 제공, 논쟁으로의 초대, 부끄러움을 느끼게 함, 또는 자극을 주는 것을 성취한다. 그러므로 문학 장르와 저자의 의도라는 두 가지 사항은 서로 밀접하게 연결되어 있다. 오직 복음서가 "무엇"인지 파악할 때라야, 우리는 복음서가 "왜" 저술되었는지 진정으로 알 수 있다.

그러므로 이 장의 목적은 복음서의 장르와 목표를 탐구하는 것이다. 그렇게 함으로써 고대 문학에서 복음서가 어떤 위치에 있는지 판단하고, 최초의 기독교 공동체가 위치한 고대 그리스-로마 세계에서 복음서의 목적을 파악하고자 한다.

I ─ 복음서의 장르

오늘날 대부분의 학사들은 복음서를 고대 그리스-로마 세계에서 유일한 문학 장르로 여겨왔다. 하지만 복음서가 고대로부터 알려진 다양한 문학 양식들과 점차 비교되면서 1980년대 초반에 이런 의견의 일치는 약화되었다.[3] 여기서는 주로 다음과 같은 선택 가능한 대안들에 대해 살펴보고

---

3) 참조. Richard Burridge, *What Are the Gospels? A Comparison with Graeco-Roman*

자 한다. 곧 복음서를 기독교의 독특한 문학작품으로 여겨야 하는지, 아니면 유대교의 거룩한 문학 양식이나 아레탈로지(aretalogy; 신[神]계보학) 및 소설과 비슷한 것으로 여겨야 하는지, 아니면 고대 그리스-로마의 전기와 같은 양식으로 여겨야 하는지 살펴보고자 한다.

선택 가능한 대안들

1. 독특한 기독교 저서

20세기에 복음서의 장르와 관련해서 가장 널리 알려진 관점은 복음서가 일종의 새로운 문학 양식, 그 자체로서 **독특하고**, 유일한 기독교 문학의 유형을 반영한다는 것이다. 복음서의 외적 형태는 고대 그리스의 *bios*나 고대 로마의 *vita*와 매우 비슷하다. 하지만 복음서의 내러티브 양식과 신학적인 구조는 구약성서로부터 많은 부분 유래하며, 복음서의 정확한 내용은 예수에 대한 기독교의 설교에 의해서 결정된다.[4]

복음서의 독특한 특성은 바로 각각의 복음서가 기독교 케리그마의 발전 과정과 예수 전승의 형성 과정의 최종점을 표상하기 때문에 나타난다. 양식비평의 패러다임에서 복음서는 본질적으로 구술로 전달된 민속 신앙이 문학 양식으로 압축된 것이다. 따라서 복음서는 일종의 새로운 유형, 구체적으로 말해 구술 민속 문학의 기독교적인 유형이다. 게다가 복음서 저자들이 선택하고 배열한 수난 이야기나 구술 형태가 완비된 전승 자료

Biography (2nd ed.; Grand Rapids: Eerdmans, 2004), 78-100.
4) Loveday Alexander, "What Is a Gospel?" in *The Cambridge Companion to the Gospels*, ed. S. C. Barton (Cambridge: Cambridge University Press, 2006), 29.

의 다양한 단위는 실에 꿴 진주알들과 상당히 비슷하다.[5]

양식비평 학파의 선구자들은 복음서를 제일 먼저 기독교 구술 민속 문학으로 이해했으며, 그것이 독특한 유형의 문학 양식이라는 견해를 발전시켰다. 칼 쉬미트(Karl L. Schmidt)의 견해에 의하면, 복음서의 구조는 역사적인 기억이나 문학 양식의 관습에 의해 제약을 받은 것이 아니라 대체로 복음서 저자들이 인위적으로 만들어낸 것이다. 곧 복음서 저자들이 예수에 대한 일화들을 느슨하게 다소 인위적으로 모아놓았다는 것이다. 예를 들면, 마가복음은 단순하며 기교가 없는 스케치다.[6] 마르틴 디벨리우스에 따르면 복음서는 초기 교회의 종말론, 곧 예수의 죽음과 부활에 대한 초기 교회의 복음 선포(즉 케리그마)의 산물이며, 예수에 대한 제3단계의 회상이다. 디벨리우스는 공관복음서를 "문학적이지 않은 저서", 다시 말해 비망록보다는 낫지만 문학적인 업적보다는 못한 것으로 예수에 대한 학식이 결여된 자료 모음집으로 간주했다. 그는 다음과 같이 주장한다. "[공관복음서]의 지은이들은 단지 최소한의 범위에서 저자다. 그들은 주로 자료 수집가, 전승의 도구, 편집자다. 무엇보다도 그들의 수고는 자신들이 입수한 자료를 구분하고 그것을 정리해서 전달했다는 데 있다."[7] 복음서 저자들은 공관복음서 전승의 문학적인 특성을 형성하는 데 매우 제한된 역할을 했다. 그들이 한 것은 기껏해야 서로 독립되어 있던 단위

---

5) Karl L. Schmidt, "Die Stellung der Evangelien in der allegemeinen Literaturgeschichte," in *EUCHARISTERION*, ed. H. Schmidt (FS H. Gunkel; 2 vols.; FRLANT 19; Göttingen: Vandenhoeck & Ruprecht, 1923), 2:127.

6) Karl L. Schmidt, *Der Rahmen der Geschichte Jesu* (Berlin: Trowitzsch, 1919).

7) Martin Dibelius, *From Tradition to Gospel*, trans. B. L. Woolf (Cambridge: Clarke, 1971), 3.

들을 결합한 것이다.[8] 루돌프 불트만은 구전과 기록 전승 사이에 한정할 수 있는 경계가 있다는 것을 당연하게 여겼다. 그는 마가복음이 진정한 전기가 아니라 헬레니즘 배경에서 기독교의 케리그마를 확대해서 설명한 것이라고 주장했다.[9] 복음서는 부활한 그리스도에 대한 기독교의 설교에 의해 형성된 제의 신화(cult legend)라는 것이다. 불트만은 다음과 같이 주장한다. "마가는 이런 종류의 복음서 창작자다. 그리스도 신화가 그의 책, 곧 신의 은밀한 현현에 대한 책에 사실상 전기와 같은 통일성이 아니라 케리그마적 신화에 기초한 통일성을 부여했다."[10] 그는 복음서를 그리스의 전기, 널리 알려진 동방의 책, 심지어 묵시록과 실제로 비교할 수 있다고 생각하지 않는다. 만약 복음서를 다른 문학작품들과 나란히 놓고 비교한다면 이는 복음서의 독특함을 더욱 드러내줄 뿐이다. 결과적으로 복음서는 기독교의 고유한 문학적 창작으로서, 기독교 신앙과 예배로부터 빚어진 것이다.[11]

도드는 복음서를 예수 전승의 발전이 아니라 초기의 케리그마에 대한 설명서라고 여긴다.[12] 초기 기독교의 설교는 성취된 약속과 임박한 묵시적 완성에 대한 종말론적인 조화 안에서 예수의 죽음과 부활에 초점을 맞추었다. 하지만 임박한 종말에 대한 기대가 사라지자, 예수의 생애와 가르침에 대한 종말론적인 해석에 관심이 고조되었다. 바로 이것이 복음서

---

8) Dibelius, *From Tradition to Gospel*, 3-4.
9) Rudolf Bultmann, *History of the Synoptic Tradition*, trans. J. Marsh (2nd. ed.; New York: Harper and Row, 1963), 321.
10) Bultmann, *History of the Synoptic Tradition*, 371.
11) Bultmann, *History of the Synoptic Tradition*, 371-374.
12) C. H. Dodd, *The Apostolic Preaching and Its Developments* (London: Hodder & Stoughton, 1936), 36-56.

가 왜 저술되었는지에 대한 이유다. 마가복음은 사실 예수의 죽음에서 절정을 이루는 초기 기독교의 케리그마에서 역사적인 부분이 내러티브로 확대된 것이다. 마가복음의 개요와 널리 알려져 있던 복음의 구조를 가리키는 것으로서 복음 선포에 대한 사도행전 10장 및 13장의 간략한 묘사가 서로 주목할 만할 정도로 일치한다는 사실은 바로 이 점을 입증해준다. 그러므로 "마가복음은 **케리그마**에 대한 주석서의 역할을 한다."[13) 자신의 복음서 후반부에서 예수의 예루살렘 여행에 초점을 맞춘 채, 복음서 저자인 마가는 예수의 수난 이야기에 대한 긴 머리말을 저술했다. 하지만 그 후에 마태는 수난 이야기를 짧게 축약해서, 성취에 대한 모티프를 더욱 강조하며, 장차 실현될 종말론을 더 주입했다. 또한 마태는 케리그마(복음 선포)와 **디다케**(가르침)를 결합했지만 **디다케**를 더욱 드러나게 했다. 또한 누가복음의 내러티브 설명(διήγησις)은 보다 미묘하다. 왜냐하면 누가는 그리스도인의 행위에 대한 전형으로서 예수의 예언자적인 선포와 열정적인 행위에 관심을 더 많이 기울이기 때문이다. 따라서 도드의 견해에 의하면, 복음서는 전기가 아니라 초기 교회의 케리그마가 표현된 것이다.[14)

---

13) Dodd, *Apostolic Preaching*, 48-49(Dodd 강조).
14) Dodd, *Apostolic Preaching*, 50-55.

사도행전 10장에서 베드로의 설교와 마가복음 사이의 평행 본문[15]

사도행전 10:36-41	마가복음
36 하나님께서는 이스라엘 자손에게 말씀을 보내셨는데, 곧 예수 그리스도를 통하여 평화를 전하셨습니다. 예수 그리스도는 만민의 주님이십니다.	"하나님의 아들 예수 그리스도의 복음의 시작은 이러하다"(1:1).
37 여러분이 아시는 대로, 이 일은 요한의 세례 활동이 끝난 뒤에, 갈릴리에서 시작하여 온 유대 지방에서 이루어졌습니다.	예수의 사역은 세례 요한에게서 세례를 받은 후에 시작되었다(1:14-15).
38 하나님께서 나사렛 예수께 성령과 능력을 부어 주셨습니다. 이 예수께서는 두루 다니시면서 선한 일을 행하시고, 악마에게 억눌린 사람들을 모두 고쳐주셨습니다. 그것은 하나님께서 그와 함께하셨기 때문입니다.	예수가 세례를 받을 때, 그의 위에 성령이 내려왔다(막 1:9-11). 이어지는 내러티브는 예수가 온갖 병자들을 고쳐주고, 귀신들을 쫓아내고, 다양한 기적을 행한 데 초점이 맞추어져 있다 (막 1:16-10:52).
39 우리는 예수께서 유대 지방과 예루살렘에서 하신 모든 일의 증인입니다. 사람들이 그를 나무에 달아 죽였지만	예수가 유다 지역에서 활동하는 마지막 단계에 사도들이 동행한다. 예수의 공생애 사역은 예루살렘에서 예수가 사로잡히고 난 뒤 십자가 처형을 받는 것으로 정점에 이른다(막 11-15장).
40 하나님께서는 그를 사흘째 되는 날에 살리시고, 나타나 보이게 해주셨습니다.	마가복음의 마지막 부분에서 예수의 부활에 대한 기사가 나온다(막 16:1-8).
41 그를 모든 사람에게 나타나게 하신 것이 아니라, 하나님께서 미리 택하여 주신 증인인 우리에게 나타나게 하셨습니다. 그가 죽은 사람들 가운데서 살아나신 뒤에, 우리는 그와 함께 먹기도 하고 마시기도 하였습니다. 42 이 예수께서 우리에게 명하시기를, 하나님께서 자기를 살아 있는 사람들과 죽은 사람들의 심판자로 정하신 것을 사람들에게 선포하고 증언하라고 하셨습니다. 43 이 예수를 두고 모든 예언자가 증언하기를 "그를 믿는 사람은 누구든지 그의 이름으로 죄 사함을 받는다"고 하였습니다.	누가의 전승은 부활한 예수가 제자들과 함께 식사하는 것을 언급하며, 또한 구약성서가 어떻게 메시아의 고난과 부활에 대해 가리키는지 요약적으로 설명해준다. 그리고 예수에 대한 증인으로서 제자들이 위임받는 것을 언급한다(눅 24:41-53).

---

15) William L. Lane, *The Gospel of Mark* (NICNT; Grand Rapids: Eerdmans, 1974), 10-11에서 발췌함.

비록 우리가 양식비평가들의 문학적 분석을 받아들이지 않고 또한 "케리그마"와 "복음서"를 동일시하는 도드의 입장을 거부한다고 하더라도, 복음서를 독특한 형태의 기독교 문학으로 간주하는 것은 하나의 타당한 가설로 남는다. 왜냐하면 이 가설은 복음서에 대한 몇 가지 뚜렷한 특성을 설명해주기 때문이다.

1. 복음서는 문학적인 측면에서 엄밀하게 익명으로 되어 있다. 복음서에서 저자는 결코 언급되지 않으며, 복음서의 내러티브는 전혀 1인칭으로 묘사되지 않는다. 이 작품을 [기록하도록] 위임하고 필사하며 보존했던 기독교 지도자들은 아마도 복음서의 저자와 기원에 대해 알고 있었을 것이다. 그렇다고 하더라도, 저자를 명백하게 확인해주지 않는다는 점은 복음서를 역사서와 전기의 범주로 구분하는 일을 다소 어렵게 만든다.

2. 복음서는 유대교 성서에 뿌리를 내리고 있다. 복음서는 이스라엘 역사의 연장과 성취로서 명백하게 기능하고 있다. 바로 이런 이유로 말미암아, 복음서는 구약성서에 대한 인용, 암시, 반향으로 가득하다. 복음서의 종교적인 내용과 신학적인 특성은 유대교의 세계관 및 사회-정치적인 지형도와 거룩한 텍스트에 상당 부분 기대고 있다. 고대 로마의 전기와 그리스 신화에는 델포이의 신탁이나 호메로스의 「일리아스」와 같은 다양한 종교적이며 문학적인 작품이 있다고 언급할 수 있다. 하지만 복음서와 관련해서 말하자면, 이스라엘의 성서 이야기와 세계관은 복음서가 묘사하는 바, 곧 이스라엘의 하나님이 메시아 예수를 통해 하나님 나라가 시작되게 한다는 내용과 상당히 비슷하다. 복음서의 주요 내용으로 예수를 메시아라고 믿는 일과 더불어, 복음서가 구약성서 이후의 유대 문학의 한 가지 형태라고 말한다면, 누군가 그 말을 듣고 눈살을 찌푸릴 필요는 없을 것이다.

3. 복음서는 예수에 대한 초기 기독교의 설교와 가르침을 반영한다. 도드의 견해와 달리 나는 케리그마와 **디다케**가 명확하게 구별되었다고

생각하지 않는다. 하지만 많은 그리스도인들이 예수에 대해 선포하고 가르쳤던 내용이 분명히 복음서 안으로 들어왔을 것이다. 또한 복음 선포와 가르침은 마침내 하나가 되어, 전기와 비슷한 내러티브 안으로 스며들었을 것이다. 이 점은 복음서의 에피소드적인 특성을 설명해준다. 곧 복음서는 예수의 간결한 말씀과 그에 대한 일화에 뿌리를 내리고 있지만, 언제나 예수의 죽음과 부활에서 절정을 이루게 하려는 의도를 지니고 있다. 최초로 복음서를 저술한 마가와 관련하여, 그의 문학적인 업적은 예수에 대한 내러티브와 말씀을 선택 및 정리하고, 이를 통합해서 복음 선포의 구조를 이룬 것이다. 그리고 마침내 그는 이것을 기록된 형태로 빚어냈다.[16]

고대 그리스-로마 세계의 문학적인 환경에서 복음서의 특징이 복음서를 독특한 것으로 만들었다는 관점에 대해서는 논쟁의 여지가 없을 것이다. 복음서의 내용에 비추어볼 때, 복음서는 기독교 문헌의 독특한 형태다. 하지만 복음서가 단순히 구전을 통해 발전된 기독교의 설교가 텍스트의 형태로 만들어진 것이라는 제안은 받아들이기 어렵다. 첫째, 절대적인 의미에서 구전 문학과 같은 것은 존재하지 않는다. 문자로 기록된 작품은 구술 자료에 많은 영향을 받고, 이전의 구술 연행의 특징을 반영할 수 있다. 그렇지만 문자로 기록된 어떤 작품도 전적으로 "구술적"이지는 않다. 왜냐하면 구전을 텍스트로 만드는 과정이 되돌릴 수 없는 방법으로 해당 내용에 영향을 미치기 때문이다. 구술로 이루어진 단편은 그 내용이 언어 수단으로부터 기록 수단으로 옮겨지면서 변화된다. 구술 연행에서 행위자는 의미를 만들어내는 과정에서 중심을 차지한다. 행위자는 연행을 통해 의미를 직접 통제한다. 반면에 기록 수단에서 저자는 자신의 의

---

[16] Robert Guelich, "The Gospel Genre," in *The Gospel and the Gospels*, ed. P. Stuhlmacher (Grand Rapids: Eerdmans, 1991), 202.

도를 텍스트를 통해 간접적으로 전달한다. 그리고 독자는 그 텍스트를 해독해야 한다.[17] 구전은 본래 유동적이며, 어떤 말을 다시 할 때 그 의미는 엄밀히 말해 동일하지 않다. 그리고 말로 전한 내용을 기록 수단으로 전환하는 것은 사실상 그 내용을 어느 정도 고정시키는 일이다.[18] 둘째, 기록 텍스트는 텍스트들 사이에 서로 영향을 주고받기가 더 쉽다. 분명히 기록 텍스트도 구술 연행에 영향을 미칠 수 있다. 하지만 기록 텍스트의 경우, 저자의 손을 통해 텍스트를 이미 알려진 다른 텍스트와 연결할 가능성이 더 높다. 글로 쓰는 일은 구술 자료와 기록 자료의 종합을 위한 이상적인 장소다. 사실상 누가복음의 머리말은 이 점을 정확하게 알려준다. 곧 누가는 "목격자들"의 진술을 자세히 살펴보고 나서 복음서를 저술했으며, 다른 사람들이 이전에 시도한 것을 따라서 예수의 생애에서 일어난 사건에 대해 "차례대로" 기록했다. 누가복음은 구술 문학이 아니라 구술 자료와 문학 자료의 결합을 반영한다. 따라서 "구전 문학"은 오히려 창작과 연행의 한 가지 방식이지, 실제 장르는 아니다. 그러므로 우리는 "구술 문학"을 복음서의 확정적인 장르로 여겨서는 안 될 것이다.[19]

결국 복음서는 그 자체로서 **독특한 것**으로 여겨질 수 없다. 단순히 말해서 복음서는 고대 그리스-로마 문학과 비슷한 점을 너무 많이 포함하

---

[17] 나는 Werner Kelber(*The Oral and the Written Gospel* [Philadelphia: Fortress, 1983])가 구술 수단과 기록 수단 사이의 차이에 대해 잘 지적해준다고 생각한다. 하지만 이것은 구술 자료와 기록 자료가 의사 전달과 관련해서 서로 상당한 차이가 있는 두 가지 방식이기 때문에 서로 다른 해석학적인 원리와 방법을 필요로 한다는 것을 의미하지 않는다. 앞에서 논의한 대로, 기록 텍스트도 구술 연행의 특징을 드러낼 수 있고 구술 현상을 빚어낼 수 있다.
[18] 물론 문자로 기록된 복음서의 텍스트는 저마다 텍스트 역사의 전개 과정에서 자신의 생명력을 지니고 있다. 다음 연구서를 보라. David C. Parker, *The Living Text of the Gospels* (Cambridge: Cambridge University Press, 1997).
[19] Alexander, "What is a Gospel?" 20.

고 있기 때문이다. 우리가 복음서를 역사서, 전기, 소설 가운데 어떤 것과 비교하든지 상관없이 복음서와 고대 그리스-로마의 저술은 다양한 모티프를 공유한다.[20] 더욱이 예수의 수난에 초점이 맞추어져 있는 복음서의 요소가 가장 독특하다고 생각되었지만, 결국 그것이 그렇게 고유한 지점이 아님이 밝혀졌다. 타키투스(Tacitus)에 의하면, 가이우스 판니우스(Gaius Fannius)는 네로가 통치하던 시대에 죽임을 당하거나 추방된 유명인사들의 죽음에 대해 책을 썼다. 그나이우스 옥타비우스 티티니우스 카피토(Gnaeus Octavius Titinius Capito)의 「유명 인사들의 죽음」(*Passing of Famous Men*)은 공화정에 속한 순교자들에 대한 회고록이었다.[21] 플루타르코스도 「소(小)카토」(*Cato the Younger*)와 「에우메네스」(*Eumenes*)라는 두 가지 전기를 저술했다. 이 전기들은 긴 머리말이 있는 수난 이야기라고 묘사될 수 있다. 왜냐하면 이 책들은 영웅의 죽음에서 절정을 이루고 있기 때문이다. 전기는 일화와 어록과 주인공의 장렬한 죽음으로 막이 내리는 관습으로 구성되었다. 이런 요소들은 루키아노스(Lucian)가 쓴 「데모낙스」(*Demonax*)에서도 나타난다. 존경받던 견유학파의 철학자인 데모낙스는 말년에 굶어 죽었다고 한다.[22]

---

[20] F. Gerald Downing, "Contemporary Analogies to the Gospels and Acts: 'Genres' or 'Motifs'?," in *Synoptic Studies*, ed. C. M. Tuckett (JSNTSup 7; Sheffield: JSOT, 1984), 51-64.

[21] Tacitus, *Ep.* 5.5; 8.12.

[22] Martin Hengel, "Eye-Witness Memory and the Writing of the Gospels: Form Criticism, Community Tradition and the Authority of the Authors," in *The Written Gospels*, ed. M. Bockmuehl and D. A. Hagner (FS Graham Stanton; Cambridge: Cambridge University Press, 2005), 72 n. 11; Christopher Bryan, *A Preface in Mark: Notes on the Gospel in Its Literary and Cultural Setting* (Oxford: Oxford University Press, 1993), 42.

2. 유대교 문헌

많은 학자들이 복음서 장르의 기독교적인 형식과 내용을 구체적으로 강조한 반면에, 다른 학자들은 복음서에서 유대교의 특징을 강조하려는 근거를 찾아냈다. "기독교의" 복음서는 구약성서, 제2성전기 문헌 또는 존경받던 지도자들에 대한 랍비의 전기에서 발견되는 문학 형식과 매우 비슷하다고 간주된다.

유대교 문헌은 전기에 대한 오랜 전통을 지니고 있다. 사무엘상하와 같은 역사서는 하나로 통일된 이스라엘 왕국의 사회-정치적인 운명과 종교적인 분위기 속에서 사무엘, 사울, 다윗과 같은 핵심 인물들에게 집중적으로 초점을 맞추고 있다. 비슷하게, 하나님이 전하시는 메시지와 기적적인 행적으로 가득한 열왕기상하는 예언자 엘리야와 엘리사의 생애에 관심을 기울이고 있다. 예언서는 부분적으로 특정 예언자에 대한 전기다. 예언서는 예언자들의 소명과 사역 그리고 이방 세력과 전쟁하는 한가운데서 그들이 남유다와 북이스라엘 왕국에게 미친 영향을 포함하고 있다. 느헤미야서는 일종의 회고록이며 종종 1인칭으로 말한다. 느헤미야서는 페르시아 제국의 후원을 받아 포로 생활로부터 돌아온 유다 사람들이 유다 국가를 재건한 일에 관심을 기울이고 있다. 룻기, 에스더서 및 외경 「유딧서」와 같은 유다의 훌륭한 여인들에 대한 책은 정숙한 여인이 정의를 위해 싸우는 감동적인 이야기를 들려준다. 그 이야기는 종종 유다 백성의 운명과도 얽혀 있다. 필론과 같은 유대인 저자들은 고대 그리스-로마의 전기 양식을 받아들여서 아브라함, 요셉, 모세와 같은 인물에 대해 유대교의 특별한 방식으로 전기를 쓴 것으로 보인다. 결과적으로 이런 책들은 고대 그리스의 전기 양식에 따라서 구약성서를 다시 쓴 것이었다. 또한 주로 내러티브 방식의 찬사, 즉 유다의 영웅들을 문학적으로 찬양하는 책도 있다. 예를 들면 외경 「마카베오4서」와 위경 「예언자들의 생애」 등이다. 랍비 문헌인 「하가도트」(haggadot)도 복음서와 접촉했을 가능성이 있다. 이 유대 문헌은 유대인 성자와 랍비 지도자들에 대한 짤막한 일화를 포함하고 있다. 그중 엘리에제르 벤 히르카누스(Eliezer ben Hyrcanus), 랍비 아키바(Akiba), 원을 그리는 자 호니(Honi the Circle Drawer) 같은 인물이 있다.

복음서와의 주요 접촉점은 유대교의 전기 문학이 신에 대한 이야기, 곧 이스라엘의 하나님에 대한 이야기를 포함하고 있다는 것이다. 이스라엘의 하나님은 예언자, 왕, 교사와 같은 구원의 대리자를 통해 일하신다. 그 이야기의 주인공은 나라가 위태로운 상황에 놓여 있을 때 유다 백성을 인도하거나, 이스라엘의 역사에서 중대한 순간에 기적과 같은 놀라운 일을 행한다. 복음서는 신학적인 세계관, 지정학적인 배경, 교훈적인 내용 및 구약성서의 문학 유형에 대한 의도적인 반복 등을 포함하고 있다. 이 점은 복음서가 유대교의 거룩한 문헌 곧 구약성서와 어떤 연관이 있다는 것을 논박할 수 없게 만든다.

이런 관점을 옹호하는 학자들은 복음서와 유대교 문헌 사이의 유사성을 강력한 어조로 지적한다. 그들은 특히 마가복음을 구체적인 관찰 대상으로 삼았다. 존 보우먼(John Bowman)은 마가복음이 하가다(haggadah)의 한 가지 양식, 곧 출애굽 내러티브를 모범으로 삼아 예수의 죽음을 미드라쉬와 같은 방법으로 해설하는 책이라고 간주한다.[23] 에두아르트 슈바이처(Eduard Schweizer)는 마가복음을 전기라기보다 오히려 설교집이

---

23) J. W. Bowman, *The Gospel of Mark: The New Christian Jewish Passover Haggadah* (Leiden: Brill, 1965); 복음서와 출애굽 내러티브라는 주제에 대해 다음 논문도 보라. Meredith G. Kline, "The Old Testament Origins of the Gospel Genre," *WTJ* 38 (1975): 1-127.

라고 생각했다. 그렇지만 슈바이처는 구약성서의 역사서와 예언서 중 오직 요나서만 복음서와 진정으로 평행을 이룬다고 여겼다.[24] 마이클 바인즈(Michael E. Vines)에 따르면, 마가복음은 전기가 아니라 유대의 소설과 비슷하다. 마가는 원래 이방 억압자들의 이데올로기적인 정책을 뒤집는 데 사용되던 내러티브 전승을 받아들여서, 예수를 반대하는 유대 지도자들에 대항하여 적대적인 관점의 틀을 만들기 위해 그 전승을 사용한다.[25]

구약성서와 복음서 사이에는 의도적인 상호텍스트적 연관성이 있다. 왜냐하면 복음서 저자들은 이스라엘의 거룩한 역사를 연장하는 이야기를 쓰고 있다고 여겨지기 때문이다. 하지만 복음서와 다른 유대교 저서들 사이의 연관성은 상당히 피상적인 상태에 머물러 있다. 심지어 대체로 전기와 같은 특성을 지닌 요나서와 느헤미야서조차 복음서에서 발견되는 문학 양식 및 내러티브 구조와 어느 정도 거리를 두고 있다. [복음서와] 다른 형태의 유대교 문헌과의 유사성은 더욱 빈약하다. 예를 들면, 1세기에 저술된 것으로 추정되는 「예언자들의 생애」는 상당히 짧은 이야기들로 이루어져 있다. 곧 이 책은 예언자들의 삶을 단지 몇 줄로 제시하는데, 각 예언자의 출생, 예언자로서의 사역에 대한 간략한 요약, 그의 죽음 및 무덤이 위치한 장소에 배타적으로 초점을 맞추고 있다. 또한 유대교의 저명한 현자에 대해 랍비들이 소개하는 일화도 결코 복음서만큼 그 내용이 길지 않다. 또한 그 일화는 복음서 저자들이 사용하는 연대기적인 구조와 신학적인 체제를 부여주지 않는다. 왜냐하면 예수가 기독교에서 차지

---

[24] Eduard Schweizer, *The Good News According to Mark*, trans. D. H. Madvig (London: SPCK, 1970), 24.
[25] Michael E. Vines, *The Problem of Markan Genre: The Gospel of Mark and the Jewish Novel* (Leiden: Brill, 2002).

하는 위치와 유사한 위치를 유대교 안에서 어떤 랍비도 차지한 적이 없기 때문이다.[26] 더욱이 문학 양식과 관련해서 유대교 문헌이 고대 근동으로부터 영향을 받은 흔적을 보여주는 것처럼, 장르 및 내용과 관련해서 복음서 역시 고대 그리스-로마 세계를 주도하던 문학계의 영향을 받았음을 드러낸다.

3. 아레탈로지

고대 그리스-로마의 문학 유형에 관심을 돌리고 나서, 어떤 학자들은 복음서가 아레탈로지(aretalogy)와 비슷하다는 주장을 제기했다.[27] 아레탈로지는 고대 그리스의 전기에 속하는 한 가지 양식으로 알려져 있다. 이 양식은 "신적 인간"(θεῖος ἀνήρ)에 대한 이야기를 제공하는데, 이 신적 인간은 인상 깊은 교사로서 기적을 행하고 그가 반대하던 폭군들의 손에 장렬한 최후를 맞이한다.[28]

아레탈로지 중 가장 널리 알려진 예는 아테네의 소피스트였던 필로스트라토스(Philostratus)의 저서로서 기원후 220년대에 저술된 「티아나의 아폴로니오스의 생애」(*Life of Apollonius of Tyana*)다. 이 책에서 필로스트

---

[26] Philip S. Alexander, "Rabbinic Biography and the Biography of Jesus: A Survey of the Evidence," in *Synoptic Studies*, ed. Tuckett, 40-44; 또한 참조. Burridge, *What are the Gospels?* 19-21.

[27] 복음서와 아레탈로지 비교에 대한 간략한 역사로는 다음 논문을 보라. Morton Smith, "Prolegomena to a Discussion of Aretalogies, Divine Men, and the Gospels and Jesus," *JBL* 90 (1971): 74-99.

[28] Moses Hadad and Morton Smith, *Heroes and Gods: Spiritual Biographies in Antiquity* (New York: Harper & Row, 1965), 3; Helmut Koester, "The Structure and Criteria of Early Christian Beliefs," in *Trajectories through Early Christianity* (Eugene: Wipf & Stock, 2011 [1971]), 216-219.

라토스는 1세기에 살았던 카파도키아 출신의 신-피타고라스학파 철학자인 아폴로니오스의 생애를 묘사한다. 그 책은 아폴로니오스의 제자였던 다미스(Damis)의 비망록에 기초했다고 전해진다. 아폴로니오스는 기적을 통해 태어났고, 소년 시절부터 철학에 천재성을 발휘했으며, 금욕적인 생활을 했고, 인도와 같은 외국 여러 곳을 여행했으며, 로마 제국의 황제들과 대화했고, 지혜로 가득한 말을 했으며, 여러 지역에서 제사 의식을 개혁했으며, 에베소에서 전염병을 제거하는 것과 같은 기적을 일으켰고, 감옥에 갇히기도 했고, 죽은 다음에 하늘로 올라갔다고 한다. 필로스트라토스가 쓴 전기는 주로 변증적인 특성을 지니고 있는데, 저자는 아폴로니오스가 마술사라는 주장을 약화시키고, 대신 그를 위대한 철학자로 묘사한다. 후대의 문헌에서 아폴로니오스는 예수 그리스도와 대비되는 이교도적 예표로 여겨졌다. 히에로클레스(Hierocles)와 켈수스 같은 기독교에 대한 이교도 비판자들은 예수의 유일성을 부인하고 이교 신앙의 우월성을 강조하기 위해 예수와 아폴로니오스를 비교했다. 이전에 유스티누스는 예수와 신화에서 등장하는 반신반인(半神半人) 사이의 유사성에 주목했는데, 이를 기독교에 대한 악마의 모방이라고 설명했다.[29] 그리고 오리게네스, 에우세비오스, 락탄티우스를 위시해서 많은 학자들은 필로스트라토스가 인기 있던 픽션 작가에 지나지 않으며, 아폴로니오스는 마술사였다고 대답했다.[30] 어쨌든 몇몇 학자는 예수에 대한 복음서와 「아폴로니오스의 생애」를 나란히 놓는 일은 사실상 복음서를 아레탈로지와 비교하는 작업이라고 주장했다. 결과적으로 이런 설명에 의하면 "예수에 대한 복음

---

[29] Justin, *1 Apol.* 21-27.
[30] Origen, *Contra Celsum* 6.41; Eusebius, *Contra Hieroclem*; Lactantius, *Divine Institutes* 5.3.

서"라는 제목을 "예수에 대한 아레탈로지"로 바꾸는 것이 가능해진다.

이 관점은 복음서가 사실상 "제의 신화"로서 역사적인 언급이 결여되어 있으며, 헬레니즘의 영웅 모티프에 기초해서 저술되었다는 견해에 뿌리내리고 있다.[31] 복음서를 아레탈로지 장르로 분류하고자 하는 시도는 왜 복음서가 예수를 뛰어난 신적 영웅으로 묘사하는지에 대해 문학적으로 설명하기 위해서라고 전해진다. 심지어 어떤 학자들은 초기 교회의 최초 기독론 중 하나가 기적을 행하는 자로서 신적인 예수에게 초점을 맞춘 "신적 인간" 기독론이었다고 주장했다.[32] 헬무트 쾨스터(Helmut Koester)에 따르면, "마가복음과 요한복음의 기적 자료와 같은 아레탈로지 양식을 통해 복음서는 특별한 신적 능력이 예수의 이런 권능 있는 행위 안에 존재하며, 또한 그 능력으로부터 도움을 받을 수 있다고 선포한다. '복음'을 믿는다는 것은 이 기적적인 행위가 주는 유익에 접근할 수 있으며, 심지어 이 행위가 신자들의 종교적 경험을 통해 반복될 수 있음을 암시한다. 예수는 '신적 인간'(θεῖος ἀνήρ)이다. 그의 사도들은 그를 모방할 수 있다. 이를 통해 사도들은 예수의 복음 전파 활동에서의 계시를 구체화하고 나타낸다."[33] 쾨스터의 견해에 의하면, 이 신적 인간 기독론은 고린도후서에서 바울의 적대자들에 의해 제기되었고, 요한과 마가도 그 기독론을 받아들이는 동시에 비판했다. 또한 이 기독론은 누가복음의 구조 안에 채택

---

31) 예를 들면 Bultmann, *History of the Synoptic Tradition*, 371-372.

32) 예를 들면 Siegfried Schulz, *Die Stunde der Botschaft* (Hamburg: Furche, 1967); Thomas Weeden, *Mark-Traditions in Conflict* (Philadelphia: Fortress, 1971); Dieter Georgi, *The Opponents of Paul in Second Corinthians: A Study of Religious Propaganda in Late Antiquity* (Philadelphia: Fortress, 1986); Helmut Koester, "One Jesus and Four Primitive Gospels," in *Trajectories through Early Christianity*, 187-193.

33) Koester, "One Jesus and the Four Primitive Gospels," 188.

되었고 사도행전에서 사도들의 설교를 통해 더욱 풍부해졌다. 나아가 이것은 유년기 복음서와 같은 외경 복음서 안에서 지속되었다.

최근에 로렌스 윌스(Lawrence Wills)는 복음서, 특별히 마가복음과 요한복음이 "죽은 영웅에 대한 숭배"에 기원을 두고 있다고 주장했다.[34] 그는 마가복음과 요한복음을 「아이소포스의 생애」(Life of Aesop)와 비교하고 나서 이런 결론을 끌어냈다. 윌스는 아이소포스의 내러티브가 죽은 영웅에게 바치는 헌신과 더불어 영웅 숭배 패러다임을 위한 기초를 형성하는 아레탈로지와 같은 전기를 구성한다고 주장한다. "아레탈로지와 같은 전기는 신이나 영웅의 위대한 행위에 대해 기술하는 것으로서 숭배 의식과 연결되어 있는데, 마가복음과 요한복음은 「아이소포스의 생애」와 장르가 일치한다. 또한 마가와 요한은 주인공(아마도 그의 신, 아니면 적어도 그의 신전)에 대한 반대, 반대로부터 비롯되는 적대감, 대속의 죽음을 통한 적대감의 해결이라는 동일한 주제를 발전시킨다."[35]

이 이론이 지니고 있는 많은 문제 중 첫 번째는 아레탈로지가 실제로 확정된 문학 장르가 아니라, 기적을 행하는 영웅에 대한 헬레니즘의 모호한 문학 양식이라는 점이다.[36] 우리가 아레탈로지를 기적 이야기 모음집의 특징을 지닌 전기라고 단순하게 정의하지 않는 한, 전기 안에 단지 기적 이야기가 나타난다는 사실 자체가 아레탈로지를 가리키는 것은 아니다. 만약 앞과 같이 정의한다면, 그 개념은 너무 광범위하고 모호할 것이다.[37] 게다가 복음서의 기적 이야기는 헬레니즘의 신적 인간에 대한 이야

---

34) Lawrence Wills, *The Quest of the Historical Gospel* (London: Routledge, 1997).
35) Wills, *Quest*, 10.
36) 참조. H. C. Kee, "Aretalogy and Gospel," *JBL* 92 (1973): 402-422; Burridge, *What are the Gospels?* 18-19.
37) Guelich, "Gospel Genre," 182-183.

기보다 오히려 모세와 엘리야의 공적에 대한 구약성서 내러티브의 영향을 받았을 가능성이 훨씬 더 높다. 왜냐하면 복음서의 기적 이야기에서는 구약성서가 다양하게 언급되거나 암시되기 때문이다.

둘째, 고대 그리스 문헌에서 θεῖος ἀνήρ라는 명칭은 매우 드물게 나타나고 그 명칭에 대한 정의가 정확하게 제시되지 않는다. 그리고 포르피리오스의 피타고라스나 필로스트라토스의 아폴로니오스 같은 "신적 인간"의 특징은 확실히 보다 이른 시기까지 거슬러 올라갈 수 없다.[38] 따라서 몇몇 학자는 복음서 저자들이 예수에게 덧붙일 수 있는, 이미 마련된 유일한 "신적 인간"의 초상화는 결코 없다고 설득력 있게 주장했다. 데이비드 티데(David Tiede)에 따르면, 3세기와 4세기의 신적 인간 영웅들은 획일적이지 않으며, 기적을 행하는 자와 뛰어난 철학자라는 두 범주로 구분할 수 있다.[39] 칼 할러데이(Carl Holladay)는 "신적 인간"이 방대한 범주의 기능을 가질 수 있으며, 기적은 그 기능 중 한 가지를 나타낼 뿐이라는 것을 논증했다. 신적 인간은 "영감을 받은 사람"이나 "비범한 사람" 또는 심지어 "신과 관계를 맺고 있는 사람"일 수도 있다. 게다가 헬레니즘적인 유대 그리스도인들은 필연적으로 "신적 인간" 기독론의 방향으로 나아가지 않았을 것이다. 왜냐하면 필론, 아르타파노스(Artapanus), 요세푸스 같은 유대교 저자들이 저술한 헬레니즘적인 유대교 문헌 안에서 유대 영웅이 기적을 행하는 능력을 지녔다고 자세하게 설명하는 사례는 전혀 발견되지 않기 때문이다.[40] 배리 블랙번(Barry Blackburn)은 기적을 행하는 "신

---

[38] Wülfing von Mauritz in *TDNT* 8:339.

[39] David Tiedc, *Charismatic Figure as Miracle Worker* (Missoula: Scholars, 1972), 289-291.

[40] Carl R. Holladay, *Theios Anēr in Hellenistic Judaism: A Critique of the Use of This Category in New Testament Christology* (Missoula: Scholars, 1977).

적 인간"이 "사실상 신화적이며 역사적인 광범위한 인물을 포함하는 20세기의 추상적인 개념"이라고 결론짓는다. "그 인물들의 사회적 역할, 그들의 신적인 본성, 기적의 유형과 기적을 행하는 기술, 또는 기적을 행한다고 간주되는 그들의 능력을 분석할 때 그들의 다양성이 명백하게 드러난다"는 것이다. 더욱이 마가복음에서 묘사된 예수의 초상화를 설명하기 위해 헬레니즘의 특성을 지닌 전승에 호소할 필요는 전혀 없다. 왜냐하면 기적 행위를 포함해서 예수에 대한 묘사는 팔레스타인 지역의 유대 기독교의 배경에 기초해서도 설명할 수 있기 때문이다.[41] 결과적으로 1세기부터 초기 기독교의 저서에 나타나는 "하나님의 아들"이라는 칭호를 자동적으로 "신적 인간"이라는 대상을 해독하는 암호로 읽을 수 있다는 관점은 어리석을 만큼 순진한 것이다.[42]

셋째, 필로스트라토스가 아폴로니오스에 대한 전기에서 설명하고 묘사하는 "신적 인간"은 의도적으로 고안된 인물이며, 복음서의 주인공에 맞서는 이교도 경쟁자로 제시되었다고 여겨진다. 그러므로 "신적 인간"에 대한 후대의 이교적인 개념에 기초해서 복음서의 기독론을 이해하기보다, 오히려 복음서의 기독론에 비추어서 그 개념을 이해해야 한다.

넷째, 「아이소포스의 생애」로부터 영향을 받았다는 윌스의 논지가 지니고 있는 주요 문제점은 다음과 같다. 물론 아이소포스와 예수 사이에는 몇 가지 에피소드에서 평행을 이루는 요소가 있는 것도 사실이다(예. 아이소포스와 예수는 모두 보잘것없는 여건에서 태어났다. 아이소포스는 우화를 들려주

---

[41] Barry Blackburn, *Theios Anēr and the Markan Miracle Traditions: A Critique of the Theios Anēr Concept as an Interpretive Background of the Miracle Traditions Used by Mark* (WUNT 2.40; Tübingen: Mohr, 1991), 263.

[42] Martin Hengel, *The Son of God: The Origin of Christology and the History of Jewish Hellenistic Religion*, trans. J. Bowden (Philadelphia: Fortress, 1976), 31.

었고 예수는 비유로 말했다. 아이소포스와 예수는 모두 도시의 지도자들로부터 배척받았다). 하지만 「아이소포스의 생애」와 복음서 사이의 유사성은 단지 피상적인 데 지나지 않는다. 윌스의 제안은 특별히 장르와 관련해서 부분적인 유사점이 문학적인 계보를 설명하는 근거가 되지 못한다는 일반적인 원칙을 입증해준다. 앞에서 지적한 몇 가지 비판에 비추어볼 때, "신적 인간"(θεῖος ἀνήρ)에 대해 널리 알려지고 명백하게 정의된 개념과 더불어, 복음서가 아레탈로지라고 인식될 수 있는 장르를 모방해서 저술되었다기보다, 오히려 아레탈로지의 완숙한 형태가 복음서의 광범위한 분포에 대한 반응으로 빚어진 이교의 문학적인 고안일 가능성이 높다.

4. 비극과 소설

다른 학자들은 복음서를 그리스의 비극이나 고대의 소설과 관련지으려고 시도했다. 길버트 빌레지키안(Gilbert Bilezikian)은 아리스토텔레스가 「시학」에서 비극에 대해 제시한 여섯 가지 판단 기준과 복음서의 문학 양식 사이의 상호 접촉점을 지적했다.[43] 메리 앤 톨버트(Mary Anne Tolbert)는 마가복음을 그리스의 로망스(romance)와 비교했다.[44] 데니스 맥도널드(Dennis R. MacDonald)는 마가복음이 호메로스의 서사시, 특히 「오디세이아」와 「일리아스」의 결말 부분을 의도적으로 모방했다고 생각한다.[45]

---

43) Gilbert Bilezikian, *The Liberated Gospel: A Comparison of the Gospel of Mark and Greek Tragedy* (Grand Rapids: Baker, 1977).
44) Mary Anne Tolbert, *Sowing the Gospel: Mark's World in Literary-History Perspective* (Philadelphia: Fortress, 1996).
45) Dennis R. MacDonald, *The Homeric Epics and the Gospel of Mark* (New Haven: Yale University Press, 2000).

복음서를 그리스-로마의 소설 및 비극과 비교해볼 만한 가치는 충분히 있다. 복음서, 특히 마가복음과 요한복음은 비극적인 상황에서 절정을 이루는 극적인 구조를 지니고 있다. 이와 같은 구조는 당연히 독자나 청중에게 공감을 불러일으킨다. 나는 고대 서사시와 같이 대중 문학의 일부분을 차지하고 있던 그리스-로마의 문학작품이, 전승 자료가 문학 양식 안으로 들어오게 하는 데 길을 만들어주었을 가능성이 있다고 생각한다.[46] 우리는 옛날 알렉산드리아에 살고 있던 유대인 독자가 마가복음을 유대의 로망스 「요셉과 아스낫」과 비교하는 광경을 상상해볼 수 있다. 또는 그리스인이 마가복음을 읽었다면, 아마도 그는 호메로스의 저서에 나타나는 이미지와 주제를 연상할 수 있었을 것이다. 그리스어와 같은 고급 언어로 글을 썼던 복음서 저자들이 고대의 소설 및 서사시와 비극을 알지 못했을 가능성은 거의 없다.

여기서 주요 문제는 새로운 문학 장르의 영감과 기존의 그리스-로마 문학 사이의 일반적 평행 요소를 강조한다는 점이다. 빌레지키안은 마가복음의 특성을 그리스 비극과 비교할 수 있는 "수난 연극"이라고 강조한다. 하지만 이는 마가복음의 교훈적인 부분을 제대로 설명하지 못한다. 마가복음이 호메로스의 서사시를 모방했다는 맥도널드의 논지 역시 피상적으로 평행을 이루는 몇몇 요소에 의존하고 있다. 맥도널드는 마가가 오디세우스와 같이 "고난을 많이 겪은" 사람으로 예수의 특징을 묘사하고 나서 "그 서사시 안에서 자기의 내러티브를 작성하는 데 유용한 다양한 배경, 등장인물 묘사, 유형 장면, 플롯 등이 발견된다"라고 추측한다.

---

46) 참조. 예를 들면 Marianne Palmer Bonz, *The Past as Legacy: Luke-Acts and Ancient Epic* (Minneapolis: Fortress, 2000). Marianne Palmer Bonz는 누가가 Virgil의 서사시로 쓰인 작품에 비추어서 자신의 전승 자료를 형성했다고 주장한다.

이는 믿음에 대한 중대한 논리적·문학적 비약이다.[47] 이와 비슷하게, 호메로스가 언급하는 천둥의 신 "제우스의 두 아들"에 기초해서 마가복음의 저자가 세베대의 두 아들에게 "보아너게" 또는 "우레의 아들"(막 3:17)이라는 별명을 지어주었다는 가정은 맥도널드의 상상력에 기초한 것이지, 엄밀하게 문학적 연관성에 기초한 것은 아니다.[48] 마가복음 안에서 발견되는 부분이 독자에게 호메로스를 연상시킬 수 있다. 하지만 마가복음에 호메로스의 서사시는 전혀 인용되지 않는다. 이 점에 비추어볼 때, 마가복음이 호메로스의 서사시를 모방해서 저술되었다고 생각해야 할 근거는 전혀 없다.[49] 따라서 나는 복음서가 호메로스의 작품을 배경으로 해서 저술된 종교 소설이라고 생각하지 않는다. 우리는 버리지의 다음과 같은 경고를 기억해야 한다. 곧 복음서 안에 드라마, 희극 및 비극의 요소가 존재한다는 사실이, 복음서를 드라마나 희극 또는 비극으로 만들지 않는다는 것이다. 이는 복음서에 비유로 들려주는 이야기가 들어 있다고 해서 복음서가 비유가 아닌 것과 마찬가지다. 복음서가 포함하고 있는 드라마 또는 비극의 특징들은 복음서에 부여될 수 있는 장르라기보다 묘사의 한 방식이다.[50]

---

47) MacDonald, *Homeric Epics and the Gospel of Mark*, 19.
48) MacDonald의 견해를 비판하는 다음 논문을 참조하라. Karl Olav Sandnes, "*Imitatio Homeri?* An Appraisal of Dennis R. MacDonald's 'Mimesis Criticism,'" *JBL* 124 (2005): 715-732.
49) Pheme Perkins, *Introduction to the Synoptic Gospels* (Grand Rapids: Eerdmans, 2007), 24.
50) Burridge, *What Are the Gospels?* 239-240.

5. 그리스-로마의 전기

복음서가 그리스-로마의 전기와 상당히 비슷하다고 보는 학자들이 점점 더 많아지고 있다.[51] "생애"(βίοι 또는 *vitae*)라는 장르는 대략 5세기에 생겨났으며, 고대의 다소 복잡한 문학 양식 가운데 하나였다. 대체로 이 장르가 다루는 대상에는 정치 지도자, 철학자, 황제, 장군, 문인(文人) 및 웅변가 등이 포함되었다. "생애"는 주인공의 경력, 미덕, 업적, 어록, 가르침, 유산 등을 강조했다. 1901년에 프리드리히 레오(Friedrich Leo)의 연구서가 간행된 이후로, 그리스-로마의 전기는 다음 두 그룹으로 분류되어왔다. (1) 소요 학파 전기(peripatetic biography): 이 전기는 연대기 순으로 배열되었다는 특성을 지니고 있으며, 저자는 전기의 대상에 대해 의도적으로 입장을 밝힌다. 이 전기는 주로 정치가나 장군을 다룬다. (2) 알렉산드리아 전기(Alexandrian biography): 이 전기는 주제별로 배열되는 특징을 지니고 있으며, 주로 문인이나 예술가를 다룬다.[52] 이런 전기 분류법은 외부로부터 주어진 것이 아니라 퀸틸리아누스(Quintilian)가 인정한 것이었다. 그는 "연대기적인 순서"로 전기를 써서 인물을 칭송할 수 있다고 말한 반면에, 다른 경우에는 인물의 삶의 미덕을 개별적으로 또는 주제별로 다루는 것이 타당하다고 언급했다.[53] 전기 장르에 대한 구체적인 정의와 관련

---

51) 고대의 전기에 대한 개론서로서 다음을 참조하라. Arnaldo Momigliano, *The Development of Greek Biography* (Cambridge: Harvard University Press, 1993); M. J. Edwards and Simon Swain, eds., *Portraits: Biographical Representation in Greek and Latin Literature of the Roman Empire* (Oxford: Clarendon, 1997).

52) Friedrich Leo, *Die Griechisch-römische Biographie nach ihrer literischen Form* (Leipzig: Teubner, 1901).

53) Quintilian, *Inst.* 3.7.17.

해서 오니는 다음과 같이 말한다. "전기는 **역사적으로 인식된 특정 개인의 전 생애에 대해 집중적으로 묘사하는 개별적인 산문 내러티브**라고 정의할 수 있다."[54]

주로 20세기에 와서 그리스-로마의 전기는 복음서를 정의할 수 있는 장르로 전면에 등장하게 되었다. 요한네스 바이스는 마가복음이 플루타르코스가 쓴 소요 학파 전기를 연상시킨다고 주장했다. 플루타르코스와 마찬가지로, 마가는 주인공의 성품을 들여다볼 수 있는 창문으로서 그 사람의 행위를 강조했다.[55] 복음서를 그리스-로마 문학과 비교하는 클라이드 보토(Clyde Votaw)의 유명한 논문은, 복음서가 전기의 형태로 저술된 선전 문학(propagandistic literature)의 한 형태라고 결론지었다. 즉 복음서는 "역사적 전기"가 아니라 "통속적인 전기"로서, 플라톤과 크세노폰이 저술한 소크라테스 전기의 전통에 서 있는 것과 가장 가까운 표현 양식이라는 것이다.[56]

불트만은 복음서를 그리스-로마의 전기와 비교하는 데 대해 이의를 제기했다. 그는 고대의 전기와 달리 복음서가 전기적이거나 역사적인 관심을 전혀 갖지 않으며, 명성 문학(prestige literature)의 형태로 이루어졌음을 전혀 내세우지 않는다고 주장했다. 대신 불트만은 복음서가 헬레니즘의 신적 인간을 예수 전승과 결합한 제의 신화라는 입장을 옹호했

---

54) David E. Aune, *The New Testament in Its Literary Environment* (Philadelphia: Westminster, 1987), 29(Aune 강조).

55) Joannes Weiss, *Das älteste Evangelium. Ein Beitrag zum Verständnis des Markus-Evangeliums und der ältesten evangelischen Überlieferung* (Göttingen: Vandenhoeck & Ruprecht, 1903), 11-15.

56) Clyde H. Votaw, *The Gospels and Contemporary Biographies in the Greco-Roman World* (Philadelphia: Fortress, 1970); repr. from *American Journal of Theology* 19 (1915): 45-73, 217-249.

다.⁵⁷⁾ 찰스 탈버트(Charles Talbert)는 복음서에 전기 장르를 부여하는 데 대한 불트만의 비판을 하나하나 철저하게 논박했다. 탈버트는 심지어 불트만의 판단 기준을 인정한다고 하더라도, 그리스-로마의 전기에서 제의적이고 신화적인 요소를 찾아낼 수 있으며, 그 요소가 단지 복음서에만 고유한 것은 아니라는 점을 입증했다. 더욱이 복음서는 전기의 특별한 유형과 상호 연관성이 있을 수 있다. 마가복음과 요한복음은 이런 전기의 하위 유형에 속하며, 선생에 대한 그릇된 이미지를 없애고 추종해야 할 진정성 있는 모범을 제공하는 것을 목표로 삼는다. 누가복음은 전기의 하위 유형이며, 운동의 창시자로서 주인공에 초점을 맞춘다. 그리고 사도행전은 예수의 제자들에 대한 역사적인 후속 내러티브라고 묘사될 수 있다. 마태복음도 전기의 하위 유형에 속하며, 선생의 가르침에 대한 해석학적인 실마리를 입증하려고 노력한다.⁵⁸⁾

몇몇 다른 학자들도 복음서를 고대 그리스-로마의 전기와 비교하는 작업을 뒤이었다. 필립 슐러(Philip L. Shuler)는 복음서가 "찬양 전기"(laudatory biography)의 한 형태였다는 입장을 옹호했다. 복음서가 찬사(encomium)로 알려진 수사학 양식과 비슷하다는 것이다. 그는 특별히 마태복음에서 이런 요소를 간파한다. 왜냐하면 마태복음은 예수의 탄생과 메시지 및 죽음을 서술함으로써 예수를 찬양하게 하며, 예수가 어떻게 자기의 추종자들이 본받아야 하는 전형적인 모범인지를 보여주고자 하는 의도를 갖고 있기 때문이다.⁵⁹⁾ 또한 클라우스 베르기(Klaus Berger)도 복

---

57) Bultmann, *History of the Synoptic Tradition*, 373-374.
58) Charles H. Talbert, *What Is a Gospel? The Genre of the Canonical Gospels* (Philadelphia: Fortress, 1977).
59) Philip L. Shuler, *A Genre for the Gospels: The Biographical Character of Matthew* (Philadelphia: Fortress, 1982).

음서의 찬양 요소에 대해 언급한다. 그는 복음서가 철학자들의 생애 장르와 상당히 비슷하다고 주장한다.[60] 데이비드 오니는 복음서뿐만 아니라 신약성서의 거의 대부분을 고대 세계의 광범위한 문학적인 맥락 안에 위치시킨다. 그는 비록 복음서가 고대의 어떤 문학 형태와도 정확하게 일치하지는 않지만, 복음서의 언어, 구조, 주요 인물들에 대한 틀에 박힌 묘사와 전기 형태를 통해 예수에 대해 전형적으로 예증하고 선전하는 설명을 만들어내고 있다는 점에서 복음서가 고대의 전기와 비슷하다고 결론짓는다.[61]

복음서를 그리스-로마의 전기와 연결하는 가장 성공적인 연구의 결실은 리처드 버리지로부터 나왔다. 그는 복음서와 그리스-로마의 전기 사이의 유사성이 명백하다고 주장한다. 그는 구조적인 유사성, 영웅의 조상과 탄생, 영웅의 성장 과정에 대한 일화, 공적인 생애를 위한 등장, 영웅의 말씀과 행위에 대한 기술, 그의 죽음 및 유산 등이 이런 유사성을 밝혀준다고 말한다.[62] 주요 유사점 가운데에는 복음서가 모두 공적인 지도자의 생애에 대해 전형적인 묘사를 한다는 점이 포함되어 있다. 복음서는

---

60) Klaus Berger, "Hellenistische Gattung im NT," *ANRW* 2.25.2 (1984), 1031-1432 (특히 1259-1264).

61) David E. Aune, "The Problem of the Genre of the Gospels: A Critique of C. H. Talbert's *What Is a Gospel?*" in *Gospel Perspectives 2: Studies of History and Tradition in the Four Gospels,* ed. R. T. France and D. Wenham (Sheffield: Sheffield Academic, 1981), 9-60; idem, *The New Testament in Its Literary Environment* (Philadelphia: Westminster, 1987), 17-76; idem, "The Gospels as Hellenistic Biography," *Mosaic* 20 (1987): 1-10; idem, "Gospels, Literary Genre of," in *The Westminster Dictionary of New Testament and Early Christian Literature and Rhetoric* (Louisville: Westminster John Knox, 2003), 204-206.

62) 이런 의미에서 예수의 조상, 탄생, 어린 시절, 초기의 삶 등을 탐구한다는 것을 고려할 때, 우리는 마가복음과 요한복음보다 마태복음과 누가복음이 더 전기 장르에 가깝다고 주장할 수 있다. 마가복음과 요한복음은 예수의 탄생과 성장 과정에 대해 전혀 이야기하지 않는다.

중편에 해당하는 내러티브로 저술되었으며, 지도자의 생애에 대해 탄생에서 죽음까지 연대기적인 순서로 제시한다. 또한 몇 가지 주제가 삽입되어 있고, 비슷한 이야기와 말씀이 작은 단위로 제시되며, 주인공을 존경하는 동일한 기능이 나타나고, 그를 불명예스러운 비난으로부터 보호한다.[63]

독자들은 복음서가 크세노폰, 플루타르코스, 수에토니우스가 저술한 전기를 그대로 닮지 않았다고 불평할지도 모른다. 복음서는 여러 면에서 독특하다. 복음서는 강한 유대적인 분위기를 지니고 있으며, 주요 관심사는 유대 기독교의 가르침과 예수에 대해 전파하는 것이다. 복음서는 특별한 신학적 세계관을 드러내며, 복음서의 텍스트는 구약성서와 명백하게 대화한다.[64] 하지만 고대의 전기가 다양하고 유동적인 장르라는 점을 기억한다면, 복음서에 전기 장르를 부여하는 입장은 더 힘을 얻는다. 그리스-로마의 전기는 광범위하고 다양한 요소를 드러내는 독특한 장르다. 전기 장르에서는 개작이 일반적인 현상이었다.[65] 플루타르코스가 묘사하는, 그리스와 로마의 위대한 인물들이 보여주는 평행적인 삶은 그들의 성

---

63) Burridge, *What are the Gospels?*; idem, "About People, by People, for People: Gospel Genre and Audiences," in *The Gospels for All Christians: Rethinking the Gospel Audiences,* ed. R. Bauckham (Grand Rapids: Eerdmans, 1998), 113-145; idem, "Gospel," in *A Dictionary of Biblical Interpretation,* ed. R. Coggins and J. L. Houlden (London: SCM, 1990), 266-268.

64) 참고. Jonathan T. Pennington, *Reading the Gospels Wisely: A Narrative and Theological Introduction* (Grand Rapids: Baker, 2012), 27-31. 장르의 문제와 관련해서, Pennington은 복음서를 "종말론적이며 케리그마적인 성서 역사적 전기"라고 간주한다. Burridge의 견해에 몇 가지 유보 사항을 제시하면서, Pennington 자신의 입장은 Burridge(그리스-로마의 전기)와 Collins(종말론적인 역사) 사이에 위치해 있다. 한편 N. T. Wright(*The New Testament and the People of God* [COQG 1; London: SPCK, 1992], 418)는 복음서는 "헬레니즘의 전기와 유대 역사의 독특한 결합이다"라고 주장한다.

65) Aune, *New Testament in Its Literary Environment,* 32, 46.

품의 특성을 요약하고 있다. 반면에 수에토니우스는 자신이 묘사하는 대상들의 일화에 대해 어느 한편으로 치우치지 않는 관심을 드러낸다.[66] 버리지에 따르면 전기는 "다양하고 유동적인 장르다. 하지만 여전히 형태와 내용에서 가족과 같이 서로 닮았다는 것을 인식할 수 있다."[67] 전기의 형태들 사이에서는 상호 교류가 활발하게 이루어졌다. 따라서 복음서를 고대 전기의 특정 형태와 연결하는 입장은 방법론적인 측면에서 타당하지 않다. 복음서는 그리스-로마 전기의 하위 유형이며, 예수에 대한 유대 기독교의 메시지를 헬레니즘적인 문학 양식과 결합한 것이다.

고대의 다양한 전기 가운데 복음서는 위대한 철학자들의 "생애", 그중에서도 특별히 소크라테스의 전승에 속한 전기와 가장 가까운 것 같다. 물론 복음서가 철학 학파의 가르침을 제시한다거나, 예수를 새로운 철학의 창시자로 묘사하지 않는 것은 사실이다.[68] 하지만 우리는 고대 세계에서 철학이 종교와 거의 비슷한 기능을 했으며, 철학자의 삶은 거룩한 현자의 삶이었다는 점을 기억해야 한다. 예를 들면 바로 이런 이유에서 크세노폰은 소크라테스가 신을 공경하지 않았으며, 그가 신에 대한 신앙심이 없다고 고소당한 것을 변호하는 데 상당 부분 초점을 맞추고 있다.[69]

---

66) Perkins, *Introduction to the Synoptic Gospels*, 9.
67) Burridge, "About People," 121. 비슷한 주장으로서 다음 연구서를 참조하라. Larry Hurtado, *Lord Jesus Christ: Devotion to Jesus in Earliest Christianity* (Grand Rapids: Eerdmans, 2003), 282. "생애(*bios*) 장르는 유연성을 갖고 있었다. 이런 유연성 때문에, 복음서 저자들은 분명히 '생애'를 자신들 각자의 방식대로 훌륭하게 수용하여 자신들의 집필 동기가 된 관심사, 곧 기독론을 따라가면서도 종말론을 지향하는 심오한 관심사를 표현하는 데 이바지할 수 있는 문학 형식으로 보았다."
68) Perkins, *Introduction to the Synoptic Gospels*, 11.
69) Lucian of Samosata(*Peregrinus* 13)는 예수를 "십자가 처형을 받은 소피스트"라고 불렀다. 이는 2세기 말에 이교도 저자가 예수와 다른 철학자들의 생애 사이의 연관성을 인식했다는 점을 암시해준다.

고대 철학자들의 전기 중 상당수가 성스러운 특징을 지니고 있었음을 고려할 때, 복음서 저자인 마가가 유대교의 예언자 전승에 전기 형태를 결합했다는 것은 충분히 가능성이 있다.[70] 물론 복음서가 단순히 예수를 찬양하는 찬사가 아니라는 점은 인식할 수 있는 차이점이다. 분명히 복음서에 그와 같은 요소가 포함되어 있지만, 복음서는 근본적으로 변증적이고 케리그마적이며 사회 형성에 영향을 미친다.

복음서의 장르를 전기로 보는 이론이 학계에서 승리를 거둔 데 대해 그레이엄 스탠턴은 버리지의 저서 제2판 머리말에서 다음과 같이 적절하게 쓰고 있다. "나는 복음서가 '생애' 곧 전기라는 광범위한 문학 장르에 속한다는 것을 부인하는 일이 이제 가능하다고 생각하지 않는다. 설령 복음서 저자들이 그리스-로마의 '생애'에 대한 전승을 대체로 알지 못했다고 하더라도, 복음서가 저술되고 나서 처음 일이십 년 동안 사람들은 복음서를 '생애'와 비슷한 것으로 받아들이고 읽었을 것이다."[71] 복음서가 광범위한 의미에서 전기의 한 유형이라고 이해하는 데에는 의견이 일치되었다. 버리지와 마찬가지로, 우리는 심지어 복음서를 βίοι 'Iησοῦ(예수의 생애)라고 부를 수도 있을 것이다. 다음 단계는 복음서의 내용, 저술 및 용례의 현상을 예수의 생애와 연결하는 것이다.

복음서의 문학 현상

복음서의 문학 장르가 무엇인지를 확인하고자 하는 모든 시도는 반드시

---

[70] Vernon, K. Robbins, *Jesus the Teacher: A Socio-Rhetorical Interpretation of Mark* (Philadelphia: Fortress, 1984), 53-55, 68; Bryan, *Preface to Mark*, 37-38.
[71] Graham Stanton, "Foreword," to Burridge, *What Are the Gospels?* ix.

복음서의 문학 현상을 고려해야 한다. 복음서의 다양한 측면, 즉 복음서의 시작, 내용, 사람들의 반응, 전달 수단을 자세히 살펴보는 작업은 복음서가 어떤 종류의 문학작품인지 이해하는 데 도움을 줄 것이다. 이제 우리는 이 사항들에 대해 탐구하고자 한다.

1. 복음서의 문학 양식에 대한 단서로서 복음서의 "시작"

정경의 사복음서가 전기를 연상시키는 어떤 종류의 표제어를 제시하지 않음에도 불구하고 복음서의 시작 부분이 지니고 있는 특징, 즉 족보(마태복음), 역사적인 성격의 머리말(마가복음), 서문(누가복음), 서막(요한복음)은 모두 고대의 전기에 적합하다.

마가복음의 첫 절은 "예수 그리스도의 복음의 시작이라"(막 1:1)는 선언과 더불어 예수의 생애를 소개하면서 일종의 "복음적인 전기"의 유형을 만들어낸다.[72] 더욱이 마가복음의 첫 절은 마가복음 1:1에서부터 1:15까지로 이루어져 있는 마가복음의 머리말로 이어진다. 마가복음 1:1과 1:15에서는 모두 "복음"이라는 단어가 나타난다. 이는 이 단락을 의도적으로 **수미상관 구조**로 만든다. 이런 방법으로 자신의 복음서를 시작하면서, 마가는 복음서의 시작 부분에 다음과 같은 구조를 제시한다. 곧 그는 첫 절에서 자신이 저술한 책에 대해 정의를 내리고, "하나님 나라"(막 1:15)와 관

---

72) 나는 막 1:1이 마가복음 저자가 자신의 복음서 전체의 제목으로 붙인 것이라고 추측한다. 참조. M. Eugene Boring, "Mark 1:1-15 and the Beginning of the Gospels," *Semeia* 52 (1990): 43-82; John G. Cook, *The Structure and Persuasive Power of Mark: A Linguistic Approach* (Atlanta: Scholars, 1995), 138-140, 173; Petr Pokorný, *From the Gospel to the Gospels: History, Theology and Impact of the Biblical Term "Euangelion"* (BZNW 195; Berlin: de Gruyter, 2013), 196-197.

련하여 "하나님의 복음을 전파"(막 1:14)하는 것으로 예수의 메시지를 요약한다.[73]

마가복음의 시작 부분은 고대의 독자들로 하여금 예수를 메시아로 찬

---

[73] 어떤 학자들은 마가복음에서 사용되는 그리스어 명사 εὐαγγέλιον에 대해 믿을 수 없을 정도로 이상한 견해를 제시한다. 참조. Adolf von Harnack, "Gospel: History of the Conception in the Earliest Church," in *The Constitution and Law of the Church in the First Two Centuries* (London: Williams & Norgate, 1910), 278-284. Harnack은 예수를 복음의 주체가 아니라, 오로지 복음의 **선포자**로 만드는 데 몰두한다. 그래서 그는 마가복음에서 언급되는 εὐαγγέλιον이 모두 예수에 대한 복음이 아니라, 예수가 선포한 복음을 가리킨다고 이해한다. 사실상 그의 견해는 막 1:14-15에서는 분명히 사실이지만, 나중에는 예수를 위한 헌신과 복음을 위한 헌신이 동일한 것으로 언급된다(막 8:35; 10:29). 다른 곳에서 εὐαγγέλιον은 예수가 성전을 마주하고 감람산에 앉아서 모든 나라에 복음이 전파된다는 것을 예언하는 것과도 연결되어 있다(막 13:10). 또한 예수의 수난에 대한 소식은 복음의 일부로서 다른 사람들에게 전달되어야 한다(막 14:9). 한편 Helmut Koester, *Ancient Christian Gospels: Their History and Development* (London: SCM, 1990), 12-14은 앞에서 언급한 것과 명백하게 대조되는 견해를 제시한다. 곧 Koester는 예수를 단지 복음에 대해 선포된 자(the proclaimed)로 만들려고 한다. 그 근거는 마가복음에서 εὐαγγέλιον이 언제나 예수의 죽음과 부활을 가리킨다는 것이다. 여기에 대한 예외로서, 막 1:15b; 8:35; 10:29에서 εὐαγγέλιον은 예수의 메시지를 가리키지만, 이는 삽입된 것이라고 한다. 왜냐하면 해당 절의 평행 텍스트인 마 4:17; 16:25; 19:29에서는 εὐαγγέλιον이라는 그리스어 명사가 나타나지 않기 때문이다. 이런 이해에 근거해서, Koester는 막 1:1이 비록 후대에 덧붙여지긴 했지만 세례 요한과 예수가 회개하라고 외친 것으로부터 시작되었으며, 예수 그리스도의 죽음과 부활에 대한 선포 이상을 의미하지 않는다고 주장한다. 그의 논지는 다음과 같다. 곧 마가복음의 가장 초기의 텍스트는 예수가 복음을 전파했다고 증언하지 않으며, 마가는 εὐαγγέλιον을 예수의 사역에 대한 적합한 호칭으로 생각하지 않았다는 것이다. 하지만 마가복음 텍스트에 대한 Koester의 추론은 근거가 없다. 처음 4세기 동안 마가복음은 상당히 무시되어왔다, 따라서 창의적인 필사자들은 마가복음보다 오히려 마태복음에 그리스어 명사 εὐαγγέλιον을 삽입했을 것이다. 왜냐하면 가장 초기 형태의 성봉 교회 안에서 최초의 복음서는 거의 대부분 마태복음으로 간주되었기 때문이다. 또한 마가복음에서 그리스어 명사 εὐαγγέλιον이 사용된 것이 항상 편집에 의해서 덧붙여진 것이라거나 그 용어는 엄밀히 말해서 사도 바울의 것이라는 견해가 참인지는 분명하지 않다. 사실상 바울이 특별히 τό εὐαγγέλιον이라는 표현을 종종 사용하지만, 이는 오식 바울에게만 국한된 것은 아니다. 어쨌든 마가복음에 사용된 자료는 다양했을 것이다, 따라서 마가복음 안에는 바울 외에 다른 자료의 영향도 포함되었을 것이다. 많은 학자들은 막 1:14-15 및 14:9과 같은 단락의 배후에 적어도 전승 자료가 놓여 있으리라고 주장한다.

양하는 담론이나, 황제의 비문같이 예수의 위대한 업적에 대한 기록을 기대하도록 만들었을 수도 있었다.[74] 그렇지 않으면 대부분의 전기의 경우처럼, 독자는 예수의 탄생, 훌륭한 조상, 교육 및 양육 과정 등에 대한 무언가를 예상했을 수도 있다. 하지만 마가복음은 이런 사항을 아무것도 포함하지 않는다. 하지만 익명의 저자가 쓴 「세쿤두스의 생애」(*Life of Secundus*)에서도 같은 사항은 나타나지 않으며, 영웅의 혈통이나 출생에 대해 아무런 언급도 하지 않는다. 마가복음은 전기의 전승과 일치하는 다른 특징을 갖고 있다. 마가복음의 유대적인 분위기를 고려할 때, 마가복음 서두는 전기의 시작으로서 전적으로 타당하다. 마가복음 1:2-8에서 마가는 "복음의 시작"을 이스라엘의 예언과 예언자 세례 요한의 메시지와 연결하면서, 이어지는 내러티브에 역사적 맥락을 제공해준다. 이는 타키투스가 세 황제들의 해(기원후 69년) 및 행운과 불행이 뒤섞인 로마의 이전 820년 역사를 언급하는 일과 더불어 자신의 저서 「역사」를 시작하는 관행과 상당히 비슷하다.[75] 마가복음의 시작은 예수가 세례를 받고 나서 광야에서 시험을 받은 후에 갈릴리 지역에서 사역을 시작한다는 언급으로 이어진다(막 1:9-15). 이는 예수가 하나님의 아들인 것, 그가 예언자로 부름을 받은 것, 그리고 메시아로서 그의 신임장을 소개하는 적합한 방법을 제공한다. 다른 전기에서 나타나는 영웅의 젊은 시절의 공적에 대한 목록과 같이, 이 사건들은 그 목록과 동일한 내러티브의 기능을 행사한다. 왜냐하면 그 사건들은 예수의 공생애의 시작을 알려주고, 예수가 어떤 부류

---

74) Perkins, *Introduction to the Synoptic Gospels*, 3.
75) Tacitus, *Historiae* 1.1.1. *Gospel of the Ebionites* 1-2도 헤롯 왕의 통치, 대제사장 가야바, 세례 요한을 언급하는 것과 더불어 시작된다. 아마도 이는 십중팔구 눅 1:5; 3:1-3에 기초하며, 고대 전기의 시작 부분으로서도 적합하다.

의 사람인지 밝혀주기 때문이다.[76] 이처럼 마가복음의 시작에서 처음 단락은 아마도 독자들에게 그들이 "현자의 생애"를 막 읽기 시작했다고 넌지시 알려주었을 것이다. 하지만 마가복음의 이야기가 전개되어가면서, 특히 마가복음 14-15장에서 묘사되는 예수의 수난 이야기에 이르러서, 그 이야기는 사실 "왕의 생애"라는 것이 분명해진다.[77]

마태복음은 "다윗의 자손 예수 그리스도의 계보"를 언급하는 것으로 시작된다.[78] 이는 마가복음의 시작과 다르다. 아마도 그 이유는 마태가 예수에 대한 족보를 언급하는 것으로부터 자신의 복음서 이야기를 시작하려고 계획했기 때문일 것이다. 이는 마가복음의 다소 서투른 전기 형태를 더 명백한 전기 형태로 만들려는 의도적인 선택인 것 같다. 왜냐하면 고대의 전기는 주인공의 조상의 계보를 밝히며 시작되기 때문이다.[79] 그리고 나는 마태가 마가복음의 시작 부분이 족보로 이동하기에는 좋은 출발점이 아니라고 생각했으리라고 추측한다.[80] 게다가 마태복음의 시작 부분은 βίβλος γενέσεως("계보" 또는 "족보")로서 이는 구약성서를 연상시킨다. 예를 들면 (LXX의) 창세기 2:4과 5:1 등이다. 마태복음의 족보는 이스라엘의 거룩한 역사에 등장하는 인물들로 가득하다. 따라서 마태는 마가

---

76) Aune, *New Testament in Its Literary Environment,* 48; Collins, *Beginning of the Gospel,* 17; Bryan, *Preface to Mark,* 51-52.

77) Berger, "Hellenistische Gattungen im NT," 1245.

78) 마태복음이 머리말에 대해 보다 자세한 내용으로는 다음을 참조하라. F. Bird, *Jesus Is the Christ. The Messianic Testimony of the Gospels* (Downers Grove: InterVarsity, 2012), 58-60.

79) 참조. 예를 들면 Diogenes Laertius, *Lives of Eminent Philosophers* 3.1-2, 45 (Plato); Plutarch, *Parallel Lives* 2.1-3.2 (Alexander the Great); Suetonius, *Lives of the Caesars* 2.94.1-7 (Augustus).

80) Graham Stanton, *Jesus and Gospel* (Cambridge: Cambridge University Press, 2004), 56.

복음의 전기 형태를 강화하고 그리스-로마와 유대교의 문학 유형을 그 과정에서 서로 결합했다.

누가복음은 1:1-4에 제시된 서문으로 시작되는데, 이 서문은 마가복음의 시작 부분과 다르다. 누가복음 서문은 분명히 누가복음의 장르가 무엇인가라는 질문으로 우리를 이끈다. 그런데 우리는 누가복음의 장르를 사도행전과 분리해서 연구할 수 없다. 누가복음과 사도행전의 문학적 연관성을 고려해볼 때, 특히 누가복음의 서문(눅 1:1-4)과 사도행전의 서문(행 1:1-2)에서 몇몇 학자들은 누가복음-사도행전이 하나의 장르를 구성하며, 이는 "일반 역사"의 한 유형이라고 주장했다.[81] 반면에 다른 학자들은 누가복음과 사도행전이 전기와 역사 논문이라는 별개의 장르라고 확신한다.[82] 찰스 탈버트(Charles Talbert)의 다음과 같은 주장은 가능성이 있다. 탈버트에 의하면, 누가복음-사도행전은 이어지는 하나의 내러티브로서 창시자의 생애, 그의 제자와 후계자들에 대한 이야기 및 해당 학파의 가르침에 대한 요약을 제공하는 패턴을 지지한다는 것이다.[83] 하지만 우리는 전기, 역사 서술, 논문 사이의 경계가 유동적이며 모호하다는 점을 염두에 두어야 한다.[84] 심지어 플루타르코스는 동일한 문학 활동을 묘사하는 데 그리스어 명사 βίος(생애)와 ἱστορία(역사)를 맞바꾸어가면서 사용했다.[85] 보다 정확히 말하자면, 누가복음의 서문은 누가를 고전적인

---

[81] Aune, *New Testament in Its Literary Environment*, 77.

[82] 참조. Richard I. Pervo and Mikael C. Parsons, *Rethinking the Unity of Luke and Acts* (Minneapolis: Fortress, 2007), 20-44.

[83] Charles Talbert, *Reading Acts: A Literary and Theological Commentary on the Acts of the Apostles* (New York: Crossroad, 1997), ix-xxvii. 하지만 이 견해에 대한 Aune의 비판을 참조하라. Aune, *New Testament in Its Literary Environment*, 78-79.

[84] Burridge, *What Are the Gospels?* 237.

[85] Thatcher, "Gospel Genre," 133.

전기 작가와 동일선상에 확고하게 위치시킨다.[86] 그 서문은 수사학적인 측면에서 누가복음과 사도행전의 서론(*exordium*)과 같은 역할을 한다. 또한 누가의 서문은 요세푸스의 저서와 필론의 「모세의 생애」에서 제시된 서문과도 상당히 비슷하다.[87] 그렇다면 누가는 기독교 운동의 창시자로서 예수의 역할을 강조하기 위해 자신의 문학적 선구자들의 작품을 대치한 것이 아니라, 오히려 그것을 개선했다는 점에서 마가복음에 기초한(나는 마태복음에도 기초하고 있다고 믿는다) 기독교의 **예수의 생애** 전승에서 정점에 위치해 있는 것이다.[88]

제4복음서의 수수께끼는 이 복음서가 공관복음서와 닮은 점도 있지만, 동시에 닮지 않은 점도 있다는 것이다. 이는 장르에 대한 질문에도 동일하게 적용된다. 예를 들어 요한복음은 예수의 담론과 같은 부분에서 공관복음서와 상당히 구별된다는 점에도 불구하고, 「도마복음」이나 나그함마디 문서에 속한 「피스티스 소피아」보다 공관복음서에 훨씬 더 가깝다. 왜냐하면 요한복음은 예수에 대한 역사적 기억에 기초하고 있으며 전기와 비슷한 내러티브이기 때문이다. 제임스 던은 요한이 자신의 복음서를 "공관복음서에서 발견되는 것보다 훨씬 더 자유롭게" 저술했다고 말한다. 하지만 "영지주의 문헌에서 발견되는, 복음서에 상응하는 작품보다는 훨씬 더 신중하게 저술했다"고 한다.[89] 요한의 목적은 예수에 대한 증언을

---

86) Burridge, *What Are the Gospels?* 188.
87) Josephus, *Ant.* 1.1-17; *Against Apion* 1.1-5; 2.1-4; Philo, *De Vita Mosis* 1-4.
88) 이 점과 관련해서 내 입장은 Aune의 결론과 상당히 다르다. Aune, *New Testament in Its Literary Environment*, 17. Aune는 누가와 마태가 마가에 대해 감명받지 못했다고 한다. 왜냐하면 그들은 단순히 마가를 대부분 적극적으로 모방하려고 애썼기 때문이다.
89) James D. G. Dunn, "Let John Be John: A Gospel on Its Time," in *The Gospel and the Gospels*, ed. P. Stuhlmacher (Grand Rapids: Eerdmans, 1991), 322.

제공하고, 메시아와 하나님의 아들로서 예수에 대한 신앙을 불러일으키며 그 신앙을 견고하게 하려는 것이었다(요 20:30-31). 요한복음에 제시된 방식이 보다 극적이라고 하더라도, 심지어 요한이 유대교 미드라쉬와 그리스 비극을 결합했다고 하더라도, 저자가 마가복음의 전기 장르를 받아들인다는 점 역시 사실이다.[90] 요한복음의 서막(요 1:1-18)은 전기 내러티브를 시작하기에는 어울리지 않는다. 그래서 어떤 학자들은 이 서막이 요한복음을 전기로 간주하는 개념을 거부하기에 충분한 근거가 된다고 생각한다. 그렇지만 나는 그렇게까지 확신하지 않는다.

고대 전기의 시작 부분은 전기의 대상에 대해 일반적으로 다음과 같은 두 가지 질문에 답변했다. 첫째, 그는 누구인가? 둘째, 그는 어디서 왔는가? 비록 공관복음서와 똑같은 방식은 아니지만 요한도 자신의 고유한 찬양시로 이 질문들에 대답한다. 이 찬양시를 통해 그는 예수가 하늘로부터 왔고, 신성을 지니고 있으며, 창조와 새 창조에 동참한다는 것을 강조한다. 또한 요한복음의 서막은 이어지는 내용에서 다루어질 다양한 모티프, 즉 생명, 빛, 증언, 영광, 이스라엘, 은혜, 진리 등에 대한 요약을 제공한다는 점에서 오페라의 서곡과 비슷한 역할을 한다. 게다가 요한은 서막에서 자신의 복음서의 기본 줄거리를 소개한다. 하나님의 아들이 적대적인 세상으로 온다. 어떤 이는 그를 영접하고, 다른 사람은 그를 거부한다. 버리지는 다음과 같이 말한다. "그러므로 이 복음서가 지니고 있는 신적인 높이와 우주적인 규모에도 불구하고 기본적인 줄거리는 똑같다. 그것은 예수의 사명이 무엇이며, 유대 지도자들이 그를 어떻게 거부했으며, 그

---

90) 참조. Burridge, *What Are the Gospels?* 213-232, 279-281; Warren Carter, *John: Storyteller, Interpreter, Evangelist* (Peabody: Hendrickson, 2006), 4-20.

의 제자들은 어떻게 그를 영접했는가에 대해서다."[91] 더욱이 자신의 내러티브를 예수에 대한 찬양시, 즉 예수의 명성을 높이려고 과시하는 장치로 시작함으로써 제4복음서의 저자는 마태와 누가가 마가복음에 대해 했던 작업을 단순히 그대로 행하고 있다. 곧 예수의 생애를 이스라엘의 거룩한 역사의 맥락 안에 위치시킴으로써 그는 전기에 등장하는 영웅을 기리는 근거를 제공한다. 모나 후커(Morna Hooker)는 다음과 같이 말한다.

> 요한의 서막은 광범위한 내러티브를 말하는 것으로 시작하고 끝난다. 그가 말하고자 하는 이야기는 "태초에" 그 기원을 두고 있다. 그리고 그것은 하나님이 자신이 지으신 세상을 다루시는 이어지는 이야기에서 중대한 전환점이다. 이런 광범위한 내러티브 안에서 하나님이 자신의 백성에게 제시하는 자기 계시는 중대한 요소다. 그렇다면 복음서 저자가 말하고자 하는 이야기는 토라와 이스라엘에게 주어진 약속과 어떤 관계에 있는가? 요한복음이 제시하는 답변은 바로 예수 그리스도가 그 약속의 성취라는 것이다. 왜냐하면 그가 토라 자체의 성취이기 때문이다. 곧 예수 그리스도는 모세가 시내 산에서 얼핏 보았던 하나님의 자기 계시를 진정으로 구체화한다.[92]

요약하면, 문학 양식 및 시작 부분에서 정경의 사복음서는 그리스-로마 전기의 맥락 안에 가장 잘 위치한다.

---

[91] Richard A. Burridge, *Four Gospels, One Jesus? A Symbolic Reading* (2nd. ed.; Grand Rapids: Eerdmans, 2005), 137.
[92] Morna D. Hooker, "Beginnings and Endings," in *The Written Gospel*, ed. Bockmuehl and Hagner, 188.

2. 초기 교회에서 예수 책의 명칭

우리는 초기 교회에서 예수에 대한 정보를 제공해주는 자료를 언급하는 데 사용된 명칭을 탐구함으로써 복음서가 어떤 유형의 문학인지 확인할 수 있다. 많은 경우에 저자들이 구술 예수 전승을 언급하는지, 복음서 이전 단계의 기록 자료를 인용하는지, 또는 자신들 앞에 놓여 있는 어떤 텍스트로부터 아니면 기억을 통해 복음서를 회상하고 있는지에 대해 우리가 항상 명확하게 결정할 수 있는 것은 아니다. 하지만 구술이든 기록 형태든, 대체로 복음 전승은 탐구할 만한 가치가 있는 몇 가지 명칭을 검토함으로써 확인할 수 있다.

a. 말씀(λόγια)

그리스어 용례에서 명사 로기아(λόγια)는 보통 이교도 신전에서 제사장이나 예언자들에 의해 주어진 종교적인 특성을 지닌 짧은 말씀을 가리킨다.[93] 70인역에서 그리스어 명사 λόγια는 발람의 신탁과 그가 하나님에게서 받은 계시를 언급하는 데 처음으로 사용되었다(민 24:4, 16, LXX). 하지만 다른 곳에서 이 단어는 보다 일반적으로 하나님의 지시를 가리키는 데 사용되었다(예. 신 33:9; 시 11:7; 17:31; 106:11). 신약성서에서 그리스어 명사 λόγια는 구약성서에서 사람들에게 주어진 하나님의 말씀을 가리키는 데 사용된다. 예를 들면, 사도행전에 수록된 스데반의 설교에서 모세는 이스라엘 백성에게 전하라고 하나님께로부터 "살아 있는 말씀"(λόγια ζῶντα)을 받았다(행 7:38). 사도 바울에 따르면, 유대인이라는 정체성의 유익 중 한 가지는 자신이 유산으로 받은 특권 중 하나로서 그들

---

93) BDAG, 598.

이 "하나님의 말씀"(τὰ λογία τοῦ θεοῦ)을 맡았다는 것이다(롬 3:2). 히브리서의 저자는 독자들이 영적으로 성장하기 위해 "하나님의 말씀"(λογίων τοῦ θεοῦ)을 여전히 배워야 할 필요가 있다고 말한다(히 5:12). 여기서 "말씀"(λόγια)이라는 단어가 무엇을 의미하는지는 분명하지 않다. λόγια를 원-복음을 지니고 있는 유대교 성서의 교훈으로 이해해야 하는지(히 4:2), 아니면 그리스도에 대한 가르침(개역개정: "그리스도의 도의 초보"[히 6:1])을 언급하는 것으로 이해해야 하는지는 명백하지 않다. 또는 만약 이 두 가지 의미를 지니고 있다면, "하나님의 말씀"은 새 언약에 기초한 청중의 신앙을 강조하는 유대교 성서를 의미할 가능성이 있다. λόγια가 보다 명백하게 기독교적인 내용을 지니고 사용된 사례는 베드로전서에서 발견할 수 있다. 베드로전서에서 그 단어는 기독교 지도자들이 사용했던 말하는 은사를 가리킨다. 이는 이스라엘의 거룩한 성서만큼이나 권위를 지닌 것이었다(벧전 4:11). 빌립보 교인들에게 보낸 폴리카르포스의 편지는 λόγια가 기독교적인 비슷한 내용으로 사용된다는 것을 입증해준다. 이 편지는 "십자가의 증거"(τὸ μαρτύριον τοῦ σταυροῦ), "주님의 말씀"(τὰ λόγια τοῦ κυρίου), "처음부터 우리에게 전해진 말씀"(τὸν ἐξ ἀρχῆς ἡμῖν παραδοθέντα λόγον)을 서로 가깝게 연결하면서 마태복음 26:41로부터 주의 말씀을 인용하면서 마무리된다.[94] 이와 같이 폴리카르포스가 사용한 λόγια는 예수에 대한 기독교의 메시지로 밝혀진다.

하지만 기의 대부분 기독교가 사용하는 λόγια는 유대교 성서와 복음서 전승을 밀접하게 통합한 것을 나타냈다. 클레멘스는 1세기 말에 로마에서 쓴 「클레멘스 1서」에서 이스라엘의 성서를 언급하기 위해 λόγια를

---

94) Polycarp, *Philippians*, 7.1-2.

사용한다.[95] 하지만 그는 다른 곳에서 이스라엘의 성서와 예수 전승과 관련해서 흥미롭게도 그리스어 명사 λόγος와 λόγια를 연이어 위치시킨다. 또한 그는 마태복음 5:7, 6:14, 7:1-2, 12 및 누가복음 6:31, 36-38과 비슷하지만 정경 복음서에서 발견되지 않는 예수의 말씀을 소개하면서 "주 예수의 말씀"(τῶν λόγων τοῦ κυρίου Ἰησοῦ)이라고 언급한다.[96] 이 명령과 비슷한 규범이 예수의 "거룩한 말씀"(ἁγιοπρεπέσι λόγοι)을 포괄한다. 이는 지켜져야 하는데 왜냐하면 또 다른 "거룩한 말씀"(ὁ ἅγιος λόγος), 즉 이사야 66:2이 이렇게 말하기 때문이다. "온유하고 잠잠하며 내 말에(τὰ λόγια) 떠는 사람을 내가 돌볼 것이다."[97] 여기서 예수의 말씀과 이사야가 전해주는 말씀은 거룩하며 하나님께로부터 온 권위 있는 λόγια로서 나란히 배열된다.

다른 저자들에게서도 우리는 비슷한 현상을 발견할 수 있다. 그들은 성서의 텍스트와 복음서 전승을 기독교 λόγια의 일부분으로 함께 섞어서 언급한다. 「클레멘스 2서」에서 회개에 대한 두 번째 요구에는 신자가 아닌 사람들 앞에서 올바로 살라고 독자에게 권면하는 것이 포함되어 있다. 그래서 주의 이름이 "모든 나라 사이에서 모독당하지" 않게 해야 한다(사 52:5). 왜냐하면 이방인들이 누군가의 입을 통해 "하나님의 말씀"(τὰ λόγια θεοῦ)을 듣고 "그 말씀의 아름다움과 위대함에 놀랐다"고 하더라도, 만약 행위가 말씀에 일치하지 않는다면 이방인들은 그 놀라움을 신화라고 비난할 것이기 때문이다. 또한 "하나님이 말씀하신다"(λέγει ὁ θεός)라는 표현과 더불어 누가복음 6:32 및 35을 인용하는 것이 예수의 말씀에 신적

---

95) *1 Clem.* 19.1; 53.1.
96) *1 Clem.* 13.1-2.
97) *1 Clem.* 13.3-4.

특성과 신적 권위를 부여하며 소개되고 있다.[98] 여기서 하나님의 말씀은 유대교 성서, 기독교의 메시지 및 유일한 신적 담론의 부분으로서 예수의 말씀에서 끌어온 요소를 포함한다.

나아가 복음서 전승과 λόγια의 상관관계는 히에라폴리스의 파피아스(기원후 110년 무렵)까지 거슬러 올라간다. 우리의 자료에 의하면, 파피아스는 아리스티온과 장로 요한과 같은 주의 제자들에게서 구전을 얻었다.[99] 또한 그는 마가복음, 마태복음, 요한복음의 기원과 관련된 전승에 대해서도 알고 있었다.[100] 예수가 행하고 말한 모든 것에 대해 파피아스가 λόγια를 사용한 것은 참으로 시사하는 바가 많다. 그는 "주의 **말씀**에 대한 해설서"(ἐπιγέγραπται λογίων κυριακῶν)라고 불리는 다섯 권 분량의 책을 저술했다.[101] 그의 해설서는 예수와 사도들의 말씀과 이야기를 모아놓은 것이었다. 우리가 가진 한정된 자료가 밝혀주는 바에 의하면, 그 해설서의 상당 부분은 정경 복음서 안에 평행 본문이 나타나지 않는다.[102] 불행하게도 우리는 파피아스가 모아놓은 자료가 구전에 의한 것인지, 기록 텍스트에 근거한 것인지, 경건한 자세로 만들어낸 것이지, 이차적인 구술 전달에 의한 것인지, 아니면 앞에서 언급한 모든 것이 뒤섞인 것인지 확신할 수 없다.

---

98) *2 Clem.* 13.2-4.
99) Papias, *Fragment* 3.2-3, 14.
100) Papias, *Fragment* 3.15-16; 19-20; 21.1-2, 23.
101) Papias, *Fragment* 3.1.
102) 참조. Papias, *Fragment* 3.11-12; 14.6-8. Hans von Campenhausen, *The Formation of the Christian Bible*, trans. J. A. Baker (Philadelphia: Fortress, 1972), 134이 지적하듯이, 중요한 사항으로서 Papias는 그 해설서 안에 예수에 대한 말씀뿐만 아니라, 우리가 예수의 말씀을 이해하는 데 도움을 줄 만한 것으로서 초기 교회의 가장 이른 시기부터 유래된 것은 무엇이든지 모아놓았다.

흥미롭게도 파피아스는 마가를 베드로의 통역자로 언급한다. 마가는 베드로가 "주의 말씀"(κυριακῶν...λογίων)을 다소 무질서하게 설명해준 것을 기록했다.[103] 또한 파피아스는 마태에 대해 이렇게 말한다. "마태는 말씀(τὰ λόγια)을 히브리어로 기록했다. 또한 각 사람은 자신이 할 수 있는 대로 최선을 다해 그 말씀을 해석했다."[104] 주목해야 할 사항은 파피아스에게 λόγια가 마태복음과 마가복음이 아니라 그 복음서들이 포함하고 있는 것, 곧 예수 자료를 모아놓은 것이라는 점이다. 의식적으로 사도 이후 시대의 맥락에서 파피아스의 「해설서」는 그 자료와 유기적으로 관련되어 있다.

2세기 중엽에 순교자 유스티누스는 트리포가 "우리의 주님이 가르치신 것"(τὰ ὑπ' ἐκείνου τοῦ Σωτῆρος ἡμῶν διδαχθέντα)을 어떻게 이해했다고 주장했는지 언급했다. 유스티누스는 트리포가 자신의 강조점을 내세우기 위해 예수의 "간결한 말씀"(βραχέα λόγια τῶν ἐκείνου λόγια)에 몇 가지 "예언적인 진술"(προφητικοῖς ἐπιμντσθείς)을 덧붙였다고 여긴다.[105] 이레나이우스는 「이단 반박」 서문에서 자신의 목적이 "주의 말씀"(τὰ λόγια κυρίου)을 거짓되게 하는 자들의 오류를 논박하는 것이라고 밝힌다. 그는 λόγια를 거룩한 텍스트를 가리키는 데 사용한다. 신자들은 그 텍스트를 존중했지만, 거짓 교사들은 이를 심각할 정도로 그릇 사용했다. 나아가 이레나이우스는 발렌티누스의 추종자들이 사용한 비성서적인 논증 방법을 공격한다. 그러면서 그는 예언의 말씀 및 사도들의 메시지와 더불어 하나의 세트를 이루는 일부분으로서 λόγια에 마땅한 강조점을 부여한다.

---

[103] Papias, *Fragment* 3.15.
[104] Papias, *Fragment* 3.16.
[105] Justin, *Dial. Tryph.* 18.1.

그와 같은 것이 바로 그들의 체계다. 이는 예언자들이 선포한 것도 아니고, 주님이 가르치신 것도 아니며, 사도들이 전해준 것도 아니다(Προφῆται ἐκήρυξαν οὔτε ὁ Κύριος ἐδίδαξεν οὔτε Ἀπόστολοι παρέδωκαν). 하지만 그들은 다른 모든 사람을 능가하는 것으로서 자신이 완전한 지식을 지니고 있다고 자랑한다. 그들은 성서 외의 다른 자료로부터(ἐξ ἀγράφων, 문자적으로 "기록되지 않은 것들로부터") 자신의 관점을 끌어온다. 그들은 자신의 독특한 주장에 맞추어서 주님의 비유, 예언자들이 말한 것과 사도의 말(παραβολὰς κυριακὰς ἢ ῥήσεις προφητικὰς ἢ λόγους ἀποστολικούς)을 개작한다. 격언을 사용해서 말한다면, 자신의 체계가 전혀 지지를 받지 않는 것처럼 보이지 않으려고 그들은 모래로 새끼줄을 꼬는 것이다. 하지만 그렇게 함으로써 그들은 성서의 질서와 연관성을 무시하는(τὴν μὲν τάξιν καὶ τὸν εἱρμὸν τῶν γραφῶν ὑπερβαίνοντες) 것이다. 그래서 결과적으로 그들은 진리를 훼손하고 파괴한다. 그들은 텍스트를 변질시키고, 그것을 그릇 미화해서, 그 참뜻을 다르게 해석한다. 주님의 말씀(κυριακῶν λογίων)을 자신의 그릇된 관점에 맞추는 사악한 방법을 통해 그들은 많은 사람을 속였다.… 이와 마찬가지로 사실상 이 사람들은 나이 든 여인들의 우화를 짜 맞추었다. 그러고 나서 그들은 하나님의 말씀(τὰ λόγια τοῦ θεοῦ)에서 단어, 표현, 비유를 원래 문맥에서 억지로 떼어내어, 그것을 자신이 지어낸 근거 없는 허구에 맞도록 변질시켰다.[106]

이레나이우스의 생각에는 "성서"와 "하나님의 말씀"은 동의어다. 그러나 그것에 속하는 개념에는 예언자의 신포, 예수의 말씀, 사도의 전승이 포함되어 있다.

많은 기독교 저자가 "하나님의 말씀"(τὰ λόγια θεοῦ)을 언급할 때, 그

---

[106] Irenaeus, *Adv. Haer.* 1.8.1.

들은 이스라엘의 성서와 예수의 말씀, 그리고 어떤 경우에는 사도의 저서를 포함해서 몇몇 거룩한 텍스트들을 염두에 두고 있었다. 주의 말씀(τὰ λόγια κυρίου/λογίων κυριακῶν)이라는 표현에 주어진 주목은, 예수의 가르침이 포함된 문헌을 언급하는, 자주 사용되는 방법이었다. 어떤 측면에서 이런 분류는 단순히 묘사일 뿐이다. 왜냐하면 이는 예수의 말씀과 가르침을 포함하는 모든 문서를 묘사하기 때문이다. 많은 경우에 "주의 말씀"은 파피아스의 「해설서」와 심지어 잘 알려지지 않은 자료에서 유래한 예수의 "아그라파" 같은, 우리가 "정경에 속하지 않은" 저서라고 부르는 내용을 포함하고 있다. 예수의 진정한 말씀이 발견될 수 있었던 곳에 "주의 말씀"이 있었다.[107] 하지만 다른 의미에서 이레나이우스와 같은 저자들에게 "주의 말씀"이라는 표현은 보다 정확하게 분류되었다. 곧 이 표현은 예수의 말씀을 포함하고 있는 특정한 예수 책을 가리킨다. 그 책은 그리스도인들에게 거룩한 문학의 형식을 구성한다. 왜냐하면 그들은 그 책이 이스라엘의 성서 및 사도들의 가르침(예. 신앙의 기본 규범[regula fidei])과 일치한다고 생각했기 때문이다.

b. 사도들의 회고록(ἀπομνημονεύματα τῶν ἀποστόλων)

제3장에서 우리는 복음서가 사회적 기억, 구체적으로 예수의 추종자들의 살아 있는 기억에 기초했다는 개념에 대해 탐구했다. 이제 우리는 어떻게 복음서가 "사도들의 회고록"(ἀπομνημονεύματα τῶν ἀποστόλων)으

---

107) 이는 왜 많은 교부가 "다른" 복음서에 관심을 갖고 있었는지 설명해준다. 그 이유는 다음과 같다. (1) 긍정적인 측면에서, 다른 복음서들은 예수의 진정한 말씀에 접근할 수 있는 길을 제공해주었다. (2) 부정적인 측면에서, 다른 복음서들은 사복음서(tetraevangelium)에서 제시된 예수와 경쟁 관계에 놓여 있었다. 사복음서는 원-정통 교회에서 사용된 "주의 말씀"에 대한 권위 있는 설명으로 여겨졌다.

로 묘사될 수 있는지 살펴보고자 한다. 또한 우리는 복음서의 장르로서 그 명칭의 의미를 결정하고자 한다.

파피아스는 마가복음을 베드로의 가르침에 기초한 것으로 여겼다. 그는 마가복음이 수사학적인 측면에서 세련되지 않다고 간주했다. 왜냐하면 마가복음은 마가가 기억한 대로(ἐμνημόνευσεν/ἀπεμνημόνευσεν), 베드로의 가르침이 지니고 있는 일화의 방식에 기초하고 있기 때문이다.[108] 마가복음이 베드로에 대한 마가의 "기억"(ἀπομνημονεύματα)에 기초했고, 종종 병렬을 사용하며 접속사를 생략하는 표현상의 특성과 더불어 문학적인 섬세함이 부족하다는 점은 많은 이들로 하여금 마가가 미완성 같은 느낌을 주는 "초고(草稿)"를 뜻하는 일종의 "비망록"(ὑπομνηματα)을 작성했다고 추측하도록 만들었다.[109] 비슷하게, 에우세비오스는 알렉산드리아의 클레멘스에게서 유래된 이야기를 들려준다. 곧 로마에서 베드로의 설교를 들었던 사람들이 마가를 강권해서 자신들이 베드로에게서 구술로 전해 받은 가르침을 "기록한 문서"(γραφῆς ὑπόμνημα)를 달라고 했다는 것이다. 바로 그것이 "마가복음이라고 불리는 성서"(κατὰ Μάρκον εὐαγγελίου γραφῆς)가 되었다. 마가복음이 본질적으로 베드로의 설교 노트였음에도 불구하고 이 책은 "복음서"와 "성서" 둘 다로 존속하게 되었다.[110]

아마도 순교자 유스티누스는 베드로를 마가복음과 연결하는 파피아스의 전승에 대해 알고 있었을 것이다.[111] 어쨌든 유스티누스가 예수 전

---

108) Papias, *Fragment* 3.15.
109) Aune, *New Testament in Its Literary Environment*, 66-67.
110) Eusebius, *Hist. Eccl.* 2.15.
111) 막 3:16-17과 관련해서 Justin, *Dial. Tryph.* 106.3. 그리스어 소유격 구문 ἀπομνημονεύμασιν αὐτοῦ(그의 기억)에서 αὐτοῦ는 문법적인 측면에서 베드로, 그리스도 또는 마가를 가리킬 수도 있다.

승을 입수한 것은 십중팔구 구술보다는 문서를 통해서였다. 그는 복음서를 문서로 기록되어 읽힌 책으로 알고 있었다.[112] 그가 복음서를 "자유롭게" 인용하는 것은 대체로 "이차적인 구술 전달"을 사용했기 때문인 것 같다. 곧 기억에 근거해서 텍스트를 인용했거나, 입으로 오랫동안 전해져 온 것을 인용했기 때문일 것이다.[113] 그는 복음서를 "사도들의 기억"(τὰ ἀπομνημονεύματα τῶν ἀποστόλων)이라고 언급하기를 선호했으며 이 표현을 수십 번이나 사용한다.[114] 이를 통해 그는 그리스도에 대한 사도들의 증언 및 기억과 유사한 어떤 것을 가리킨다.[115] 이 기억의 내용은 사도들과 "그들을 추종했던 이들"이 예수에 대해 기록한 것을 포함한다.[116] 그리고 그는 주로 마태복음과 누가복음을 인용하며, 마가복음은 오직 한 번 인용하는데, 요한복음도 인용했을 가능성이 높다.[117]

유스티누스는 그것을 세 번에 걸쳐 "복음서"라고 부르며, 그중 두 번은 "사도들의 기억"과 가깝게 언급한다. 이 점은 그가 단순히 구전을 인용하는 것이 아니라 기록 문서를 언급하고 있다는 것을 밝혀준다. 그는 누

---

112) 참조. Justin, *Dial. Tryph.* 10.2; 18.1; 88.3; *2 Apol.* 3.6.
113) Eric Osborne, *Justin Martyr* (Tübingen: Mohr, 1973), 132은 다음과 같이 주장한다. 늦어도 기원후 155년까지 "우리는 구전을 다루어야 한다. 하지만 그것은 Köster가 속사도 교부들에게 돌리는 구전은 아니다. 오히려 그것은 이차적이거나 삼차적인 구전이다. 원래의 구전 및 공관복음서 전승과 Justin의 구전 사이에는 기록된 복음서들이 놓여 있다. Justin에게 구전은 대체로 공관복음서에 이미 기록되어 있던 것이 기록되지 않은 형태로 전달된 것이었다.
114) Justin, *Dial. Tryph.* 100.4; 101.3; 102.5; 103.6, 8; 104.1; 105.1, 5, 6; 106.1, 3; 107.1; *1 Apol.* 66.3; 67.3; 참조. 33.5.
115) Justin, *Dial. Tryph.* 88.3; *1 Apol.* 33.5.
116) Justin, *Dial. Tryph.* 103.8; *1 Apol.* 33.5.
117) Charles Hill, "Justin and the New Testament Writings," in *Studia Patristica* 30, ed. D. A. Livingstone (Leuven: Peeters, 1997), 42-48; Joseph Verheyden, "Justin's Text of the Gospels: Another Look at the Citations in *1 Apol.* 15.1-8," in *The Early Text of the New Testament*, ed. C. E. Hill and M. J. Kruger (Oxford: Oxford University Press, 2012), 313-335.

가복음 22:10부터 시작되는 주의 만찬에 대한 말씀을 소개하며 다음과 같이 말한다. "왜냐하면 사도들은(οἱ γὰρ ἀπόστολοι) 복음서라고 불리는 (ἃ εὐαγγέλια καλεῖται) 자신들이 저술한 것을 통해(ἐν τοῖς γενομένοις ὑπ' αὐτῶν) 이와 같이 자신들에게 맡겨진 것을 우리에게 전해주었기 때문이다."[118] 또한 그는 예수를 참이스라엘 사람이라고 말하면서 다음과 같이 해설한다. "복음서에는 예수가 '아버지께서 모든 것을 나에게 맡겼다'고 말했다고 기록되어 있다(ἐν τῷ εὐαγγελίῳ γέγραπται εἰπών). … 왜냐하면 우리는 그의 사도들의 회고록에서(ἐν τοῖς ἀπομνημονεύμασι τῶν ἀποστόλων αὐτοῦ) 그가 하나님의 아들이라고 기록되어 있는 것을 발견하기 때문이다."[119] 유스티누스는 자신의 대화 상대자인 트리포가 다음과 같이 주장했다고 묘사한다. "나는 이른바 복음서 안에 있는(ἐν τῷ λεγομένῳ εὐαγγελίῳ) 당신의 교훈이 매우 놀랍고 위대하다는 것을 알고 있다. 그래서 나는 그것을 지킬 수 있는 사람은 아무도 없다고 생각한다. 왜냐하면 나 자신도 그 교훈을 조심스럽게 읽었기 때문이다."[120]

유스티누스는 소크라테스 전승을 잘 알고 있었다. 그는 분명히 플라톤과 크세노폰을 인용한다.[121] 그는 크세노폰이 저술한 「소크라테스의 회고록」에 대해서도 잘 알고 있었을 가능성이 높다.[122] 또한 그는 소크라테

---

[118] Justin, *1 Apol.* 66.3.

[119] Justin, *Dial. Tryph.* 100.4.

[120] Justin, *Dial. Tryph.* 10.2.

[121] 참조. Justin, *2 Apol.* 10.5 (Plato이 저술한 Socrates의 「변명」); 10.8 (Socrates는 그리스도에 대한 지식이 어느 정도 있었다고 함); 11.2-3 (Heracles가 중대한 갈림길에 놓여 있다는 것에 대한 Xenophon의 이야기).

[122] 참조. Koester, *Ancient Christian Gospels*, 38-39. Koester는 Xenophon이 저술한 Socrates에 대한 전기의 라틴어 명칭 *Memorabilia*는 Johann Lenklau가 1569년에 편집한 Xenophon 전집에서 사용되지 않았다고 지적한다. 그렇다고 하더라도 그 책의 그리스어 제목

스의 가르침에 기초한 플라톤의 대화록도 잘 알고 있었을 것이다. 그 대화록은 유스티누스가 논쟁의 대상으로 삼았던 철학자들 사이에서 높은 평가를 받고 있었다. 이는 예상하지 못할 만한 일이 아니다. 왜냐하면 1세기 중엽에 로마에서 살았던 유명한 역사가 밀레토스의 알렉산드로스(Alexander Polyhistor[박식한 알렉산드로스])에 의해 소크라테스 전승 안에 있는 많은 전기뿐만 아니라 피타고라스를 회고하는 많은 전기도 광범위하게 유포되었기 때문이다. 로마 황제 안토니누스 피우스(Antoninus Pius)의 친구였던 철학자 아를의 파보리누스(Favorinus, 160년경 사망)는 유스티누스가 로마에 머물던 거의 같은 시기에 자신의 "회고록"을 간행했다.[123] 우리가 알고 있는 바에 의하면, 유스티누스는 ἀπομνημονεύματα라는 용어를 처음으로 사용함으로써 복음서를 전기 전승에 비교했다.[124] 이와 같이 그가 복음서

Ξενοφῶντος Σωκράτους ἀπομνημονευμάτων βιβλίον πρῶτον("Xenophon의 Socrates 회고록 제1권")은 몇몇 필사본에 남아 있다. 아마도 그런 제목이나 그와 같은 자료가 Justin에게 영향을 미쳤을 것이다.

123) David L. Dungan, *A History of the Synoptic Problem: The Canon, the Text, the Composition, and the Interpretation of the Gospels* (ABRL; New York: Doubleday, 1999), 31-32.

124) Koester, *Ancient Christian Gospels*, 37-40. Koester의 견해에 의하면, Justin는 예수의 말씀과 행위에 대한 이야기로서 예수에 대한 구전보다 기록된 복음서를 더 믿을 만한 것으로 여겼다. 또한 그는 Justin가 입으로 전달된 복음을 기록된 복음서로 "대체하는 것"을 시도했다고 주장한다. 하지만 이 제안에는 몇 가지 문제점이 있다. (1) Justin는 어느 곳에서도 예수에 대해 입으로 전달된 이야기와 기록된 이야기를 명확하게 구분하지 않는다. 따라서 그가 구술로 지속적으로 전달되던 전승을 기록된 텍스트로 대체하려 했다고 간주하려는 시도는 잘못된 것이다. 심지어 그는 예수에 대한 권위 있는 설명과 그렇지 못한 설명을 구별하는 것 같지도 않다. 오히려 그는 몇몇 경우에 "다른" 예수 전승을 언급한다(참조. Justin, *Dial. Tryph.* 47.5; 78.5; 88.3). 사실상 Justin는 "회고록" 안에서 발견되는 예수의 말씀과 행위에 대한 전승은 그리스도가 가르치고 자기의 추종자들에게 전해준 것에 기초한다고 주장한다. 이와 같이 그는 "회고록"을 구전과 나란히 놓는다(*1 Apol.* 4.7; 6.2; 8.3; 65.5; 66.1-3: 또한 그가 전승을 "전달하는 것"을 묘사하는 데 그리스어 동사 παραδίδωμι를 반복적으로 사용하는 것을 주목하라). (2) Justin는 마가가 자신의 복음서를 저술하는 데 베드로와 관련되어 있다는 Papias의 전승에 대해 알고 있

를 잘 알려진 또 다른 문학 장르에 인접시키려고 시도한 것은 의심할 여지 없이 초기 복음서 독자들이 복음서를 어떤 유형의 문학작품으로 인식했는지에 대해 가장 좋은 단서를 제공해줄 것이다. 하지만 이것은 복음서가 정확하게 전기 전승의 어느 특정 유형을 모델로 삼았다는 주장이 아니다. 이는 복음서가 전기가 속해 있는 동일한 문학 군(群)에 속해 있다는 의미다.[125] 나는 유스티누스가 복음서를 위대한 철학자에 대한 전기의 특성을 지닌 회고록과 동등한 것으로 나타내고자 한 것은 변증을 위한 책략이라고 제안한다. 곧 그는 기독교가 참된 철학이며, 예수에 대한 기독교의 설명은 섬세하

는 것 같다. 하지만 그는 전승의 전수자들에 대해 부정적인 말을 전혀 하지 않는다(참조. *Dial. Tryph.* 106.3). (3) Koester는 Justin가 복음서를 "회고록"이라고 부르는 것이 그리스-로마의 전기 전승에 영향을 전혀 받지 않았다고 생각한다. 대신 그는 Papias의 경우와 마찬가지로 복음서가 고대의 기억에 기초해서 유래되었다는 견해를 끌어낸다. 만약 이 경우라면, Justin가 구전에 다소 비판적인 반면에 복음서를 가리키기 위해 구전으로부터 "기억"이라는 핵심 용어를 사용하는 것은 확실히 이상하다. (4) Koester는 Justin가 Papias에 기초해서 "회고록"이라는 용어를 지어냈다고 생각한다. 하지만 그는 Papias가 존중하던 "살아 있는 목소리"를 약화시키려는 관점에서 그렇게 했다고 한다. Koester의 다음과 같은 주장도 마찬가지로 이상하다. 그는 Justin가 *Apocryphon of James* 2:1-15과 같은 영지주의 문서에서 기억에 호소했다는 것을 알고 있었다고 주장한다. 하지만 Justin는 제2의 소피스트들이 저술한 "회고록"의 사용을 알지 못했다고 한다. 과연 Justin가 Xenophon이 저술한 Socrates에 대한 전기보다 「야고보묵시록」을 접했을 가능성이 더 높았겠는가? 오히려 그가 "회고록"이라는 용어를 사용한 것은 사도들의 기억에 기초한 예수 전승에 대한 지식과 Socrates 전기 전승에 영향을 받았을 가능성이 더 높지 않을까? (이 입장과 맥락을 같이하는 것으로서 다음 연구서들을 보라. Dungan, *History of the Synoptic Problem*, 33; Martin Hengel, *The Four Gospels and the One Gospel of Jesus Christ*, trans. J. Bowden [Harrisburg: Trinity, 2000], 212 n. 13).

125) Martin Hengel의 다음과 같은 주장을 주목하라. Martin Hengel, *Acts and the History of Earliest Christianity* (Philadelphia: Fortress, 1980), 29. "아마도 고대의 독자는 마가와 Xenophon 사이의 문체와 그들의 교육의 차이점을 잘 알고 있었을 것이다. 하지만 그는 또한 복음서가 전기의 특성을 지닌 '회고록'과 어떤 공통점을 지니고 있는지 간파했을 것이다. 오늘날 독일의 대다수 신약학자들과 달리, 그는 복음서 저자들을 예수에 대해 전기와 거의 비슷한 회고록을 쓴 저자들로 간주하는 데 어려움을 전혀 느끼지 않았을 것이다. 그리고 그 회고 내용은 예수의 직접적인 제자들에 이르기까지 거슬러 올라간다."

고 훌륭한 교양을 포함하지만 결코 궤변이 아님을 보여주려는 것이다.[126)]

또한 유스티누스는 복음서를 거룩한 문학의 한 양식으로 여겼다. 오니는 다음과 같이 올바르게 지적한다. "유스티누스에게 복음서는 ἀπομνημονεύματα였다. 왜냐하면 복음서는 철학의 참된 스승인 예수의 진짜 가르침을 보존하고 있기 때문이다."[127)] 마찬가지로 "회고록"은 복음서가 "사도들의 참된 기억으로서 믿을 만하며 정확하다"는 것을 가리킨다는 쾨스터의 견해 역시 대체로 타당하다.[128)] 하지만 복음서는 그것 이상이다. 복음서는 단순히 사도들의 기억을 모아놓은 것이 아니라, [하나님의 약속의] 성취 과정에서 계시 역사의 일부분을 이루고 있다. 유스티누스가 "회고록"을 언급한 주요 맥락은 「트리포와의 대화」(97-107)에서 복음서 자료와 상관관계에 있는 시편 22편을 체계적으로 해설한 곳이다.[129)] 그의 해설은 성서 예언의 성취, 곧 예수의 탄생과 특별히 예수의 죽음과 관련된 언급을 강조한다. 자신과 같은 시대에 살았던 마르키온이 유대교 성서와 기록된 복음서 사이에 쐐기를 박아 불연속성을 강조하려 했던 것과 달리, 유스티누스는 복음서 안에서 성서의 예언이 성취된 것을 지적함으로써 상관관계를 굳게 하려고 시도했다.[130)] 사도들이 전해준 바에 기

---

126) Justin는 기독교를 "안전하고 단순한 철학"(*Dial. Tryph.* 8.1)이라고 부른다. 그는 그리스도인들에 대해 "하나님의 이성과 일치하는 삶을 살았던 사람들"이라고 칭찬한다(*1 Apol.* 46). 또한 그는 예수의 가르침의 과장된 특성이 아니라 오히려 간결함에 주목하면서 예수를 위대한 철학 교사로 여긴다(*Dial. Tryph.* 18.1; *1 Apol.* 14.4). 또한 참조. Stanton, *Jesus and Gospel*, 103-105; Dungan, *History of the Synoptic Problem*, 32.

127) Aune, *New Testament in Its Literary Environment*, 67.

128) Koester, *Ancient Christian Gospels*, 39-40.

129) Luise Abramowski, "The 'Memoirs of the Apostles' in Justin," in *The Gospel and the Gospels*, ed. P. Stuhlmacher (Grand Rapids: Eerdmans, 1990), 323-325.

130) 참조. "우리는 복음서 안에서 하나님이 우리에게 가르치신 모든 것을 확신하게 된다. 왜냐하면 하나님이 이전에 미리 말씀하신 것은 무엇이든지 그대로 이루어져야 하기 때문이다. 사

초한 회고록에 호소하는 것은 예수의 생애에서 신학적으로 가장 의미심장한 순간들을 강조한다. 이는 예수의 탄생과 광야에서의 시험 및 죽음을 포함한다. 유스티누스는 복음서의 내용을 더 광범위한 이야기, 곧 **신앙의 기본 규범**(regula fidei)의 일부분으로 위치시킨다. 그는 다음과 같이 주장한다. "나는 이미 예수가 모든 피조물의 아버지의 독생자라는 것을 입증했다. 그분에 의해 예수는 기이한 방식으로 말씀과 권능자로 태어났다. 우리가 회고록으로부터 배운 대로⋯ 그는 동정녀를 통해서 인간이 되었다."131) 「제1변증서」(First Apology)의 의미심장한 부분에서 유스티누스는 예수의 말씀을 주제별로 정리하여 스물여섯 가지를 소개해준다. 그러면서 그는 "그[예수]의 말씀은 하나님의 능력이다"(δύναμις θεοῦ ὁ λόγος αὐτοῦ ἦν)라고 주장한다.132) 또한 그는 다른 곳에서 사도들의 말씀이 하나님에게서 비롯되었음을 강조한다. 왜냐하면 그리스도인들은 아브라함이 하나님의 음성을 들은 것과 동일한 방법으로, "하나님의 음성이 그리스도의 사도들에 의해 말해진 것으로 믿는" 사람들이기 때문이다.133) 유스티누스는 수시로 유대교 성서 인용과 복음서의 인용 사이를 아무런 거리낌 없이 오간다. 그는 유대교 성서와 복음서를 명확하게 동등한 위치에 놓는다.134) 더욱이 기독교 예배에 대한 유스티누스의 유명한 묘사에는 다음과 같은 내용이 포함되어 있다. "일요일이라고 불리는 날, 도시나 시골에 살

실상 그것은 이루어지고 있다. 하나님은 바로 다음과 같은 일을 하신다. 하나님은 어떤 일이 일어나기 전에 먼저 그것에 대해 말씀하신다. 그리고 어떤 일은 미리 말해진 대로 일어나고 있다"(1 Apol. 12.9-10).

131) Justin, Dial. Tryph. 105.1.
132) Justin, 1 Apol. 14.4.
133) Justin, Dial. Tryph. 119.6.
134) 참조. 예를 들면 Justin, 1 Apol. 61-63; Dial. Tryph. 18.1; 78.1; 113-114.

고 있는 모든 사람이 한 장소로 모였다. 그곳에서 시간이 허락하는 범위 안에서 사도들의 회고록이나 예언서가 낭독되었다. 그다음 낭독자가 낭독을 멈추었을 때 인도자는 말로 가르쳤고, 이 좋은 것을 그대로 본받으라고 권면했다."[135] 쾨스터와 같은 몇몇 학자들은 유스티누스가 복음서를 사실상 "성서"로 여기지 않고, 예수에 대해 증언하는 역사 문서로 여겼다고 생각한다.[136] 그리고 스탠턴은 유스티누스가 복음서를 "거의 성서라고 불렀다"고 신중하게 추측한다.[137] 대조적으로, 나는 다음과 같이 주장하고자 한다. 유스티누스는 이스라엘의 거룩한 저술과 연결된 예배, 교육 및 신학 담론에 복음서가 사용되었다는 데 대한 많은 증거를 제공해준다. 이 모든 것은 유스티누스가 우리에게 알려주는 대로, 복음서가 신앙 공동체에게 성서로서 상당한 **기능을 수행했다는** 것을 강하게 나타낸다.

그렇다면 유스티누스는 복음서가 전기 문학의 양식과 동일시될 수 있고, 동등하게 거룩한 특성을 지니고 있다고 여겨졌으며, 신속하게 초기 교

---

[135] Justin, *1 Apol.* 67.3-4. 참조. Philo, *Hypothetica* 7.13과 알렉산드리아에서의 회당 예배.

[136] Koester(*Ancient Christian Gospels*, 41-43)는 다음과 같이 주장한다. Justin는 복음서가 정보를 전달하는 "문자 기록물"이지, "성서"가 아니라고 생각했다는 것이다. Koester의 관점에 의하면, 복음서는 예언 성취에 대한 증언이며, 구레뇨와 빌라도가 통치하던 시대에 기록된 이야기로서 역사 기록물과 동일한 가치를 지닌다. 그리고 Justin 역시 이를 언급한다(*1 Apol.* 34.2; 35.9; 48.3). 하지만 나는 그의 관점에 다음과 같은 세 가지 이의를 제기한다. (1) 복음서가 로마의 역사 기술과 함께 확증된다는 사실이 단지 그것이 역사적 기술에 지나지 않는다는 것을 의미하지는 않는다. (2) Koester도 시인하듯이, Justin는 종종 그리스어 단어 γέγραπται로 복음서를 소개한다(예. ἐν τῷ εὐαγγελίῳ γέγραπται εἰπών; "복음서에 기록되었으며 [다음과 같이] 말한다"; *Dial. Tryph.* 100.1; 또한 참조. 49.5; 105.6). 또한 여기서 그리스어 현재 완료 시제는 실질적인 상태로 간주된다. 이는 문서로 기록된 권위 있는 상태와 그 기록물이 거룩한 문학으로 사용되었다는 것을 암시해준다. (3) 우리는 그리스어 명사 γραφή 자체가 "정경"이나 "성서"를 의미하지 않는다는 사실을 기억해야 한다. 그 단어는 해당 문서를 사용하는 사람들에게 그 문서가 종교적으로 중요한 문헌임을 가리키는 탄력적인 용어다.

[137] Stanton, *Jesus and Gospel*, 105.

회의 "성서"의 일부가 되었다는 데 대해 가장 확실한 증거를 제시하고 있다.

c. 복음(ΕΥΑΓΓΕΛΙΟΝ)

이제 우리는 복음서의 장르에 대해 우리가 관심을 기울이는 주요 사항을 다루고자 한다. 우리가 가지고 있는 네 가지 "예수 책"에 언제 처음으로 "복음"(Εὐαγγέλιον)이라는 제목이 주어졌는가? 또한 그 용어는 무엇을 의미하는가?[138]

사본 전승에서 복음서의 제목은 앞부분과 뒷부분 양쪽에 짧은 형태와 긴 형태로 유연성 있게 나타난다. 복음서 제목 가운데서 최초로 입증되는 것 중 하나는 P[75](기원후 200년 무렵)에 나타나는 누가복음과 요한복음의 제목이다.[139]

ΕΥΑΓΓΕΛΙΟΝ
ΚΑΤΑ
ΛΟΥΚΑΝ

ΕΥΑΓΓΕΛΙΟΝ
ΚΑΤΑ
ΙΩΑΝΗΝ

---

[138] 이 주제와 관련해서 꼭 읽어야 하는 논문으로 다음을 보라. Simon J. Gathercole, "The Titles of the Gospels in the Earliest New Testament Manuscripts," *ZNW* 104 (2013): 33-76.
[139] P[75]와 동시대의 필사본인 P[66](기원후 200년 무렵)에서 Εὐαγγέλιον κατὰ [Ι]ωάννην은 제목을 위한 면지(面紙) 페이지에 나타난다. 또한 P[4](기원후 200년 무렵)에서 Εὐαγγέλιον καταμαθ'θιον 역시 면지 페이지에 나타난다.

복음서 제목에 대해 4세기와 5세기의 주요 필사본에서 나온 증거는 다소 다양하다. 시나이 사본(ℵ)은 모든 경우에 표제어 또는 앞부분에 Κατά+이름으로 된 짧은 형태의 제목을 지니고 있지만, 각 복음서의 뒷부분에는 Εὐαγγέλιον Κατά+이름으로 된 긴 형태의 제목이 나타난다.140) 대조적으로, 바티칸 사본(B)은 한결같이 각 복음서의 앞부분과 뒷부분에 대문자로 ΚΑΤΑ+이름을 사용함으로써 보다 일관되게 복음서의 제목을 제시한다. 후대의 사본, 4세기와 5세기의 사본, 예를 들면 베자 사본(D), 워싱턴 사본(W), 알렉산드리아 사본(A)은 몇 가지 사소한 변형과 함께 표제어 및 앞부분과 뒷부분에서 거의 대부분 Εὐαγγέλιον Κατά+이름으로 된 긴 형태를 선호한다. 긴 형태로 된 제목이 보다 광범위하게 입증되지만, NA^{28} 및 UBS^4의 편집본에서는 보다 짧은 읽기에 기초해서 Κατά+이름이 선호된다. 결과적으로 많은 학자는 "마태에 따른 **복음**"(Εὐαγγέλιον κατὰ Μαθθαῖον) 등이 원래 제목이 아니라고 간주한다. 그 제목은 보다 이른 시기부터 사용된 것으로 추정되는 "마태에 따른" 또는 "마가에 따른" 등을 길게 만든 형태라는 것이다. 이런 견해에 의하면, "**복음**"(Εὐαγγέλιον)이라는 용어는 아마도 2세기 말이나 3세기 초에 덧붙여졌을 것이다. 반면에 바티칸 사본(B)과 시나이 사본(ℵ)은 가장 초기의 단순한 형태인 Κατά+이름을 보존하고 있다.141)

---

140) 비록 ℵ사본에서 뒷부분에 긴 형태가 나타나지만, 마태복음은 예외다. ℵ사본에서 마태복음의 뒷부분에는 명칭이 제시되지 않는다.

141) 참조. Aune, *New Testament in Its Literary Environment*, 18은 다음과 같이 주장한다. "고대의 책 제목은 보통 짧은 제목과 소유격으로 된 저자의 이름으로(파피루스 두루마리의 끝에) 이루어졌기 때문에 복음서의 옛 제목은 특이하다. 목적격과 함께 사용되는 그리스어 전치사 *kata*는 소유를 의미하는 소유격의 역할을 할 수도 있다. 그 제목은 일상 회화의 용례를 반영한다. 단순히 그리스어 두 단어로 이루어진 제목(예. '마가에 따른')은 예를 들면 '마가에 따른 복음'이라고 확대되었다. 이 표현은 '마가에 **의한** 복음'이라고 이해되어야 할 것이다."

복음서의 가장 초기의 제목이 짧은 형태인 Κατά + 이름이라는 것이 지배적인 견해인 반면에, 왜 복음서 저자들의 이름이 원래 저술의 일부분이 아닐 수 있는지에 대한 확실한 근거가 있다.

첫째, 엄밀히 말해서 복음서는 익명으로 저술되었다. 이 저작에서 저자는 자신의 이름을 직접 언급하지 않는다.[142] 따라서 많은 학자들은 복음서의 제목이 전승과 전설의 혼합에 기초해서 붙여졌다고 여긴다. 또한 그들은 아마도 2세기 말에 사중으로 된 복음서 모음집이 결정적인 텍스트 형태를 갖추었을 때, 그 기록물에 사도의 권위를 부여하려고 사도의 이름이 덧붙여졌다고 추측한다.[143] 앞으로 밝혀지겠지만, 나는 복음서의 제목에 사용된 이름이 매우 오래전부터 사용된 것이며 또한 신빙성이 있다고 어느 정도 확신한다. 하지만 [복음서의 제목에 대한] 정직한 접근 방법은 그 제목이 인과관계의 발전 형태를 나타낼 가능성이 있음을 인정하는 것을 의미한다.

둘째, 만약 이름으로 제목을 짓는다고 가정하면, 사도가 아니었던 마가와 누가가 자신의 저서 제목에 자기 이름을 넣은 것이 자기를 과시하는

---

[142] 마태복음은 마가복음에서 "레위"로 언급되는 제자를 "마태"라고 구체적으로 언급한다(막 2:14/마 9:9). 이 사실이 마태가 마태복음의 저자라는 것을 실질적으로 논증해주는 것은 아니다. 또한 마가가 겟세마네 동산에서 벌거벗은 채로 도망친 청년(막 14:52)인지 확인하려는 시도 역시 추측에 지나지 않는다. 누가복음-사도행전의 저자가 바울의 여행 동료였다는 것은 사실이다. 그래서 사도행전에는 "우리로 시작되는 단락"이 있다(예. 행 16:10-17). 하지만 그 동료가 "의사 누가"(골 4:14)였음을 지지해주는 명백한 증거는 없다. 그리고 어떤 학자들은 "우리"로 시작되는 단락이 목격자의 보고라기보다 내러티브를 위해 고안된 장치라고 간주한다. 그리고 제4복음서에서 "주께서 사랑하시던 제자"의 정체는 몇 세기 동안 의문시되었다. 많은 학자들은 논쟁의 대상이 되고 있는 "요한"이 시도인 "세베대의 아들 요한"이 아니라, 에베소의 "장로 요한"이라고 생각한다.

[143] David Trobisch, *The First Edition of the New Testament* (Oxford: Oxford University Press, 2000), 41-44.

것으로 보일 수 있다. 그들이 다루는 대상은 예수이고, 그들이 사용한 자료는 집단적 기억의 망 안에 들어 있었던 사도의 증거이기 때문이다. 분명 옛날이나 오늘날이나 저자들은 자기 저서에 자신의 이름을 제목으로 해서 자기 홍보를 하는 것을 싫어하지 않는다.[144] 하지만 여전히 "마가에 따른 복음"과 같은 제목이 붙어 있는 책은 어떤 면에서 이상하다. 왜냐하면 저자는 결코 어느 곳에서도 일인칭으로 쓰이지 않으며, 이어지는 이야기에서도 전혀 등장하지 않기 때문이다. 에우세비오스는 마가복음 배후의 저술 상황에 대해 한 가지 이야기를 소개해준다. 그는 로마 교회가 예수에 대한 이야기를 써달라고 마가에게 간청했다고 제시한다. 그렇다고 하더라도, 그 이야기는 베드로의 가르침에 근거한 것이지, 단순히 마가 자신이 교회가 원했던 것을 고유하게 지어낸 결과가 아니다. 사실상 최초 복음서인 마가복음에 대해서는 아래에서 언급되는 제목 중 어떤 것을 붙인다고 해도 그 의미가 잘 전달될 것이다. 예를 들면 "주님의 **로기아**"가 있다. 파피아스와 그 이후에 입증되는 것으로서, 이 제목은 예수의 말씀을 가리키는 흔한 방법이었다. 만약 마가복음이 실제로 베드로의 회고에 기초한다면, "베드로복음"[145]이라는 제목이 잘 어울릴 것이다. 그리스-로마 전기를 직접 모방해서 "예수의 생애"라고 부를 수도 있다. 순교자 유스티누스의 저서에서 발견되듯이 "사도들의 회고록"이라는 제목을 붙이는 것도 가능하다. 논의의 여지가 있지만, 「디다케」가 마태복음을 대표적인 것으로 여기듯이 "우리 주님의 복음"이라고 하거나,[146] 이레나이우스

---

144) 나는 공항에 있는 서점을 둘러보면서 진열된 책 중에 이름+"나의 이야기"라는 형식을 가진 전기 제목이 얼마나 많은지 놀라지 않을 수 없었다.
145) 사실상 "베드로복음"이라는 제목의 복음서가 있다. 이것은 *Akhmîm Fragment*에서 발견되며, 초기 교회의 교부들에게도 알려졌다(Eusebius, *Hist. Eccl.* 3.3.2; 6.12.1-6).
146) *Did.* 15.4.

가 복음서 요약을 묘사하듯이 "사도들의 복음"이라는 제목을 부여할 수도 있다.147) 따라서 다른 적절한 제목이 자연스럽게 머릿속에 많이 떠오른다면, 우리는 당연히 베드로의 회고에 기초해서 저술한 "예수 책"이란 제목에 요한 마가가 스스로 자기 이름을 붙였다고 기대하기는 어려울 것이다.

셋째, 만약 마가와 요한이 서로 독립적으로 또는 반(半) 독립적으로 복음서를 저술했다면, 그런데도 만약 그들이 우연히 유일하고 선례가 없는 일로서 자신의 책 제목을 각각 "마가에 따른"과 "요한에 따른"이라고 붙였다면, 이는 희한한 우연의 일치일 것이다.

간략하게 요약하면, 복음서에 대한 긴 명칭도 있고 짧은 명칭도 있다. 많은 학자는 짧은 명칭이 최초의 형태라고 생각한다. 또한 이들은 그 문서의 제목에 원래부터 복음서 저자의 이름이 들어 있었을 가능성은 거의 없다고 추측한다. 하지만 학자들 사이에서 정설로 받아들여지는 내용과 대조적으로, 나는 복원 가능한 복음서의 최초의 텍스트에 아마도 εὐαγγέλιον이 사용되었으며, 또한 매우 이른 시기에 복음서의 최초 모음집에서 각 저자의 이름이 해당 복음서의 제목에 붙여졌을 것이라고 주장하고 싶다. 다시 말해 아마도 "마가에 따른 복음"이 가장 먼저 저술된 복음서의 최초 제목이었을 것이다. 그러나 우리는 어떻게 이와 같은 결론을 얻을 수 있는가?

내 출발점은 제목에 대한 가장 초기의 증거 즉 P^4, P^{66} 및 P^{75}가 "요한에 따른 복음"과 "마가에 따른 복음"이라고 표기되어 있다는 것이다. 이 제목은 더 단순하고 더 초기의 제목인 "X에 따른"을 확장한 형태일 수도 있지만, 동시에 바티칸 사본과 시나이 사본이 더 긴 형태의 명칭을 짧게

---

147) Irenaeus, *Adv. Haer.* 3.11.9(Valentinus가 저술한 것으로 추정되는 "진리의 복음"[*Gospel of Truth*]과 대조함).

만들었을 가능성도 있다. 대문자 사본이 긴 형태의 명칭을 입증해주는 가장 초기의 파피루스 사본보다 1세기 이전의 것이라는 점은 바티칸 사본과 시나이 사본에서 복음서의 제목이 이차적인 특성을 지니고 있음을 암시해준다. 그뿐만 아니라, 그리스어 전치사 κατά+목적격은 저자를 의미하는 그리스어 소유격과 똑같지 않다. 오히려 그 표현은 어떤 유형과 일치한다는 것을 암시한다. 예를 들면 70인역에 대한 몇몇 제목은 "70인을 **따른** 옛 언약"(ἡ παλαιὰ διαθήκη κατὰ τοὺς ἑβδομήκοντα)이며, 디오도로스(Diodorus)는 헤로도토스의 저서를 "헤로도토스에 **따른** 역사"(ἡ καθ' Ἡρόδοτον ἱστορία)라고 언급한다.[148] κατὰ Μαθθαῖον과 같은 제목은 전치사에 의해 저자가 확인되기는 하지만 문학 유형이 결여되어 있다. 따라서 우리는 그 유형을 생각해내서 삽입해야 한다. 문제가 되고 있는 이 "유형"은 우리에게 알려진 자료에 의하면 Εὐαγγέλιον이다. 이 경우에 κατὰ Μαθθαῖον은 Εὐαγγέλιον κατὰ Μαθθαῖον과 같은 어떤 것을 가정해야 한다. 따라서 우리는 긴 제목이 [복음서의] 가장 초기 명칭이라고 상상할 만한 본문비평적이자 문학적인 근거를 가지고 있다.[149]

---

148) Alfred Plummer, *The Gospel According to St. Luke* (ICC; Edinburgh: Clark, 1896), 1. Gathercole ("Titles," 71)은 다음과 같이 주장한다. "우리는 상식적으로 κατα μαθθαιον과 κατα λουκαν 같은 제목이 적어도 외부인들에게는 이해하기 어려운 말이라는 것을 지적할 수 있다. 그 제목은 '브라우닝 번역본'(어느 브라우닝? 무슨 번역본?)이나 '권위 있는 번역본'(무엇에 대한? 누가 부여한 권위?)이라는 표현처럼 이 단축적인 표현을 잘 알지 못하는 사람들에게는 이해하기 쉽지 않다."

149) 참조. David Trobisch(*First Edition of the New Testament*, 126 n. 142): "내 견해에 의하면, 짧은 형태는 전승을 대표하지 못한다. 이는 바티칸 사본의 편집적 특성이라고 해석해야 하는 것으로서, 원래 형태가 아니다." Gathercole ("Titles," 71): "긴 형태가 '실제' 제목에 더 가까운 것처럼 여겨진다. 그리고 짧은 형태는 단축된 형태일 것이다. 오늘날 학자들이 각주를 다는 경우와 같이, 처음에는 책의 제목 전체를 인용하지만, 나중에 그것을 단축해서 언급하는 것과 같을 것이다." David Aune ("The Meaning of Εὐαγγέλιον in the *inscriptiones* of the Canonical Gospels," in *Jesus, Gospel Traditions and Paul in the Context of Jewish*

이제 복음서의 제목에 저자의 이름이 붙여지게 된 기원을 탐구해보고자 한다. 앞에서 제시한 이유에 근거해서, 나는 마가가 스스로 자신의 저서에 "마가에 따른 복음"이라는 제목을 붙였다고 생각하지 않는다. 처음에 마가는 그 책을 자신이 당시 활동하던 지역에서 동료 신자들의 네트워크를 위해 사용하려는 의도를 지니고 있었을 것이다. 그래서 사람들이 책의 내용과 기원을 잘 알고 있기 때문에 굳이 책에 제목을 붙일 필요가 없었을 것이다. 하지만 다른 사람들과 그 내용을 공유하거나 개인 장서로 보관하기 위해 책을 필사해야 할 필요성이 생기고, 그런 기회가 주어졌을 때 저서에 제목을 붙여야 했을 것이다. 그래서 책의 저자가 누구인지, 또한 프로젝트의 후원자들이 누구인지 잘 파악하고자 했을 것이다. 나는 이 단계에서 "예수 그리스도의 복음의 시작이라"(막 1:1)는 시작 문구에 기초해 마가복음의 표제어로서 "복음"이라는 명칭이 붙여졌으리라고 추측한다.[150] 반면에 저자를 가리키는 "마가에 따른"은 나중에 책의 기원에 대해 자신들이 알고 있는 지식에 기초해 책을 필사하기 시작했던 필사자들에 의해 덧붙여졌을 것이다. 그리고 마가를 알고 있던 다른 필사자들이 "마가에 따른 복음"이라는 명칭을 받아들였고, 마태복음, 누가복음, 요한복음도 필사했을 것이다. 또한 그들은 그 복음서들에도 동일한 구성 방식을 사용했던 것 같다.[151] 두 개의 복음서 또는 그 이상의 복음서가 함께 모이

---

and Greek-Roman Antiquity: Collected Essays II [WUNT 303; Tübingen: Mohr, 2013], 24)도 다음과 같이 비슷하게 주장한다. "만약 사복음서를 모두 포함하고 있는 필사본 안에서 이 짧은 형태가 그리스어 선행 명사 EYAΓΓEΛION이 위치하고 있다는 것을 암시해주는 축약형으로 이해될 경우에만, 그 짧은 형태는 의미를 지닌다."

150) 또한 참조. Trobisch, *First Edition of the New Testament,* 127 n. 146; Aune, "Meaning," 7.

151) 참조. Hengel, *The Johannine Question* (London: SCM, 1989), 75.

기 시작하자, 틀림없이 각 책을 구별하기 위해 각 책에 고유한 명칭을 붙여야 할 필요가 생겼을 것이다. 아마도 클레멘스, 이그나티우스(Ignatius), 파피아스가 생존하던 기원후 90-110년의 어느 시점에 각 복음서에 명칭이 붙여졌을 것이다.

대체로 마르틴 헹엘의 견해를 따르면서, 나는 복음서에 이름이 부여된 일이 매우 이른 시기에 일어났다고 생각할 만한 충분한 이유가 있다고 주장한다. 아마도 1세기의 마지막 10년에 복음서에 이름이 붙여졌을 것이다. 그 이유는 다음과 같다. (1) 2세기의 처음 몇 년에 파피아스가 복음서의 기원에 대해 진술한다. 그의 진술은 이미 복음서와 관련된 특정 인물 및 장소를 확인해준다. 아마도 그것에 대한 전승은 1세기 말까지 거슬러 올라갈 것이다.[152] (2) 2세기 중반에 마르키온이 누가복음을 선호한 것은 세 번째 복음서 저자가 "누가"였으며, 그가 바울의 선교 여행 동료로 간주되었음을 전제한다. (3) 유스티누스는 사도들과 그들의 추종자들로부터 유래된 저술을 "복음들"이라고 복수 형태(εὐαγγέλια)로 언급한다. 이는 이 예수 책에 이미 제목이 주어졌다는 것을 암시해준다. 만약 그렇지 않다면, 어떻게 그가 두세 명의 저자가 사도들의 추종자들이었다는 사실을 알았겠는가?[153] (4) 「도마복음」과 「베드로복음」과 같이 2세기 후반에 저술된 것으로서 정경에 포함되지 않은 복음서는 아마도 정경에 포함된 복음서에 이미 사용된 제목을 모방했을 것이다. (5) 만약 복음서가 저자를 가리키는 아무런 명칭도 없이 오랜 기간 유포되었다면, 우리는 (Galen의 몇몇 저서의 경우처럼) 각 복음서에 다양한 제목이 주어진 것을 발견하리라고 기대할 것이다. 하지만 정경에 포함된 사복음서 저자들에 대해서는

---

152) Papias, *Fragment* 3.5, 15-16; 19; 20; 21.
153) Justin, *Dial. Tryph.* 103.8; *1 Apol.* 66.3; 참조. Irenaeus, *Adv. Haer.* 2.22.3; 3.11.7-9.

절대적으로 일정한 이름이 제시되었다. 마태복음은 항상 "마태복음"으로, 누가복음은 언제나 "누가복음"이라고 불렸으며, 다른 두 복음서의 경우도 마찬가지였다. (6) 고대에 저자의 이름을 밝히지 않는 경우는 사실상 매우 드물었다. 왜냐하면 구매자들은 보통 존경받던 저자가 쓴 책만 구입했기 때문이다. 그래서 저자의 이름을 거짓으로 붙이는 관행이 생겨나게 되었다. 심지어 테르툴리아누스(Tertullian)는 저자의 이름이 제시되지 않은 복음서는 받아들여서는 안 된다고 주장하기까지 했다. 왜냐하면 그가 알고 있던 복음서는 모두 제목을 가지고 있었으며, 복음서 제목이 없었던 유일한 예외는 마르키온이 사용한 누가복음의 손상된 텍스트뿐이었기 때문이다.[154]

최초의 배경에서 제목이 제시되지 않은 예수 책이 유포되었을 수 있다. 그 네트워크 안에 있으면서 해당 문서를 사용한 사람들은 복음서 저자와 저술 환경을 이미 알고 있었기 때문이다. 하지만 그 책이 공유되거나 필사되면서, 사용상의 편의를 위해 해당 책에 제목을 붙일 필요가 있게 되었다. 두루마리나 코덱스를 보관하는 도서관에서 수집가는 문서의 내용을 알려주기 위해 그 위에 어떤 제목을 기록해야 할 필요가 있었을 것이다. 나는 두루마리 뒷면이나 코덱스 표지에 바로 이와 같이 표기하는 일을 통해 복음서의 기원에 대한 필사자들의 지식에 기초해서 복음서의 제목이 처음으로 주어졌다고 추측한다.[155] 따라서 나는 2세기 말에 사복음서가 대규모로 편집되는 과정에서 복음서의 제목이 갑자기 나타났다는 "빅뱅" 이론과 비슷한 접근 방법보다, 오히려 1세기 말에 복음서의 제목이

---

154) Tertullian, *Adv. Marc.* 4.2.4.
155) Martin Hengel, *Studies in the Gospel of Mark*, trans. J. Bowden (London: SCM, 1985), 64-85; idem, *Four Gospels*, 48-56. 참조. Stanton, *Jesus and Gospel*, 78-79.

앞에서 언급한 과정을 통해 처음으로 사용되었다는 견해를 제시한다.

매우 이른 시기부터 복음서를 정확하게 "복음"으로 인식했다는 점을 강조하기 위해 이제 우리는 1세기와 2세기에 하나의 문학 유형으로서 기독교 저자들에게 알려진 "복음"에 대한 많은 언급을 살펴보고자 한다. 물론 여기서 나타나는 문제는 기독교 저자들이 εὐαγγέλιον을 언급할 때 그것이 기록된 문서, 입으로 선포하는 것, 또는 권위 있는 가르침을 의미하는지 항상 명백하게 알 수 있는 것은 아니라는 점이다.[156] 심지어 나는 구술 εὐαγγέλιον과 기록된 εὐαγγέλιον을 서로 명백하고 명료하게 구분하는 것이 많은 사람에게 낯선 것이었다는 점을 지적하고자 한다.[157] 1세기와 2세기에 εὐαγγέλιον은 다양하게 해석될 수 있는 개념이었다. 이 용어는 예수에 대한 선포 및 예수의 가르침을 가리켰으며, 입으로 전달되는 것이나 기록된 문서로 전달되는 것 중 어떤 것을 특별히 선호하지는 않았다. 그러나 저마다 정도의 차이가 있지만, 몇몇 텍스트는 그 그리스어 명

---

156) 속사도 교부들 중에서 εὐαγγέλιον을 입으로 전달한 메시지라고 확인해주는 저서로서 다음을 참조하라. *1 Clem.* 42.1, 3; 47.1; *Barnabas* 5.9; 8.3; 14.9; Polycarp, *Philippians* 6.3; *Martyrdom of Polycarp* 1.1; 19.1; 22.1. 또한 Campenhausen, *Formation*, 129은 다음과 같이 주장한다. "우리가 보통 '복음'이라고 언급하는 것은 복합적인 개념을 지니고 있다. 그것은 대체로 교회의 전승 안에서 존속하는 형식을 통해 예수에 대해 전파하는 것을 가리킨다." 그리고 Aune("Meaning," 12)도 다음과 같이 비슷하게 주장한다. "[속사도 교부들이 저술한] 이 텍스트 안에서 Τὸ εὐαγγέλιον은 예수의 전통적인 가르침과 활동에 대한 권위 있는 복합적인 내용을 가리킨다. 그 텍스트는 그 복합적인 내용이 구술로 전달되었는지 아니면 기록된 형태로 전달되었는지에 대한 문제에 대해 관심이 별로 없다는 것을 넌지시 드러낸다." Irenaeus의 입장에 대해 다음 논문을 보라. Annette Yoshiko Reed, "ΕΥΑΓΓΕΛΙΟΝ: Orality, Textuality, and the Christian Truth in Irenaeus' *Adversus Haereses*," *VC* 56 (2002): 11-46.
157) 우리는 Irenaeus(*Adv. Haer.* 3.11; 참조. Praef. 3; 3.1.1; 3.11.7)가 "복음"을 구술로 전달된 것과 기록된 것이라는 개념으로 유동적으로 사용하고 있음을 간파할 수 있다. 참조. Origen, *Commentary on John 1.1-9*. 해당 주석에서 그는 "복음"의 다양한 용례에 대해 언급한다.

사가 "복음"이라는 책을 가리킨다는 것을 암시해준다.[158]

「디다케」는 도덕적인 권면, 교회의 질서에 대한 교훈, 그리고 간략한 묵시적인 부분으로 이루어진 문서다. 이것은 기원후 70년에서 150년 사이의 시기에 저술되었고 당시 「디다케」의 형태는 혼합 문서였을 것이다. 다음과 같은 의문점에 대해 논쟁이 빚어지고 있다. 「디다케」의 예수 전승은 독자적인 구전에 기초한 것인가, 아니면 공관복음서, 특별히 마태복음과 누가복음에 의존한 것인가? 「디다케」는 세 곳에서 εὐαγγέλιον을 언급한다. 첫째, 주의 기도에 대한 판본에서 "주께서 그의 복음에서(ἐν τῷ εὐαγγελίῳ αὐτοῦ) 명령하신 것과 같이, 이와 같이 기도하라"고 언급된다.[159] 우리는 기도에 대해 예수가 제시한 유형을 오직 마태복음의 텍스트로부터만 알 수 있다고 예상할 수 없다. 기도는 구술 자료에서 가장 널리 공유된 유형 가운데 포함되어 있다. 따라

---

[158] (예. Koester와 같은) 몇몇 학자는 속사도 시대의 교회에서 인용된 예수의 말씀이 "자유로운" 또는 "느슨한" 특성을 지니고 있는 것은 인용된 것이 복음서의 텍스트가 아니라 구전이라는 것을 가리킨다고 생각한다. 하지만 아마도 많은 교부는 자신들의 기억에 기초해서 해당 텍스트를 인용했을 것이다(예. Ignatius of Antioch). 또한 교부들은 구약성서를 종종 "느슨하게" 인용하기도 했다. 하지만 우리는 결코 그와 같은 느슨한 인용이 히브리어의 구전에서 비롯된 것이라고 주장하지 않는다. 의심할 여지 없이 교부 시대에 구약성서는 고정된 기록 문서였기 때문이다(참조. John Barton, *Holy Writings, Sacred Scripture: The Canon in Early Christianity* [Louisville: Westminster John Knox, 1997], 92) Charles Hill, "The Debate over the Muratorian Fragment and the Development of Canon," *WTJ* 57 (1995): 442-444에서 Hill은 흥미로운 탐구를 시도한다. 분명히 Koester를 의존하면서, 그는 속사도 교부들의 구전의 특성에 대해 Gamble과 Hahneman으로부터 비슷한 요약을 제시한다. 그리고 그는 다음과 같이 익살맞게 질문한다. 만약 그들이 어떤 정경의 원-역사서를 사용했다면, Hahneman이 Gamble에게서 빌려온 것인가, 아니면 Hahneman과 Gamble이 동일한 구술 강연에서 자신들의 자료를 가져온 것인가? 혹시 심지어 Hahneman과 Gamble이 동일인은 아닌가!

[159] *Did.* 8.2.

서 「디다케」에서도 구전이 반영되어 있을 가능성이 있다.[160] 하지만 기도에 대한 「디다케」 판본과 마태복음의 주의 기도가 서로 가깝다는 점을 고려할 때—또한 「디다케」는 전반적으로 마태복음과 유사함—[161] 「디다케」에 들어 있는 기도의 출처로서 「디다케」가 마태복음 또는 마태복음과 비슷한 텍스트, 명백하게 εὐαγγέλιον이라고 불리는 텍스트에 의존했을 것이다.[162] 둘째, 순회 사역을 하던 사도들과 예언자들과 관련해서 「디다케」는 그들이 "복음의 가르침에 따라서"(κατὰ τὸ δόγμα ὑμᾶς

---

160) 참조. Koester, *Synoptische Überlieferung bei den apostolischen Vätern* (Berlin: Akademie, 1957), 103-109; idem, *Ancient Christian Gospels*, 16; idem, *From Jesus to the Gospels: Interpreting the New Testament in Its Context* (Minneapolis: Fortress, 2007), 62-63; Gundry, "ΕΥΑΓΓΕΛΙΟΝ: How Soon a Book?" *JBL* 115 (1996): 322-323; Stephen E. Young, *Jesus Tradition in the Apostolic Fathers: Their Explicit Appeals to the Words of Jesus in Light of Orality Studies* (WUNT 2.311; Tübingen: Mohr, 2011), 219-221.

161) 참조. 특별히 Christopher M. Tuckett, "Synoptic Tradition in the Didache," in *The New Testament in Early Christianity*, ed. J. M. Servin (Leuven: Peeters, 1989), 173-230; idem, "The *Didache* and the Writings That Later Formed the New Testament," in *The Reception of the New Testament in the Apostolic Fathers*, ed. C. Tuckett and A. Gregory (Oxford: Oxford University Press, 2005), 83-127. 하지만 최근에 제시된 다른 견해로서 다음 논문을 참조하라. Huub van de Sandt, "Matthew and the *Didache*," in *Matthew and His Christian Contemporaries*, ed. D. C. Sim and B. Repschinski (LNTS 333; London: Clark, 2008), 123-138.

162) 참조. Harnack, "Gospel," 313; Edouard Massaux, *The Influence of the Gospel of Saint Matthew on Christian Literature before Saint Irenaeus* (2 vols.; A. J. Bellinzoni and N. J. Belval; Macon: Mercer University Press, 1990), 3.145, 155; Stanton, *Jesus and Gospel*, 55, 79; James A. Kelhoffer, "'How Soon a Book' Revisited: ΕΥΑΓΓΕΛΙΟΝ as a Reference to 'Gospel' Materials in the First Half of the Second Century," *ZNW* 95 (2004): 17-22; Tuckett, "The *Didache* and the Writings That Later Formed the New Testament," in *Reception of the New Testament in the Apostolic Fathers*, ed. C. Tucker and Gregory 104-105; Murray J. Smith, "The Gospels in Early Christian Literature," in *The Content and Setting of the Gospel Tradition*, ed. Mark Harding and Alanna Nobbs (Grand Rapids: Eerdmans, 2010), 186.

εὐαγγελίου) 대우를 받아야 한다고 권면한다. 이 권면은 대체로 마태복음의 선교 담론을 연상시킨다.[163] 셋째, 신앙 공동체의 생활과 관련해서 「디다케」의 저자는 독자들에게 "복음 안에서 발견하는 대로"(ὡς ἔχετε ἐν τῷ εὐαγγελίῳ) 화를 내지 말고 화목을 유지하면서 서로 바로잡아주라고 권면한다. 또한 저자는 "우리의 주님의 복음 안에서 너희가 발견하는 것과 같이"(ὡς ἔχετε ἐν τῷ εὐαγγελίῳ τοῦ κυρίου ἡμῶν) 그들에게 기도하며 자비를 베풀라고 권고한다. 이 자료는 신앙 공동체 안에서의 관계에 대해 마태복음의 권면을 암시해준다.[164] εὐαγγέλιον이 「디다케」에서 처음 나타나는 경우는 사실상 그 출처가 구전인지 아니면 텍스트인지 모호하다.[165] 반면에 두 번째와 세 번째 경우는 마태복음의 자료를 명백하게 언급한다는 점을 고려할 때, 마태복음에 기초하고 있을 가능성이 매우 높다.[166] 따라서 저자는 예수의 말씀이 εὐαγγέλιον의 보호하에 있었던 시기에 쓰고 있다. 이는 예수 전승이 텍스트로 표현되고 또한 그것이 εὐαγγέλιον이라고 알려진 문서 안에 포함된 이후라야 비로소 일어날 수 있다. 나아가 「디다케」에서 예수의 말씀이 전반적으로 마태복음과 비슷한 특성을 지니고 있다는 점은, 그것이 마태복음 또는 εὐαγγέλιον으로 인용되고 있는 마태복음과 비슷한 텍스트에 의존하고 있음을 암시해준다. 또한 저자는 기록된 문서로서 자신이 언급하고 있는 εὐαγγέλιον을 독자들이 알고 있다는 것을 전제한다.[167]

---

163) *Did.* 11.3; 마 10:5-13, 40-41; 참조. 눅 11:49.
164) *Did.* 15.3-4; 참조. 마 5:22; 6:1-6; 18:15-17.
165) *Did.* 8.2.
166) *Did.* 11.3; 15.3-4.
167) 이 결론을 피하기 위해서 Koester(*Synoptische Überlieferung*, 10-11; *Ancient Christian Gospels*, 17; *From Jesus to the Gospels*, 63)는 다음과 같이 주장할 수밖에 없다.

순교자이자 주교였던 안디옥의 이그나티우스(기원후 110년경 사망)는 사형 집행을 위해 로마로 압송되던 도중에 기독교 회중에게 몇 통의 편지를 썼다. 그는 이 편지의 본문에서 εὐαγγέλιον에 대한 주목할 만한 언급을 한다.[168] 한 가지 경우에 그는 εὐαγγέλιον을 입으로 선포되는 복음으로 언급하는 것 같다. 빌라델비아 교인들에게 보내는 편지에서, 주교는 자신이 "예수의 몸으로서의 복음" 안에서 위안을 얻었다고 주장했다. 그는 예언자들에 대한 사랑을 공언한다. 왜냐하면 그들은 "자신들의 선포를 통해 복음을 기대했고, 그[메시아 예수]에게 소망을 두었으며 또한 그를 기다렸기 때문이다." 나아가 그들은 "우리가 공유하는 소망의 복음 안에 포함되어 있다."[169] 여기서 이그나티우스가 말하는 "복음"은 선포된 메시지다. 이는 예언자들의 선포와 일치한다. 하지만 다른 곳에서 이그나티우스는 εὐαγγέλιον을 기록된 문서를 의도할 가능성이 있는 표현으로 묘사

비록 *Did*. 15.3-4(또한 11.3에서)에서 기록된 문서가 언급된다고 하더라도, 인용된 것은 반드시 복음서가 아니라, 단순히 기록된 형태로 된 것으로서 복음서와 비슷한 전승이다. 또한 그는 εὐαγγέλιον이라는 명칭은 원래 것이 아니며, 나중에 편집자가 그것을 덧붙였다고 한다. 그래서 여기서 언급되는 예수 자료가 구체적으로 "복음"으로부터 유래된 것으로 확인해주고자 한다는 것이다. 하지만 Koester는 이 텍스트에서 발견되는 것이 마태복음에서 유래된 자료를 언급하고 반향한다는 것을 인식하지 못한다. 또한 내부적으로나 외부적으로 *Did*. 11.3; 15.3-4에서 εὐαγγέλιον이 삽입되었음을 입증해주는 증거는 전혀 없다.

168) 우리는 Ignatius가 로마로 압송되던 과정에 복음서의 필사본을 지니고 있지 않았을 것이며, 또한 그가 수신인들에게 자신의 자료를 알려주는 데 관심이 없었다는 것을 기억해야 한다. 따라서 복음서에 대해 그가 자주 언급하고, 그것을 반영하는 것은 자신의 기억이나 이차적인 구술 전달에 기초했을 것이다. 따라서 그가 공관복음서 자료를 정확하게 제시하지 않는다는 것은 그가 문학적인 자료로서 그것을 알지 못했다는 견해를 배제한다. 또한 Ignatius와 복음서에 대해서 다음 논문을 보라. Paul Foster, "The Epistles of Ignatius of Antioch and the Writings That Later Formed the New Testament," in *Reception of the New Testament in the Apostolic Fathers*, ed. Gregory and Tuckett, 173-184.

169) Ignatius, *Phild*. 5.1-2.

한다.[170]

또한 이그나티우스는 유대교와 관련된 문제에 대해 논쟁을 일삼지 말고 대신 "그리스도의 가르침에"(κατὰ Χριστομαθίαν) 일치하도록 행동하라고 빌라델비아 교인들에게 권면한다.[171] Χριστομαθίαν이라는 신조어는 대충 "그리스도의 길을 따르는 제자도"라고 번역할 수 있다. 이그나티우스가 자신의 저서에서 마태복음을 상당히 많이 언급하고 반영한다는 사실을 통해 입증되는 바는, 이 신조어가 마태복음을 한마디로 적절하게 요약해준다는 점이다.[172] 그는 어떤 사람들에게 다음과 같이 말했다고 한다. 그들이 유대교 성서의 "저장소 안에서"(ἐν τοῖς ἀρχείοις) 무엇인가 발견하지 못하는 한, 그들은 "복음 안에서"(ἐν τῷ εὐαγγελίῳ) 그것을 믿지 못할 것이다. 이그나티우스는 신앙 공동체의 믿음의 저장소로서 두 가지 기록된 문서를 대조하고 있는 것처럼 보인다. 마이클 굴더에 따르면, 이그나티우스는 "기록된 ἀρχεῖα와 균형을 이루게 하려고 기록된 εὐαγγέλιον"을 언급한다.[173] 이 부분에서 이그나티우스의 논점을 명료하게 이해하기가 어렵다. 그는 기독교의 자료 안에 정말로 복음이 "기록되었다"(γέγραπται)는 것을 강조하는 것 같다. 하지만 그는 기독교의

---

170) 참조. Hengel, *Four Gospels*, 64, 134, 248 n. 247; Stanton, *Jesus and Gospel*, 55, 79; Charles E. Hill, "Ignatius, 'the Gospel,' and the Gospels," in *Trajectories through the New Testament and the Apostolic Fathers*, ed. A. Gregory and C. Tuckett (Oxford: Oxford University Press, 2005), 267-285; Smith, "Gospels in Early Christian Literature," 186-187.

171) Ignatius, *Phild.* 8.2; 참조. *Magn.* 13.1: "그러므로 주님의 교훈(δόγμασιν τοῦ κυρίου)에 견고하게 뿌리를 내리고 또한 사도들…."

172) 참조. Ignatius, *Smyrn.* 1.1 (=마 3:15); 6.1 (=마 19:12); *Trall.* 11.1, *Phild.* 3.1 (=마 15:13); *Polycarp* 1.2-3 (=마 8:17); 2.2 (=마 10:16); *Magn.* 9.1 (=마 23:8); *Eph.* 5.2 (=마 18:19-20); 6.1 (=마 10:40); 14.2 (=마 12:33).

173) Michael Goulder, "Ignatius' 'Docetists,'" *VC* 53 (1999): 17.

εὐαγγέλιον으로 하여금 유대교의 ἀρχεία에 맞서서 결승전을 치르도록 만드는 해석학적인 대열에 합류하기보다 오히려 다음과 같은 선언을 통해 그 논쟁을 간단하게 해결한다. 곧 그의 "저장소"는 예수 그리스도이며, 또한 "불변하는 저장소는 예수의 십자가와 죽음과 부활 및 그를 통해서 오는 믿음"이라는 것이다.[174] 비록 이그나티우스가 텍스트 자체를 인용하는 것이 아니지만, 이것은 복음서의 주제이며 복음서의 내용에 대한 핵심적인 요약으로 간주될 수 있다. "그리스도의 가르침"이 몇 행 앞에서 언급되듯이, 이그나티우스의 이 말은 동일한 곳에서 발견된다.[175]

이그나티우스는 동일한 편지에서 이전에 하나님이 이스라엘에게 베푸신 은혜보다 εὐαγγέλιον이 더 탁월하며 훌륭한 특성을 지니고 있다고 주장한다.[176] εὐαγγέλιον은 "우리의 주 예수 그리스도 즉 구세주의 오심, 그의 고난 및 부활"과 관련되어 있다. 그가 예수의 오심(τὴν παρουσίαν)에 대해 언급한다는 사실은 이그나티우스가 εὐαγγέλιον의 일부분으로서 예수의 생애에 대한 개요를 머릿속에 지니고 있었다는 것을 암시해준다. 이것은 그가 다른 곳에서 예수의 탄생과 세례뿐만 아니라 그의 죽음과 부활을 포함하는 기독교의 핵심적인 가르침을 요약적으로 언급하는 것으로 확인된다.[177] 예수의 탄생과 세례 등은 예수의 죽음과 부활에 대한 케리그마를 보충하는 주제가 아니라, 이그나티우스가 구술 및 기록된 형태

---

174) Ignatius, *Phild*. 8.2.
175) 참조. Hill, "Ignatius," 273. 내가 덧붙여 말하자면, Ignatius의 논리는 다음과 같은 취지를 지니고 있는 것 같다. (1) 예수 그리스도는 진정한 "저장소"다. (2) 예수 그리스도는 복음서의 주제다. 그러므로 (3) 복음서는 그리스도를 제시하는 것 덕분에 유대교 성서의 "저장소"와 동등한 권위를 지닌다.
176) Ignatius, *Phild*. 9.1-2.
177) 참조. Ignatius, *Eph*. 18.2; *Smyrn*. 1.1-2; *Trall*. 9.1-2.

로 알았던 예수에 대한 이야기로서 이해되는 εὐαγγέλιον을 구성하는 부분적인 요소들이다.[178] 그다음 이그나티우스는 예언자들이 예수를 고대하면서 선포했다는 점에 주목하면서 유대교와 기독교 사이의 대조를 다소 약화시킨다. 하지만 그는 εὐαγγέλιον이 "불멸의 완성된 작품"으로 머물러 있다고 주장한다.[179] 따라서 빌라델비아 교인들에게 보내는 편지에서 이그나티우스는 예수에 대한 메시지를 구체적으로 알려주고, 예언자들을 어느 정도 퇴색시키면서 예수의 생애와 죽음 및 부활을 포함하고 있는 εὐαγγέλιον을 기록된 저장소의 유형으로 제시한다.

서머나 교인들에게 보내는 이그나티우스의 편지에서는 εὐαγγέλιον을 예수 책으로 언급하는 것과 더불어 그의 설명은 조금 더 명료하다. 그 편지는 기독교의 핵심 가르침을 요약해서 제시하는 것으로 시작된다. 그 요약 설명에는 "모든 의"를 이루기 위해(마 3:15) 예수가 요한에게 세례를 받는다는 언급을 비롯해서 마태복음의 특성이 명백하게 반영되어 있다. 이것은 이그나티우스가 단순히 예수 전승이 아니라 마태복음의 텍스트를 알고 있었다는 것을 의미한다(하지만 그가 어떤 과정을 통해 알게 되었는지는 여전히 논의 대상으로 남아 있다).[180] 누가복음 24:39과 가까운 부활한 예수의 말씀을 포함하고 있다는 점을 고려할 때, 이그나티우스는 누가복음도 알고 있었을 가능성이 있다.[181] 이와 같이 불신자들은 설득되지 않을 내

---

178) Koester의 견해와 반대됨. 비교. Koester, *Ancient Christian Gospels*, 7; idem, *From Jesus to the Gospels*, 51-58.

179) Ignatius, *Phild*. 9.2.

180) Ignatius, *Smyrn*. 1.1 (=마 3:15). 이 문제에 대한 간략하지만 온건한 논의로서, 다음 논문을 보라. Foster, "Ignatius of Antioch," 174-176. 마태복음의 특성을 드러내는 또 한 가지 중요한 것으로서 Ignatius는 예수를 "우리의 유일한 선생님"(*Magn*. 9.1)이라고 부른다. 이것은 분명히 마 23:8을 암시하지만, Foster는 이 구절에 대해 논의하지 않는다.

181) Ignatius, *Smyrn*. 3.2.

용에 대해 묘사하면서, 이그나티우스는 세 가지가 하나 됨을 이루는 기록 문서에서 εὐαγγέλιον을 예언서 및 모세의 율법과 조화되는 것으로 제시한다.[182] 이것은 나중에 그가 다음과 같이 서머나 교인들을 권면하는 것을 통해서도 확인된다. "예언서와 특히 복음서에(τοῖς προφήταις ἐξαιρέτως δὲ τῷ εὐαγγελίῳ) 관심을 기울이십시오. 복음서 안에서 고난이 우리에게 명백하게 드러났으며 그의 부활이 성취되었습니다."[183] 그는 텍스트의 상호관계를 통해 예수의 죽음과 부활이 설명되고 또한 보다 분명하게 밝혀지는 기록 문서에 대한 연구를 내다보고 있다.[184] 그는 이 기록된 문서 가운데서 한 가지를 "복음서"라고 알고 있다.[185]

「클레멘스 2서」는 익명의 장로가 아마도 고린도에 있던 이방인 회중에게 쓴 설교다. 이 설교를 작성한 시점을 입증하는 문제는 어렵기로 악명이 높다. 하지만 가장 널리 지지를 받고 있는 연대로서, 그 설교가 작성된 시기는 2세기 전반일 것이다.[186] 이 저자는 몇몇 텍스트, 그중에서

---

182) Ignatius, *Smyrn*. 5.1.
183) Ignatius, *Smyrn*. 7.2.
184) Hill("Ignatius," 269)은 Ignatius가 일관되게 "복음서"를 사도, 예언자들/예언서 및 모세의 율법으로 불리는 다른 기록 문서들과 연결시켜 언급한다는 것을 밝혀준다.
185) 이 입장은 다음 두 학자의 견해와 반대된다. Helmut Koester (*Synoptische Überlieferung*, 6-10; *Ancient Christian Gospels*, 7-8; *From Jesus to the Gospels*, 57-58) and Charles Thomas Brown (*The Gospel and Ignatius of Antioch* [SBL 12; New York: Lang, 2000]). εὐαγγέλιον이 Ignatius에게 정경의 복음서와는 직접적인 관련이 전혀 없이 단순히 바울의 특성을 지닌 구원에 대해 선포된 메시지라는 견해는 불가능하다. Ignatius의 저서 안에는 예수의 탄생, 헤롯과 빌라도의 통치 아래에서의 그의 생애, 그의 "오심"과 선생으로서의 그의 신분, 그의 "가르침"에 대한 묘사, 그리고 복음서 텍스트에 대한 다양한 암시 및 반향 등이 언급되어 있다. 이 요소들은 그가 공관복음서, 아마도 마태복음에 대해 알고 있었다는 데 대한 충분한 증거를 제공해준다. 따라서 Ignatius의 주장이 바울적인 것에 미치지 못하는 것은 아니다. 참으로 그의 입장은 마태의 특성을 지니고 있는 바울적인 것이다.
186) 참조. Kelhoffer, "ΕΥΑΓΓΕΛΙΟΝ as a Reference to 'Gospel,'" 15-16. Kelhoffer는 그

도 주로 이사야서와 에스겔서에 기초해서 저술 작업을 한다. 또한 그는 마태복음과 누가복음을 알고 있었을 가능성이 매우 높다.[187] 위[僞]-클레멘스(우리는 그 설교의 저자를 이렇게 부름)는 예수의 몇 가지 말씀을 언급한다. 그중 일부는 공관복음서의 예수의 말씀과 온전히 일치하지 않기에 다른 자료에서 유래되었을 가능성이 있다.[188] 한 가지 특별한 말씀이 "εὐαγγέλιον에서" 주께서 말씀하신 것으로 언급된다. 그 저자는 「클레멘스 2서」 8.5에 제시된 다음과 같은 예수의 말씀에 호소하면서 청중에게 순결할 것을 간청한다. "왜냐하면 주님이 복음서에서 [이렇게] 말씀하셨기 때문입니다(λέγει γὰρ ὁ κύριος ἐν τῷ εὐαγγελίῳ). '만약 너희가 작은 것을 지키지 않는다면, 누가 너희에게 큰 것을 맡기겠느냐? 그러므로 내가 너희에게 말한다. 누구든지 지극히 작은 것에 신실하면, 또한 그는 매우 큰 것에도 신실할 것이다.'" 어떤 학자들은 이 말씀이 구전에서 유래된 독

시기를 125년에서 150년 사이의 어느 시점이라고 추측한다. 또한 그는 εὐαγγέλιον이 권위 있는 저서나 정경에 대한 논쟁이 나타나지 않는 맥락에서 사용된다는 것을 지적한다. 그리고 그는 그 설교가 Marcion과 관계가 없으며, 그보다 앞서 작성된 것이라고 주장한다.

187) Andrew F. Gregory and Christopher M. Tuckett, "*2 Clement* and the Writings That Later Formed the New Testament," in *Reception of the New Testament in the Apostolic Fathers*, ed. Gregory and Tuckett, 252-278. 심지어 Koester(*Ancient Christian Gospels*, 18)도 "*2 Clement*에서 인용된 예수의 몇몇 말씀은 정말로 마태와 누가가 편집 작업을 한 것에서 유래한 특징을 드러내준다"고 시인한다. 물론 이런 입장은 Koester가 *2 Clement*의 작성 연대를 Marcion 이후로 추정하도록 이끌었다. 왜냐하면 *2 Clement*에서 예수의 말씀은 복음서를 서로 조화시키는 편찬에 기초하고 있는데, 그 작업은 복음이 수집되고 나서 예수에 대한 책이 "복음서"라고 불린 이후에야 비로소 이루어질 수 있었기 때문이다. Marcion이 최초로 그와 같은 작업을 시도했다고 전해진다. 하지만 이 견해의 문제점은 한 가지 이상의 복음서를 한데 모아서 조화시키는 편찬 작업은 2세기 전반에 실행되었다는 것이다. 이것에 대해 마가복음의 긴 결론 부분(막 16:9-20), *Epistula Apostolorum*, 또한 이마도 요 21장 등이 입증해준다 (Kelhoffer, "ΕΥΑΓΓΕΛΙΟΝ as a Reference to 'Gospel,'" 10-13을 보라).

188) *2 Clem*. 3.2 (=마 10:32); 4.2 (=마 7:21); 6.1 (=눅 16:13); 9.11 (=막 3:35); 12.2 (=「도마복음」 22 및 Clement of Alexandria에 따르면[*Strom*. 3.13.92], 「애굽인복음」).

립적인 로기아라고 간주한다.¹⁸⁹⁾ 하지만 해당 말씀에서 부분적으로 동일한 그리스어 표현이 나타난다는 점을 고려할 때(ὁ πιστὸς ἐν ἐλαχίστῳ καὶ ἐν πολλῷ πιστός ἐστιν), 이것은 누가복음 16:10-11을 확대해서 제시했을 가능성이 더 높다. 위-클레멘스는 공관복음서 자료(마 8:32/막 2:17/눅 5:32)를 인용하며, 몇 절 앞에서 이사야 54:1을 언급한 것과 동등하게 그것을 "성서"(γραφή)라고 부른다.¹⁹⁰⁾ 이 사실은 위-클레멘스가 어떤 책을 가리키려고 그리스어 명사 εὐαγγέλιον을 사용한다는 사실을 확인해준다. 또한 그리스도의 몸으로서 살아 있는 교회에 대해 논의할 때, 그는 그 주제에 대해 말하는 "책과 사도들"(τὰ βιβλία καὶ οἱ ἀπόστολοι)에 호소한다.¹⁹¹⁾ 아마도 "책과 사도들"이라는 표현은 예수 책(곧 복음서)과 사도들의 글(곧 신약성서의 서신)을 의미할 것이다.¹⁹²⁾

영지주의 교사였던 바실리데스(Basilides)는 알렉산드리아에서 대략 기원후 120-160년 어간에 활동했다. 발렌티누스(Valentinus)가 로마로 오기 이전인 136년에서 140년 사이에 바실리데스는 그에게 영향을 미쳤을 것이다. 바실리데스는 "복음서"(τό εὐαγγέλιον)에 대한 주석서로서 스물네 권으로 이루어진 「엑세게티카」(Exegetica)를 저술했다. 오리게네스도 "바실리데스에 따른 복음서"(κατὰ βασιλείδην εὐαγγέλιον)에 대해 알고 있었다.¹⁹³⁾ 바실리데스는 대략 파피아스 및 이그나티우스와 동시대에 저술 활

---

189) Gundry, "ΕΥΑΓΓΕΛΙΟΝ," 324.
190) *2 Clem.* 2.4.
191) *2 Clem.* 14.2.
192) 「클레멘스 2서」에 대한 보다 자세한 논의는 다음을 참고하라. Kelhoffer, "ΕΥΑΓΓΕΛΙΟΝ as a Reference to 'Gospel,'" 5-16.
193) Clement, *Strom.* 4.81.1-83.1; Eusebius, *Hist. Eccl.* 4.7.7 (from Agrippa Castor); Origen, *Commentary on Luke* 1.1; 참조. Irenaeus, *Adv. Haer.* 1.23.3-7.

동을 했다. 많은 책을 통해 예수의 말씀에 주석을 제시하며 해설하려는 시도로서 그의 「엑세게티카」는 파피아스의 「로기아」와 비슷한 장르에 속한다. 그는 자신의 저서에 εὐαγγέλιον이라는 제목을 붙였다. 아마도 이것은 그가 접근할 수 있었던 다른 예수 책에 붙여진 제목을 모방했을 것이다.

많은 학자가 예수 책을 εὐαγγέλιον이라고 부르는 것에 대한 책임이 바로 마르키온에게 있다고 주장한다. 마르키온은 140년 무렵에 폰토스로부터 로마로 왔다. 그의 프로젝트는 교회가 바울의 뿌리로 돌아가게 하고 또한 교회를 유대화의 타락으로부터 구해냄으로써 기독교 신앙의 개혁을 시작하는 것이었다. 마르키온이 신약성서의 텍스트와 정경에 어떤 영향을 미쳤는지에 대해서는 19세기 중반 이래 많은 논쟁이 있었다. 그는 바울이 "나의 복음"(예. 롬 2:16; 16:25. 참조. 고후 4:3)이라고 말하는 구절이 오직 하나인 특별한 예수 책 곧 누가복음을 가리킨다고 이해했는데, 누가복음은 사도들의 뜻에 따른 것이었다고 전해진다.[194] 캄펜하우젠(Campenhausen)에 따르면 마르키온은 누가복음을 자신이 선호하는 복음서로 선택했다. 그 이유는 누가복음이 바울의 선교 여행의 동료였던 "누가"에게서 비롯된 것이어서가 아니라, 단순히 그 책이 문제점이 가장 적다고 판단되고 또한 원래 복음에 대해 마르키온이 생각하던 개념에 가장 잘 들어맞았기 때문이었다.[195] 마르키온은 자기가 사용한 복음서, 곧 자

---

[194] 참조. Origen, *Commentary on John* 5.7; Tertullian, *Adv. Marc.* 3.5.4; 4.2-4; *Muratorian Fragment* 4-5. 참조. Eusebius, *Hist. Eccl.* 3.4.6-7. Eusebius도 "나의 복음"과 "누가복음"에 대해 비슷한 상관관계를 상정한다.

[195] Sebastian Moll, *The Arch-Heretic Marcion* (WUNT 250; Tübingen: Mohr, 2010), 90: "단지 한 가지 복음서만 사용했기 때문에, Marcion은 그 복음서에 저자의 이름을 제시할 필요를 전혀 느끼지 못했을 것이다. 왜냐하면 그는 그 복음서를 다른 복음서와 구별해야 할 필요가 없었기 때문이다."

신이 개정한 누가복음 텍스트에 아무런 이름도 붙이지 않았다. 대신 그는 이 책을 단순히 "복음서"라고 묘사했다. 그래서 마르키온이 예수 책에 그와 같은 명칭을 붙인 최초의 사람이었다고 주장되었다.[196] 쾨스터는 다음과 같이 주장하면서 캄펜하우젠의 판단에 동의한다. 곧 마르키온은 "여전히 정의되지 않은 대부분의 구전에 대해 의식적으로 이의를 제기하면서 "[εὐαγγέλιον이라는 용어의] 새로운 용례를 도입했으며, 당시 교회는 구전이 그들의 주님과 사도의 권위를 지닌 것으로 언급했다".[197]

하지만 마르키온이 예수 책을 εὐαγγέλιον이라고 부른 최초의 사람이라는 주장은 몇 가지 이유 때문에 가능성이 거의 없다. 첫째, 우리는 「디다케」, 이그나티우스의 저서, 「클레멘스 2서」 등에서 예수 전승이 기록된 형태로 εὐαγγέλιον이라는 제목으로 광범위하게 입증된 것을 이미 살펴보았다. 그렇다고 εὐαγγέλιον이라고 언급되는 모든 예수 문헌이 정경의 사복음서와 동일하다고 가정하는 것은 아니다. 아그라파의 인용 구절들은 이를 배제한다. 그럼에도 불구하고 εὐαγγέλιον의 일부분이라고 명백하게 언급된 경우에, 사복음서 안에서 발견된다고 확인된 구절에 대한 인용 및 암시는 이미 마르키온 이전에 하나 또는 그 이상의 복음서가 εὐαγγέλιον으로 알려졌다는 것을 강력하게 시사한다. 만약 우리가 특정 복음서에 붙여진 복음서 저자의 이름에 대해 초기 전승, 즉 가장 이른 시기로서 파피아스까지 거슬러 올라가는 전승을 추가한다면, 우리는 마르키온이 무대에 등장하기 이전에 대략 "마태에 따른 복음"이나 "누가에 따른 복음"이 제목으로 사용되었다고 추측할 만한 충분한 근거를 지니고 있다. 사실상 이것은 왜 마르키온이 누가복음을 선택했는지를 설명해준다.

---

[196] Campenhausen, *Formation*, 157-160, 170-177.
[197] Koester, *Ancient Christian Gospels*, 36.

왜냐하면 비록 마르키온이 누가가 바울의 복음을 변질시켰다고 생각했다 하더라도, 누가는 바울과 선교 여행을 함께한 동료로 알려졌기 때문이다.

둘째, 144년 무렵에 로마 교회가 마르키온을 교회에서 공식적으로 제명했지만, 그는 그 이후에도 로마에서 활동하고 있었으며 자신이 개정한 마르키온 복음서를 널리 보급하기 위해서 힘썼다. 마르키온을 추종하는 교회가 광범위하게 퍼져 있었으며 또한 상당 기간 존속했기 때문에 그의 복음서는 효과적으로 보급되었던 것 같다.[198] 그러나 150년 무렵에 다른 두 명의 중요한 기독교 교사가 로마에서 자신의 학파를 이끌고 있었다. 그들의 가르침은 마르키온이 기독교 신앙에 대해 제시한 것과 상당히 달랐다. 이 두 교사가 바로 발렌티누스와 유스티누스였다.

발렌티누스파의 가르침은 마르키온과 초기 교회의 정통 가르침과 상당 부분 차이가 있었다. 영지주의에 속한 프톨레마이오스가 150년 무렵에 쓴「플로라에게 보내는 서신」(Letter to Flora)이 이를 입증해준다.[199] 또한 발렌티누스파는 그들의 복음서를 만들어냈다. 이레나이우스에 따르면 발렌티누스파는 "진리의 복음"(ἀληθείας εὐαγγέλιον, veritatis Evangelium)을 가지고 있었다.[200] 그리고 이 문서는 그것의 기원과 관련해서 나그함마디 코덱스에 들어 있는 "진리의 복음"과 연관성이 있을 가능성이 높

---

[198] Justin, *1 Apol.* 26.5; 58.1; *Dial. Tryph.* 35.6(?); Tertullian, *Adv. Marc.* 1.19; Epiphanius, *Panarion* 42.1.1. 늦게는 5세기에 이르기까지 시리아 지역의 주교는 Marcion을 추종하던 여덟 마을이 참신앙으로 돌아왔다고 기뻐했다. 다음 논문을 보라. Marco Frenschowski, "Marcion in arabischen Quellen," in *Marcion und seine kirchengeschichtliche Wirkung*, ed. G. May and K. Greschat (Berlin: de Gruyter, 2002). 39-63.
[199] 참조. 특히, Ptolemy, *Letter to Flora* 2 (=Epiphanius, *Against Heresies* 33.3.1-33.7.10).
[200] Irenaeus, *Adv. Haer.* 3.11.9. *Muratorian Fragment* 81도 Valentinus의 저서를 받아들이지 않는다.

다.²⁰¹⁾ 하지만 발렌티누스파의 「진리복음」이 마르키온을 모방해서 그런 제목을 붙였을 것 같지는 않다. 이레나이우스의 저서에서 추론하자면, 그 제목은 다른 복음서를 보충한다는 의도에서 그렇게 붙여졌을 것이다. 이것이 이치에 맞는다. 왜냐하면 발렌티누스파는 기본적으로 원-정통 정경을 사용했기 때문이다. 발렌티누스의 설교집인 「친구들에 대하여」(On Friends)는 "하나님의 교회의 저서"에서 어떻게 비기독교의 지혜를 발견할 수 있는지에 대해 언급한다. 그러면서 그는 기독교 저서 가운데 일부를 확인해준다.²⁰²⁾ 또한 프톨레마이오스의 「플로라에게 보내는 서신」 전체에서는 마태복음과 요한복음의 인용 구절이 발견된다.²⁰³⁾ 이레나이우스는 마르키온의 "복음"이 아니라 발렌티누스의 "진리의 복음"을 "사도들의 복음"과 대립시킨다. 그는 "진리의 복음"을 마르키온파의 교회가 아니라 오히려 초기 교회의 정통 가르침에 도전이 되는 것으로 이해한다. 아마도 발렌티누스의 "진리의 복음"은 사복음서의 명칭에 근거해서 그와 같은 제목을 붙였을 것이다. 당시 사복음서는 이미 로마에서 유포되고 있었다. 유스티누스는 마르키온과 그의 신학에 대해 알고 있었다.²⁰⁴⁾ 분명히 유스티누스에게 사도들의 회고록은 사도들의 "복음"과 똑같은 것이었다. 그는 "복음"을 명백하게 세 번이나 언급한다. 그는 그 그리스어 명사를 한

---

201) 비록 나그함마디 코덱스 안에 포함된 「진리복음」이 그와 같은 제목을 지니고 있지 않지만, 오늘날의 저자들은 그 문서의 첫 줄("진리의 복음은 진리의 아버지에게서 은혜를 받은 사람들에게 기쁨이다")과 그 문서가 전반적으로 지니고 있는 발렌티누스파의 분위기에서 이 제목을 추론한다. 그리고 나그함마디 코덱스에 들어 있는 「빌립복음」도 Valentinus에게서 비롯되었을 가능성이 있는 또 다른 문서다(Epiphanius, *Panarion* 26.12.2-3).
202) Clement, *Strom*, 6.52.3-4 (fragment G in Bentley Layton, *The Gnostic Scriptures: A New Translation with Annotations and Introductions* [London: SCM, 1987], 243).
203) Layton, *Gnostic Scriptures*, xxiii.
204) Justin, *1 Apol* 26.5; 58.1; *Dial. Tryph*. 35.6.

번 복수형으로 언급하는데, 자신이 그 용어를 마르키온에게서 가져왔다는 데 대해 변증하고자 하는 암시를 주지 않는다.[205] 대체로 2세기 중엽에 εὐαγγέλια라고 알려진 예수 책이 로마에 있었다는 사실은 마르키온에게 의존하는 것 같지 않다.

정경에 포함되지 않은 복음서를 살펴보면, 우리는 정경 복음서가 상대적으로 이른 시기에 εὐαγγέλια라는 이름으로 불렸다는 데 대한 추가 증거를 발견하게 된다. 2세기에 다양한 다른 복음서가 저술되었는데, 예를 들면 「도마복음」, 「베드로복음」, 「유다복음」, 「히브리복음」 등이다. 아마도 이 복음서들은 텍스트의 전달 과정에서 정경의 사복음서를 모방해서 이와 같은 제목이 붙여졌을 것이다. 마지막으로, 이레나이우스와 무라토리 단편도 정경의 사복음서가 복음이라는 이름을 지니고 있었으며 또한 그 복음서가 사도들이나 사도의 동료들과 연결되어 있었음을 알고 있었다는 점을 덧붙일 수 있다.[206] 2세기 후반의 가장 초기 필사본(P[75], P[66])의 복음서 제목에 대한 증거와 연결한다면, 우리는 늦어도 기원후 180년 무렵에 예수 책이 εὐαγγέλιον이라는 명칭을 지니고 있었다는 것에 대한 충분한 증거를 제시할 수 있다.

우리는 「디다케」(기원후 70-150년), 안디옥의 이그나티우스(110년경), 「클레멘스 2서」(125-150년경), 바실리데스(120-160년), 마르키온(140년) 및 순교자 유스티누스(150-160년) 등에게서 얻을 수 있는 증거를 검토했다. 또한 우리는 2세기 후반의 몇몇 문학작품을 간략하게 언급했다. 그 결과 우리는 εὐαγγέλιον이 2세기의 이른 시기에 시작된 기록 문서를 언급한

---

205) Justin, *1 Apol* 66.3; *Dial. Tryph*. 10.2; 100.1.
206) *Muratorian Fragment*, 2, 9, 17; Irenaeus, *Adv. Haer*. 3.1.1.

다는 것을 알게 되었다.[207]

진리는 말해져야 한다. 이는 전혀 놀랄 만한 것이 아니다. 가장 이른 시기에 교회의 εὐαγγέλιον은 이스라엘 성서의 예언이 성취되는 것으로서 예수를 통해 오는 구원에 대한 이야기였다. 그 이야기는 예수의 탄생과 세례 받음으로 시작되어 그의 대속의 죽음과 영광스러운 부활로 끝난다. εὐαγγέλιον을 지속적으로 널리 알리기 위해, 또한 예수에 대한 추가적인 전기 및 교육 자료로 그것을 확대하기 위해 이야기의 전달 수단이 구술에서 기록 문서로 바뀐 것은 당연하고 필수적인 진행 과정이었다. 따라서 아무도 책을 εὐαγγέλιον이라고 이름 붙이는 데 대해 분개하지 않았다. 또한 아무도 εὐαγγέλιον을 사용하는 데 대해 정당하다고 주장하거나 인가받지 않았다. 처음에 εὐαγγέλιον은 대체로 구술이든 기록 문서든, 전달 수단이라기보다 오히려 내용에 대한 사항이었다.[208] 하지만 교회가 성장해가면서 사복음서가 유명해지고 또 광범위한 지역에서 사용되며 대단히 존중되었기 때문에 εὐαγγέλιον은 대체로 복음서라는 책 자체로 정의되었다. εὐαγγέλιον은 그 안에 묘사된 예수를 정당화하고 그의 권위를 인정하고자 하는 바람에서 다양한 예수 책에 권위를 부여하는 일종의 문학적인 명성을 지닌 상표가 되었다. 예수 책의 진위에 대한 논쟁은 부분

---

207) *Epistle to Diognetus* 11.6도 εὐαγγέλιον을 기록 문서로 명백하게 언급한다. 하지만 이 언급은 부차적인 설교 부분에 속해 있다. *Martyrdom of Polycarp* 4.1(대략 기원후 160-190년)도 그 용어를 언급할 가능성이 있다.

208) 참조. Collins, *Beginning of the Gospel*, 7. Scot McKnight, "Matthew as 'Gospel,'" in *Jesus, Matthew's Gospel and Early Christianity*, ed. D. M. Gurtner, R. Burridge, and J. Willitts (FS Graham Stanton; LNTS 435; London: Clark, 2011), 67-75. Scot McKnight는 마태복음이 "복음"의 기능을 한다고 여긴다. 곧 이스라엘의 메시아가 해방시키며 승리를 거두는 것에 대한 기쁜 소식이라는 것이다. Pennington, *Reading the Gospels Wisely*, 31은 복음서를 전기적인 장르라고 시인하지만, 다음과 같은 주요한 차이점이 있다는 데 주목한다. 복음서는 그냥 전기가 아니라 **기쁜 소식**이다.

적으로 다음과 같은 문제에 초점이 맞추어져 있다. 곧 어느 "복음서"가 예수에 대한 사도들의 신앙을 정확하게 전달하며 또한 이스라엘의 성서와 올바로 일치하는가? 어느 "복음서"가 예배, 기도, 신자들의 신앙을 정확하게 반영하는가? 또한 어느 "복음서"가 널리 인정받는 교회의 전통적인 핵심 가르침과 일치하는가?

전기적 케리그마로서의 복음서

이제까지 우리는 복음서의 문학 양식에 대해 긴 논의를 이끌어왔다. 우리는 복음서와 비교할 수 있는 다양한 장르의 범주를 탐구하고 평가했다. 그리고 복음서가 그리스-로마의 전기와 동일시될 수 있다는 입장을 지지했다. 또한 우리는 "복음"의 의미를 그리스-로마와 유대의 맥락 안에 위치시켰고, 그것을 예수의 설교와 연결했으며, 복음서가 생겨난 과정을 탐구했고, 2세기에 예수 책에 붙여진 명칭(주님의 말씀, 사도들의 회고록 및 복음)에 대해 간략하게 살펴보았다. 이는 복음서가 어떤 종류의 문학인지 확정하는 데 있어, 그리고 이 맥락에서 예수 책을 "복음"이라고 부르는 것이 실제로 무엇을 의미하는지 결정하는 데 있어 꼭 필요한 것이었다.

복음서는 예수에 대한 기독교의 설교와 가르침에 대한 구술 현상을 텍스트로 표현한 것이다. 이런 방법으로 이해한다면 복음서는 공동체의 봉독, 예배, 변증 및 선포와 관련해서 그리스도인들에게 꼭 필요한 기독교 문서다. 따라서 그와 같은 의미에서 복음서는 그것에 정확하게 상응하는 문학적 상대물이 존재하지 않는 유일한 장르다. 하지만 복음서의 유일무이성은 여러 측면에서 중요한 것은 아니다. 왜냐하면 복음서는 대체로 그리스-로마의 전기와 유사하기 때문이다. 또한 전기 장르는 쇄신과 각색의 전형이었기 때문이다. 복음서의 내용은 특별히 유대 기독교의 내용에 의해 결정되는 반면에, 복음서의 문학 양식은 분명히 그리스-로마의 전기 문학의 하위 유형에 속한다.[209]

마가는 최초의 복음서를 지어내기 위한 문학적인 전달 수단으로서 아마도 무의식적으로 그리스-로마의 전기를 채택했을 것이다. 이를 통해 그는 예수의 생애와 가르침 및 죽음에 대해 서술했다. 마가의 구체적인 목적은 전기를 저술하는 것이 아니었던 것 같다. 하지만 그가 결과적으로 빚어낸 문학 양식은 아마도 다른 어떤 것보다도 대체로 당대의 문학적인 분위기에 빚지고 있었을 것이다. 그러나 자신의 선구적인 문학작품을 전기와 비슷한 내러티브로 빚어내고자 했던 그의 결정은 전기라는 장르 자체를 의식하지 않은 채 내려졌던 것 같다.[210] 마태와 누가는 고대의 전기로서 복음서의 문학 양식을 보다 명료하게 하고 또 강조하기 위해 마가복음을 의도적으로 발전시킨다. 요한복음은 [공관복음서와 비교할 때] 주제와 관련해서 다양성과 차이점을 드러낸다. 그러나 신학적으로 서로 다른 궤도를 그림에도 불구하고 요한복음 역시 기본적으로 동일한 장르로 저술되었다. 이와 같이 복음서는 그리스-로마의 전기에 비교될 수 있지만,

---

[209] Aune, *New Testament in Its Literary Environment*, 46. 또한 Guelich, "Gospel Genre," 174, 205을 참조하라. Guelich는 복음서 장르에 **독특성**을 지정하는 데 의문을 제기한다. 왜냐하면 장르는 "기대의 맥락"을 전제하는 것이기 때문이다. 지나치게 독특해서 그것을 설명할 수 없을 정도의 장르는 없으며, 어떤 장르에 대한 인식 및 이해는 이전의 유사한 독서 경험에 기초한다. 그리고 모든 장르에 대한 정의는 독특한 특성을 지니고 있어서, "독특한 문학 장르"라는 표현에서 "독특한"은 중복된 말이다. Burridge, *What are the Gospel?*, 247도 비슷한 의미로 단도직입적으로 다음과 같이 주장한다. 곧 "유일하며 그 자체로서 독특한 작품으로서 복음서라는 개념은 난센스다. 저자들은 전적으로 새로운 것을 지어낼 수 없으며, 독자들은 그것을 해석할 수 없다."

[210] Larry Hurtado, "Gospel(Genre)," in *DJG*, ed. J. B. Green, S. McKnight and I. H. Marshall (Downers Grove: InterVarsity, 1992), 280-282; Burridge, *What Are the Gospels?* 245-246; Bryan, *Preface to Mark*, 61-62.

고대의 저서 전체에서 독특한 계파를 형성한다.

다음 몇 가지 사항은 복음서가 전기 장르를 독특하게 각색했다는 사실을 보여준다. **신학적인 측면에서**, 예수가 주요 인물이기는 하지만, 하나님이 예수 사역의 주제이며 원천이다. 조엘 그린(Joel Green)이 주장하듯이 "예수에 대한 이야기는 하나님에 대한 이야기의 연장이며 또한 현실화다."211) 따라서 비록 복음서가 그리스-로마의 전기 장르에 빚을 지고 있지만, 복음서의 내러티브 방식과 사고(思考)의 방향은 분명 이스라엘의 거룩한 전승에 기대고 있다.212) 그뿐 아니라 **기독론적인 측면에서** 복음서는 예수에 대한 이야기를 전개한다. 그 이야기는 기독교의 복음 선포에서 유래된 것이다. 또한 복음서는 그 이야기를 통해 예수가 정확하게 누구인지를 분명히 표현한다. 이 점과 관련해서 테런스 도널드슨(Terence Donaldson)은 다음과 같이 올바르게 주장한다. "복음서 중 어느 하나의 내러티브도 그저 해당 복음서의 기독론을 위한 편리한 저장소인 것은 아니다. 만약 복음서의 내용에서 기독론적인 내용을 빼낸다면, 그 내러티브는 포기되어야 할 것이다. 따라서 복음서에서 기독론은 내러티브의 필수적인 구성 요소다."213) 마지막으로, **상호텍스트적인 측면에서** 복음서는 하나님의 백성의 역사에서 그들을 향한 하나님의 위대한 행위에 대한 구약성서의 서술이 이어지는 책이다. 복음서는 의도적으로 성서의 이야기를 확대한다. 그래서 마르틴 헹엘은 이렇게 말한다. "만약 누군가가 복음

---

211) Joel B. Green, "The Gospel According to Mark," in *The Cambridge Companion to the Gospels,* ed. S. C. Barton (Cambridge: Cambridge University Press, 2007), 147.

212) 참조. Alexander, "What is a Gospel?" 27-28.

213) Terence L. Donaldson, "The Vindicated Son: A Narrative Approach to Matthean Christology," in *Contours of the Christology in the New Testament,* ed. R. N. Longenecker (Grand Rapids: Eerdmans, 2005), 105.

서에 묘사된 '구원 역사'의 근본적인 방향을 이해하지 못한다면, 간단히 말해서 그는 복음서를 이해하지 못하는 것이다. 복음서의 구원 역사는 구약성서의 '언약 역사'를 전제하며 이는 그 특성상 동등한 내러티브다."[214] 복음서의 이런 구체적인 특징을 고려할 때, 고대의 전기 장르 안에서 그 특징을 온전히 옹호할 수 있다는 점에서, 나는 복음서에 "전기적 케리그마"(biographical Kerygma)라는 이름을 붙이고자 한다.

이 관점으로부터 몇 가지 함의가 뒤따른다. 첫째, 복음서는 구술성이나 텍스트성 중 어느 하나를 선택하는 것이 아니라 반드시 그 두 가지 특성 모두에 비추어서 연구되어야 한다. 구술성, 연행 및 책 문화에 대한 이 모든 사항이 복음서의 기원과 그것이 받아들여진 맥락을 형성했다. 둘째, 복음서는 역사적인 것과 관련된다. 그리스-로마의 전기에 "역사"가 얼마나 많이 포함되어 있는가라는 질문은 잠시 미루고 복음서에 초점을 맞추어보기로 하자. 복음서는 역사적인 인물의 생애에 대해 서술하고, 그의 역사적인 메시지와 그가 최초 추종자들에게 미친 영향에 관심을 기울인다.[215] 셋째, 부활한 예수의 담론이나 단순한 예수의 말씀 모음집과 달리, 복음서 저자들이 전기 장르를 사용하는 것은 복음서가 텍스트의 배후에 있는 신학적인 개념에 대한 책도 아니고, 텍스트를 직면하고 있는 신앙 공동체에 대한 책도 아니며, 오직 예수에 대한 책이라는 사실을 암시해준

---

214) Hengel, "Eye-Witness Memory," 71.
215) Hengel, "Eye-Witness Memory," 70-71은 이렇게 말한다. "그러나 사실상 공관복음서는 **일시적으로 과거로부터 떨어져 있는 사건, 곧 예수의 유일한 역사, 물론 복음서 저자의 현재 시간에 근본적인 중요성을 지닌 역사**에 대해 의도적으로 서술한다. 그리고 신앙 공동체는 복음서를 통해, 정말로 모든 인류를 위해 말했다. 왜냐하면 서술된 것은 이미 마가에게 **유앙겔리온**이기 때문이다. 이는 메시아이자 하나님의 아들인 예수를 믿어 구원받게 하려는 의도를 지니고 있다. 요 20:31에서 복음서 저자의 마지막 말은 기본적으로 사복음서에 모두 적용된다"(Hengel 강조).

다. 복음서는 예수에 대한 책이다.[216]

III ― 복음서의 목적

복음서의 장르를 기독교 전기라는 한 유형으로서 확인하고 나서, 이제 우리는 복음서의 전체적인 목적 곧 일반적이고 구체적인 목적에 대해 탐구하고자 한다.

고대의 전기는 몇 가지 목적을 지니고 있었을 것이다. 각각의 전기는 특정 비난에 대해 주인공의 결백을 입증해주고자(크세노폰이 저술한 소크라테스 전기), 위대한 지도자의 모범이 되는 자질을 강조하고자(플라톤과 크세노폰이 저술한 아게실라우스에 대한 전기), 주요 미덕을 예증하는 것으로서 교육적인 목적으로(사튀로스가 저술한 전기들), 위인에 대한 기억을 보존하고자(타키투스가 저술한 아그리콜라에 대한 전기), 지도자와 그의 추종자들에 대한 사회적인 합법성을 주장하고자 했다(포르피리오스가 저술한 플로티노스에 대한 전기 및 에우세비오스가 저술한 오리게네스에 대한 전기). 심지어 어떤 경우에는 흥밋거리를 위한 전기도 있었다(루키아노스가 저술한 전기들).[217]

복음서는 이 목적들 중 몇 가지와 관련이 있는 것 같다. 마가복음은 십자가 처형을 받은 메시아라는 개념에 대한 변증서인 것처럼 보인다. 마태복음은 당시 사회 속에서 억압받고 있던 독자들을 위해 예수의 교육적인

---

216) 이 마지막 강조점에 대해 Burridge, "About People," 124; idem, *What Are the Gospels?* 248-250을 보라.
217) Burridge, *What Are the Gospels?* 297.

자질을 강조한다. 누가복음은 예수의 숭고한 죽음을 강조하며, 그의 추종자들의 활동을 합법화한다. 이를 위해 누가는 이스라엘의 하나님, 이스라엘의 메시아, 그리고 "그 길"을 따르는 이들 사이의 하나 됨을 묘사한다. 그리고 요한복음은 신비적이며 미드라쉬적인 렌즈를 통해 여과된 것으로서 예수 전승에 대한 고유한 기억을 보존하고 있다. 또한 요한복음은 명백하게 하나님의 영광, 지혜, 율법 및 생명을 구체화한 예수를 따르고자 하는 이들을 계속해서 불러모으고자 시도한다.[218]

복음서가 제1세대의 마지막과 제2세대의 초기에 저술되었다는 사실은 분명히 의미심장하다. 예수에 대한 비망록은 의심할 여지 없이 복음서보다 먼저 기록되었다. 복음서는 예수에 관한 사도들의 증언에 대해 일종의 권위 있는 설명을 만들어내려고 노력한다. 예수 운동에서 제1세대에 속한 인물들(베드로, 야고보, 요한 및 다른 사람들)이 나이가 많이 들었거나 사망한 시기에, 그들의 증언을 문서로 설명하는 작업이 꼭 필요하다고 생각되었다. 이런 의미에서 보컴을 위시해서 많은 학자들이 다음과 같이 본 것은 옳다. 즉 복음서는 예수에 대한 사도적 목격자들의 증언에 접근하는 일을 유지하기 위해 주요 목격자들이 사망한 시기에 저술되었다는 것이다. 이와 같은 이해는 파피아스에게 알려진 베드로-마가 전승 및 주께서 사랑하시던 제자와 관련된 제4복음서의 에필로그와도 일치한다.[219]

복음서 저자들은 처음부터 자신들이 제시하는 이야기가 교회에서 큰

---

218) 참조. Bird, *Jesus is the Christ,* passim; Bryan, *Preface to Mark,* 58-61.
219) Richard Bauckham, *Jesus and Eyewitnesses* (Grand Rapids: Eerdmans, 2006), 308-310. 참조. 비슷하게 Paul Barnett, *Jesus and the Logic of History* (NSBT 3; Leicester: Apollos, 1997), 137; Gundry, "Symbiosis of Theology and Genre Criticism," 39; Edward Adams, *Parallel Lives of Jesus: A Guide to the Four Gospels* (Louisville: Westminster John Knox, 2011), 16.

소리로 낭독되기를 의도했을 가능성이 높다.[220] 바울은 권면을 위해 자신의 편지를 모든 교인 앞에서 읽어주라고 권고한다(살전 5:27; 골 4:16). 또한 마가복음과 마태복음은 감람산 담론 안에 독자들을 위한 편집자적 언급을 포함한다(막 13:14; 마 24:15). 유스티누스는 기독교의 예배에 대해 다음과 같은 유명한 말을 했다. 어떤 경우에 신자들은 모두 "한 장소에 모였다. 시간이 허락되는 범위 안에서 사도들의 회고록이나 예언자들의 글이 봉독되었다. 봉독자가 읽는 것을 마치면 그다음에 신앙 공동체의 지도자가 말로 가르쳤다. 그리고 그는 신자들에게 이 좋은 것을 본받으라고 권면했다."[221] 이와 같이 복음서는 신앙 공동체 전체에게 송영과 제자도를 혼합한 것과 같은 기능을 했다. 그리스도를 본받는 신앙 공동체를 이루기 위해 그리스도에게 초점을 맞춘 내러티브가 큰소리로 낭독되었다. 마르틴 헹엘에 따르면 "복음서, 적어도 마가복음, 마태복음, 요한복음은 우선적으로 예배를 위해 저술되었다. 그다음 청중과 독자들은 자기 자신을 '예수의 이야기' 안에 위치시켰다. 그들은 그 이야기와 자신을 동일시했다. 비록 예수의 유일무이성과 특이성을 언제나 의식하고 예수와 자신 사이에 역사적 거리가 있음을 인식하고 있었지만, 그들은 예수의 사명을 자기 자신의 사명으로 삼았다."[222]

복음서는 예배에서 낭독되고 가르쳐졌다. 따라서 복음서는 단순히 재밋거리나 동의를 위한 제안을 목적으로 저술된 것이 아니다. 복음서가 지니고 있는 권면의 요소는 청중과 독자들을 감동시켜서 그들이 예수를 본받게 하려는 것이다. 그리스도를 본받는 것은 초기 기독교 윤리의 핵심적

---

220) 참조. 특히 Campenhausen, *Formation of the Christian Bible*, 122-123.
221) Justin, *1 Apol.* 67.
222) Hengel, "Eye-Witness Memory," 92.

인 구성 요소였다.²²³⁾ 바울은 오늘날 대부분의 독자들이 알고 있는 것보다 이 주제를 훨씬 더 많이 강조한다(고전 11:1; 빌 2:5-11; 살전 1:6). 복음서는 예수를 따르라는, 또한 그가 가르치고 몸소 실천하며 보여준 것을 본받으라는 요청으로 가득 차 있다(예. 눅 9:23; 요 13:15). 이 주제는 속사도 교부들에게서도 두드러지게 나타난다.²²⁴⁾ 예수를 본받는 일의 중요성은 단순히 복음서를 목회적인 측면에서 어떻게 사용하는지 이해하는 데서 비롯되지 않는다. 이는 복음서가 청중 또는 독자들에게 어떻게 기능해야 하는가와 관련해서 복음서 저자들의 의도 가운데 일부분을 차지하고 있었던 것 같다. 전기 장르는 특정 개인의 삶뿐만 아니라, 그가 세운 특별한 삶의 방식도 구체적으로 보여준다.²²⁵⁾ 데이비드 케이프스(David Capes)는 구술로 전달되던 복음의 내러티브로부터 기록된 복음서의 내러티브로 이동한 일이 예수의 추종자들에게 모방을 제공하려는 의도를 반영해준다고 주장한다. 이런 모방을 통해 그들은 예수의 삶을 본받고 그의 가르침을 따를 수 있었다는 것이다.²²⁶⁾

---

223) 참조. Richard Burridge, *Imitating Jesus: An Inclusive Approach to New Testament Ethics* (Grand Rapids: Eerdmans, 2007); Jason B. Hood, *Imitating God in Christ: Recapturing a Biblical Pattern* (Downers Grove: InterVarsity, 2013).
224) Ignatius, *Eph.* 3.2; 4.2; 10.3; *Trall.* 8.1; *Rom.* 6.3; *Phild.* 3.5; Polycarp, *Philippians* 1.1; 8.2; *Martyrdom of Polycarp* 19.1; 22.1.
225) Adela Yarbro Collins, *Mark* (Hermeneia; Minneapolis: Fortress, 2007), 31. 또한 Pennington, *Reading the Gospels Wisely*, 33. Pennington은 "어떤 해석이든 이 측면[예수를 본받는 것]을 무시하는 것이라면, 그것은 그 장르의 주요한 기능을 놓쳐버리는 것이다"라고 주장한다.
226) David G. Capes, "*Imitatio Christi* and the Gospel Genre," *BBR* 13 (2003): 1-19. Aune, "Greco-Roman Biography," in *Greco-Roman Literature and the New Testament* (Atlanta: Scholars, 1988), 122; 참조. idem, *The New Testament in Its Literary Environment*, 25, 59-63. Aune는 "헬레니즘 세계의 문화적인 가치가 그리스-로마 전기의 주인공에 의해 구체화된 것과 똑같이" 복음서는 "기독교의 창시자의 모범적인 역할에 호소함

초기 교회의 예배에서 복음서가 사용된 증거로 2세기 중반에—만약 그 이전이 아니라면—복음서는 성서로서 기능하고 있었다. 2세기 말에 복음서는 유일무이한 권위를 지닌 저서의 집합체를 이루었던 예언서와 복음서/주님 및 사도들을 포함하는 일련의 원천 가운데 속해 있었다.227) 만약 복음서 저자들이 스스로 "신약성서"나 "정경"이나 "성서"에 속할 어떤 책을 쓰고 있다고 실제로 의식했다고 추측한다면, 이는 정말 순진한 일일 것이다. 그렇다고 하더라도, 복음서 저자들이 자신의 신앙 공동체를 위해 거룩한 문학의 한 양식을 쓰고 있음을 의식했다고 추측하는 것은 못 믿을 일은 아니다. 어떤 학자들은 유대교의 회당에서 봉독되는 것과 상당히 일치하는 것으로서, 복음서가 초기 기독교의 예배에서 한 해 동안 봉독되게 하려고 의도되었다고 추측했다.228) 누가가 자신의 복음서와 사도행전을 저술한 것은 마치 신약성서의 축소판과 같아 보인다. 곧 이스라엘의 율법, 예언서, 시편의 성취로서 의도적으로 저술된 누가복음과 사도행전은 예수와 사도들에 대한 독특한 내러티브로 이루어진 설명이다.229) 무디 스미스(D. Moody Smith)는 다음과 같이 함축적이며 온건한 주장을 제시한다.

으로써 그리스도인들의 현재의 신앙과 실천을 정당화"하는 역할을 한다고 주장한다.
227) Law, Prophets, Gospel, Apostles (*Epistle to Diognetus* 11.6); Gospel and Apostles (Irenaeus, *Adv. Haer.* 1.3.6); Prophets, Gospel, blessed Apostles (Clement, *Strom.* 7.16.95.3, 7.16.97.2), Prophets, Lord, Apostles (Hippolytus, *Commentary on Daniel* 4.49).
228) 예를 들면 Michael Goulder, *Midrash and Lexicon: The Evangelist's Calendar: A Lectionary Explanation of the Development of Scripture* (London: SPCK, 1978); Philip Carrington, *The Primitive Christian Calendar: A Study in the Making of the Marcan Gospel* (Cambridge: Cambridge University Press, 1952).
229) 참조. C. K. Barrett, "The First New Testament?" *NovT* 38 (1996): 94-104.

기독교의 가장 이른 복음서의 경우에 우리는 그 복음서가 처음 저술된 근본적인 동기가 성서의 성취로서 예수를 선포하고자 하는 데에서 비롯되었음을 이미 살펴보았다. 초기 교회의 예배에서—분명히 가장 이른 시기로 2세기 중엽이나 아마도 그 시기보다 상당히 일찍부터—더 오래된 유대교 성서와 더불어 복음서가 사용된 것은 더 이른 복음서 전승이 이미 사용되었다는 사실의 연장선 위에 놓여 있을 것이다. 서로 다른 방법이라고 하더라도, 마태복음과 누가복음은 특별히 [구약]성서의 이야기를 계속해서 들려주면서 [구약]성서의 장르와 표현 방식을 채택했다. 예수의 유년 시절에 대해 두 복음서의 내러티브보다 이 점이 더 명백하게 나타나는 곳은 없다. 한편 자기 자신의 독자적인 방법으로 요한복음은 창세기에 기초해서 창조에 대한 이야기를 다시 쓴다. 이것은 요한과 동시대의 많은 유대교 저자들이 성서의 내러티브를 다시 이야기하는 것과 비슷하다. 하지만 요한복음은 혁신적인 방법으로 그 이야기를 다시 쓴다.[230]

이스라엘의 거룩한 문학과 짝을 이루는 것으로서 복음서는 예수에 대한 이야기에 대해 권위 있는 안내자 역할을 하려고 저술되었다. 복음서 저자들은 하나님과 그의 백성에 대한 거룩한 이야기를 이어가려는 의도를 갖고 있었다. 그래서 그들은 자신들이 제시하는 저서에 의식적으로든 무의식적으로든 [구약]성서에 상응하는 지위를 부여했다.

복음서의 또 다른 목적은 가장 초기의 회중을 위해 일종의 선교 문서(Missionsschriften)를 작성하려는 것이었다. 이 목적은 요한복음에서—그리스어 동사의 현재 시제와 단순과거 시제로 표현된 중요한 차이점에 특별히 호소하지 않는다고 하더라도—보다 명백하게 나타난다. 곧 요한복

---

[230] D. Moody Smith, "When Did the Gospels Become Scripture?" *JBL* 119 (2000): 19.

음은 복음서의 독자들이 예수에 대한 믿음을 갖게 하려고 저술되었다(요 20:31).[231] 비록 복음 전파와 관련된 목적을 분명한 어조로 밝히지 않는다고 하더라도, 단순히 공관복음서가 믿고 따르고 본받아야 할 매력적인 인물로 예수를 제시한다는 사실에 의해서 공관복음서는 적어도 복음 전파를 위한 저서로서의 기능을 감당할 수 있다. 복음서는 설교와 가르침, 종파에서의 내부 논쟁 및 종교들 사이에서의 기독교 변증에 대한 맥락을 상정하는 것 같다. 심지어 많은 학자가 복음서는 기독교 지도자들의 첫 세대 가운데서 핵심 인물들의 선교 사역 내에 위치할 수 있다고 추측했다.[232] 2세기에 유대교 학자인 트리포와 이교도 철학자인 켈수스와 같은 외부인들도 복음서를 읽었다.[233] 고대 전기를 연구하는 역사가들은 복음서를 "기독교 운동을 촉진하고자 하는 의도를 지닌 종교 서적"과 예수를 "지중해 세계에 그리스도, 주, 구원자 및 교사로" 추천하는 "복음 전파 서적"과 동일시했다.[234] 이것은 타당성이 있다. 왜냐하면 몇몇 그리스-로마 전기는 주인공의 업적과 인격 및 미덕을 널리 알리려고 시도했기 때문이다. 오니는 다음과 같이 올바로 지적한다. 곧 종교적인 이념이 서로 경쟁하는 시장에서 "수사학적인 측면에서 복음서는 우선적으로 다른 사람들을 설득하려고 하는 문학작품이다. 복음서는 다양한 정책을 사용하면서 십자가 처형을 받고 다시 살아난 예수가 메시아 및 하나님의 아들이라고 독자들을 설득하려고 한다. 그렇다면 복음서는 근본적으로 기독교의 홍

---

231) 다음 연구서의 논의를 참조하라. Bird, *Jesus Is the Christ*, 135-138.
232) 참조. 예를 들면 Barnett, *Jesus and the Rise of Early Christianity: A History of New Testament Times* (Downers Grove: InterVarsity, 1999), 394; E. Earle Ellis, *The Making of the New Testament Documents* (Leiden: Brill, 2002), 32-47.
233) Justin, *Dial. Tryph.* 10; Origen, *Contra Celsum* 2.16, 34, 37.
234) Votaw, *Gospels and Contemporary Biographies*, 1, 4.

보 서적인 것이다."235)

마지막으로 또 다른 쟁점은 과연 복음서가 어떤 독자들을 염두에 두고 있었는지에 대해서다. 20세기 대부분에 걸쳐서 학자들은 다음과 같이 가정했다. 곧 마가복음은 "마가 공동체"를 위해, 마태복음은 "마태 공동체"를 위해, 누가복음은 "누가 공동체"를 위해, 요한복음은 "요한 공동체"를 위해 저술되었다고 말이다. 이 신앙 공동체가 해당 복음서의 수신인일 뿐만 아니라, 복음서는 각 공동체에 대해 상당히 많이 다루고 있다는 것이다. 그래서 복음서는 공동체에서 일어난 사건과 에피소드를 반영한다고 간주되었다. 만약 우리가 복음서 텍스트의 배후에 있는 전승 역사를 철저히 탐구한다면, 심지어 텍스트의 어떤 하부 층위에서 각 공동체의 역사까지도 간파할 수 있다고 한다. 많은 페리코프는 문학적으로 빚어낸 것이며, 예수의 생애에서 일어난 사건이 아니라 신앙 공동체 내의 논쟁을 반영하지만 그것이 예수의 생애 안으로 매끄럽게 투영되었다는 것이다.

그러나 리처드 보컴과 그의 동료들은 『모든 그리스도인을 위한 복음서』(The Gospels for All Christians)에서 복음서에 대한 이런 인식, 즉 복음서가 고립되고 자기 성찰적인 특정 신앙 공동체에 대한, 그리고 그 신앙 공동체를 위한 창작물이라는 인식론적 접근 방법에 대해 진지하게 탐구했다.236) 보컴은 복음서가 어떤 단일 공동체를 위해서가 아니라 모든 그

---

235) Aune, *New Testament in Its Literary Environment*, 59.
236) Bauckham, ed., *Gospels for All Christians*. 또한 더 이른 시기에 제기된 다음과 같은 비슷한 견해들을 참고하라. H. F. Gamble, *Books and Readers in the Early Church* (New Haven: Yale University Press, 1995), 102; Hengel, *Four Gospels*, 106-115; Stanton, *Jesus and Gospel*, 193; Burridge, *What Are the Gospels?* 294-299. Bauckham의 비판자들에 대항해서 내가 그를 지지하는 다음 논문도 보라. Michael F. Bird, "Bauckham's *The Gospels for All Christians* Revisited," *EJTh* 15 (2006): 5-13. 다음 논문집에서 이 문제에 대한 논의도 참고하라. Edward W. Klink, ed., *The Audience of the Gospels: The Origin and*

리스도인을 위해, 또는 가능하다면 보다 많은 독자들이 복음서를 읽도록 하기 위해 저술되었다는 주장을 도전적으로 제기한다.

『모든 그리스도인을 위한 복음서』라는 논문집의 첫 번째 논문에서 보컴은, 실제로 해당 견해를 뒷받침해주는 논점이 조금밖에 제시되지 않았는데도 불구하고 왜 신앙 공동체 가설이 그렇게 광범위하게 받아들여지는지 하는 질문으로 시작한다.[237] 다음 몇 가지 논점에 근거해서 보컴은 복음서가 광범위한 청중/독자들을 위해 저술되었다는 견해를 제시한다. 첫째, 복음서는 바울의 서신과 같지 않다. 왜냐하면 복음서는 바울이 자기 교회와 서신을 주고받은 것에서 나타나는 특성을 드러내지 않기 때문이다. 만약 복음서가 장르의 측면에서 **"생애"**와 유사하다면, 복음서 저자들은 보다 일반적인 독자들을 염두에 두고 있었을 것이다. **생애**는 단지 작은 공동체 안에서만 보급되고 읽혀지기를 의도하지 않고 오히려 정치적이고 철학적이며 종교적인 견해를 더 멀리까지 선전하려고 의도했기 때문이다.[238] 둘째, 보컴은 초기 기독교 운동이 격리된 소수 집단의 신자들로 구성되어 있는 대신 오히려 그들 사이에서 긴밀하게 끊임없이 정보와 소식을 주고받던 "신앙 공동체들의 네트워크"로 이루어져 있었다고 주장한다.[239] 고대 로마 제국 안에서 그리스도인들이, 특별히 교회의 지도자들이 이곳저곳으로 활발하게 이동했다는 점은, 의도적으로 기대하지는 않았다고 하더라도 복음서 저자들이 자신의 저서가 몇몇 기독교 그룹과 접촉하게 될 것을 알고 있었음을 의미한다. 사실상 마가복음이 마태복

Function of the Gospels in Early Christianity (LNTS 353; London: Clark, 2010).

[237] Richard Bauckham, "For Whom Were the Gospels Written?" in *The Gospels for All Christians*, ed. Bauckham, 9-48.

[238] Bauckham, "For Whom Were the Gospels Written?" 26-30.

[239] Bauckham, "For Whom Were the Gospels Written?" 30.

음, 누가복음, 요한복음이 저술된 지역에서 신속하게 유포되었던 것처럼, 교회 사이에서 문헌이 널리 유포되고 정보 교환이 활발하게 이루어졌다는 사실은 이 주장을 믿을 만한 것으로 뒷받침한다.[240] 보컴은 다음과 같이 결론짓는다. "복음서가 순전히 저자 자신이 속한 교회의 구성원들만을 위해, 심지어 가까운 곳에 있는 몇몇 교회만을 위해 저술되었다는 개념은 어느 누구의 머릿속에도 떠오르지 않았을 것이다."[241] 이 결론에 나는 다음과 같이 덧붙이고자 한다. 곧 이른바 이 복음서 "공동체"에 대한 몇 가지 가설적인 재구성은 지나칠 만큼 사변적이며 덧없다는 것이다. 복음서는 그것의 저술 동기 및 구체적인 형태와 관련해서 각 공동체의 배경에 부분적으로 빚졌을 가능성이 있다. 하지만 복음서의 텍스트로부터 그 배경을 끌어내서 묘사하는 일은 전혀 다른 사항이다. 비록 복음서가 특수한 기독교 공동체 안에서 전개되고 있던 관점에서 저술되었다고 하더라도—틀림없이 기독교 공동체는 그런 상황에 있었음—우리는 여전히 그와 같은 경험이 단지 한 지역에만 국한되어 있었다고 단정할 수는 없다. 요한 마가의 경우 정경과 전승의 설명에 따르면 그는 예루살렘에서 안디옥으로, 구브로로, 로마로, 알렉산드리아까지 여행했다. 그렇다면 마가는 어느 공동체를 위해 자신의 복음서를 쓴 것인가? 또한 어느 교회의 경험이 그 복음서에 형태를 부여했는가?[242] 결국 우리가 타키투스가 "타키투스의 공동체"를 위해 아그리콜라에 대한 글을 썼고, 플루타르코스가 "플루타르코스의 공동체"를 위해 「영웅전」(*Parallel Lives*)을 썼다고 가정할 수 없는

---

240) Bauckham, "For Whom Were the Gospels Written?" 30-44.

241) Bauckham, "For Whom Were the Gospels Written?" 44.

242) 또한 참조. Michael F. Bird, "The Marcan Community, Myth or Maze?" *JTS* 57 (2006): 474-486.

것과 마찬가지로, 각 복음서의 배후에 저마다의 유일한 신앙 공동체가 있다고 가정할 수 없다.[243] 따라서 복음서가 비슷한 생각을 품고 있던 교회의 광범위한 네트워크 안에서 받아들여지기를 바라는 의도에서 저술되었지만, 동시에 복음서가 광범위하게 유포되는 것에 대해 신중하고 명백한 의도를 지닌 채 저술되었다는 견해를 제기하는 편이 더 좋을 것이다.[244]

복음서가 의도했던 독자들에 대한 추가적인 증거는 고대 기독교 문헌을 연구하는 일을 통해 얻을 수 있다. 그리스-로마의 독서 문화는 일반적으로 엘리트 중심이었다. 수준 높은 그리스어 산문 원고는 그것을 읽는 개인과 그룹의 엘리트적인 특성을 반영하고 정당화하려는 의도를 갖고 있었다. 이른바 **연속 서법**(scriptio continua: 단어 사이에 빈 칸을 두지 않고 문장 부호를 전혀 사용하지 않는 연속적이며 중단이 없는 고대의 글쓰기 방법)이라는 글쓰기 방법은 정교한 글씨체로 종종 양피지 두루마리에 사용되었는데, 두 손으로 그 두루마리를 펼쳐서 들고 있어야 했고 종종 두루마리 안

---

243) Smith, "About Friends," 67은 그리스-로마의 전기가 대체로 광범위하게 읽히기 위해 저술되었다고 지적한다. 이 점에 비추어볼 때, "그들[복음서 저자들]이 예수에 대한 자신의 전기가 직접 관련이 있는 신앙 공동체에 속한 그리스도인들뿐만 아니라, 다른 사람들에 의해서도 필사되고 널리 유포되어 읽히며 논의되기를 기대했다는 것은 결코 놀랄 일이 아닐 것이다." Burridge(*What Are the Gospels?* 295-296)는 철학자들에 대한 전기가 "보다 광범위한 독자들을 위해서 저술되었다"고 주장한다. 그래서 "저자 자신의 그룹 밖에 있는 사람들을 끌어들이려고" 한다는 것이다. 그리고 정치가들에 대한 전기의 경우에 "그 책은 한 그룹(예. 타키투스와 그의 세파) 안에서 서술되었지만, 다른 사람들을 로마 정치에 기담하게 하려는 목적을 지니고 있다"고 한다. 한편 책을 사적으로 또는 공적으로 출판하는 것을 구분하는 것과 관련된 유연성에 대해서 다음을 참조하라. Gamble, *Books and Readers*, 85; Loveday Alexander, "Ancient Book Production and the Circulation of the Gospels," in *Gospels for All Christians*, ed. Bauckham, 99-104.

244) 참조. Craig L. Blomberg, "The Gospels for Specific Communities *and* All Christians," in *Audience of the Gospels*, ed. Klink, 111-133. 그리고 교회 내에서 텍스트가 "지역적으로" 또한 "전반적으로" 유포되는 것의 상관관계에 대해 Alexander, "Ancient Books Production," 104을 보라.

에 예술적인 문양을 새겨 넣었다. 이 글쓰기 방법은 글을 편안하게 읽도록 고안된 것이 아니라 텍스트의 예술적인 품위와 독자들의 특별한 역량을 고취하고자 하는 의도였다.[245]

대조적으로, 기독교의 책 문화는 보다 열려 있었으며 모든 사람을 독자로 삼고자 했다. 왜냐하면 기독교의 책은 엘리트 독자로서의 역량을 지니지 않은 모든 계층의 사람을 위해 마련된 것이었기 때문이다. 우선 값비싼 두루마리를 사용하는 대신에, 그리스도인들은 주로 사용자에게 친숙한 코덱스를 선호했다. 특히 복음서 모음집과 같은 거룩한 책을 만드는 데도 코덱스를 선호했다. 2세기에서 유래된 마흔한 개의 기독교 필사본 가운데 76퍼센트가 코덱스다. 또한 3세기에서 유래된 일백아흔 개의 필사본 중에서 77퍼센트가 코덱스다. 자주 필사자의 글씨체는 달필이나 예술적인 필체와는 대조적으로 분명하고 딱딱해 보인다. [코덱스에서는] 동시대의 저서들보다 글자가 종종 더 크고 여백이 더 넓다. 이교도의 코덱스와 비교해보면 기독교의 코덱스는 매 면마다 행이 더 적고 또한 매 행마다 글자 수가 더 적다. P^{75}(누가복음 및 요한복음)와 P^{66}(요한복음) 같은 2세기의 필사본에서는 구두점이 사용되었다. 의미-단락을 표시하기 위해 사용된 구두점은 아마도 언제 독자가 멈추어야 하는지를 알려주고자 했을 것이다. 이와 비슷하게, 단락이 시작될 때 글자를 들여 쓰는 널리 알려진 방법은 독자들에게 단락을 구분해주려는 것이다. 이른바 **거룩한 이름**(*nomina sacra*—거룩한 이름을 약자로 표시하는 표기 방법)은 경건한 단축과 독자들을 위한 도움 수단이 결합된 것을 암시한다. 적어도 4세기 이전에 기독교 문

---

245) William A. Johnson, "Towards a Sociology of Reading in Classical Antiquity," *AJP* 121 (2000): 593-627; idem, *Readers and Reading Culture in the High Roman Empire: A Study of Elite Communities* (Oxford: Oxford University Press, 2010).

헌은 대체로 미학적인 측면보다 실용적인 측면에서 만들어졌다. 이런 다양한 도움 수단은 보다 광범위한 독자들이 텍스트에 더 쉽게 다가갈 수 있게 하려는 의도에서 시도되었던 것 같다. 또한 이는 엘리트들을 위해 텍스트를 고상하고 고급스럽게 만들던 관행에서 벗어나고자 하는 의식적인 노력으로 보인다.[246]

모든 복음서 코덱스가 "실용적인 핸드북"이었다고 말한다면 이는 지나친 과장일 것이다. 왜냐하면 고급스러운 특징을 가진 필사본도 발견되며, 몇몇 필사본은 공적인 목적보다 사적으로 사용하기 위해 만들어진 것으로 보이기 때문이다.[247] 이런 점을 별도로 한다면, 기독교의 필사본은 엘리트주의자적 우아함보다 장인적 특성을 보여준다. 이런 관점은 이 필사본이 의도한 독자가 누구였는지에 대한 의미심장한 질문을 불러일으킨다. 그레이엄 스탠턴은 다음과 같이 주장한다. "이 모든 것을 종합한다면, 코덱스를 즐겨 활용하고 **거룩한 이름**을 사용하는 관습은 지중해 동쪽 지역에 위치했던 기독교 공동체들이 보통 추측해왔던 것보다 서로 더 긴밀하게 교류해왔다는 것을 암시해준다."[248] 이는 복음서의 필사본이 마이클 톰슨(Michael Thompson)이 "거룩한 인터넷"이라고 부르는 망을 통해 널리

---

246) Larry Hurtado, *The Earliest Christian Artifacts: Manuscripts and Christian Origins* (Grand Rapids: Eerdmans, 2006), 155-189; idem, "Manuscripts and the Sociology of Early Christian Reading," in *The Early Text of the New Testament*, ed. Hill and Kruger, 55-59, 또한 참조. C. H. Roberts, *Manuscript, Society and Belief in Early Christian Egypt* (London: Oxford University Press, 1979); Gamble, *Books and Readers*, 79-80; Alexander, "Ancient Book Production," 84-86; Harry Gamble, "The Book Trade in the Roman Empire," in *Early Text of the New Testament*, ed. Hill and Kruger, 31-35.
247) Stanton, *Jesus and Gospel*, 192-206. 또한 특히 Kim Haines Eitzen, *Guardians of Letters: Literacy, Power, and the Transmitters of Early Christian Literature* (Oxford: Oxford University Press, 2000).
248) Stanton, *Jesus and Gospel*, 190.

유포되었음을 의미한다. 이런 망은 서로의 일과 문헌에 상호 관심을 갖고 있는 교회가 세계적으로 이동하며 뻗어나갔음을 가리킨다.[249]

IV — 결론

이 긴 장에서는 정경 사복음서의 장르를 확정하기 위해 다양한 견해를 살펴보았다. 복음서는 여러 면에서 독특한 것으로 남아 있긴 하지만, 그럼에도 유대교의 거룩한 문헌과 의도적으로 연결되어 있다. 또한 복음서는 유대 기독교의 구전과 헬레니즘 수사학의 전형적인 특징들을 드러내며, 대체로 신학적인 내용으로 이루어져 있다. 그럼에도 불구하고 복음서는 고대 전기의 그리스-로마의 문학 유형에 매우 가깝다는 것을 확인할 수 있다.

이와 같은 관점은 복음서의 시작 부분을 간략하게 탐구함으로써 더욱 확인된다. 사복음서의 시작 부분은 고대의 전기를 가리키거나 그것과 조화를 이루는 형식을 사용하고 있다. 나아가 2세기에 예수 전승을 지닌 전달 수단을 가리키는 다양한 명칭("로기아"와 "사도들의 회고록"과 "복음")은 구술 형태든지, 기록 형태든지, 예수 전승을 단지 한 가지의 형태로만 지칭하지 않는다는 사실을 가르쳐준다. 하지만 1세기 말이나 적어도 2세기의 사반세기에 처음으로 마태복음, 마가복음, 누가복음, 요한복음이라고 지칭되는 예수 책이 사람들에게 인정받고 존중받던 문학 유형으로서

---

[249] Michael B. Thompson, "The Holy Internet: Communication between Churches in the First Christian Generation," in *Gospels for All Christians,* ed. Bauckham, 49-70.

εὐαγγέλιον이라고 불렸던 것 같다. 그렇다면 결국 복음서는 그리스-로마의 전기 방식으로 예수에 대한 이야기를 서술하는 전기적 케리그마의 한 양식이다.

이 결론의 당연한 결과는 복음서의 기록 목적이 그리스-로마의 전기와 마찬가지로 다양한 측면을 지니고 있다는 것이다. 일반적으로 말해서 복음서의 기록 목적은 변증, 교훈, 사회적 합법화, 예배 및 복음 전파가 혼합되어 있다. 복음서의 독자들은 십중팔구 직접적인 관련이 있는 공동 신자들과 후원자들로 이루어진 네트워크였을 것이다. 하지만 복음서는 비슷한 믿음을 공유하고 있던 보다 광범위한 집단에도 널리 유포되고자 하는 의도에서 저술되었다. 초기 기독교 필사본의 품질과 특성도 이 점을 강조한다.

추기
"다른" 복음서는 과연 무엇인가?

이 장에서 우리는 정경 사복음서의 기원에 초점을 맞추었다. 왜냐하면 사복음서는 예수 책으로 구성되어 있고, 성서로 여겨졌으며, 나중에 고대 가톨릭교회를 위해 정경의 일부분으로서 공식적으로 포함되었기 때문이다. 다음 장에서 우리는 사복음서가 수집된 배후의 이유와 근거를 탐구할 것이다. 사복음서가 정경에 포함된 이유와 다른 저서들이 정경에서 배제된 이유와 관련해서 여기서는 다음 사실을 지적하는 것으로 충분하다. 즉 그 이유는 이 네 가지 예수 책이 사도들과 그들의 동역자들에게서 비롯된 것으로 간주되었고(사도성), 교회 가운데서 가장 널리 사용되었던 예수 문헌을 구성했으며(보편성), 교회의 신앙 규범과 일치하는 것(정통성)을 가르친다고 여겨졌다는 것이다.

하지만 고대 교회에서 오직 네 개의 복음서만이 저술되고 높임을 받으며 사용된 것은 아니다. 윌리엄 피터슨(William Petersen)은 2세기에 "다양한 복음서의 바다"가 있었으며, 이 시기에 "복음서는 토끼처럼 그 숫자가 늘어나고 있었다"라고 빈정대며 과장한다.[250] 고대의 필사본, 파피루

---

250) William L. Petersen, "The Diatessaron and the Fourfold Gospel," in *The Earliest Gospels: The Origins and Transmission of the Earliest Christian Gospels*, ed. C. Horton (London: Clark, 2004), 51.

스 단편 및 교부 문헌에서의 언급 등에 근거하면 우리에게 알려진 "다른" 복음서는 대략 마흔 개에서 쉰 개 정도다.[251] 4세기에 교회의 권위로 성서 정경이 공포되기 이전에, 기독교 저자들은 성서 정경에 포함되지 않은 예수 전승과 예수 책을 상당히 자유롭게 인용했다. 비록 정통 교회에서 사복음서가 정경으로 인정을 받고 승리를 거두었지만, 그것은 2세기 초 일이십 년 동안 반드시 모든 기독교 신자에게 최초로 또한 보편적으로 합의된 [복음서] 목록은 아니었다. 2세기 전체에 걸쳐서 다른 복음서도 종종 마을에서 많은 사람을 끌어모았고 또한 많은 인기를 누리며 낭독되었다. 이 "다른" 복음서가 저술된 이유는 일반적으로 정경 복음서를 보충하거나 대체하려는 것이었다.[252] 예를 들면「베드로복음」은 마태복음의 보충판으로 읽혔을 수 있다. 반면에「도마복음」은 공관복음서와 아마도 제4복음서의 예수에 대한 개념과 직접적으로 경쟁하고자 하는 것으로서, 분명히 예수에 대한 개념의 대안을 제시하려는 의도적인 노력이었던 것 같다.

이 "다른" 복음서에 대한 연구에서 문제는 부분적으로 많은 연구가 종종 두 극단 중 하나로 치우친다는 것이다(여기서 나는 이 "다른" 복음서를 "정경에 포함되지 않은" 복음서라고 부르지 않을 것이다. 왜냐하면 그것은 우리가 탐구하고자 하는 시기와 맞지 않기 때문이다. 또한 나는 이 "다른" 복음서"를 "외경" 복음서라고도 부르지 않을 것이다. 왜냐하면 이런 묘사는 그 복음서가 세 번째 등급의 질을 지니고 있다고 전제하기 때문이다). 어떤 학자들은 "다른" 복음서에 순전히

---

251) 유용하고 쉽게 접근할 수 있는 안내서로서 다음을 참조하라. Rick Brannan, *Greek Apocryphal Gospels, Fragments, and Agrapha: Introductions and Translations* (Bellingham: Logos Bible Software, 2013); idem, *Greek Apocryphal Gospels, Fragments and Agrapha: Texts and Transcriptions* (Bellingham: Logos Bible Software, 2013).
252) Johan Ferreira, "The Non-Canonical Gospels," in *Content and Setting of the Gospel Tradition*, ed. Harding and Nobbs, 209.

변증적인 관심을 갖고 접근하며, 그 복음서의 진위와 가치를 인정하지 않는다. 하지만 이들은 종종 그릇된 정보에 기초한 역사적 판단으로 그렇게 하는 것이다. 예를 들면 모든 "다른" 복음서는 영지주의에 속한 것이라고 추측된다. 또 다른 이들은 종종 영지주의에 대한 그릇된 관점에 기초해서 자신의 논지를 전개한다. 곧 "다른" 복음서는 오직 이단 집단에 의해서 저술되고 사용되었다는 것이다. 또한 그 복음서는 역사적 예수를 이해하는 데 있어 역사적인 측면에서 쓸모없다고 한다. 이런 주장들은, 이 "다른" 복음서를 세밀하게 연구해볼 때, 분명 그릇된 것이다. 오늘날의 변증가들은 종종 좋은 의도를 가지고, 때때로 자신의 주장이 정당하다는 것을 밝히면서 정경에 대한 자신의 인식을 (당시) 성장하고 있는 교회의 사고에 투사하는 경향이 있다.

다음으로 기독교의 기원에 대해 수정주의 역사와 공모하려고 "다른" 복음서를 이용하는 연구서들도 있다. 그 새로운 내러티브는 다음과 같다. 곧 초기 교회는 처음에 다양성의 특징을 강하게 지니고 있었다. 또한 초기 교회 안에는 처음부터 원-정통 그리스도인들과 원-영지주의 성향을 지닌 그리스도인들이 나란히 공존했다. 거기에는 공식적으로 이단 사상, 이단자 또는 직분에 따른 위계질서도 없었다. 또한 그리스도의 위격에 대한 단 하나의 주도적인 신학도 없었다. 그때는 순전히 다원주의의 시기였다. 하지만 2세기에서 3세기의 어느 시기에 이 행복한 다원주의는 막을 내리게 되었다. 왜냐하면 큰소리를 내던 원-정통 교회에서 소수의 지도자들이 기독교 운동 내의 다른 목소리를 침묵하게 만들려고 시도했기 때문이다. 그들은 매우 다양한 종교 운동에 대해 자신의 편협한 신학, 성적 금욕주의, 거룩한 텍스트 및 교회의 위계질서를 강요했다. 따라서 이제 수정주의 역사는 기독교 역사를 제대로 말하기 위해 타당한 수정 작업을 한다. 지금까지 기독교 역사는 소수 이단에 대한 정통의 승리를 설명하는 획일성뿐이었다. 하지만 앞에서 설명한 수정주의의 서술은 그다지 설득력이 없다. 결국 이런 변증적이며 수정주의적인 접근 방법은 역사적으로 정확하지 않고, 신학적으로 편견을 가지고 있으며, 일반 대중을 전반적으로 잘못된 길로 안내한다.

이제 나는 (1) 몇몇 "다른" 복음서에 대해 도표로 요약해서 소개하려고 한다. 또한 (2) 어떤 점이 복음서를 복음서로 만드는지에 대해 탐구하고자 한다. 그리고 (3) 왜 "다른" 복음서가 정경 목록에 포함되지 않았는가에 대해 설명하고자 한다.

"다른" 복음서

"다른" 복음서는 몇 가지 다양한 방법으로 그룹을 나눌 수 있다. 아래에서 나는 그 복음서들을 유사성이나 잔존하는 자료에 기초해서 몇 그룹으로 나누려고 시도했다. 물론 다른 분류 방법도 가능하다. 또한 여기에 제시된 목록이 완벽한 것도 아니다. 한 가지 반드시 주목해야 할 사항은 이 "다른" 복음서에 대해 우리가 갖고 있는 증거가 종종 단편적이며 그 의미가 애매모호하다는 점이다. 따라서 이 복음서의 저작 연대와 출처는 여전히 논쟁의 대상이 되고 있다.

유대 기독교 복음서

복음서	자료 및 출처	저작 연대 및 유래	특징
「나사렛복음」 (Gospel of the Nazarenes)	히에로니무스, 에피파니우스, 필사본 4, 273, 566, 899, 1414, 1424의 난외주	2세기 중엽. 시리아의 알레포와 가까운 곳에 있는 베레아 지역에 거주하던 유대 그리스도인들이 사용함.	아람어로 쓰였으며, 마태복음과 밀접하게 관련되어 있음.
「히브리복음」 (Gospel according to the Hebrews)	알렉산드리아의 클레멘스, 오리게네스, 맹인 디디모스, 히에로니무스, 에우세비오스	2세기 중엽. 이집트에서 살고 있던 유대 그리스도인들이 사용함.	그리스어로 저술됨. 공관복음서와 비슷한 자료가 들어 있음.
「에비온복음」 (Gospel of the Ebionites)	에피파니우스	2세기 중엽. 요단 강 동쪽 지역에 거주했던 유대 그리스도인 그룹이 사용함.	기독론은 양자론의 입장을 지니고 있으며, 그리스어 복음서의 조화를 추구함.

나그함마디 복음서

복음서	자료 및 출처	저작 연대 및 유래	특징
「진리복음」 (Gospel of Truth)	NHC I, 이레나이우스	2세기의 두 번째 사반세기. 원래 로마에서 유래되었으나 이집트에서 각색됨.	발렌티누스파의 영지주의 문서로서 가르침과 권면이 포함되어 있다.
「도마복음」 (Gospel of Thomas)	NHC II, P. Oxy 1, P. Oxy 654, P. Oxy 655, 히폴리투스, 오리게네스, 예루살렘의 키릴로스, 에우세비오스	2세기 중엽. 아마도 시리아의 에데사 지역에 거주하던 유대 그리스도인 집단에서 유래했을 것이다.	예수의 말씀 가운데 비교적(秘敎的)인 말씀 모음집이며, 영지주의 쪽으로 기울어져 있다.

「빌립복음」 (Gospel of Philip)	NHC II, 에피파니우스	2세기 후반	영지주의 주제에 기초한 예수의 말씀, 비유, 내러티브, 권면, 주해적인 언급 및 신학적인 주장 등이 있는 다방면에 걸친 자료 모음집이다.
(콥트어로 쓰인) 「애굽인복음」 (Gospel of the Egyptians)	NHC III	3세기 이집트	구원사의 광범위한 기간 동안 셋과 그의 자손에 대한 신화적인 이야기.
「마리아복음」 (Gospel of Mary)	BG 8502, P. Ryl 463, P. Oxy 3525	2세기 후반	부활한 예수와 그의 제자들, 특별히 마리아와의 대화가 포함되어 있음.

위(僞)-사도 복음서

복음서	자료 및 출처	저작 연대 및 유래	특징
「유다복음」 (Gospel of Judas)	코덱스 차코스 (Tchacos), 에피파니우스, 이레나이우스, 테오도레토스	2세기 중엽	영지주의 문서로서 유다가 세상의 본질에 대해 신비스러운 지식을 받은 것을 강조함.
「맛디아복음」 (Gospel of Matthias)	에우세비오스, 겔라시우스 교령 (Gelasian Decree)	알려지지 않음.	알려지지 않음.

죽음과 부활에 대한 복음서

복음서	자료 및 출처	저작 연대 및 유래	특징
「베드로복음」 (Gospel of Peter)	P. Cair 10759 (Akhmim), P. Oxy 2949 (?), P. Oxy 4009 (?), 에우세비오스	2세기 전반. 아마도 소아시아에서 유래됨.	보다 광범위한 저서의 일부일 가능성이 있음. 하지만 현존하는 텍스트는 약간의 신화적인 윤색과 더불어 예수의 죽음과 부활에 초점을 맞춤.
「니고데모복음」 (Gospel of Nicodemus)	「빌라도행전」이라고도 알려짐. 그리스어, 라틴어 및 다른 언어로 된 많은 판본이 현존함. A와 B 교정판으로 나뉘어 있음. 유스티누스 (?)	4세기 또는 5세기	A와 B는 빌라도 앞에서의 예수의 재판, 그의 십자가 처형 및 부활, 또한 아리마대 요셉의 운명에 대해서 묘사한다. 그리고 B는 예수가 하데스에 내려간 이야기를 포함하고 있다.
「바돌로매복음」 (Gospel of Bartholomew)	「바돌로매의 질문」이라고도 알려짐. 그리스어, 라틴어 및 고대 슬라브어의 판본으로 현존함. 히에로니무스, 겔라시우스 교령.	2세기에서 5세기 사이에 아마도 이집트에서 저술되었을 것이다.	대화로 이루어진 복음서와 묵시록이 결합되어 있다. 지옥에 내려가는 것, 수태고지, 사탄의 기원 및 죄의 본질 등에 대한 질문이 포함되어 있다.
(그리스어로 쓰인) 「애굽인복음」 (Gospel of the Egyptians)	알렉산드리아의 클레멘스, 히폴리투스, 오리게네스	2세기 중엽. 원래 이집트에서 저술되었지만, 아마도 로마에서 개정되었을 것이다.	부활한 예수가 내세와 성생활에 대해 살로메에게 말한 내용이 포함되어 있다.

유년기 복음서

복음서	자료 및 출처	저작 연대 및 유래	특징
「야고보원복음」 (*Protevangelium of James*)	140개 이상의 필사본이 현존함. P. Bodmer. V가 그리스어로 필사된 가장 오래된 증거다(4세기). 겔라시우스 교령	2세기 후반	마리아의 출생에 대한 이야기를 전해준다. 누가복음과 마태복음에 제시된 탄생 이야기를 종합한다. 세례 요한의 아버지의 죽음에 대해 언급한다. 또한 맺는말에서 저자는 자신을 야고보라고 밝힌다.
「도마유년기복음」 (*Infancy Gospel of Thomas*)	현존하는 사본에 이 복음서의 명칭이 다양하게 제시되어 있다. 이 복음서는 세 교정판(A, B 및 C)으로 이루어져 있다. 이레나이우스 (?)	2세기에서 5세기 사이	예수의 어린 시절에 일어난 몇 가지 일화를 전해준다. 이 일화에 의하면, 어린 예수는 기적을 일으키고, 율법 교사들과 논쟁한다.
「위-마태복음」 (*Gospel of Ps.-Matthew*)	몇몇 라틴어 사본이 현존함	7세기 초반	「야고보원복음」과 「도마유년기복음」을 라틴어로 다시 작업한 것이다.

부활한 예수와의 대화

복음시	자료 및 출처	지적 연대 및 유래	특징
「예수 그리스도의 지혜」(*Sophia Jesu Christi*)	BG 8502, NHC III, P. Oxy 1081	2세기 후반 또는 3세기 초반. 아마도 이집트에서 저술됨.	「복된 유그노스토스」(*Eugnostos the Blessed*)라는 또 다른 NHC 텍스트에 기초함. 부활한 예수가 자신의 제자들에게 지혜에 대해 가르치

복음서	자료 및 출처	저작 연대 및 유래	특징
			는 것을 서술함. 또한 지혜가 구세주의 배우자라고 확인해줌.
「요한외경」 (*Apocryphon of John*)	NHC II.1, III. 1, IV.1, 및 BG 8502에서 짧은 교정판과 긴 교정판으로 발견된다.	2세기 후반	예수가 요한에게 전해준 계시가 묘사됨. 그것은 창세기의 처음 몇 장을 신화적으로 해석하는 특징을 지니고 있으며, 악으로부터의 구원에 초점이 맞추어져 있다.
「사도서신」 (*Epistula Apostolorum*)	고대 에티오피아어 및 콥트어로 쓰인 몇 필사본과 라틴어로 된 한 개의 단편이 현존함.	2세기 중엽에서 세 번째 사반세기에 아마도 소아시아나 시리아에서 유래되었을 것이다.	영지주의에 반대하는 문서로서 편지 형식으로 시작되고 나서 묵시록 형식으로 전개된다. 그 묵시록 부분에서 부활한 예수가 열한 명의 제자들에게 일련의 계시를 준다.

몇몇 복음서 단편

복음서	자료 및 출처	저작 연대 및 유래	특징
파피루스 에거턴 (P. Egerton) 2 (P. Köln 255)		2세기 후반	사복음서에 들어 있는 자료와 비슷한 자료를 포함하고 있다. 또한 사복음서에서 평행 텍스트가 발견되지 않는 것으로서 예수가 요단강 근처에서 행한 한 가지 기적이 수록되어 있다.

파피루스 옥시링쿠스(Papyrus Oxyrhynchus) 840		3세기 또는 4세기	예수가 유대교 지도자들에게 말한 공관복음서와 비슷한 저주의 말씀.
파피루스 옥시링쿠스(Papyrus Oxyrhynchus) 1224		4세기	공관복음서와 비슷한 자료로서 논쟁 이야기, 원수를 위해 기도하라는 권면 및 저자의 꿈에 대한 설명 등이 들어 있다.
파윰 단편 (Fayûm Fragment)		3세기	마태복음 26:30-35 및 단락과 평행을 이루는 몇몇 구절들

무엇이 복음서를 복음서로 만드는가?

먼저 복음서 문학이라는 광범위한 영역 안에 포함될 수 있는 자격 요건이 무엇인지 숙고해보는 것으로 시작하고자 한다. 문제는 이런 고대의 복음서가 대단히 다양하다는 것이다. 복음서 중에서 상당수는 단편으로 남아 있고 오직 간접적인 방법으로만 그 내용을 알 수 있으며 종종 완전한 형태가 아닐 뿐만 아니라, 문학적인 구조 및 양식이나 내용에서 단일한 특성을 나타내지 않기 때문이다. 예를 들면, 나그함마디에서 발견된 「애굽인복음」은 예수에 대해 거의 말하지 않으며, 셋의 기원과 구원 행위에 대해 다루고 있다.¹ 「야고보원복음」은 예수보다 마리아에게 더 많은 관심을 기울인다. 「빌립복음」에서는 성만찬과 윤리에 대한 체계화되지 않은 가르침이 수록되어 있다. 「도마복음」은 예수의 비밀스러운 말씀 모음집이다. 「마리아복음」은 부활한 주와 그의 제자들과의 계시 담론이다. "다른" 복음서들 중 상당수는 "기본적이며 일반적인 βίοι Ἰησοῦ(예수의 생애)에서 벗어나서 그것을 재해석하고 세련되게 만드는 제3의 단계를 나타낸다."[253] 이런 경우에 다양한 "다른" 복음서를 단 한 가지 문학 양식으로 압축하는 것은 불가능하다.[254]

우리는 정경 복음서를 기본이 되는 표준 유형으로 제시하고, "다른" 복음서는 단지 예수의 죽음과 부활에서 절정을 이루는 내러티브를 지니고 있다는 측면에서만 정경 복음서를 닮은 복음서라고 여길 수 있을 것이다. 다시 말해 복음서는 전적으로 케리그마-내러티브다.[255] 복음서에 대한 이런 좁은 정의는 우리를 정경 복음서, 「베드로복음」, 유대 그리스도인들의 복음서에 한정시킬 것이다. 쾨스터는 복음서가 예수의 죽음과 부활의 케리그마에 대한 신학적인 열심에 기초해서 좁은 의미로 정의될 때, 그것은 "다른" 복음서에 대한 지배적인 편견이라고 주장한다. 그는 이 협소한 정의가 교리적인 전제에 기초하며, 고대의 편견―이단에 반대하는 논쟁자들의 주장처럼 오래된 편견―을 강화하는 역할을 한다고 힘주어 말한다. 그래서 "다른" 복음서는 이차적이고 다른 것에서 파생된 것이며 사변적인 반면에, 정경 복음서는 원래 것이고 역사적이며 신학적인 통찰로 가득하다고 이해한다는 것이다. 쾨스터의 견해에 의하면, 복음서를 케리그마-내러티브로 나누는 전통적인 분류 방법은 초기 교회 안에서 빚어진 복잡하고 다양한 복음서 문헌을 제대로 파악하지 못한다. 또한 그는 정경 복음서가 역설적이게도 전적으로 케리그마적인 특성을 지니는 것은 아니

---

253) Burridge, *What Are the Gospels?* 243.
254) 또한 참조. Stephen Gero, "Apocryphal Gospels: A Survey of Textual History and Literary Problems," *ANRW* 2. 25.5 (1988): 3969-3996.
255) 참조. 예를 들면, F. F. Bruce, "When Is a Gospel Not a Gospel?" *BJRL*, 45 (1963): 319-339. 동일한 맥락에서 Stanton(*Jesus and Gospel*, 4)은 다음과 같이 질문한다. "언제 복음서는 [진정한] 복음서가 아닐까? 언제 복음서는 교회의 신앙과 일치하지 않는 일련의 예수 전승일까?"

라고 생각한다. 왜냐하면 복음서 저자들은 복음서 내용의 상당 부분에서 예수의 죽음보다 그의 가르침에 초점을 맞추고 있기 때문이다. 게다가 쾨스터는 정경 복음서의 배후에 있는 자료가 케리그마적인 복음서의 장르에 들어맞지 않는다고 지적한다. 또한 이 복음서 이전 자료의 특징이 몇몇 "다른" 복음서에서도 나타난다는 것은 정경 복음서뿐만 아니라 비-정경 복음서도 비슷한 일군(一群)의 자료에 기초하고 있음을 알려준다. 따라서 이를 나누는 것은 자의적이다.256)

쾨스터는 다른 대안으로서 역사적인 접근 방법을 선택하며, 복음서 문헌을 다음과 같이 정의한다. "이 문서는 나사렛 예수에게서 비롯되며, 그에 대한 자료 및 전승의 전달, 사용 및 해석에 의해 빚어진 모든 저서를 포함해야 한다."257) 만약 어떤 문서가 예수에게서 비롯된 자료의 지속적인 발전의 궤적 안에 놓여 있다면, 쾨스터는 이를 "복음서"라고 부른다. 그렇다면 복음서는 역사적 예수에 대한 정보 자료인 것이다. 이런 정의는 정경 복음서에 대한 의존을 나타내거나 예수 전승의 진정성 있는 전달 매체가 아니라고 생각되는 "다른" 복음서를 의식적으로 제외한다(예. 유대 그리스도인들의 복음서,「사도서신」「빌립복음」「진리복음」「애굽인복음」 또는 파피루스에 기록된 복음서 단편 등).258)

쾨스터의 역사적인 접근 방식은 문제가 있다. 우선, 실제로 "복음"이라

---

256) Koester, *Ancient Christian Gospels*, 43-44.
257) Koester, *Ancient Christian Gospels*, 46. 또한 참조. Philipp Vielhauer, *Geschichte der urchristlichen Literature. Einleitung in das Neue Testament, die Apokryphen und die Apostolischen Väter* (Berlin: de Gruyter, 1975), 614; Christopher M. Tuckett, "Forty Other Gospels," in *The Written Gospel*, ed. Bockmuehl and Hagner, 243; Andrew Gregory, "The Non-Canonical Gospels and the Historical Jesus—Some Reflections on Issues and Methods," *EQ* 81 (2009): 3-22.
258) Koester, *Ancient Christian Gospels*, 47-48.

고 불렸던 몇몇 저서가 복음서 문헌에 대한 그의 정의로부터 배제되었다. 하지만 이것은 이상해 보인다. 무엇보다도 그는 "복음"을 고유한 장르가 아니라 예수 자료로서 다시 정의한다. 그렇다면 "복음"은 다양한 부차적인 하위 장르를 포함할 수 있다. 하지만 바로 이것이 복음서가 하나의 장르라는 쟁점에 해당한다. 정경 사복음서는 그 다양성에도 불구하고 한 가지 인식 가능한 문학 클래스에 속한다.[259] 그뿐만 아니라, 쾨스터는 어느 문서가 예수 전승에 대한 역사적인 층위에 믿을 만하게 접근하도록 만드는가를 결정하는 자신의 능력을 다소 지나치게 확신한다. 쾨스터는 「도마유년기복음」이 예수의 유년기에 대한 전설과 같은 공상적인 이야기를 포함하고 있는데도 불구하고 이를 복음서 문헌의 일부분으로 포함한다. 비록 공관복음서의 유년기에 대한 내러티브와 비슷하다고 해도, 그 책보다 이른 시기의 또는 보다 믿을 만한 전승을 포함하고 있다고 주장한다면, 이는 설득력이 거의 없을 것이다. 존 마이어(John P. Meier)는 「도마유년기복음」이 『이상한 나라의 앨리스』처럼 역사적 예수를 재구성하는 데 유용할 것이라고 생각한다.[260] 더욱이 만약 「도마복음」이 정경 복음서에 의존한다는 점을 입증할 수 있다면—나는 그렇다고 믿는다—이는 복음서 문헌집에서 제거될 것이다.[261] 하지만 자료나 역사성을 불문하고, 「도마복

---

[259] John P. Meier, *A Marginal Jew* (ABRL; 4 vols.; New York/New Haven: Doubleday/Yale University Press, 1991-2009), 1:144 n. 15.

[260] John P. Meier, "The Present State of the 'Third Quest' for the Historical Jesus: Loss and Gain," *Bib* 80 (1999): 464.

[261] 나는 사실상 「도마복음」 82, 97, 98이 공관복음서 이전 단계에서 유래되었을 가능성이 있다고 생각한다. 하지만 대체로 「도마복음」은 공관복음서에 의존하고 있으며, 아마도 심지어 요한복음과 바울 서신에도 의존힐 것이다. 최근의 연구서로서 다음을 참조하라. Nicholas Perrin, *Thomas: The Other Gospel* (Louisville: Westminster John Knox, 2007); Simon Gathercole, *The Composition of the Gospel of Thomas: Original Language and Influences* (SNTSMS 151; Cambridge: Cambridge University Press, 2012); Mark

음」은 2세기의 기독교 연구를 위해 대단히 중요한 문서다.

이제 우리는 복음서 문헌은 "복음"으로 불리는 저서나 그 자료에 같은 명칭이 붙여진 모든 책에 광범위하게 관련된다고 말할 수 있다. 분명히 초기 교회에서 예수에 대한 다양한 저서 및 예수의 말씀에 대한 많은 자료는 대체로 "복음"이라고 불렸다. 이 점은 속사도 교부들의 저서로부터 나그함마디 필사본에 이르기까지 사실로 입증된다. 해당 문서의 문학 양식이나 역사적 출처 또는 신학적인 방향을 불문하고 "복음"이라는 표시는 널리 알려져 있었다. 왜냐하면 "복음"은 예수에 대한 가치 있는 정보와 통찰력 있는 관점을 포함하고 있는 문서의 내용을 추천하기 위한 명망 있는 인식 표지가 되었기 때문이다. 문학적인 정의에 근거해서 말하자면, 복음서는 누군가가 어느 곳에서나 "복음"으로 확인될 수 있는 문서다.

이런 문학적인 접근 방법에서 문제는 "복음"이라고 간주되는 저서 중 상당수가 해당 서적의 제목 또는 내용에 "복음"이라는 단어를 실제로 사용하지 않는다는 점이다. 예를 들면 예수의 유년기에 대한 내러티브임에도 불구하고, 「도마유년기복음」은 현존하는 필사본에서 실제로 "복음"이라는 제목을 가지지 않는다. 다만 책의 내용을 요약해주는 것으로서, 또한 이 책을 콥트어로 저술된 「도마복음」과 구별하기 위해 학자들이 제목을 붙인 것이다. 몇몇 예수 책도 훗날 편집자들에 의해 "복음"이라는 명칭이 붙여졌다. 「빌립복음」 뒷부분에 있는 간기(刊記)는 나중에 필사자에 의해 이차적으로 덧붙여진 것일 가능성이 있다. 이와 비슷하게, 이레나이우

Goodacre, *Thomas and the Gospels: The Making of an Apocryphal Text* (Grand Rapids: Eerdmans, 2012); John P. Meier, "The Parable of the Wicked Tenants in the Vineyard: Is the Gospel of Thomas Independent of the Synoptics?" in *Unity and Diversity in the Gospels and Paul*, ed. C. W. Skinner and K. R. Iverson (FS Frank Matera; Atlanta: Society of Biblical Literature, 2012), 129-145.

스도 알고 있었고 발렌티누스파도 사용했던[262] 「진리복음」은 나그함마디 문서에서는 「진리복음」이라는 제목이 아니다. 그 제목은 문서의 시작 부분에 기초해 추론해낸 것이다. 이 문서는 "진리의 복음은 진리의 아버지로부터 그를 아는 은혜를 받은 사람들에게 기쁨이다"라고 시작된다.[263] 많은 복음서 단편은 아마도 "복음"이라고 불렸던 더 큰 부피로 된 저서의 일부분일 것이다. 하지만 현존하는 텍스트 안에서 그 단편은 "복음"이라고 확인되지 않는다. 따라서 문학적인 접근 방법에 기초해 어떤 문서를 복음서에서 제외하는 것도 다소 편협한 일일 수 있다.

복음서에 대한 케리그마적·역사적·문학적인 정의는 모두 문제가 있다. 왜냐하면 그런 정의는 모두 다른 예수 책과 단편을 다소간 한정하기 때문이다. 결정이 필요하므로, 나는 예수와 관련한 모든 책과 문서를 "고대 예수 문헌"이라는 항목 아래 위치시키고, "복음서는 무엇인가?"라는 질문은 이차적인 것으로 남겨두며, 예수에 대한 고대 자료를 그룹별로 타당하게 분류할 것을 제안한다. 이 모든 저서는, 양식 및 내용에 상관없이, 정경 복음서에 의존하는지 그렇지 않은지에 상관없이, 어떤 제목을 원래 가지고 있든지 사후에 주어졌든지에 상관없이, 예수를 기리는 글(Festschriften)의 한 유형이다. 그 저서들은 고대의 다양한 전승과 진정성을 지니고 있다. 또한 그 저서들은 1세기부터 3세기에 걸쳐 다양한 그룹으로 형성된 예수의 추종자들에게 예수의 감동적인 역사에 대한 통찰력을 제공해준다.

그렇다면 "복음"을 예수의 생애와 죽음 및 부활에 대한 케리그마적 내러티브에 기초한 예수 문헌의 독특한 유형으로 생각하는 것은 타당한 것 같다. 곧 "복음"에 해당하는 것이 무엇인가에 대한 가장 좋은 판단 기준은

---

262) Irenaeus, *Adv. Haer.* 3.11.9.
263) *Gospel of Truth* 16.31-35.

바로 "복음"인 것이다. 바로 이것이 결국 고대 교회 안에서 복음서에 대한 정의와 관련하여 주도적인 위치를 차지했다. 복음서는 기쁜 소식에 대한 선포, 곧 예수의 사역, 십자가, 높임 받음에 대한 이야기에서 전달되는 구원의 메시지다. 사람들은 그것을 믿음으로 받아들여야 한다. 그렇다면 "복음"이라는 자격을 인정받는 예수 문헌은 정경 복음서에 한정될 것이다. 또한 논란의 여지가 있기는 하지만, 여기에는 유대 그리스도인들의 복음서, 복음서의 조화를 시도하는 많은 문헌 및 만약 더 긴 저서의 단편이라면 아마도 「베드로복음」까지 포함될 것이다.

원래 나는 "복음"이 정경 복음서와 비슷한 내용을 지니고 있거나 [해당 문서의] 어떤 부분에서 "복음"이라는 제목을 사용하는 광범위한 문학 클래스라고 생각하고 있었다. 로기아든, 담론이든, 행적이든 아니면 단편이든, 예수 문헌 가운데 상당 부분이 정경 복음서와 부분적으로 비슷하지만, 전체 문서에서 끌어오거나 비교가 되는 텍스트의 조각이 반드시 전체 문서로서 동일한 특성과 기능을 가지고 있는 것은 아니라는 사실은 여전히 유효하다. 구성의 오류는 어떤 한 부분의 특성을 전체에 부여하는 것에 대해 경고한다. 따라서 사복음서가 예수에게서 연유하는 말씀을 가지고 있다고 해서, 예수가 말한 것으로 여겨지는 말씀을 포함하고 있는 문서가 반드시 "복음"은 아니다(여기서 나는 특별히 「도마복음」이나 파피루스 옥시링쿠스 840에 포함된 예수의 말씀을 염두에 두고 있다). 두 문서가 지닌 속성의 유사점은 반드시 전체적으로 살펴보아야지, 부분만을 한정해서 살펴보아서는 안 된다. 더욱이 문서에 "복음"이라는 표제를 붙인다고 해서 그 문서의 장르가 실제로 결정되는 것도 아니다. 이는 『황혼』(Twilight)이라는 소설의 표지에 "야행성 흡혈귀에 대한 최근의 관찰"이라고 쓴다고 해서 그것이 과학 탐구 논문으로 바뀌는 것은 아닌 것과 같다. 사람들이 사복음서와 비슷하지 않은 책에 "복음"이라는 단어를 붙였다면, 이는 복음이라는 장르에 대해 그들의 생각을 말해준다기보다 오히려 그 책이 마땅히 받아야 한다고 생각되었던 명성과 중요성에 대해 무엇인가를 전달하는 것이다. 결국 정경의 사복음서는 [어떤 문서가 복음서인지 아닌지를 판단하는] 전형(典型)이다. 기독교 저자들의 인용과 현존하는 필사본에 의하면, 정경의 사복음서는 최초로 "복음"이라고 불렸으며 고대 교회에서 가장 널리 알려진 예수 문헌의 유형이었다. 따라서 사복음서의 전형에 기초해서 이데올로기적으로 추론한 것이든, 역사적 오류에 기초한 것이든, 복음서에 대한 모든 명칭과 정의가 결정되어야 한다. 그러므로 우리가 원하든지 그렇지 않든지, 마태-마가-누가-요한복음이라고 불리는 사복음서는 어떤 문서가 "복음"이라고 인정을 받는 것이 무엇을 의미하는지를 결정하는 데 있어 표준이 될 것이다.

따라서 「도마복음」은 "예수 문헌"이기는 하지만 그 자체가 "복음"은 아니다. 「도마복음」이 묘사하는 예수는 비밀스럽고 종교적 엘리트를 위한 권고를 들려주지만, 이스라엘의 예언자적 약속을 성취하지는 않는다. 전반적으로 「도마복음」은 십자가에 처형되었으나 부활한 주님, 곧 죄로부터의 구원을 약속하며, 갱신된 이스라엘의 구성원으로서 자신을 따르라고, 이 세상에서 하나님 나라의 일에 참여하라고, 다가오는 세대에서 영원히 살라고 사람들에게 요구하는 주님에 대한 기쁜 소식을 거의 선포하지 않는다. 이런 정의는 어떤 사람들에게는 편견에 기초한 것처럼 여겨지겠지만 모든 정의는 본질적으로 협소한 것이다.[264] 따라서 이것은 단지

---

264) Koester는 정경 복음서의 종교적인 특성에 기초해서 정경에 속하지 않는 복음서를 판단하는 것을 신학적인 편견이라고 주장하며 곧바로 이의를 제기한다. 하지만 그 자신도 몇몇 자료에 대한 신학적인 편견을 지니고 있다. 그는 이스라엘의 성서에 대한 예언자적인 성취에서 멀리 벗어나 있고, 십자가의 대속적 고난에 대해서 언급하지 않으며, 예수를 신학적으로 "보수적"이라기보다 오히려 세계적인 헬레니즘의 지혜 전승에 대한 전달자로 제시하는 자료를 선호

우리가 "복음"에 대한 원-정통 교회의 정의를 받아들일지 아니면 거부할지에 대한 문제다. 나는 "복음"을 "복음"으로 정의하는 일이 예수에 대한 사도적인 가르침으로서 정경 복음서의 내용을 조직하는 것이라고 제안한다. 그 사도적인 가르침은 예수의 세례, 설교, 메시지, 치유, 수난(예. 행 10:34-43)을 포함하며, 또한 복음서가 모방이나 심지어 논박 그리고 예수 문헌의 후속 역사를 통해 형성된 신앙 공동체가 이룬 내러티브라고 확인해준다.

왜 "다른" 복음서는 밀려났는가?

원-정통 교회와 정통 교회는 이제 정경으로 간주되는 사복음서를 지지하면서 "다른" 복음서를 거부했다. 교부 시대의 신앙 논쟁 저서에서 몇몇 그리스도인 그룹은 "다른" 복음서를 사용한다고 비판받았다. 이 그룹은 오직 하나의 "다른" 복음서를 사용하거나, 정경 복음서에 더하여 그것을 함께 사용했다.[265] 예를 들면, 이레나이우스는 사중 복음서로 이해된 "사도

한다. Koester에 의하면, 복음서의 내용이 예수에 대해 사도들이 전해준 메시지에 어긋난다고 하더라도, "복음서"는 예수에게 역사적으로 가깝게 서 있는 어떤 것이다.

265) Origen, *Homilies on Luke* 1: "교회는 사복음서를 가지고 있으나 이단들은 많은 복음서를 사용하고 있다.…또한 오늘날에도 '많은 사람'이 복음서를 저술하기를 원했다. 하지만 [그들 가운데] 모두가 [교회에 의해] 인기를 받은 것은 아니다. 정말로 모든 사람이 사복음서뿐만 아니라, 상당히 많은 복음서가 저술되었다는 사실을 알고 있다. 그 가운데서 교회 안에서 사복음서가 선택되고 전달되었다.…그래서 교회는 사복음서를 갖고 있다. 하지만 이단들은 많은 복음서를 갖고 있다. 그들은 '애굽인들에 따른 복음'이라든가 '열두 사도에 따른 [복음]'과 같은 명칭을 가진 복음서들도 갖고 있다. 정말로 Basilides는 대담하게도 'Basilides에 따른 복음'을 저술하기도 했다. 많은 사람이 [복음서를 저술하려고] '시도했다' 또한 나는 '도마에 따른 복음', '맛디아에 따른 [복음]'이라고 불리는 또 다른 복음서, 그리고 많은 다른 복음서를 알고 있다. 이것은 [이단이 저술하려고] '시도한' 것이다. 하지만 하나님의 교회는 오직 사복음서만 권위를 승인했다"(번역 참조. Dungan, *History of the Synoptic Problem*, 70)."

들의 복음"의 권위가 의심 없이 받아들여지는 것을 단호하고 열정적으로 지지했다.266) 이는 많은 사람에게 원-정통 교회가 다른 그리스도인 그룹과 그들의 예수 책에 대해 매우 관대하지 못했다는 인상을 심어주었다. 일레인 페이젤스(Elaine Pagels)는 영지주의와 같은 다른 그룹들이 교회 "바깥으로 쫓겨나서" 기독교의 전승을 "빈곤하게 만드는" 결과를 초래했다고 믿는다.267) 헬무트 쾨스터는 신약성서의 정경화가 소수자들을 배제하고 억압하는 방향을 향해 전개된 과정이라고 여긴다. 쾨스터는 다음과 같이 주장한다. "정경은 기독교의 초기 시대로부터 몇몇 목소리, 즉 이단, 마르키온파, 영지주의, 유대 그리스도인, 또한 아마도 여성을 의도적으로 배제하고자 하는 시도에서 빚어진 결과였다. 신약학자들의 책임은 바로 이러한 목소리들이 다시 들리도록 도와주는 것이다."268)

그러나 신학적 소수자들이 그들의 비판자들로부터 항상 공정한 판단을 들을 수 있었던 것은 아니지만, 그들의 저서를 포함시키지 않는다는 결정이 **현실 정치**에서 비롯된 것은 아니었다. 정통 교회의 정경은 주로 [반대 목소리를] 억압하려는 의도로 교회의 권력을 추구하기 위해 공포된 것은 아니었다. 오히려 그것은 사도적인 신앙에 충실하고, 거룩한 책이라고 알려진 저서에 대해 세상 곳곳에 세워진 교회의 의견이 일치하도록 정의하려는 의도에서 비롯되었다. 비록 다른 예수 문헌이 성서로 여겨진 텍스트와 동일한 특성과 권위를 지니고 있다고 믿지는 않았다 하더라도, 우리는 초기 교회가 그것을 포함하고 진지하게 받아들이고자 했던 많

---

266) Irenaeus, *Adv. Haer.* 3.11.9.
267) Elaine H. Pagels, *The Gnostic Gospels* (New York: Random, 1979), 27, 149.
268) Helmut Koester, "Epilogue: Current Issues in New Testament Scholarship," in *The Future of Early Christianity: Essays in Honor of Helmut Koester*, ed. B. A. Pearson (Minneapolis: Fortress, 1991), 472.

은 예를 찾아낼 수 있다. 2세기는 사도적 전승과 일치하는 모든 저서를 확인하고자 하는 열망과 동시에 모든 형태의 예수 문헌을 면밀하게 조사하는 경향을 입증해준다. 원-정통 교회가 사복음서를 신속하게 존중했지만, 이는 교회가 결코 자신을 오직 사복음서만을 읽는 데 국한했다는 의미는 아닌 것 같다.

첫째, 2세기의 파피루스 필사본은 마태복음($P^{64}+P^{67}$, P^{77}, P^{103}, P^{104})과 누가복음, 특별히 요한복음(P^{4}, P^{5}, P^{52}, P^{66}, P^{75}, P^{90}, P^{108}, P^{109})이 널리 알려져 있었다는 것을 입증해준다.[269] 또한 "다른" 복음서 단편이 현존한다는 점을 고려할 때, 이 파피루스 필사본들은 다른 예수 전승에도 관심을 지니고 있었음을 입증해준다(P. Oxy 1, 654 및 655 「도마복음」]; P. Eg. 2 [복음서와 비슷한 자료들]; P. Oxy 4009 및 2949 [「베드로복음」?]).[270]

둘째, 원-정통 교회의 자료 안에 아그라파가 들어 있다는 것은 그들이 "다른" 예수 전승에도 열려 있었다는 것을 입증해주는 또 다른 증거다. 원-정통 그리스도인들은 예수의 말씀이 어떤 자료 안에서 발견되는지와 상관없이 예수가 말한 것으로 알려진 것에 관심을 가졌다.[271] 사람들이 종종 예루살렘, 시리아, 이집트, 로마 사이를 여행했으며 긴밀한 인적 교

---

[269] Roger Bagnall(*Early Christian Books in Egypt* [Princeton: Princeton University Press, 2009], 1-24)은 최근에 이 파피루스 필사본들이 과연 2세기에 속하는 것인지에 대해 의문을 제기했다. 하지만 다음 논평을 보라. Larry Hurtado, *Review of Biblical Literature*, http://www.bookreviews.org/pdf/7755_9195.pdf.

[270] P. Oxyrhynchus 4009 및 2949가 원래 「베드로복음」의 일부였는지에 대한 의심에 대해 다음 논문을 보라. Paul Foster, "Are There Any Early Fragments of the So-Called *Gospel of Peter?*" *NTS* 52 (2005): 1-28.

[271] 참조. W. D. Stroker, *Extracanonical Sayings of Jesus* (Atlanta: Scholars, 1989); John K. Elliott, *The Apocryphal New Testament* (Oxford: Clarendon, 1993), 26-30; Bart Ehrman and Ziatko Pleše, *The Apocryphal Gospels: Texts and Translations* (Oxford: Oxford University Press, 2011), 351-367.

류가 이루어졌다는 사실은 구술 및 기록된 예수 전승을 서로 끊임없이 주고받았음을 의미한다.[272]

셋째, 이그나티우스, 파피아스, 클레멘스, 위-클레멘스, 유스티누스, 「사도서신」 및 더 긴 결말을 가진 마가복음 16장 등의 저자들은 복음서를 인용하는 데 있어 이른바 "자유로운 말씀"을 사용한다. 비록 원-정통 교회 신자들이 자신들이 소유한 거룩한 텍스트의 사도성과 온전성을 지지했지만, 이는 그들이 자신을 단지 텍스트에 묶여서 살고 있는 존재로 이해하지 않았음을 입증해준다.

넷째, 세 번째와 비슷한 사항으로서 어떤 저자들은 논쟁을 위해서가 아니라 예수의 생애에서 일어난 사건에 대한 해석을 입증하는 일화 증거로서 "다른" 복음서와 전승을 기꺼이 인용했다. 이는 저자들이 다른 예수 문헌이 저자의 문학 작업에 대해 무엇인가 밝혀주는 것이 있을 때, 그 문헌에 진지한 자세로 열려 있었음을 암시해준다. 유스티누스는 예수의 유년기 복음서에서 발견되는, 예수가 동굴에서 태어났다는 전승을 공유한다. 또한 그는 「디아테사론」(*Diatessaron*)과 「에비온복음」에서 발견되는, 예수가 세례 받을 때 그의 주변에 큰 빛이 비췄다는 전승도 공유한다.[273] 연대기 작가인 헤게시포스(Hegesippus)는 「히브리복음」과 고대 시리아어로 쓰인 복음서에서 인용한다.[274] 이레나이우스는 그가 파피아스에게 받은 것으로서 진짜라고 믿고 있는 세 가지 아그라파를 보존하고 있다.[275]

---

272) 참조. Hengel, *Four Gospels and the One Gospel of Jesus Christ*, 112-113.
273) 참조. *Protevangelium of James* 18-19; *Arabic Gospel of the Infancy* 2-3; (또한 Origen, *Contra Celsum* 1.51)과 Justin, *Dial. Tryph.* 78.7-8 및 Tatian, *Diatessaron* 4.40; *Gospel of the Ebionites* 2와 Justin, *Dial. Tryph.* 88.3.
274) Eusebius, *Hist. Eccl.* 4.22.8.
275) Irenaeus, *Adv. Haer.* 5.33.3-4.

알렉산드리아의 클레멘스는 해당 문서의 지위에 대해 아무런 질문도 제기하지 않고 「애굽인복음」과 「히브리복음」 및 「맛디아전승」을 사용했다.[276] 오리게네스는 자신의 누가복음 설교집에서 "다른" 복음서를 반대하는 논쟁을 전개한다. 하지만 정경에 속하지 않은 텍스트가 별로 권위를 인정받지 못하는 데에도 불구하고, 나중에 그는 그 텍스트를 자신의 복음서 주석서에서 편안하게 인용한다.[277] 에우세비오스는 기독교 저서를 정경, 논쟁의 여지가 있는 것, 가짜, 이단 사상을 지닌 것이라는 네 범주로 분류했다. 그는 「히브리복음」이 비록 정경은 아니지만, 몇몇 저자가 그 복음서를 잘 알고 있으며 또 좋아한다고 지적한다.[278]

다섯째, 다른 예수 책에 대한 이런 열린 자세는 단지 기독교 책 모음집에 국한된 것이 아니라 신앙 공동체의 예배 의식에까지 확대되었다. 기원후 180년대에 안디옥의 주교였던 세라피온(Serapion)은 처음에 로수스(Rhossus)에 거주하던 신자들에게 「베드로복음」을 사용하는 일을 허용했다. 하지만 나중에 그 책이 가현설을 지지하는 교사들과 연결되어 있다고 여겨지자, 그는 그 책의 사용을 금지했다. 왜냐하면 그 책의 내용이 진짜 베드로에게서 유래한 것이 아니기 때문이었다.[279] 비록 "다른" 예수 문헌에 대한 신중한 태도와 비난이 결합되어 있기는 하지만, 이레나이우스와 세라피온 같은 주교들은 교회 전체의 동의를 얻어서 몇몇 저서를 거부하

---

276) 해당 인용 텍스트에 대해 Ehrman and Pleše, *Apocryphal Gospels*, 218-219, 226-229을 참조하라.
277) Origen는 다음 복음서들도 인용한다. *Gospel according to the Hebrews* (*Commentary on John* 2.6), the *Gospel of Peter*, and the *Protevangelium of James* (*Commentary on Matthew* 10.17).
278) Eusebius, *Hist. Eccl.* 3.25.
279) Eusebius, *Hist. Eccl.* 6.12.4.

도록 요구했다. 따라서 우리는 2-3세기까지도 원-정통 교회 안에서 기독교 문헌의 다양성에 행사되었던, 위에서 아래로 가해진 주교의 권위와 같은 것을 발견할 수 없다.[280]

원-정통 교회와 정통 교회가 "다른" 복음서를 거부한 것은 자의적인 일도, 정치적인 일도 아니었다. 그 이유는 일관성과 설득력이었다. "다른" 복음서와 그 저자들에 대한 주요 비판 사항은 다음과 같다. (1) 그들이 제시하는 "예수"는 다른 거룩한 문서에서 알려진 예수로 인정할 수 없으며, 사도 전승과 조화되지 않는다. (2) "다른" 복음서는 종종 비의적(秘儀的)이고 엘리트주의적이다. 또한 하나님, 창조, 죄, 거룩함, 윤리 규범 및 구속 등에 대해 그 복음서가 주장하는 것에는 오류가 있다. (3) 다른 복음서는 예수의 최초 추종자들에게 기원을 둔 것이 아니라 후대에 저술되었고 그 내용이 편향적이다.

"다른" 복음서가 비판받고 거부된 것은 기독교의 서적 검열 및 신학적 사상-검열관의 잘못 때문이 아니다. "다른" 복음서는 "복음"으로 인정받지 못했으며, 세상 곳곳에 세워진 교회 안에서 그리스도인들의 마음과 생

---

[280] Hurtado, *Lord Jesus Christ*, 521: "요컨대 콘스탄티누스 황제 이후에는 황제의 엄호와 권력을 등에 업은 채 다른 기독교 형태를 억누르고 어느 한 기독교 형태만을 '위로부터 아래로' 강제하여, 그 형태가 성공을 거두게 만들 수 있는 수단이 실제로 존재했지만, 콘스탄티누스 이전에는 그런 수단이 전혀 존재하지 않았다. 2세기에 주교들은 그들이 섬겨야 할 지역의 그리스도인들이 선출했다. 따라서 가령 어느 주교가 그 지역의 그리스도인들로부터 충분한 지지를 얻지 못하면(또는 얻을 수 없다면), 다수가 선호하는 신앙 형태에 맞서서, 다른 신앙 형태를 지역 주민에게 강요하는 것은 애초부터 불가능했다. 결국 1-3세기에 어느 기독교 형태가 다른 기독교 형태보다 더 성공을 거두고 더 두드러진 위치를 차지했다면(지역적으로든 아니면 특정 지역을 초월한 전 지역에서든), 그것은 주로 그 기독교 형태가 충분한 수의 신자들과 지지자들에게 호소력을 발휘할 수 있는 탁월한 능력을 가진 결과였다. 다시 한 번 요점을 반복하자면, 내가 '원-정통' 기독교라고 부르는 기독교 형태가 거둔 명백한 성공은 어쩌면 당시의 평범한 그리스도인들 가운데 다수가 이 기독교 형태가 제시한 가르침과 행동 기준을 다른 기독교 형태의 그것보다 더 쉽게 이해하고 받아들일 수 있었던 결과일 것이다."

각 및 상상력을 사로잡지 못했다. 이에 대한 증거는 이 "다른" 복음서 가운데 대다수가 한정된 숫자의 필사본만 현존하며, 사실상 많은 예수 책이 자기 집단을 넘어서 사람들에게 알려지지 않았다는 사실이다. 다른 복음서를 배제한 것은 정통이 승리한 결과가 아니었다. 오히려 그것은 누가 예수와 사도들의 가르침을 더 올바로 전달했는지에 대한 객관적인 주장에 기초하고 있었다. 결국 "다른" 복음서가 밀려난 이유는 단순히 그 복음서가 예수에 대한 이야기로서 그것의 기원과 진정성에 대해 대다수 그리스도인들을 설득하지 못했기 때문이다. 알란드 헐트그렌(Arland Hultgren)은 다음과 같이 주장한다.

> 초기 기독교의 다양성에도 불구하고, 1세기부터 3세기에 걸쳐서 기독교 신앙이 표현되었다. 그 신앙은 사도들의 신앙과 연속성이 있으며, 신약성서를 형성한 고전적인 텍스트 안에 드러나 있다. 마르키온주의, 몬타누스주의, 에비온파, 영지주의 같은 신앙에 대한 다른 표현이 등장했으며, 저마다 정도에 따라서 똑같거나 비슷한 주장을 했다. 하지만 이런 다른 신앙에는 신앙고백적인 측면과 신앙 공동체적인 측면에서 그 자체 안에 스스로 버티기 어렵게 만드는 요소들이 있었다.[281]

초기의 이단 연구가들은 다른 예수 및 변두리 그룹과 그들의 문헌에 대해 많은 사람이 가지고 있던 관심사와 비판을 요약하는 책을 집술했다. 이 "다른" 복음서에 대해 논의하는 맥락에서, 비록 때때로 논점이 독특하기는 하지만, 이레나이우스는 다른 접근 방법을 능가하는 동시에 그것과

---

[281] Arland J. Hultgren, *The Rise of Normative Christianity* (Eugene: Wipf & Stock, 1994), 4.

대비되는 사복음서의 권위를 지지하는 논의를 훌륭하게 전개한다.[282] 첫째, 그는 사복음서 안에서 **신앙의 기본 규범**과 유사한 것으로서 창조주 하나님과 모세 및 예언자들, 그리고 예수 그리스도의 은혜를 단언하는 단 하나의 내러티브를 확인한다. 둘째, 그는 정통 신앙에서 벗어난 어떤 그룹들이 사복음서 중 한 복음서에 기울어져 있으며, 동시에 다른 세 복음서를 무시하는 경향을 지니고 있다고 지적한다. 왜냐하면 해당 복음서가 이 그룹의 특수하고 (그릇된) 주장에 들어맞으며, 그들로 하여금 하나님과 예수에 대한 더 광범위한 증거를 무시할 수 있도록 해주기 때문이다.[283] 이와 비슷하게, 사복음서에 더 많은 복음서를 더하는 이들도 이와 유사한 경향을 보인다. 왜냐하면 그들은 사복음서에 계시된 진리보다 더 많은 것을 발견했다고 무모한 주장을 제기하기 때문이다. 하지만 이런 진리 주장은 복음서 저자들이나 사도 바울의 가르침과 일치하지 않는다.[284]

에우세비오스는 어떤 책이 왜 정경에서 거부되었는지에 대해 단도직입적으로 설명한다. 베드로, 도마, 맛디아 복음서의 경우에 에우세비오스는 다음과 같이 말한다. "해당 복음서에서 사용된 표현의 유형이 사도들의 문체와 현저하게 대조되며, 그것의 관점과 내용은 진정한 정통과 조화되지 않아서 스스로 이단이 날조한 것이라는 점을 드러낸다. 따라서 그 복음서는 [「히브리복음」과 같이] 위조된 책 가운데 속한다고 간주되는 데 그치지 말고, 불경건하고 터무니없는 것으로 내버려져야 한다."[285] 이 주장은 다른 저서에 대한 근거 없는 신학적 폭언이 아니다. 오히려 에우세

---

[282] Irenaeus, *Adv. Haer.* 3.11.7-9.
[283] 예를 들면 Marcion은 누가복음을, 에비온파는 마태복음을, 가현론자들은 마가복음을, 발렌티누스파는 요한복음을 선호했다.
[284] 발렌티누스파와 「진리복음」이 이 예(例)에 들어맞는다.
[285] Eusebius, *Hist. Eccl.* 3.25.

비오스는 한 가지 객관적인 표준, 곧 사도적 진정성과 보편적 동의에 근거해서 그 책에 대해 판단하는 것이다. 이 "다른" 복음서는 복음적이라기보다 비의적이며, 정통적이기보다 괴상하다. 무슨 수를 써서라도 다른 예수 이야기를 역사에서 없애버려 자신들의 권력 기반을 견고케 하려고 교권에 굶주린 주교들이 독재 정치로 다른 많은 복음서를 억누른 것이 아니다. 에우세비오스는 어떤 거룩한 텍스트가 사용되어야 하는지에 대해 광범위한 논의가 이루어졌다고 인정한다. 또한 그 논쟁은 어떤 텍스트를 "포함하느냐" 아니면 "배제하느냐"에 대한 문제 그 이상이었다. 책을 정경 안에 받아들이는 것과 관련해서 광범위한 합리적인 시도가 있었다. 그 결과 많은 논쟁의 대상이었던 요한계시록과 베드로후서는 정경에 포함된 반면에 「헤르마스의 목자」(Shepherd of Hermas)는 간발의 차이로 포함되지 못했다.[286] 또한 비록 정경으로 간주되지는 않지만 여전히 많은 사람으로부터 가치를 인정받고 존중받는 몇몇 책도 있다.

"다른" 복음서는 설득력이 있는 것도 아니고 또 널리 알려지지도 않았으며, 정경에 포함되는 것과 관련해서 결코 진지한 경쟁 상대가 되지 못했다.[287] 아우구스티누스는 다음과 같이 주장한다.

---

[286] 사실상 「헤르마스의 목자」는 시내 산 사본에 포함되어 있으며, 고대의 몇몇 정경 목록에 그 이름이 들어 있다.

[287] 2세기와 3세기에서 유래된 것으로서, 정경에 포함되지 않은 텍스트는 대략 열세 개의 단편이 남아 있지만, 정경에 속한 텍스트는 서른여덟 개의 단편이 남아 있다는 사실은 주목할 만한 가치가 있다. 이 기간에 정경에 속하지 않은 텍스트와 정경에 속한 텍스트의 비율은 대략 1:3이다. 참조. Bart Ehrman, *Lost Christianities: The Battle for the Scripture and the Faiths We Never Knew* (Oxford: Oxford University Press, 2003), 22-23; Hurtado, *Early Christian Artifacts*, 20-23; Charles E. Hill, *Who Chose the Gospels? Probing the Great Gospel Conspiracy* (Oxford: Oxford University Press, 2010), 18.

주님 또는 사도들의 사역에 대해 저술하려고 시도했거나 과감하게 저서를 제시했던 다른 모든 사람은 그들 자신의 시대에 자신을 진정한 인격자로 천거하는 데 실패했다. 그들은 교회를 꾀어서, 교회가 그들의 신념에 굴복하게 만들고, 자신들의 저서가 거룩한 책이 지니는 정경으로서의 권위가 있다고 인정받게 하려는 것이었다. 하지만 대신에 그들은 보편적이며 사도적인 신앙 규범과 건전한 교리에 의해 정죄받았다.[288]

예수에 대한 다른 설명은 그리스도인의 신앙, 예배, 기도 및 섬김과 일치하지 않았다. 이런 관점은 타당하다. 예를 들어 영지주의 복음서에서 예수는 역사적인 인물이 아니라 물질세계로부터의 구원에 대해 시간을 초월하는 상징이다. 말씀 전승과 예수의 생애에 대한 이야기는 신화적인 표징과 이미지로 화려하게 변질되었으며, 엘리트 내부자들을 위해 암호화되고 나서 영지주의의 열쇠로 해독되었다. 사이먼 개더콜(Simon Gathercole)은 「유다복음」이 우리에게 육신을 입지 않은 예수, 사랑이 없는 예수, 고난 받지 않는 예수를 제시한다고 지적한다.[289] 바실리데스는 스스로 예수 책을 저술했는데, 심지어 예수가 십자가 처형을 받은 것이 아니라 구레네 시몬의 형태를 취함으로써 죽음을 모면했다고 주장했다.[290] 「도마복음」에서 예수는 유대인 메시아가 아니라 미화된 비트족 (beatnik: 1950년대 전후 미국의 풍요로운 환경 속에서 기성질서에 저항하는 문화

---

288) Augustine, *Harmony of the Gospels* 1.1.2.
289) Simon Gathercole, *The Gospel of Judas* (Oxford: Oxford University Press, 2007), 162-171.
290) Irenaeus, *Adv. Haer.* 1.24.4. 참조. *Apocalypse of Peter* 81; *Qur'an 4.157-158*. (12세기에 저술된 것으로 추정되는) *Gospel of Barnabas*에서는 유다가 예수로 변모해서 대신 십자가 처형을 당한다.

와 기행을 추구했던 일단의 젊은 세대를 말함—편집자 주)과 같은 인물로서 틀에 박히지 않은 금언을 말하며, 심지어 양성성(androgyny)에 의한 구원을 주장한다.²⁹¹⁾ 무엇보다도 예수는 실제로 사람이 아니었고 심지어 태어나지도 않았으며 일종의 환영과 같은 존재로 나타났다고 한다. 이 "다른" 복음서는 그것의 전승 역사와 상관없이 역사적인 사실에 기초하지 않으며, 예수를 어떤 의미에서 결코 존재하지 않았지만 항상 존재하고 있는 수많은 신화적인 실재를 푸는 암호로 여긴다.²⁹²⁾ 사실상 그것은 웃음이 나올 정도로 시대착오적이라서, 마치 다음과 같은 문서를 발견하는 것과 비슷하다. 곧 어떤 문서에서 나폴레옹이 자기의 부하들에게 전술 명령을 내린다고 하자. 하지만 그 문서에서 나폴레옹은 핵무기를 탑재한 잠수함과 B52 폭격기에 대해 논의하고 있다.²⁹³⁾ 이 다른 예수는 기쁜 소식의 전달자도 아니고 그 소식의 주체도 아니기 때문에 원-정통 교회로부터 거부되었던 것이다.

이처럼 "다른" 복음서를 거부한 것은 부수적인 이유나 종교적인 사소한 도그마에 기초한 것이 아니었다. 이것은 바로 기독교 신앙의 본질 및 [하나님의 아들이] 인간이 된 것이 무엇을 의미하는가와 관련된 것이었다. 원-정통 운동이 사실상 다양하기는 하지만 다음과 같은 그릇된 견해와 타협할 수는 없었다. (1) 예수의 아버지는 하늘과 땅의 창조자가 아니다. (2) 인간 예수와 "그리스도"라고 불리는 초능력을 지닌 영적인 존재는 서로 분리되어 있다. (3) 인간의 문제는 기본적으로 인간의 우주적인 기

---

291) 참조. 특히 *Gospel of Thomas* 22.114.
292) Sallustius, *On the Gods and the World* 4.9.
293) N. T. Wright, *Judas and the Gospel of Jesus: Have We Missed the Truth about Christianity?* (Grand Rapids: Baker, 2006), 63.

원에 대한 자각이 없기 때문이다. (4) 구원은 단지 영적인 차원에서만 일어나며, 따라서 그것은 물질세계 및 육신을 지닌 존재와 상관이 없다. (5) 예수는 그의 성육신과 수난 및 부활을 통한 구원자이기보다는 오히려 진리의 계시자다.[294]

로드니 스타크(Rodney Stark)가 "아이비리그에 속한 영지주의자"라고 부른[295] 학자들 중 몇몇은 다음과 같이 생각하는 것 같다. 즉 만약 영지주의나 그것의 신학적 사촌 중에서 어떤 경향이 우세할 수만 있었다면, 기독교는 여성, 소수 인종, 동성애자들에게 보다 관대하고 포용적이며 유연성이 있었으리라고 말이다. 하지만 이것은 전혀 사실이 아니다. 이 예수 책을 만들어낸 기독교 신자 그룹은 종종 종파적인 신념을 지니고 있었다. 하지만 그 신념은 포용적이고 박애주의적인 철학과는 거리가 매우 멀다. 이 그룹에 속했던 많은 사람은 성생활을 멸시했고, 인간이 육체적인 존재라는 것을 평가절하했으며, 유대인을 몹시 싫어했고, 구약성서를 악한 것으로 폄하했다. 결혼을 거부했고, 여성을 인간의 실패를 상징하는 존재로 이해했으며, 사변적인 우주론에 몰두했고, 어리석을 정도로 반신적(半神的)인 중간자들을 무수히 생각해냈으며, 권위 있는 거룩한 텍스트를 선정하는 데 지나치게 편협한 견해를 고집했고, 자신을 예수에 관한 "참된" 계시의 유일한 소유자로 여겼다. 또한 그들은 자신을 영적으로 우월하게 인식함으로써 때때로 다른 사람과 자신을 분리시켜야 했으며, 자기 성찰에만 몰두하는 자신의 그룹 외 다른 사람들에게 사회적인 관심을 전혀 갖지

---

294) 참조. Darrell L. Bock, *The Missing Gospels: Unearthing the Truth behind Alternative Christianities* (Nashville: Nelson, 2006), 208.
295) Rodney Stark, *Cities of God: Christianizing the Urban Empire* (San Francisco: HarperSanFrancisco, 2006), 154.

않았다.

　우리는 어떤 경우에 분리를 지향하는 그룹들이 성적인 금욕생활 및 교권주의에 치우치고 반유대교적인 경향을 드러내는 것과 같이 우리가 원-정통 교회의 부적절한 측면이라고 부를 수 있는 것을 극대화한다는 사실을 전적으로 인정해야 한다. 하지만 분리를 지향하는 이 그룹들 중 몇몇은 교회 밖에서도 활동하고 있었던 것 같다. 그 그룹들은 다른 종교의 구조 안으로 들어가서 종교적 상징론의 절충적인 처리 방식을 받아들였다. "다른" 그리스도를 믿는 몇몇 그룹은 단순히 원-정통의 주제에 대한 변종들이었다. 기독론 및 구원론과 관련된 그들의 독특한 사상적 기반은 매우 다른 신앙생활을 빚어냈다. 하지만 많은 경우에 그렇게 빚어진 그들의 신앙관과 행동 규범은 여전히 "기독교적"이었다. 그러나 다른 그리스도를 믿는 그룹들은 마치 그들이 모호한 기독교 담론을 갖고 있지만 그것을 다른 어휘로, 심지어 하나님의 본성, 그리스도, 구속 및 자기 자신에 대해 원래 내용과 대립되는 설명으로 다시 지어낸 것 같다. 그래서 이 그룹들이 제시하는 설명은 보편적으로 정의된 기독교 신앙과 조화를 이루기가 어려웠다. 주로 나그함마디 문서에 의해 입증되는 것으로서, 영지주의 성향을 지닌 다양한 신앙 그룹은 자기 발견과 자기 구속을 추구하는 신플라톤주의적인 종교를 만들어냈다. 이 그룹들의 신앙 가운데 어떤 것도 진정으로 "기독교적"이라고 묘사될 수 있는 것은 없다. 거기에는 그럴 만한 충분한 근거가 있다. 이런 체계를 지닌 종교는 우리로 하여금 자신 안에 있는 신이나 신적인 불꽃을 찾으라고 권면하는 디팩 초프라(Deepak Chopra) 같은 구루를 만나도록 만들 것이다. 하지만 이 종교는 우리에게 아우구스티누스, 마르틴 루터, 윌리엄 윌버포스(William Wilberforce), 디트리히 본회퍼(Dietrich Bonhoeffer), 또는 데스몬드 투투(Desmond Tutu) 같은 인물을 선물하지는 못했을 것이다.

제5장 복음서의 장르 및 목표   537

이는 "다른" 복음서가 전혀 가치가 없다는 의미가 아니다. 몇 가지 이유에서 "다른" 복음서는 초기 기독교 연구에서 매우 중요하다. 이 저서들은 "복음"을 정의할 수 있는 유연한 방법을 보여주며, 몇몇 그룹에서 예수 전승이 따라간 다양한 발자취를 표시해준다. 또한 이교도의 맥락에서 그리스도에 대한 믿음을 사람들의 구미에 더 맞게끔 만드는 엄격한 지적 노력을 드러낸다. 그뿐 아니라 다양한 지역에서 그리스도에 대한 믿음이 다채롭게 표현되었다는 것을 알려주고, 예수의 이미지가 2세기와 3세기에 어떻게 지속적으로 형성되었는지도 입증해준다. 더욱이 다양한 단편은, 그것이 사실상 많이 있었다고 하더라도, 전체 복음서의 일부분이라기보다 여백에 쓴 글과 같이 공관복음서적인 구조 안에 짜 맞추어진 추가 전승이었거나, 아마도 텍스트와 설교를 구술로 종합하려는 의도적 시도였을 가능성이 있다. 이렇게 많은 텍스트는 논란의 여지에도 불구하고 "정경의 텍스트와 나란히" 있었으며, 정경 복음서로부터 몇몇 중요한 페리코프를 상상력을 동원하여 다시 말하거나 그것을 개정하거나 대치하려고 시도했다는 것을 입증해준다.[296] 게다가 알렉산드리아의 클레멘스는 예수 이야기와 그것의 타당성이 각자의 직접적 상황 안에서 명백해지기 위해 "다른" 복음서가 어떤 식으로 관대하게 다루어질 수 있는지, 심지어 정경적 이야기와 어떻게 창조적인 대화 속에서 사용될 수 있는지를 보여주는 훌륭한 사례를 제시해준다.[297] 교부들 가운데 상당수는 추가적인 저서를 위해 여지를 마련해두었다. 곧 어떤 저서가 정경이 아니라 하더라도 위작(僞作)이 아니라면 "유익하다"고 간주되었다. 이런 고전적인 경우는

---

[296] 나는 Markus Bockmuehl 교수와의 서신 교환(2013년 1월 22일)을 통해 이와 같이 생각하게 되었다.
[297] 참조. Hengel, *Four Gospels and the One Gospel of Jesus Christ*, 139-140.

「야고보원복음」과 같은 성인전 내러티브와 「페르페투아와 펠리키타스의 수난」(The Passion of Perpetua and Felicitas) 같은 순교자 열전일 것이다. 중세 및 비잔틴 시대에서 유래된 예술 작품과 성상(聖像)들은 정경에 속하지 않은 몇몇 텍스트, 특히 「야고보원복음」이 어떻게 예술적인 상상력을 불어넣었는지를 보여준다.[298] 정경에 속하지 않은 저서들은 1세기 이후로 몇 세기에 걸쳐서 나타난 광범위한 기독교 전승의 발전 과정과 그것의 복잡한 구조를 탐구하는 데 여전히 유용하다.

---

[298] François Bovon, "Canonical, Rejected, and Useful Books," in *New Testament and Christian Apocrypha*, ed. G. E. Snyder (Grand Rapids: Baker, 2009), 321.

제6장 ─ 예수 그리스도에 대한 사중 복음

: 왜 네 개의 복음서인가?

고대 가톨릭 교회가 단 하나의 복음서를 선택하거나 일단의 복음서를 채택하지 않고 [교회의 공적인 복음서로서] 사복음서를 결정했다는 사실은 우리의 호기심을 불러일으키는 역사적인 사건이다. 이 결정은 역사적인 설명뿐만 아니라 신학적인 정당화를 필요로 한다. 왜 네 개의 복음서인가? 또한 왜 다른 책이 아닌 **이 네 개의 복음서인가**?

오래전부터 많은 이들은 만약 교회가 오직 하나의 복음서를 갖고 있었다면, 어떤 면에서 기독교 신앙은 더 단순했으리라고 생각해왔다. 우선, 우리는 정경의 내부적인 난제(難題)로서 "공관복음서 문제"나 "요한 문제" 등과 같은 골치 아픈 자료-비평 문제에 직면하지 않을 것이다. 둘째, 오직 하나의 복음서를 채택한다면, 편리할 것이다. 왜냐하면 각 복음서에서 다양한 설명이 나란히 배열될 때 일어난다고 주장되는 상호 모순점을 다루지 않아도 되기 때문이다. 만약 예수의 생애에 대한 오직 하나의 공인된 책을 사용한다면, 켈수스와 포르피리오스 같은 고대의 기독교 비판자들은 곧바로 자신의 주요한 비판 대상 가운데 기독교 신앙이라는 한 가지를 잃어버릴 것이다. 그들은 예수에 대한 네 가지 전기의 내용이 항상 일치하는 것은 아니라고 비난했다. 셋째, 만약 오직 하나의 복음서를 선택한다면, 우리는 신학적 다양성에 대한 다음과 같은 질문을 피할 수 있을 것이다. 정경 안에는 두 명의 "예수" 즉 공관복음서의 예수와 요한복음의 예수가 있는가? 아니면 사복음서가 저마다 독특한 서술과 내용상의 특성을 제시한다는 것을 고려할 때 심지어 네 명의 "예수"가 있는 것인가? 이런 비평적이고 기독교 변증적이며 신학적인 이유에 근거해서, 우리는 다수의 복음서 대신에 오직 하나의 복음서를 선호하는 것을 상상할 수 있다.

이와는 다른 측면에서 다음과 같은 질문을 제기할 수도 있을 것이다. 오직 하나의 복음서를 결정하는 대신에 기독교의 다양성에 대한 사려 깊은 특징으로서 왜 더 많은 복음서에서 유익을 얻으려고 하지 않는가? 왜 사복음서만을 선택하는가? 왜 다섯 또는 여섯 개의 복음서, 심지어 마흔 개의 복음서를 가지지 않는가? 저마다 자신의 복음서를 지니고, 저마다 그 차이점을 유지할 수도 있다. 예수를 좋아하는 사람은 누구든지 저마다 자신의 복음서를 제시하고, 예수 문헌을 위해 문을 활짝 열어놓으며, 다양한 예수 책을 저술하는 데 주관적인 창의성을 드러낼 수도 있다. 아담복음에서부터 시작해서 삭개오복음에 이르기까지 온갖 종류의 예수 책을 가질 수 있을 것이다. 또한 마르키온파, 모르몬교, 통일교와 심지어 마이클 무어 감상 협회에게 공간을 마련해줄 수도 있을 것이다. 왜 이 네 단체뿐이겠는가, 그 이상에게도 문을 열 수 있지 않겠는가!

또한 나는 사복음서를 채택한 것이 필연적인 결론은 아니었음을 지적하고자 한다.[1] 이 쟁점에 대해서는 뒷부분에서 다룰 것이다. 초기 교회는 오직 하나의 복음서를 선택할 수도 있었고, 또는 두 가지 복음서로 제한할 수도 있었을 것이다. 결정적인 예수 책으로서 네 개의 복음서를 조화시켜 하나의 책을 만들어낼 수도 있었을 것이다. 또는 복음서의 모음집에 다섯 번째나 여섯 번째 복음서를 덧붙일 수도 있었다. 네 개의 복음서는 어느 예수 문헌이 성령에 의해 기록되었고 교회에 의해 공인되었는지에 대

---

1) 비슷한 견해로서 다음 논문을 참조하라. Francis Watson, "The Fourfold Gospel," in *The Cambridge Companion to the Gospels,* ed. S. C. Barton (Cambridge: Cambridge University Press, 2006), 35, 46.

한 격렬한 논쟁에서 승리를 거두고 나타났다. 하지만 예수 전승이 이 시점에 취했던 다양한 양식을 고려할 때, **2세기가 시작될 때** 네 개의 복음서가 결코 필연적인 결과는 아니었다. 마르틴 헹엘은 다음과 같이 주장한다.

> [사복음서 사이에] 종종 부분적으로 차이점이 있고, 서로 일치하지 않으며, 정말로 서로 모순되는 점이 있음에도 불구하고, 마르키온의 시도를 따라서 어떤 조화를 시도하는 것을 거부하고, 또는 어떤 부분을 과감하게 취사선택하지도 않은 채, 우리가 지금 가지고 있는 복음서 모습 그대로 교회가 가장 초기의 사복음서를 보존했다는 것은 거의 기적이다. 한편으로, 교회의 이런 결정은 끊임없는 공격과 신학적인 논쟁의 원인을 제공했다. 참으로 교회의 대적자들은 곧바로 사복음서의 내용이 서로 모순된다고 지적했다. 다른 한편으로, 백 년이 지난 후에 곧바로 존재하게 된 이 사복음서는 다음과 같은 유혹을 불러일으켰다. 곧 부분적으로 모순되는 것처럼 여겨지던 사복음서 외에, 예수에 대한 끊임없이 새로운 내러티브와 말씀 모음집에 근거해서, 특별히 부활한 그리스도가 자기의 제자들에게 제시한 비밀스러운 가르침과 같은 추가적인 계시를 덧붙여서, 다른 복음서를 추가로 저술하고자 하는 유혹이 증대되었다.[2]

그러므로 이 장의 목적은 사복음서 모음집의 기원을 추적하고, 사복음서에 대한 신학적인 근거를 평가하며, 정경의 나머지 부분에 대해 사복음서가 지니고 있는 중요성을 설명하는 것이다.

---

[2] Martin Hengel, *The Four Gospels and the One Gospel of Jesus Christ* (Harrisburg: Trinity, 2000), 106.

I — 정경 사복음서의 출현

사중 복음서 모음집에 대한 대안

사복음서 모음집의 출현을 묘사하기에 앞서, 우리는 사복음서 모음집에 대한 실제 대안이었던 문학적인 경쟁 상대를 살펴보아야 한다.

첫째, 원-정통 교회가 오직 하나의 복음서를 선택했을 가능성도 있다. 우선 사복음서가 한데 모이고 사람들에게 환심을 얻는 데 아마도 오랜 시간이 걸렸을 것이다. 마가복음은 기원후 70년 무렵에 기록되었고 즉시 광범위하게 유포되었다. 그래서 마태복음, 누가복음, 요한복음의 저자들도 저마다 다른 장소에서 마가복음을 충분히 사용할 수 있었을 것이다. 하지만 오랜 시간 동안 많은 교회는 오직 하나의 복음서 또는 두 가지 복음서 외에 문서로 기록된 다른 복음서는 알지 못했다. 그래서 교회는 제한된 수의 복음서에 만족하며 지내는 법을 터득했을 것이다. 하지만 다른 그리스도인 그룹들은 의도적으로 오직 하나의 복음서를 선택했다.

마르키온은 오직 하나의 복음서, 곧 누가복음에서 유대적인 특징을 삭제한 텍스트를 선택했다.[3] 이는 오직 하나의 복음서를 고수하는 것이 가능했으며, 몇몇 사람에게는 그것이 더 선호할 만한 대안이었음을 말해준다. 비록 마르키온은 누가가 바울의 사상을 변질시켰다고 싫어했지만,[4] 아마도 그는 누가가 바울의 동료였다고 알려진 사실에 기초해서 누가복

---

[3] 참조. Tertullian, *Adv. Marc.* 4.4.4; 4.6.2; Irenaeus, *Adv. Haer.* 1.27.2; 3.11.7; 3.12.12.
[4] Hans von Campenhausen, *The Formation of the Christian Bible*, trans. J. A. Baker (Philadelphia: Fortress, 1972), 158.

음을 선택했을 것이다. 하지만 우리는 과연 마르키온이 폰토스에서 살았던 젊은 시절부터 알고 있던 복음서가 오직 누가복음뿐이었는지에 대해 진지하고 자세하게 탐구해보아야 한다.[5] 마르키온이 편찬한 「유앙겔리온」(Euangelion)은 그가 바울의 편지를 모아 편집한 「아포스톨리콘」(Apostolikon)에 대한 서문이었다. 이것은 마르키온의 추종자들에게 권위 있는 거룩한 책의 모음집을 제공했다.[6] 마르키온의 문학적 프로젝트는 예수 문헌을 개조하고 기독교 신앙을 바로잡는 데 관여하는 것이었다. 그 목적을 위해 구약성서에서 분리된 누가복음의 개정본은 단순하고 매력적인 선택으로 간주되었을 것이다. 이런 매력은 심지어 마르키온에 매료되어 그에게 경탄했던 19세기와 20세기 초반의 독일 개신교 신학자들에게까지 확대되었다.[7]

이레나이우스는 어떤 그룹들이 자신의 독특한 교리를 뒷받침하려고 특정 복음서를 선호하는 경향을 갖고 있었다고 지적한다. 마르키온은 누가복음을 선택했고, 몬타누스파와 발렌티누스파는 요한복음을 사용했으며, 가현론자들은 마가복음을 선호했고, 에비온파는 마태복음을 내세웠

---

[5] 어떤 사람은 왜 Marcion이 요한복음이나 심지어 마태복음을 선택하지 않았는지 의아스러워할 것이다. 왜냐하면 이 두 복음서의 유대적인 "정서"와 별도로, 그 복음서들 역시 유대교의 그룹과 관련한 유대교의 몇 가지 내부적인 논쟁을 다루고 있기 때문이다. 또한 참조. Campenhausen, *Formation*, 159-160.

[6] 참조. Sebastian Moll, *The Arch-Heretic Marcion* (WUNT 250; Tübingen: Mohr, 2010), 89-102. 하지만 우리는 Marcion이 「유앙겔리온」과 「아포스톨리콘」을 문학적으로 한 단위로 묶은 것은 유일한 사례가 아니었다는 것을 지적해야 할 것이다. 누가복음과 사도행전도 초기 단계부터 함께 유포되었을 가능성이 매우 높다. 또한 요한복음과 요한 서신도 하나의 독특한 문학적인 단일체를 형성하고 있다. 그리고 베드로후서도 마태복음, 바울 서신 및 유다서(*euangelion, Paulus, Apostolos*)가 존재한다는 것을 전제하고 있다.

[7] Hengel, *Four Gospels and the One Gospel of Jesus Christ*, 33.

다.[8] 하지만 이는 이 그룹들이 항상 다른 복음서를 무시하고 그것에 단호히 반대했다는 뜻이 아니라,[9] 오직 하나의 복음서를 선택해서 사용하는 것이 특정한 신학 체계를 정당화하기에 더 쉽다는 점을 강조한다. 어떤 그룹의 신앙이 영지주의나 가현설이나 기독교적인 유대주의의 경향을 지니고 있든지, 만약 사복음서에서 다른 세 "정경" 복음서를 떼어낸다면, 또한 「에비온복음」, 「진리복음」, 「유다복음」과 같이 새롭게 지어낸 "다른" 복음서로 해당 신앙 체계를 강화한다면, 그 체계를 유지하기가 훨씬 더 쉬울 것이다. 그래서 2세기에 많은 그리스도인 그룹은 사복음서 모음집이 지닌 권위를 받아들이는 데 반대되는 것으로서, 자신의 입장을 지지하는 문헌과 더불어 오직 하나의 복음서를 선호했다.[10]

그렇지만 하나의 특정 복음서를 선호하는 경향이 분리를 지향하는 그리스도인 그룹이 독점한 특권은 아니었다. 심지어 원-정통의 신앙인조차 실제로 하나의 특정 복음서를 선호하는 데서 벗어나지 못했다. 이레나이우스는 "사복음서"를 지지하면서도,[11] 그가 찾는 복음서로 마태복음을 압

---

8) Irenaeus, *Adv. Haer.* 3.11.7,9.
9) 발렌티누스파의 교사였던 Ptolemy는 *Letter to Flora*에서 마태복음, 「에비온복음」으로부터 많은 구절을 인용한다. 이는 아마도 해당 구절이 누가복음의 요소를 많이 포함하고 있다고 여겨졌기 때문일 것이다. 그리고 후대의 마르키온파가 마태복음을 이런저런 형태로 받아들였다는 데 대한 증거도 있다. 참조. Moll, *Arch-Heretic Marcion,* 109-110 nn. 9, 20; Lee Martin McDonald, *The Formation of the Christian Biblical Canon* (Peabody: Hendrickson, 1995), 154-161.
10) 예를 들면, Basilides는 *Exegetica*와 더불어 자신의 복음서를 지니고 있었다. Marcion은 *Antitheses*와 더불어 누가복음을 축약한 복음서를 사용했다. 또한 Tatian는 *Problemata*와 더불어 *Diatessaron*을 지니고 있었다. 그리고 Tomas Bokedal, *The Scriptures and the Lord: Formation and Significance of the Christian Biblical Canon* (Lund: Lund University Press, 2005), 176에 따르면, Marcion의 *Antitheses*는 "그의 복음서를 해석해주는 교과서"의 역할을 했다.
11) Irenaeus, *Adv. Haer.* 3.1.1-2; 3.11.8-9.

도적으로 선호했다. 마태복음은 바로 그의 신학 체계와 해석학적 전략을 세워주는 복음서였다.[12] 이렇게 마태복음을 선호하는 사람이 이레나이우스 혼자만은 아니었다. 유스티누스 역시 다른 복음서보다 마태복음을 훨씬 더 많이 인용하거나 언급하는 경향을 드러낸다. 알렉산드리아의 클레멘스는 정경 사복음서와 몇몇 "다른" 복음서를 모두 알고 있었는데, 다른 복음서보다 마태복음을 훨씬 더 많이 인용하고 언급했다.[13] 초기 교회에서의 마태복음 사용에 대한 에두아르 마소(Edouard Massaux)의 연구서는, 비록 최대한도로 마태복음의 인용이나 암시를 찾아낸 것이기는 하지만, 이레나이우스 이전까지 마태복음이 가장 광범위하게 사용되었음을 밝혀준다.[14] 또한 파피루스 필사본도 교부들의 증거를 확인해준다. 2세기와 3세기에 마태복음에 대한 파피루스 필사본 증거는 누가복음과 마가복음에 대한 증거의 수보다 훨씬 더 많다. 마태복음 텍스트에 대한 필사본 증거의 수는 요한복음에 대한 필사본 증거의 수와 맞먹는다. 그 수와 관련해서 요한복음은 두 번째다.[15] 마태복음은 심지어 사복음서를 알고 사용하고 존중했던 사람들 가운데서도 사복음서 중 으뜸이었던 것으로 보인다.

---

12) 참조. Dwight J. Bingham, *Irenaeus' Use of Matthew's Gospels in Adversus Haereses* (Leuven: Peeters, 2010).

13) 다음 책에 제시된 통계를 참조하라. Charles F. Hill, *Who Chose the Gospels? Probing the Great Gospel Conspiracy* (Oxford: Oxford University Press, 2010), 70-75.

14) Edouard Massaux, *The Influence of the Gospel of Saint Matthew on Christian Literature before Saint Irenaeus* (2 vols.; trans. A. J. Bellinzoni and N. J. Belval; Macon: Mercer University Press, 1990). 교부들이 복음서를 인용한 정확한 수치에 대해 다음 자료집을 참고하라. 여기서도 마태복음이 가장 널리 알려진 복음서라는 사실이 되풀이해서 입증된다. *Biblica Patristica. Index des citations et allusions bibliques dans la littérature patristique* (3 vols; Paris: CNRS, 1975-80).

15) 참조. Larry Hurtado, *The Early Christian Artifacts: Manuscripts and Christian Origins* (Grand Rapids: Eerdmans, 2006), 20.

요약해서 말하자면, 선택에 의해서든 관습에 의해서든, 많은 그룹이 하나의 복음서에 집중하고 있었다. 따라서 오직 하나의 복음서 모음집을 유일한 복음서로 정경 신약성서에 포함시킬 수 있는 기회가 얼마든지 있었다.

둘째, 몇몇 기독교 저자들이 추구한 또 다른 선택은 복음서의 조화(Gospel harmony; 정경 사복음서를 하나로 엮어 편찬한 복음서. 합본 복음서 또는 화합 복음서라고 부르기도 한다—편집자 주)를 발전시킨 것이었다. 복음서의 조화는 우선적으로 사복음서에 기초했을 뿐만 아니라 제3의 다른 예수 전승에서 자료를 끌어오기도 했다. 이것에 대한 자극은 아주 일찍부터 나타났다. 마태와 누가와 요한은 모두 저마다 자신의 복음서를 저술할 때 마가복음의 개요와 내용에 기초해서 마가복음을 자신의 복음서 안에 통합하고 그 내용을 자신이 지니고 있던 전승과 조화시키려고 시도했다.[16] 마가복음의 더 긴 결말은 아마도 2세기의 두 번째 사반세기에 기록되었을 것이다.[17] 이는 마태복음, 누가복음, 요한복음과 어쩌면 사도행전에도 기초한 부활 내러티브에 조화로운 설명을 삽입함으로써 마가복음에 들어 있지 않은 내용을 보충하려고 시도한 것으로 이해될 수 있다.[18] 「클레멘스 2서」에

---

[16] 제4복음서의 에필로그는 아마도 이차적으로 덧붙여졌을 것이다(특히 요 21:24에서 갑자기 주어가 복수 "우리"로 바뀌는 점에 주목하라). 또한 몇몇 학자는 그것이 누가복음과 마태복음을 알고 있다는 것을 입증해준다고 주장했다. 다음 연구서와 논문을 보라. Theo K. Heckel, *Vom Evangelium des Markus zum Viergestaltigen Evangelium* (WUNT 120; Tübingen: Mohr, 1999), 105-218. 또한 그의 뒤를 이어서 James A. Kelhoffer, "How soon a 'Book' Revisited: *EYAΓΓEΛION* as a Reference to 'Gospel' Materials in the First Half of the Second Century," *ZNW* 95 (2004): 10-13.

[17] 외적인 증거 자료로서 다음을 참조하라. *Epistula Apostolorum* 30.1(기원후 140년경); Justin, *1 Apol.* 45.5(기원후 155년경); Tatian, *Diatessaron* 55.4-11(기원후 172년경).

[18] 특히 다음을 참조하라. James A. Kelhoffer, *Miracle and Mission* (WUNT 2.112; Tübingen: Mohr, 2000), 48-156. 비슷한 논점을 제시하는 책으로 Heckel, *Vom Evangelium des Markus zum Viergestaltigen Evangelium*, 279-286.

들어 있는 몇몇 예수의 말씀은 "자유롭게" 인용한 것이거나, 몇몇 공관복음서 말씀에 기초해서 조화롭게 제시했을 가능성이 있다.[19] 몇몇 학자는 순교자 유스티누스가 자신의 복음서 인용을 위해 복음서의 조화를 사용했다고 주장했다.[20] 「에비온복음」(2세기 중반)은 유대 그리스도인 그룹이 사용했던 후-공관복음서(post-Synoptic) 조화와 유사한 특성을 보인다.[21] 히에로니무스는 주교이자 변증가였던 안디옥의 테오필로스(Theophilus; 183년경 사망)가 "사복음서의 말씀을 하나의 책으로 만들었다"고 알려준다.[22] 에우세비오스에 따르면, 알렉산드리아의 신학자 암모니우스(Ammonius; 3세기)는 "우리에게 복음서인 「디아테사론」(διὰ τεσσάρων)을 남겨주었다. 이 책에서 그는 마태복음의 단락 옆에 나머지 복음서(곧 마가·누가·요한복음)의 동일한 페리코프를 배열했다. 하지만 텍스트의 일관성을 위해 어쩔 수 없이 다른 세 복음서에서 제시된 사건의 순서는 무시되었다."[23] 이와 같이 수많은 복음서 사이의 조화가 존재했고 또한 받아들여졌다는 사실은 2세기

---

19) Helmut Koester, *Ancient Christian Gospels: Their History and Development* (London: SCM, 1990), 351-360.

20) 참조. Arthur J. Bellinzoni, *The Sayings of Jesus in the Writings of Justin Martyr* (Leiden: Brill, 1967), 139-143(Justin는 교회의 핵심 가르침에 대한 기록 자료를 사용했다. 그 자료는 마태복음, 누가복음과 아마도 마가복음을 조화시킨 것이었다). Koester, *Ancient Christian Gospels*, 360-402(Justin는 마태복음, 누가복음, 그리고 아마도 마가복음에 대한 복음서의 조화를 저술했다). Oskar Skarsaune, "Justin and His Bible," in *Justin Martyr and His Worlds*, ed. S. Parvis and P. Foster (Minneapolis Fortress, 2007), 53-76은 Justin가 *First Apology*에서는 조화된 자료를 사용했지만, *Dialogues with Trypho*에서는 개별 복음서에 의존했다고 결론짓는다.

21) Andrew Gregory, "Prior or Posterior? The *Gospel of Ebionites* and the Gospel of Luke." *NTS* 51 (2005), 344-360.

22) Jerome, *Ep*. 121.6 (to Aglasius).

23) Eusebius, *Letter to Carpianus* 1. 하지만 Ammonius의 저서가 진정한 복음서의 조화인지, 또는 더 가능성이 있는 것으로서 마태복음에 기초한 대조표인지는 분명하지 않다.

에 예수 문헌을 대했던 자세에 대해 말해준다. 즉 사복음서가 광범위하게 받아들여졌으나, 다양한 방법으로 사용될 수 있었다는 것이다.[24]

복음서의 조화에 대해 기억해야 할 사항은 그것이 단지 설교의 수단만이 아니라 해석 활동이라는 점이다. 누군가가 무엇을 포함하거나 배제하는 것, 확대하거나 없애는 것, 앞으로 밀거나 뒤로 보내는 것 등은 필연적으로 해당 텍스트의 최종 형태를 만들어내는 작업이다. 신학적 측면에서 중립적인 입장에 있는 복음서의 조화는 전혀 존재하지 않는다. 왜냐하면 이는 텍스트나 단락에 우선권을 부여하며, 그 책에 특별한 "짜 맞추기"의 기회를 제공하는 것이기 때문이다.[25]

가장 영향력 있는 복음서의 조화는 기원후 170년 무렵에 저술된 타티아노스의 「디아테사론」이었다. 이 책은 처음에는 시리아어로 저술되었다(Diatessaron이라는 그리스어 단어는 문자적으로 "넷[사복음서]을 통해서"를 의미한다).[26] 타티아노스는 그의 복음서의 조화를 대체로 마태복음에 기초시

---

[24] 추가 참조. William L. Peterson, "From Justin to Pepys: The History of the Harmonized Gospel Tradition," *Studia Patristica* 30 (1997): 71-96.

[25] Ronald A. Piper, "The One, the Four, and the Many," in *The Written Gospel,* ed. M. Bockmuehl and D. A. Hagner (Cambridge: Cambridge University Press, 2005), 262-263.

[26] 「디아테사론」에 대한 증거는 드물다. 원래의 언어로 쓰인 고대의 실제 필사본도 현존하는 것이 없다. 1933년에 두라 유로포스(Dura Europos)에서 그리스어로 쓰인 열네 행의 작은 단편이 발굴되었다. 하지만 그 텍스트를 인용하거나 그것에 영향을 받았다고 생각되는 다양한 증거에 기초해서 그 텍스트는 거의 대부분 재구성되었다. 가장 중요한 증거는 Ephraem the Syrian(373년경 사망)의 것이다. 시리아어로 저술된 그의 주석서를 아르메니아어로 번역한 것이 현존한다. 또한 「디아테사론」의 아랍어 번역본과 페르시아어로 쓰인 복음서의 조화도 중요하다. 이는 대체로 「디아테사론」과 복음서의 시리아어 번역본과 비슷하다. 이는 「디아테사론」과 그것과 같은 특성을 지닌 동방 교부들(예. Ephraem, Aphrahat, Rabbula of Edessa, Isho'dad of Merv 등)의 많은 복음서 인용문에 영향을 받은 것으로 보인다. 한편 「디아테사론」에 대한 서방의 주요 증거는 6세기의 것으로 추정되는 라틴어로 쓰인 복음서의 조화를 포함하는 풀다 사본(Codex Fuldensis)이다. 비록 라틴어 필사자가 이 필사본을 불가타 성서의 언어와 일치시키고 마태복음의 순서를 따라 배열했음에도 불구하고, 풀다 사본은 「디아테사론」의 많은 해석

켰고, 다른 복음서, 특히 요한복음으로 이를 보충했다. 그는 자신의 스승이었던 유스티누스로부터 복음서의 조화를 채택했을 것이다. 그 책은 5세기까지 시리아 교회에서 상당한 영향력을 미쳤다. 고대 시리아어 번역본은 확실히 2세기 중반까지 거슬러 올라가지만,[27] 아마도 「디아테사론」은 많은 회중이 사용했던 유일한 예수 책이었을 것이다. 그것은 시리아어 공인 성서인 「페쉬타」가 정착한 이후까지도 명맥을 유지했다. 사실상 라틴어, 시리아어, 아르메니아어 및 게오르기아어로 번역된 예수 문헌의 가장 초기 유형은 아마도 「디아테사론」이었던 것 같다.[28] 「디아테사론」이 점차 총애를 잃은 것은 그 내용에 무엇인가 위조된 것을 포함하고 있어서가 아니라, 타티아노스가 영지주의적 종파인 금욕주의파(Encratism)에 빠

을 보존하고 있는 것으로 보인다. 또한 William Petersen, "Tatian's *Diatessaron*" in Koester, *Ancient Christian Gospels*, 403-430을 보라.

    Tatian 자신이 그의 복음서의 조화에 디아테사론이라는 명칭을 부여했는지 확실하지 않다. 왜냐하면 Eusebius가 자신의 *Hist. Eccl.* 4.39.6에서 처음으로 Tatian의 저서를 그 이름으로 부르기 때문이다. Ephraem the Syrian은 Tatian의 저서에 대한 주석서를 쓰고, 그 책의 이름을 "결합된 복음"이라고 불렀다. 또한 Tatian는 사복음서 안에서 발견되지 않는 몇몇 "외경" 전승을 자신의 저서 안에 포함했다. 예를 들면, 예수가 세례를 받을 때 하늘에서 빛이 밝게 비치는 것이 보였다고 한다(*Diatessaron* 4.40; *Gospel of the Ebionites* 2; Justin, *Dial. Tryph.* 88.3). 참조. James H. Charlesworth, "Tatian's Dependence upon Apocryphal Traditions," *HeyJ* 15 (1974): 5-17. 틀림없이 Tatian는 자신의 주요 자료로서 사복음서를 사용했을 것이다. 비록 그가 몇몇 개별적인 경우에 몇 가지 다른 전승을 자신의 복음서의 조화에 기꺼이 결합했지만, 몇몇 학자가 주장하는 것처럼(Petersen in Koester, *Ancient Christian Gospels*, 403), 그가 「베드로복음」이나 「히브리복음」과 같은 "다른" 복음서를 자신의 복음서의 조화에 결합했는지 확실하지 않다. 다만 「디아테사론」의 페르시아어 번역본은 「야고보유년기복음」에 영향을 받았을 가능성이 있다(참조. Craig D. Allert, *A High View of Scripture* [Grand Rapids: Baker, 2007], 117-118). McDonald(*Formation*, 214)는 Tatian의 추종자들이 「히브리복음」과 「야고보원복음」에서 몇몇 구절을 끌어와서, 그것을 「디아테사론」에 삽입했을 가능성이 있다고 생각한다.

27) 참조. Eusebius, *Hist. Eccl.* 4.22에 의하면, Hegesippus는 고대 시리아어로 된 복음서를 사용했다.

28) Petersen, "Tatian's *Diatessaron*," 403-404.

졌기 때문이었다.29) 4세기에 키루스의 테오도레토스(Theodoret of Cyrus)는 「디아테사론」의 필사본을 200개나 없애버렸으며, 이를 정경 복음서로 대체했다. 또한 테오도레토스와 동시대 인물인 에데사의 라불라(Rabbula of Edessa)는 자신의 지역에서 「디아테사론」을 뿌리 뽑기 위해 적극적인 조취를 취했다. 그는 "결합된" 복음서를 "분리된" 복음서로 대치하라고 지시했다.30) 그러나 서방에서 정경에 속하지 않았던 「디아테사론」의 지위는 그것이 존속되는 데 핵심적인 역할을 했다. 유럽에서는 종교개혁 이전에 불가타를 각 나라(또는 지방)의 언어로 번역하는 데 반대하는 큰 저항이 있었다. 하지만 복음서의 조화와 같은 책은 금지되지 않았다. 이와 같이 「디아테사론」은 예배 의식에서 사용되던 텍스트 가운데 하나였으며, 이탈리아나 독일 및 저지대 나라는 부르주아 중산층에게 복음서의 조화에 대한 견본을 제공해주었다(그래서 중세 시대에 리에주[Liège], 토스카나, 펩시안[Pepsian], 베네치아의 복음서 조화에서는 디아테사론식의 선집이 상당수 나타난다).31)

윌리엄 피터슨(William Petersen)은 타티아노스의 「디아테사론」이 사복음서 모음집을 정면으로 거부하는 것이었으며, 또한 사복음서를 대체하려는 의도적인 시도로 작성되었다고 주장한다.32) 이런 주장은 분명 가능

---

29) 참조. Irenaeus, *Adv. Haer.* 1.28.1; 3.23.8; Hippolytus, *Refutatio* 8.9; 10.14; Clement, *Strom.* 13; Eusebius, *Hist. Eccl.* 4.28-29; Epiphanius, *Panarion* 46.1.8.

30) Theodoret, *Haereticarum fabularum compendium* 1.20; Rabbula of Edessa, *Canon,* 43; 참조. William L. Peterson, *Tatian's Diatessaron: Its Creation, Dissemination, Significance, and History in Scholarship* (Leiden: Brill, 1994), 42-43.

31) Karl Gerlach, *The Antenicene Pascha: A Rhetorical History* (Leuven: Peeters, 1998), 173.

32) William L. Petersen, "The Diatessaron and the Fourfold Gospel," in *The Earliest Gospels: The Origins and Transmission of the Earliest Christian Gospels,* ed. C.

성이 있지만 결코 확실한 것은 아니다. 테오필로스와 암모니우스의 복음서의 조화는 (심지어 후시대의 장 칼뱅으로부터 오늘날의 로레인 뵈트너[Loraine Boettner]에 이르기까지) 복음서와 경쟁하거나 이를 대체하려고 의도하지 않았다. 오히려 그것은 복음서를 도움이 되는 구조로 배열함으로써 독자들이 복음서의 내용에 더 가깝게 다가갈 수 있도록 도와주는 교육적인 수단으로 만들어진 것이었다.[33] 데이비드 둥안의 논평처럼, 복음서의 조화는 "올바로 이해한다면, 정경 복음서를 대체하고자 하는 것이 아니라 **복음 전파를 위한 도구다.**"[34]

먼저 복음서 자료를 서로 조화롭게 일치시키는 일이 가능하다고 믿어야만, 복음서의 조화가 저술될 수 있었다는 점 역시 숙고할 가치가 있다.[35] 따라서 복음서의 조화는 결코 사복음서를 깎아내리지 않으며, 오히려 정반대. 복음서 조화의 일부분으로서 사복음서가 선택되었다는 사실은 사복음서가 매우 존중되었음을 말해준다. 사복음서가 서로 조화를 이룰 수 있다고 여겨진 것은, 사복음서가 서로 결합되었을 때 그것이 일

Horton (London: Clark, 2004), 67-68.

[33] Hill, *Who Chose the Gospels?* 108-109. 다음 사실을 지적하는 일도 가치 있을 것이다. 곧 Theophilus와 Augustine는 복음서를 조화시키는 책을 저술했을 뿐만 아니라, 개별 복음서에 대한 주석서도 집필했다. 그러므로 복음서를 조화시키는 일과 각 복음서 저지를 다루는 일은 서로 배타석이지 않다.

[34] David Dungan, *History of the Synoptic Problem* (ABRL; New York: Doubleday, 1999), 39(Dungan 강조).

[35] 이것은 왜 「도마복음」이나 「진리복음」과 같은 문서 전체를 주로 사복음서에 기초한 복음서의 조화에 결합할 수 없는지 설명해줄 것이다(나는 해당 문서에서 어떤 파편은 아마도 포함할 수 있다고 생각한다). 우리는 실제 복음서의 조화도 아니고, 단 하나의 일관된 줄거리도 아닌 기껏해야 자료를 섞어놓는 작업을 할 수 있을 뿐이다. 왜냐하면 해당 자료가 서로 너무 차이가 있기 때문이다.

관성 있고 통일성을 이룬다라고 인식되었음을 나타낸다.36)

그렇기는 하지만, 시리아 지역에서 일어났던 것처럼, 우리는 복음서의 조화가 사복음서 모음집을 대체하는 역할을 했을 수 있다는 가능성을 인정해야 한다. 「디아테사론」은 몇몇 경우에 "복음서"라고 불렸다. 곧 서방에서는 "「디아테사론」으로 불리는 복음서"로, 동방에서는 "결합된 복음서"라고 불렸다. 이런 명칭은 타티아노스가 작성한 복음서로서 그 작품을 칭찬한다. 또한 바티칸 사본은 그 작품이 하나님을 찬양하는 것이라고 언급한다. 우리는 다음과 같은 의구심을 품을 수 있다. 만약 타티아노스가 금욕주의파에 빠지지 않았다면 「디아테사론」은 다섯 번째 복음서가 되었거나, 사복음서 모음집에 대한 하나의 대안으로 선택될 수도 있었을까? 아쉽게도 우리는 이에 대한 답을 결코 알지 못한다.37)

복음서의 조화 및 조화 작업에 대해 마무리하는 말이 필요할 것 같다. 복음서의 조화를 저술하는 것이 복음서 이야기의 분명한 차이점에 대해 언급하는 유일한 방법은 아니었다. 분명하게 서로 모순되는 많은 사항을 하나하나 다루기 위해 에우세비오스는 「복음서에 대한 증명」(*Proof of the*

---

36) 이 관점은 William Peterson, "The Genesis of the Gospels," in *New Testament Textual Criticism and Exegesis*, ed. A, Denaux (FS J. Delobel; Leuven: Peeters, 2002), 43의 다음과 같은 주장과 반대될 것이다. 곧 "「디아테사론」은 172년이나 그 무렵에 복음서에 대한 어떤 확정된 텍스트도 없었으며, 복음서의 텍스트를 존중하는 태도도 없었음을 나타낸다. 오히려 우리가 지금 정경 복음서의 일부분으로 여겼던 전승은 줄이거나 늘일 수 있었고, 다시 배열할 수 있었고, 또한 저자, 편집자 또는 조화를 시도하는 작업자의 생각 아래 놓일 수 있었다." 그리고 McDonald, *Formation*, 214-215은 다음과 같이 보다 온건한 주장을 제시한다. 곧 그는 Tatian가 사복음서를 "책임성 있고 신뢰할 만한 문서로" 이해했지만, "전혀 손을 대서는 안 되는 텍스트"로서 이해하지는 않았다고 생각한다. Pheme Perkins, *Introduction to the Synoptic Gospels* (Grand Rapids: Eerdmans, 2007), 29은 "「디아테사론」은 전통적인 사도적 정경의 권위에 도전하는 것이 아니라, 이를 보존하는 하나의 대안이라는 것을 드러낸다"고 생각한다.

37) Petersen, *Tatian's Diatessaron*, 35-67.

Gospel)과 「복음서의 문제점과 해결책」(Gospel Problems and Solutions)을 저술했다. 또한 에우세비오스는 「복음서 정경」(Gospel Canons)을 펴냈다. 그 결과 복음서의 페리코프를 새로운 순서로 다시 배열하지 않고도 어느 페리코프가 어느 복음서에 나타나는지 확인할 수 있었다. 게다가 아우구스티누스의 유명한 「사복음서의 조화」(Harmony of the Four Gospels)는 서로 다른 것처럼 보이는 사항에서 복음서 저자들의 조화로운 일치를 입증하는 최고의 노력을 선명하게 보여준다. 그 책은 중세 교회에서 오랫동안 그 중요성을 인정받았다. 이와 같이 복음서의 일치를 변호하는 것이 반드시 "특대형-복음서"를 저술함으로써 이루어져야 하는 것은 아니었다. 복음주의적인 조화는 예수에 대한 네 가지 사도적인 증거를 손상하지 않고서 논의될 수 있었다.[38]

세 번째 가능성은 이미 존재하던 예수 책의 경쟁 상대로서 새로운 예수 책을 저술하는 것이었다. 상당수의 예수 문헌이 사복음서를 보충하고자 했지만, 몇몇 문서는 사복음서 중에서 하나 또는 그 이상을 대치하고자 하는 의도였던 것 같다.

「도마복음」은 내향적인 종파주의적 성향에 기울어진 특징을 포함하고 있을 뿐만 아니라, 비슷한 생각을 하고 있던 그리스도인들과 자기의 신앙을 공유하려는, 심지어 예수 문헌에서 경쟁 상대를 대체하려는 동기 역시 포함하고 있다.[39] 「도마복음」은 고대 시리아어에서 그리스어로 번역되자

---

[38] Jonathan T. Pennington, *Reading the Gospels Wisely: A Narrative and Theological Introduction* (Grand Rapids: Baker, 2012), 54.

[39] 참조. Michael F. Bird, "Sectarian Gospels for Sectarian Christians? The Non-Canonical Gospels and Bauckham's *The Gospels for All Christians*," in *The Audience of the Gospels: Further Conversation about the Origin and Function of the Gospels in Early Christianity*, ed. Edward W. Klink (LNTS 353; London: Clark, 2010), 37-42.

지중해 동부 지역에서 광범위하게 유포될 수 있었다. 「도마복음」은 원래의 저작 장소였던 에데사로부터 로마까지 유포되었으며, 그곳에서 히폴리투스에게 알려졌다. 그리고 그것이 이집트까지 유포되어 거기서 마침내 나그함마디 문서의 일부분이 되었다. 이는 「도마복음」이 그 내용을 널리 알리려는 목적에서 의도적으로 먼 곳까지 널리 전달되었다는 것을 암시한다.[40] 「도마복음」의 시작 부분에서 저자는 스스로 자신의 이름을 도마라고 밝힌다. 이는 사도 도마를 존경하던 독자/청중에게 호소함으로써 그 저서를 정당화하려는 것이다. 더욱이 「도마복음」은 공관복음서의 자료를 상당히 많이 포함하고 있는데, 그 자료는 신중하게 재해석되고 새로운 자료와 결합되었다. 그렇게 해서 공관복음서 전승이 잘 알려진 곳에 있던 그리스도인 그룹으로부터 공정한 항변의 기회를 얻으려고 했을 것이다. 이 점과 관련해서 마크 굿에이커는 다음과 같이 주장한다. "다시 말해 공관복음서의 말씀은 도마가 선택했던 꼭 필요한 도구였다. 그 도구를 통해 그는 자신이 새로 지어낸 '살아 있는 예수'의 목소리를 자신의 청중(독자)에게 친숙했던 예수의 잘 알려진 목소리와 비슷하게 들리게 해서 효과적으로 전달하고자 했다."[41]

「도마복음」의 내용 중 상당 부분은 다른 그리스도인 그룹과 경쟁해서 그들의 예수 문헌을 대치하고자 하는 신중한 시도를 암시한다. 예를 들면, 「도마복음」의 로기온 13에서 도마는 예수를 묘사함에 있어 시몬 베드로와 마태를 이긴다. 이 일화는 「도마복음」에 묘사된 예수에 대한 비의적

---

[40] 「도마복음」의 시리아 배경과 최초의 시리아 판본에 대해 다음 연구 논문을 보라. Nicholas Perrin, *Thomas and Tatian: The Relationship between the Gospel of Thomas and the Diatessaron* (Atlanta: Society of Biblical Literature, 2002).

[41] Marc Goodacre, *Thomas and the Gospels: The Case for Thomas's Familiarity with the Synoptics* (Grand Rapids: Eerdmans, 2012), 180.

인 관점을 지지하면서 다른 그리스도인 그룹의 기독론적인 신앙을 조롱하기 위해 고안된 해당 그룹 내의 논쟁을 반영할 것이다.「도마복음」저자의 목적은 원-정통 교회에 속한 예수 문헌과 연결되어 있던 지도자들, 예를 들면 시몬 베드로(즉 마가복음)와 마태(즉 마태복음)를 비판함으로써 해당 문헌에서 묘사되는 예수를 폄하하려는 것으로 보인다.[42] 그렇지 않으면「도마복음」에서 언급된 "선택된 자들"은 한 지역의 "신앙 공동체"가 아니라, 원-정통 교회의 수많은 신자 중 그 복음서의 신앙관과 비슷한 신앙을 가진 사람들을 가리킬 것이다.[43] 다른 사람들이 "말하는" 것과 잘못 말하는 것에 대한 두 가지 언급은 그들의 종말론 및 도마의 가르침에 대한 그들의 의심과 관련해 다른 그리스도인 그룹과 논쟁을 벌이는 상호작용을 암시한다.[44] 정말로「도마복음」은 원-정통 교회 안에서 빚어졌던 논쟁 주제, 곧 금식, 사도 직분의 계승, 기독론, 종말론, 성서 및 할례 등에 대해 언급한다. 또한「도마복음」의 예수는 원-정통 교회에서 가르치는 것과 반대되는 것으로 이 질문에 대한 답변을 들려준다.[45] 이 점과 관련해서 브루스 링컨(Bruce Lincoln)은 다음과 같이 주장한다.

> 한편으로, 그것[「도마복음」]은 서막에서 묘사하듯이 그 내용 자체가 비밀이라고 또는 비밀을 포함하고 있다고 선언한다.… 하지만 다른 한편으로, 그 복

---

[42] Larry Hurtado, *Lord Jesus Christ: Devotion to Jesus in Earliest Christianity* (Grand Rapids: Eerdmans, 2003), 462; Watson, "Fourfold Gospel," 37-39; Nicholas Perrin, *Thomas: The Other Gospel* (Louisville: Westminster John Knox, 2007), 107-124; Goodacre, *Thomas and the Gospels*, 178-179.
[43] *Gospel of Thomas* 23; 참조. 49, 50.
[44] *Gospel of Thomas* 3, 50.
[45] *Gospel of Thomas* 6, 12, 18, 20, 24, 37, 43, 51, 52, 53, 99, 113.

음서의 텍스트는 광범위하게 유포되었으며, 그 복음서가 그렇게 되는 것은 마땅하다고 말한다.… 그러나 이 모순점은 다음과 같은 인식으로 설명될 수 있을 것이다. 프톨레마이오스의 「플로라에게 보내는 서신」이나 수많은 다른 종교 문헌과 같이, 「도마복음」은 가입자들뿐만 아니라 동시에 비가입자들을 대상으로 말했던 텍스트다. 따라서 **도마**-공동체가 비밀스러운 지식을 소유하고 있다는 **사실**은 외부인들에게 큰소리로 선포되었다. 하지만 그 지식의 **본질**과 그것의 진정한 의미는 오직 해당 공동체 내에서 몇 년에 걸쳐 실행되어야 했던 세부적인 교육 프로그램을 통해 밝혀졌다.[46]

「도마복음」은 유포되고 있던 복음서를 좋아하지 않는 사람의 경우에 언제든지 대안 복음서를 저술하는 일을 선택할 수 있음을 보여준다. 많은 사람이 시간을 들여서 그런 문학 활동에 참여했다. 심지어 어떤 책은 소기의 성공을 거두기도 했으며, 원-정통 교회의 저자들 사이에서 악명을 떨치기도 했다.[47]

요약해서 말하자면, 사복음서는 모든 그리스도인 그룹에게 유일한 가능

---

46) Bruce Lincoln, "Thomas-Gospel and Thomas-Community: A New Approach to a Familiar Text," *NovT* 19 (1977): 68-69.
47) Goodacre(*Thomas and the Gospels*, 179)는 다음과 같이 생각한다. "「도마복음」의 저자가 이 시점에 공관복음서를 대체하려고 생각했다는 것은 거의 불가능에 가까울 것이다. 그리고 그는 그것을 시도하지 않았다. 대신 그에게 최선은 공관복음서의 존재를 받아들이지만, 쌍둥이 유다 도마라는 핵심 인물에게 주어진 이른바 특별 계시와 비밀스러운 예수의 말씀이라는 허구를 통해 공관복음서를 초월하려고 시도하는 것이다." 내가 「도마복음」의 저자들과 유포자들이 공관복음서를 "대체하려고" 시도했다고 주장한 것은 사실이다. 하지만 그 주장은 그와 같은 시도가 곧바로 곳곳에서 보편적으로 이루어졌다는 뜻이 아니다. 오히려 나는 그들이 공관복음서에서 흠을 찾아내려고 시도했고, 또한 특권을 박탈당한 사람들 가운데서, 또한 원-정통 교회 가운데 자신들에게 동정적인 그룹 안에서 자신들의 책을 추천하려고 시도했다고 생각한다. 그들은 자신들의 공관복음서 전승에 이른바 살아 있는 예수의 새로운 계시를 첨가해서, 비록 그 책이 유일한 책은 아니라고 하더라도, 자신들의 주요한 예수 책으로 삼을 수 있었을 것이다.

성이거나 최우선적인 것은 아니었다. 어떤 이들은 오직 하나의 복음서를 선택했다. 다른 이들은 사복음서와 더불어 또는 그것에 대한 대안으로 복음서의 조화를 사용했다. 또 다른 이들은 이미 받아들인 전승과 참된 예수에 관해 그들이 받은 계시에 대한 믿음에 기초해서 스스로 자신들의 복음서를 저술했다. 원-정통 교회 안에서 사복음서가 승리를 거두기는 했으나 경쟁 상대가 전혀 없는 것도 아니었고 필연적인 승리도 아니었다. 따라서 사복음서 모음집이 우세하게 된 이유와 배경에 대해 여전히 설명이 필요하다.

사중 복음서 모음집에 대한 초기 증거

사복음서의 출현과 관련해서, 서언으로서 우리는 먼저 사복음서 "모음집"과 "정경" 사이의 차이를 파악해야 한다. 브루스 메츠거(Bruce Metzger)가 표현하듯이 권위 있는 책의 모음집과 책의 권위 있는 모음집 사이에는 차이가 있다.[48] 사복음서는 4세기에 정경(즉 책의 권위 있는 모음집)의 일부분이 되었다. 그때 신약성서의 스물일곱 개 문서가 거룩한 책에 대한 교회의 공식 목록으로 인가되었다. 카르타고 공의회는 397년에 처음으로 그 목록을 공포했다. 하지만 그 회의는 보편적인 권위를 지니지 못한, 지역 교회의 공식 회의였다. 또한 그 결정이 혁신적인 것도 아니었다. 무라토리 정경 목록과 알렉산드리아의 클레멘스, 에우세비오스, 예루살렘의 키

---

[48] Bruce M. Metzger, *The Canon of the New Testament: Its Origin, Development, and Significance* (Oxford: Clarendon, 1987), 283. François Bovon, *New Testament and Christian Apocrypha* (Grand Rapids: Baker, 2011), 320: "우리는 모음집이 생겨난 것과 그것의 공식적인 정경화를 반드시 구별해야 한다. 사복음서의 모음집 또는 바울의 편지 모음집이 생겨난 것은 2세기에 이 문서의 권위를 인정한 경건함이 빚어낸 작업이었다. 하지만 그것은 아직 공식적인 결정에 의해 타당성이 입증된 공식적인 정경은 아니었다. 그것은 자신들이 정통 교회에 속한다고 간주했던 사람들이 공유하고 있었던 공통의 견해였다."

릴로스 및 아타나시오스 등이 제시한 목록에서 권위 있는 기독교 서적에 대한 비슷한 목록이 2세기 후반 이래 제시되어왔다.[49] 비록 사복음서가 4세기 이전까지 권위 있는 정경 모음집이 되지 못했지만, 어쨌든 그 이전 세기에 사복음서가 광범위하게 사용되었다는 것은 사복음서가 분명히 많은 교회에서 권위 있는 책의 모음집이었음을 나타낸다.

사복음서가 광범위하게 유포되고 널리 사용된 것은 결코 우연이 아니다. 맥도널드에 따르면, 사복음서가 대단히 유명했던 이유는 그것이 교회의 주님인 예수에 대한 이야기를 들려주고, 예수에 대해 널리 알려진 전승을 전해주었기 때문이었다.[50] 바로 그런 이유에서 사복음서는 "교회의 예배와 교리문답 교육, 이교도 세계에서 '복음'에 대한 교회의 변호, 그리고 1세기 말과 그 이후로 이단의 도전에 직면한 교회의 반응 등에 빈번하게 활용되었다."[51] 기독교 서적에 대한 사본 증거와 관련해서 판단한다면, 사복음서의 코덱스는 기독교 서적뿐만 아니라 베스트셀러로 소문난 책 가운데서도 가장 인기 있는 책이었다고 말해도 결코 지나치지 않는다.

그렇다면 어떻게 사복음서 모음집이 생겨나게 되었는가? 누가 처음으로 마태복음, 마가복음, 누가복음, 요한복음을 한 권의 코덱스로 묶을 생각을 했는가? 왜 그런 일을 행했는가? 이런 일종의 "복음서-소년-밴드"(Gospel-boy-band)를 결성함으로써 문학적·신학적인 측면에서 무엇을 만들어낸 것인가?

---

49) 다음 연구서의 논의를 참조하라. Geoffrey M. Hahnemann, *The Muratorian Fragment and the Development of the Canon* (Oxford: Clarendon, 1992), 134-135.

50) Lee Martin McDonald, "The Gospels in Early Christianity: Their Origin, Use, and Authority," in *Reading the Gospels Today,* ed. S. E. Porter (Grand Rapids: Eerdmans, 2004), 155.

51) McDonald, "Gospels in Early Christianity," 150.

사복음서 모음집이 생겨나게 된 동기(또는 책임!)는 종종 2세기에 리옹의 주교였던 이레나이우스에게 돌려졌다. 그는 다음과 같이 말한다.

> 복음서가 현재의 숫자보다 더 많거나 더 적을 수 있는 가능성은 없다. 왜냐하면 우리가 살고 있는 이 세상은 네 지역 곧 동서남북으로 나뉘어 있으며, 바람은 네 곳에서 불어오기 때문이다(겔 37:9). 그리고 교회는 온 세상에 흩어져 있으며, 교회의 "기둥과 기초"는 복음서와 생명의 영이다. 교회가 네 기둥을 지녔으며, 불멸의 생기를 모든 방향으로 불어서 사람들을 소생시킨다는 것은 적합한 일이다. 이 사실로부터 추론할 때, 말씀 곧 만물을 지으시고 그룹들 사이에 앉아 계시며 만물을 품으시는 그분, 또한 사람들에게 나타나신 그분이 분명 네 가지 측면을 지닌 복음서를 주셨다. 하지만 사복음서는 성령에 의해 함께 결합되어 있다. 다윗 역시 그분이 나타나기를 간구하면서 다음과 같이 말한다. "그룹 사이에 좌정하신 이여 빛을 비추소서"[시 80:1]. 그리고 [성서는 네 생물에 대해 다음과 같이 말한다.] "첫째 생물은 사자 같고"[계 4:7]. 이 표현은 그분의 효과적인 사역, 지도력, 왕권을 상징한다. 둘째 생물은 송아지와 같이 생겼다고 한다. 이는 그분의 제사장 직분과 자신을 희생제물로 드리는 것을 상징한다. 그러나 "셋째 생물은 얼굴이 사람" 같다고 한다. 이 표현은 분명히 그분이 [하늘 보좌로부터] 사람으로 내려온 것을 묘사한다. 그리고 "넷째 생물은 날아가는 독수리" 같다고 한다. 이 표현은 성령의 날개와 더불어 성령의 은사가 교회 위에 선회하고 있다는 것을 가리킨다. 따라서 사복음서는 이와 같은 사항들과 일치한다. 그리고 그 중심에 예수 그리스도가 앉아 있다.[52]

사복음서와 관련해서 일레인 페이젤스는 다음과 같이 주장한다. "이

---

[52] Irenaeus, *Adv. Haer.* 3.11.8.; 참조. 3.1.1.

레나이우스는 '외경과 불법' 저서들로 이루어진 숲을 찍어버리려고 결심했다.…그래서 그는 오직 네 '기둥'만 서 있도록 남겨두었다."53) 다른 학자들은 이레나이우스가 그런 추론과 관련해서 다소 외톨이였다고 주장한다. 맥도널드는 다음과 같이 생각한다. "이레나이우스가 정경 사복음서를 받아들인 것은 동시대 인물들이나 심지어 후대의 많은 그리스도인들이 일반적으로 공유했던 지점은 아니다. 비록 이레나이우스가 교회를 위해 복음서의 네 '기둥'이 필요하다는 것을 간파했다고 하더라도, 복음서 저자들 자신이나 이레나이우스 이전에 누군가가 그런 필요성을 간파했다고 단정하기는 어렵다."54) 심지어 캄펜하우젠은 다음과 같이 더 강조하며 말한다. "우리는 [다음 견해에] 논리적인 모순이 있다는 것을 전혀 두려워하지 않고 주장할 수 있다. 종종 주장된 것처럼, 이 네 개의 정경 복음서가 이미 특별한 지위를 얻었으며, 공식적으로 함께 결합되었음을 암시해주는 흔적은 사실상 전혀 남아 있지 않다는 것이다. 소아시아 지역이든지 로마든지, 마르키온 이전에 사복음서로 구성된 정경이 출현했다는 추측은 전혀 근거 없으며, 단순히 시대착오적인 관점에 의해 자의적으로 이 시대에 투영된 것이다."55) 하지만 이와 같은 회의주의가 유지될 수 있는가? 우리의 자료를 연구해보면 그 결과는 다른 방향을 암시한다.

우리가 다루고자 하는 첫 번째 저자인 히에라폴리스의 주교 파피아스는 기록된 복음서를 하나 이상 알고 있었다는 것을 입증한다.56) 그는 마

---

53) Elaine Pagels, *Beyond Belief: The Secret Gospel of Thomas* (New York: Random, 2003), 111.
54) McDonald, "Gospels in Early Christianity," 172; idem, *Formation*, 168.
55) Campenhausen, *Formation*, 142.
56) 나는 Papias의 책이 흔히 주장되어온 130년대보다 다소 이른 시기인 110년대에 저술되었다는 입장을 선호한다. Robert Yarbrough, "The Date of Papias: Reassessment," *JETS*

가복음의 기원에 대한 전승을 알고 있었다. 곧 마가복음은 베드로의 설교 및 히브리어로 쓰인 마태복음에 대한 마가의 "기억"에 기초해서 저술되었다는 것이다.[57] 몇몇 학자는 파피아스가 요한복음도 알고 있었다고 주장한다.[58] 파피아스가 구술 증언을 선호하는 것을 기록된 텍스트를 비난하는 것으로 이해해서는 안 된다.[59] 많은 고대의 역사가처럼, 파피아스는 가능한 경우에 단순히 목격자들에게서 정보를 얻는 것을 선호했다. 주의 말씀에 대한 그의 해설은 그가 알고 있던 예수 전승과 예수 문헌에 기초한 일종의 주석서와 비슷하다. 아마도 그 전승과 문헌에서는 복음서 중 둘 또는 그 이상의 복음서가 두드러지게 나타날 것이다.[60]

2세기 초의 다른 문헌도 사복음서가 광범위하게 사용되었음을 입증해준다. 마가복음 16:9-20에 수록되어 있는 긴 결말은 기원후 150년 무렵 순교자 유스티누스 시대에 작성되었을 것이다. 이는 의도적이든지 우연이든지 간에, 현존하는 증거가 부족한 부활 내러티브를 삽입함으로써 마가복음에 들어 있지 않은 것을 채우려는 시도였을 것이다. 삽입된 내러티브가 의도적으로 마가복음의 문체를 모방하지만 그것은 마태복음, 누가복음, 요한복음 및 사도행전의 자료를 결합한 데 기초하고 있다. 이는 결

---

26 (1983): 181-191의 훌륭한 논점은 내게 이런 확신을 심어주었다. Graham Stanton, *Jesus and Gospel* (Cambridge: Cambridge University Press, 2004), 79도 110년대를 저술 시기로 받아들인다. 반면에 최근에 Heckel, *Vom Evangelium des Markus zum Viergestaltigen Evangelium*, 221, 265은 저작 시기로서 120-130년대를 선호한다.

57) Papias, *Fragment* 3.15-16 (=Eusebius, *Hist. Eccl.* 3.39.15-16).

58) 참조. Charles E. Hill, "What Papias Said about John (and Luke)," *JTS* 49 (1998): 582-629; idem, *Who Chose the Gospels?* 210-222.

59) Papias, *Fragment* 3.3-4 (=Eusebius, *Hist. Eccl.* 3.39.4).

60) 참조. Heckel, *Vom Evangelium des Markus zum Viergestaltigen Evangelium*, 261-265.

코 "새로운 창작"이 아니라 "신약성서의 사복음서 모두를 의도적으로 모방한 것이다."[61] 물론 이는 당시에(대략 125-150년) 사복음서가 유포되었으며, 또한 일부 지역에서 사용되고 있었다는 것을 전제한다. 게다가 어떤 이는 보충하고자 하는 자료가 다른 복음서와 연관이 있다면, 복음서에 새로운 자료를 덧붙이는 것이 타당하다고 생각했다. 마가복음의 긴 결말을 작성한 저자에게 사복음서가 권위를 지닌 것은 명백한 사실이지만, 동시에 저자는 자신이 복음에 의해 영감을 받은 창의성으로 어느 정도는 그 텍스트를 조정하는 일이 가능하다고 믿었던 것 같다.

마가복음의 긴 결말과 거의 동시대에 작성된 또 다른 텍스트는 「사도서신」이다. 이 문서는 마치 열한 사도가 쓴 편지와 같은 구조를 지니고 있다. 이 편지에서 처음 장들은 예수의 사역과 부활에 대해 많이 이야기하지만, 주로 부활한 예수와 그의 사도들 사이의 대화로 이루어져 있다. 그 텍스트는 에티오피아어 및 콥트어로 된 것이 현존하며, 라틴어로 된 필사본은 종이 한 장만 남아 있다. 그 편지는 원-정통 교회의 저서로서, 가현설과 영지주의의 기독론을 논박하려는 시도다. 힐(Hill)은 그 편지가 아시아 지역에서 그중 특별히 서머나에서 유래되었고, 폴리카르포스(70-156년경)의 시대까지 거슬러 올라가며, 가장 적합한 시기는 140년대라고 설득력 있게 논증했다.[62] 힐은 다음과 같이 추측한다. "「사도서신」은 아시아인 저자의 시도라고 생각한다. 그는 겉으로 드러나게 허구이지만 진지한 목적을 가진 위서를 수단으로 하여 당시 아시아에서 흔한 일이었던 거짓 가

---

61) Kelhoffer, *Miracle and Mission*, 121.
62) Charles E. Hill, "The *Epistula Apostolorum*: An Asian Tract from the Time of Polycarp," *JECS* 7 (1999): 1-53. 비슷한 주장을 하는 것으로 다음 논문도 참조하라. Darrell D. Hannah, "The Four-Gospel 'Canon' in the *Epistula Apostolorum*," *JTS* 58 (2007): 628-632.

르침, 외부의 박해, 환난과 싸우는 자신의 기독교 공동체에게 그들이 굳건히 서는 데 도움이 되는 자원을 공급하고자 했다."[63] 그 문서의 양식은 아마도 「야고보외경」과 같은 다른 부활 대화록에 영향을 받았을 것이다. 또한 그 문서는 예수의 소년 시절과 관련해 「도마유년기복음」에서 발견되는 한 가지 전승을 끌어와서 포함시킨다.[64] 하지만 「사도서신」은 자료의 거의 대부분을 사복음서에서 끌어오지만 그럼에도 분명히 요한복음을 선호하는 특성을 보여준다. 이와 같이 이해할 때, 「사도서신」은 이레나이우스 이전 거의 반(半) 세기의 시점까지 사복음서가 광범위하게 사용되었으며 그 내용이 종합적으로 활용되었다는 증거가 된다.[65] 한나(Hannah)는 그 중요성에 대해 다음과 같이 요약해서 말한다. "그렇다면 「사도서신」은 정경 사복음서를 모두 알았고 또한 사용했다. 저자는 사도들이 그 편지의 저자라고 그들의 이름을 분명하게 제시하며, 그 편지를 구약성서와 나란히 놓는다. 그렇게 함으로써 그는 사도들에게 권위를 부여한다. 비록 분명하게 언급하지는 않지만, 사도들은 이전의 성서와 동등한 권위를 지니고 있다는 것이다"(「사도서신」 31).[66]

발렌티누스파는 사복음서에 대한 추가 증거다. 발렌티누스 자신은 알렉산드리아의 바실리데스로부터 예수 책에 접근하게 되는 동기를 강하게 부여받았을 가능성이 있다. 바실리데스는 자신의 복음서를 저술했으며, 그 책에 관해 스물네 권의 주석서를 썼다. 히폴리투스, 에피파니우스, 알렉산드리아의 클레멘스가 바실리데스의 복음서에 대해 알려주는 정보는

---

63) Hill, "The *Epistula Apostolorum*," 53.
64) *Epistula Apostolorum*, 4-5; Irenaeus, *Adv. Haer.* 1.20.1에서 비판적인 언급도 참조하라.
65) 특히 참조. Hannah, "Four Gospel 'Canon,'" 598-633.
66) Hannah, "Four Gospel 'Canon,'" 632.

그 복음서가 요한복음, 마태복음, 그리고 아마도 누가복음과 연관성이 있다는 것을 드러낸다.[67] 나그함마디 문서에 들어 있는 「진리복음」 역시 아마도 바실리데스가 저술했을 것이다. 그 복음서에는 마태복음과 요한복음뿐만 아니라 로마서, 고린도전후서, 에베소서, 골로새서, 히브리서, 요한1서 및 요한계시록의 내용도 반영되어 있다. 발렌티누스파의 교사였던 프톨레마이오스와 헤라클레온이 요한복음에 대한 주석서를 썼는데, 헤라클레온은 누가복음에 대한 주석도 저술했다.[68] 프톨레마이오스가 쓴 「플로라에게 보내는 서신」 역시 마태복음, 요한복음, 바울 서신을 인용한다. 발렌티누스파의 "정경"은 원-정통 교회의 정경과 본질적으로 동일한 것처럼 보인다.[69] 발렌티누스파는 성서에서 그중에서도 특별히 요한복음에서 근본적인 영지주의 내러티브를 찾아낼 수 있다는 주장에서 주로 차이를 드러낸다. 테르툴리아누스는 마르키온과 발렌티누스를 비교하면서 마르키온은 예리한 칼로 성서를 훼손했으나 발렌티누스는 펜으로 성서를 더 교활하게 왜곡했다고 지적했다.[70]

마르키온이 복음서와 더 넓게는 신약성서의 정경화 작업을 자극하는 역할을 했다는 주장은 대체로 과장된 것이다.[71] 그가 편집한 누가복음 "정경"과 바울 서신은 교회 지도자들이 궁극적으로 거룩한 책의 공인된

---

67) 참조. Campenhausen, *Formation*, 139 n. 159.

68) Irenaeus, *Adv. Haer.* 1.8.5에서 요 1:1-4에 대한 Ptolemy의 주석이 발견된다. 반면에 Heracleon의 주석은 요한복음에 대한 Origen의 주석서에서 발견된다. 또한 참조. Clement of Alexandria, *Strom*, 4.9; *Eclogae Propheticae*.

69) Bentley Layton, *The Gnostic Scriptures* (New York: Doubleday, 1987), xxii-xxiii.

70) Tertullian, *De praescriptione hereticorum* 38.

71) 참조. Campenhausen, *Formation*, 142-147-209. 공감이 가기는 하지만 좀 더 색다른 접근 방법으로서 McDonald, *Formation*, 160-161을 보라.

목록에 대해 생각하기 시작하도록 강력한 동기를 부여했다.[72] 하지만 이레나이우스는 마르키온이 자기 마음대로 누가복음을 선택해서 그 내용을 고친 것은 사실상 사복음서에 대한 반응이라고 주장한다. 그 주교는 다음과 같이 말한다. "이와 같이 그[마르키온]는 사복음서를 우리에게 전해준 사도들보다 자신이 더 신뢰할 만한 가치가 있다고 자기 제자들을 설득했다. 그[마르키온]는 제자들에게 사복음서가 아니라 단지 그중 한 단편만 제공해주었다."[73] 의심할 여지 없이, 마르키온은 테르툴리아누스와 이레나이우스 같은 교회의 지도자들이 텍스트, 해석학, 권위에 대한 깊이 있는 질문에 대해 철저하게 조사하도록 내몰았다. 하지만 정경 사중 복음이 단지 마르키온에 대한 반응이었을 가능성은 전혀 없다.

순교자 유스티누스도 사복음서 모음집에 대한 추가 증거를 제공한다. 그는 분명히 마태복음과 누가복음의 텍스트를 알고 있었다. 심지어 그는 비망록 안에 두 복음서에 대한 자신의 조화를 작성해놓았다. 그리고 몇몇 개별 사례는 그가 마가복음과 요한복음도 알고 있었다는 것을 밝혀준다.[74]

---

72) Marcion 자신이 일종의 "정경"을 만들어낸 것으로 생각했다는 것은 의심스럽다. 만약 그가 그것을 시도했다고 하더라도, 그것은 효력을 나타내지 못했을 것이다. 왜냐하면 그의 후대 추종자인 Miltiades는 마르키온파 교회를 위해 시편 찬송가를 만들었기 때문이다(*Muratorian Fragment* 81-83). Hahnemen, *Muratorian Fragment*, 90-91은 후대의 마르키온파 공동체는 자신들을 Marcion의 정경 목록에만 제한하지 않았으며, 또한 Marcion은 다른 기독교 저서도 사용했고, 그것을 편집했음을 밝혀준다. John Barton("Marcion Revisited," in *The Canon Debate*, ed. L. M. McDonald and J. A. Sanders [Peabody: Hendrickson, 2002], 342-343)이 주장하듯이, Marcion은 기독교 책의 모음집을 조합한 것이 아니라, 교회 안에서 성서로 이미 존재했고 많은 이들이 인정했던 텍스트의 모음집에서 상당히 한정된 일부분만 선택했을 가능성이 있다.

73) Irenaeus, *Adv. Haer.* 1.27.2.

74) Justin, *Dial. Tryph.* 106.3 (막 3:16-17) 및 *1 Apol.* 61.4 (요 3:3-5). Justin가 요한복음을 알고 있었다는 것은 맹렬한 논쟁을 불러일으킨다. 몇몇 학자는 Justin가 요한복음을 인용하다기보다 거듭남을 언급하는 세례 의식의 문구를 자유롭게 인용하는 것이라고 생각

또한 우리가 아는 바로는 유스티누스는 "복음서들"(εὐαγγέλια)이라는 복수형을 제일 처음 사용했다. 이는 분명히 그가 한 가지 이상의 복음서를 알고 있었다는 주장을 뒷받침해준다.[75] 내가 앞 장에서 주장했듯이, 유스티누스에게 복음서는 단지 예수에 대한 기록물이 아니라 거룩한 내러티브이며 유대교 성서와 동등하다. 그리고 복음서는 계시된 문서다.[76]

앞에서 말한 것을 다시 요약하자면, 안디옥의 테오필로스와 시리아인 타티아노스의 복음서의 조화 및 알렉산드리아의 암모니우스의 복음서 대조표는 사복음서가 광범위한 곳에서 받아들여졌고 존중받았다는 것을 추가로 입증해준다. 이들의 저서들은 십중팔구 사복음서를 대치하기 위한 시도라기보다 교육을 위한 보충 자료로서 사용하려고 계획되었을 것이다. 비록 타티아노스나 그의 제자들이 "다른" 복음서로부터 분리된 몇몇 전승을 끌어와서 그것을 덧붙였지만, 그의 복음서의 조화의 거의 대부분은 의심할 여지 없이 정경 사복음서의 내용으로 구성되어 있다.

무라토리 단편도 2세기에 견고한 사복음서 모음집이 형성되었다는 것을 지지해준다. 무라토리 단편은 신부이자 역사가였던 로도비코 안토니오 무라토리(Lodovico Antonio Muratori)가 1738년에서 1740년 사이에 발

한다(예. Bellinzoni, *The Sayings of Jesus in the Writings of Justin Martyr*, 136-137; Koester, *Ancient Christian Gospels*, 257-258). 하지만 다른 학자들은 언어적 평행 구절이 정확하지는 않지만, 제4복음서에 대한 지식을 지니고 있다고 추측하게 만드는 충분한 연속성이 있으며, 요한 자료에 대한 다른 반향도 Justin의 저서 안에서 찾을 수 있다고 지적한다. 참조. John Pryor, "Justin Martyr and the Fourth Gospel," *The Second Century* 9 (1992): 165; Charles Hill, "The Fourth Gospel in the Second Century: The Myth of Orthodox Johannophobia," in *Challenging Perspectives on the Gospel of John*, ed. J. Lierman (WUNT 2.219; Tübingen: Mohr, 2006), 153-156; idem, *Who Chose the Gospels?* 135-140; Heckel, *Vom Evangelium des Markus zum Viergestaltigen Evangelium*, 320-324.

75) Justin, *1 Apol.* 66.3.

76) 특히 참조. Justin, *Dial. Tryph.* 119.6; *1 Apol.* 42.4; 67.

견했다. 그것은 교부들의 라틴어 단편을 다양하게 수집해놓은 라틴어 코덱스 안에 들어 있었다. 이는 여든다섯 행으로 이루어진 텍스트를 포함하고 있는데, 대체로 원래 그리스어로 작성된 텍스트를 라틴어로 번역한 것으로 여겨지며, 신약성서의 목록을 제시해준다. 무라토리 단편은 다음과 같이 주장한다.

> …그럼에도 불구하고 그[베드로]는 거기 있었다. 그리고 그[마가]는 [그것들을 자신의 복음서 내러티브 안에] 기록했다. 세 번째 복음서는 누가에 따른 것이다. 누가는 유명한 의사였다. 그리스도가 승천한 이후 바울은 율법에 열심을 품고 있던 누가를 받아들이고 그와 함께 선교 여행을 했다. [일반적인] 견해에 따르면, 누가는 자기 자신의 이름으로 복음서를 저술했다. 하지만 누가 자신은 육신을 입고 오신 주님을 직접 보지 못했다. 따라서 사건에 대해 정확하게 확인하고 나서, 누가는 세례 요한의 출생으로부터 이야기를 들려주기 시작한다. 네 번째 복음서는 요한복음이다. 요한은 제자들 중 [한 사람이다]. 요한의 동료 제자들과 주교들이 그에게 [복음서를 저술해줄 것을] 간청해왔다. 그러자 요한은 그들에게 이렇게 말했다. "오늘부터 사흘 동안 나와 함께 금식합시다. 그리고 각 사람에게 어떤 계시가 주어지든지, 우리가 서로 그것을 말하도록 합시다." 바로 그날 밤에 사도 중 [한 사람인] 안드레에게 다음과 같은 계시가 주어졌다. 곧 요한이 자신의 이름으로 모든 것을 기록해야 하며, 다른 사람들은 그것을 검토해야 한다는 것이다. 그래서 비록 복음서의 각 책이 저마다 다양한 요소를 가르치지만, 그럼에도 불구하고 이것은 신자들의 신앙에 아무런 영향을 미치지 않는다. 왜냐하면 최고의 주권자이신 성령이 모든 [복음서] 안에서 모든 것에 대해 곧 탄생에 대해 수난에 대해, 부활에 대해, 제자들과 공생애를 보낸 것에 대해, 또한 초림과 재림에 대해 선포하기 때문이다. [예수의] 초림은 이미 일어났다. 그는 낮은 신분으로 왔으며, [사람들

에게] 멸시받았다. 반면에 [예수는] 왕의 권능을 지니고 영광스러운 모습으로 재림할 것이다. 이 일은 미래에 일어날 것이다. 또한 놀랍게도 요한은 자신의 편지에서 이 특별한 사항에 대해 일관되게 언급한다. 그리고 그는 자신에 대해 다음과 같이 말한다. "우리는 우리의 눈으로 본 것, 우리의 귀로 들은 것, 또한 우리의 손으로 만져본 것을 너희에게 썼다." 이와 같은 방법으로 그[요한]는 자신이 직접 보고 들었을 뿐만 아니라, 주님의 모든 놀라운 행위를 순서대로 기록한 사람이라고 선언한다. 더욱이 모든 사도의 행위도 하나의 책에 기록되어 있다. 누가는 "데오빌로"를 위해 자기의 면전에서 일어난 개별적인 사건들을 수집했다. 하지만 그는 베드로의 순교와 바울이 스페인으로 여행하기 위해 [로마를] 떠나간 것은 언급하지 않는다.[77]

이 단편은 마가가 예수에 대한 베드로의 설교를 받아 적은 일을 이야기하는 끝부분에서 시작하며, 그다음으로 누가복음과 요한복음의 기원에 대해 설명한다. 그 단편에는 아마도 마태복음에 대한 설명도 있었을 것이다. 십중팔구 그 단편은 바울의 편지와 사도행전에서 얻은 누가복음에 대한 보충 자료와 함께 단순히 복음서의 기원에 대한 파피아스의 설명을 반복해서 제시해준다.

무라토리 단편의 저작 연대를 둘러싸고 많은 논쟁이 벌어졌다. 논쟁 초기에 그 단편은 기원후 180년에서 200년 사이의 어느 시점에 아마도 로마에서 저술되었을 것으로 의견이 일치되었다. 하지만 다른 학자들은 그 단편이 기원후 300년대에 동방에서 유래되었다는 주장을 제기했

---

77) *Muratorian Fragment* 1-39(원서의 영문 번역은 B. Metzger의 것임). 무라토리 단편의 2행에서 단수 소유격(*evangelii*)으로 사용되던 것이 9, 17행에서는 복수 소유격(*evangeliorum*)으로 바뀐 것은 매우 주목할 만하다.

다.[78] 그 단편이 교회 안에서 몇몇 책의 지위에 대해 많은 논쟁이 벌어지고 있던 시기에 유래되었다는 점은 이른 저작 연대를 지지해준다. 그 단편은 요한과 베드로의 묵시록이 받아들여졌다는 것을 언급한다. 그러나 어떤 것은 베드로 묵시록을 인정하지 않으려고 했음을 알려준다. 또한 그 단편은 「헤르마스의 목자」가 받아들여지지 않은 사례에 대해 솔직하게 묘사한다. 그 이유는 이 책이 "최근 우리 시대에"(nuperrime et temporibus nostris) 피우스(Pius)가 로마의 주교직에 있던 동안(140-155년경) 로마에서 저술되었기 때문이다.[79] 「헤르마스의 목자」에 대한 논쟁은 저자의 기억이 여전히 생생히 남아 있던 기간인 2세기, 곧 피우스 1세가 로마 주교였을 때 절정을 이루었다.[80] 단편의 끝부분에서 언급되는 이단 그룹들은 2세기에 속한다. 만약 그 단편이 후대에 작성된 것이라면, 왜 공동 서신 중에서 그렇게 많은 것이 생략되고 단지 유다서와 요한의 두 편지만 포함되었는지 설명하기가 더 어렵다. 더욱이 이는 종종 "정경"이나 "단편"으로 언급되지만, 사실상 4세기와 5세기의 정경 목록과 다르다. 따라서 이는 신약성서 모음집에 대한 서문이나 머리말과 비슷한 것이고, 그리스도인 그룹들이 몇몇 저서를 받아들이는 것에 대한 논쟁 현황을 알려준다고 이해하는 것이 더 타당성이 있다. 메츠거는 그 단편의 어조가 정경 목록을 제한하는 법률 제정의 행위라기보다 오히려 설명에 더 가깝다고 말했다.[81]

---

78) 참조. Albert C. Sundberg, "Canon Muratori: A Fourth Century List," *HTR* 66 (1973): 1-41; Hahneman, *Muratorian Fragment*; McDonald, *Formation*, 209-220.
79) Sundberg와 Hahneman이 "최근에 우리 시대에"를 "후-사도 시대"를 의미한다고 해석한 시도는 엄청난 오류다. 참조. Charles E. Hill, "The Debate over the Muratorian Fragment and the Development of the Canon," *WTJ* 57 (1995): 437-452; idem, *Who Chose the Gospels?* 97.
80) 참조. Tertullian, *On Modesty* 10.
81) Metzger, *New Testament Canon*, 200; Campenhausen, *Formation*, 244-245.

이레나이우스 이후 다른 기독교 저자들은 사복음서의 진정성과 권위를 인정하는 것과 관련해서 서로 비슷한 관점을 공유하고 있는 것 같다. 알렉산드리아의 클레멘스는 「애굽인복음」에서 로기온 하나를 받아들이지 않는데, 그 이유는 해당 로기온이 "우리에게 전해진 사복음서"에서 발견되지 않기 때문이다.[82] 부유한 관리였던 청년에 대한 해설에서, 클레멘스는 "인정된 복음서" 가운데 하나로 마가복음을 언급한다.[83] 에우세비오스는 클레멘스의 저서 「신학 개요」(Hypotyposeis)에 포함되어 있던 단편 하나를 언급한다. 그 단편에 의하면, 클레멘스는 복음서의 순서에 대해 "이전의 장로들"에게서 전승을 받았다. 이는 예수에 대한 족보를 지닌 복음서들이 처음에 저술되었고, 그다음 로마에서 마가복음이 기록되었으며, 마지막으로 영적인 복음서인 요한복음이 저술되었다는 것이다.[84] 사복음서의 유일무이성과 중요성에 대한 클레멘스의 견해는 오래 전부터 주장되어온 전승의 일부분이었을 것으로 여겨진다.[85]

3세기의 처음 십 년에 이레나이우스의 입장이 갑자기 표준이 되었다. 3세기 초에 히폴리투스는 종말론에 대한 두 권의 책, 곧 다니엘서에 대한 주석 및 그리스도와 적그리스도에 대한 논문을 썼다. 그는 생생한 이미지로 그리스도와 에덴동산에 있는 강을 비교하면서 "그 강이 된 그리스도 자신이 사복음서를 통해 온 세상으로 전파되고 있다"라고 묘사한다.[86] 그뿐 아니라 히폴리투스는 율법서, 예언서, 사도 문서와 함께 복음서를 성

---

[82] Clement of Alexandria, *Strom.* 3.13.93; 참조. Irenaeus, *Adv. Haer.* 1.27.2; 3.1.1; 3.11.9.
[83] Clement of Alexandria, *Who Is the Rich Man That Shall Be Saved?* 5.
[84] Eusebius, *Hist. Eccl.* 6.14.5-7.
[85] Hill, *Who Chose the Gospels?* 74.
[86] Hippolytus, *Commentary on Daniel* 1.17.

서를 형성하는 사슬 안에 위치시킨다.[87] 테르툴리아누스는 사복음서를 높이 존중했다. 207년과 213년 사이의 어느 때에 그는 「마르키온 논박」이라는 방대한 책을 저술했다. 그 책에서 그는 마르키온이 누가복음을 훼손한 데 반대하면서 사복음서를 옹호한다. 그는 사복음서를 신앙의 권위 있는 원천으로 묘사한다.[88] 이 점에 비추어볼 때, 멀리 리옹에 홀로 떨어져 있던 이레나이우스가 사복음서에 대한 그의 혁신적인 관점을 멀리 알렉산드리아, 안디옥, 카르타고 및 로마에서 활동하던 저자들에게 이삼십 년 안에 유포할 수 있었다고 상상하기는 어려울 것이다. 따라서 그가 보다 광범위한 무대에서 이미 일어나고 있는 일을 묘사했다는 편이 더 개연성이 높을 것이다. 왜냐하면 복음서는 다양한 그리스도인에게 거룩한 책모음집으로서 이미 알려져 있었고 또 높이 존중되었기 때문이다.

또한 사복음서의 폭넓은 인기에 대한 필사본 증거가 있다. 그리스도인들은 코덱스에 "중독"되었다고 알려진다. 2세기와 3세기에 코덱스는 분명히 거룩한 기독교 문헌을 책으로 만들기 위해 선호하던 수단이었다. 특히 코덱스는 성서로 간주되어 나중에 "정경"이 될 저서를 위해 압도적으로 선호하던 수단이었다. 코덱스는 바울 서신 전체와 사복음서 전체를 수록하는 데 이상적이었다. 공식적인 필체보다 준(準)필기체를 사용한 것은 코덱스가 교회 안에서 유포할 목적으로 쓰였음을 의미했다.[89] 사복음서 전체는 단 하나의 두루마리에 들어가지 않았지만 단 하나의 코덱스로 압축될 수 있었다. 우리는 2세기 후반과 3세기 초반에 유래된 한 가지 복음

---

87) Hippolytus, *De Christo* 58.
88) Tertullian, *Adv. Marc.* 4.2.5.
89) Harry Gamble, "The Book Trade in the Roman Empire," in *The Early Text of the New Testament,* ed. C. E. Hill and M. J. Kruger (Oxford: Oxford University Press, 2012), 33.

서에 대한 코덱스(P[53], P[66], P[69], P[70] 및 P[90]), 두 가지 또는 세 가지 복음서를 포함하는 코덱스(P[75], 가능한 경우로서 P[4, 64, 67])[90]와 사복음서 코덱스(P[45])에 대한 예를 가지고 있다. 왜 그리스도인들이 코덱스를 선호했는가는 논쟁의 소지가 있는 문제다. 단순히 그리스도인들이 자신의 문헌을 유대교나 이교도 문서와 구별하려는 의도에서, 예수의 말씀을 포함하고 있던 비망록을 코덱스로 확대한 데에서 유래했을 가능성도 있다. 코덱스가 두루마리보다 값이 25퍼센트나 저렴했으므로 아마도 가격 문제 때문일 수도 있다. 그리고 코덱스는 복음서의 내용을 읽거나 찾아보기가 쉽고 운반하기가 간편했을 것이다. 그뿐 아니라 코덱스 선호는 사복음서의 권위와 명성을 높이기 위해 외적인 형태를 부여하려는 의도에서, 아니면 바울 서신 모음집을 모방하려는 의도에서 유래했을 가능성도 있다.[91]

대조적으로, "다른" 복음서의 찢어진 텍스트와 단편들은 코덱스보다 두루마리에서 발견된다. 이 두루마리들은 주로 사적인 독서를 위해 고안된 것 같다.[92] 분명히 많은 ["다른" 복음서]가 비슷한 생각을 지닌 사람들

---

90) T. C. Skeat, "The Oldest Manuscript of the Four Gospels?" *NTS* 43 (1997): 1-34(참조. Stanton, *Jesus and Gospel*, 74)은 P[4](누가복음) 및 P[64, 67](마태복음)이 동일한 코덱스에서 유래되었다고 여긴다. 하지만 다음 논문은 그 주장에 이의를 제기한다. Peter Head, "Is P[4], P[64] and P[67] the Oldest Manuscript of the Four Gospels? A Response to T. C. Skeat," *NTS* 51 (2005): 450-457; idem. "Graham Stanton and the Four Gospel Codex," in *Jesus, Matthew's Gospel and Early Christianity*, ed. R. Burridge, D. Gurtner, and J. Willitts (LNTS 435; London: Clark, 2011), 93-101; Scott D. Charlesworth, "T. C. Skeat, P[64]+[67] and P[4], and the Problem of Fibre Orientation in Codicological Reconstruction," *NTS* 53 (2007): 582-604.

91) 참조. Hurtado, *Early Christian Artifacts*, 61-83; David C. Parker, *An Introduction to the New Testament Manuscripts and Their Texts* (Cambridge: Cambridge University Press, 2008), 13-20; Bokedal, *The Scriptures and the Lord*, 128-156.

92) 출처를 알 수 없는 단편 P. Eg. 2(코덱스); P. Oxy 5072(코덱스); 「도마복음」 P. Oxy 1(코덱스), P, Oxy 655(사용되지 않은 두루마리); P. Oxy 654(양면에 기록됨 [재사용된 두루마리]); 「마리아복음」; P. Ryl. 463(코덱스); P. Oxy 3525(두루마리); 「베드로복음」(?); P. Oxy

사이에서 널리 유포되었다. 하지만 거기에는 성서로 여겨진 문서에 사용된 코덱스와 연관이 있는 "보편성"을 드러내주는 표시가 없다. 즉 그리스도인 그룹 사이에서 의견 일치 및 상호 협동을 가리키는 요소로서 표준화된 코덱스와 표준화된 거룩한 이름이 나타나지 않는다.[93] 정경에 속하지 않은 이 단편 중 거의 대부분이 코덱스가 아니라 두루마리에서 발견된다는 사실은 필사자 그리고/또는 필사본의 사용자들이 그것이 성서와 같은 지위를 지녔다고 여기지 않았음을 가리키는 듯하다.[94]

그뿐 아니라 많은 교부가 이른바 이 ["다른"] 복음서들에 대해 알지 못했다는 사실은 확실히 흥미롭다. 바트 어먼(Bart Ehrman)은 「베드로복음」이 마가복음만큼이나 널리 알려졌다고 생각한 반면에, 안디옥의 주교 세라피온(Serapion)은 로수스(Rhossus)에 있는 교회가 「베드로복음」을 가져와 그 복음서에 주목하기 이전까지 그것에 대해 전혀 들어본 적이 없었다. 하지만 우리는 세라피온이 정경의 사복음서를 모두 알고 있었다고 추측할 수 있다. 왜냐하면 그의 선임자 테오필로스가 복음서의 조화를 편찬했기 때문이다.[95] 이레나이우스는 자신이 만든 "다른" 복음서들 모음집을 가지고 있었는데, 그 가운데 발렌티누스파의 「진리복음」과 영지주의의 세트파(Sethian)가 사용한 「유다복음」도 포함되어 있다.[96] 하지만 알렉산

4009(코덱스); P. Oxy 2949(두루마리); 파윰 복음서(Fayyum Gospel; 두루마리). Hill, *Who Chose the Gospels?* 28-32은 「베드로복음」(?)과 「마리아복음」이 소형으로 만들어져서, 공적인 봉독을 위해서 적합하지 않았다고 지적한다.

93) Scott Charlesworth, "'Catholicity' in Early Gospel Manuscripts," in *The Early Text of the New Testament,* ed. Hill and Kruger, 37-48.
94) Hurtado, *Early Christian Artifacts,* 56-58; Hill, *Who Chose the Gospels?* 26-28.
95) Bart Ehrman, *Lost Christianities: The Battle for Scripture and the Faiths We Never Knew* (Oxford: Oxford University Press, 2003), 22.
96) Irenaeus, *Adv. Haer.* 1.31.2는 「유다복음」의 특성에 대해 언급한다(1.3.1). 또한 Irenaeus

드리아의 클레멘스나 오리게네스는 "다른" 예수 책을 더 자유롭게 인용하는 반면에, 이 두 "다른" 복음서는 단 한 번도 언급하지 않았다. 그리고 에우세비오스가 제시하는 목록과 겔라시우스 교령도 이 두 "다른" 복음서에 대해 전혀 알지 못한다. 따라서 우리는 이 "다른" 복음서의 상당수가 그것이 유래된 곳으로부터 정확하게 얼마나 광범위하게 유포되었는지에 대해 의문을 품을 수밖에 없다.

다음으로 우리는 사복음서 모음집이 생겨나게 된 실제 이유에 대해 살펴보고자 한다. 우선 사복음서는 가장 초기에 기록되었다. 또한 사복음서는 다른 예수 책에 앞서 유리하게 출발했다.[97] 초기 기독교 운동에서 "거룩한 인터넷"은 서로 친밀하게 끊임없이 접촉했던 수많은 교회로 이루어져 있었다. 폴 트레빌코(Paul Trebilco)는 최초의 그리스도인들이 스스로를 세계적 현상일 뿐만 아니라 지역적인 현상으로 이해했다고 주장한다.[98] 세계적인 측면에서 기독교 문헌은 그리스도인들이 스스로를 세계적 운동의 일부분으로 분명하게 자각했음을 알려준다(예. 롬 1:8; 골 1:5-6; 벧전 5:9; 히 13:24; 「클레멘스 1서」 1.1; 「폴리카르포스의 순교」 8.1). 또한 그 문헌은 그들이 다른 그리스도인 공동체와 연합되어 있다는 의식을 지니고 있었음을 드러낸다(예. 고전 1:2; 살전 2:14; 벧전 5:9; 계 2:1-3:22). 그들은 문서(예. 편지)를 개별적으로 받거나 서로 공유했다(살전 5:27; 골 4:16; 「폴리카르포스의 순교」 21.1; Polycarp의 「빌립보서」 13.2; Eusebius, 「교회사」, 4.23.11;

는 카르포크라테스파(Carpocratians)의 저서(*Adv. Haer.* 1.25.4-5), 「요한외경」(1.29.1) 및 「진리복음」(3.11.9)의 특징에 대해서도 언급한다.
97) 참조, 예를 들면 Hahneman, *Muratorian Fragment*, 94.
98) Paul Trebilco, "'Global' and 'Local' in the New Testament and in Earliest Christianity," Inaugural Proffessorial Lecture, September 21, 2006, University of Otago, New Zealand.

Jerome, *De vir.* 17). 그러므로 사복음서 모음집의 형성은 위에서부터 아래로 권위가 전달되는 주교의 강압적인 요구에 의해서가 아니라, 1세기 후반과 2세기 초반의 원-정통 신자들의 문헌 네트워크로부터 나타난 것이다.

    복음서는 저술되자마자 광범위하게 유포되었고, 많이 읽혔던 것 같다. 마가복음의 저자와 후원자들은 그 복음서를 다른 그리스도인 그룹에게 전달했고, 그 그룹은 마가복음에서 영감을 받아 자신들의 복음서를 기록하게 되었으며, 그들이 저술한 복음서도 비슷한 방법으로 광범위하게 유포되었다. 얼마 후 두 복음서 또는 그 이상의 복음서가 함께 모였고 마침내 네 개의 복음서가 모였다. 그 모음집은 들고 다닐 수 있는 예수 문고가 되었으며 원-정통 교회에게 커다란 유익과 매력을 안겨주었다. 사복음서가 광범위하고 활발하게 배포되었다는 것은, 그리스도인 공동체가 그 텍스트에 깊은 관심을 가졌다는 추측을 가능하게 만든다. 또한 그 공동체는 사복음서 모음집을 복음서 텍스트를 다시 만들어내고 배포하는 데 유효한 수단으로 활용했다.[99] 그러므로 "개별적인 [복음서] 텍스트를 존중했던 그룹들이 서로 긴밀하게 교류하고 다른 공동체의 [복음서] 텍스트를 받아들였기 때문에 사복음서가 모아진 것이다"라는 보봉(Bovon)의 주장은 전적으로 옳다.[100] 사중 복음으로 발전한 가장 큰 요인은 마르키온이 단일한 복음서 정경을 내세웠기 때문이 아니라 교회의 세계적인 네트워크로 말미암은 것이었다. 다양하지만 공통적인 신학 관점의 교류를 통해, 그리스도인들이 광범위한 지역으로 여행하며 다른 신앙 공동체가 사용하던 저서들을 공유하고 필사함으로써, 또한 그 저서들을 광범위하게 사용할 수 있도록 특별하게 고안한 문서 형태 안에 수록함으로써 마침내 사복

---

99) Gamble, "Book Trade in the Roman Empire," 34.
100) Bovon, *New Testament and Christian Apocrypha*, 320.

음서 모음집이 생겨나게 되었다.

정확히 언제 어떤 류의 번뜩이는 생각이 사복음서를 하나의 모음집으로 만들어서 코텍스 안에 넣도록 결정했는지에 대해 우리는 분명하게 말할 수 없다. 우리는 스스로 그 시기를 추정해야 한다. 스탠턴은 그것이 틀림없이 150년경에 유스티누스의 시대에 일어났으리라고 조심스럽게 주장하는 학자들 가운데 속한다.[101] 그보다 조금 앞서 굿스피드(E. J. Goodspeed)는 그 시점이 대략 115년에서 125년 사이라는 견해를 제시했다.[102] 그보다 더 일찍 테오 헤켈(Theo Heckel)은 요한복음의 최종 편집과 파피아스에게서 증거를 찾아내어, 그 시점이 110년에서 140년 사이라고 주장했다.[103] 파피아스, 요한복음 21장의 편집자, 마가복음의 긴 결말의 저자와 「사도서신」의 저자는 모두 거룩한 텍스트로서 사복음서가 결합되어 있는 데 친숙해 있었다는 것을 암시해준다. 이는 우리가 헤켈이 제안한 시기를 [가장 적합한 시기로] 받아들이도록 권고한다.

어떤 이들은 2세기에 사중 복음서 "정경"에 대해 말하는 것은 불가능하다고 반응할 것이다. 그들의 견해는 타당하다. 하지만 거기에는 설명이 필요하다. 2세기 말까지 보편적으로 인식되던 닫힌 정경에 대한 개념은 없었다. 즉 아무도 첨가할 수 없는 결정적이며 최종적인 종교 서적 목록이라는

---

101) Stanton, *Jesus and Gospels*, 63-91.

102) E. J. Goodspeed, *The Formation of the New Testament* (Chicago: University of Chicago Press, 1937), 37-38.

103) Heckel, *Vom Evangelium des Markus zum Viergestaltigen Evangelium*, 353: "그 영향력의 출발점은 바로 사복음서 모음집이 형성된 시기로 추정되는 시점이다. [복음서의] 공식 제목과 더불어 사복음서 모음집이 생겨난 것으로 추측되는 기간은 기원후 110년에서 140년 사이라고 좁게 제시할 수 있을 것이다"(Ausgangspunkt der Wirkungsgeschichte ist die vermutete Entstehungszeit der Viervangeliensammlung. Die Zeitspanne, in der die Sammlung entstanden sein dürfe, konnte zunächst mit den Überschriften auf die Jahre zwischen 110 und 140 n. Chr. eingegrenzt werden).

개념은 존재하지 않았다. 닫힌 정경은 점차적으로 4세기에 나타난 것이다. 그러나 정경의 구조, 구체적으로 사중 복음서 정경의 구조는 분명 2세기 중반 무렵에 있었다. 사복음서는 많은 그리스도인에게 분명히 성서로서 기능하고 있었으며 현실적으로 나중에 정경이 될 수 있는 좋은 여건에 놓여 있었다. 왜냐하면 동방과 서방의 원-정통 교회뿐만 아니라, 다른 교리를 주장하던 교회에서도 사복음서가 광범위하게 사용되고 존중받았기 때문이다. 분명한 것은 2세기 초반부터 이 사복음서가 예수의 생애와 수난 및 부활에 대해 명백하게 사도적 전통에 서 있는 이야기라는 데 의견 일치가 이루어지고 있었다는 점이다. 그렇다면 2세기는 분명히 사복음서가 정경이 되는 데 모체의 역할을 했던 시기였다. 4세기에 공의회가 정경에 대해 결정한 것은 2세기에 기독교 문헌에 대해 말했던 것으로부터 빚어진 당연한 결과였다. 그래서 스탠턴은 다음과 같이 주장한다. "[2]세기 말까지 초기 교회는 그 이상도 그 이하도 아닌 넷으로 기록된 복음을 '정경'으로 받아들이기 직전에 있었던 것으로 보인다."[104] 보다 정확히 말하자면, 2세기는 사복음서에 대한 세 단계의 과정을 보여준다. 먼저 사복음서는 성서(즉 그리스도인 그룹을 위한 거룩한 텍스트)로서의 역할을 한다. 그다음 사복음서는 "열린 정경"(비록 여전히 다른 예수 문헌과 나란히 각색하고 사용하도록 열려 있지만, 공인된 책의 목록의 일부분)으로서의 역할을 한다. 마지막으로 그 움직임은 "닫힌 정경"(즉 공적인 권위로 결정한 거룩한 책의 모음집)의 방향을 향해 나아간다.[105] 2세기는 우리에게 공식적인 정경을 제공해주지 않지만, 정경화의 과정을 향해 나아가는 구체적인 움직임을 보여준다.

---

104) Stanton, *Jesus and Gospel*, 92.
105) 정경화 과정의 이 세 단계에 대해 다음 연구서를 보라. Allert, *High View of Scripture*, 50-51.

다른 이들은 이 시기에 많은 저자가 사복음서 외의 예수 전승과 예수 책을 인용하기 때문에 2세기에는 원-정경에 대해 말하는 것이 타당하지 않다는 견해를 제시할 수 있다. 이런 견해는 제한된 범위 안에서 타당하다고 할 수 있다. 원칙적으로 사복음서를 선호하는 것이 다른 예수 문헌을 모두 쓰레기 더미에 내버려야 한다고 요구하지는 않았다. 유스티누스, 이레나이우스, 알렉산드리아의 클레멘스, 오리게네스 등은 사복음서를 압도적으로 자주 사용하지만, 어떤 경우에는 다른 전승도 인용한다는 사실에 대한 주요 증거가 되는 인물들이다. 그 이유는 다음과 같다. 만약 1세기와 2세기에 어떤 문서가 정경적이라고 한다면, 이는 어떤 특정 텍스트의 전집(全集)이 아니라 예수의 말씀과 예수에 대한 사도적인 증거였다.[106] 원-정통 교회가 주장했던 것은 예수의 말씀과 예수에 대한 사도적인 증거가 (오직 사복음서에서만 발견되는 것은 아니지만) 사복음서에 믿을 만하게 보존되어 있다는 점이다. 따라서 "다른" 예수 문헌이 기꺼이 사용되었다는 것은 사복음서 모음집이 광범위하게 유포되었으며 또한 널리 존중받았다는 사실을 반대하는 실질적인 주장이 결코 되지 못한다.[107]

이런 맥락에서 사복음서의 권위에 대한 이레나이우스의 주장은 많은 교회에서 실제로 진행되고 있던 것, 또는 당시의 신학적인 입장을 되풀

---

106) 내 경험에 의하면, 많은 신학생이 다음과 같은 사항에 충격을 받는다. (Justin와 Tatian의 사례와 같이) 고대의 몇몇 저자는 텍스트를 "땜질해서" 그것을 복음서의 조화로 만들어낸다. 또한 복음서의 끝부분에 내용을 덧붙이고(막 16:9-20 및 아마도 요 21장), 외경의 이야기를 복음서에 끼워 넣으며(요 7:53-8:11), 해당 텍스트를 더 정통에 맞게 의도적으로 바꾸고(마 24:36), 복음서의 텍스트를 느슨하게 인용한다. 그리고 거리낌 없이 아그라파, 즉 우리의 "정경적인" 복음서 안에서 찾을 수 없는 예수의 말씀을 사용한다. 하지만 우리는 다음 사실을 기억해야 한다. 처음 몇 세대의 그리스도인들은 구약성서와 몇몇 기독교 저서를 거룩한 것으로 심지어 권위 있는 것으로 여겼지만, 또한 그들은 다른 저서 안에서도 예수의 말씀과 행위에 대한 진정성 있는 설명을 발견할 수 있음을 인정했다.
107) 이 관점은 무엇보다도 Hahneman, *Muratorian Fragment*, 94, 100의 견해와 대조된다.

이해서 말한 것이다. 사중 복음의 중요성에 대한 그의 진술은 전혀 새로운 것이 아니라 널리 주장되고 있던 것에 대한 설명이다.[108] 기독교 문헌의 매개 변수와 관련해서 **새로운 것**은 바로 이 넷 이상도 아니고 그 이하도 아니라는 이레나이우스의 배타성의 원리다. 이 원리는 오직 그에게만 적용되는 것은 아니다. 왜냐하면 그 원리는 어떤 지역에서 쉽게 유행했던 것으로 보이기 때문이다.

II — 사중 복음서 모음집의 근거와 기능

이레나이우스는 "넷"이라는 숫자에 특성을 부여함으로써 사복음서 이상도 아니고 그 이하도 아니라는 것을 정당화했다. 그의 논점은 에스겔서와 요한계시록에 대한 그의 알레고리적인 해석에 기초하고 있다. 그러나 그것은 사복음서를 가져야 한다는 것에 대한 설득력 있는 이유처럼 들리지 않는다. 심지어 버리지는 이레나이우스의 주장을 사복음서를 정당화하기 위한 "난해한" 시도라고 부른다.[109] 하지만 이레나이우스의 주장은 단지 합리적이지 않고 미학적이기 때문에 이상해 보이는 것이다. 그는 어떻게 구원의 실재가 세상에서 자신을 드러내는가와 관련해서, 넷이라는 숫자가 지니는 적합성과 균형을 인식한다.[110] 캄펜하우젠은 이레나이우스가

---

[108] Stanton, *Jesus and Gospel*, 322.
[109] Richard A. Burridge, *Four Gospels, One Jesus? A Symbolic Reading* (2nd ed.; Grand Rapids: Eerdmans, 2005), 166.
[110] Eric Osborne, *Irenaeus of Lyons* (Cambridge: Cambridge University Press, 2001), 175-178.

"우리의 사고방식으로는 너무 기이하지만, 이는 그의 시대와 환경의 신학적인 취향과 전적으로 일치한다"라고 주장한다.[111] 이는 아우구스티누스를 포함한 다른 이들의 상상력을 사로잡은 주장이었다. 아우구스티누스는 다음과 같은 "단순한 이유에서" 사복음서가 존재한다고 주장했다. 곧 "세상은 네 부분으로 구분되어 있다. 신비로운 표징으로서 넷이라는 숫자는 그리스도의 교회가 땅 끝까지 세워져 가고 있음을 나타낸다."[112]

이레나이우스의 미학적인 주장은 경쟁 관계에 있는 다양한 복음서에 맞서 사도적인 복음의 온전함을 지지하는 그의 다른 주장이라는 산에서 실제로 벼랑에 해당한다. 그는 사복음서가 각각 저술된 상황에 주의를 기울인다. 그는 사복음서의 사도와의 연관성(apostolic connections)에 대해서 특별한 관심을 기울인다.[113] 무엇보다도 사복음서는 율법 및 예언서와 일치하며 일관성이 있다. 즉 사복음서는 [교회가] 받아들인 전승과 일치한다. 따라서 사복음서는 유일하게 예수에 대한 "참되고 믿을 만한" 증거로 이루어져 있다.[114] 더 정확하게 말하면, 사복음서의 복음은 다음과 같은 기독론에 뿌리를 내리고 있다. 즉 복음은 그리스도께서 주신 것이다. 그 주교는 다음과 같이 주장한다. "만물의 주님이 그의 사도들에게 복음서의 능력을 주셨다. 복음서를 통해 우리는 진리, 즉 하나님의 아들에 대한 교리를 알게 되었다."[115] 다른 곳에서 그는 다음과 같이 말한다. "분명한 것은 말씀이…분명히 네 가지 형태이지만 한 성령으로 결합되어 있는

---

111) Campenhausen, *Formation*, 199.
112) Augustine, *Harmony of the Gospels*, 1.2.3.
113) Irenaeus, *Adv. Haer.* 3.1.1.
114) Irenaeus, *Adv. Haer.* 3.1.2; 3.11.9.
115) Irenaeus, *Adv. Haer.* 3. *Praef.*

복음서를 우리에게 주셨다는 것이다."[116] 비록 복음서가 사도 전승의 사슬에 뿌리를 내리고 있다고 하더라도, 복음서의 권위는 그리스도께서 부여한 것이다. 그리고 복음서의 복수성은 성령의 띠로 점검을 받는다. 게다가 이레나이우스는 종종 각 복음서를 나중에 텍스트 증거에서 발견되는 것처럼 "X에 따른 복음서"가 아니라 "X에 따른 하나"라고 소개한다.[117] 여기서 미묘하지만 중요한 차이가 있다. 왜냐하면 이레나이우스는 그 표현을 통해 다양한 저자에 따른 오직 하나의 복음서만 있음을 암시하기 때문이다.[118] 그 견해에 의하면, 주님의 복음은 "사도들의 복음서" 즉 사도 전승의 사중 증언에 나타나 있다. 또한 이는 그리스도께서 주신 것이며, 성령에 의해 하나로 결합되어 있다. 그리고 이 복음은 교회의 신앙의 "기둥이자 기초"를 이룬다. 왜냐하면 복음이 "율법과 예언서가 선포한, 하늘과 땅을 지으신 오직 한 분 창조주 하나님이 계시며, 하나님의 아들이신 오직 한 분 그리스도가 계신다"라고 서술하기 때문이다.[119]

이레나이우스에 이어서 다른 많은 저자도 사복음서에는 예수 그리스도에 대한 이 하나의 복음이 자리 잡고 있다고 인정했다. 복음서에 제목이 처음으로 나타나는 것은 P^{66}과 P^{75}다. 이 필사본들은 "X에 **따른 복음서**"임을 입증한다. 이는 "누가 또는 요한에 **따른 하나의 복음서**"라는 뜻이다.[120] 아우구스티누스는 그의 요한복음 주석서에서 "사복음서 또는 더

---

[116] Irenaeus, *Adv. Haer.* 3.11.8.
[117] 참조. Irenaeus, *Adv. Haer.* 3.1.1; 3.11.8.
[118] Annette Yoshiko Reed, "ΕΥΑΓΓΕΛΙΟΝ: Orality, Textuality, and the Christian Truth in Irenaeus' *Adversus Haereses*," *VC* 56 (2002): 20 n. 33.
[119] Irenaeus, *Adv. Haer.* 3.1.1-2; 3.11.8.
[120] 참조. Hengel, *Fourfold Gospel and the One Gospel*, 59.

좋은 표현으로서 하나의 복음에 대한 네 책"이라고 언급한다.[121] 오리게네스는 다음과 같이 자기의 생각을 제시했다. "이제 복음서는 넷이다. 사실상 이 넷은 교회 신앙의 필수적인 구성 요소다. 이 요소로부터 온 세상이 그리스도 안에서 하나님과 화목하게 되어 함께 연합되어 있다."[122] 또한 그는 이렇게 말한다. "모든 복음서 저자가 오직 한 분 [예수]에 대해 기록하기 때문에 비록 네 저자에 의해…기록되었지만, 복음서는 오직 하나다."[123] 이레나이우스와 아우구스티누스 같은 인물들의 생각에, 넷으로 이루어진 하나의 복음서라는 관점을 뒷받침하는 것은 바로 복음서가 예수 그리스도의 복음에 대해 일관성이 있으며 보충 설명을 제공해준다는 점이다. 즉 복음서는 분명히 다양한 측면을 지닌 하나의 메시지를 전달해준다. 그 설명과 메시지는 그리스도로부터 받은 것이며, 사도들을 통해 교회에 전달된 것이다. 따라서 다양성 안에서의 하나 됨을 통해서 사복음서는 몬타누스주의를 반대하던 어느 익명의 저자가 일컫듯이 "새 언약의 복음"(τῆς τοῦ εὐαγγελίου καινῆς διαθήκης)인 것이다.[124]

사복음서는 기독론적인 사고를 권장하는 동시에 제한하는 복수성과 하나 됨을 보여준다. 복수성과 관련해서, 사복음서는 예수가 누구인지 묘사하는 데 단 하나의 복음서, 하나의 서술, 그리고 유일한 이야기가 결코 혼자서 독점권을 갖지 않는다는 사실을 입증한다. 복수성의 측면은 네 가지 서로 다른 설명의 풍성함과 다양함을 취해서 예수의 신비와 그의 사명을 더 깊이 이해하도록 이끈다. 사실상 복음서가 복수로 존재한다는 사실은

---

121) Augustine, *Commentary on John* 36.1.
122) Origen, *Commentary on John* 1.6.
123) Origen, *Commentary on John* 5.4.
124) Eusebius, *Hist. Eccl.* 5.16.3; 참조. Irenaeus, *Adv. Haer.* 3.11.8 및 "네 가지 형태로 이루어진 복음"(τετράμορπηον τὸ εὐαγγέλιον).

예수에 대해 결코 획일적인 방법이 아니라 다양한 방법으로 저술하고 설교하며 가르치고 찬양하도록 고무한다. 곧 예수 그리스도가 우리의 마음을 소생시키고, 기쁨이 넘치게 하며, 하나님께 헌신하도록 우리를 권면하고, 다른 사람들을 사랑하도록 우리를 감동시키는 다양한 방법으로 그런 일을 하게 하는 것이다. 동시에 하나 됨과 관련해서, 모든 기독론적인 담론에서 알 수 있듯이 사복음서는 어떤 의미에서 [우리의 생각을] 제한하고 우리에게 경계선을 제시한다. 사복음서는 우리가 그리스도에 대해 논의하고 그에게 헌신하는 신학적인 영역에 한계를 표시한다. 이는 예수에 대한 어떤 이미지들이 경계선을 벗어난 것임을 입증하는 것이다. 예를 들면, 순전히 인간으로만 이해된 예수, 또는 환영 같은 존재로 이해된 예수, 또는 천사와 같은 존재로 이해된 예수, 또는 신-자유주의적으로 채색된 캘리포니아 예수, 또는 거대 정부를 반대하는 극보수주의적인 예수, 또는 나치가 이해한 아리안계의 예수, 또는 무장한 공산주의 해방자로 이해된 예수 등이 그런 사례다. 예수에 대한 이 모든 이미지는 분명히 경계선을 벗어난 것이다. 이런 이미지들은 예수를 있는 그대로, 자신의 추종자들에게 알려진 대로, 또한 마지막 때 다시 오게 될 모습대로 반영하지 않는다. 리처드 버리지는 복음서의 복수성과 하나 됨에 대해 다음과 같이 적절하게 묘사한다. "기독교 전승에서 오직 하나의 그림이 아니라 **네 가지** 그림을 선택함으로써 초기 교부들은 매 세대마다 이 사람[예수 그리스도]에 대해 새로운 이미지를 만들어내도록 지속했다. 그늘은 **오직** 넷만 선택함으로써 전승 안에 머무르기를 원하던 이들에게 그들이 공놀이를 해야 할 운동장을 분명하게 표시해 주었다."125)

또한 신약성서 정경의 앞부분에 복음서를 위치시킨 충분한 이유가 있

---

125) Burridge, *Four Gospels, One Jesus?* 179(Burridge 강조).

다. 에우세비오스는 신약성서의 선두에는 "복음서의 거룩한 τετρακτύν이 있다"라고 쓴다.[126] 그리스어 부사 τετράκις는 "네 번"을 의미하며,[127] 명사형은 종종 거룩한 "넷으로 이루어진 한 그룹"으로 번역되었다. 하지만 나는 사복음서 저자들이 함께 연주하는 신학적인 공명을 위해 "사중주"(四重奏)라고 이해하는 편을 훨씬 더 선호한다. 비유적으로 말하자면, 신약성서의 앞부분에 위치해 있는 복음서는 신약성서 정경을 소개하는 도입 악장(樂章)이다. 예술적인 경이로움으로, 사복음서는 구약성서의 악보에서 모티프와 멜로디를 결합하여 거룩한 사중주로 연주되는 복음 음악을 영광스럽고 새롭게 울려 퍼지게 한다. 복음서는 신약성서의 나머지 부분을 위해 중요한 주제 음악을 들려준다(이것은 제임스 본드 영화에서 유명한 본드 음악이 어떤 역할을 하는지와 상당히 비슷하다).

신약성서로 들어가는 문으로서 복음서의 위치는 기독교 신앙이 예수 자신과 그의 가르침, 죽음 및 부활을 중심으로 형성되었다는 점을 강력하게 확인해준다. 복음서는 예수의 추종자들에게 신앙에 대한 가장 중요한 근본 자료이기 때문에 기초가 되는 가르침을 제공해준다. 테르툴리아누스는 이 점에 대해 다음과 같이 적절하게 말한다. "그러므로 사도들 중에서 요한과 마태는 먼저 우리에게 신앙을 불어넣어준다. 그다음에 사도들과 친밀한 관계에 있던 누가와 마가는 그 신앙을 다시 새롭게 한다."[128] 최근에 메러디스 클라인(Meredith Kline)은 하나님의 구속 사역에 대한 증거, 언약에 대한 확증 및 하나님의 백성을 위한 생명의 길에 대한 정의로서 사복음서는 모세 오경이 구약성서에 대해 기능하는 것과 동일한 방법

---

126) Eusebius, *Hist. Eccl.* 3.25.1.
127) LSJ, 802.
128) Tertullian, *Adv. Marc.* 4.2.2.

으로 신약성서 안에서 영향력을 행사한다는 견해를 제시했다.[129]

정경에서 사복음서의 위치와 기능에 대한 가장 진지한 사고는 오리게네스의 요한복음 주석서에서 나온다. 복음서가 앞에 나오는 이유는 "복음서가 모든 성서의 첫 열매"이기 때문이다. 따라서 우리는 수고의 첫 열매를 바로 복음서에 바쳐야 한다.[130] 오리게네스는 이 견해에 대한 반박을 예상한다. 즉 복음서가 정경에서 사도행전과 서신보다 앞에 있다고 어떻게 그것이 성서의 첫 열매일 수 있는가? 이 반론에 대해 그는 사도들이 서신에서 쓴 것 그 자체가 "복음"이었다고 대답한다. 왜냐하면 서신은 "예수의 사역에 대한 믿음을 강화하려고 의도했기" 때문이다.[131]

초기 교회에서 예수의 말씀과 행위가 지속적으로 되풀이되었다는 것은 의심의 여지가 전혀 없다. 1세기와 2세기에 기독교 네트워크의 "거룩한 인터넷" 상에서 예수의 가르침은 우리 시대에 유튜브에서 싸이의 "강남 스타일"이 전달되는 것보다 전달력이 더 강력했을 것이다. 예수 전승의 반향은 바울 서신에서, 심지어 요한계시록에서도 나타난다. 바울은 심지어 자신의 사도적인 교훈보다 예수 전승에 우선권을 부여한다(고전 7:10-14). 신약성서의 저자들은 독자들에게 모두 "예수를 바라보자"(히 12:2)라고 권면한다. 속사도 시대 교부들의 다양한 저서는 거의 무의식적으로 예수의 다양한 말씀을 자신들의 권고 안에 반영하며, 그 말씀을 최상의 것으로 취급한다. 복음서는 초기 교회의 전례 및 예배에 중대한 영향력을 행사했으며, 고난의 한복판에 있는 그리스도인들에게 계속해서

---

[129] Meredith G. Kline, "The Old Testament Origins of the Gospel Genre," *WTJ* 38 (1975): 1-27.

[130] Origen, *Commentary on John* 1.4.

[131] Origen, *Commentary on John* 1.5.

신앙을 불어넣는 가장 중요한 원천이었다. 북아프리카의 위대한 신학자 아우구스티누스(354-430년)는 「복음서의 조화」(*Harmony of the Gospels*) 앞부분에서 다음과 같이 썼다. "거룩한 책 안에 포함되어 있는 신적인 기록물의 전체 숫자에서 복음서는 마땅히 최우선적인 자리를 차지할 만하다. 왜냐하면 율법과 예언서가 장차 성취되리라고 미리 선포한 것은 복음서에서 그것이 실현되고 성취되었다고 밝혀졌기 때문이다."[132] 아우구스티누스에게 복음서의 탁월함은 복음서가 구약성서의 예언이 성취되는 것을 포함하고, 또한 복음서 안에 사도의 설교를 간직하고 있다는 데 있다. 사도의 교훈을 전해준다고 알려진 고대 시리아어 문서도 다음과 같이 주장한다. "그뿐 아니라 사도들은 이렇게 지시했다. 모든 성서의 마지막에는 복음서가 봉독되도록 하라. 복음서가 모든 성서의 인장(印章)이 되기 때문이다. 사람들이 두 발로 서서 복음서가 봉독되는 것을 듣도록 하라. 왜냐하면 이는 모든 사람의 구원에 대한 복음서이기 때문이다."[133] 이 작품의 저자는 복음서를 "인장" 또는 성서라는 건축물의 머릿돌로 간주했다. 따라서 복음서가 특별히 존중할 만한 가치를 지니고 있다고 여겼다. 기독교가 예수 그리스도에 대한 기억을 소중히 간직하며 주님이신 그의 권위 아래 서 있는 한, 복음서는 그와 동등한 모든 책 중에서 정경에서나 신학적으로나 우선권을 차지할 것이다. 복음서는 우리를 예수에게로 이끌어주는 안내자 역할을 한다. 따라서 복음서는 마땅히 정경 내에서도 정경으로 간주되어야 한다. 왜냐하면 기독교 신앙의 진원지는 바로 예수 자신이기 때문이다.[134]

---

[132] Augustine, *Harmony of the Gospels* 1.1.1.
[133] *Teaching of the Apostles* 9.
[134] 이 단락을 쓰고 나서, 나는 비슷한 관점을 제시하는 다음 책을 읽게 되었다. Pennington,

젊고 야심에 찬 신학자들, 특히 21세기에 선교를 목적으로 복음서의 텍스트를 전달하는 데 관심을 지니고 있는 이들은 사복음서를 지속적으로 탐구하며 올바로 해석하는 데 최선의 노력을 기울여야 할 것이다. 아무도 복음서에 대한 통시적인 연구(즉 역사적·사회적·신학적인 측면과 내러티브의 특성 및 그 영향과 관련해서 복음서를 탐구하는 것)를 포기하려고 하지 않겠지만, 이것은 공시적인 연구(즉 교회를 위한 성서로서 사복음서를 함께 읽는 것)로 보충될 수 있다. 온갖 유형의 질문을 가진 오늘날의 독자들을 위한 의미심장한 문서로서 사복음서를 올바로 인식하고 이해하기 위해서는 이와 같은 두 가지 방향, 즉 통시적이고 공시적인 방법에 초점을 맞추어 연구할 필요가 있다.[135] 이제 우리를 미혹하는 역사주의를 초월해야 한다. 역사주의는 오직 개별적인 텍스트 및 그것과 연결된 역사적인 실재만이 현재를 위해 지속적인 중요성을 지니고 있다고 주장한다. 이런 경향 외에도 우리가 피해야 하는 오만한 접근 방식이 있다. 곧 우리가 정경의 틀을 해체하고 그 대신 이전의 어떤 신학 교리도 고수하지 않은 채 예수의 이미지를 끊임없이 확장해나가야 하고, 그럼으로써 고대 교회의 교권 주도로 형성된 복음서에 기초한 신앙의 권위 및 그것의 동시대 현상으로부터 벗어나게 된다는 모든 주장은 우리가 피해야 할 방자한 접근 방식이다.[136]

Reading the Gospels Wisely, 229-258.

135) 이런 입장과 관련해서 다음 복음서 개론을 보라. Edward Adams, *Parallel Lives of Jesus: A Guide to the Four Gospels* (Louisville: Westminster John Knox, 2011); Pennington, *Reading the Gospels Wisely*.

136) 여기서 제기된 관심사들과 비슷한 쟁점에 대해 Watson, "Fourfold Gospel," 50을 보라.

III — 결론

원-정통 교회가 사복음서를 채택한 것은 기독교 역사에서 주목할 만한 업적이다. 2세기 초에 예수 전승은 지금의 정경 복음서 안에서 구체적으로 표현되었지만, 아직 구전과 이차적인 구술성이 여전히 상당 부분 생생하게 남아 있었다. "다른" 복음서가 저술되었으며 곧바로 다양한 복음서의 조화가 저술되기 시작했다. 따라서 사중 복음서 모음집을 받아들이는 것 외에도 다른 대안을 선택할 가능성이 분명히 있었다.

많은 그리스도인이 자기 앞에 놓인 문학적 대안을 평가했다. 점차적으로 사복음서가 특히 존중을 받게 되었고, 특별한 권위를 누리게 되었다. 그 이유는 복잡하지만 대략 다음 네 가지로 요약해서 답변할 수 있다. (1) 사복음서는 대다수 교회의 설교, 관습, 경건을 가장 잘 반영한다고 생각되는 저서로 이루어져 있다. (2) 사복음서는 다양한 기독교 네트워크를 통해 공유되어 가장 자주 필사되었던 저서다. (3) 사복음서는 사도들의 세대와 연관성이 있다고 생각되었다. 즉 사도 자신(마태와 요한)과 연관성이 있거나, 사도의 동료(누가와 마가)와 관련이 있다고 생각되었다. (4) 다양한 "다른" 저술은 비록 몇몇 경우에 유익하다고 생각되기도 했으나, 사복음서만큼 대중에게 호소력이 있는 예수의 초상화를 제시하지 못했다. 왜냐하면 그것은 이전 세대로부터 물려받은 신앙과 일치하지 않았기 때문이다.

사복음서에 대한 이레나이우스의 주장은 완전히 새롭거나 전례가 없던 것이 아니었다. 리옹의 주교가 네 가지 증거로 된 사도적인 복음에 대해 신학적 정당성을 제시했을 때, 이는 단순히 원-정통 교회의 주요 흐름을 반영한 것이었다. 그렇게 함으로써 그는 그리스도에 대한 다른 유형의 신앙을 지지하는 다른 유형의 예수 문헌을 유포하고 있었던 일탈자들에 맞서서 당시의 신학 및 문학 현황을 변호했던 것이다. 그러나 비록 이레나우스의 주장이 다른 사람들에게 동조를 얻고 있었다고 하더라도, 넷 이상도 아니고 넷 이하도 아니라는 사복음서의 배타성에 대한 그의 주장과, 넷으로 이루어진 복음서의 특성에 대해 그가 제시한 알레고리적인 이론적 근거는 아마도 혁신적이었던 것 같다.

이레나이우스와 오리게네스의 전통에 근거해서, 나는 사복음서가 정경의 앞부분에 위치하는 것이 분명히 이치에 맞는다고 단호하게 주장한다. 우선, 복음서는 율법에 기초한 구약의 경륜과 메시아에 기초한 새로운 경륜 사이에서 전환점을 제공해준다. 그뿐 아니라, 새 언약 모음집 안에 위치하는 덕분에 사복음서는 이 책의 독자들로 하여금 복음적인 에토스에 몰두하게 하며 그리스도 중심의 초점이 깊이 배어들게 한다. 다시 말해 사복음서는 성서가 주님의 복음에 대한 책이라는 사실에 대한 사중 리허설이다. 복음서에 따르면, 기독교는 내부에 유대교 포장이 박혀 있는 신-플라톤주의 철학 체계가 아니고, 종교적인 신화로부터 자유롭게 되기를 기다리는 독일의 실존주의도 아니며, 종교적인 영역에서 정당화를 추구하는 보수주의적인 또는 자유주의적인 정치 프로그램도 아니다. 오히려 복음서는 기독교가 예수 그리스도를 따르는 것임을 보여준다. 마지막으로, 복음서는 예수의 말씀과 행위가 교회의 생각, 마음, 기도, 사고 및 섬김에서 최우선이어야 한다는 점을 상기시킨다. 복음서는 그리스도의 이름을 지니고 있는 사람들이 갈릴리와 유다 시역을 거쳐서, 겟세마네와 골고나를 지나서, 빈 무덤까지 통과하여, 어느 날 하늘나라에 이르기까지 틀림없이 기꺼이 예수를 믿고 따라야 한다고 강권한다.

추기
2세기의 복음서 텍스트

2세기 것으로 추정되는 현존하는 복음서 텍스트 중 어느 하나도 완전한 필사본으로 남아 있지 않다는 사실은 안타까운 일이다.[137] 이 기간에 속한 이용 가능한 텍스트는 모두 얼마 되지 않는 불완전한 파피루스뿐이다. 게다가 2세기에 유래되었다고 추정되는 필사본의 정확한 숫자는 본문비평가들 사이에서 논쟁의 대상이 되고 있다.[138] 하지만 일반적으로 다음과 같은 파피루스 필사본이 2세기 또는 3세기 초에 속한다고 간주된다.

---

137) 2세기의 신약성서 복음서에 대한 개론으로서 강력하게 추천할 만한 것으로서 다음 논문들을 보라. Larry W. Hurtado, "The New Testament in the Second Century: Text, Collections and Canon," in *Transmission and Reception: New Testament Text-Critical and Exegetical Studies*, ed. D. C. Parker and J. W. Childers (Piscataway: Gorgias, 2006), 3-27; Scott D. Charlesworth, "The Gospel Manuscript Tradition," in *The Content and the Setting of the Gospel Tradition*, ed. M. Harding and A. Nobbs (Grand Rapids: Eerdmans, 2010), 28-59; Stanley E. Porter, "Textual Criticism and Oldest Gospel Manuscripts," in *Encyclopedia of the Historical Jesus*, ed. C. A. Evans (New York: Routledge, 2008), 640-644.

138) Hill, *Who Chose the Gospels?* 249-250은 편리하게 사용할 수 있도록 다양한 본문비평가들이 2세기와 3세기에 유래된 것으로 추정되는 파피루스 필사본 목록을 큰 도표로 제시해준다. 반면에 Koester, *From Jesus to Gospel*, 39에서 "2세기 필사본 증거는 전혀 없다"는 주장은 나를 당혹스럽게 한다.

2세기 파피루스 필사본 및 대략적인 연대 추정[139]

	내용	야로스	네슬레-알란트	오르시니-클라리세
P^4	누가복음	150년경	200-299년	175-200년
P^5	요한복음	150-200년	200-299년	200-300년
P^{52}	요한복음	80-125년	100-125년	125-175년
$P^{64}+^{67}$	마태복음	75-100년	200-225년	175-200년
P^{66}	요한복음	100년	200-225년	200-250년
P^{75}	누가복음 요한복음	150-200년	200-225년	200-250년
P^{77}	마태복음	100-150년	100-299년	250-300년
P^{90}	요한복음	100-150년	100-199년	150-200년
P^{103}	마태복음	100-150년	100-299년	200-300년
P^{104}	마태복음	75-125년	100-199년	100-200년
P^{108}	요한복음	200년경	200-299년	200-300년
P^{109}	요한복음	150년경	200-299년	200-300년

2세기가 기독교 서적의 텍스트 전달에 있어 중요한 세기라는 점을 고려할 때, 논의의 핵심 사항은 이 기간에 생산된 복음서 텍스트의 안정성이었다. **원본문**(autograph; 원본)과 학자들이 추정하는 **출발본문**(Ausgangstext; 본문비평의 재구성으로 회복시킬 수 있는 텍스트의 최초 형태) 사이에 시간적인 간격이 있을 뿐만 아니라, 오래된 파피루스는 텍스트의 원형으로부터 거

---

[139] 이 도표는 다음 자료들에 기초한 것이나. Karl Jaroš et al., eds., *Das Neue Testament nach den älten griechischen Handschriften. Die handschriftliche griechische Überlieferung des Neuen Testaments vor Codex Sinaiticus und Codex Vaticanus* (Mainz: Rutzen, 2006); Kurt Aland, *Kurzgefasste Liste der griechischen Handschriften des neuen Testaments* (Berlin, 1994)-http://www.uni-muenster.de/INTF/continuation-manuscripts.html에서 최신 자료를 얻을 수 있음; Pasquale Orsini and Willy Clarysse, "Early New Testament Manuscripts and Their Dates: A Critique of Theological Palaeography," *ETL* 88 (2012): 469-472.

의 1세기나 떨어져 있다. 우리는 속사도 시대의 교부들과 교부들의 인용문에 기초해서, 복음서 인용이 때때로 저자들이 텍스트를 문자 그대로 반복하는 데 관심을 갖지 않은 채 자유롭게 이루어질 수 있었음을 알고 있다. 이런 정확성의 결핍은 복음서를 필사하는 데에도 반영되었을 수 있다. 「야고보원복음」과 「도마유년기복음」 같은 다른 예수 책에서는 어휘 및 내용에서 명백하면서도 방대한 텍스트상의 변형이 종종 발견된다. 이는 처음 단계에서 정경 복음서가 전달된 가능한 방법에 있어 유사점을 제공해준다.140) 첫 기독교 필사자들 세대는 아마도 전문적인 필사자가 아니었을 것이다. 기독교 **필사실**의 정밀 검사 과정을 거쳐서 만들어진 필사본도 거의 없었다. 네슬레-알란트 제28판의 비평 도구를 검토해보면, 2세기에 파피루스 필사본은 복음서 텍스트를 개선하고, 명료하게 표현하며, 심지어 좋은 의도에 근거해서 텍스트에 첨가한 경우가 상당수 나타난다. 바바라 알란트(Barbara Aland)에 의하면, 사복음서와 사도행전에 대한 최초의 완전한 코덱스인 P^{45}는 "자유롭게 필사된" 사본의 특성을 지니고 있다. 곧 "불필요한 요소와 반복되는 단어는 없애고, 평행 구절은 복원되었으며, 접속사가 첨가되었고, 의도했던 의미는 명료하게 표현되었다."141)

켈수스 같은 이교도 기독교 비판자조차 예수에 대한 기독교의 설명 중에서 일관되게 바로잡는 일이 불가능함을 입증하는 증거로 복음서 텍스트에서 나타나는 표현의 차이점을 지적할 수 있었다. 오리게네스에 따

---

140) 참조. François Bovon, *Studies in Early Christianity* (Grand Rapids: Baker, 2005), 209-225; Christopher M. Tuckett, "Forty Other Gospels," in *The Written Gospel*, ed. Bockmuehl and Hagner, 239 n.4.

141) Barbara Aland, "The Significance of the Chester Beatty Papyri in Early Church History," in *The Earliest Gospels: The Origin and Transmission of the Earliest Christian Gospels. The Contribution of the Chester Beatty Gospel Codex P^{45}*, ed. C. Horton (JSNTSup 258; London: Clark, 2004), 113.

르면 켈수스는 다음과 같이 주장했다. "마치 술 취한 사람이 자기 자신에게 폭력을 휘두르는 것처럼, 어떤 기독교 신자들은 복음서를 원래의 온전한 상태에서 변질시켰다. 그들은 삼중으로, 사중으로, 심지어 그 이상으로 변질시켜서 복음서를 다시 만들었다. 그렇게 해서 그들은 반대 의견에 답변할 수 있었을 것이다."[142] 다시 말해서 켈수스는 기독교인들이 복음서 텍스트가 야기하는 많은 문제에서 벗어나려고 스스로 자신들의 텍스트를 어설프게 고쳤다고 주장한 것이다.

이런 증거를 고려해서, 많은 이들은 2세기에 복음서 텍스트는 대체로 유동적이었으며 광범위하게 수정되었을 여지가 있다고 주장했다. 쾨스터는 모든 증거가 "공관복음서 텍스트가 1세기와 2세기 동안 불안정한 상태에 있었다는 것을 가리킨다"라고 분명하게 말한다.[143] 유명한 성서학자인 바트 어먼은 다음과 같이 결론짓는다. "2세기와 3세기의 원-정통 교회의 필사자들은 니케아 및 칼케돈 공의회에서 승리를 인증할 당사자가 받

---

[142] Origen, *Contra Celsum* 2.27. Origen는 동일한 단락에서 Celsus의 이의 제기에 다음과 같이 대답한다. "지금 나는 Marcion의 추종자들과 발렌티누스파 및 루키아누스파 이외에 복음서를 변질시킨 다른 사람들에 대해 전혀 알지 못한다. 하지만 Celsus의 그와 같은 주장은 결코 기독교 체계에 반대하는 비난이 아니라 복음서를 감히 하찮게 대했던 사람들에게 적용되는 것이다. 소피스트 또는 에피쿠로스 학파 또는 소요 학파를 비롯해서 그릇된 관점을 주장하는 또 다른 학파가 존재했다는 것이 철학 그 자체를 비난하는 근거는 결코 될 수 없다. 마찬가지로 복음서의 역사를 변질시키고 예수에 대한 가르침에 반대해서 이단 사상을 도입한 몇몇 사람이 있다고 해서, 그것이 진정한 기독교 자체를 반대하는 근거는 결코 될 수 없다."

[143] Koester, *From Jesus to Gospel*, 52. 하지만 또 다른 저서(*Ancient Christian Gospels*, 318)에서 Koester는 다소 덜 회의적인데, 적어도 마태복음과 관련해서는 그렇다. 그는 다음과 같이 주장한다. "마태복음의 사본 전승이 텍스트를 어느 정도 가장 오래된 형태로 보존했다는 추측은 여전히 가장 가능성 있는 것으로 보인다. 분명히 사본 전달 과정에서 변형이 있다. 하지만 요한복음 및 마가복음의 경우와 달리, 원래 히브리어 또는 그리스어로 쓰인 마태복음의 텍스트가 현존하는 사본 전승이 의존하고 있는 텍스트의 원형이 나타나기 이전에 상당히 변경되었다는 것을 가리키는 것은 내부적으로나 외부적으로 전혀 없다."

아들였던 기독론적 관점에 보다 가깝게 일치시키려고 때때로 자신들의 성서 텍스트를 수정했다."[144] 박식하면서도 상대적으로 보수적인 역사신학자 마르틴 헹엘조차 다음과 같이 주장한다. 2세기에 "복음서 텍스트는 여전히 어느 정도 '유동적'이었다. 그것은 변경될 수 있었다. 아마도 '더 풍부한' 평행 전승에 영향을 받았을 것이다. 조화를 이루게 하려고 보충된 것과 해석하고 보완하기 위해 개별적으로 덧붙여진 것들이 이 점을 분명하게 입증해준다."[145]

하지만 2세기에 복음서 텍스트 전승은 몇몇 학자가 상상하는 것처럼 혼란스럽지 않았다. 이는 쾨스터의 입장과 다른데, 그는 P^{52}를 제외하고는 2세기의 파피루스 필사본의 존재를 부정하는 다소 특이한 주장을 한다. 그는 구전의 유동성만큼이나 기록 텍스트도 유동적이었다고 생각함으로써 범주 오류를 저지른다. 실제로 우리는 교부들의 인용문, 구전의 영향, 이차적인 구술성, 복음서의 조화 또는 교리 문답 교육의 관습 등에 사용된 인용 구절이 상대적으로 자유롭게 표현된 것과, 초기 기독교의 도서 문화의 특수한 맥락에서 텍스트 자체가 전달된 것 사이의 차이를 구별하는 편이 낫다.[146] 또한 우리는 장르 자체가 종종 교부들의 인용문에서 정확도를 결정했다는 점을 기억해야 한다. 교부들은 자신의 논쟁서나 설교에서 성서 텍스트를 어느 정도 자유롭게 인용할 수 있었지만, 주석서에서는 성서 텍스트를 아주 가깝게 따랐다.[147]

---

144) Bart D. Ehrman, *The Orthodox Corruption of Scripture: The Effect of Early Christological Controversies on the Text of the New Testament* (Oxford: Oxford University Press, 1993), 275.

145) Hengel, *Four Gospels and the One Gospel of Jesus Christ*, 26.

146) Hengel, *Four Gospels and the One Gospel of Jesus Christ*, 28.

147) Gordon D. Fee, "The Text of John in *The Jerusalem Bible*: A Critique of the Use

원-정통 교회의 필사자들이 텍스트 전승에 도입한 변화가 종종 기독론적인 관심사에서 비롯되었다는 바트 어먼의 기본 논지는 옳다. 대다수의 변화는 우연한 것이거나 조화를 이루려는 동기에서 비롯된 것 같다. 하지만 우리는 이 시기에 필사자들의 필사 경향에 차이가 있었다는 점을 분명히 기억해야 한다. 세밀한 통제 아래 필사가 이루어지기도 했지만, 다소 부주의하게 필사하던 관습도 존재했다. 2세기 초반이나 중반에는 기독교의 공식적인 **필사실**에서 필사 작업이 이루어지지 않았을 것이다. 하지만 **거룩한 이름**이 광범위하게 받아들여지고 거룩한 텍스트를 위해 보통 코덱스가 사용되었다는 사실은, 존중받는 텍스트의 정확한 전달을 촉진하고 의식하는 필사 문화가 기독교 안에서 생겨났음을 가리킨다. 어먼의 입장을 보다 광범위하게 다루기 위해 그의 학문적인 저서와 대중적인 저서를 나란히 비교해보면, 양쪽 분야의 저서들이 같은 기준으로 비교될 수 없음이 드러난다. 신약성서 텍스트가 통제 불가능하게 불안정했다는 견해와, 신약 텍스트가 원-정통 기독론과 일치되기 위해 통제 가능하게 변화되었다는 견해, 이 두 견해를 동시에 주장하는 일은 논리적으로 불가능하다.

한 가지 중요한 사실을 지적하자. 최근 수십 년 사이에 옥시링코스(Oxyrhynchus)에서 발굴된 사본 모음집이 발간되었다. 이 모음집에는 새로운 파피루스 사본들이 들어 있다. 이 사본들은 2세기의 복음서 텍스트의 가변성에 대한 이전의 견해를 수정하고 있다.[148] 쿠르트(Kurt)와 바바라 알

---

of Patristic Citations in New Testament Textual Criticism," in *Studies in the Theory and Method of New Testament Textual Criticism*, ed. I. A. Sparks (Grand Rapids: Eerdmans, 1993), 335-343.

148) 다음 논의를 참조하라. Peter M. Head, "Some Recently Published NT Papyri from Oxyrhynchus: An Overview and Preliminary Assessment," *TynBul* 51 (2000): 1-16.

란트는 초기 사본들을 다섯 등급으로 분류했는데, "엄격", "보통 이상", "보통", "자유로움", "D 사본과 비슷함"으로 구분했다. 이 구분은 가설적인 표준 사례에 대해 일치도가 달라지는 정도를 가리킨다. 이 분류 체계의 중요성은 2세기의 사본 증거의 대다수가 어디에 속하는지 보여준다는 것이다. 알란트 부부는 도표 안에 나열된 사본들을 다음과 같이 구분했다.

알란트 부부의 구분에 따른 2세기 복음서 파피루스 사본[149]

엄격	보통 이상	보통	자유로움	D 사본과 비슷함
$P^{64+67}, P^{75}, P^{77}, P^{103}, P^{104}, P^{108}, P^{109}$	없음	P^4, P^5, P^{52}, P^{90}	P^{66}	없음

2세기에 속하는 것으로 추정되는 열두 개의 사본 증거 중에서 열한 개가 "엄격" 또는 "보통"으로 구분되는 반면에, "자유로움"으로 구분되는 사본은 오직 P^{66} 뿐이라는 점이 충격적이다.[150] P^5, P^{103}, P^{108} 및 P^{109}를 2세기의 텍스트 그룹에서 생략한다고 하더라도, 우리는 진지하고 주의 깊은 방식으로 필사된 2세기의 텍스트를 여전히 다수 갖게 될 것이다. 전체적으로 우리는 거시적인 차원의 안정성이라는 넓은 보호막 안에서, 미시적인 수준의 변형들을 만나게 된다.[151] 더욱이 P^{75}는 대문자 사본인 바티칸 사본과 비슷하다. 이는 알렉산드리아의 텍스트 유형—바티칸 사본은 여기

---

149) 다음 책에서 인용함. Charles E. Hill and Michael J. Kruger, "Introduction," in *The Early Text of the New Testament,* ed. Hill and Kruger, 11.

150) 중요한 점으로서, "자유로운 텍스트"는 변질되었거나 부정확한 텍스트라는 의미가 아니라 믿을 만한 필사본이기는 하지만 필사하는 과정에서 표현이 가다듬어졌다는 것을 가리킨다.

151) Michael W. Holmes, "From 'Original Text' to 'Initial Text': The Traditional Goal of New Testament Textual Criticism in Contemporary Discussion," in *The Text of the New Testament in Contemporary Research: Essays on the Status Quaestiones,* ed. B. D. Ehrman and M. W. Holmes (2nd ed.; Leiden: Brill, 2012), 671–675.

에 속한다고 간주됨―이 2세기에 의도적인 교정판으로서 존재했다는 것을 증명하지 않는다(이런 계파 "유형"은 4세기 이후에나 나타났던 것으로 보인다). 오히려 이는 훌륭한 사본이 이후의 세기에서도 받아들여지고 필사되었음을 입증한다. P^{75}와 바티칸 사본의 경우 우리는 신뢰할 만한 텍스트 현상에 대한 증거를 가지고 있다. 그것은 P^{75}와 바티칸 사본보다 분명히 앞서며, 1세기 후반부로 거슬러 올라갈 것이다.[152] 텍스트의 변형이 대부분 2세기에 도입되었다고 생각된다는 점을 고려할 때, 2세기의 사본 증거들이 서로 일치하고 일관적이라는 점은 텍스트의 변경이 광범위하게 일어나지 않았다는 것을 확신하게 해준다. 또한 그것은 사실상 대부분 주의 깊게 전달된 안정된 텍스트가 표준을 제공했다는 것을 확신하게 한다. 이 점에 비추어, 스코트 찰스워스(Scott Charlesworth)는 다음과 같이 올바른 결론을 끌어낸다.

> 결정적인 증거가 없기 때문에 텍스트가 전파되던 처음 150년이 높은 유동성의 특징을 지니고 있다고 추측하는 것은 방법론적인 측면에서 건전하지 않다. 필사자들이 텍스트를 변경했으나, 초기의 복음 텍스트는 **일괄적으로** 정확하게 전달되었다. 필사가 "보통"과 "엄격"의 방법으로 이루어졌다는 점은, 초기 복음서 사본의 높은 유동성이 "원래" 텍스트의 복원을 불가능하게 한다는 주장을 반박한다. 그와는 달리, 우리가 손에 넣을 수 있는 가장 초기의 복음 텍스트는 저술 과정이 끝나고 전달 과정이 시작되었을 때 존재했던 원본문 또는 "원래" 텍스트에 진반적으로 매우 가까울 것이다.[153]

---

152) Gordon D. Fee, "P^{75} and P^{66}, Origen: The Myth of Early Textual Recension in Alexandria," in *Studies in the Theory and Method of New Testament Textual Criticism*, ed. Sparks, 272.

153) Charlesworth, "Gospel Manuscript Tradition," 58.

참고 문헌

Abbott, E. A. *The Corrections of Mark Adopted by Matthew and Luke*. London: Black, 1901.

Abel, Ernst L. "The Psychology of Memory and Rumor Transmission and Their Bearing on Theories of Oral Transmission in Early Christianity." *JR* 51 (1971): 270-81.

Abramowski, Luise. "The 'Memoirs of the Apostles' in Justin." In *The Gospel and the Gospels*. Edited by P. Stuhlmacher. Grand Rapids: Eerdmans, 1990, 323-35.

Achtemeier, Paul J. "*Omne Verbum Sonat:* The New Testament and the Oral Environment of Later Western Antiquity." *JBL* 109 (1990): 3-27.

Adamczewski, Bartosz. *Q or Not Q? The So-Called Triple, Double, and Single Traditions in the Synoptic Gospels*. Frankfurt am Main: Peter Lang, 2010.

Adams, Edward. *Parallel Lives of Jesus: A Guide to the Four Gospels*. Louisville: Westminster John Knox, 2011.

Aland, Barbara. "The Significance of the Chester Beatty Papyri in Early Church History." In *The Earliest Gospels: The Origin and Transmission of the Earliest Christian Gospels. The Contribution of the Chester Beatty Gospel Codex P45*. Edited by C. Horton. JSNTSup 258; London: Clark, 2004, 108-21.

Aland, Kurt. *Synopsis of the Four Gospels: Greek-English Edition of the Synopsis Quattuor Evangeliorum*. 12th ed.; Stuttgart: German Bible Society, 2001.

Albl, Martin C. *And Scripture Cannot Be Broken: The Form and Function of the Early Christian Testimonia Collections*. Leiden: Brill, 1999.

Alexander, Loveday. "Luke's Preface in the Context of Greek Preface-Writing." *NovT* 28(1986): 48-74.

_____. *The Preface to Luke's Gospel*. SNTSMS 78; Cambridge: Cambridge University Press, 1993.

_____. "Ancient Book Production and the Circulation of the Gospels." In *The Gospels for All Christians: Rethinking the Gospel Audiences*. Edited by R. Bauckham.

Grand Rapids: Eerdmans, 1998, 71-111.

_____. "What Is a Gospel?" In *The Cambridge Companion to the Gospels*. Edited by S. C. Barton. Cambridge: Cambridge University Press, 2006, 13-33.

Alexander, Philip S. "Rabbinic Biography and the Biography of Jesus: A Survey of the Evidence." In *Synoptic Studies*. Edited by C. M. Tuckett. JSNTSup 7; Sheffield: JSOT, 1984, 19-50.

_____. "Orality in Pharisaic-Rabbinic Judaism at the Turn of the Eras." In *Jesus and the Oral Gospel Tradition*. Edited by Henry Wansbrough. JSNTSup 64; Sheffield: Sheffield Academic, 1990, 159-84.

Allert, Craig D. *A High View of Scripture: The Authority of the Bible and the Formation of the New Testament Canon*. Grand Rapids: Baker, 2007.

Allison, Dale C. "The Pauline Epistles and the Synoptic Gospels: The Pattern of the Parallels." *NTS* 28 (1982): 1-32.

_____. *The Jesus Tradition in Q*. Harrisburg: Trinity, 1997.

_____. *Jesus of Nazareth: Millenarian Prophet*. Minneapolis: Fortress, 1998.

_____. "The Historians' Jesus and the Church." In *Seeking the Identity of Jesus: A Pilgrimage*. Edited by Beverly R. Gaventa and Richard B. Hays. Grand Rapids: Eerdmans, 2008, 79-95.

_____. *Constructing Jesus: Memory, Imagination, and History*. Grand Rapids: Baker, 2011.

Andersen, Øivind. "Oral Tradition." In *Jesus and the Oral Gospel Tradition*. Edited by Henry Wansbrough. JSNTSup 64; Sheffield: Sheffield Academic, 1991, 17-58.

Anderson, Paul N. *The Christology of the Fourth Gospel: Its Unity and Disunity in Light of John 6*. Valley Forge: Trinity, 2006.

_____. *The Fourth Gospel and the Quest for Jesus: Modern Foundations Reconsidered*. London: Clark, 2006.

Aune, David E. "The Problem of the Genre of the Gospels: A Critique of C. H. Talbert's *What Is a Gospel?*" In *Gospel Perspectives 2: Studies of History and Tradition in the Four Gospels*. Edited by R. T. France and D. Wenham. Sheffield: Sheffield Academic, 1981, 9-60.

_____. *Prophecy in Early Christianity and the Ancient Mediterranean World*. Grand Rapids: Eerdmans, 1983.

_____. "The Gospels as Hellenistic Biography." *Mosaic* 20 (1987): 1-10.

_____. *The New Testament in Its Literary Environment*. Philadelphia: Westminster, 1987.

_____. "Greco-Roman Biography." In *Greco-Roman Literature and the New Testament*. Atlanta: Scholars, 1988, 107-26.

_____. "Prolegomena to the Study of Oral Tradition in the Hellenistic World." In *Jesus and the Oral Gospel Tradition*. Edited by Henry Wansbrough. JSNTSup 64; Sheffield: Sheffield Academic, 1991, 59-106.

_____. "Luke 1:1-4: Historical or Scientific *Prooimion?*" In *Paul, Luke and the Greco-Roman World: Essays in Honour of Alexander J. M. Wedderburn*. Edited by A. Christophersen, C. Claussen, J. Frey, and B. Longenecker. JSNTSup 217; Sheffield: Sheffield Academic, 2002, 138-48.

_____. "Gospels, Literary Genre of." In *The Westminster Dictionary of New Testament and Early Christian Literature and Rhetoric*. Louisville: Westminster John Knox, 2003, 204-6.

_____. "Jesus Tradition and the Pauline Letters." In *Jesus in Memory: Traditions in Oral and Scribal Perspectives*. Edited by W. H. Kelber and S. Byrkog. Waco: Baylor University Press, 2009, 63-86.

_____. "The Meaning of εὐαγγέλιον in the *Inscriptiones* of the Canonical Gospels." In *Jesus, Gospel Traditions and Paul in the Context of Jewish and Greco-Roman Antiquity: Collected Essays II*. WUNT 303; Tübingen: Mohr, 2013, 2-24.

Bagnall, Roger. *Early Christian Books in Egypt*. Princeton: Princeton University Press, 2009.

Bailey, Kenneth E. "Informal Controlled Oral Tradition and the Synoptic Gospels." *Themelios* 20 (1995): 4-11.

_____. "Middle Eastern Oral Tradition and the Synoptic Gospels." *ExpT* 106 (1995): 363-67.

Baird, William. *The History of New Testament Research*. 3 vols.; Minneapolis: Fortress, 1992-2013.

Barnett, Paul W. *Jesus and the Logic of History*. NSBT 3; Leicester: Apollos, 1997.

_____. *Jesus and the Rise of Early Christianity: A History of New Testament Times*. Downers Grove: InterVarsity, 1999.

_____. *Finding the Historical Christ*. Grand Rapids: Eerdmans, 2009.

Barrett, C. K. *Jesus and the Gospel Tradition*. London: SPCK, 1967.

_____. "John and the Synoptics." *ExpT* 85 (1974): 228-33.

_____. *The Gospel According to St. John: An Introduction with Commentary and Notes on the Greek Text.* 2nd ed.; London: SPCK, 1978.

_____. "The First New Testament?" *NovT* 38 (1996): 94-104.

Barton, John. *Holy Writings, Sacred Scripture: The Canon in Early Christianity.* Louisville: Westminster John Knox, 1997.

_____. "Marcion Revisited." In *The Canon Debate.* Edited by L. M. McDonald and J. A. Sanders. Peabody: Hendrickson, 2002, 341-54.

Barton, Stephen C., Loren T. Stuckenbruck, and Benjamin G. Wold, eds. *Memory in the Bible and Antiquity: The Fifth Durham-Tübingen Research Symposium.* WUNT 212; Tübingen: Mohr, 2007.

Batovici, Dan. "The Second-Century Reception of John: A Survey of Methodologies." *CBR* 10 (2012): 396-409.

Batten, Alicia J. *What Are They Saying About the Letter of James?* New York: Paulist, 2009.

Bauckham, Richard. "For Whom Were the Gospels Written?" In *The Gospels for All Christians.* Edited by R. Bauckham. Grand Rapids: Eerdmans, 1998, 9-48.

_____. "John for Readers of Mark." In *The Gospels for All Christians.* Edited by R. Bauckham. Grand Rapids: Eerdmans, 1998, 147-71.

_____. *James: Wisdom of James, Disciple of Jesus the Sage.* NTR; London: Routledge, 1999.

_____. "The Eyewitnesses and the Gospel Tradition." *JSHJ* 1 (2003): 28-60.

_____. *Jesus and the Eyewitnesses.* Grand Rapids: Eerdmans, 2006.

_____. "Historiographical Characteristics of the Gospel of John." *NTS* 53 (2007): 17-36.

Baum, Armin. "Ein aramäischer Urmatthäus im kleinasiatischen Gottesdienst. Das Papiaszeugnis zur Entstehung des Matthäusevangelims." *ZNW* 92 (2001): 257-72.

_____. *Der mündliche Faktor und seine Bedeutung für die synoptische Frage. Analogien aus der Antiken Literatur, der Experiemtnalpsychologie, der Oral Poetry-Forschung und dem rabbinischen Traditionswesen.* TANZ 49; Tübingen: Francke, 2008.

_____. "Matthew's Sources—Written or Oral? A Rabbinic Analogy and Empirical Insights."

In *Built upon the Rock: Studies in the Gospel of Matthew*. Edited by J. Nolland and D. Gurtner. Grand Rapids: Eerdmans, 2008, 1-23.

_____. "The Original Epilogue (John 20:30-31), the Secondary Appendix (21:1-23), and the Editorial Epilogues (21:24-25) of John's Gospel." In *Earliest Christian History*. Edited by M. F. Bird and J. Maston. WUNT 2.320; Tübingen: Mohr, 2012, 227-70.

Beasley-Murray, George R. *John*. WBC; Dallas: Word, 1987.

Becker, Jürgen. *Jesus of Nazareth*. Translated by James E. Crouch. New York: De Gruyter, 1998.

Bellinzoni, Arthur J. *The Sayings of Jesus in the Writings of Justin Martyr*. Leiden: Brill, 1967.

_____. ed. *The Two-Source Hypothesis: A Critical Appraisal*. Macon: Mercer University Press, 1985.

Berger, Klaus. "Hellenistische Gattung im NT." *ANRW* 2.25.2 (1984): 1031-1432.

Bilezikian, Gilbert. *The Liberated Gospel: A Comparison of the Gospel of Mark and Greek Tragedy*. Grand Rapids: Baker, 1977.

Bingham, Dwight J. *Irenaeus' Use of Matthew's Gospel in Adversus Haereses*. Leuven: Peeters, 2010.

Bird, Michael F. "Should Evangelicals Participate in the 'Third Quest for the Historical Jesus'?" *Themelios* 29.2 (2004): 4-14.

_____. "Bauckham's *The Gospels for All Christians* Revisited." *EJTh* 15 (2006): 5-13.

_____. *Jesus and the Origins of the Gentile Mission*. LNTS 311; London: Clark, 2006, 83-93.

_____. "The Marcan Community, Myth or Maze?" *JTS* 57 (2006): 474-86.

_____. "Who Comes from the East and the West? The Historical Jesus and Matt 8.11-12/ Luke 13.28-29." *NTS* 52 (2006): 441-57.

_____. *A Bird's-Eye View of Paul: The Man, His Mission, and His Message* Nottingham: Inter-Varsity, 2008.

_____. "Passion Predictions." In *Encyclopedia of the Historical Jesus*. Edited by C. A. Evans. New York: Routledge, 2008, 442-46.

_____. "Textual Criticism and the Historical Jesus." *JSHJ* 6 (2008): 133-56.

_____. *Are You the One Who Is to Come? The Historical Jesus and the Messianic Question*. Grand Rapids: Baker, 2009.

_____. *Colossians and Philemon*. NCCS; Eugene: Cascade, 2009.

_____. "Sectarian Gospels for Sectarian Christians? The Non-Canonical Gospels and Bauckham's *The Gospels for All Christians*." In *The Audience of the Gospels: Further Conversation about the Origin and Function of the Gospels in Early Christianity*. Edited by Edward W. Klink. LNTS 353; London: Clark, 2010, 27-48.

_____. "Synoptics and John." In *Dictionary of Jesus and the Gospels*. Edited by J. B. Green, N. Perrin, and J. K. Brown. 2nd ed.; Downers Grove: InterVarsity, 2013, 920-24.

Bird, Michael F., and James Crossley. *How Did Christianity Begin? A Believer and Non-Believer Examine the Evidence*. London: SPCK, 2008.

Black, Matthew. *An Aramaic Approach to the Gospels and Acts*. 3rd ed.; Oxford: Clarendon, 1967.

Blackburn, Barry. *Theios Anēr and the Markan Miracle Traditions: A Critique of the Theios Anēr Concept as an Interpretive Background of the Miracle Traditions Used by Mark*. WUNT 2.40; Tübingen: Mohr, 1991.

Blank, Reiner. *Analyse und Kritik der formgeschichtlichen Arbeiten von Martin Dibelius und Rudolf Bultmann*. Basel: Reinhardt, 1981.

Blomberg, Craig L. *Jesus and the Gospels: An Introduction and Survey*. Leicester, England: Apollos, 1997.

_____. *The Historical Reliability of John's Gospel*. Downers Grove: InterVarsity, 2002.

_____. *Making Sense of the New Testament: Three Crucial Questions*. Grand Rapids: Baker, 2004.

_____. *The Historical Reliability of the Gospels*. 2nd ed.; Downers Grove: InterVarsity, 2007.

_____. "The Gospels for Specific Communities *and* All Christians." In *The Audience of the Gospels: The Origin and Function of the Gospels in Early Christianity*. Edited by E. W. Klink. LNTS 353; London: Clark 2010, 111-33.

Bock, Darrell L. *Studying the Historical Jesus: A Guide to Sources and Methods*. Grand Rapids: Baker, 2003, 163-79.

_____. *The Missing Gospels: Unearthing the Truth behind Alternative Christianities*. Nashville: Nelson, 2006.

Bockmuehl, Markus. *Seeing the Word: Refocusing New Testament Study*. STI; Grand

Rapids: Baker, 2006.

―――. "Whose Memory? Whose Orality? A Conversation with James D. G. Dunn on Jesus and the Gospels." In *Memories of Jesus: A Critical Appraisal of James D. G. Dunn's Jesus Remembered*. Edited by R. B. Stewart and Gary R. Habermas. Nashville: Broadman & Holman, 2010, 31-44.

Boismard, M.-É. "The Two-Source Theory at an Impasse." *NTS* 26 (1979): 1-17.

Boismard, M.-É., and P. Benoit. *Synopses des quatre Évangiles en Français avec parrallèles des apocrypes et des pères*. Paris: Cerf, 1972.

Boismard, M.-É., and A. Lamouille, with G. Rochais. *L'Évangile Jean. Commentaire*. Paris: Cerf, 1977.

Bokedal, Tomas. *The Scriptures and the Lord: Formation and Significance of the Christian Biblical Canon*. Lund: Lund University Press, 2005.

Bonz, Marianne Palmer. *The Past as Legacy: Luke-Acts and Ancient Epic*. Minneapolis: Fortress, 2000.

Boring, M. Eugene. "Mark 1:1-15 and the Beginning of the Gospels." *Semeia* 52 (1990): 43-82.

―――. *The Continuing Voice of Jesus: Christian Prophecy and the Gospel Tradition*. Louisville: Westminster John Knox, 1991.

―――. *Mark*. NTL; Louisville: Westminster John Knox, 2006.

―――. "The 'Minor Agreements' and Their Bearing on the Synoptic Problem." In *New Studies in the Synoptic Problem: Oxford Conference, 2008*. Edited by P. Foster, A. Gregory, J. S. Kloppenborg, and J. Verheyden. BETL 239; FS C. Tuckett; Leuven: Peeters, 2011, 227-51.

Bornkamm, Günther. *Jesus of Nazareth*. Translated by Irene McLuskey, Fraser McLuskey, and James M. Robinson. London: Hodder & Stoughton, 1973.

Botha, Pieter J. J. "Mark's Story as Oral Traditional Literature: Rethinking the Transmission of Some Traditions about Jesus." *HTS* 47 (1991): 304-31.

―――. "New Testament Texts in the Context of Reading Practices of the Roman Period: The Role of Memory and Performance." *Scriptura* 90 (2005): 621-40.

Bovon, François. *Luke 1: A Commentary on the Gospel of Luke 1:1-9:50*. Translated by Christine M. Thomas. Minneapolis: Augsburg, 2002.

―――. *Studies in Early Christianity*. Grand Rapids: Baker, 2005.

―――. *New Testament and Christian Apocrypha*. Edited by G. E. Snyder. Grand

Rapids: Baker, 2009.

Bowman, J. W. "The Term *Gospel* and Its Cognates in the Palestinian Syriac." In *New Testament Essays*. Edited by A. J. B. Higgins. FS T. W. Manson; Manchester: Manchester University Press, 1959, 54-57.

_____. *The Gospel of Mark: The New Christian Jewish Passover Haggadah*. Leiden: Brill, 1965.

Brannan, Rick, ed. *Greek Apocryphal Gospels, Fragments, and Agrapha: Introductions and Translations*. Bellingham: Logos Bible Software, 2013.

_____. ed. *Greek Apocryphal Gospels, Fragments, and Agrapha: Texts and Transcriptions*. Bellingham: Logos Bible Software, 2013.

Brodie, Thomas L. *The Quest for the Origin of John's Gospel: A Source-Oriented Approach*. Oxford: Oxford University Press, 1993.

Brooks, Stephenson H. *Matthew's Special Community: The Evidence of His Special Sayings Material*. JSNTSup 16; Sheffield: JSOT, 1987.

Brown, Charles Thomas. *The Gospel and Ignatius of Antioch*. SBL 12; New York: Lang, 2000.

Brown, Raymond E. *The Gospel According to John*. AB; 2 vols.; New York: Doubleday,1966.

_____. *Introduction to the New Testament*. ABRL; New York: Doubleday, 1997.

_____. *An Introduction to the Gospel of John*. Edited by F. J. Moloney. ABRL; New York: Doubleday, 2003.

Bruce, F. F. "Some Notes on the Fourth Evangelist." *EQ* 16 (1944): 101-9.

_____. "When Is a Gospel Not a Gospel?"*BJRL* 45 (1963): 319-39.

_____. "Paul and the Historical Jesus." *BJRL* 56 (1974): 317-35.

_____. *Paul: Apostle of the Heart Set Free*. Grand Rapids: Eerdmans, 1980.

_____. *The Epistles to the Colossians, to Philemon, and to the Ephesians*. NICNT; Grand Rapids: Eerdmans, 1984.

Brueggemann, Walter. *First and Second Samuel*. Int; Louisville: John Knox, 1990.

Bryan, Christopher. *A Preface to Mark: Notes on the Gospel in Its Literary and Cultural Setting*. Oxford: Oxford University Press, 1993.

Bryan, Steven M. *Jesus and Israel's Traditions of Judgement and Restoration*. SNTSMS 117; Cambridge: Cambridge University Press, 2002.

Bultmann, Rudolf. *History of the Synoptic Tradition*. Translated by J. Marsh. 2nd ed.;

New York: Harper & Row, 1963 (1921).

_____. *Jesus and the Word*. Translated by Louise Pettibone Smith. London: Ivor Nicholson & Watson, 1935.

_____. "The Study of the Synoptic Gospels." In *Form Criticism: A New Method of New Testament Research*. Edited by F. C. Grant. New York: Harper, 1962, 7-75.

_____. "The Significance of the Historical Jesus for the Theology of Paul." In *Faith and Understanding*. London: SCM, 1969, 220-46.

_____. *The Gospel of John: A Commentary*. Translated by G. R. Beasley-Murray, R. W. N. Hoare, and J. K. Riches. Philadelphia: Westminster, 1971.

Burge, Gary M. *Interpreting the Gospel of John*. Grand Rapids: Baker, 1992.

Burkett, Delbert. *Rethinking the Gospel Sources: From Proto-Mark to Mark*. London: Clark, 2004.

Burney, C. F. *The Poetry of Our Lord: An Examination of the Formal Elements of Hebrew Poetry in the Discourses of Jesus Christ*. Oxford: Clarendon, 1925.

Burridge, Richard A. "Gospel." In *A Dictionary of Biblical Interpretation*. Edited by R. Coggins and J. L. Houlden. London: SCM, 1990, 266-68.

_____. "About People, by People, for People: Gospel Genre and Audiences." In *The Gospels for All Christians: Rethinking the Gospel Audiences*. Edited by R. Bauckham. Grand Rapids: Eerdmans, 1998, 113-45.

_____. *What Are the Gospels? A Comparison with Graeco-Biography*. 2nd ed.; Grand Rapids: Eerdmans, 2004.

_____. *Four Gospels, One Jesus? A Symbolic Reading*. 2nd ed.; Grand Rapids: Eerdmans, 2005.

_____. *Imitating Jesus: An Inclusive Approach to New Testament Ethics*. Grand Rapids: Eerdmans, 2007.

Butler, B. C. *The Originality of St. Matthew*. Cambridge: Cambridge University Press, 1951.

Byrksog, Samuel. *Jesus the Only Teacher: Didactic Authority and Transmission in Ancient Israel, Ancient Judaism and the Matthean Community*. CBNTS 24; Stockholm: Almquist & Wiksell, 1994.

_____. *Story as History—History as Story: The Gospel Tradition in the Context of Ancient Oral History*. WUNT 123; Tübingen: Mohr, 2000.

_____. "A New Perspective on the Jesus Tradition: Reflections on James Dunn's

Jesus Remembered." *JSNT* 26 (2004): 459-71.

_____. "A Century with the *Sitz im Leben*: From Form-Critical Setting to Gospel Community and Beyond." *ZNW* 98 (2007): 1-27.

_____. "The Eyewitnesses as Interpreters of the Past: Reflections on Richard Bauckham's *Jesus and the Eyewitnesses*." *JSHJ* 6 (2008): 157-68.

_____. "A New Perspective on the Jesus Tradition: Reflections on James D. G. Dunn's *Jesus Remembered*." In *Memories of Jesus: A Critical Appraisal of James D. G. Dunn's* Jesus Remembered. Edited by R. B. Stewart and Gary R. Habermas. Nashville: Broadman & Holman, 2010, 59-78.

Campenhausen, Hans von. *The Formation of the Christian Bible*. Translated by J. A. Baker. Philadelphia: Fortress, 1972.

Capes, David G. "*Imitatio Christi* and the Gospel Genre." *BBR* 13 (2003): 1-19.

Carrington, Philip. *The Primitive Christian Calendar: A Study in the Making of the Marcan Gospel*. Cambridge: Cambridge University Press, 1952.

Carson, D. A. "Current Source Criticism of the Fourth Gospel." *JBL* 97 (1978): 411-29.

Carter, Warren. *John: Storyteller, Interpreter, Evangelist*. Peabody: Hendrickson, 2006.

Casey, Maurice. *Aramaic Sources of Mark's Gospel*. SNTSMS 102; Cambridge: Cambridge University Press, 1998.

_____. "An Aramaic Approach to the Synoptic Gospels." *ExpT* 110 (1999): 275-78.

_____. *Jesus of Nazareth*. London: Clark, 2010.

Catchpole, David. *Studies in Q*. Edinburgh: Clark, 1992.

_____. "On Proving Too Much: Critical Hesitations about Richard Bauckham's *Jesus and the Eyewitnesses*." *JSHJ* 6 (2008): 169-81.

Charlesworth, James H. "Tatian's Dependence upon Apocryphal Traditions." *HeyJ* 15 (1974): 5-17.

_____. *Jesus within Judaism: New Light from Exciting Archaeological Discoveries*. London: SPCK, 1989.

Charlesworth, Scott D. "T. C. Skeat, $P^{64}+^{67}$ and P^4, and the Problem of Fibre Orientation in Codicological Reconstruction." *NTS* 53 (2007): 582-604.

_____. "The Gospel Manuscript Tradition." In *The Content and Setting of the Gospel Tradition*. Edited by M. Harding and A. Nobbs. Grand Rapids: Eerdmans, 2010, 28-59.

_____. "'Catholicity' in Early Gospel Manuscripts." In *The Early Text of the New Testament*. Edited by C. E. Hill and M. J. Kruger. Oxford: Oxford University Press, 2012, 37-48.

Chilton, Bruce D. "An Evangelical and Critical Approach to the Sayings of Jesus." *Themelios* 3 (1978): 78-85.

_____. *Profiles of a Rabbi*. Atlanta: Scholars, 1989.

_____. *Pure Kingdom: Jesus' Vision of God*. Grand Rapids: Eerdmans, 1996.

_____. *Rabbi Jesus*. New York: Doubleday, 2000.

Collins, Adela Yarbro. *The Beginning of the Gospel: Probings of Mark in Context*. Minneapolis: Fortress, 1992.

_____. *Mark*. Hermeneia; Minneapolis: Fortress, 2007.

Colwell, Ernest C. *John Defends the Gospel*. Chicago: Willet, Clark, 1936.

Cook, John G. *The Structure and Persuasive Power of Mark: A Linguistic Approach*. Atlanta: Scholars, 1995.

Crook, Zeba Antonin. "The Synoptic Parables of the Mustard Seed and the Leaven: A Test-Case for the Two-Document, Two-Gospel, and Farrer-Goulder Hypotheses." *JSNT* 78 (2000): 23-48.

Crossan, John Dominic. *The Historical Jesus: The Life of a Mediterranean Jewish Peasant*. San Francisco: HarperCollins, 1991.

_____. "Itinerants and Householders in the Earliest Jesus Movement." In *Whose Historical Jesus?* Edited by William E. Arnal and Michel Desjardins. SCJ 7; Waterloo: Wilfrid Laurier University Press, 1997, 7-24.

_____. *The Birth of Christianity: Discovering What Happened in the Years Immediately after the Execution of Jesus*. San Francisco: HarperCollins, 1998.

Dahl, Nils A. *Jesus in the Memory of the Early Church*. Minneapolis: Augsburg, 1976.

_____. *Jesus the Christ: The Historical Origins of Christological Doctrine*. Minneapolis: Fortress, 1991.

Davids, Peter H. "The Gospels and the Jewish Tradition: Twenty Years After Gerhardsson." In *Gospel Perspectives 1: Studies of History and Tradition in the Four Gospels*. Edited by R. T. France and David Wenham. Sheffield: JSOT, 1983, 75-99.

_____. "James and Jesus." In *The Jesus Tradition outside the Gospels*. Edited by David Wenham. Sheffield: JSOT, 1985, 63-84.

Davies, W. D. "Reflections on a Scandinavian Approach to the 'Gospel Tradition.'" In *Neotestamentica et patristica. Eine Freundesgabe, Herrn Professor Dr. Oscar Cullmann zu seinem 60. Geburtstag uberreicht.* NovTSup 6; Leiden: Brill, 1962, 14-34.

_____. *The Setting of the Sermon on the Mount.* Cambridge: Cambridge University Press, 1964.

Denaux, Adelbert, ed. *John and the Synoptics.* BETL 101; Leuven: Leuven University Press, 1992.

Dewey, Joanna. "Mark as Aural Narrative: Structures and Clues to Understanding." *STR* 36 (1992): 45-56.

_____. "Mark—A Really Good Oral Story: Is That Why the Gospel of Mark Survived?" *JBL* 123 (2004): 495-507.

Dibelius, Martin. *From Tradition to Gospel.* Translated by Bertram Lee Woolf. Cambridge: Clarke, 1971 (1919).

_____. *Die Formgeschichte des Evangelium.* Berlin: Evangelische, 1969.

_____. *James: A Commentary on the Epistle of James.* Translated by M. A. Williams. Hermeneia: Philadelphia: Fortress, 1976.

Dickson, John. "Gospel as News: εὐαγγελ- from Aristophanes to the Apostle Paul." *NTS* 51 (2005): 212-30.

Diehl, Judith A. "What Is a 'Gospel'? Recent Studies in Gospel Genre." *CBR* 20 (2010): 1-26.

Dodd, C. H. *The Apostolic Preaching and Its Developments.* London: Hodder & Stoughton, 1936.

_____. *Historical Tradition in the Fourth Gospel.* Cambridge: Cambridge University Press, 1963.

_____. *The Founder of Christianity.* New York: Macmillan, 1970.

Downing, F. Gerald. "Contemporary Analogies to the Gospels and Acts: 'Genres' or 'Motifs'?" In *Synoptic Studies.* Edited by C. M. Tuckett. JSNTSup 7; Sheffield: JSOT, 1984, 51-64.

Draper, Jonathan. "The Jesus Tradition in the Didache." In *Gospel Perspectives 5: The Jesus Tradition outside the Gospels.* Edited by David Wenham. Sheffield: JSOT, 1985, 269-87.

_____. "The Jesus Tradition in the Didache." In *The Didache in Modern Research.*

Edited by Jonathan A. Draper. Leiden: Brill, 1996, 72-91.

Dulling, Dennis C. "Social Memory and Biblical Studies: Theory, Method, and Application." *BTB* 26 (2006): 2-3.

Dungan, David. "Mark—The Abridgement of Matthew and Luke." In *Jesus and Man's Hope*. Pittsburgh: Pittsburgh Theological Seminary, 1970, 51-97.

_____. "Theory of Synopsis Construction." *Bib* 61 (1980): 305-29.

_____. "Synopses of the Future." *Bib* 66 (1985): 457-92.

_____. "Synopses of the Future." In *The Interrelations of the Gospels*. Edited by D. L. Dungan. BETL 95; Leuven: Leuven University Press, 1990, 317-47.

_____. "Let John Be John: A Gospel of Its Time." In *The Gospel and the Gospels*. Edited by P. Stuhlmacher. Grand Rapids: Eerdmans, 1991, 293-322.

_____. *The History of the Synoptic Problem: The Canon, the Text, the Composition, and the Interpretation of the Gospels*. New York: Doubleday, 1999.

Dungan, David L., Allan J. McNicol, and David B. Peabody, eds. *Beyond the Q Impasse: Luke's Use of Matthew*. Valley Forge: Trinity, 1996.

Dunn, James D. G. "Prophetic 'I'-Sayings and the Jesus Tradition: The Importance of Testing Prophetic Utterances within Early Christianity." *NTS* 24 (1977-78): 175-98.

_____. *The Living Word*. Philadelphia: Fortress, 1987.

_____. "Let John Be John: A Gospel for Its Time." In *The Gospel and the Gospels*. Edited by P. Stuhlmacher. Grand Rapids: Eerdmans, 1991.

_____. "Jesus Tradition in Paul." In *Studying the Historical Jesus: Evaluations of the State of Current Research*. Edited by Bruce Chilton and Craig A. Evans. NTTS 19; Leiden: Brill, 1994, 155-78.

_____. *The Epistles to the Colossians and to Philemon*. NIGTC; Grand Rapids: Eerdmans, 1996.

_____. *The Theology of Paul the Apostle*. Grand Rapids: Eerdmans, 1998.

_____. "Can the Third Quest Hope to Succeed?" In *Authenticating the Activities of Jesus*. Edited by Bruce Chilton and Craig A. Evans. NTTS 28; Leiden: Brill, 1999, 31-48.

_____. "Jesus in Oral Memory: The Initial Stages of the Jesus Tradition." In *Jesus: A Colloquium in the Holy Land*. Edited by D. Donnelly. London: Continuum, 2001, 81-145.

_____. "Altering the Default Setting: Re-Envisaging the Early Transmission of the Jesus Tradition." *NTS* 49 (2003): 139-75.

_____. *The Epistle to the Galatian*. BNTC; London: Black, 2003.

_____. *Jesus Remembered*. CITM 1; Grand Rapids: Eerdmans, 2003.

_____. "On History, Memory, and Eyewitnesses: In Response to Bengst Holmberg and Samuel Byrskog." *JSNT* 26 (2004): 473-87.

_____. *A New Perspective on Jesus: What the Quests for the Historical Jesus Missed*. Grand Rapids: Baker, 2005.

_____. "Kenneth Bailey's Theory of Oral Tradition: Critiquing Theodore Weeden's Critique." *JSHJ* 7 (2009): 44-62.

_____. *Jesus, Paul, and the Gospels*. Grand Rapids: Eerdmans, 2011.

_____. "Remembering Jesus: How the Quest of the Historical Jesus Lost Its Way." In *Handbook for the Study of the Historical Jesus*. Edited by T. Holmén and S. E. Porter. 4 vols.; Leiden: Brill, 2011, 1:183-205.

_____. "The Gospel and the Gospels." *EQ* 85 (2013): 291-308.

du Toit, David S. "Redefining Jesus: Current Trends in Jesus Research." In *Jesus, Mark and Q: The Teaching of Jesus and Its Earliest Records*. Edited by M. Labahn and A. Schmidt. JSNTSup 214; Sheffield: Sheffield Academic, 2001, 82-124.

Dvorak, James D. "The Relationship between John and the Synoptic Gospels." *JETS* 41 (1998): 201-13.

Easton, B. S. *The Gospel before the Gospels*. London: Allen & Unwin, 1928.

Eddy, Paul R., and Gregory A. Boyd. *The Jesus Legend: A Case for the Historical Reliability of the Synoptic Jesus Tradition*. Grand Rapids: Baker, 2007.

Edwards, James R. "The Gospel of the Ebionites and the Gospel of Luke." *NTS* 48 (2002): 568-86.

_____. *The Hebrew Gospel and the Development of the Synoptic Tradition*. Grand Rapids: Eerdmans, 2009.

Edwards, M. J., and Simon Swain, eds. *Portraits: Biographical Representation in Greek and Latin Literature of the Roman Empire*. Oxford: Clarendon, 1997.

Ehrman, Bart. *The Orthodox Corruption of Scripture: The Effect of Early Christological Controversies on the Text of the New Testament*. Oxford: Oxford University Press, 1993.

_____. *Lost Christianities: The Battle for the Scripture and the Faiths We Never*

Knew. Oxford: Oxford University Press, 2003.

_____. *Jesus, Interrupted: Revealing the Hidden Contradictions in the Bible (and Why We Don't Know About Them)*. New York: HarperOne, 2009.

Ehrman, Bart, and Ziatko Pleše. *The Apocryphal Gospels: Texts and Translation*. Oxford: Oxford University Press, 2011.

Eitzen, Kim Haines. *Guardians of Letters: Literacy, Power, and the Transmitters of Early Christian Literature*. Oxford: Oxford University Press, 2000.

Elliott, J. K. "The Relevance of Textual Criticism to the Synoptic Problem." In *The Interrelations of the Gospels*. Edited by D. L. Dungan. BETL 95; Leuven: Leuven University Press, 1990, 348-59.

_____. "Which Is the Best Synopsis?" *ExpT* 102 (1991): 200-204.

_____. "Printed Editions of Greek Synopses and Their Influence on the Synoptic Problem." In *The Four Gospels 1992*. Edited by F. Van Segbroeck, C. M. Tuckett, G. Van Belle, and J. Verheyden. BETL 100; FS F. Neirynck; Leuven: Leuven University Press, 1992, 337-57.

_____. *The Apocryphal New Testament*. Oxford: Clarendon, 1993.

Ellis, E. Earle. *The Gospel of Luke*. NCB; London: Nelson, 1966.

_____. "Traditions in 1 Corinthians." *NTS* 32 (1986): 481-502.

_____. "Gospel Criticism: A Perspective on the State of the Art." In *The Gospel and the Gospels*. Edited by P. Stuhlmacher. Grand Rapids: Eerdmans, 1991, 26-52.

_____. "The Synoptic Gospels and History." In *Authenticating the Activities of Jesus*. Edited by Bruce D. Chilton and Craig A. Evans. NTTS 28; Leiden: Brill, 1999, 49-57.

_____. *The Making of the New Testament Documents*. Leiden: Brill, 2002.

Ennulat, Andreas. *Die "Minor Agreements" Untersuchungen zu einer offenen Frage des synoptischens Problems*. WUNT 2.62; Tübingen: Mohr, 1994.

Evans, Craig A. *Jesus and His Contemporaries: Comparative Studies*. Leiden: Brill, 1995.

_____. "The Passion of Jesus: History Remembered or Prophecy Historicized?" *BBR* 6 (1996): 159-65.

_____. "Mark's Incipit and the Priene Calendar: From Jewish Gospel to Greco-Roman Gospel." *JGRChJ* 1 (2000): 67-81.

_____. "Life of Jesus." In *Handbook to Exegesis of the New Testament*. Edited by

Stanley E. Porter. Leiden: Brill, 2002, 427-76.

_____. "Sorting Out the Synoptic Problem: Why an Old Approach Is Still Best." In *Reading the Gospels Today*. Edited by S. E. Porter. Grand Rapids: Eerdmans, 2004, 1-26.

Farmer, William. *The Synoptic Problem: A Critical Analysis*. New York: Macmillan, 1964.

_____. "The Lachmann Fallacy." *NTS* 14 (1968): 441-43.

_____. *Jesus and the Gospel: Tradition, Scripture, and Canon*. Philadelphia: Fortress, 1982.

_____. "The Minor Agreements of Matthew and Luke against Mark and the Two Gospel Hypothesis." In *Minor Agreements: Symposium Göttingen, 1991*. Edited by G. Strecker. Göttingen: Vandenhoeck & Ruprecht, 1993, 163-208.

_____. *The Gospel of Jesus: The Pastoral Relevance of the Synoptic Problem*. Louisville: Westminster John Knox, 1994.

_____. "The Case for the Two-Gospel Hypothesis." In *Rethinking the Synoptic Problem*. Edited by D. A. Black and D. R. Beck. Grand Rapids: Baker, 2001, 97-135.

Farrer, Austin M. "On Dispensing with Q." In *The Two-Source Hypothesis: A Critical Appraisal*. Edited by A. J. Bellizoni. Macon: Mercer University Press, 1985, 321-56.

Fee, Gordon D. "A Text-Critical Look at the Synoptic Problem." *NovT* 22 (1980): 12-28.

_____. "P^{75}, P^{66}, and Origen: The Myth of Early Textual Recension in Alexandria." In *Studies in the Theory and Method of New Testament Textual Criticism*. Edited by I. A. Sparks. Grand Rapids: Eerdmans, 1993, 247-73.

_____. "The Text of John in *The Jerusalem Bible*: A Critique of the Use of Patristic Citations in New Testament Textual Criticism." In *Studies in the Theory and Method of New Testament Textual Criticism*. Edited by I. A. Sparks. Grand Rapids: Eerdmans, 1993, 335-43.

Ferreira, Johan. "The Non-Canonical Gospels." In *The Content and Setting of the Gospel Tradition*. Edited by M. Harding and A. Nobbs. Grand Rapids: Eerdmans, 2010, 209-30.

Fitzmyer, Joseph A. "The Priority of Mark and the 'Q' Source in Luke." In *Jesus and Man's Hope*. Edited by D. G. Buttrick. Pittsburgh: Pittsburgh Theological

Seminary, 1970, 1:131-70.

_____. *A Wandering Aramean: Collected Essays*. Missoula: Scholars, 1979.

_____. *The Gospel According to Luke*. 2 vols.; AB; Garden City: Doubleday, 1981.

_____. "Luke's Use of Q." In *The Two-Source Hypothesis: A Critical Appraisal*. Edited by A. J. Bellinzoni. Mercer: Mercer University Press, 1985, 245-57.

Fledderman, Harry T. *Mark and Q: A Study of the Overlap Texts*. BETL 122; Leuven: Leuven University Press, 1995.

Flusser, David, and Huub van de Sandt. *The Didache: Its Jewish Sources and Its Place in Early Judaism and Christianity*. Minneapolis: Fortress, 2002.

Fortna, Robert. *The Fourth Gospel and Its Predecessor: From Narrative Source to Present Gospel*. Philadelphia: Fortress, 1988.

Foster, Paul. "Is It Possible to Dispense with Q?" *NovT* 45 (2003): 313-37.

_____. "Are There Any Early Fragments of the So-Called Gospel of Peter?" *NTS* 52 (2005): 1-28.

_____. "The Epistles of Ignatius of Antioch and the Writings That Later Formed the New Testament." In *The Reception of the New Testament in the Apostolic Fathers*. Edited by A. Gregory and C. Tuckett. Oxford: Oxford University Press, 2005, 159-86.

Foster, Paul, Andrew Gregory, John Kloppenborg, and Jozef Verheyden, eds. *New Studies in the Synoptic Problem: Oxford Conference, April 2008*. BETL 239; FS Christopher Tuckett; Leuven: Peeters, 2011.

Fredriksen, Paula. *Jesus of Nazareth, King of the Jews*. New York: Vintage, 1999.

Frenschkowski, Marco. "Marcion in arabischen Quellen." In *Marcion und seine kirchengeschichtliche Wirkung*. Edited by G. May and K. Greschat. Berlin: de Gruyter, 2002, 39-63.

Frey, Jörg. "Das Vierte Evangelium auf dem Hintergrund der älteren Evangelientradition. Zum Problem Johannes und die Synoptiker." In *Johannesevangelium, Mitte oder Rand des Kanons? Neue Standortbestimmungen*. Edited by T. Söding. Freiburg im Bresgau: Herder, 2003, 60-118.

Freyne, Seán. *Galilee, Jesus and the Gospels: Literary Approaches and Historical Investigations*. Philadelphia: Fortress, 1988.

_____. *Jesus, A Jewish Galilean: A New Reading of the Jesus-Story*. London: Continuum, 2005.

Fuchs, Albert. *Sprachliche Untersuchungen zu Matthaüs und Lukas. Ein Beitrag zur Quellenkritik*. Analecta Biblica 49; Rome: Biblical Institute Press, 1971.

_____. *Spuren von Deuteromarkus*. 5 vols.; SNTU 5; Münster: Lit, 2004-7.

Funk, Robert W. *Honest to Jesus: Jesus for a New Millennium*. San Francisco: HarperCollins, 1996.

_____. *The Acts of Jesus: The Search for the Authentic Deeds of Jesus*. San Francisco: HarperCollins, 1998.

Funk, Robert W., and Roy W. Hoover, *The Five Gospels: The Search for the Authentic Words of Jesus*. San Francisco: HarperCollins, 1993.

Furnish, Victor Paul. *II Corinthians*. AB; New York: Doubleday, 1984.

Gamble, Harry. *Books and Readers in the Early Church: A History of Early Christian Texts*. New Haven: Yale University Press, 1995.

_____. "The Book Trade in the Roman Empire." In *The Early Text of the New Testament*. Edited by C. E. Hill and M. J. Kruger. Oxford: Oxford University Press, 2012, 23-36.

Gardner-Smith, P. *Saint John and the Synoptic Gospels*. Cambridge: Cambridge University Press, 1938.

Gathercole, Simon. "The Gospel of Paul and the Kingdom of God." In *God's Power to Save*. Edited by C. Green. Nottingham: Inter-Varsity, 2006, 138-54.

_____. *The Gospel of Judas*. Oxford: Oxford University Press, 2007.

_____. *The Composition of the Gospel of Thomas: Original Language and Influences*. SNTSMS 151; Cambridge: Cambridge University Press, 2012.

_____. "The Titles of the Gospels in the Earliest New Testament Manuscripts." *ZNW* 104 (2013): 33-76.

Gaventa, Beverly R., and Richard B. Hays. "Seeking the Identity of Jesus." In *Seeking the Identity of Jesus: A Pilgrimage*. Edited by Beverly R. Gaventa and Richard B. Hays. Grand Rapids: Eerdmans, 2008, 1-24.

Georgi, Dieter. *The Opponents of Paul in Second Corinthians: A Study of Religious Propaganda in Late Antiquity*. Philadelphia: Fortress, 1986.

Gerhardsson, Birger. *The Origin of the Gospel Traditions*. Philadelphia: Fortress, 1979.

_____. *The Gospel Tradition*. Lund: Gleerup, 1986.

_____. "The Gospel Tradition." In *The Interrelations of the Gospels*. Edited by

David Dungan. Leuven: Leuven University Press, 1990, 497-545.

_____. "The Path of the Gospel Tradition." In *The Gospel and the Gospels*. Edited by Peter Stuhlmacher. Grand Rapids: Eerdmans, 1991, 75-96.

_____. *Memory and Manuscript: Oral Tradition and Written Transmission in Rabbinic Judaism and Early Christianity*. 2nd ed.; Grand Rapids: Eerdmans, 1998.

_____. *The Reliability of the Gospel Tradition*. Peabody: Hendrickson, 2001.

_____. "The Secret of the Transmission of the Unwritten Jesus Tradition." *NTS* 51 (2005): 1-18.

Gerlach, Karl. *The Antenicene Pascha: A Rhetorical History*. Leuven: Peeters, 1998.

Gero, Stephen. "Apocryphal Gospels: A Survey of Textual History and Literary Problems." *ANRW* 2.25.5 (1988): 3969-96.

Glover, R. "The *Didache's* Quotations and the Synoptic Gospels." *NTS* (1958): 12-29.

Gnilka, Joachim. *Das Matthaüsevangelium II*. HTK; Freiberg: Herder, 1988.

Goodacre, Mark S. *Goulder and the Gospels: An Examination of a New Paradigm*. JSNTSup 133; Sheffield: Sheffield Academic, 1996.

_____. "Fatigue in the Synoptics." *NTS* 44 (1998): 45-58.

_____. *The Synoptic Problem: A Way through the Maze*. London: Sheffield Academic, 2001.

_____. *The Case Against Q*. Harrisburg: Trinity, 2002.

_____. "Scripturalization in Mark's Crucifixion Narrative." In *The Trial and Death of Jesus: Essays on the Passion Narrative in Mark*. Edited by G. van Oyen and T. Shepherd. Leuven: Peeters, 2006, 33-47.

_____. *Thomas and the Gospels: The Making of an Apocryphal Text*. Grand Rapids: Eerdmans, 2012.

Goodacre, Mark, and Nicholas Perrin, eds. *Questioning Q: A Multi-Dimensional Critique*. Downers Grove: InterVarsity, 2004.

Goodspeed, E. J. *The Formation of the New Testament*. Chicago: University of Chicago Press, 1937.

Goodwin, C. "How Did John Treat His Sources?" *JBL* 73 (1954): 61-75.

Goulder, Michael. *Midrash and Lexicon, the Evangelist's Calendar: A Lectionary Explanation of the Development of Scripture*. London: SPCK, 1978.

_____. "The Order of a Crank." In *Synoptic Studies: The Ampleworth Conferences* of 1982 and 1983. Edited by C. M. Tuckett. JSNTSup 7; Sheffield: JSOT, 1984, 111-30.

_____. *Luke: A New Paradigm*. 2 vols.; JSNTSup 20; Sheffield: JSOT, 1989.

_____. "Luke's Compositional Options." *NTS* 39 (1993): 150-52.

_____. "Luke's Knowledge of Matthew." In *Minor Agreements: Symposium Göttingen, 1991*. Edited by G. Strecker. Göttingen: Vandenhoeck & Ruprecht, 1993, 142-62.

_____. "Is Q a Juggernaut?" *JBL* 115 (1996): 667-91.

_____. "Ignatius' 'Docetists.' " *VC* 53 (1999): 16-30.

_____. "Self-Contradiction in the IQP?" *JBL* 118 (1999): 506-17.

Grant, Robert M. "The Fourth Gospel and the Church." *HTR* 35 (1942): 95-116.

Green, Joel B. "Passion Narrative." In *DJG*. Edited by Joel B. Green, Scot McKnight, and I. Howard Marshall. Downers Grove: InterVarsity, 1992, 602-4.

_____. "The Gospel According to Mark." In *The Cambridge Companion to the Gospels*. Edited by Stephen C. Barton. Cambridge: Cambridge University Press, 2007, 139-47.

Gregory, Andrew. "Prior or Posterior? *The Gospel of the Ebionites* and the Gospel of Luke." *NTS* 51 (2005): 344-60.

_____. "The Non-Canonical Gospels and the Historical Jesus—Some Reflections on Issues and Methods." *EQ* 81 (2009): 3-22.

Gregory, Andrew F., and Christopher M. Tuckett. "*2 Clement* and the Writings That Later Formed the New Testament." In *The Reception of the New Testament in the Apostolic Fathers*. Edited by A. Gregory and C. Tuckett. Oxford: Oxford University Press, 2005, 252-92.

Guelich, Robert. "The Gospel Genre." In *The Gospel and the Gospels*. Edited by P. Stuhlmacher. Grand Rapids: Eerdmans, 1991, 172-208.

Gundry, Robert H. "Matthean Foreign Bodies in Agreements of Luke with Matthew against Mark: Evidence That Luke Used Matthew." In *The Four Gospels 1992*. Edited by F. van Segbroeck et al. BETL 100; FS F. Neirynck; Leuven: Leuven University Press, 1992, 2:1466-95.

_____. *Mark: A Commentary on His Apology for the Cross*. Grand Rapids: Eerdmans, 1993.

_____. *Matthew: A Commentary on His Handbook for a Mixed Church under*

    Persecution. 2nd ed.; Grand Rapids: Eerdmans, 1994.

_____. "A Rejoinder on Matthean Foreign Bodies in Luke 10,25-28." *ETL* 71 (1995): 139-50.

_____. "ΕΥΑΓΓΕΛΙΟΝ: How Soon a Book?" *JBL* 115 (1996): 321-25.

_____. "The Refusal of Matthean Foreign Bodies to Be Excised from Luke 9,22; 10,25-28." *ETL* 75 (1999): 104-22.

_____. "The Symbiosis of Theology and Genre Criticism of the Canonical Gospels." In *The Old Is Better: New Testament Essays in Support of Tradition Interpretations*. WUNT 178; Tübingen: Mohr, 2005, 18-48.

Guthrie, Donald. *New Testament Introduction*. 4th ed.; Leicester: Apollos, 1990.

Hadad, Moses, and Morton Smith. *Heroes and Gods: Spiritual Biographies in Antiquity*. New York: Harper & Row, 1965.

Hahneman, Geoffrey M. *The Muratorian Fragment and the Development of the Canon*. Oxford: Clarendon, 1992.

Halverson, John. "Oral and Written Gospel: A Critique of Werner Kelber." *NTS* 40 (1994):180-95.

Hannah, Darrell D. "The Four-Gospel 'Canon' in the *Epistula Apostolorum*." *JTS* 58 (2007): 598-633.

Harnack, Adolf von. "Gospel: History of the Conception in the Earliest Church." In *The Constitution and Law of the Church in the First Two Centuries*. London: Williams & Norgate, 1910, 275-331.

Hartin, Patrick. *James and the "Q" Sayings of Jesus*. JSNTSup 47; Sheffield: JSOT, 1991.

_____. "James and the Jesus Tradition: Some Theological Reflections and Implications." In *Catholic Epistles and Apostolic Tradition*. Edited by Karl-Wilhelm Niebuhr and Robert W. Wall. Waco: Baylor University Press, 2009, 55-70.

Harvey, A. E. *Jesus and the Constraints of History*. London: Duckworth, 1982.

Häusser, Detlef. *Christusbekenntnis und Jesusüberlieferung bei Paulus*. WUNT 2.210; Tübingen: Mohr, 2006.

Hawkins, J. C. *Horae Synopticae*. Oxford: Clarendon, 1909.

Hawthorne, G. F. "Christian Prophets and the Sayings of Jesus: Evidence of and Criteria for." *SBL Seminar Papers 8*. Missoula: Scholars, 1975, 105-29.

Head, Peter M. *Christology and the Synoptic Problem: An Argument for Markan*

Priority. SNTSMS 94; Cambridge: Cambridge University Press, 1997.

_____. "Some Recently Published NT Papyri from Oxyrynchus: An Overview and Preliminary Assessment." *TynBul* 51 (2000): 1-16.

_____. "The Role of Eyewitnesses in the Formation of the Gospel Tradition: A Review Article of Samuel Byrskog, *Story as History—History as Story*." *TynBul* 52 (2001): 275-94.

_____. "Is P^4, P^{64} and P^{67} the Oldest Manuscript of the Four Gospels? A Response to T. C. Skeat." *NTS* 51 (2005): 450-57.

_____. "Graham Stanton and the Four-Gospel Codex." In *Jesus, Matthew's Gospel and Early Christianity*. Edited by R. Burridge, D. Gurtner, and J. Willitts. LNTS 435; FS Graham Stanton; London: Clark, 2011, 93-101.

_____. "Textual Criticism and the Synoptic Problem." In *New Studies in the Synoptic Problem: Oxford Conference, 2008*. Edited by P. Foster, A. Gregory, J. S. Kloppenborg, and J. Verheyden. BETL 239; FS C. Tuckett; Leuven: Peeters, 2011, 115-56.

Heckel, Theo K. *Vom Evangelium des Markus zum Viergestaltigen Evangelium*. WUNT 120; Tübingen: Mohr, 1999.

Henaut, Barry W. *Oral Tradition and the Gospels: The Problem of Mark 4*. JSNTSup 82; Sheffield: Sheffield Academic, 1993.

Hengel, Martin. *Judaism and Hellenism: Studies in Their Encounter in Palestine during the Early Hellenistic Period*. 2 vols.; Philadelphia: Fortress, 1974.

_____. *The Son of God: The Origin of Christology and the History of Jewish-Hellenistic Religion*. Translated by J. Bowden. Philadelphia: Fortress, 1976.

_____. *Acts and the History of Earliest Christianity*. Philadelphia: Fortress, 1980.

_____. *The Charismatic Leader and His Followers*. Translated by James C. G. Greig. Edinburgh: Clark, 1981.

_____. *The Johannine Question*. London: SCM, 1989.

_____. *The Pre-Christian Paul*. Translated by John Bowden. Philadelphia: Fortress, 1991.

_____. *The Four Gospels and the One Gospel of Jesus Christ*. Translated by J. Bowden. Harrisburg: Trinity, 2000.

_____. "Eye-Witness Memory and the Writing of the Gospels." In *The Written Gospel*. Edited by M. A. Bockmuehl and D. A. Hagner. Cambridge: Cambridge

University Press, 2005, 70-96.

Hengel, Martin, and Roland Deines. "E. P. Sander's 'Common Judaism', Jesus, and the Pharisees." *JTS* 46 (1995): 1-70.

Hezser, Catherine. *Jewish Literacy in Roman Palestine*. TSAJ 81; Tübingen: Mohr, 2001.

Hill, Charles E. "The Debate over the Muratorian Fragment and the Development of the Canon." *WTJ* 57 (1995): 437-52.

_____. "Justin and the New Testament Writings." In *Studia Patristica* 30. Edited by D. A. Livingstone. Leuven: Peeters, 1997, 42-48.

_____. "What Papias Said About John (and Luke)." *JTS* 49 (1998): 582-629.

_____. "The *Epistula Apostolorum*: An Asian Tract from the Time of Polycarp." *JECS* 7 (1999): 1-53.

_____. *The Johannine Corpus in the Early Church*. Oxford: Oxford University Press, 2004.

_____. "Ignatius, 'the Gospel,' and the Gospels." In *Trajectories through the New Testament and the Apostolic Fathers*. Edited by A. Gregory and C. Tuckett. Oxford: Oxford University Press, 2005, 267-85.

_____. "The Fourth Gospel in the Second Century: The Myth of Orthodox Johannophobia." In *Challenging Perspectives on the Gospel of John*. Edited by J. Lierman. WUNT 2.219; Tübingen: Mohr, 2006, 135-69.

_____. "Papias of Hierapolis." *ExpT* 117 (2006): 309-15.

_____. *Who Chose the Gospels? Probing the Great Gospel Conspiracy*. Oxford: Oxford University Press, 2010.

Hill, Charles E., and Michael J. Kruger. "Introduction." In *The Early Text of the New Testament*. Edited by C. E. Hill and M. J. Kruger. Oxford: Oxford University Press, 2012, 1-19.

Hincks, Edward Y. "The Probable Use of the First Gospel by Luke." *JBL* 10 (1891): 92-106.

Hirsch, E. *Frühgeschichte des Evangeliums*. Tübingen: Mohr, 1941.

Hobbs, Edward C. "A Quarter-Century without 'Q.' " *Perkins School of Theology Journal* 33 (1980): 10-19.

Holladay, Carl R. *Theios Anēr in Hellenistic Judaism: A Critique of the Use of This Category in New Testament Christology*. Missoula: Scholars, 1977.

Hollander, Harm W. "The Words of Jesus: From Oral Traditions to Written Record in Paul and Q." *NovT* 42 (2000): 340-57.

Holmes, Michael W. "From 'Original Text' to 'Initial Text': The Traditional Goal of New Testament Textual Criticism in Contemporary Discussion." In *The Text of the New Testament in Contemporary Research: Essays on the Status Quaestionis*. Edited by B. D. Ehrman and M. W. Holmes. 2nd ed.; Leiden: Brill, 2012, 637-88.

Holtzmann, H. J. *Die synoptischen Evangelien. Ihr Ursprung und geschichtlicher Charakter*. Leipzig: Engelmann, 1863.

_____. "Zur synoptischen Frage." *Jahrbücher für protestantische Theologie* 4 (1878): 145-88, 328-82, 533-68.

_____. *Lehrbuch der historisch-kritischen Einleitung in das Neue Testament*. Leipzig, 1885.

Honey, T. E. Floyd. "Did Mark Use Q?" *JBL* 62 (1943): 319-31.

Hood, Jason B. *Imitating God in Christ: Recapturing a Biblical Pattern*. Downers Grove: InterVarsity, 2013.

Hooker, Morna D. "Beginnings and Endings." In *The Written Gospel*. Edited by Markus Bockmuehl and D. A. Hagner. FS Graham Stanton; Cambridge: Cambridge University Press, 2005, 184-202.

Horbury, William. "'Gospel' in Herodian Judean." In *The Written Gospel*. Edited by M. Bockmuehl and D. A. Hagner. Cambridge: Cambridge University Press, 2005, 7-30.

Horsley, Richard A. *Galilee: History, Politics, People*. Valley Forge: Trinity, 1995.

_____. *Hearing the Whole Story: The Politics of Plot in Mark's Gospel*. Louisville: Westminster John Knox, 2001.

_____. "Oral Tradition in New Testament Studies." *Oral Tradition* 18 (2003): 34-36.

Horsley, Richard A., Jonathan A. Draper, and John Miles Foley, eds. *Performing the Gospel: Orality, Memory, and Mark: Essays Dedicated to Werner Kelber*. Minneapolis: Fortress, 2006.

Huck, A., and H. Greeven, eds. *Synopse der drei ersten Evangelien mit Beigabe der johanneischen Parallelstellen*. Tübingen: Mohr, 1981.

Huggins, Ronald V. "Matthean Posteriority: A Preliminary Proposal." *NovT* 34 (1992): 1-22.

Hughes, Graham. *Hebrews and Hermeneutics: The Epistle to the Hebrews as a*

New Testament Example of Biblical Interpretation. SNTSMS 36; Cambridge: Cambridge University Press, 1979.

Hultgren, Arland J. *The Rise of Normative Christianity*. Eugene: Wipf & Stock, 1994.

Hultgren, Stephen. *Narrative Elements in the Double Tradition: A Study of Their Place within the Framework of the Gospel Narrative*. BZNW 113; Berlin: de Gruyter, 2002.

Hurtado, Larry. "Gospel (Genre)." In *DJG*. Edited by J. B. Green, S. McKnight, and I. H. Marshall. Downers Grove: InterVarsity, 1992, 276-82.

_____. "Greco-Roman Textuality and the Gospel of Mark: A Critical Assessment of Werner Kelber's *The Oral and the Written Gospel*." *BBR* 7 (1997): 91-106.

_____. *Lord Jesus Christ: Devotion to Jesus in Earliest Christianity*. Grand Rapids: Eerdmans, 2003.

_____. *The Earliest Christian Artifacts: Manuscripts and Christian Origins*. Grand Rapids: Eerdmans, 2006.

_____. "The New Testament in the Second Century: Text, Collections and Canon." In *Transmission and Reception: New Testament Text-Critical and Exegetical Studies*. Edited by D. C. Parker and J. W. Childers. Piscataway: Gorgias, 2006, 3-27.

_____. "Manuscripts and the Sociology of Early Christian Reading." In *The Early Text of the New Testament*. Edited by C. E. Hill and M. J. Kruger. Oxford: Oxford University Press, 2012, 49-62.

Ingolfsland, Dennis. "Kloppenborg's Stratification of Q and Its Significance for Historical Jesus Studies." *JETS* 46 (2003): 217-32.

Iverson, Kelly R. "Orality and the Gospels: A Survey of Research." *CBR* 8 (2009): 71-106.

Jaffee, M. S. *Torah in the Mouth: Writing and Oral Tradition in Palestinian Judaism 200 BCE-400 CE*. Oxford: Oxford University Press, 2001.

Jaroš, Karl, et al., eds. *Das Neue Testament nach den älten grieschischen Handschriften. Die handschriftliche grieschiche Überlieferung des Neuen Testaments vor Codex Sinaiticus und Codex Vaticanus*. Mainz: Rutzen, 2006.

Jeremias, Joachim. *New Testament Theology*. Translated by John Bowden. London: SCM, 1971.

Jervell, Jacob. "The Future of the Past: Luke's Vision of Salvation History and Its

Bearing on His Writing of History." In *History, Literature, and Society in the Book of Acts*. Edited by Ben Witherington. Cambridge: Cambridge University Press, 1996, 104-26.

Johnson, Luke Timothy. *The Writings of the New Testament: An Interpretation*. Rev. ed.; London: SCM, 1999.

Johnson, Luke Timothy, and Wesley H. Wachob. "The Sayings of Jesus in the Letter of James." In *Authenticating the Words of Jesus*. Edited by B. D. Chilton and C. A. Evans. NTTS 28.1; Leiden: Brill, 1999, 431-50.

Johnson, William A. "Towards a Sociology of Reading in Classical Antiquity." *AJP* 121 (2000): 593-627.

_____. *Readers and Reading Culture in the High Roman Empire: A Study of Elite Communities*. Oxford: Oxford University Press, 2010.

Jones, Brice C. *Matthean and Lukan Special Material: A Brief Introduction with Texts in Greek and English*. Eugene: Wipf & Stock, 2011.

Kähler, Martin. *The So-Called Historical Jesus and the Historic Biblical Christ*. Translated and edited by Carl E. Braaten. Philadelphia: Fortress, 1988 (1896).

Käsemann, Ernst. "The Problem of the Historical Jesus." In *Essays on New Testament Themes*. Translated by W. J. Montague. London: SCM, 1964, 17-47.

Kee, Howard Clark. "Aretalogy and Gospel." *JBL* 92 (1973): 402-22.

_____. *The Beginnings of Christianity: An Introduction to the New Testament*. London: Clark, 2005.

Keeder, Kylu. *The Branches of the Gospel of John: The Reception of the Fourth Gospel in the Early Church*. LNTS 332; London: Clark, 2006.

Keener, Craig. *A Commentary on the Gospel of Matthew*. Grand Rapids: Eerdmans, 1999.

_____. *The Gospel of John: A Commentary*. 2 vols.; Peabody: Hendrickson, 2004.

_____. *The Historical Jesus of the Gospels*. Grand Rapids: Eerdmans, 2009.

Keightley, G. M. "The Church's Memory of Jesus: A Social Science Analysis of 1 Thessalonians." *BTB* 17 (1987): 149-56.

Keith, Chris. *Jesus' Literacy: Scribal Culture and the Teacher from Galilee*. LNTS 413; London: Clark, 2011.

_____. "Memory and Authenticity: Jesus Tradition and What Really Happened." *ZNW* 102 (2011): 155-77.

_____. "The Indebtedness of the Criteria Approach to Form Criticism and Recent Attempts to Rehabilitate the Search for an Authentic Jesus." In *Jesus, Criteria, and the Demise of Authenticity*. Edited by C. Keith and A. Le Donne. London: Clark, 2012, 25-48.

Kelber, Werner. *The Oral and the Written Gospel*. Philadelphia: Fortress, 1983.

_____. "The Case of the Gospels: Memory's Desire and the Limitations of Historical Criticism." *Oral Tradition* 17 (2002): 55-86.

_____. "The Generative Force of Memory: Early Christian Traditions as Processes of Remembering." *BTB* 36 (2006): 15-22.

_____. "The Work of Birger Gerhardsson in Perspective." In *Jesus in Memory: Traditions in Oral and Scribal Perspective*. Edited by W. Kelber and S. Byrskog. Waco: Baylor University Press, 2009, 173-206.

Kelber, Werner, and Samuel Byrskog, eds. *Jesus in Memory: Traditions in Oral and Scribal Perspectives*. Waco: Baylor University Press, 2009.

Kelhoffer, James A. *Miracle and Mission*. WUNT 2.112; Tübingen: Mohr, 2000.

_____. "'How Soon a Book' Revisited: ΕΥΑΓΓΕΛΙΟΝ as a Reference to 'Gospel' Material in the First Half of the Second Century." *ZNW* 95 (2004): 1-34.

Kennedy, George A. "Classical and Christian Source Criticism." In *The Relationship among the Gospels: An Interdisciplinary Dialogue*. Edited by W. O. Walker. San Antonio: Trinity University Press, 1978, 125-55.

Kim, Seyoon. "Jesus, Sayings of." In *DPL*. Edited by Gerald F. Hawthorne, Ralph P. Martin, and Daniel G. Reid. Downers Grove: InterVarsity, 1993, 474-92.

Kirk, Alan, and Tom Thatcher. "Jesus Tradition as Social Memory." In *Memory, Tradition, and Text: Uses of the Past in Early Christianity*. Edited by Alan Kirk and Tom Thatcher. Semeia 52; Leiden: Brill, 2005, 25-42.

Klein, Hans. *Bewährung im Glauben. Studien zum Sondergut des Evangelisten Matthäus*. Neukirchen-Vluyn: Neukirchener, 1996.

Kline, Meredith G. "The Old Testament Origins of the Gospel Genre." *WTJ* 38 (1975): 1-27.

Klink, Edward W., ed. *The Audience of the Gospels: The Origin and Function of the Gospels in Early Christianity*. LNTS 353; London: Clark, 2010.

Kloppenborg, John S. "*Didache* 16:6-8 and Special Matthean Tradition." *ZNW* 70 (1979): 54-67.

_____. *Formation of Q: Trajectories in Ancient Wisdom Collections*. Philadelphia: Fortress, 1987.

_____. *Q Parallels: Synopsis, Critical Notes and Concordance*. Sonoma: Polebridge, 1988.

_____. *Excavating Q: The History and Setting of the Sayings Gospel*. Minneapolis: Fortress, 2000.

_____. "Is There a New Paradigm?" In *Christology, Controversy, and Community: New Testament Essays in Honour of David Catchpole*. Edited by D. Horrell and C. M. Tuckett. NovTSup 99; Leiden: Brill, 2000, 23-47.

_____. "The Reception of the Jesus Tradition in James." In *The Catholic Epistles and the Tradition*. Edited by Jacques Schlosser. BETL 176; Leuven: Peeters, 2004, 91-139.

_____. "The Emulation of the Jesus Tradition in the Letter of James." In *Reading James with New Eyes: Methodological Reassessments of the Letter of James*. Edited by Robert L. Webb and John S. Kloppenborg. LNTS 342; London: Clark, 2007, 121-50.

_____. "The Reception of the Jesus Tradition in James." In *Catholic Epistles and Apostolic Tradition*. Edited by Karl-Wilhelm Niebuhr and Robert W. Wall. Waco: Baylor University Press, 2009, 71-100.

_____. "Synopses and the Synoptic Problem." In *New Studies in the Synoptic Problem: Oxford Conference, 2008*. Edited by P. Foster, A. Gregory, J. S. Kloppenborg, and J. Verheyden. BETL 239; FS C. Tuckett; Leuven: Peeters, 2011, 51-86.

Knox, John. *Jesus: Lord and Christ*. New York: Harper, 1958.

Koester, Helmut. *Synoptische Überlieferung bei den apostolischen Vätern*. Berlin: Akademie, 1957.

_____. "One Jesus and Four Primitive Gospels." In *Trajectories through Early Christianity*. Eugene: Wipf & Stock, 2011 (1971), 187-93.

_____. "The Structure and Criteria of Early Christian Beliefs." In *Trajectories through Early Christianity*. Eugene: Wipf & Stock, 2011 (1971), 211-29.

_____. *Ancient Christian Gospels: Their History and Development*. London: SCM, 1990.

_____. "Epilogue: Current Issues in New Testament Scholarship." In *The Future of Early Christianity: Essays in Honor of Helmut Koester*. Edited by Birger A. Pearson. Minneapolis: Fortress, 1991, 467-96.

_____. "History and Development of Mark's Gospel (From Mark to Secret Mark and 'Canonical' Mark)." In *Colloquy on New Testament Studies: A Time for Reappraisal and Fresh Approaches*. Edited by B. Corley. Macon: Mercer University Press, 1991, 35-57.

_____. "Written Gospels or Oral Tradition?" *HTR* 113 (1994): 293-97.

_____. "Gospels and Gospel Traditions in the Second Century." In *Trajectories through the New Testament and the Apostolic Fathers*. Edited by A. Gregory and C. Tuckett. Oxford: Oxford University Press, 2005, 27-44.

Köstenberger, Andreas. "John's Transposition Theology: Retelling the Story of Jesus in a Different Key." In *Earliest Christian History*. Edited by M. F. Bird and J. Maston. WUNT 2.320; Tübingen: Mohr, 2012, 191-226.

Kuhn, H. W. *Ältere Sammlungen im Markusevangelium*. Göttingen: Vandenhoeck & Ruprecht, 1971.

Kümmel, W. G. *Introduction to the New Testament*. Nashville: Abingdon, 1966.

_____. *The Theology of the New Testament*. Translated by John E. Steely. London: SCM, 1976.

Kürzinger, Josef. *Papias von Hierapolis und die Evangelien des Neuen Testament*. Regensberg: Pustet, 1983.

LaBahn, Michael. *Jesus als Lebensspender. Untersuchungen zu einer Geschichte der johanneischen Tradition anhand ihrer Wundergeschichten*. BZNW 98; New York: de Gruyter, 1999.

LaGrand, James. *The Earliest Christian Mission to "All Nations" in the Light of Matthew's Gospel*. Grand Rapids: Eerdmans, 1999.

Lambrecht, Jan. "Q Influence on Mark 8,34-9,1." In *Logia: Les paroles de Jésus—The Sayings of Jesus*. Edited by J. Delobel. BETL 59; Leuven: University of Leuven, 1982, 277-304.

Lane, William L. *The Gospel of Mark*. NICNT; Grand Rapids: Eerdmans, 1974.

Lang, Manfred. *Johannes und die Synoptiker. Eine redaktiongeschichtliche Analyse von Johannes 18-20 vor dem markanischen und lukanischen Hintergrund*. FRLANT 192; Göttingen: Vandenhoeck & Ruprecht, 1999.

Laufen, Rudolf. *Die Doppelüberlieferungen der Logienquelle und des*

Markusevangeliums. BB 54; Bonn: Hanstein, 1980.

Layton, Bentley. *The Gnostic Scriptures: A New Translation with Annotations and Introductions*. London: SCM, 1987.

Le Donne, Anthony. *The Historiographical Jesus: Memory, Typology, and the Son of David*. Waco: Baylor University Press, 2009.

_____. *Historical Jesus: What Can We Know and How Can We Know It?* Grand Rapids: Eerdmans, 2011.

Lee, Sang-Il. *Jesus and Gospel Traditions in Bilingual Context: A Study in the Interdirectionality of Language*. Berlin: de Gruyter, 2012.

Lemcio, Eugene E. *The Past of Jesus in the Gospels*. SNTSMS 68; Cambridge: Cambridge University Press, 1991.

Leo, Friedrich. *Die Griechisch-römische Biographie nach ihrer literischen Form*. Leipzig: Teubner, 1901.

Lightfoot, R. H. *History and Interpretation in the Gospels*. London: Hodder & Stoughton, 1935.

_____. *St. John's Gospel: A Commentary*. Edited by C. F. Evans. Oxford: Clarendon, 1956.

Lincoln, Andrew T. *The Gospel According to Saint John*. BNTC; Peabody: Hendrickson, 2005.

Lincoln, Bruce. "Thomas-Gospel and Thomas-Community: A New Approach to a Familiar Text." *NovT* 19 (1977): 65-76.

Lindars, Barnabas. "The Language in Which Jesus Taught." *Theology* 86 (1983): 363-65.

Lindsey, Robert L. "A Modified Two-Document Theory of the Synoptic Dependence and Interdependence." *NovT* 6 (1963): 239-63.

Linnemann, Eta. *Is There A Synoptic Problem? Rethinking Literary Dependence of the First Three Gospels*. Translated by R. Yarbrough. Grand Rapids: Baker, 1992.

Longstaff, Thomas R. W., and Page A. Thomas, eds. *The Synoptic Problem: A Bibliography, 1716-1968*. Macon: Mercer University Press, 1988.

Lowe, Malcolm. "The Demise of Arguments from Order for Marcan Priority." *NovT* 24 (1982): 27-36.

Luhrmann, Dieter. "Jesus: History and Remembrance." In *Jesus Christ and Human Freedom*. Edited by E. Schillebeeckx and B. van Iersel. New York: Herder &

Herder, 1974, 42-55.

Lummins, E. W. *How Luke Was Written: Considerations Affecting the Two-Document Theory with Special Reference to the Phenomena of Order in the Non-Markan Matter Common to Luke*. Cambridge: Cambridge University Press, 1915.

Luz, Ulrich. "Korreferat zu W. R. Farmer, The Minor Agreements of Matthew and Luke against Mark and the Two-Gospel Hypothesis." In *Minor Agreements: Symposium Göttingen, 1991*. Edited by G. Strecker. Göttingen: Vandenhoeck & Ruprecht, 1993, 209-20.

MacDonald, Dennis R. *The Homeric Epics and the Gospel of Mark*. New Haven: Yale University Press, 2000.

Mackay, Ian D. *John's Relationship with Mark*. WUNT 2.182; Tübingen: Mohr, 2004.

Mallen, Peter. *The Reading and Transformation of Isaiah in Luke-Acts*. LNTS 367; London: Clark, 2008.

Manson, T. W. *The Sayings of Jesus*. Oxford: Oxford University Press, 1937.

_____. "The Quest of the Historical Jesus—Continued." In *Studies in the Gospels and Epistles*. Manchester: Manchester University Press, 1962, 3-12.

_____. *The Teaching of Jesus: Studies in its Form and Content*. Cambridge: Cambridge University Press, 1963.

Marcus, Joel. *Mark 18*. AB; New York: Doubleday, 2000.

Marshall, I. Howard. *The Gospel of Luke*. NIGTC; Grand Rapids: Eerdmans, 1978.

Martin, Ralph P. *New Testament Foundations*. 2 vols.; Grand Rapids: Eerdmans, 1975-78.

_____. *James*. WBC; Waco: Word, 1988.

Martyn, J. L. *History and Theology in the Fourth Gospel*. Rev. ed.; Nashville: Abingdon, 1979.

Marxsen, Willi. *Mark the Evangelist: Studies on Redaction History of the Gospel*. Nashville: Abingdon, 1969.

Mason, Steve. *Josephus, Judea, and Christian Origins: Methods and Categories*. Peabody: Hendrickson, 2009.

Massaux, Edouard. *The Influence of the Gospel of Saint Matthew on Christian Literature before Saint Irenaeus*. 2 vols. Translated by A. J. Bellinzoni and N. J. Belval. Macon: Mercer University Press, 1990.

McDonald, Lee Martin. *The Formation of the Christian Biblical Canon*. Peabody: Hendrickson, 1995.

_____. "The Gospels in Early Christianity: Their Origin, Use, and Authority." In *Reading the Gospels Today*. Edited by S. E. Porter. Grand Rapids: Eerdmans, 2004, 150-78.

McIver, Robert K. *Memory, Jesus, and the Synoptic Gospels*. Atlanta: Society of Biblical Literature, 2011.

McIver, Robert, and Mark Carroll. "Experiments to Determine Distinguishing Characteristics of Orally Transmitted Material When Compared to Material Transmitted by Literary Means, and Their Potential Implications for the Synoptic Problem." *JBL* 121 (2002): 667-87.

McKnight, Scot. *Interpreting the Synoptic Gospels*. Grand Rapids: Baker, 1993.

_____. *A New Vision for Israel*. Grand Rapids: Eerdmans, 1999.

_____. "A Generation Who Knew Not Streeter: The Case for Markan Priority." In *Rethinking the Synoptic Problem*. Edited by D. A. Black and D. R. Beck. Grand Rapids: Baker, 2001, 65-95.

_____. "The Jesus We'll Never Know." *Christianity Today* 54.4 (2010): 22.

_____. *The Letter of James*. NICNT; Grand Rapids: Eerdmans, 2011.

_____. "Matthew as 'Gospel.'" In *Jesus, Matthew's Gospel and Early Christianity*. Edited by D. M. Gurtner, R. Burridge, and J. Willitts. LNTS 435; FS Graham Stanton; London: Clark, 2011, 59-75.

McKnight, Scot, and Terence C. Mournet, eds. *Jesus in Early Christian Memory*. LNTS 359; London: Clark, 2007.

McNicol, Allan James. "The Composition of the Synoptic Eschatological Discourse." In *The Interrelations of the Gospels: A Symposium*. Edited by D. Dungan. BETL 95; Leuven: Leuven University Press, 1990, 157-200.

Meier, John P. *A Marginal Jew*. ABRL; 4 vols.; New York/New Haven: Doubleday/Yale University Press, 1991-2009.

_____. "The Present State of the 'Third Quest' for the Historical Jesus: Loss and Gain." *Bib* 80 (1999): 459-87

_____. "The Parable of the Wicked Tenants in the Vineyard: Is the Gospel of Thomas Independent of the Synoptics?" In *Unity and Diversity in the Gospels and Paul*. Edited by C. W. Skinner and K. R. Iverson. FS Frank Matera; Atlanta:

Society of Biblical Literature, 2012, 129-45.

Meijboom, Hajo Uden. *A History and Critique of the Origin of the Marcan Hypothesis, 1835-1866*. Translated by J. J. Kiwiet. Macon: Mercer University Press, 1993.

Metzger, Bruce M. *The Canon of the New Testament: Its Origin, Development, and Significance*. Oxford: Clarendon, 1987.

Meyer, Ben F. *The Aims of Jesus*. London: SCM, 1979.

_____. "Some Consequences of Birger Gerhardsson's Account of the Origins of the Gospel Tradition." In *Jesus and the Oral Gospel Tradition*. Edited by Henry Wansbrough. JSNTSup 64; Sheffield: Sheffield Academic, 1991, 424-40.

Millard, Alan. *Reading and Writing at the Time of Jesus*. New York: New York University Press, 2000.

Moll, Sebastian. *The Arch-Heretic Marcion*. WUNT 250; Tübingen: Mohr, 2010.

Moloney, Francis J. "Recent Johannine Studies. Part Two: Monographs." *ExpT* 123 (2012): 417-28.

Momigliano, Arnaldo. *The Development of Greek Biography*. Cambridge: Harvard University Press, 1993.

Morgenthaler, Robert. *Statistische Synopse*. Zurich: Gottelf, 1971.

Morris, Leon. *Studies in the Fourth Gospel*. Grand Rapids: Eerdmans, 1969.

Moule, C. F. D. *The Phenomenon of the New Testament*. London: SCM, 1967.

_____. *The Birth of the New Testament*. London: Black, 1981.

Mournet, Terence C. *Oral Tradition and Literary Dependency: Variability in the Synoptic Tradition and Q*. WUNT 2.195; Tübingen: Mohr, 2005.

Mussie, G. "Greek in Palestine and the Diaspora." In *The Jewish People in the First Century*. Edited by S. Safrai and M. Stern. 2 vols.; Amsterdam: Van Gorcum, 1974-76, 2:1040-64.

Neirynck, Frans. *The Minor Agreements of Matthew and Luke against Mark*. Leuven: Leuven University Press, 1974.

_____. "John and the Synoptics: The Empty Tomb Stories." *NTS* 30 (1984): 161-87.

_____. *The Minor Agreements in a Horizontal-Line Synopsis*. SNTA 15; Leuven: Leuven University Press, 1991.

_____. "Recent Developments in the Study of Q." In *Evangelica II: 1982-1991*. Edited by F. van Segbroeck. BETL 99; Leuven: Leuven University Press, 1991, 409-64.

_____. "The Minor Agreements and the Two Source Theory." In *Minor Agreements: Symposium Göttingen, 1991*. Edited by G. Strecker. Göttingen: Vandenhoeck & Ruprecht, 1993, 25-64.

_____. "The Reconstruction of Q and IQP and CritEd Parallels." In *The Sayings Source Q and the Historical Jesus*. Edited by Andreas Lindemann. Leuven: Leuven University Press, 2001, 55-93.

Neusner, Jacob. *Method and Meaning in Ancient Judaism*. Missoula: Scholars, 1979.

_____. *The Origins of Judaism, Volume II: The Pharisees and Other Sects*. New York: Garland, 1990.

Neville, David J. *Arguments for Order in Synoptic Source Criticism*. Macon: Mercer University Press, 1993.

_____. *Mark's Gospel—Prior or Posterior? A Reappraisal of the Phenomenon of Order*. JSNTSup 222; London: Sheffield Academic, 2002.

New, David S. *Old Testament Quotations in the Synoptic Gospels and the Two-Document Hypothesis*. SBLSCS 37; Atlanta: Scholars, 1993.

Nineham, D. E. "Eye-Witness Testimony and the Gospel Tradition." *JTS* 9 (1958): 13-25, 243-52.

Noll, Mark. *Between Faith and Criticism: Evangelicals, Scholarship, and the Bible in America*. Vancouver: Regent College, 1988.

Orchard, Bernard. "Are All Gospel Synopses Biased?" *TZ* 34 (1978): 157-61.

_____. *A Synopsis of the Four Gospels in Greek: Arranged According to the Two-Gospel Hypothesis*. Macon: Mercer University Press, 1983.

_____. "The 'Neutrality' of Vertical-Column Synopses." *ETL* 62 (1986): 155-56.

Orsini, Pasquale, and Willy Clarysse. "Early New Testament Manuscripts and Their Dates: A Critique of Theological Palaeography." *ETL* 88 (2012): 443-74.

Osborne, Eric. *Justin Martyr*. Tübingen: Mohr, 1973.

_____. *Irenaeus of Lyons*. Cambridge: Cambridge University Press, 2001.

Osborne, Grant R. "History and Theology in the Synoptic Gospels." *TrinJ* 24 (2003): 5-22.

Paffenroth, Kim. *The Story of Jesus According to L*. JSNTSup 147; Sheffield: Sheffield Academic, 1997.

Pagels, Elaine H. *The Johannine Gospel in Gnostic Exegesis: Heracleon's Commentary on John*. Nashville: Abingdon, 1973.

_____. *The Gnostic Gospels*. New York: Random House, 1979.

_____. *Beyond Belief: The Secret Gospel of Thomas*. New York: Random House, 2003.

Pahl, Michael W. *Discerning the "Word of the Lord": The "Word of the Lord" in 1 Thessalonians 4:15*. LNTS 389; London: Clark, 2009.

Painter, John. *Mark's Gospel: Worlds in Conflict*. NTR; London: Routledge, 1997.

Pairman, John. "Mark as Witness to an Edited Form of Q." *JBL* 80 (1961): 29-44.

Park, Yoon-Man. *Mark's Memory Resources and the Controversy Stories (Mark 2:1-3:6): An Application of the Frame Theory of Cognitive Science to the Markan Oral-Aural Narrative*. Leiden: Brill, 2009.

Parker, David C. *The Living Text of the Gospels*. Cambridge: Cambridge University Press, 1997.

_____. *An Introduction to the New Testament Manuscripts and Their Texts*. Cambridge: Cambridge University Press, 2008.

Patterson, Stephen J. "Can You Trust a Gospel? A Review of Richard Bauckham's *Jesus and the Eyewitnesses*." *JSHJ* 6 (2008): 194-210.

Peabody, David B. *One Gospel from Two: Mark's Use of Matthew and Luke: A Demonstration by the Research Team of the International Institute for Renewal of Gospel Studies*. Harrisburg: Trinity, 2002.

Penner, Todd C. "The Epistle of James in Current Research." *CRBS* 7 (1999): 257-308.

Pennington, Jonathan T. *Reading the Gospels Wisely: A Narrative and Theological Introduction*. Grand Rapids: Baker, 2012.

Perkins, Pheme. *Introduction to the Synoptic Gospels*. Grand Rapids: Eerdmans, 2007.

Perrin, Nicholas. *Thomas and Tatian: The Relationship between the Gospel of Thomas and the Diatessaron*. Atlanta: Society of Biblical Literature, 2002.

_____. *Thomas: The Other Gospel*. Louisville: Westminster John Knox, 2007.

Perrin, Norman. *What Is Redaction Criticism?* London: SPCK, 1970.

Pervo, Richard I., and Mikael C. Parsons. *Rethinking the Unity of Luke and Acts*. Minneapolis: Fortress, 2007.

Pesch, Rudolf. *Das Markusevangelium 1,18,26*. HTK; Freiburg: Herder, 1976.

Petersen, William L. *Tatian's Diatessaron: Its Creation, Dissemination, Significance, and History in Scholarship*. Leiden: Brill, 1994.

_____. "From Justin to Pepys: The History of the Harmonized Gospel Tradition." *Studia Patristica* 30 (1997): 71-96.

_____. "The Genesis of the Gospels." In *New Testament Textual Criticism and Exegesis*. Edited by A. Denaux. FS J. Delobel; Leuven: Peeters, 2002, 33-65.

_____. "The Diatessaron and the Fourfold Gospel." In *The Earliest Gospels: The Origins and Transmission of the Earliest Christian Gospels*. Edited by C. Horton. London: Clark, 2004, 50-68.

Peterson, Jeffery. "Order in the Double Tradition and the Existence of Q." In *Questioning Q: A Multi-Dimensional Critique*. Edited by M. Goodacre and N. Perrin. Downers Grove: InterVarsity, 2004, 28-42.

Petzke, Gerd. *Das Sondergut des Evangeliums nach Lukas*. ZWB; Zurich: Theologischer, 1990.

Piper, Ronald A. "The One, the Four, and the Many." In *The Written Gospel*. Edited by M. Bockmuehl and D. A. Hagner. Cambridge: Cambridge University Press, 2005, 254-73.

Pitre, Brant. *Jesus, the Tribulation, and the End of the Exile: Restoration Eschatology and the Origin of the Atonement*. Grand Rapids: Baker, 2005.

Pittner, Bertram. *Studien zum lukanischen Sondergut*. ETS 18; Leipzig: Benno, 1991.

Poirier, John C. "The Q Hypothesis and the Role of Pre-Synoptic Sources in Nineteenth-Century Scholarship." In *Questioning Q: A Multi-Dimensional Critique*. Edited by M. Goodacre and N. Perrin. Downers Grove: InterVarsity, 2004, 13-27.

_____. "The Synoptic Problem and the Field of New Testament Introduction." *JSNT* 32 (2009): 179-90.

_____. "The Composition of Luke in Source-Critical Perspective." In *New Studies in the Synoptic Problem: Oxford Conference, 2008*. Edited by P. Foster, A. Gregory, J. S. Kloppenborg, and J. Verheyden. BETL 239; FS C. Tuckett; Leuven: Peeters, 2011, 209-26.

Pokorný, Petr. *From the Gospel to the Gospels: History, Theology and Impact of the Biblical Term "Euangelion."* BZNW 195; Berlin: de Gruyter, 2013.

Porter, Stanley E. *The Criteria for Authenticity in Historical-Jesus Research: Previous Discussion and New Proposal*. JSNTSup 191; Sheffield: Sheffield Academic, 2000.

_____. "Luke 17.11-19 and the Criteria For Authenticity Revisited." *JSHJ* 1 (2003): 201-24.

_____. "Textual Criticism and Oldest Gospel Manuscripts." In *Encyclopedia of the Historical Jesus*. Edited by C. A. Evans. New York: Routledge, 2008, 640-44.

Pryor, John. "Justin Martyr and the Fourth Gospel." *The Second Century* 9 (1992): 153-69.

Rasimus, Tuomas, ed. *The Legacy of John: Second-Century Reception of the Fourth Gospel*. NovTSup 132; Leiden: Brill, 2010.

Redman, Judith C. S. "How Accurate Are Eyewitnesses? Bauckham and the Eyewitnesses in Light of Psychological Research." *JBL* 129 (2010): 177-97.

Reed, Annette Yoshiko. "ΕΥΑΓΓΕΛΙΟΝ: Orality, Textuality, and the Christian Truth in Irenaeus' *Adversus Haereses*." *VC* 56 (2002): 11-46.

Reed, Jonathan L. *Archaeology and the Galilean Jesus*. Harrisburg: Trinity, 2000.

Reicke, Bo. *The Roots of the Synoptic Problem*. Philadelphia: Fortress, 1986.

Richardson, Peter, and P. Gooch, "Logia of Jesus in 1 Corinthians." In *Gospel Perspectives 5: The Jesus Tradition outside the Gospels*. Edited by David Wenham. Sheffield: JSOT, 1985, 39-62.

Riesenfeld, Harald. *The Gospel Tradition*. Oxford: Blackwell, 1970.

Riesner, Rainer. *Jesus als Lehrer. Eine Untersuchung zum Ursprung der Evangelien-Überlieferung*. WUNT 2.7; Tübingen: Mohr, 1988.

_____. "Jesus as Preacher and Teacher." In *Jesus and the Oral Gospel Tradition*. Edited by Henry Wansbrough. JSNTSup 64; Sheffield: JSOT, 1991.

_____. "Luke's Special Tradition and the Question of a Hebrew Gospel Source." *Mishkan* 20 (1994): 44-52.

_____. "Paulus and die Jesus-Überlieferung." In *Evangelium—Schriftauslegung—Kirche*, Edited by Jostein Ådna, Scot Hafemann, and Otfried Hofius. FS P. Stuhlmacher; Göttingen: Vandenhoeck & Ruprecht, 1997, 346-65.

_____. "From Messianic Teacher to the Gospels of Jesus Christ." In *HSHJ*. Edited by Tom Holmén and Stanley E. Porter. 4 vols.; Leiden: Brill, 2011, 1:405-46.

Riley, Gregory J. "Words and Deeds: Jesus as Teacher, Jesus as Pattern of Life." *HTR* 90 (1997): 427-36.

Rist, John M. *On the Independence of Matthew and Mark*. SNTSMS 32; Cambridge: Cambridge University Press, 1978.

Robbins, Vernon K. *Jesus the Teacher: A Socio-Rhetorical Interpretation of Mark*. Philadelphia: Fortress, 1984.

Roberts, C. H. "Books in the Graeco-Roman World and the New Testament." In *The Cambridge History of the Bible I: From the Beginnings to Jerome*. Edited by Peter R. Ackroyd and Craig F. Evans. Cambridge: Cambridge University Press, 1970, 48-66.

_____. *Manuscript, Society and Belief in Early Christian Egypt*. London: Oxford University Press, 1979.

Roberts, C. H., and T. C. Skeat. *The Birth of the Codex*. London: Oxford University Press, 1987.

Robinson, James M., Paul Hoffman, and John S. Kloppenborg, eds. *The Critical Edition of Q*. Minneapolis: Fortress, 2000.

Rodriguez, Rafael. "Reading and Hearing in Ancient Contexts." *JSNT* 32 (2010): 151-78.

_____. *Structuring Early Christian Memory: Jesus in Tradition, Performance, and Text*. LNTS 407; London: Clark, 2010.

Rolland, Philippe. "Les prédécesseurs de Marc. Les sources présynoptiques de Mc, II, 18-22 et parallèles." *RB* 89 (1982): 370-405.

_____. "Marc, première harmonie évangélique?" *RB* 90 (1983): 23-79.

_____. "A New Look at the Synoptic Question." *EJTh* 8 (1999): 133-44.

Rordorf, W. "Does the Didache Contain Jesus Tradition Independently of the Synoptic Gospels?" In *Jesus and the Oral Gospel Tradition*. Edited by Henry Wansbrough. JSNTSup 64; Sheffield: Sheffield Academic, 1990, 394-423.

Rowland, Christopher. *Christian Origins*. London: SPCK, 1985.

Sabbe, M. "The Johannine Account of the Death of Jesus and Its Synoptic Parallels (Jn 19,16b-42)." *ETL* 70 (1994): 34-64.

Sanday, William. "The Conditions under Which the Gospels Were Written, in Their Bearing upon Some Difficulties of the Synoptic Problem." In *Oxford Studies in the Synoptic Problem*. Edited by W. Sanday. Oxford: Clarendon, 1911, 3-26.

Sanders, E. P. *The Tendencies of the Synoptic Tradition*. SNTS 9; Cambridge: Cambridge University Press, 1969.

_____. "The Overlaps of Q and Mark and the Synoptic Problem." *NTS* 19 (1973): 453-65.

_____. *Jesus and Judaism*. London: SCM, 1985.

_____. *Judaism: Practice and Belief, 63 BCE-66 CE*. London: SCM, 1992.

_____. *The Historical Figure of Jesus*. London: Penguin, 1993.

Sanders, E. P., and Margaret Davies. *Studying the Synoptic Gospels*. London: SCM, 1989.

Sanders, James A. "The Ethic of Election in Luke's Great Banquet Parable." In *Essays in Old Testament Ethics*. Edited by James L. Crenshaw and John T. Willis. New York: Ktav, 1974, 246-71.

Sandmel, Samuel. "Parallelomania." *JBL* 81 (1962): 1-13.

Sandnes, Karl Olav. "*Imitatio Homeri?* An Appraisal of Dennis R. MacDonald's 'Mimesis Criticism.'" *JBL* 124 (2005): 715-32.

Sawyer, John F. A. *The Fifth Gospel: Isaiah in the History of Christianity*. Cambridge: Cambridge University Press, 1996.

Schadewaldt, Wolfgang. "Die Zuverlässigkeit der synoptischen Tradition." *Theologische Beiträge* 13 (1982): 198-223.

Schenk, Wolfgang. "Der Einfluß der Logienquelle auf das Markusevangelium." *ZNW* 70 (1979): 141-65.

Schillebeeckx, Edward. *Jesus: An Experiment in Christology*. Translated by Hubert Hoskins. London: Collins, 1979.

Schmid, Josef. *Mathäus und Lukas. Eine Untersuchung des Verhältnisses ihr Evangelien*. Freiburg: Herder, 1930.

Schmidt, Karl L. *Der Rahmen der Geschichte Jesu. Literarkritische untersuchungen zur Altesten Jesuberlieferung*. Berlin: Trowitzsch, 1919.

_____. "Die Stellung der Evangelien in der allegemeinen Literaturgeschichte." In *EUCHARISTERION*. Edited by H. Schmidt. 2 vols.; FRLANT 19; FS H. Gunkel; Göttingen: Vandenhoeck & Ruprecht, 1923, 2:50-134.

Schniewind, Julius *Euangelion. Ursprung und erste Gestalt des Begriffs Evangelium, Untersuchung*. Gütersloh: Bertelsmann, 1927.

Schoedel, W. R. *Polycarp, Martyrdom of Polycarp, Fragments of Papias*. Camden: Nelson, 1967.

Schoeps, H. J. *Paul: The Theology of the Apostle in the Light of Jewish Religious History*. London: Lutterworth, 1961.

Schreiner, Thomas R. *Paul: Apostle of God's Glory in Christ*. Downers Grove:

InterVarsity, 2001.

Schröter, Jens. "The Historical Jesus and the Sayings Tradition: Comments on Current Research." *NeoT* 30 (1996): 151-68.

_____. *Erinnerung an Jesu Worte. Studien zur Rezeption der Logienüberlieferung in Markus, Q und Thomas*. WMANT 76; Neukirchen-Vluyn: Neukirchener, 1997.

_____. "Von der Historizität der Evangelien. Ein Beitrag zur gegenwärtigen Diskussion um den historischen Jesus." In *Der historische Jesus. Tendezen und Perspektiven der gegenwärtigen Forschung*. Edited by J. Schröter and R. Brucher. BZNW 114; Berlin: de Gruyter, 2002, 163-212.

_____. "The Gospels as Eyewitness Testimony? A Critical Examination of Richard Bauckham's *Jesus and the Eyewitnesses*." *JSNT* 31 (2008): 195-209.

_____. "Remarks on James D. G. Dunn's Approach to Jesus Research." In *Memories of Jesus: A Critical Appraisal of James D. G. Dunn's* Jesus Remembered. Edited by R. B. Stewart and Gary R. Habermas. Nashville: Broadman & Holman, 2010, 129-43.

Schüling, Joachim. *Studien zum Verhältnis von Logienquelle und Markusevangelium*. FB 65; Würzburg: Echter, 1991.

Schulz, Siegfried. *Die Stunde der Botschaft*. Hamburg: Furche, 1967.

Schürmann, Heinz. "Die vorösterlichen Anfänge der Logientradition. Versuch eines formgeschichtlichen Zugangs zum Leben Jesu." In *Der historische Jesus und der kerygmatische Christus*. Edited by H. Ristow and K. Matthiae. Berlin: Evangelische, 1962, 342-70.

Schweitzer, Albert. *The Quest of the Historical Jesus*. Translated by W. Montgomery. London: Black, 1945.

Scott, James M. *Luke's Preface and the Synoptic Problem*. Unpublished dissertation, University of Aberdeen, 1985.

Shellard, Barbara. *New Light on Luke: Its Purposes, Sources, and Literary Context*. London: Clark, 2004.

Shepherd, Massey H. "The Epistle of James and the Gospel of Matthew." *JBL* 75 (1956), 40-51.

Shiell, William D. *Delivering from Memory: The Effect of Performance on the Early Christian Audience*. Eugene: Pickwick, 2011.

Shiner, Whitney. *Proclaiming the Gospel: First-Century Performance of Mark*.

Harrisburg: Trinity, 2003.

Shuler, Philip L. *A Genre for the Gospels: The Biographical Character of Matthew*. Philadelphia: Fortress, 1982.

Simons, Eduard. *Hat der dritte Evangelist den kanonischen Matthäus benutzt?* Bonn: Georgi, 1880.

Skarsaune, Oskar. "Justin and His Bible." In *Justin Martyr and His Worlds*. Edited by S. Parvis and P. Foster. Minneapolis: Fortress, 2007, 53-76.

Skeat, T. C. "The Oldest Manuscript of the Four Gospels?" *NTS* 43 (1997): 1-34.

Smith, Dwight Moody. "When Did the Gospels Become Scripture?" *JBL* 119 (2000): 3-20.

―――. *John among the Gospels*. 2nd ed.; Columbia: University of South Carolina Press, 2001.

Smith, Justin Marc. "About Friends, by Friends, for Others: Author-Subject Relationships in Contemporary Greco-Roman Biographies." In *The Audience of the Gospels: The Origin and Function of the Gospels in Early Christianity*. Edited by E. W. Klink. LNTS 353; London: Clark 2010, 49-67.

Smith, Morton. "A Comparison of Early Christian and Early Rabbinic Tradition." *JBL* 82 (1963): 169-76.

―――. "Prolegomena to a Discussion of Aretalogies, Divine Men, and the Gospels and Jesus." *JBL* 90 (1971): 74-99.

―――. *Jesus the Magician*. New York: Harper & Row, 1978.

Smith, Murray J. "The Gospels in Early Christian Literature." In *The Content and Setting of the Gospel Tradition*. Edited by Mark Harding and Alanna Nobbs. Grand Rapids: Eerdmans, 2010, 181-208.

Snodgrass, Klyne. "The Gospel of Jesus." In *The Written Gospel*. Edited by M. Bockmuehl and D. A. Hagner. Cambridge: Cambridge University Press, 2005, 31-45.

Soards, Marion L. "The Question of a PreMarkan Passion Narrative." *Bible Bhashyam* 11 (1985): 144-69.

―――. *The Passion According to Luke: The Special Material of Luke 22*. JSNTSup 14; Sheffield: JSOT, 1987.

―――. "Oral Tradition before, in, and Outside of the Canonical Passion Narratives." In *Jesus and the Oral Gospel Tradition*. Edited by H. Wansbrough. Sheffield:

JSOT, 1991, 334-50.

Sparks, H. F. D. "St. John's Knowledge of Matthew: The Evidence of John 13:16 and 15:20." *JTS* 3 (1952): 58-61.

_____. *A Synopsis of the Gospels, Part 2: The Gospel According to St. John with the Synoptic Parallels*. London: Black, 1974.

Spencer, F. Scott. *What Did Jesus Do? Gospel Profiles of Jesus' Personal Conduct*. Harrisburg: Trinity, 2003.

Stanley, David. "Imitation in Paul's Letters: Its Significance for His Relationship to Jesus and to His Own Christian Foundations." In *From Jesus to Paul: Studies in Honor of F. W. Beare*. Edited by Peter Richardson and J. C. Hurd. Waterloo: Wilfred Laurier University Press, 1984, 127-41.

Stanton, Graham. *Jesus of Nazareth in New Testament Preaching*. SNTSMS 27; Cambridge: Cambridge University Press, 1974.

_____. "Form Criticism Revisited." In *What about the New Testament?* Edited by Morna Hooker and Colin Hickling. London: SCM, 1975, 13-27.

_____. *Jesus and Gospel*. Cambridge: Cambridge University Press, 2004.

Stein, Robert H. "The Matthew-Luke Agreements against Mark: Insight from John." *CBQ* 54 (1992): 482-502.

_____. *Studying the Synoptic Gospels: Origin and Interpretation*. 2nd ed.; Grand Rapids: Baker, 2001.

Stewart, Robert, and Gary R. Habermas, eds. *Memories of Jesus: A Critical Appraisal of James D. G. Dunn's* Jesus Remembered. Nashville: Broadman and Holman, 2010.

Still, Todd D., ed. *Jesus and Paul Reconnected: Fresh Pathways into an Old Debate*. Grand Rapids: Eerdmans, 2007.

Stoldt, Hans-Herbert. *History and Criticism of the Marcan Hypothesis*. Translated by D. Niewyk. Macon: Mercer University Press, 1980.

Strange, J. F. "Galilee." In *DNTB*. Edited by Craig A. Evans and Stanley E. Porter. Downers Grove: InterVarsity, 2000, 391-98.

Strange, W. A. "The Jesus-Tradition in Acts." *NTS* 46 (2000): 59-74.

Strauss, Mark L. *Four Portraits, One Jesus: An Introduction to Jesus and the Gospels*. Grand Rapids: Zondervan, 2007.

Streeter, B. H. *The Four Gospels: A Study of Origins*. London: Macmillan, 1930.

Stroker, W. D. *Extracanonical Sayings of Jesus*. Atlanta: Scholars, 1989.

Stuckenbruck, Loren T. "'Semitic Influence on Greek': An Authenticating Criterion in Jesus Research?" In *Jesus, Criteria, and the Demise of Authenticity*. Edited by C. Keith and A. Le Donne. London: Clark, 2012, 73-94.

Stuhlmacher, Peter. "Jesustradition im Römerbrief." *Theologische Beiträge* 14 (1983): 240-50.

_____. "The Pauline Gospel." In *The Gospel and the Gospels*. Edited by P. Stuhlmacher. Grand Rapids: Eerdmans, 1991, 149-72.

Sullivan, Clayton. *Rethinking Realized Eschatology*. Macon: Mercer University Press, 1988.

Talbert, Charles H. *What Is a Gospel? The Genre of the Canonical Gospels*. Philadelphia: Fortress, 1977.

_____. "Once Again: Gospel Genre." In *Genre, Narrativity and Theology*. Edited by M. Gerhart and J. G. Williams. Semeia 43; Atlanta: Scholars, 1988, 53-73.

_____. *Reading Acts: A Literary and Theological Commentary on the Acts of the Apostles*. New York: Crossroad, 1997.

Talmon, Shemaryahu. "Oral Tradition and Written Transmission, or the Heard and the Seen Word in Judaism of the Second Temple Period." In *Jesus and the Oral Gospel Tradition*. Edited by Henry Wansbrough. JSNTSup 64; Sheffield: Sheffield Academic, 1991, 121-58.

Tasker, R. V. G. *John: An Introduction and Commentary*. TNTC; London: Tyndale, 1960.

Taylor, Nicholas. *Paul, Antioch and Jerusalem*. JSNTSup 66; Sheffield: Sheffield Academic, 1992.

_____. "Palestinian Christianity and the Caligula Crisis, Part II: The Markan Eschatological Discourse." *JSNT* 62 (1996): 13-41.

Taylor, Vincent. *Behind the Third Gospel: A Study of the Proto-Luke Hypothesis*. Oxford: Oxford University Press, 1926.

_____. *The Formation of the Gospel Tradition*. London: Macmillan, 1949.

Taylor, W. S. "Memory and the Gospel Tradition." *TT* 14 (1959): 470-79.

Thatcher, Tom. "The Gospel Genre: What Are We After?" *ResQ* 36 (1994): 129-38.

_____. "The New Current through John: The Old 'New Look' at the New Critical Orthodoxy." In *New Currents through John: A Global Perspective*. Edited by T.

Thatcher and F. Lozada. Atlanta: Society of Biblical Literature, 2006, 1-26.

_____. *Why John Wrote a Gospel: Jesus—Memory—History*. Louisville: Westminster John Knox, 2006.

_____. ed. *Jesus, the Voice, and the Text: Beyond the Oral and Written Gospel*. Waco: Baylor University Press, 2008.

Thatcher, Tom, and Anthony Le Donne, eds. *The Fourth Gospel in First-Century Media Culture*. LNTS 426; London: Clark, 2011.

Theissen, Gerd. *Sociology of Early Palestinian Christianity*. Translated by J. Bowden. Philadelphia: Fortress, 1978.

_____. *The Shadow of the Galilean*. Translated by J. Bowden. Philadelphia: Fortress, 1987.

_____. *The Gospels in Context: Social and Political History in the Synoptic Tradition*. Translated by Linda M. Maloney. Minneapolis: Fortress, 1991.

_____. *The New Testament: A Literary History*. Translated by Linda M. Maloney. Minneapolis: Fortress, 2012.

Theissen, Gerd, and Annette Merz. *The Historical Jesus: A Comprehensive Guide*. Translated by J. Bowden. Minneapolis: Fortress, 1998.

Thomas Robert L., ed. *Three Views on the Origins of the Synoptic Gospels*. Grand Rapids: Kregel, 2002.

Thomas Robert L., and F. David Farnell, eds. *The Jesus Crisis: The Inroads of Historical Criticism into Evangelical Scholarship*. Grand Rapids: Kregel, 1998.

Thompson, M. M. "The Historical Jesus and the Johannine Christ." In *Exploring the Gospel of John*. Edited by R. Alan Culpepper and C. Clifton Black. Louisville: Westminster John Knox, 1996, 21-42.

Thompson, Michael. *Clothed with Christ: The Example and Teaching of Jesus in Romans 12.1-15.13*. JSNTSup 59; Sheffield: JSOT, 1991.

_____. "The Holy Internet: Communication between Churches in the First Christian Generation." In *The Gospels for All Christians: Rethinking the Gospel Audiences*. Edited by Richard Bauckham. Grand Rapids: Eerdmans, 1998, 49-70.

Tiede, David. *Charismatic Figure as Miracle Worker*. Missoula: Scholars, 1972.

Tolbert, Mary Ann. *Sowing the Gospel: Mark's World in Literary-History Perspective*. Philadelphia: Fortress, 1996.

Travis, S. H. "Form Criticism." In *New Testament Interpretation: Essays on Principles and Methods*. Edited by I. Howard Marshall. Grand Rapids: Eerdmans, 1977, 153-64.

Trobisch, David. *The First Edition of the New Testament*. Oxford: Oxford University Press, 2000.

Tuckett, Christopher M. *The Revival of the Griesbach Hypothesis: An Analysis and Appraisal*. SNTSMS 44; Cambridge: Cambridge University Press, 1983.

_____. "On the Relationship between Matthew and Luke." *NTS* 30 (1984): 130-42.

_____. "Synoptic Problem." In *ABD*, 4:268.

_____. "Synoptic Tradition in the Didache." In *The New Testament in Early Christianity*. Edited by J.-M. Sevrin. Leuven: Peeters, 1989, 173-230.

_____. "The Minor Agreements and Textual Criticism." In *Minor Agreements: Symposium Göttingen, 1991*. Edited by G. Strecker. Göttingen: Vandenhoeck & Ruprecht, 1993, 135-41.

_____. "The Existence of Q." In *The Gospel Behind the Gospels: Current Studies on Q*. Edited by R. A. Piper. Leiden: Brill, 1995, 19-47.

_____. *Q and the History of Early Christianity: Studies on Q*. Edinburgh: Clark, 1996.

_____. "Q and the Historical Jesus." In *Der historische Jesus. Tendenzen und Perspektiven der gegenwärtigen Forschung*. Edited by J. Schröter and R. Brucker. BZNW 114; Berlin: de Gruyter, 2002, 213-41.

_____. "The *Didache* and the Writings That Later Formed the New Testament." In *The Reception of the New Testament in the Apostolic Fathers*. Edited by C. Tuckett and A. Gregory. Oxford: Oxford University Press, 2005, 83-127.

_____. "Forty Other Gospels." In *The Written Gospel*. Edited by M. Bockmuehl and D. A. Hagner. Cambridge: Cambridge University Press, 2005, 238-53.

van De Sandt, Huub. "Matthew and the *Didache*." In *Matthew and His Christian Contemporaries*. Edited by D. C. Sim and B. Repschinski. LNTS 333; London: Clark, 2008, 123-38.

Vansina, Jan. *Oral Tradition as History*. Madison: University of Wisconsin Press, 1985.

Verheyden, Joseph. "Justin's Text of the Gospels: Another Look at the Citations in *1 Apol*. 15.1-8." In *The Early Text of the New Testament*. Edited by C. E. Hill and M. J. Kruger. Oxford: Oxford University Press, 2012, 313-35.

Vickers, Brian. "The Kingdom of God in Paul's Gospel." *SBJT* 12 (2008): 52-67.

Vielhauer, Philipp. *Geschichte der urchristlichen Literatur. Einleitung in das Neue Testament, die Apokryphen und die Apostolischen Väter*. Berlin: de Gruyter, 1975.

Vines, Michael E. *The Problem of Markan Genre: The Gospel of Mark and the Jewish Novel*. Leiden: Brill, 2002.

von Wahlde, Urban C. *The Gospel and Letters of John*. ECC; 3 vols.; Grand Rapids: Eerdmans, 2010.

Votaw, Clyde H. *The Gospels and Contemporary Biographies in the Greco-Roman World*. Philadelphia: Fortress, 1970.

Wachob, Wesley H. *The Voice of Jesus in the Social Rhetoric of James*. Cambridge: Cambridge University Press, 2000.

Wagner, J. Ross. *Heralds of the Good News: Isaiah and Paul in Concert in the Letter to the Romans*. Leiden: Brill, 2003.

Wansbrough, Henry. "Introduction." In *Jesus and the Oral Gospel Tradition*. Edited by Henry Wansbrough. JSNTSup 64; Sheffield: Sheffield Academic, 1991, 9-15.

Watson, Francis. "The Fourfold Gospel." In *The Cambridge Companion to the Gospels*. Edited by S. C. Barton. Cambridge: Cambridge University Press, 2000, 34-52.

_____. "Veritas Christi: How to Get from the Jesus of History to the Christ of Faith without Losing One's Way." In *Seeking the Identity of Jesus: A Pilgrimage*. Edited by Richard B. Hays and Beverly R. Gaventa. Grand Rapids: Eerdmans, 2008, 96-114.

Watts, Rikki E. *Isaiah's New Exodus in Mark*. BSL; Grand Rapids: Baker, 1997.

Weeden, Theodore J. *Mark—Traditions in Conflict*. Philadelphia: Fortress, 1971.

_____. "Kenneth Bailey's Theory of Oral Tradition: A Theory Contested by Its Evidence." *JSHJ* 7 (2009): 3-43.

Weiss, Johannes. *Das älteste Evangelium. Ein Beitrag zum Verständnis des Markus-Evangeliums und der ältesten evangelischen Überlieferung*. Göttingen: Vandenhoeck & Ruprecht, 1903.

Weissenrieder, Annette, and Robert B. Coote, eds. *The Interface of Orality and Writing*. WUNT 1.260; Tübingen: Mohr, 2010.

Wenham, David. "Source Criticism." In *New Testament Interpretation*. Edited by I.

Howard Marshall. Grand Rapids: Eerdmans, 1977, 139-52.

_____. "Paul's Use of the Jesus Tradition: Three Samples." In *Gospel Perspectives 5: The Jesus Tradition outside the Gospels*. Edited by David Wenham. Sheffield: JSOT, 1985, 7-37.

_____. *Paul: Follower of Jesus or Founder of Christianity?* Grand Rapids: Eerdmans, 1995.

Wenham, John. *Redating Matthew, Mark, and Luke: A Fresh Assault on the Synoptic Problem*. Downers Grove: InterVarsity, 1992.

Westcott, B. F. *Introduction to the Study of the Gospels*. 8th ed.; London: Macmillan, 1895.

Wiles, Maurice. *The Spiritual Gospel: The Interpretation of the Fourth Gospel in the Early Church*. Cambridge: Cambridge University Press, 1960.

Wills, Lawrence. *The Quest of the Historical Gospel*. London: Routledge, 1997.

Windisch, Hans. *Johannes und die Synoptiker. Sollte der vierte Evangelist die älteren Evangelien ergänzen oder ersetzen?* Leipzig: Hinrich, 1926.

Wise, M. O. "Languages of Palestine." In *DJG*. Edited by Joel B. Green, Scot McKnight, and I. Howard Marshall. Downers Grove: InterVarsity, 1992, 443-44.

Witherington, Ben. *The Christology of Jesus*. Minneapolis: Fortress, 1990.

_____. *Paul's Narrative Thought World: The Tapestry of Tragedy and Triumph*. Louisville: Westminster John Knox, 1994.

_____. *Jesus the Seer: The Progress of Prophecy*. Peabody: Hendrickson, 1999.

_____. *The New Testament Story*. Grand Rapids: Eerdmans, 2004.

Wrege, Hans-Theo. *Das Sondergut des Matthäus-Evangeliums*. ZWB; Zurich: Theologischer, 1991.

Wright, N. T. "The Paul of History and the Apostle of Faith." *TynBul* 29 (1978): 61-88.

_____. *The New Testament and the People of God*. COQG 1; London: SPCK, 1992.

_____. *Who Was Jesus?* London: SPCK, 1993.

_____. *Jesus and the Victory of God*. COQG 2; London: SPCK, 1996.

_____. *The Challenge of Jesus*. London: SPCK, 2000.

_____. *Judas and the Gospel of Jesus: Have We Missed the Truth about Christianity?* Grand Rapids: Baker, 2006.

_____. *How God Became King: Getting to the Heart of the Gospels*. London: SPCK, 2011.

_____. *Simply Jesus: A New Vision of Who He Was, What He Did, and Why He Matters*. New York: HarperOne, 2011.

Yarbrough, Robert W. "The Date of Papias: Reassessment." *JETS* 26 (1983): 181-91.

Young, Stephen E. *Jesus Tradition in the Apostolic Fathers: Their Explicit Appeals to the Words of Jesus in Light of Orality Studies*. WUNT 2.311; Tübingen: Mohr, 2011.

Zimmermann, Ruben. "Memory and Form Criticism: The Typicality of Memory as a Bridge between Orality and Literality in the Early Christian Remembering Process." In *The Interface of Orality and Writing*. Edited by A. Weissenrieder and R. B. Coote. WUNT 1.260; Tübingen: Mohr, 2010, 130-43.

인명 색인

A

Abbott, E. A. (애봇) 288
Abel, Ernst L. 97n.42, 175n.24, 219n.133
Abramowski, Luise 460n.129
Achtemeier, Paul 169n.8
Adamczewski, Bartosz 269n.9, 294n.60
Adams, Edward 494n.219, 591n.135
Aesop (아이소포스) 427, 429, 430
Aland, Barbara (알란트, 바바라) 27, 28, 296, 596, 599, 600
Aland, Kurt (알란트, 쿠르트) 27, 28, 260, 595n.139, 599
Albl, Martin C. 28, 112n.72, 114n.80
Alexander, Loveday (알렉산더, 러브데이) 121n.97, 132, 412n.4, 503n.243
Alexander, Philip S. 185n.56, 424n.26
Allert, Craig D. 553n.26, 581n.105
Allison, Dale C. (앨리슨, 데일) 82n.15, 84n.18, 103n.53, 105, 154n.162, 176n.28, 183n.50, 186n.61, 196n.91, 202n.96, 217, 218n.128, 221n.136, 222n.139, 223n.142, 238n.160, 312n.94
Ammonius (암모니우스) 551, 555, 570
Andersen, Øivind (안데르센, 외이빈) 193
Anderson, Paul N. (앤더슨, 폴) 128n.114, 371n.193, 376, 377, 378n.207
Apollonius (아폴로니오스) 45, 117, 424, 425, 428, 429
Aristion (아리스티온) 130, 131, 134, 355, 394, 451
Augustine (아우구스티누스) 157, 158, 269, 270-273, 285, 361, 401, 402n.234, 403nn.235,236, 533, 534n.288, 537, 555n.33, 557, 584, 585, 586, 590
Aune, David E. (오니, 데이비드) 41n.12, 68n.60, 69, 83n.15, 121n.97, 191n.82, 239n.164, 434, 436, 437n.65, 443n.76, 444nn.81,83, 445n.88, 455n.109, 460, 464n.141, 468n.149, 469n.150, 472n.156, 490n.209, 496n.226, 499, 500n.235

B

Bagnall, Roger 527n.269
Bailey, Kenneth E. (베일리, 케네스) 88, 144n.150, 192, 193, 195, 196, 224
Baird, William 273n.13, 275n.18, 276n.19, 277n.23, 278n.24, 287n.44
Bammel, Ernst 114n.83
Barnett, Paul W. (바네트, 폴) 95n.40, 100n.47, 102n.52, 111n.69, 112,

128n.114, 178n.29, 186n.59, 494n.219, 499n.232
Barrett, C. K. (배럿) 75n.5, 181nn.41,44, 228n.144, 370, 371, 372, 497n.229
Barton, John 473n.158, 569n.72
Barton, Stephen C. 152n.159, 201n.96
Batovici, Dan 355n.173
Batten, Alicia J. 87n.25
Bauckham, Richard (보컴, 리처드) 80, 86n.24, 89n.30, 111n.69, 115, 116n.86, 118n.89, 119, 126n.109, 127n.112, 128n.113, 130n.118, 132, 133, 134, 135, 136, 137, 138n.134, 139n.137, 170n.12, 183n.50, 185n.57, 187n.63, 188n.73, 196n.91, 197n.92, 198n.93, 201n.96, 214n.119, 215n.122, 220n.136, 221n.138, 230n.146, 232n.149, 244nn.180,182, 348n.163, 355n.174, 364, 365, 366, 367, 437n.63, 494, 500, 501, 502, 503n.243, 506n.249, 557n.39
Baum, Armin 280n.27, 285n.39, 357n.178
Baur, F. C. (바우어) 124, 274, 288
Beasley-Murray, George R. 374n.200, 385n.216
Becker, Jürgen (베커) 99, 100n.47
Bellinzoni, Arthur. J. 252n.5, 274n.15, 289n.46, 291n.51, 316n.100, 474n.162, 549n.14, 551n.20, 570n.74
Benoit, P. 250n.3
Ben Sirach (벤 시라) 81
Berger, Klaus (베르거, 클라우스) 435, 436n.60, 443n.77

Bilezikian, Gilbert (빌레지키안, 길버트) 430, 431
Bingham, Dwight J. 549n.12
Bird, Michael F. (버드, 마이클) 17n.1, 50, 51, 57n.41, 59n.44, 60n.45, 62nn.49,50, 65n.56, 66n.57, 107n.62, 128n.114, 146n.154, 159n.167, 326n.113, 329n.116, 337n.135, 357n.178, 364n.188, 443n.78, 494n.218, 499n.231, 500n.236, 502n.242, 557n.39
Black, Matthew 103n.53
Blackburn, Barry (블랙번, 배리) 428, 429n.41
Blank, Reiner 229n.146
Blomberg, Craig L. 82n.15, 128n.114, 196n.91, 230n.146, 250n.2, 288n.45, 503n.244
Bock, Darrell L. 289n.45, 536n.294
Bockmuehl, Markus (복뮬, 마커스) 19, 41n.12, 56n.38, 77n.8, 116, 124, 125n.107, 143n.149, 151n.157, 196n.91, 212n.111, 220n.134, 235n.153, 420n.22, 447n.92, 519n.257, 538n.296, 552n.25, 596n.140
Boettner, Loraine (뵈트너, 로레인) 555
Boismard, M.-É. (부아마르, 마리-에밀) 250n.3, 376, 377
Bokedal, Tomas 111n.69, 114n.80, 548n.10, 576n.91
Bonz, Marianne Palmer 431n.46
Boring, M. Eugene (보링) 203n.98, 238, 239, 240, 330n.117, 335, 440n.72
Bornkamm, Günther 186n.60

Botha, Pieter J. J. 169n.9, 201n.96
Bousset, Wilhelm (부세트, 빌헬름) 230
Bovon, François (보봉) 122n.100,
    125n.108, 539n.298, 561n.48, 579,
    596n.140
Bowman, John W. (보우먼, 존) 54n.34, 422
Boyd, Gregory A. 196n.91, 230n.146,
    252n.5, 281n.30, 295n.61, 296n.62,
    297n.65, 330n.117, 474nn.161,162,
    476n.168, 477n.170, 481n.187,
    519n.257, 551n.21
Brannan, Rick (브래넌, 릭) 19, 509n.251
Brodie, Thomas (브로디, 토마스) 373
Brooks, Stephenson H. 287n.43
Brown, Charles Thomas 480n.185
Brown, Raymond E. 274n.14, 361n.182,
    377n.206
Bruce, F. F. 82n.15, 98n.45, 146n.154,
    355n.173, 518n.255
Brueggemann, Walter 48n.27
Bryan, Christopher 169n.9, 420n.22,
    439n.70, 443n.76, 490n.210, 494n.218
Bryan, Steven (브라이언, 스티븐) 94
Bultmann, Rudolf (불트만, 루돌프) 77,
    97n.44, 135, 172n.15, 190, 227, 228n.145,
    230, 234, 235, 236, 238, 241, 243, 284,
    366, 385, 386, 414, 426n.31, 434, 435
Burdick, H. 219n.133
Burge, Gary M. 373n.199
Burkett, Delbert 251n.3
Burkitt, F. C. (버킷) 288
Burney, C. F. 103n.53, 108n.63
Burridge, Richard (버리지, 리처드) 19,
    411n.3, 424n.26, 427n.36, 432, 436,
    437nn63,64, 438, 439, 444n.84, 445n.86,
    446, 447n.91, 488n.208, 490nn.209,210,
    493nn.216,217, 496n.223, 500n.236,
    503n.243, 518n.253, 576n.90, 583, 587
Butler, B. C. 307n.86
Byrskog, Samuel (뷔쉬코그, 사무엘) 76,
    81, 82n.14, 83n.15, 87n.26, 115,
    116n.86, 122, 123n.104, 126n.109,
    129n.115, 130n.118, 136n.131, 138,
    139n.137, 140, 141n.144, 151n.157,
    178n.29, 181, 182n.47, 183n.50, 191,
    196n.91, 198n.93, 201n.96, 215n.122,
    240nn.166,169, 246

C

Calvin, John (칼뱅) 95, 155, 156n.164,
    361, 555
Campenhausen, Hans von (캄펜하우젠)
    168n.6, 451n.102, 472n.156, 483,
    484, 495n.220, 546n.4, 547n.5, 564,
    568nn.67,71, 573n.81, 583, 584n.111
Capes, David G. (케이프스, 데이비드) 496
Carrington, Philip 497n.228
Carroll, Mark 218n.132
Carson, D. A. (카슨) 104, 381n.208,
    382n.210, 383, 386n.218, 389
Carter, Warren 446n.90
Casey, Maurice (케이시, 모리스) 91n.34, 108
Catchpole, David 85n.20, 137n.133,
    294n.58
Charlesworth, James H. (찰스워스)
    101, 102n.49, 120n.96, 213n.115,

244n.181, 553n.26

Charlesworth, Scott D. (찰스워스, 스코트) 576n.90, 594n.137, 601

Chilton, Bruce (칠턴, 브루스) 82n.15, 159, 214, 285n.39

Clarysse, Willy 595n.139

Collins, Adela Yarbro 79n.10, 409n.2, 437n.64, 443n.76, 488n.208, 496n.225

Colwell, Ernest C. 368n.191

Cook, John G. 440n.72

Coote, Robert B. 170n.12, 202n.96

Credner, K. A. (크레드너) 310

Crook, Zeba Antonin 340n.142

Crossan, John Dominic (크로산, 존 도미닉) 140, 152n.158, 165n.3, 176n.26, 182n.48, 218, 219, 220

Crossley, James 128n.114

D

Dahl, Nils A. 199n.94, 201n.96, 203n.97, 220n.140

Davids, Peter H. 86n.25, 178n.29, 185n.56, 186n.61

Davies, Margaret (데이비스, 마가렛) 130n.118, 165, 349

Davies, W. D. 180n.40, 181n.44, 182nn.49,50, 185n.56, 242n.175, 276n.21, 322n.108, 345n.152

Deibert, Richard I. 33n.1, 444n.82

Deines, Roland (다인스) 91, 92n.35

Denaux, Adelbert 361n.182, 556n.36

Dewey, Joanna 169n.9

Dibelius, Martin (디벨리우스, 마르틴) 75, 79,

87, 118n.89, 179n.33, 227, 230n.146 235, 413, 414n.8

Dickson, John (딕슨, 존) 41, 42n.15

Diehl, Judith A. 410n.2

Dodd, C. H. (도드) 79n.11, 80n.13, 95, 104, 169n.8, 175n.23, 370, 387, 388, 414, 415, 417

Donaldson, Terence (도널드슨, 테런스) 491

Downing, F. Gerald 420n.20

Draper, Jonathan A. 143n.148, 201n.96

Dulling, Dennis C. 202n.96

Dungan, David L. (둥안, 데이비드) 139n.138, 252n.5, 269n.10, 273n.13, 277n.23, 287n.44, 290n.49, 294n.60, 296, 323n.112, 344n.150, 458n.123, 459n.124, 460n.126, 525n.265, 555

Dunn, James D. G. (던, 제임스) 17, 41n.12, 58n.43, 66n.57, 82n.15, 84n.18, 93, 94n.37, 95n.39, 98n.45, 100n.48, 102n.52, 103n.53, 106, 108.n63, 111n.69, 116n.87, 119n.95, 128n.114, 136n.131, 142n.147, 145n.153, 146n.154, 165n.2, 170, 171nn.13,14, 174n.22, 181n.43, 190n.80, 191n.81, 195n.88, 196n.91, 197n.92, 198n.93, 199, 200n.95, 201n.96, 220n.136, 221n.138, 239n.166, 240n.167, 323n.111, 360n.181, 445

du Toit, David S. (뒤 투아, 데이비드) 74, 75n.4, 309n.88

Dvorak, James D. 361n.182

E

Easton, B. S. 227n.144
Eddy, Paul R. 196n.91, 230n.146
Edwards, James R. (에드워즈, 제임스) 107, 108n.64, 279, 280n.27, 281n.30, 433n.51
Edwards, M. J. 433n.51
Ehrman, Bart (어먼, 바트) 38n.10, 527n.271, 529n.276, 533n.287, 577, 597, 598n.144, 599, 600n.151
Eichhorn, Johann G. (아이히호른, 요한) 107, 278, 310
Eitzen, Kim Haines 505n.247
Elliott, John K. 295n.62, 527n.271
Ellis, E. Earle (엘리스, 얼) 74n.2, 82n.15, 111n.69, 122, 181n.43, 240n.170, 315, 334n.125, 499n.232
Ennulat, Andreas (에눌라트) 330n.118, 335, 336n.134
Eusebius (에우세비오스) 114n.83, 120, 125n.108, 127n.110, 131, 210, 211n.107, 212n.112, 280n.27, 353nn.166-170, 354nn.172,173, 355n.175, 356, 362n.183, 363, 395n.228, 396, 399nn.230,231, 401n.233, 425, 455, 466, 482n.193, 483n.194, 493, 512, 513, 514, 528n.274, 529, 532, 533, 551, 553nn.26,27, 554n.29, 556, 557, 561, 565nn.57,59, 574, 578, 586n.124, 588
Evans, Craig A. (에번스, 크레이그 A.) 54n.35, 60n.45, 74n.2, 82n.15, 87n.25, 90n.33, 91n.34, 94n.37, 109n.66, 115n.85, 175n.26, 181n.43, 289n.45, 364n.187,
594n.137

F

Farmer, William (파머, 윌리엄) 273n.13, 274, 275nn.16,17, 276, 277n.23, 278n.24, 282n.31, 287n.44, 289, 290, 299n.70, 307n.86, 310nn.91,92, 323n.112, 335n.131, 336n.132
Farnell, F. David 285n.40
Farrer, Austin (파러, 오스틴) 16, 269, 291, 292, 293, 294, 295n.61, 323, 327, 335, 339, 340n.142, 343, 347, 348, 349
Fee, Gordon D. 295n.62, 598n.147, 601n.152
Ferreira, Johan 509n.252
Fitzmyer, Joseph A. 108n.63, 274n.14, 313n.95, 316n.100
Fledderman, Harry T. 339n.139
Flusser, David 143n.148
Foley, John Miles 201n.96
Fortna, Robert 250n.2
Foster, Paul (포스터, 폴) 19, 252n.5, 269n.9, 295n.61, 296n.62, 297n.65, 313n.96, 319n.102, 322n.108, 330n.117, 348n.162, 476n.168, 479n.180, 527n.270, 551n.20
Fredriksen, Paula 90n.34
Frenschowski, Marco 485n.198
Frey, Jörg 121n.97, 364n.188
Freyne, Sean (프레인, 숀) 163, 164, 176n.28
Fuchs, Albert (푹스, 알버트) 250n.3 335
Funk, Robert (펑크, 로버트) 172, 173, 176,

177, 218

Furnish, Victor Paul 98n.45

G

Gamble, Harry 114n.82, 168n.7, 190n.80, 473n.158, 500n.236, 503n.243, 505n.246, 575n.89, 579n.99

Gardner-Smith, Percival (가드너-스미스) 370, 386, 387, 388

Gathercole, Simon J. (개더콜, 사이먼) 60n.46, 463n.138, 468nn.148,149, 520n.261, 534

Gaventa, Beverly. R. 153n.160, 154n.162, 176n.28, 199n.94

Georgi, Dieter 299n.70, 426n.32

Gerhardsson, Birger (에르핫손, 비르예르) 82n.15, 100n.48, 105n.58, 111n.69, 113, 119, 139, 177n.29, 178n.29, 179, 180, 181, 182, 183, 184, 185n.58, 187n.63, 189n.74, 190, 196n.91, 200n.94, 215n.122, 220n.136, 245n.183

Gerlach, Karl 554n.31

Gero, Stephen 518n.254

Gieseler, J. K. L. (기젤러) 107

Glover, R. 142n.148

Gnilka, Joachim 281n.28

Gooch, P. 82n.15

Goodacre, Mark (굿에이커, 마크) 16, 176n.26, 252n.5, 287n.43, 289n.45, 291, 293, 294nn.59,60, 295n.61, 319n.101, 320n.103, 321n.106, 322n.107, 323n.112, 330n.120, 336n.132, 338n.138, 347n.160, 348nn.161,162, 521n.261, 558, 559n.42, 560n.47

Goodspeed. E. J. (굿스피드) 580

Goodwin, C. 374n.201

Goulder, Michael D. (굴더, 마이클) 16, 291, 293, 321n.106, 330n.120, 333, 335n.132, 336n.132, 342, 347n.160, 349, 477, 497n.228

Grant, Robert M. 368n.191

Green, Joel B. (그린, 조엘) 108n.63, 152n.159, 175n.26, 357n.179, 490n.210, 491

Greeven, H. (그리븐) 260n.8, 296

Gregory, Andrew 196n.91, 252n.5, 281n.30, 474n.161, 476n.168, 477n.170, 481n.187, 519n.257, 551n.21

Griesbach, J. J. (그리스바흐, 요한 야콥) 16, 269, 272, 273, 274, 275, 276, 291, 296, 323, 327, 335, 339, 343, 349

Guelich, Robert 418n.16, 427n.37, 490n.209

Gundry, Robert H. (건드리, 로버트) 19, 67n.58, 280n.27, 281n.29, 299, 303, 304, 305, 327, 330n.120, 333nn.121,122, 338n.137, 342, 346, 347, 348, 392, 409n.2, 474n.160, 482n.189, 494n.219

Gunkel, Hermann (궁켈, 헤르만) 227, 413n.5

Guthrie, Donald 102n.52

H

Habermas, Gary R. 116n.87, 191n.81,

197n.92, 201n.96
Hadad, Moses 424n.28
Hahneman, Geoffrey M. 473n.158, 562n.49, 573nn.78,79, 578n.97, 582n.107
Halverson, John 190n.80
Hannah, Darrell D. (한나) 566n.62, 567
Harnack, Adolf von (하르낙, 아돌프 폰) 40n.12, 288, 441n.73, 474n.162
Hartin, Patrick 86n.25
Harvey, A. E. 175n.23
Häusser, Detlef 82n.15
Havelock, E. A. 174n.22
Hawkins, John C. (호킨스, 존) 288
Hawthorne, Gerald F. (호손, 제럴드) 82n.15, 238, 239n.164
Hays, Richard B. 153n.160, 154n.162, 176n.28, 199n.94
Head, Peter M. (헤드, 피터) 122n.102, 138n.135, 296n.62, 309, 576n.90, 599n.148
Heckel, Theo K. (헤켈, 테오) 550nn.16,18, 565nn.56,60, 570n.74, 580
Henaut, Barry (헤노, 배리) 166, 167, 180n.40, 190n.80
Hengel, Martin (헹엘, 마르틴) 66n.57, 67n.58, 77n.8, 91, 92n.35, 95n.40, 100n.47, 102n.49, 103n.53, 115, 116n.86, 123, 124, 130n.117, 156, 157n.165, 180, 230n.146, 231, 234, 235n.153, 269n.9, 351n.164, 355n.174, 420n.22, 429n.42, 459nn.124,125, 469n.151, 470, 471n.155, 477n.170, 491, 492nn.214,215, 495, 500n.236, 528n.272, 538n.297, 545, 547n.7, 585n.120, 598
Heracleon (헤라클레온) 353, 355n.173, 362, 568
Herder, J. G. (헤르더) 77n.9, 107, 278, 279, 281n.28, 330n.117, 342n.148, 364n.188
Hezser, Catherine 110n.68
Hill, Charles E. (힐) 131n.120, 456n.117, 473n.158, 477n.170, 478n.175, 533n.287, 565n.58, 566, 567n.63, 570n.74, 573n.79, 574n.85, 575n.89, 577nn.92,93,94, 594n.138, 600n.149
Hill, David 239n.164
Hillel (힐렐) 81, 96
Hincks, Edward Y. (힝크스, 에드워드) 301, 302, 303n.77, 348
Hirsch, E. 334n.125
Hobbs, Edward C. 299n.70
Hoffman, Paul 250n.1, 312n.94
Hogg, John 194n.88
Hogg, Rena 194n.88
Holladay, Carl (할러데이, 칼) 428
Hollander, Harm W. (홀랜더, 하름) 73, 88n.28
Holmes, Michael W. (홈스, 마이클) 19, 600n.151
Holtzmann, Heinrich Julius (홀츠만, 하인리히 율리우스) 272, 274, 288, 290, 299, 300, 302, 307n.86, 310, 327, 347, 348, 351n.164, 392
Honey, T. E. Floyd 340n.140

Hood, Jason B. 496n.223
Hooker, Morna (후커, 모나) 229n.146, 447
Hoover, Roy W. 172nn.16,17, 173nn.18,20, 218n.129
Horbury, William 41n.12, 54nn.34,35
Horsley, Richard A. (호슬리, 리처드) 17, 90n.33, 169n.9, 201n.96
Huck, A. 260n.8
Huggins, Ronald V. 269n.9
Hughes, Graham (휴즈, 그레이엄) 144, 145n.152
Hultgren, Arland J. (헐트그렌, 알란드) 531
Hultgren, Stephen (헐트그렌, 스티븐) 200n.94, 279
Hurtado, Larry W. (허타도, 래리) 36n.8, 153, 154n.161, 314n.97, 438n.67, 490n.210, 505n.246, 527n.269, 549n.15, 559n.42, 576n.91, 577n.94, 594n.137

I

Ingolfsland, Dennis 84n.18
Irenaeus (이레나이우스) 35, 62n. 48, 114, 120, 125n.108, 131, 132n.123, 212, 353, 354n.172, 355n.174, 395, 396n.229, 452, 453, 454, 466, 467n.147, 470n.153, 472nn.156,157, 474n.162, 482n.193, 485, 486, 487, 497n.227, 512, 513, 522n.262, 525, 526n.266, 528, 529, 531, 532n.282, 534n.290, 546n.3, 547, 548, 549, 554n.29, 563, 564, 567, 568n.68, 569, 574, 575, 577, 582, 583, 584, 585, 586, 592, 593

Iverson, Kelly R. 196n.91, 198n.93, 201n.96, 521n.261

J

Jaffee, Martin (재피, 마틴) 113, 168, 170n.12, 185n.58, 217n.126
Jaroš, Karl 595n.139
Jeremias, Joachim 108n.63
Jervell, Jacob 121n.97
Johnson, Luke Timothy 86n.25, 199n.94
Johnson, William A. 504n.245
Jones, Brice C. 287n.43
Justin Martyr (순교자 유스티누스) 34, 114, 211, 452, 455, 456n.113, 466, 487, 551, 569

K

Kähler, Martin (켈러, 마르틴) 74
Käsemann, Ernst (케제만, 에른스트) 77
Kee, Howard Clark (키, 하워드 클라크) 61, 311n.93, 427n.36
Keefer, Kyle 355n.173
Keener, Craig S. 105n.58, 111n.69, 187n.63, 188n.70, 217n.127, 220n.136, 230n.146, 382n.208
Keightley, G. M. 201n.96
Keith, Chris (키스, 크리스) 155, 202, 244n.182
Kelber, Werner (켈버, 워너) 83n.15, 103, 104n.54, 105n.58, 174n.22, 182n.50, 189nn.74,75,76 190nn.77,78,79,80, 197n.92, 201n.96, 217n.125, 220n.136, 419n.17

Kelhoffer, James A. 474n.162,
　480n.186, 481n.187, 482n.192,
　550nn.16,18, 566n.61
Kennedy, George A. 112n.71
Kim, Seyoon 82n.15
Kirk, Alan (커크, 앨런) 201n.96, 202
Klein, Hans 287n.43
Kline, Meredith G. (클라인, 메러디스)
　422n.23, 588, 589n.129
Klink, Edward W. 500n.236, 557n.39
Kloppenborg, John S. 87n.25,
　250n.1, 252n.5, 293n.58, 295n.61,
　296nn.62,65, 312n.94, 313n.96,
　321n.105, 330n.117, 334n.126
Knox, John (녹스, 존) 175
Koester, Helmut (쾨스터, 헬무트) 55n.36,
　64nn.52,53, 170n.11, 213n.114,
　241n.171, 250n.3, 424n.28, 426,
　441n.73, 457n.122, 458n.124, 460,
　462, 473n.158, 474n.160, 475n.167,
　479n.178, 480n.185, 481n.187,
　484, 518, 519, 520, 524n.264, 526,
　551nn.19,20, 553n.26, 570n.74,
　594n.138, 597, 598
Köstenberger, Andreas (쾨스텐버거)
　364n.188, 382n.208, 383, 384
Kruger, Michael J 456n.117, 505n.246,
　575n.89, 577n.93, 600n.149
Kuhn, H. W. 249n.1
Kümmel, Werner G. 98n.45, 305n.84,
　310n.91, 312n.94, 374n.201
Kürzinger, Josef 280n.27

L

LaBahn, Michael (라반, 미카엘) 75n.4, 375
Lachmann, Karl (라흐만) 288, 307
LaGrand, James 244n.180
Lambrecht, Jan 340n.140
Lamouille, A. 376n.205
Lane, William L. 416n.15
Lang, Manfred 390n.226
Laufen, Rudolf 339n.139
Layton, Bentley 486nn.202,203,
　568n.69
Le Donne, Anthony (르 돈, 앤소니) 38n.10,
　109n.66, 155n.163, 176n.27, 199n.94,
　202, 215n.120, 237n.159, 244n.182,
　375n.204
Lee, Sang-il 110n.68, 232n.148
Lemcio, Eugene E. 77n.8, 100n.47
Lenklau, Johann 457n.122
Leo, Friedrich (레오, 프리드리히) 433
Lessing, G. E. (레싱) 98-99, 107, 277-278
Lightfoot, R. H. (라이트풋, 로버트) 227,
　291n.51, 364n.187
Lincoln, Andrew T. 364n.187, 371n.193
Lincoln, Bruce (링컨, 브루스) 559, 560n.46
Lindars, Barnabas (린다스, 바나바스) 109
Lindsey, Robert L. 269n.9
Linnemann, Eta (린네만, 에타) 284
Longstaff, Thomas R. W. 252n.5
Lowe, Malcolm 275n.16
Lührmann, Dieter 77n.9
Lummins, E. W. 291n.51
Luz, Ulrich (루츠, 울리히) 335

M

MacDonald, Dennis R. (맥도널드, 데니스) 430-432

Mackay, Ian D. (맥케이, 이안) 170n.10, 361n.182, 374-375, 378n.207, 385n.216

Mallen, Peter 55n.36

Manson, T. W. (맨슨) 54n.34, 85n.21, 97, 108n.63, 243, 312n.94

Marcion (마르키온) 114n.83, 297n.66, 353, 354, 399, 400, 401, 460, 470, 471, 481n.187, 483, 484, 485, 486, 487, 532n.283, 545, 546, 547, 548, 564, 568, 569, 575, 579, 597n.142

Marcus, Joel 339n.139

Marsh, Herbert (마쉬, 허버트) 310

Marshall, I. Howard (마셜, 하워드) 175n.26, 198n.93, 229n.146, 245

Martin, Ralph P. 82n.15, 86n.23, 250n.3

Martial (마르티알리스, 마르쿠스) 112

Martyn, J. L. 250n.2

Marxsen, Willi 57n.42, 67n.58

Mason, Steve 41n.12, 64n.54

Massaux, Edouard (마소, 에두아르) 474n.162, 549

Mauritz, Wülfing von 428n.38

McDonald, Lee Martin 548n.9, 553n.26, 556n.36, 562nn.50,51, 564n.54, 568n.71, 569n.72, 573n.78

McIver, Robert K. 202n.96, 218n.132

McKnight, Scot (맥나이트, 스캇) 57n.41, 74n.3, 86, 108n.63, 175n.26, 201n.96, 289n.45, 306n.84, 409n.1, 488n.208, 490n.210

McNicol, Allan James (맥니콜) 294n.60, 323n.112, 342

Meier, John (마이어, 존) 90nn.32,33, 109n.66, 118, 119n.92, 127, 223n.142, 315, 316n.99, 520, 521n.261

Meijboom, Hajo Uden (메어봄, 하요 우덴) 289

Merz, Annette 74n.2, 89n.31, 100n.47, 175n.26, 240n.169, 242n.174

Metzger, Bruce M. (메츠거, 브루스) 405n.238, 561, 572n.77, 573

Meyer, Ben F. 57n.41, 178n.29

Millard, Alan 114n.82

Moll, Sebastian 483n.195, 547n.6, 548n.9

Moloney, Francis J. 361n.182

Momigliano, Arnaldo 433n.51

Morgenthaler, Robert (모르겐탈러, 로베르트) 303, 336, 345, 347-348

Morris, Leon (모리스, 레온) 381n.208, 382-383

Moule, C. F. D. 228n.144, 242n.174

Mournet, Terence C. (머넷, 테런스) 201n.96, 322, 323n.111

Mussie, G. 108n.64

N

Neirynck, Frans (네이링크, 프란스) 84n.19, 296n.62, 330n.118, 333, 336n.134, 346-347, 372, 373n.196

Neusner, Jacob (뉴스너, 제이콥) 113, 180n.40, 182n.50, 184

Neville, David J. 275n.16
New, David (뉴, 데이비드) 309
Nineham, D. E. 116n.86, 136n.131, 233n.150, 291n.51
Noll, Mark 150n.156

O
Olick, Jeffrey (올릭, 제프리) 220
Orchard, Bernard (오처드, 버나드) 296, 394n.227
Orsini, Pasquale 595n.139
Osborne, Eric 456n.113, 583n.110
Osborne, Grant R. 74n.2
Owen, Henry (오웬, 헨리) 273

P
Paffenroth, Kim 287n.43
Pagels, Elaine H. (페이젤스, 일레인) 362n.184, 526, 563, 564n.53
Pahl, Michael W. 83n.16
Painter, John 79n.10
Pairman, John 340n.140
Park, Yoon-Man 201n.96, 249n.1
Parker, David C. (파커, 데이비드) 34, 35n.5, 419n.17, 576n.91, 594n.137
Parsons, Mikael C. 444n.82
Patterson, Stephen J. 104n.55, 118n.89
Peabody, David B. 294n.60, 336n.132
Penner, Todd C. 87n.25
Pennington, Jonathan T. (페닝턴, 조너선 T.) 51n.30, 437n.64, 488n.208, 496n.225, 557n.38, 590n.134, 591n.135
Perkins, Pheme 111n.69, 432n.49, 438nn.66,68, 442n.74, 556n.36
Perrin, Nicholas 294n.60, 347n.160, 348n.161, 520n.261, 558n.40, 559n.42
Perrin, Norman (페린, 노먼) 241
Pervo, Richard I. 444n.82,
Pesch, Rudolf (페쉬, 루돌프) 342
Petersen, William L. 508, 552n.24, 554, 556n.36
Peterson, Jeffrey 347n.160
Petzke, Gerd 287n.43
Philostratus (필로스트라토스) 117, 139n.140, 187n.68, 424-425, 428-429
Piper, Ronald A. 346n.155, 552n.25
Pitre, Brant 57n.41, 62n.49
Pittner, Bertram 287n.43
Pleše, Ziatko 527n.271, 529n.276
Plummer, Alfred 468n.148
Poirier, John C. (푸아리에, 존) 294n.60, 295n.61, 323n.112, 344n.149, 345n.151, 347, 348n.161
Pokorný, Petr 41n.12, 55nn.36,38, 64n.53, 68n.59, 440n.72
Porter, Stanley E. (포터) 91n.34, 102, 103n.53, 109n.66, 110n.68, 171n.14, 178n.29, 289n.45, 562n.50, 594n.137
Pryor, John 570n.74

Q
Quintus Sertorius (퀸투스 세르토리우스) 42, 43n.17

R
Rasimus, Tuomas 355n.173

Redman, Judith C. S. 137n.133, 197n.92, 202n.96, 215n.121, 221n.136
Reed, Annette Yoshiko 472n.156, 585n.118
Reed, Jonathan L. 91n.34
Reicke, Bo (라이케, 보) 284
Richardson, P. 82n.15, 140n.141
Riesenfeld, Harald (리젠펠트) 79n.10, 144, 177n.29, 179, 181, 185n.58
Riesner, Rainer (리스너) 82n.15, 103, 107n.61, 111n.69, 178n.29, 179n.33, 181, 184, 186n.61, 187n.63, 188
Riley, Gregory (라일리, 그레고리) 140
Rist, John M. (리스트, 존) 283
Ritschl, Albrecht (리츨, 알브레히트) 288
Robbins, Vernon K. (로빈스, 버논) 17, 439n.70
Roberts, C. H. (로버츠) 112n.71, 115, 505n.246
Robinson, James M. 186n.60, 250n.1, 312n.94
Rochais, G. 376n.205
Rodriguez, Rafael (로드리게즈, 라파엘) 17, 77n.8, 170n.12, 201n.96, 202, 215n.122, 223n.141, 237
Rolland, Philippe 250n.3
Rordorf, W. 143n.148
Rowland, Christopher 165nn.2,3, 240n.169

S
Sabbe, M. 373n.196
Sanday, William (샌데이, 윌리엄) 334
Sanders, E. P. (샌더스) 237, 243, 276, 298, 345, 349
Sanders, James (샌더스, 제임스) 92
Sandnes, Karl Olav 432n.48
Sawyer, John F. A. 55n.37
Schachter, S. 219n.133
Schadewaldt, Wolfgang 197n.92
Schenk, Wolfgang 340n.141
Schillebeeckx, Edward 77n.9, 78n.10
Schleiermacher, Friedrich (슐라이어마허, 프리드리히) 310
Schmid, Josef 330n.118
Schmidt, Karl L. (쉬미트, 칼) 227, 413
Schmithals, Walter 385n.216
Schniewind, Julius 41n.12
Schoedel, W. R. 280n.27
Schoeps, H. J. 98n.44
Schreiner, Thomas R. 98n.45
Schröter, Jens (슈뢰터, 옌스) 138n.136, 197n.92, 199n.94, 201n.96, 202, 213n.117, 216n.124
Schüling, Joachim 339n.139
Schulz, Siegfried 426n.32,
Schürmann, Heinz 111n.69, 221n.138
Schweitzer, Albert (슈바이처, 알베르트) 97n.44, 148, 289
Schweizer, Eduard (슈바이처, 에두아르트) 422, 423n.24
Scofield, C. J. (스코필드) 149
Scott, James M. (스코트) 283, 284n.36
Shammai (샴마이) 81
Shellard, Barbara 371n.194
Shepherd, Massey H. 86n.25

Shiell, William D. 202n.96

Shiner, Whitney 169n.9

Shuler, Philip L. (슐러, 필립) 435

Simons, Eduard (시몬스, 에두아르트) 299n.70, 300, 301, 302

Skarsaune, Oskar 551n.20

Skeat, T. C. 112n.71, 576n.90

Smith, Dwight Moody (스미스, 무디) 361n.182, 497

Smith, Justin Marc 503n.243

Smith, Morton 95n.39, 180n.40, 424nn.27,28

Smith, Murray J. 54n.34, 474n.162

Snodgrass, Klyne 56n.38

Soards, Marion L. 249n.1, 333n.122

Sparks, H. F. D. 357n.180, 358n.180, 371n.193

Spencer, F. Scott 140n.143

Stanley, David 140n.141

Stanton, Graham (스탠턴, 그레이엄) 41n.12, 66n.57, 75n.5, 111n.69, 115, 235n.153, 420n.22, 439, 443n.80, 462, 488n.208, 505, 565n.56, 576n.90, 580, 581

Stark, Rodney (스타크, 로드니) 536

Stein, Robert H (스타인) 229n.146, 277n.22, 288n.45, 305n.84, 313n.95, 330n.119, 334, 335n.128, 336n.134

Stewart, Robert 201n.96

Still, Todd D. 82n.15

Stoldt, Hans-Herbert (슈톨트, 헤르베르트) 289, 290

Storr, C. G. (슈토르) 288

Strange, J. F. 91n.34

Strange, W. A. 207n.100

Strauss, David (슈트라우스, 다비트) 126, 288

Strauss, Mark L. 288n.45

Streeter, B. H. (스트리터) 148, 250n.3, 272, 286n.42, 288, 290, 292, 308, 310, 321, 322, 336-338, 342

Strobel, Lee (스트로벨, 리) 148

Stroker, W. D. 527n.271

Stuckenbruck, Loren T. 109n.66, 201n.96

Stuhlmacher, Peter 40n.11, 54n.34, 57n.42, 82n.15

Sullivan, Clayton (설리번, 클레이턴) 290

Sundberg, Albert C. 573nn.78,79

Swain, Simon 433n.51

T

Talbert, Charles (탈버트, 찰스) 435, 444

Talmon, Shemaryahu 182n.49, 191n.82

Tasker, R. V. G. 364n.187

Tatian (타티아노스) 361, 528n.273, 548n.10, 550n.17, 552, 554, 556, 570, 582n.106

Taylor, Nicholas H. 119n.95, 249n.1

Taylor, Vincent (테일러, 빈센트) 76n.6, 77n.7, 118, 227, 235, 250n.3

Taylor, W. S. 201n.96

Thatcher, Tom (대처, 톰) 40n.11, 201n.96, 202, 235n.153, 361n.182, 444n.85

Theissen, Gerd (타이센, 게르트) 74n.2, 89n.31, 94, 100n.47, 137n.132, 175n.26, 186n.62, 189, 220, 221nn.137,138,

240n.169, 242n.174, 249n.1
Theophilus (테오필로스) 551, 555, 570, 577
Thomas, Page A. 252n.5
Thomas, Robert L. 285n.40
Thompson, M. M. 128n.114
Thompson, Michael B. 82n.15, 232n.149, 348n.163, 506n.249
Tiede, David (티데, 데이비드) 428
Tolbert, Mary Ann (톨버트, 메리 앤) 430
Travis, S. H. 229n.146
Trebilco, Paul (트레빌코, 폴) 578
Trobisch, David 465n.143, 468n.149, 469n.150
Tuckett, Christopher M. (터킷, 크리스토퍼) 84n.18, 274n.15, 321, 333, 342, 345, 346, 474n.161, 480n.186, 519n.257, 596n.140
Tyndale, William (틴데일, 윌리엄) 33

V

Valentinus (발렌티누스) 355, 467n.147, 482, 485, 486, 567, 568
van de Sandt, Huub 142n.148, 474n.161
Vansina, Jan (반시나, 얀) 139n.139, 142n.145, 188
Verheyden, Joseph/Jozef 252n.5, 456n.117
Vickers, Brian 60n.46
Vielhauer, Philipp 519n.257
Vines, Michael E. (바인즈, 마이클) 423
Von Wahlde, Urban C. (폰 발데, 우르반) 373
Votaw, Clyde (보토, 클라이드) 434, 499n.234

W

Wachob, Wesley H. 86n.25
Wagner, J. Ross 55n.36
Wansbrough, Henry 102n.49, 213n.116
Watson, Francis (왓슨, 프랜시스) 16, 199n.94. 544n.1, 559n.42, 591n.136
Watts, Rikki E. 55n.36, 65n.55
Weeden, Theodore J. 193n.88, 194n.37, 426n.32
Weiss, B. 302
Weiss, Johannes (바이스, 요한네스) 310, 434
Weisse, C. H. (바이세, 크리스티안 헤르만) 288, 307n.86, 310
Weissenrieder, Annette 170n.12
Wellhausen, Julius (벨하우젠, 율리우스) 227
Wenham, David 82n.15, 251n.4
Wenham, John (웬함, 존) 284, 285
Wernle, Paul (베른레, 파울) 274, 307n.86, 310
Westcott, B. F. (웨스트코트) 254n.6, 282, 283, 285n.39
Wiles, Maurice 363n.186
Wills, Lawrence (윌스, 로렌스) 427, 429, 430
Windisch, Hans (빈디쉬, 한스) 367, 368
Wise, M. O. 108n.63
Witherington, Ben (위더링턴, 벤) 82n.15, 98n.45, 103n.53, 169, 186n.59, 223n.142, 240n.169
Wold, Benjamin G. 201n.96
Wrege, Hans-Theo 287n.43
Wright, N. T. (라이트, 톰) 56n.40, 57n.41, 58n.43, 84n.18, 90nn.33,34, 92n.35,

94n.39, 98n.45, 105n.58, 159n.167, 175n.26, 196n.91, 220n.136, 242, 244n.181, 437n.64, 535n.293

Yarbrough, Robert W. 564n.56

Young, Stephen E. 170n.11, 474n.160

Z

Zimmermann, Ruben 201n.96

성서 및 다른 고대 문헌 색인

/ 구약성서 /

창세기
2:4 (LXX)	433
5:1 (LXX)	433

출애굽기
12:14	203n.99

레위기
19:18	84

민수기
24:4 (LXX)	448
24:16 (LXX)	448

신명기
6:5	268
16:3	203n.99
33:9 (LXX)	448

사무엘상 (LXX 1 Kingdoms)
31:9	48

사무엘하 (LXX 2 Kingdoms)
1:1-16	47
4:10	41n.14, 47
18:19-20	47
18:21-33	47
18:22 (LXX)	41n.13

열왕기상 (LXX 3 Kingdoms)
1:42	48
1:42-50	48

역대상
10:9-10	48

시편
11:7 (LXX)	448
17:31 (LXX)	448
22	460
68 (67 LXX)	48
68:11-12 (12-13)	49
80:1	563
96 (95 LXX)	49
96:2-3	49
96:10-13	49
106:11 (LXX)	448
110	332
110:1	258, 332

이사야
40-66	50-51, 64
40:3 (LXX, MT)	267
40:9-10	50
40:10	51
52:5	450
52:6-7	50
52:7	51-53, 65
54:1	482
60:6	51
61	55n.38
61:1-3	51
61:1-6	51
61:2	53
66:2	450

에스겔
37:9	563

다니엘
7	332
7:13	332
9:26	52

요엘
2:32	49n.28

나훔

1:15	49n.28

스가랴

9:9	205

/ 외경 /

마카베오하

2:25	184

/ 신약성서 /

마태복음

1:21	359
3:3	267
3:7-12	322n.109
3:15	477n.172, 479
4:1	308
4:12	358, 397
4:17	441n.73
4:23	58, 92
5:1-7:29	259
5:3	319
5:5	86
5:6	319
5:7	86, 450
5:9	86
5:10-12	86
5:12	86
5:18	299, 327n.114
5:19	86
5:22	86, 475n.164
5:31-32	83
5:32	316
5:33-37	86
5:34-37	87n.26
5:38-48	85
5:43-46	84
5:48	86
6:1-6	475n.164
6:9-13	174, 319
6:14	450
6:24	316
6:24-34	86
7:1-2	450
7:1-5	86
7:12	450
7:21	481n.188
7:24-27	86
7:29	181
8	262
8:2-3	336
8:5-10	323-326, 329n.116
8:5-13	322n.109, 323, 327-328
8:11-12	326, 329n.116
8:11-13	325-326
8:13	326
8:17	477n.172
8:18-22	85
8:28	155, 337
8:32	482
9	262
9:1-17	261
9:7	337
9:8	320n.103
9:9	272, 465n.142
9:14-17	306
9:35	58, 92
9:36-10:15	186
10:1	338n.137
10:1-42	62
10:5-6	244
10:5-13	475n.163
10:7	62
10:16	477n.172
10:17	92
10:32	481n.188
10:40	477n.172
10:40-41	475n.163
11:2	367
11:2-19	322n.109
11:5	53n.33, 58
11:12	318, 320n.103
11:12-13	327n.114
11:21-23	316
12	262
12:1-14	261
12:9	92
12:24-30	306
12:28	59, 319
12:30	338n.137
12:33	477n.172
12:38-42	316
12:40	319

13	342	22:37	268	28:18	359
13:1-53	259	22:41-46	257-258		
13:31-32	106n.59	23:8	88n.28, 477n.172,	**마가복음**	
13:33	343		479n.180	1:1-8:30	259
13:54	92	23:24	108, 319	1:1	63, 68, 78n.10, 440,
13:57	383	23:37-39	328		441n.73, 469
15:1-11	184	23:39	332	1:1-2	65
15:2	185n.58	24:1-25:46	260	1:1-15	78n.10, 440n.72
15:3	185n.58	24:14	57n.42, 62	1:2-8	442
15:6	185n.58	24:15	495	1:3	267
15:13	477n.172	24:15-17	264	1:8	385
15:17-18	308	24:36	582n.106	1:9-15	442
16:1-2	316	24:42-51	85	1:13	366
16:15-19	319	24:43-44	238	1:14	35n.6, 358, 365-366,
16:16	309, 384	24:43-51	321		397, 441
16:25	441n.73	24:51	320	1:14-15	58, 63, 68, 372,
16:28	338	25:14-30	318		441n.73
18:1-35	260	26:3-5	358	1:15	57n.42, 78n.10, 359,
18:12-14	318	26:4-5	265		440, 441n.73
18:15-17	475	26:6-13	62	1:16-20	320
18:19-20	477n.172	26:13	57n.42, 62, 203	1:22	181
19:3-9	83	26:17-19	359	1:23	92
19:9	316	26:25-29	83	1:39	92
19:12	477n.172	26:29	332	1:40-42	336
19:13-15	255-256	26:34-35	204	2-3	249
19:19	84	26:41	449	2:1-3:6	261
19:21	86	26:60-61	382	2:1	181
19:28	59	26:64	331-332	2:12	320n.103, 337
19:28-29	328	26:67-68	331-333, 337	2:14	465n.142
19:29	441n.73	26:69-74	155	2:17	482
21:12-13	260, 359	26:75	204	2:18-22	241, 306
22:1-14	321	27:40	382	2:20	100n.47
22:34-40	84	27:54	338n.137	2:23-3:6	91n.34

3:6	358	8:11-12	316	14:36	84
3:16-17	455n.111, 569n.74	8:22-26	306n.85	14:51-52	306n.85
		8:29	309, 384	14:52	465n.142
3:20	181	8:29-30	319	14:58	369, 382
3:22-27	306	8:31-16:8	259	14:62	331-332
3:35	481n.188	8:35	367, 441n.73	14:65	331-333
4:30-32	106n.59, 340	9:1	338n.137	14:66-68	155
4:31	155	9:33	181	14:72	204
4:34	359	9:40	338n.137	15:21	372
5:1	337	10:9-12	83	15:22	107
5:2	155	10:11-12	316	15:29	382
5:41	107	10:13-16	255-256	15:34	107
6-8	174, 374	10:29	441n.73	15:39	338n.137
6	378-380	11:15-18	260, 359	16	528
6:4	369, 383	11:18	358	16:6-7	68n.59
6:6-13	62	12:28-34	84	16:7	204
6:7	338n.137	12:30	268	16:9-20	481n.187, 565, 582n.106
6:7-13	186	12:35-37	257-258		
6:30	62	13	249	누가복음	
6:30-51	385	13:10	57n.42, 62, 68, 441n.73	1:1-4	121n.97, 122, 151, 284, 444
6:36-37	378				
6:45-8:26	320	13:14	495	1:2	123, 185n.58, 249, 278
7:1-15	184	13:14-16	264		
7:3	185n.58	14-16	249	1:5	442n.75
7:4	185n.58	14-15	443	1:10-10:24	292
7:5	185n.58	14:1-2	265	1:67-79	240
7:8	185n.58	14:3-9	62, 365	3:1-3	442n.75
7:9	185n.58	14:9	57n.42, 62, 68, 203, 441n.73	3:2	371
7:13	121n.99, 185n.58			3:4	267
7:15	83	14:10	265	3:7-9	320, 322n.109
7:19	308	14:12	359	3:16-17	322n.109
7:33-36	306n.85	14:22-25	83	3:17	320
8	378-380	14:30-31	204		

3:19-20	367	9:1-6	62, 186	12:39-46	321
3:20	358, 397	9:6	58, 62	12:46	320
4:1	308	9:10	62	13:18-19	106n.59, 340
4:2-13	320	9:20	309, 384	13:20-21	343
4:15	92	9:20-21	319	13:28-29	323, 325-326, 328
4:18-21	58	9:23	496		
4:43	58, 359	9:27	338n.137	13:34-35	328
5:1-11	262	9:51-19:10	260	14:15-24	321
5:12-13	336	9:57-13:34	321	15:3-7	318
5:17-6:11	261	9:57-62	85	16:10-11	482
5:25	337	10:1-16	186	16:13	86, 316, 481n.188
5:32	482	10:1-20	62	16:16	318, 320n.103
5:33-39	306	10:7	83	16:16-17	327n.114
6:20-7:35	321	10:9	62	16:17	299
6:20-21	319	10:13-15	316	16:18	83, 316
6:22-23	86	10:18	62	18:15-17	255-256
6:23 29	86	10:21	320	18:31-24:53	293
6:27-36	85	10:25-18:30	293	19:11-27	318
6:31	450	10:27	84, 268	19:45-46	260, 359
6:32	450	10:38-42	371	19:47	358
6:35	450	10:38-52	367	20:41-44	257-258
6:36-38	450	11:2	84	21:20-22	264
6:37-38	86	11:2-4	174, 319	21:31-34	204
6:41-42	86	11:13	320	22:1-3	265
6:47-49	86	11:15	306	22:3	371
7:1-10	322n.109, 323-326, 328	11:17-23	306	22:10	457
		11:20	59, 319	22:14-22	174
7:22	53n.33, 58	11:23	338n.137	22:14-23	83
7:36-50	263, 367	11:29-32	316	22:15	359
8:1	58	11:30	319	22:19	203
8:26	337	11:49	319, 475n.163	22:28-30	328
8:27	155	12:22-31	86	22:30	59
9:1	338n.173	12:35-48	85	22:34	371

22:47	334n.125	3:15-16	359	12:25	367
22:48	334n.125	3:23-36	358	12:42	92
22:50	371	3:24	365, 372, 398	13	356
22:56-60	155	3:36	359	13:1	359
22:61	204	4:1-2	358	13:2	371
22:62	334n.125	4:14	359	13:15	496
22:64	331-333, 334n.125, 337	4:25	107	13:23	352
		4:36	359	13:27	371
22:69	331-332, 334n.125	4:43-54	358	13:38	371
23:34	338n.137	4:44	383	14:26	206
24:4	371	5	358	15:20	205
24:6-7	206	5:2	128	16:2	92
24:8	206	5:18	359	16:4	205
24:39	479	5:24	359	18-20	390
24:45	206	5:39	359	18:1	128
		6	174, 374, 378-381, 390	18:10	371
요한복음		6:1	358	18:13	371
1:1	359	6:1-26	385	18:15-16	352
1:1-4	568n.68	6:5-7	378	18:16-27	155
1:1-18	446	6:14	378	18:24	371
1:14	353, 359	6:69	384	18:28	359
1:19-4:43	366	7-8	358	19:13	107, 128
1:26	385	7:1-9	358	19:17	372
1:28-37	358	7:53-8:11	582n.106	19:26-27	352
2:1-11	358	8:58	359	19:31	359
2:1-12	359	9:7	128	19:35	122, 126, 129, 151
2:12-19	358	9:22	92	20:2-8	352
2:13	358	10	358	20:2-9	129
2:13-22	260	11:1-12:8	371	20:12	371
2:19	205, 369, 383	11:2	365	20:16	107
2:21	383	11:27	384	20:30-31	357n.178, 446
2:22	205	11:47-53	358	20:31	151, 384, 492n.215, 499
3:3-5	569n.74	12:16	205		

21	481n.187, 580, 582n.106	13:1-15:39	67	13:8-10	84
		13:1	142n.146	13:14	140
21:7	352	13:1-2	240	14:14	83
21:15-19	204	13:15-41	63	14:17	60
21:20	352	13:23-24	61	15:8	61
21:24	122, 126, 129, 353, 550n.16	14:22	61	15:14	143
		15:7	57n.42	15:31	90
		15:35	37n.9	16	120
사도행전		16:10-17	465n.142	16:7-13	120
1-6	231	17:7	66	16:20	66
1:1-2	444	19:8	61	16:25	483
1:21-22	122	20:25	61		
1:22	279	20:35	207	**고린도전서**	
3:19-21	61	21:9-12	240	1:2	578
4:6	371	28:20	61	1:18-2:2	65
6:5	232	28:23	61	4:20	60
6:14	121n.99, 184, 185n.58	28:31	60	6:9-10	60
				7-15	83
7:38	448	**로마서**		7:9-11	88n.28
7:54-60	90	1:1	57n.42	7:10	67, 240
8-11	232	1:3-4	64-65	7:10-11	83
8:12	61	1:8	578	7:10-14	589
9:1-4	90	1:16	61	7:12	240
10	415	2:16	483	7:25	240
10:1-48	120	3:2	449	7:40	240
10:34-43	63, 525	4:25	76	9:1	122
10:36	65	6:3	496n.224	9:5	67, 120
10:39-41	122	6:17	185n.58	9:6	67
11:16	367	8:15	84	9:14	83
11:16-17	207	8:37	66	9:21	84
11:27-28	240	10:15-18	65	11:1	140, 496
12:1-2	90	12-15	83	11:1-23	121n.99
13	415	12:7	142n.146	11:2	185n.58

11:23	185n.58	2:9	119	2:12	60
11:23-25	83, 203	2:11	120	2:13	185n.58
11:23-26	67, 174	3:1	65, 67	2:14	578
12:28-29	142n.146	4:4-5	61, 64n.52	2:15-16	90
15	66	4:6	84	4:1-2	185n.58
15:1-3	185n.58	5:14	84	4:14	65, 76
15:1-8	93	5:21	60	4:15	67, 83
15:3	121n.99, 185n.58	6:2	84	4:15-17	238
15:3-4	65, 185n.58	6:6	142n.146	5	83
15:3-5	64			5:27	495, 578
15:3-8	65, 76	에베소서			
15:5-8	122	4:11	142n.146	데살로니가후서	
15:11	64	5:5	60	1:5	60
15:24	60			2:15	185n.58
15:50	60	빌립보서		3:6	185n.58
15:57	66	2:5-11	140, 496		
		3:6	90	디모데전서	
고린도후서		4:9	185n.58	2:7	142n.146
4:3	483				
5:15	65, 76	골로새서		디모데후서	
5:16	97	1:5-6	578	2:8	64, 208
11:4	174	1:12-14	60	4:1	60
11:23-25	90	1:13	60	4:13	114
		2:8	185n.58		
갈라디아서		3	83	히브리서	
1:14	184, 185n.58	3:16	143	2:18-3:2	140
1:16	122	4:10	67	4:2	449
1:18	67	4:11	60	4:6	64
1:23	90	4:16	495, 578	5:12	142n.146, 449
2:1-14	67			6:1	449
2:2	64n.54	데살로니가전서		12:2	589
2:7	64	1:6	140, 496	12:3-4	140
2:7-8	67	2:4	64	13:24	578

야고보서	
1:1	86
1:2	86
1:4	86
1:20	86
1:22-25	86
2:1	86
2:10	86
2:13	86
3:1	142n.146
3:18	86
4:10	86
5:2-6	86
5:10	86
5:12	86, 87n.26

베드로전서	
1:12	64n.54
2:21	140
4:6	64n.54
4:11	449
4:17	64
5:9	578
5:13	120, 401

베드로후서	
1:10	151
2:21	185n.58
3:2	208

요한1서	
1:1-3	353, 356
1:1-4	122

4:2	174

요한2서	
1	356

요한3서	
1	356

유다서	
3	121n.99, 185n.58

요한계시록	
2:1-3:22	578
4:7	563
13:18	124
14:6	64
14:6-7	57n.42
16:15	238

/ 구약 위경 /

「솔로몬의 시편」 (Psalms of Solomon)	
9	52
10	52
11	52
11.1	52n.31

/ 사해 사본 및 관련 문헌 /

Cairo Damascus Document (CD)	
1.11-12	96n.41

메시아 묵시록 (4Q521)	
2.1-14	53

멜기세덱 문서 (11Q13/11QMelch)	
2.15-25	52, 53n.32

/ 필론 (Philo) /

Ad Gaium	
231	44n.21

Hypothetica	
7.13	462n.135

「모세의 생애」 (De Vita Mosis/Vita Mosis)	
1-4	445n.87
1.48	187n.63

/ 요세푸스 (Josephus) /

「유대 고대사」 (Antiquities of the Jews)	
1.1-17	445n.87

5.1-9	121n.98
13.297-98	184
20.200-201	90

Against Apion

1.1-5	121n.98, 445n.87
1.55	129n.116
1.60	184n.54
2.1-4	445n.87
2.171-73	184n.54
2.204	184n.54

Jewish War

4.618	41n.14, 44n.22
4.656-57	44n.23

Life

8	184n.54
191-93	90n.34
197	90n.34

/ 미쉬나 및 탈무드 /

b. Shab.

6b	113n.77
96b	113n.77

b. Sukkoth

28a	178n.31

m. 'Aboth

1.2-12	178n.30

m. Eduyoth

5.7	217n.126

m. Pesaḥim

10.5	203n.99

/ 다른 랍비 저작 /

Pirqe 'Aboth

3.9	178n.32

Sipre Deut

48.1.1-4	178n.30

/ 속사도 교부 /

Barnabas

5.9	472n.156
8.3	472n.156
14.9	472n.156
19.11	185n.58

「클레멘스 1서」 (1 Clement)

1.1	578
13.1-2	208n.101, 450n.96
13.2	210
13.3-4	450n.97
19.1	450n.95
42.1	62n.48, 472n.156
42.3	472n.156
46.7-8	209n.102
47.1	472n.156
53.1	450n.95

2 Clement

2.4	482n.190
3.2	481n.188
4.2	481n.188
6.1	481n.188
8.5	481
9.11	481n.188
12.2	481n.188
13.2-4	451n.98
14.2	482n.191

「디다케」 (Didache)

4.13	185n.58
8.2	473n.159, 475n.165
11.3	475nn.163,166,167
15.1-2	142n.146
15.3-4	473n.164, 475nn.166,167
15.4	466n.146

「폴리카르포스의 순교」 (Martyrdom of Polycarp)

1.1	472n.156
4.1	488n.207
8.1	578
19.1	472n.156, 496n.224
21.1	578
22.1	472n.156, 496n.224

이그나티우스 (Ignatius)

Ephesians
3.2	496n.224
4.2	496n.224
5.2	477n.172
6.1	477n.172
10.3	496n.224
14.2	477n.172
15.1	88n.28
18.2	64n.52, 478n.177

Magnesians
8.1	242n.176
9.1	88n.28, 477n.172, 479n.180
10.3	242n.176
13.1	477n.171

Philadelphians
3.1	477n.172
3.5	496n.224
5.1-2	476n.169
6.1	242n.176
8.2	63n.51, 477n.171, 478n.174
9.1-2	478n.176
9.2	479n.179

Polycarp
1.2-3	477n.172
2.2	477n.172

Smyrnaeans
1.1	477n.172, 479n.180
1.1-2	478n.177
3.2	479n.181
5.1	480n.182
6.1	477n.172
7.2	480n.182

Trallians
8.1	496n.224
9.1-2	64n.52, 478n.177
11.1	477n.172

폴리카르포스 (Polycarp)

Philippians
1.1	496n.224
2.3	211n.106
6.3	472n.156
7.1-2	449n.94
8.2	496n.224
13.2	578

/ 나그함마디 코덱스 /

「야고보외경」 (Apocryphon of James)

2.1-15	212n.113, 458n.124

「도마복음」 (Gospel of Thomas)
3	559n.44
6	559n.45
12	559n.45
13	558
18	559n.45
20	106n.59, 559n.45
22	481n.188, 535n.291
23	559n.43
24	559n.45
37	559n.45
43	559n.45
49	559n.43
50	559nn.43,44
51	559n.45
52	559n.45
53	242, 559n.45
82	520n.261
97	520n.261
98	520n.261
99	559n.45
113	559n.45
114	535n.291

「진리복음」 (Gospel of Truth)
3.11.9	577n.96
16.31-35	522n.263

/ 신약 외경 및 위경 /

Apocalypse of Peter
81	534n.290

「요한외경」 (Apocryphon of John)
1.29.1	577n.96

Arabic Gospel of the Infancy
2-3　　　　　528n.273

「에비온복음」(Gospel of the Ebionites)
1-2　　　　　442n.75
2　　　528n.273, 552n.26

「유다복음」(Gospel of Judas)
1.3.1　　　　　577n.96

「야고보원복음」
(Protevangelium of James)
18-19　　　　　528n.273

/ 고대 기독교 문헌 /

아우구스티누스 (Augustine)
Commentary on John
36.1　　　　　586n.121

「복음서의 조화」
(Harmony of the Gospels)
1.1.1　　　　　590n.132
1.1.2　　　　　534n.288
1.2.3　　402n.234, 584n.112
1.2.4　　　　　403n.235
1.3　　　　　271n.11
2.14.31　　　　158n.166
4.10.11　　　　403n.236

알렉산드리아의 클레멘스
(Clement of Alexandria)
Stromata
3.13.92　　　　481n.188
3.13.93　　　　574n.82
4.9　　　　　568n.68
4.81.1-83.1　　482n.193
6.52.3-4　　　486n.202
7.16.95.3　　　497n.227
7.16.97.2　　　497n.227
13　　　　　554n.29

Who Is the Rich Man That Shall Be Saved?
5　　　　　574n.83

Dio Chrysostom
Orationes
72.11　　　　187n.69

에피파니우스 (Epiphanius)
Against Heresies
33.3.1-33.7.10　　485n.199

Panarion
26.12.2-3　　　486n.201
42.1.1　　　　485n.198
46.1.8　　　　554n.29
51.3-4　　　　354n.173

「디오그네투스에게 보내는 편지」(Epistle to Diognetus)
11.6　　34n.3, 497n.227

「사도서신」(Epistula Apostolorum)
1　　　　　211n.109
30.1　　　　550n.17
31　　　　　567n.64

에우세비오스 (Eusebius)
「교회사」(Historia Ecclesiastica)
2.15　　210n.105, 455n.110
2.23.3　　　　211n.107
2.25.8　　　　120
3.3.1-3　　　120
3.3.2　　　　466n.145
3.4.6-7　　　483n.194
3.23.1　　　120
3.23.6　　125n.108, 354n.172
3.24.1-15　　399n.230
3.24.7-13　　363n.185
3.25　　529n.278, 532n.285
3.25.1　　　588n.126
3.28　　　　354n.173
3.39　　　　395n.228
3.39.1　　　114n.83
3.39.2　　　353n.166
3.39.3-4　　355n.175
3.39.4　　　565n.59
3.39.5-7　　356n.176

3.39.7	131n.121	*Commentary on Daniel*		3.11	354n.172, 472n.157
3.39.15–16	565n.57	1.17	574n.86	3.11.1	354n.173
3.39.16	280n.27	4.49	497n.227	3.11.7	354n.173, 472n.157, 546n.3, 548n.8
4.3.3	125n.108				
4.7.5–8	114n.83	*Refutatio*		3.11.7–9	470n.153, 532n.282
4.7.7	482n.193	8.9	554n.29		
4.22	553n.27	10.14	554n.29	3.11.8	563n.52, 585nn.116,117,119, 586n.124
4.22.8	528n.274				
4.23.11	578	이레나이우스 (Irenaeus)			
4.28.29	554n.29	「이단 반박」 (*Adversus Haereses*)		3.11.8–9	548n.11
4.39.6	552n.26			3.11.9	467n.147, 485n.200, 522n.262, 526n.266, 548n.8, 574n.82, 584n.114
5.8.2–4	396n.229	1.3.6	497n.227		
5.16.3	586n.124	1.8.1	453n.106		
5.20.5–6	353n.166	1.8.5	353n.171, 568n.68		
5.20.6–7	212n.112	1.20.1	567n.64	3.12.12	546n.3
5.24	353n.167	1.23.3–7	482n.193	3.23.8	554n.29
5.24.3	353n.170	1.24.4	534n.290	5.33.3–4	528n.275
6.12.1–6	466n.145	1.25.4–5	577n.96	5.33.4	125n.108, 131n.121, 353n.166
6.12.4	529n.279	1.27.2	546n.3, 569n.73, 574n.82		
6.14.5–7	399n.231, 574n.84				
6.14.7	127n.110, 353n.169, 362n.183	1.28.1	554n.29	히에로니무스 (Jerome)	
		1.31.2	577n.96	*De Viris Illustribus*	
6.25	401n.233	2.22.3	470n.153	17	579
		3.praef.	472n.157, 584		
Letter to Carpianus		3.1	120	*Epistles*	
1	551n.23	3.1.1	120, 396n.229, 472n.157, 487n.206, 563n.52, 574n.82, 584n.113, 585nn.117,119	121.6	551n.22
히폴리투스 (Hippolytus)				*Preface to the Four Gospels*	404n.237
De Christo		3.1.1–2	548n.11, 585n.119		
58	575n.87	3.1.2	353n.168, 584n.114		
		3.2.1	132n.123	유스티누스 (Justin)	
		3.3.3	125n.108	「제1변증서」(*First Apology*)	
		3.3.4	125n.108, 354n.172	4.7	458n.124

6.2	458n.124	「트리포와의 대화」		106.1	212n.110, 456n.114
8.3	458n.124	(Dialogue with Trypho)		106.3	212n.110, 455n.111,
12.9-10	460n.130	8.1	460n.126		456n.114, 458n.124,
14.4	460n.126, 461n.132	10	499n.233		569n.74
21-27	425n.29	10.2	456n.112, 457n.120,	107.1	212n.110, 456n.114
26.5	485n.198, 486n.204		487n.205	113-14	461n.134
33.5	456nn.114-116	15-17	114	119.6	461n.133, 570n.76
34.2	462n.136	18.1	452n.105, 456n.112,		
35.9	462n.136		460n.126, 461n.134	무라토리 단편 (Muratorian	
42.4	570n.76	35.6	485n.198, 486n.204	Fragment)	
45.5	550n.17	47.5	458n.124	1-39	405n.238, 572n.77
46	460n.126	49.5	462n.136	2	487n.206, 572n.77
48.3	462n.136	78.1	461n.134	4-5	483n.194
58.1	485n.198, 486n.204	78.5	458n.124	9	487n.206, 572n.77
61-63	461n.134	78.7-8	528n.273	17	487n.206, 572n.77
61.4	569n.74	88.3	456nn.112,115-	81	485n.200
65.5	458n.124		116, 458n.124, 528n.273,		
66.1-3	458n.124		552n.26	오리게네스 (Origen)	
66.3	456n.114, 457n.118,	97-107	460	Commentary on Matthew	
	470n.153, 487n.205,	100.1	462n.136, 487n.205	10.17	529n.277
	570n.75	100.4	212n.110, 456n.114,		
67	495n.221, 570n.76		457n.119	Commentary on Luke	
67.3	456n.114	101.3	212n.110, 456n.114	1.1	482n.193
67.3-4	462n.135	102.5	212n.110, 456n.114		
		103.6	212n.110, 456n.114	Commentary on John	
Second Apology		103.8	212n.110, 456n.114,	1.4	589n.130
3.6	456n.112		470n.153	1.5	589n.131
10.5	457n.121	104.1	212n.110, 456n.114	1.6	586n.122
10.8	457n.121	105.1	212n.110, 456n.114,	2.6	529n.277
11.2-3	457n.121		461n.131	5.4	586n.123
		105.5	212n.110, 456n.114	5.7	483n.194
		105.6	212n.110, 456n.114,	6.13	353n.171
			462n.136		

Contra Celsum
1.51   425n.30, 528n.273
2.16   499n.233
2.27   597n.142
2.34   499n.233
2.37   499n.233

Homilies on Luke
1   114n.83, 525n.265

파피아스 (Papias)
Fragment
3-4   355n.175
3.1   451n.101
3.2-3   451n.99
3.3   125n.108, 209n.103
3.3-4   565n.59
3.4   355n.175
3.5   470n.152
3.11-12   451n.102
3.14   451n.99
3.15   210n.104, 452n.103,
                   455n.108
3.15-16   451n.100,
        470n.152, 565n.57
3.15-17   395n.228
3.16   280n.27, 452n.104
14.6-8   451n.102
19-20   451n.100
19   470n.152
20   470n.152
21   470n.152
21.1-2   451n.100

21.23   451n.100

위-클레멘스
(Pseudo-Clementine)
「시인」(Recognitions)
2.1   211n.108

에데사의 라불라
(Rabbula of Edessa)
Canon
43   554n.30

타티아노스 (Tatian)
「디아테사론」(Diatessaron)
4.40   528n.273, 552n.26
55.4-11   550n.17

Teaching of the Apostles
9   590n.133

테르툴리아누스 (Tertullian)
Adversus Marcionem
1.19   485n.198
3.5.4   483n.194
4.2-4   483n.194
4.2.2   588n.128
4.2.4   471n.154
4.2.5   575n.88
4.4.4   546n.3
4.6.2   546n.3

De Praescriptione
Hereticorum
38   568n.70

On Modesty
10   573n.80

테오도레토스 (Theodoret)
Haereticarum Fabularum
Compendium
1.20   554n.30

/ 고대 비기독교 문헌 /

Aeschines
Against Ctesiphon
160   41n.14

Cicero
De Inventione
1.9   187n.65

Diogenes Laertius
Lives of Eminent
Philosophers (Vitae)
3.1 2   443n.79
3.45   443n.79
10.1.12   187n.63

에픽테토스 (Epictetus)
Diatribes
1, pref   113n.76

Eunapius
Vitae Sophistarum
2.8　　　　　　　187n.65

갈렌 (Galen)
*Compositione Medica-
mentorum Secundum Locus*
6　　　　　　　132n.124

호메로스 (Homer)
「일리아스」(*Iliad*)　417, 430
「오디세이아」(*Odyssey*)　430

Horace
Epistles
1.18.12-14　　　　187n.63

Isocrates
Areopagiticus
10　　　　　　　　41n.14

Libanius
Autobiography
11　　　　　　　　187n.63

루키아노스 (Lucian)
*Quomodo Historia Con-
scribenda Sit*
47　　　　　　　133n.125

Martial
Epigrams
1.2　　　　　　　112n.73

P.Giss.
27　　　　　　　　43n.20

필로스트라토스 (Philostratus)
*Lives of the Sophists
(Vitae Sophistarum)*
1.22.524　　　　　187n.68
5.21　　　　　　　139n.140

플라톤 (Plato)
Euthydemos
276D　　　　　　　187n.63

플리니우스 (Pliny)
Epistles
2.3　　　　　　　132n.124
2.3.3　　　　　　187n.66

플루타르코스 (Plutarch)
Demetrius
17.5　　　　　　　41n.13

De Liberis Educandis
13　　　　　　　　187n.63

Moralia
347D　　　　　　　42n.16

「영웅전」(*Parallel Lives*)
2.1-3.2　　　　　443n.79

Pompey
41.3　　　　　　　43n.18

66.3　　　　　　　43n.19

Sertorius
11.4　　　　　　　43n.17

폴리비오스 (Polybius)
12.4c.3　　　　　133n.125
12.15d.6　　　　　132n.124
12.27.3　　　　　133n.125

프톨레마이오스 (Ptolemy)
「플로라에게 보내는 서신」
(*Letter to Flora*)
2　　　　　　　　485n.199

퀸틸리아누스 (Quintilian)
Institutio Oratio
1.3.1　　　　　　187n.63
2.2.8　　　　　　132n.124
2.4.15　　　　　　187n.63
3.7.17　　　　　　433n.53
10.3.30-32　　　　112n.75
11.2.1-51　　　　187nn.63,65
11.2.2　　　　　　112n.74
11.2.24-26　　　　112n.74
11.2.44-49　　　　112n.74

Sallustius
On the Gods and the World
4　　　　　　　　152n.158
4.9　　　　　　　535n.292

세네카 (Seneca)

Controversiae

1.pref.2	187n.63

Epistles

6.5	132n.124
33.4	187n.67
33.7	187n.69

수에토니우스 (Suetonius)

Lives of the Caesars

2.94.1-7	443n.79

타키투스 (Tacitus)

Historiae

1.1.1	442n.75

투키디데스 (Thucydides)

History of the Peloponnesian War

1.22	117n.88

크세노폰 (Xenophon)

Hellenica

1.6.37	41n.14
4.3.14	41n.14

Symposium

3.5-6	187nn.63,64

주 예수의 복음
초기 교회는 예수 이야기를 어떻게 기록했는가?

Copyright ⓒ 새물결플러스 2017

1쇄발행_ 2017년 6월 9일

지은이_ 마이클 F. 버드
옮긴이_ 신지철
펴낸이_ 김요한
펴낸곳_ 새물결플러스
편　집_ 왕희광·정인철·최율리·박규준·노재현·한바울·유진·신준호
　　　　신안나·정혜인·김태윤
디자인_ 서린나·송미현·이지훈·이재희·김민영
마케팅_ 임성배·박성민
총　무_ 김명화·최혜영
영　상_ 최정호·조용석·곽상원
아카데미_ 유영성·최경환·이윤범

홈페이지 www.hwpbooks.com
이메일 hwpbooks@hwpbooks.com
출판등록 2008년 8월 21일 제2008-24호
주소 (우) 07214 서울특별시 영등포구 양평로 11, 4층 (당산동 5가)
전화 02) 2652-3161
팩스 02) 2652-3191

ISBN 979-11-6129-014-0 93230

책값은 뒤표지에 있습니다.

이 도서의 국립중앙도서관 출판예정도서목록(CIP)은 서지정보유통지원시스템 홈페이지(http://seoji.nl.go.kr)와 국가자료공동목록시스템(http://www.nl.go.kr/kolisnet)에서 이용하실 수 있습니다(CIP제어번호: CIP2017010887).